GRUNDLAGEN ZUR ZEITGESCHICHTE

Veröffentlichungen
des Institutes für deutsche Nachkriegsgeschichte
BAND XXII

In Verbindung mit zahlreichen Gelehrten des In- und Auslandes
herausgegeben von Wigbert Grabert

Grundlagen zur Zeitgeschichte

Ein Handbuch über strittige Fragen des 20. Jahrhunderts

herausgegeben
von
Ernst Gauss

GRABERT – VERLAG – TÜBINGEN

CIP-Kurztitelaufnahme der Deutschen Bibliothek

Gauss, Ernst (Hg.):
Grundlagen zur Zeitgeschichte :
Ein Handbuch über strittige Fragen des 20. Jahrhunderts / Ernst Gauss. -
Tübingen : Grabert, 1994
(Veröffentlichungen des Institutes für deutsche Nachkriegsgeschichte ; Bd. 22)
ISBN 3-87847-141-6
NE:Gauss, Ernst: [Sammlung];
Institut für Deutsche Nachkriegsgeschichte<Tübingen>:
Veröffentlichungen des Institutes. . .

ISBN 3-87847-141-6
ISSN 0564-4186

D-72006 Tübingen, Postfach 1629

Inhaltsverzeichnis

»Die Naturwissenschaft [und nicht nur diese] ist eine äußerst konservative und dogmatische Sache. Jede Bestätigung eines Paradigmas ist willkommen, jede Neuerung wird lange abgelehnt; die Suche nach Wahrheit wird vom Instinkt des Erhaltens (einschließlich Selbsterhaltung!) übertroffen. Daher setzen sich neue Erkenntnisse meist erst dann durch, wenn genügend viele Forscher in die gleiche Bresche schlagen: dann kippt das Gedankensystem um, es kommt zu einer ›wissenschaftlichen Revolution‹, ein neues Paradigma tritt an die Stelle des alten. . .
Fazit: Kein Schüler, kein Student, aber auch kein Wissenschaftler oder Laie soll an endgültig bewiesene Tatsachen glauben, auch wenn es so in den Lehrbüchern dargestellt wird. . .«

Prof. Dr. Walter Nagl, *Gentechnologie und Grenzen der Biologie,*
Wissenschaftliche Buchgesellschaft, Darmstadt 1987, S. 126 f.

Vorwort

ROBERT FAURISSON

Der historische Revisionismus ist das große intellektuelle Abenteuer am Ende dieses Jahrhunderts. Trotz seines Umfangs bietet das vorliegende Buch nur einen Überblick über dieses Abenteuer. Deshalb erscheint es mir notwendig, hier zunächst in Erinnerung zu bringen, auf welche bestimmte Frage die Revisionisten ihre Nachforschungen gerichtet haben; dann, wie der Revisionismus in den vierziger Jahren entstanden ist und sich weiter entwickelt hat; schließlich, wie er in den Jahren 1978–1979 wirklich in Schwung gekommen ist, um heute einen solchen Auftrieb zu erfahren, daß trotz der schlimmsten Strafmaßnahmen offenbar nichts mehr seinen Vormarsch aufhalten kann.

Im Nürnberger Prozeß (1945–1946) waren Deutsche wegen »Verbrechen gegen den Frieden‹, »Kriegsverbrechen‹ und »Verbrechen gegen die Menschlichkeit« verurteilt worden. Durch ihre sukzessiven Entdeckungen bezüglich dieser drei Punkte wurden die Revisionisten gewissermaßen dazu gebracht, eine Revision des Nürnberger Prozesses zu beantragen. Bei den beiden ersten Punkten konnten die Revisionisten ihre Argumente ohne große Schwierigkeiten vorbringen, und wahrscheinlich wird heute kein seriöser Historiker bestreiten, daß in Sachen ›Verbrechen gegen den Frieden‹ und ›Kriegsverbrechen‹ Deutschland von niemandem eine Lektion zu bekommen hat: Es ist nämlich mittlerweile offensichtlich, daß die Alliierten an der Auslösung des Krieges mit schuldig sind und daß sie ihrerseits unzählige ›Kriegsverbrechen‹ verübt haben (wenn dieser Ausdruck überhaupt etwas bedeutet, denn der Krieg selbst kann als Verbrechen angesehen werden). Was den dritten Punkt, also die ›Verbrechen gegen die Menschlichkeit‹, betrifft, wird uns dagegen bis zum Überdruß erzählt, Deutschland habe mit dem Juden-›Genocid‹ den alleinigen Anspruch auf die Grausamkeit. Aus diesem Grund wurde der historische Revisionismus allmählich das, was die Amerikaner inzwischen als ›Holocaust revisionism‹ bezeichnen.

Seinen Anklägern zufolge habe sich Deutschland nicht damit begnügt, die Juden zu verfolgen, sie zu deportieren und in Konzentrations- bzw. Arbeitslager zu stecken; solche Verbrechen, das weiß jeder Historiker, kommen in der Geschichte der Menschheit leider häufig vor, und man braucht heute nur seinen Fernseher einzuschalten, um festzustellen, daß allerlei Menschengruppen weiterhin unter solchen ›Verbrechen‹ leiden. Deutschland, behaupten seine Ankläger außerdem, sei aber viel weiter gegangen. Mit einem Riesenschritt in die Grausamkeit habe Deutschland um 1941–1942 die totale Vernichtung der europäischen Juden beschlossen, und es habe zur Verübung dieses *spezifischen* Verbrechens eine *spezifische* Waffe entwickelt und benutzt: die Gaskammer (oder den Gaswagen) zur Tötung von Menschen. Mit Hilfe von abscheulichen chemischen Schlachthöfen habe Deutschland einen Kollektivmord in industriellem Maßstab verübt. Dieser Mord (das Genozid) und die Mordwaffe (die Gaskammer zur Tötung von Menschen) sind hierin nicht voneinander zu trennen, und daher ist es unmöglich, wie manch einer zu behaupten, daß »ob Gaskammer oder nicht« keinen wesentlichen Unterschied mache. Deutschland habe auf diese Weise ein an sich perverses Verbrechen an den Juden verübt. Die Juden fügen ihrerseits hinzu, die ganze Welt habe die Deutschen wissentlich dieses Verbrechen verüben lassen. Eine so umfassende Anklage führt zu dem paradoxen Ergebnis, daß zu den ›Verbrechern‹ Hitler, Himmler und Göring sich nun ihre ›Komplizen‹ heute auf die Anklagebank gesellen: Roosevelt, Churchill, Stalin, Papst Pius XII., das Internationale Komitee vom Roten Kreuz sowie die Vertreter vieler Länder und Instanzen. Das ist, was mit aller Verbissenheit etwa in den ›Holocaust-Museen‹ der USA von Los Angeles bis Washington ständig behauptet wird, wo sich die heutigen Juden zum Ankläger der ganzen Welt aufwerfen. Sie beschuldigen sogar die jüdischen verantwortlichen Politiker, die während des Krieges in Europa, Amerika oder Palästina lebten; sie wagen, ihnen entweder ihre Kollaboration, oder ihre Gleichgültigkeit, oder die Laschheit ihrer Reaktionen angesichts der ›systematischen Ausrottung‹ ihrer Glaubensgenossen vorzuwerfen.

Die ersten Gerüchte von einer Vergasung der Juden durch die Deutschen seien im Dezember 1941 im Warschauer Getto umgegangen[1]. Doch fanden solche Gerüchte während des ganzen Krieges in den Kreisen, die Deutschland feindlich gesinnt waren, nur einen schwachen Anklang. Man braucht nur ein Buch wie *The Terrible Secret*[2] von Walter Laqueur zu lesen, um festzustellen, daß die Skepsis allgemein war. Während des Zweiten Weltkriegs hatte man die Erdichtungen der Greuelpropaganda im Ersten Weltkrieg noch sehr gut in Erinnerung, als schon damals Geschichten über Vergasungen von Zivilbevölkerungen (in Kirchen oder sonstwo) sowie über Leichenfabriken verbreitet wurden. Das Foreign Office sah in den neuen Gerüchten des Zweiten Weltkrieges nur jüdische Erdichtungen, und viele amerikanische Kreise teilten diese Überzeugung[3]. Edward Benesch, der (im Londoner Exil lebende) frühere Präsident der Tschechoslowakei, erklärte im November 1942, *nach Nachforschungen seiner Dienste,* daß entgegen allen Berichten die Deutschen die Juden nicht vernichteten[4]. Der Amerikaner jüdischer Herkunft Felix Frankfurter, Richter am Obersten Bundesgericht, erklärte in diesem Zusammenhang gegenüber Jan Karski: »I can't believe you«[5] (›Ich kann Ihnen nicht glauben‹.). Im August 1943 benachrichtigte Staatssekretär Cordell Hull per Telegramm den US-Botschafter in Moskau, es sei ratsam, aus dem Entwurf zur gemeinsamen Erklärung der Alliierten bezüglich ›der deutschen Verbrechen in Polen‹ jeglichen Hinweis auf die Gaskammern herauszustreichen, da, wie die Briten bemerkten, die Beweise unzureichend seien (»insufficient evidence«)[6].

Selbst nach dem Krieg verzichteten hochrangige alliierte Politiker, wie Eisenhower, Churchill und de Gaulle, in ihren jeweiligen Memoiren darauf, die Existenz sowie die Arbeitsweise der Gaskammern zu erwähnen. In gewisser Hinsicht waren alle diese Skeptiker auf ihre Art Revisionisten. Weder der Vatikan, noch das Rote Kreuz, noch der deutsche Widerstand handelten, als würden sie diesen Gerüchten Glauben schenken, die übrigens die phantastischsten Formen annahmen: Stets galten die Deutschen, als hätte sie die Juden ausgerottet, doch wurden die unterschiedlichsten Vernichtungsverfahren angegeben: Wasserdampf, Gas, Strom, Feuer, Säure, Luftspritzen, Ertränken, Vakuumpumpe usw. Man weiß eigentlich nicht recht, warum das Gas sich letztlich auf dem Markt der Greuelpropaganda durchsetzte.

Der Franzose Paul Rassinier war der erste echte Revisionist der Nachkriegszeit. Im Jahre 1950 begann der ehemalige Deportierte zunächst in *Le Mensonge d'Ulysse*[7], dann in einer ganzen Reihe von Büchern, den ›Mythos von den Gaskammern‹ anzuprangern. 1976 veröffentlichte der Amerikaner Arthur Robert Butz sein Buch *The Hoax of the Twentieth Century*[8], das nach wie vor die tiefgründig-

1. »Stockholm, Dec. 21 (JTA). – More than 1,000 victims of spotted fever in the densely crowded Warsaw ghetto have been put to death by gas [. . .], it is learned today from reliable sources« (›Wir erfahren aus zuverlässigen Quellen, daß mehr als 1000 Opfer des Fleckfiebers in dem stark überfüllten Warschauer Getto durch Gas zu Tode gebracht worden sind [. . .].‹) (*The Jewish Telegraphic Agency Bulletin,* December 22, 1941, p. 1).
2. Walter Laqueur, *The Terrible Secret/ An Investigation into the Suppression of Information about Hitler's ›Final Solution‹,* Weidenfeld and Nicolson, London 1980.
3. Ebenda, siehe unter ›Foreign Office« im Verzeichnis sowie die Seiten 83, 91, 94, 116, 225 usw.
4. Ebenda, S. 162–163.
5. Ebenda, S. 237.
6. *Foreign Relations of the United States, Diplomatic Papers,* US Printing Office, Washington 1963, vol. 1 of 1943, S. 416–417.
7. Paul Rassinier, *Le Mensonge d'Ulysse,* La Librairie française, Paris 1950 (dt. *Die Lüge des Odysseus,* Verlag Karl-Heinz Priester, Wiesbaden 1959); siehe ebenfalls ders., *Was ist Wahrheit? Die Juden und das Dritte Reich,* Druffel-Verlag, Berg [8]1982.
8. Arthur R. Butz, *The Hoax of the Twentieth Century/The Case against the presumed extermination of the Jews,* Institute for Historical Review [P.O. Box 2739, Newport Beach, California 92659, USA; dt.: *Der Jahrhundertbetrug,* Verlag für Volkstum und Zeitgeschichtsforschung, Vlotho 1976]. Man sollte die Auflage aus dem Jahre 1993 lesen, die in drei verschiedenen Anhängen die von dem Verfasser 1979, 1982 und 1992 gehaltenen Vorträge enthält. In dem Vortrag aus dem Jahr 1982 empfehle ich auf den Seiten 350 bis 362 die großartige Beweisführung um »die Geschichte des unsichtbaren Elefanten«.

ste Schrift zum Thema Genozid und Gaskammern bleibt. Im Jahre 1979 veröffentlichte der deutsche Richter Wilhelm Stäglich seinerseits den *Auschwitz-Mythos*[9]. Dort befaßte sich Stäglich hauptsächlich mit der Art und Weise, wie die deutschen Gerichte zur Entstehung des Mythos beigetragen haben, ähnlich wie die Richter bei den Hexenprozessen, vor allem im Zeitraum 1450–1650, die unsinnigsten Berichte über Pfählen, Roste und Satans Öfen verbürgt haben.

Ohne die besonderen Verdienste von P. Rassinier, A.R. Butz und W. Stäglich schmälern zu wollen, darf ich bemerken, daß der Revisionismus Ende der siebziger Jahre nun materialistisch und wissenschaftlich wurde, und zwar infolge der Nachforschungen des Schweden Ditlieb Felderer vor Ort sowie aufgrund meiner eigenen Entdeckungen in Auschwitz selbst, meiner Betrachtungen über den Einsatz von Zyklon B zu Entlausungszwecken und meiner Überlegungen über die Anwendung der Blausäure in den Gaskammern der NS-Gefängnisse zur Hinrichtung der zum Tode Verurteilten. Weder P. Rassinier, noch A.R. Butz, noch W. Stäglich waren in Polen an den vermeintlichen Stätten des Verbrechens gewesen, und keiner von ihnen hatte die physikalischen, chemischen, topographischen und bautechnischen Argumente in ihrem ganzen Ausmaß wirklich anwenden können, die heute infolge D. Felderers und meiner eigenen Untersuchungen von der jüngsten Generation der revisionistischen Forscher gewöhnlich benutzt werden. Die jüdischen Forscher, die die Theorie der Judenvernichtung verfechten, waren ebenfalls ›Papierhistoriker‹ geblieben, wie ich sie nenne: Léon Poliakov und Raul Hilberg verharrten im Bereich der Worte, das heißt im Bereich der Spekulationen.

Es ist erstaunlich, daß Deutschland mit so vielen fähigen Chemikern und Ingenieuren und die USA selbst, denen es an Wissenschaftlern nicht mangelt und die an Ort und Stelle das Beispiel ihrer mit Blausäure funktionierenden Gaskammern hatten, nicht das sehr weite Feld der rein naturwissenchaftlichen Argumentation erkannt haben. Im Jahre 1976 entdeckte ich in Auschwitz sowohl die genaue Konfiguration der Krematorien, die Gaskammern zur Tötung von Menschen enthalten haben sollen, als auch die Entlausungskammern und die (bis dahin verborgenen) Pläne bestimmter Krematorien. 1978/79 veröffentlichte ich in *Le Monde*[10] zwei Texte, in denen ich einige meiner Entdeckungen kurz zusammenfaßte. 1979, auf der ersten Konferenz des Institute for Historical Review in Los Angeles, trug ich diese Entdeckungen ausführlich vor. Unter den Zuhörern befand sich Ernst Zündel, ein in Toronto niedergelassener Deutscher. Ab 1985 sollte sich dieser als der eifrigste, der wirkungsvollste unter allen Revisionisten und – das scheinen viele zu übersehen – als einer ihrer Bahnbrecher erweisen. Als erster begriff er, warum ich so großen Wert auf das chemische Argument legte, insbesondere auf die Bedeutung der Technologie der US-Gaskammern in den dreißiger und vierziger Jahren für uns. Er hat begriffen, warum ich so sehr wünschte, daß ein Spezialist dieser amerikanischen Gaskammern selber vor Ort, in Polen, die vermeintlichen Hinrichtungsgaskammern untersucht. Nachdem ich aufgrund meines Briefwechsels mit den US-Gefängnissen in den siebziger Jahren einen solchen Spezialisten in der Person von Fred Leuchter entdeckt hatte, hatte E. Zündel, und nur er, die geniale Idee, diesen zu bitten, nicht nur die Örtlichkeiten zu untersuchen – was meiner eigenen Anregung entsprach –, sondern eine Probeentnahme der Baustoffe vorzunehmen, die die Mauern zum einen der Entlausungskammern, zum anderen der vermeintlichen Gaskammern zu Hinrichtungszwecken bildeten. Im Februar 1988 nahm er das Risiko auf sich, Leuchter und ein ganzes Team auf seine Kosten nach Polen zu schicken, um die vermeintlichen Hinrichtungskammern von Auschwitz, Birkenau und Majdanek zu untersuchen. Das Ergebnis der Untersuchung der Örtlichkeiten und der Analyse der Probeentnahmen erwies sich als beeindruckend und fiel völlig zugunsten der revisionistischen These aus. In den folgen-

9. Wilhelm Stäglich, *Der Auschwitz-Mythos. Legende oder Wirklichkeit? Eine kritische Bestandsaufnahme,* Grabert-Verlag, Tübingen 1979. Das Buch wurde auf Befehl der deutschen Behörden eingezogen. Eine zweite deutsche Auflage erschien daraufhin in Großbritannien: *Der Auschwitz-Mythos [. .],* Vorwort von Mark Weber, Beitrag von R. Faurisson, Bemerkungen von Revilo Oliver, Charles E. Weber u. Arthur R. Butz, Historical Press [19A Madeira Place, Brighton, Sussex, England BN2 1TN], 1984. In beiden Auflagen stammen die Fotodokumente aus meinen Archiven.

10. *Le Monde,* 29. Dezember 1978 und 16. Januar 1979.

den Jahren sollten weitere Gutachten die Richtigkeit des *Leuchter Reports*[11] bestätigen. Zunächst das anspruchsvolle Gutachten von Germar Rudolf[12], dann das verlegene geheime Gegengutachten der Polen[13] und schließlich die Studie des Österreichers Walter Lüftl[14].

Es erübrigt sich zu sagen, daß Deutschlands Ankläger, sollten sie mit diesen Studien nicht zufrieden sein, selber ihre eigene Expertise durchführen dürfen. Worauf warten sie seit fünfzig Jahren, um es in aller Öffentlichkeit zu machen?

Man kann schon die Bestürzung der Ankläger Deutschlands angesichts der Erfolge des Revisionismus verstehen. Ein halbes Jahrhundert lang haben sie aufrichtig geglaubt, daß die von den Juden im Zweiten Weltkrieg durchlebte Tragödie von einem außergewöhnlichen Ausmaß gewesen sei, während diese Tragödie, auf ihre tatsächliche Dimension – das heißt ohne Gaskammern – gebracht, sich in die lange Reihe der Tragödien in diesem entsetzlichen Konflikt einfügt. Ihre Historiker haben unter dem Druck der revisionistischen Untersuchungen allmählich zugeben müssen, daß für den vermeintlichen Völkermord an den Juden weder Befehl, noch Plan, noch ein Etat zu finden ist[15]; daß Wannsee höchstens eine »silly story«[16] (›törichte Geschichte‹) war; daß es über die Mordwaffe keine Expertise gibt, die den Schluß zieht: »Dieser Raum (entweder unversehrt, oder ›wiederaufgebaut‹, oder in Trümmern‹) hat als Gaskammer zur Tötung von Menschen gedient«; daß keine einzige Autopsie zu dem Schluß führte: »Diese Leiche ist die eines durch Giftgas getöteten Deportierten«; daß das Geständnis von Rudolf Höß keinen Wert mehr hatte (»Höss was always a very weak and confused witness«[17], ›Höß war immer ein sehr schwacher und verwirrter Zeuge‹); daß ihre vermeintlichen Zeugen wahrscheinlich nie eine Gaskammer oder Vergasungen gesehen hatten, daß der beste von ihnen, der berühmte Rudolf Vrba, im Jahre 1988 vor einem kanadischen Richter und kanadischen Geschworenen hatte zugeben müssen, daß er in seinem berühmten Buch zu diesem Thema von der »poetic licence«[18]

11. *An Engineering Report on the alleged execution gas chambers at Auschwitz, Birkenau and Majdanek, Poland,* April 5, 1988, 193 S. Ernst Zündel hat diesen Bericht mit einem Vorwort veröffentlicht, das ich am 23. April 1988 verfaßt habe (Samisdat Publishers, 206, Carlton Street, Toronto, Ontario, Canada M5A 2L1).
12. Rüdiger Kammerer, Armin Solms (Hg.), *Das Rudolf Gutachten,* Cromwell Press, London 1993.
13. *Die offizielle polnische Antwort auf den Leuchter-Bericht.* Übersetzung aus dem Polnischen von T. Rudolph, verbreitet von E. Zündel (siehe Anm. 11).
14. Walter Lüftl, »Holocaust«, in *Journal of Historical Review* 12 (4) Winter 1992/93, S. 391–420.
15. In der ersten Auflage von *The Destruction of the Europeans Jews* (Quadrangle Books, Chicago 1961, S. 177) behauptet Raul Hilberg ganz ruhig, es gebe bezüglich der Judenvernichtung einen Befehl (ja sogar zwei aufeinander folgende!). In der 1985 erschienenen zweiten Auflage (Holmes and Meier, New York) gibt er eine völlig andere Sacherklärung; er erwähnt keinen einzigen Befehl mehr; er schreibt, daß es keinen »basic plan« (S. 53) gegeben habe und daß »no single organization directed or coordinated the entire process [of destruction]« (keine einzelne Organisation den ganzen Prozeß [der Vernichtung] geleitet oder koordoniert habe‹) (S. 55); er fügt hinzu: »No special agency was created and no special budget was devised to destroy the Jews of Europe« (›Keine besondere Amtsstelle wurde geschaffen, und kein besonderes Budget wurde bewilligt, um die Juden Europas zu vernichten.‹) (S. 62). Er erklärt das ganze vermeintliche Unternehmen zur Vernichtung der Juden durch . . . die Gedankenübertragung oder Vorhersagung per Telepathie innerhalb der deutschen Bürokratie: »an incredible meeting of minds, a consensus-mind-reading by a far-flung bureaucracy« (›ein unglaubliches Zusammentreffen von [übereinstimmenden] Meinungen, ein [stillschweigendes] Verstehen der gemeinsamen Ansichten seitens einer weit gespannten Bürokratie‹). Diese Äußerung machte R. Hilberg bei einem am 22. Februar 1983 gehaltenen Vortrag und bestätigte sie bei seinem Kreuzverhör im Zündel-Prozeß 1985 in Toronto, Stenogramme, S. 846–848)!
16. Yehuda Bauer, Professor an der Hebräischen Universität in Jerusalem, erklärt wortwörtlich: »The public still repeats, time after time, the silly story that at Wannsee the extermination of the Jews was arrived at« (›Die Öffentlichkeit wiederholt immer noch nach einiger Zeit die törichte Geschichte, daß am Wannsee die Vernichtung der Juden beschlossen wurde.‹) (*The Canadian Jewish News,* 20. Januar 1982, S. 8, die eine Depesche von *The Jewish Telegraphic* in London wiedergab).
17. Prof. Christopher Browning, Mitautor der *Encyclopedia of the Holocaust* gegenüber Christopher Hitchens, »Whose history is it?«, in *Vanity Fair,* Dezember 1993, S. 117. Der Professor war vermessen hinzuzufügen: »The revisionists use [R. Höss] all the time for this reason, in order to try and discredit the memory of Auschwitz as a whole.« (›Die Revisionisten verwenden [R. Höß] immer aus diesen Gründen, um die Erinnerung an Auschwitz als Ganzes zu diskreditieren.‹)
18. Zündel-Prozeß in Toronto 1985, Stenogramme, S. 1447–1448, 1636. Das besagte Buch heißt *I cannot Forgive,* Bantam Books, Toronto 1964 (dt. Ausgabe: *Ich kann nicht vergeben,* Rütten & Loening, München 1964).

oder »licentia poetarum« Gebrauch gemacht hat[19]; daß die Zahl von 4 Millionen Opfern in Auschwitz nur eine fiktive Zahl war[20] und daß »Sources for the study of the gas chambers are at once rare and unreliable [. . .]. Besides, from 1942 to 1945, certainly at Auschwitz, but probably overall, more Jews were killed by so-called ›natural‹ causes [starvation, disease, sickness and overwork] than by ›unnatural‹ ones.«[21] (›Die Quellen zum Studium der Gaskammern auf einmal rar und unzuverlässig sind [. . .]. Daneben wurden von 1942 bis 1945 sicher in Auschwitz, aber wahrscheinlich überall, mehr Juden durch sogenannte 'natürliche' Ursachen [Hunger, Epidemien, Krankheit und Überanstrengung] getötet als durch 'unnatürliche'.‹) Bereits am 2. Juli 1982, am Schluß eines internationalen Kolloquiums, das die Verfechter der Vernichtungstheorie an der Pariser Sorbonne veranstaltet hatten, um mir zu erwidern, hatten sich die Exterminationisten als außerstande erwiesen, den kleinsten Beweis für die Existenz und den Betrieb einer einzigen Gaskammer beizubringen. Im Mai 1992 stellte ich meine Herausforderung: »Show me or draw me a Nazi gas chamber!« (›Zeigen Sie mir oder zeichnen Sie mir eine Nazi-Gaskammer!‹) Jean-Claude Pressac, auf den die Exterminationisten so sehr vertraut hatten, erwies sich als unfähig, etwas anderes vorzubringen als »Indizien des Verbrechens«, und er hütete sich wohl, uns eine gesamte physische Darstellung von der Mordwaffe zu liefern[22].
Am 31. August 1994 traf ich Michael Berenbaum, den Leiter des Forschungsinstituts im Holocaust Memorial von Washington, in seinem Büro, und zwar in Gegenwart von vier Zeugen (zwei auf beiden Seiten). Ich zwang ihn zuzugeben, daß sein Museum paradoxerweise keine einzige konkrete Darstellung von einer Gaskammer der Nazis enthält. (Das Modell des Kremas II ist nämlich nur ein künstlerisches Werk, das in keinem Verhältnis zur Wirklichkeit steht.) Ich fragte ihn nach den Gründen. Schließlich antwortete er mir: »The decision had been made [by us] not to give any physical representation of the Nazi gas chambers.« (›Der Beschluß ist [von uns] gefaßt worden, keine physische Darstellung der Nazi-Gaskammern zu geben.‹) Seine Antwort kam der eines katholischen Priesters – M. Berenbaum ist jüdischer Theologe – gleich, der beschlossen hätte, in seiner Kirche jede Darstellung des Kreuzes zu beseitigen. Um zu solch' extremen Äußerungen zu kommen, muß man sich schon in einer verzweifelten Lage fühlen.
Ich denke, daß M. Berenbaums Glaubensgenossen letztendlich die Gaskammer ebenso aufgeben werden, wie sie die Judenseife und die 4 Millionen-Zahl von Auschwitz aufgegeben haben. Sie werden aber noch weiter gehen. Wie in den beiden letzteren Fällen werden sie sich als Mythosentdecker darstellen und die Deutschen, die Polen oder die Kommunisten beschuldigen, den ›Mythos von den Gaskammern‹ erzeugt zu haben. Sie werden dann zur Stützung ihrer These die Namen von Juden nennen, die ganz oder zum Teil Revisionisten sind (J. G. Burg, Jean-Gabriel Cohn-Bendit, Roger-Guy Dommergue, Arno Mayer, David Cole, Christopher Hitchens, Stephen Hayward . . .). Sie werden sich sozusagen die schöne Rolle geben.

---

19. Schmuel Krakowski, Leiter der Archive von Yad Vashem, und Prof. Yehuda Bauer haben 1990 letztlich zugegeben, daß »the Nazis never made soap from human fat« (›die Nazis niemals Seife aus Menschenfett herstellten‹) (*The Jerusalem Post International Edition,* 5. Mai 1990). Auf einem Friedhof im französischen Nizza trägt ein Grabmal folgende Inschrift: »Cette urne renferme du savon à la graisse humaine fabriquée par les Allemands du IIIe Reich avec les corps de nos frères déportés« (›Diese Urne enthält Seife aus Menschenfett, gewonnen von den Deutschen des Dritten Reichs aus den Körpern unserer deportierten Brüder‹).
20. Für Jean-Claude Pressac beträgt die Zahl der Toten in Auschwitz, überschlägig gerechnet, zwischen 630 000 und 710 000; unter ihnen müßte man zwischen 470 000 und 550 000 vergaste Juden zählen (*Die Krematorien von Auschwitz/Die Technik des Massenmordes,* Piper-Verlag, München 1994, S. 202).
21. Arno J. Mayer, *The ›Final Solution‹ in History,* Pantheon Books, New York 1988, S. 362, 365. Der Verfasser jüdischer Herkunft lehrt Geschichte an der Princeton University (USA).
22. Es ist bemerkenswert, daß J.-C. Pressac, der doch zeichnen kann, in keinem seiner Bücher es wagt, uns eine konkrete Darstellung einer vollständigen Gaskammer mit der Erklärung ihrer »technique and operation« zu bieten. In seinem dicken Buch (*Auschwitz, Technique and Operation of the Gas Chambers,* The Beate Klarsfeld Foundation, New York 1989) schreibt er, daß es keinen »direct proof«, (›direkten Beweis‹), sondern »criminal traces« (»Indizien des Verbrechens«) oder »indirect proof[s]« (›indirekte Beweise‹) (S. 429) gibt.

Durch die Umwandlung des Juden-›Holocaust‹ in einen nunmehr jeglichen materiellen Inhalts entledigten religiösen Glauben werden sie um so unerbittlicher werden und in den echten Revisionisten intolerante, herzlose, gemeine, materialistische ›Negateure‹ oder ›Negationisten‹ sehen, die gegen die freie Äußerung religiöser Gefühle sind. Für diese Juden werden die echten Revisionisten im Geist also weiterhin Teufel bleiben, auch wenn man ihnen auf der Faktenebene wird recht geben müssen.
Revisionisten sind weder teuflisch noch negativ. Sie haben nichts vom ›Geist, der verneint‹. Sie sind positiv. Sie behaupten am Schluß ihrer rein positivistischen Nachforschungen, daß bestimmte Überzeugungen lediglich Mythen sind. Solche Mythen sind insofern schädlich, als sie den Haß nähren. Die Revisionisten sind darum bemüht zu beschreiben, was sich abgespielt, und nicht, was sich nicht abgespielt hat. Der armen Menschheit verkünden sie alles in allem eine gute Nachricht. Sie streben nur historische Genauigkeit an und hatten keine andere Bestrebung als diese; es stellt sich aber heraus, daß sie, ohne es ausdrücklich angestrebt zu haben, nun gegen die Verleumdung und für die Gerechtigkeit kämpfen. Sie haben gelitten und werden weiterhin leiden, doch glaube ich, daß die Geschichte ihnen letzten Endes recht geben und Gerechtigkeit widerfahren lassen wird[23].

ROBERT FAURISSON, 23. September 1994

23. Ein grundlegendes Werk zum historischen Revisionismus stammt von der kanadischen Anwältin Barbara Kulaszka, *Did Six Million really Die ? Report of the Evidence in the Canadian ›False News‹ Trial of Ernst Zündel – 1988*, Samisdat Publishers (206 Carlton Street, Toronto, Ontario, Kanada M5A 2L1), 1992 (Starben wirklich sechs Millionen? Beweise und Zeugenerklärungen im Ernst Zündel-Prozeß 1988 in Kanada wegen ›Verbreitung falscher Nachrichten‹).

Streitpunkt Judenvernichtung
Eine Einleitung

ERNST GAUSS

»Kein Schüler, kein Student, aber auch kein Wissenschaftler oder Laie soll an endgültig bewiesene Tatsachen glauben, auch wenn es so in den Lehrbüchern dargestellt wird.«[1]

1. Eine deutsch-jüdische Zukunftsvision

Als im Laufe des letzten Jahrhunderts die Emanzipation der Juden in Deutschland Realität wurde, bahnte sich zugleich eine der größten und fruchtbarsten Symbiosen an, die zwei Völker jemals miteinander verband. Zum einen war die Identifikation der mittel-, aber zum Teil auch der osteuropäischen Juden mit der deutschen Kultur, ja sogar mit der deutschen Nation nicht zu übersehen. Gipfelpunkte dieser Anteilnahme jüdischen Lebens am Schicksal der deutschen Nation waren sicherlich die vielen mit teilweise hohen Auszeichnungen versehenen jüdischen Frontkämpfer im Ersten Weltkrieg. Ausdruck dieser Verbundenheit war jedoch auch die unter den Zionisten weitverbreitete Auffassung, daß die Landessprache des einst zu gründenden Staates Israel Deutsch sein werde.
Doch die Verwurzelung beider Völker geht viel tiefer. Wer kennt heute noch den Namen Eduard von Simson, Sohn vormals jüdischer, später zum Protestantismus konvertierter Eltern? Er war es, der in allen Phasen der staatlichen Einigung Deutschlands im letzten Jahrhundert die entscheidenden Rollen spielte, weit wichtiger als z. B. König Wilhelm I. oder Heinrich von Gagern.[2]
Wer erinnert sich nicht des ungeheuer großen und wichtigen, nicht fortzudenkenden Anteils der jüdischen Deutschen unter den Denkern und Dichtern, Forschern und Künstlern, die Deutschlands Weltruhm in Kunst und Wissenschaft in den letzten drei Jahrhunderten entscheidend mit geprägt haben? Wer heute in die Liste der Nobelpreisträger der ersten Hälfte unseres Jahrhunderts blickt, erkennt nicht nur die ungeheure Dominanz deutscher Wissenschaftler, sondern unter diesen wiederum den großen Anteil solcher jüdischen Glaubens.
Wäre diese für die ganze Welt so fruchtbar gewesene Symbiose heute wieder vorstellbar?
Wenn sie heute als ferne Utopie erscheint: warum ist dies so?
Das deutsch-jüdische Verhältnis wird heute durch die Darstellung des Leids der Jahre zwischen 1933 und 1945 beherrscht. Diese Jahre scheinen das deutsch-jüdische Verhältnis unwandelbar vergiftet zu haben. Das Verhältnis ist geprägt durch die Rollenverteilung des ewig Anklagenden hier und des ewigen Büßers dort. Auf der Strecke bleibt dabei die Erinnerung an positiv zu bewertende Ereignisse gemeinsamer Geschichte, die uns ein Vorbild sein könnten für ein Zusammenleben in der Zukunft.
Mein Wunsch jedenfalls ist es, daß beide Völker wieder in respektvoller Partnerschaft zueinander finden, um an eine Epoche anzuknüpfen, die der Welt, dem Judentum und dem deutschen Volk so unendlich viel Nutzen gebracht hat. Mein Wunsch ist es ferner, daß eine Epoche endlich abgeschlossen wird, in der die gegenseitige Ver- oder Mißachtung, das gegenseitige Mißtrauen und die Angst voreinander abgebaut und schließlich beseitigt werden. Ich ersehne das Ende einer Epoche herbei, die der Welt, dem Judentum und dem deutschen Volk so viel Unglück gebracht hat wie kaum eine Epoche zuvor.

1. Walter Nagl, *Gentechnologie und Grenzen der Biologie,* Wissenschaftliche Buchgesellschaft, Darmstadt 1987, S. 127.
2. Vgl. G. Meinhardt, *Eduard von Simson,* Habelt, Bonn 1981.

Michael Wolffsohn hat sehr gut erkannt, daß gerade auch die jüdische Seite heute die ständige Erinnerung an den Holocaust neben der jüdischen Religion und dem jüdischen Nationalismus als dritte Säule der jüdischen Identität ansieht.[3] Diese Einstellung jedoch kann dazu führen, daß Deutschland und das deutsche Volk sich im Judentum auf ewig als Feindbild manifestieren, was dem friedlichen Zusammenleben beider Völker nicht dienlich sein kann.[4] Angebracht erscheint also eine Diskussion über die Rolle, die der Holocaust im jüdischen Selbstverständnis einnehmen sollte, damit ein partnerschaftlicher Weg beider Völker in die Zukunft möglich wird.

Zu einer Versöhnung beider Völker gehört aber noch mehr. Versöhnung kann nur dort gedeihen, wo mit offenem Herz geredet und mit offenem Geist zugehört wird; wo Meinungen ausgesprochen werden, anstatt sie hinunterzuschlucken oder gar zu unterdrücken; wo Streitpunkte in zivilisierter Manier ausdiskutiert werden, anstatt sie durch Totschweigen, Totschreien oder Totprügeln zu kaschieren.

Es geht also nicht nur um eine Diskussion über die Einordnung des Holocaust im jüdischen Selbstverständnis, sondern es geht auch um die Frage, ob die historischen Darstellungen, wie sie uns heute präsentiert werden, richtig sind. Es geht um die Frage, ob die von Prof. Wolffsohn festgestellte Tendenz, den Holocaust zu einer neuen transzendenten Stützsäule jüdischer Identität umzuformen, dazu beigetragen haben könnte, die Darstellung der damaligen Ereignisse selber transzendent zu überhöhen und damit zu verzerren.

Ich möchte mit diesem Werk der freien wissenschaftlichen Meinungsäußerung zur Geschichtsschreibung über den Holocaust jedem die Hand reichen für einen offenen, partnerschaftlichen Dialog über diese Fragen, auch oder gerade, weil hier gegenüber den meisten anderen zu diesem Thema erschienenen Publikationen eine kontroverse Position bezogen wird. Für diesen Dialog wäre es unerläßlich, daß keiner dem anderen seine Ehrlichkeit und seinen besten Willen zur Versöhnung abspricht. Es soll bei diesem Dialog zuerst und vor allem darum gehen, durch die gemeinsame aufrichtige Suche nach der Wahrheit zu einer Versöhnung zwischen Juden und Deutschen beizutragen, die vielleicht einst wieder in meiner Vision enden wird, in der Erneuerung der deutsch-jüdischen Symbiose.

2. Darf das zentrale Tabu unserer Zeit angerührt werden?

Doch gehört zu diesem partnerschaftlichen Dialog auch der über den Holocaust? Was auch immer in der Zeit zwischen 1941 und 1945 mit den Juden im Machtbereich Hitlers geschah: War es nicht auf jeden Fall schlimm genug, was den Juden damals angetan wurde? Kommt es also überhaupt auf das genaue Wie und Wieviel an? Ist daher nicht jede Diskussion darüber überflüssig?

Angenommen, es kommt nicht auf das Wie und Wieviel an, und diese Einstellung hat durchaus ihre moralische Rechtfertigung. Warum besteht man aber mit strafrechtlichen Androhungen offiziellerseits darauf, daß es gerade so und nicht anders gewesen sein soll, wie es uns heute allgemein beschrieben wird? Wenn es wirklich nicht so wichtig ist, wie die Einzelheiten waren: Warum weigert man sich dann, über diese zu diskutieren und andere Meinungen gelten zu lassen? Wenn die moralische Verwerflichkeit der Judenverfolgung an sich in einer solchen Diskussion von niemandem angezweifelt wird: Warum kann man dann nicht über Teilbereiche dieser Verfolgung kontrovers argumentieren? Weil es sich um ein zu respektierendes gesellschaftliches Tabu handelt, wie Prof. Arnd Simon sagte?[5]

Mitte der achtziger Jahre sorgten die Thesen von Ernst Nolte für Aufregung, da er nicht nur die Möglichkeit forderte, den Nationalsozialismus einem wissenschaftlichen Vergleich mit dem Stalinis-

3. Michael Wolffsohn, »Eine Amputation des Judentums?«, in *Frankfurter Allgemeine Zeitung* (FAZ), 15.4.1993, S. 32; zur psychologischen Bedeutung des Holocaust vgl. auch H. F. Stein, *The Journal of Historical Review* (JHR) 1(4) (1980) 309–322; M. A. Hoffman II, *JHR* 6(4) (1985) 467–478.
4. Auch Moshe Zimmermann erkennt die wachsende Mythologisierung des Holocaust mit zunehmend zeitlichem Abstand als Hindernis der deutsch-jüdischen Normalisierung: ders., in *Aus Politik und Zeitgeschichte* 42(1–2) (1992) 33–43, hier S. 34.
5. In einer Unterredung mit G. Rudolf am 3. 5. 1993 am Max-Planck-Institut für Festkörperforschung in Stuttgart.

mus unterziehen zu können,[6] sondern zudem Argumente bezüglich der Motivation der nationalsozialistischen Judenverfolgung in die Diskussion einbrachte, die bisher nur auf dem rechten Flügel zu finden und deshalb verpönt waren.[7] Das allein genügte schon, um Nolte wegen dieser Tabubrüche heftigst anzugreifen. Da die historische und politische Entwicklung und die neueren Erkenntnisse im Zuge der Öffnung der Archive der ehemaligen Ostblockstaaten Noltes Position als Selbstverständlichkeit bestätigt haben, ist es heute still geworden um den damaligen Streit.

Ernst Nolte jedoch gab sich mit diesem Zustand nicht zufrieden, sondern baute seine Position noch aus: 1993 veröffentlichte er mit seinen *Streitpunkten* einen Überblick über sämtliche Themen, die bezüglich der Geschichtsschreibung über das Dritte Reich noch strittig sind.[8] Und zwar schloß er hier nicht nur solche Streitpunkte ein, die unter den etablierten Historikern bestehen, sondern widmete sich verstärkt den Thesen des ›radikalen Revisionismus‹, der die Existenz eines planmäßigen Völkermordes an den Juden durch das Dritte Reich, vor allem durch die Verwendung von Giftgas in stationären oder mobilen Gaskammern, abstreitet und widerlegen zu können glaubt. Nach Noltes Meinung kann diese »These nicht mehr als bloß unsinnig oder bösartig zurückgewiesen werden [. . .]«.[9] Er gesteht nach Durcharbeitung der revisionistischen Literatur, die er samt ihren Thesen teilweise vorstellt, der revisionistischen Schule einen wissenschaftlichen Standard zu, der bezüglich der Quellenbeherrschung dem der etablierten Historikerschaft zumindest ebenbürtig sei,[10] auch wenn er sich der Meinung der Revisionisten nicht anzuschließen vermag.[11] Ohne Zweifel begehen die Aussagen dieses Buches einen wesentlich größeren Tabubruch, als es jene taten, die zum Historikerstreit führten, denn schließlich macht er hier die Revisionisten samt ihren Thesen und Argumenten hoffähig, was man nach Nolte bisher durch bloßes Zurückweisen, durch Verdächtigungen oder einfach durch Totschweigen sorgfältigst vermieden hatte. Dennoch verhielten sich seine Berufskollegen und die Medien nach seiner Veröffentlichung völlig ruhig.

Doch halt: Man griff im linken Meinungsspektrum doch zu Gegenmaßnahmen, allerdings diesmal nicht zur Feder, sondern zur Gewalt. Als Nolte Anfang Februar 1994 in Berlin einen Vortrag halten wollte, wurde er von etwa 30 Personen, nicht etwa Chaoten, sondern ganz normalen Intellektuellen, mit den Rufen »Das ist ein Nazi!«, mit Tränengas, Schlägen und Tritten angegriffen und somit die Veranstaltung verhindert. Die *FAZ* sprach folgerichtig von Gesinnungsterror in der Bundeshauptstadt.[12] Ob Prof. Nolte dem französischen Professor für Text- und Dokumentenkritik und weltweit bekanntesten Revisionisten Robert Faurisson nun immer noch vorwirft, daß er die tätlichen Angriffe gegen sich teilweise selber verschuldet habe, da er seine Thesen zum Teil polemisch und aggressiv formuliert habe?[13]

3. Die juristische Totalblockade

Wenn der Gesinnungsterror das einzige Problem wäre, mit dem wir uns heutzutage herumschlagen müssen, so wären wir fast glücklich, denn schließlich darf man von unserem Staat erwarten, daß er

6. Die Vergleichbarkeit beider totalitärer Regime war seit jeher ein Leitfaden von Noltes Forschung, vgl. ders., *Der Faschismus in seiner Epoche,* Piper, München 1963; auch ders., *JHR* 14(1) (1994) 15–22.
7. Kulminationspunkt: E. Nolte, *Der europäische Bürgerkrieg 1917–1945,* Ullstein, Frankfurt/M.–Berlin 1978. Vgl. als Überblick über den sogenannten Historikerstreit mit einer umfassenden Bibliographie: I. Geiss, *Der Hysterikerstreit,* Bouvier, Bonn 1992.
8. E. Nolte, *Streitpunkte,* Ullstein, Frankfurt/M.–Berlin 1993; vgl. auch die revisionistische Erwiderung von M. Köhler, *Auch Holocaust-Lügen haben kurze Beine,* Cromwell Press, 20 Madeira Place, Brighton/Sussex BN2 1TN, 1994.
9. E. Nolte, aaO. (Anm. 8), S. 8.
10. Ebenda, S. 304.
11. Ebenda, S. 9, 290, 297.
12. *FAZ,* 4. 2. 1994, S. 4, u. 5. 2. 1994, S. 27.
13. E. Nolte, aaO. (Anm. 8), S. 306.

seine Bürger davor schützt, wenn er als legitimer Rechtsstaat anerkannt werden will. Das Problem ist aber ein weitaus größeres und liegt im Artikel 5 unseres Grundgesetzes verborgen, dem Recht auf freie Meinungsäußerung und auf die Freiheit von Wissenschaft, Forschung und Lehre. Nach Nolte und in Übereinstimmung mit der UN-Menschenrechtskonvention muß eine Wissenschaft und Forschung, die frei sein will, alles anzweifeln dürfen. Wer diese Zweifel, formuliert in Thesen und Beweisführungen und veröffentlicht in sachlicher Form, zu pönalisieren trachtet, der begeht einen Anschlag auf das Prinzip der Wissenschaftsfreiheit, der auf das entschiedenste zurückgewiesen werden muß.[14]
Doch wie sieht die Praxis aus? Kann man sicher sein, den Schutz des Grundgesetzes zu genießen, wenn man die These aufstellt, es habe gewisse Bereiche des als Holocaust umschriebenen Ereignisses im Zweiten Weltkrieg nicht gegeben? Sehen wir uns dazu einige Gerichtsurteile an. Zur Meinungs- wie zur Wissenschaftsfreiheit erfährt man dort sinngemäß, daß diese durch das Grundrecht auf Unantastbarkeit der Menschenwürde (Art. 1 des Grundgesetzes) begrenzt werden, was niemand anzweifeln wird. Macht jemand eine beleidigende oder verhetzende Äußerung, so steht dies außerhalb des Grundrechts auf freie Meinungsäußerung. Entscheidungspraxis deutscher Gerichte ist nun, daß allein schon die These, es habe gewisse Vorgänge des Holocaust nicht gegeben, beleidigend für die Opfer des Holocaust sei. Deshalb seien solche Äußerungen nicht durch Art. 5 des Grundgesetzes geschützt.
Es stellt sich nun die Frage, ob unsere jüdischen Mitbürger durch die These, es seien nicht so viele Juden wie bisher vermutet und vor allem nicht auf die bisher vermutete Weise umgekommen, beleidigt sein können. Um es an einem neutralen Beispiel zu erklären: Kann ein Mensch, der bisher glaubte, alle seine fünf verschollenen Geschwister seien durch ein grausames Ereignis umgekommen, beleidigt werden, wenn ein Dritter die begründete These aufstellt, vier der fünf Geschwister seien gar nicht durch jenes grausige Ereignis umgekommen, sondern sie seien lediglich durch Kriegswirren in alle Himmelsrichtungen verstreut worden und hätten andere Namen angenommen, wodurch sie heute unauffindbar seien? Zumindest dürfte man von der betroffenen Person erwarten, daß sie den Argumenten zuhört, bevor sie angesichts dieser möglicherweise frohen Botschaft Hoffnung schöpfen oder sich sogar freuen kann. Es erhebt sich hier also die Frage, ob jemand per se beleidigt werden kann, wenn man die These aufstellt, ein gewisses Unrecht bzw. Unglück sei ihm oder seinen Anverwandten gar nicht geschehen. Wäre es nicht vielmehr richtig, daß man sich im Falle der Richtigkeit der These sogar gemeinsam darüber freuen müßte, daß das Unrecht nicht geschah? Es käme also auf den Beweis der These an.
Aber lassen deutsche Gerichte diesen Beweis zu? Die deutsche Justiz geht davon aus, daß der Holocaust in seiner Gesamtheit wie in seinen Details offenkundig erwiesen und im öffentlichen Leben unwidersprochen ist, daß also alle gegenteiligen Behauptungen bis zum Beweis des Gegenteils erwiesenermaßen falsch sind. In solchen Fällen der Offenkundigkeit befreit die Strafprozeßordnung die Staatsanwaltschaft und das Gericht von der Pflicht, Beweis für die eigene Position anzutreten.[15] Tatsächlich gehen die Gerichte aber noch weiter, indem sie diesen Paragraphen so weit interpretieren, daß es der Verteidigung nicht erlaubt ist, Gegenbeweise zur weithin anerkannten These vorzubringen.
Eine theoretische Möglichkeit zur Überwindung der Beweisabwehr durch das Gericht wird der Verteidigung durch denselben § 244 der Strafprozeßordnung gewährt. Dort ist nämlich festgelegt, daß bei Gericht präsente Beweismittel nur abgelehnt werden können, wenn sie sich als gänzlich ungeeignet erweisen. Stellt also die Verteidigung den Antrag, zu einem Beweisthema einen im Verhandlungssaal anwesenden und ordnungsgemäß von der Verteidigung geladenen Sachverständigen zu hören, so kann das Gericht dieses Beweismittel nur ablehnen, wenn sich nach Anhörung des Sachverständigen zur Person herausstellt, daß er weder durch eine entsprechende Berufsausbildung noch durch eine gleichwertige Berufserfahrung fachlich qualifiziert ist, sich zum Beweisthema sachverständig zu äußern.
Tatsächlich aber lehnen die bundesdeutschen Gerichte neben anderen präsenten Beweismitteln auch

14. Ebenda, S. 308.
15. § 244 Abs. 3 Satz 2 StPO.

präsente sachverständige Zeugen in der Regel ohne Anhörung zur Person, also ohne Prüfung der Qualifikation, wegen Offenkundigkeit oder wegen gänzlicher Ungeeignetheit ab. Lediglich in einem Ausnahmefall wurde bisher ein Sachverständiger zur Person gehört. Das Gericht entschied aber, daß die Ausbildung des sachverständigen Zeugen zum Diplom-Chemiker nicht ausreiche, über chemische Fragen sachkundig zu urteilen. Dazu bedürfe es mindestens der Promotion.[16] Fehlt hierzu nur noch der Hinweis, daß es sich damals um den Diplom-Chemiker Germar Rudolf drehte und daß der Zentralrat der Juden in Deutschland nach dessen Auftritten als sachverständiger Zeuge bei dessen Arbeitgeber intervenierte, um Rudolfs Sachverständigentätigkeit zu unterbinden.[17] Diese Intervention trug mit Sicherheit dazu bei, daß Rudolfs damaliges befristetes Arbeitsverhältnis bei der Max-Planck-Gesellschaft von dieser fristlos gekündigt wurde.[18] Die Universität Stuttgart verweigert Rudolf zudem trotz Erfüllung aller formellen und wissenschaftlich-qualitativen Kriterien den Abschluß seiner Promotion zum Dr. rer. nat. Dies geschieht hintergründig sehr wahrscheinlich, um zu verhindern, daß er der Geschichtswissenschaft noch mehr Unannehmlichkeiten bereitet.[19]

Doch zurück zur Offenkundigkeit. Da nach allgemeiner Rechtsprechung das in unserer Gesellschaft und somit vor Gericht für offenkundig wahr Gehaltene nicht auch wahr sein muß – neue Erkenntnisse werfen immer wieder alte ›Wahrheiten‹ über den Haufen –, gesteht das geschriebene Gesetz der Verteidigung das Recht zu, die Offenkundigkeit selber zu erschüttern und damit die Beweisaufnahme neuerlich zu eröffnen. Dies kann auf zwei Arten erfolgen:[20]

1. Die Verteidigung muß belegen, daß das von ihr bereitgestellte Beweismittel allen bisher vor deutschen Gerichten vorgebrachten Beweisen, mit denen die Offenkundigkeit einst begründet wurde, an Beweiskraft überlegen ist.
2. Sie muß nachweisen, daß es in der Öffentlichkeit merklichen Widerspruch gegen die für offenkundig gehaltene Meinung gibt. Hierzu genügen nicht einige Publikationen aus anrüchigen Quellen, sondern es muß ein nicht unerheblicher Teil des öffentlichen Establishments anderer Meinung sein.

Tatsächlich jedoch wurden alle in den letzten Jahren von der Verteidigung vorgebrachten Anträge zum Beweis der Überlegenheit der neu vorgebrachten Beweismittel ebenfalls wegen Offenkundigkeit des Holocaust abgelehnt, obwohl der Holocaust überhaupt nicht Beweisthema der Anträge war, sondern lediglich die These, daß die neu vorgebrachten Beweismittel älteren überlegen sind.

Wer dahinter wie hinter der ungeprüften Ablehnung präsenter sachverständiger Zeugen einen Verstoß gegen die Strafprozeßordnung vermutete (Beweismittelunterdrückung), der mußte jüngst zur Kenntnis nehmen, daß selbst der Bundesgerichtshof sich nicht geneigt sieht, auf entsprechende Beschwerden der Verteidigung einzugehen. Die Ablehnung der Anträge zur Überprüfung der qualitativen Überlegenheit neuer über alte Beweise aufgrund der Offenkundigkeit des Holocaust wurde für Recht befunden, da sie mit der Entscheidungspraxis aller bundesdeutschen Gerichte übereinstimme.[21] Die deutschen Gerichte zitieren sich also zum Beweis ihrer Behauptungen gegenseitig.

Ganz besonders einfach machte es sich jüngst das Bundesverfassungsgericht, das die wissenschaftlichen Thesen eines Forschers zum gleichen Themenkomplex als eine Tatsachenbehauptung hinstellte, die als solche, da keine Meinungsäußerung, nicht unter dem Schutz des Grundrechtes auf freie Meinungsäußerung stehe und damit generell verboten werden könne.[22] Selbst die Äußerungen eines sach-

16. Verfahren gegen O. E. Remer, Landgericht Schweinfurt, Az. 1 KLs 8 Js 10453/92.
17. Schreiben des Sekretärs des Zentralrates der Juden in Deutschland H. Jaeckel an den Präsidenten der Max-Planck-Gesellschaft Prof. Dr. H. F. Zacher vom 22. 6. 1993.
18. Diese Kündigung wurde allerdings während eines Rechtsstreits in eine einvernehmliche Auflösung des Arbeitsvertrages umgewandelt, vgl. Arbeitsgericht Stuttgart, Az. 14 Ca 6663/93.
19. Nähere Einzelheiten dazu vgl. in W. Schlesiger, *Der Fall Rudolf,* Cromwell, 20 Madeira Place, Brighton/Sussex BN2 1TN, 1994.
20. Vgl. OLG Düsseldorf, Az. 2 Ss 155/91 – 52/91 III; BVG Az. 2 BrR 367/92.
21. Az. 1 StR 193/93.
22. BVG, Beschluß vom 9. 6. 1992, Az. 1 BvR 824/90, *Neue Juristische Wochenschrift,* 1993, S. 916.

verständigen Zeugen, der vor Gericht zu dem Thema gehört werden soll, sind heute nicht mehr frei, wenn man von den oben geschilderten ruinösen beruflichen Konsequenzen absieht, die eine solche Tätigkeit mit sich bringt. So machte den Sachverständigen G. Rudolf der Vorsitzende Richter Peter Stockhammer am Landgericht Nürnberg darauf aufmerksam, daß er sich strafbar machen könne, wenn er die Thesen des Angeklagten A. Vogt über die Nichtexistenz der Gaskammern in Auschwitz unterstütze.[23] Somit wurde erstmals von einem deutschen Gericht ausgesprochen, daß ein Gutachter zum Thema Holocaust immer zu einem vorgegebenen Ergebnis kommen muß, wenn er sich nicht strafbar machen will. Was aber bedeutet dies für den Wert aller bisher abgegebenen, lediglich historischen Sachverständigengutachten, wenn die Gutachter nie eine andere Wahl hatten, als die Vorgaben der alliierten und deutschen Politik zu erfüllen?

Angesichts dieser Umstände erscheint es wie blanker Hohn, wenn die Gerichte zur Aufhebung der Offenkundigkeit verlangen, daß im Establishment ein merklicher öffentlicher Widerspruch dagegen vorhanden sein muß, zumal jeder, der widerspricht, gnadenlos gerichtlich verfolgt wird und nicht den Hauch einer Chance hat, seinen Widerspruch unter Beweis zu stellen, da ihm jeder Unschuldsbeweis verwehrt wird. Die Bundesjustizministerin Leutheusser-Schnarrenberger verkündete jedoch Ende März 1994, es sei gerade der tiefere Sinn der Offenkundigkeit des Holocaust, den Bestreitern, die sie summarisch als neonazistische Lügner beleidigte, gewisser Komplexe der offiziellen Geschichtsschreibung die Darlegung ihrer Thesen und Beweise vor Gericht und in der Öffentlichkeit unmöglich zu machen:

> *»Eine Beweiserhebung darüber* [über den Holocaust] *sei daher* [wegen dessen Offenkundigkeit] *überflüssig. Das mag vielen als banal erscheinen, versperrt aber den neonazistischen Lügnern den Weg in die Selbstdarstellung vor Gericht und in der Öffentlichkeit.«*[24]

Zwar entschied der Bundesgerichtshof jüngst, daß entgegen der bisherigen Entscheidungspraxis das simple Abstreiten der Judenvernichtung im Dritten Reich nicht ausreicht, um den Tatbestand der Volksverhetzung (§ 130 StGB) oder der Aufstachelung zum Rassenhaß (§ 131) zu erfüllen. Vielmehr muß der Nachweis der Nähe zum NS-Gedankengut bezüglich der Einstellung zu den Juden oder der Nachweis, man habe den Juden unterstellt, sie hätten die ›Holocaust-Lüge‹ eingefädelt, um damit das deutsche Volk zu erpressen, auszurauben oder zu vernichten etc.pp. (›qualifizierte Auschwitz-Lüge‹), geführt werden. Bestehen bleibe aber, so der BGH, die Offenkundigkeit der Gaskammermorde.[25] Demnach stünde also die sachliche revisionistische Holocaustforschung und die Veröffentlichung ihrer Ergebnisse nicht unter der Strafandrohung der §§ 130 f. Nach einer massiven Urteilsschelte in den Medien stellt der BGH in seiner schriftlichen Urteilsbegründung allerdings fest, daß das einfache Abstreiten gewisser NS-Massenmorde sehr wohl das Andenken der durch solche Massenmorde (vermeintlich) getöteten Menschen verunglimpfen und auch heute lebende Juden beleidigen und somit nach den §§ 185, 189 StGB strafbar sein könne.[26]

Nach diesem BGH-Urteil war zu erwarten, daß der Gesetzgeber sich bemühen würde, auch die „einfache Auschwitz-Lüge“, also das sachlich-wissenschaftliche Abstreiten des Holocaust, strafrechtlich nach den §§ 130 f. verfolgbar zu machen, wie dies bereits in Österreich und Frankreich der Fall ist und wie es nach dem BGH-Urteil mehrere Stimmen auch für Deutschland fordern.[27] Tatsächlich sieht die am 20. 5. 1994 im Bundestag beschlossene, vom Bundesrat jedoch vorerst abgewiesene Reform des § 130 in Absatz 3 vor, daß derjenige sich der Volksverhetzung strafbar mache,

> *»wer eine unter der Herrschaft des Nationalsozialismus begangene Handlung der in §220 a Abs. 1* [Völkermord, E.G.] *bezeichneten Art in einer Weise, die geeignet ist, den öffentlichen Frieden zu stören, öffentlich oder in einer Versammlung billigt, leugnet oder verharmlost«.*

---

23. Az. 6/38 Ns 341 Js 31951/92, vgl. *Süddeutsche Zeitung,* 17. 3. 1994, S. 52.
24. Bundesjustizministerin S. Leutheusser-Schnarrenberger, in *Allgemeine Jüdische Wochenzeitung,* 24.3.1994, S. 2.
25. BGH Urteil vom 15. 3. 1994, Az. 1 StR 179/93.
26. Vgl. die Tagespresse vom 22. 4. 1994.
27. *Münchner Merkur,* 17. 3. 1994, S. 4. Die SPD-Vizevorsitzende und Justizministerin des SPD-Schattenkabinetts

Prof. H. Hoffmann[28] und mit ihm die *Frankfurter Allgemeine Zeitung*[29] haben bereits gewittert, daß diese Strafrechtsänderung den Geruch der Verfassungswidrigkeit besitzt. Allerdings ist ihre Begründung falsch, denn beide sehen die Verfassungswidrigkeit darin, daß hier mit einem schlichten Strafrechtsabsatz die im Grundgesetz unantastbar festgeschriebene Freiheit der Forschung und Wissenschaft angegriffen wird. Tatsächlich aber wird in Absatz 5 des neuen § 220 festgehalten, daß diese Bestimmung nicht für Äußerungen oder Publikationen gilt, die unter anderem der Wissenschaft, der Forschung oder der Lehre dienen.[30] Die Verfassungswidrigkeit liegt vielmehr in der Tatsache begründet, daß mit dieser Gesetzesänderung ein Sondergesetz geschaffen wurde, das lediglich die Billigung, Leugnung oder Verharmlosung der unter der Herrschaft des NS-Regimes tatsächlich oder vermeintlich begangenen Völkermord-Handlungen mit Strafe bedroht. Rechtlich zulässig wäre allein ein Billigungs-, Leugnungs- und Verharmlosungsverbot aller jemals begangenen Völkermorde.[31]
Angesichts der oben geschilderten Erfahrungen mit unseren Gerichten und der Reaktion der Öffentlichkeit muß es wie ein Wunder erscheinen, daß es Persönlichkeiten des Establishments gibt, die es wagen, das Holocaust-Tabu anzugehen. Walter Lüftl, bis zum Frühjahr 1992 Präsident der Bundesingenieurkammer Österreichs, zählt zweifellos dazu. Als er seine Zweifel an Details des Holocaust aufgrund technischer Einwände formulierte, schlug die österreichische Justiz mit der gleichen Gnadenlosigkeit zu, wie sie es in Frankreich oder Deutschland zu tun pflegt. Da der Normalbürger und vieltausendfache Bausachverständige Dipl.-Ing. W. Lüftl mit einem solchen Verhalten seines Rechtsstaates nicht rechnete, mußte er einen schmerzhaften Lernprozeß durchmachen. W. Rademacher beschreibt als Einstieg in unser Thema den Fall Lüftl, um deutlich zu machen, wie man als einfacher Mann von der Straße oder auch als angesehene Persönlichkeit plötzlich ins Räderwerk des staatlichen Tabuschutzes mit zweifelhaften Methoden geraten kann. Gleichzeitig klärt er uns über den Kontrast auf, der zwischen der Behandlung von Sachverständigen in NS-Gewaltverbrechensprozessen und der in normalen Prozessen herrscht, und führt uns durch einige technische Ausführungen in unser Thema ein.

4. Zweifelhafte Zeugnisse zum Holocaust

Auf welche Beweise gründen sich eigentlich die Urteile, auf die sich unsere Gerichte immer wieder bei der Anführung der Offenkundigkeit berufen? Die bundesdeutsche Justiz – und nicht nur diese – hat sich in ihren Prozessen um die sogenannten nationalsozialistischen Massenmorde an den Juden bisher lediglich darum gekümmert, einzelnen Angeklagten eine Täterschaft oder Tatbeteiligung nachzuweisen. Die Taten selber wurden nie gerichtlich untersucht, sondern als offenkundig geschehen vorausgesetzt, und zwar basierend auf den Feststellungen der Nürnberger Militärtribunale. Diese aber unterließen ebenfalls alle forensischen Untersuchungen der vermeintlich begangenen Verbrechen und stützten ihre Schußfolgerungen auf durch zweifelhafte Methoden erworbene Zeugenaussagen und Dokumente.
Die Offenkundigkeit des NS-Völkermordes an den Juden besteht also, ohne daß er oder Teile von ihm jemals gerichtlich untersucht wurden, zum Beispiel anhand von Spuren von Opfern, Tatwaffen, Tätern oder der Tat selbst. Wenn aber die Offenkundigkeit des Holocaust von vornherein feststeht und somit jede gerichtliche Untersuchung blockiert wird, so kann und darf kein Gericht je zu einem anderen

H. Däubler-Gmelin setzt sich hierfür besonders ein, *Süddeutsche Zeitung,* 21. 4. 1994; vgl. auch die Bundesjustizministerin, (siehe Anm. 24). Eine Gegenposition vertrat die *FAZ,* 7. und 27. 4. 1994.

28. Leserbrief in der *FAZ* vom 21. 5. 1994, S. 9.
29. *FAZ* vom 21. 5. 1994, S. 10: »Starfbarer Irrtum«.
30. Durch einen Hinweis auf den § 86a StGB.
31. Einen Überblick über die momentane Rechtslage revisionistischer Forschung gibt K.C. Holmar, in *Deutschland in Geschichte und Gegenwart (DGG)* 42(2) (1994), S. 4 f.

Schluß kommen als dem, daß die bezeugten Straftaten auch tatsächlich begangen wurden. Unter diesen Voraussetzungen gilt es ganz besonders, kritisch zu sein gegenüber Zeugenaussagen, denn man muß damit rechnen, daß jene Aussagen, die eine Tat oder gar einen Tatkomplex abstreiten, ohne Begründung als wertlos verworfen werden, während belastende Aussagen unkritisch als wahr hingenommen werden. Das Tatbild steht also für das Gericht mehr oder weniger schon vor jeder Verhandlung fest, so daß eigentlich jede Beweiserhebung überflüssig wäre. Man benötigt sie lediglich, um die Schuld und das Strafmaß zu verteilen.

Manfred Köhler hat sich im zweiten Beitrag dieses Werkes die Aufgabe gestellt, die Bedingungen zu durchleuchten, unter denen in den knapp fünf Jahrzehnten nach dem Zweiten Weltkrieg die Zeugenaussagen und Geständnisse zustande kamen. Ganz bewußt ging es ihm dabei nicht um eine Kritik oder sogar um eine Bewertung der Aussagen selber. Lediglich die Randbedingungen der Nachkriegsprozesse, seien sie unter alliierter oder vor allem unter bundesdeutscher Regie geführt worden, sowie die gesellschaftliche Atmosphäre besonders der Bundesrepublik waren das Untersuchungsobjekt. Das Ergebnis freilich muß erschüttern, denn es ähnelt auf frappierende Weise den Umständen, unter denen im 16. und 17. Jahrhundert die Hexenprozesse durchgeführt wurden: Allgemeine Überzeugung der Unfehlbarkeit der eigenen Auffassung und tiefste, die Kritikfähigkeit abbauende Abscheu und Bestürzung über die angeblichen Verbrechen. Beides zusammen führte vor allem während der alliierten Nachkriegsprozesse zwangsläufig zu einer starken Aushöhlung rechtsstaatlicher Rahmenbedingungen, die zur Auffindung der Wahrheit unabdingbar sind. Die vor dem Internationalen Militärtribunal und seinen Nebenprozessen gefällten Urteile setzten die geschichtliche Norm, an der bis vor kurzem auch vor bundesdeutschen Gerichten niemand rüttelte. Die Offenkundigkeit wurde also praktisch bereits 1946 geboren. Bundesdeutsche Gerichte haben seither dieses Geschichtsbild kritiklos zu untermauern gesucht, ohne daß ihnen von irgendwo Widerstand entgegengesetzt wurde. Mehr noch: Das geistige Klima in unserem Land, aber auch sonst überall in der von der Holocaust-Geschichte geprägten Welt, ließ einen Zweifel nicht zu, ja unterdrückte ihn im Keim mit Methoden, die einen Vergleich mit den eingangs gegen Prof. Nolte gerichteten Angriffen nicht zu scheuen brauchen.[32]

Freilich muß all dies nicht bedeuten, daß die Tausende von Zeugenaussagen und Geständnissen zum Thema Holocaust falsch sind. Aber unsere Justiz weiß eben aus jahrhundertelanger Erfahrung, daß der Zeugenbeweis der schlechteste, weil unzuverlässigste Beweis überhaupt ist, so daß es unmöglich verboten sein darf, andere, bessere Beweismittel zu suchen oder zu fordern, bevor man eine gewisse historische Betrachtungsweise als richtig akzeptiert.

Daß mit den Zeugenaussagen auch inhaltlich einiges nicht stimmt, kann man durchaus nachweisen, indem man diese Zeugenaussagen einer inhaltlichen Kritik unterzieht. Köhler zeigt, daß dies seit Jahrzehnten von den Revisionisten praktiziert wird, so daß wir uns eine umfassende Studie in diesem Band sparen, auch wenn auf diesem Feld sicher noch ein großer Forschungsaufwand nötig ist, um alle Aussagen einer sachgemäßen Kritik zu unterziehen. Ein zentraler Teilbereich soll hier allerdings erneut unter die Lupe genommen werden, nämlich die Zeugen bzw. deren Aussagen über Menschenvergasungen in den vermeintlichen Menschengaskammern von Auschwitz und Birkenau. Prof. Faurisson hat sich schon länger auf diesen Komplex spezialisiert, denn dort befindet sich das Zentrum der Holocaust-Geschichte. Das Ergebnis der Analyse dieser Aussagen jedoch ist erschütternd: Kaum nimmt man die angeblichen Augenzeugen zum Beispiel vor Gericht in ein Kreuzverhör, so brechen sie völlig zusammen. Zurück bleibt ein Aussagen-Torso, dem ein kanadisches Gericht lediglich die Qualität eines Romans zubilligen wollte, oder vielleicht sogar die Qualität eines Märchens?

Als zweites wird nachfolgend der Prozeß gegen einen angeblichen NS-Gewaltverbrecher dargestellt, wie er von Freunden der Familie des Angeklagten erlebt wurde. Bisher gibt es über die bundesdeut-

32. So wurde z.B. der weltbekannte Revisionist Prof. Robert Faurisson allein zehnmal überfallen, davon viermal erheblich verletzt, einmal sogar lebensgefährlich. Ganz schweigen wollen wir hier von den vielen ruinösen, immer mit Schuldsprüchen (Geld- und Gefängnisstrafen) endenden Prozessen, den beruflichen Kündigungen und Entzügen akademischer Titel, die die Revisionisten allenthalben über sich ergehen lassen müssen.

schen Prozesse gegen vermeintliche NS-Gewaltverbrecher fast ausschließlich Literatur aus der Sicht der Staatsanwaltschaften und Richter, lediglich Laternser hat bisher aus der Sicht eines Verteidigers berichtet.[33] Die Angeklagten selber bzw. ihre Angehörigen und Freunde aber haben bisher noch nie berichtet, wie solch ein Prozeß von ihrer Warte aussieht.[34] Der hier aufgenommene Beitrag soll ein erster Schritt sein, diesem Manko abzuhelfen. Er muß freilich in seiner Sichtweise subjektiv bleiben, was jedoch angesichts des völligen Übergewichts der ebenfalls subjektiven Darstellungen von Richtern und Staatsanwälten nur ein notwendiges und in einer pluralistischen Gesellschaft willkommenes Korrektiv darstellt.[35] Läßt man die von Claus Jordan in seinem jahrelangen aufopferungsvollen Kampf für eine gerechte Beurteilung des Angeklagten Gottfried Weise zutage geförderten Fakten als wahr gelten, und man wird dies bis zum Beweis des Gegenteils tun müssen, so kann man nur hoffen, daß dieser tragische Justizirrtum, durch den ein unschuldiger Greis zu lebenslanger Haft verurteilt wurde, ein Einzelfall ist. Dieses lebenslange Urteil gegen Weise basiert, wie fast alle anderen Urteile nationalsozialistischer Gewaltverbrechensprozesse auch, vorwiegend auf den Aussagen von Belastungszeugen, von denen C. Jordan nachweist, daß sie sich zumindest geirrt haben.

Leider läßt das Verhalten der bundesdeutschen Gerichte in den letzten 49 Jahren, wie es von Manfred Köhler plastisch dargestellt wurde und vollauf den Erfahrungen vieler Verteidiger in solchen Prozessen entspricht, nur den umgekehrten Schluß zu, nämlich, daß das Verfahren gegen Gottfried Weise geradezu ein Musterbeispiel für Tausende anderer Fälle ist. Allein die Tatsache, daß Herr Weise viele beherzte Freunde hat, die ihm unter Einsatz all ihrer Freizeit halfen und weiterhin helfen, und daß sein Prozeß in eine Zeit hineinragt, in der durch die Öffnung vieler Archive des Ostblocks und durch die fortgeschrittene Forschung auch der revisionistischen Historiker neue Beweise an den Tag kamen, unterscheidet diesen Fall von den anderen und macht uns Hoffnung, daß das beantragte Wiederaufnahmeverfahren ähnlich wie der Prozeß gegen Demjanjuk enden wird, nämlich mit einem Freispruch.

5. Sechs Millionen Juden fehlen, Details interessieren daher nicht, oder: schon ein Toter ist einer zu viel

Hat man die erste Hürde in einer Diskussion mit Otto Normalverbraucher genommen, also die Einsicht in die Unzulänglichkeit von Zeugenaussagen erreicht und Verständnis dafür erlangt, daß ein solch ungeheuerlicher Verbrechensvorwurf wie die Vernichtung der europäischen Juden ergänzender und besserer Beweise bedarf, so gelangt man gewöhnlich zu der Frage, ob es überhaupt angebracht sei, über Details dieser Vernichtung und ihre Beweisbarkeit zu streiten, da das Verschwinden von 6 Millionen Juden in der Zeit des Zweiten Weltkrieges doch eine unbestreitbare Tatsache sei.

Nimmt man sich die über die Verluststatistiken der Juden im Zweiten Weltkrieg vorhandene Literatur vor, so fällt zunächst auf, daß es nur zwei ausführliche Monographien zum Thema gibt: Das 1983 erschienene revisionistische Werk *Die Auflösung des osteuropäischen Judentums* von Walter N. Sanning[36] und das von Wolfgang Benz 1991 herausgegebene Sammelwerk *Dimension des Völkermords*[37]. Während Sanning in seinem Werk die Anzahl der ungeklärten Verluste des europäischen Judentums in

33. H. Laternser, *Die andere Seite im Auschwitzprozeß 1963/65,* Seewald, Stuttgart 1966.
34. Abgesehen von der während des Verfahrens niedergelegten Berichterstattung über Weise durch R. Gerhard (Hg.), *Der Fall Gottfried Weise* (Türmer, Berg ^{2}1991), und wenn man von einigen stellenweise polemischen Beiträgen absieht, wie z.B. Deutscher Rechtsschutzkreis (Hg.), *Zur Problematik der Prozesse um ›Nationalsozialistische Gewaltverbrechen‹,* Schriftenreihe zur Geschichte und Entwicklung des Rechts im politischen Bereich, Heft 3, Bochum 1982; G. Stübiger, *Der Schwammbergerprozeß in Stuttgart,* ebenda, Heft 4, Mai 1992.
35. So auch die Meinung von J. Tuchel in: J. Weber, P. Steinbach (Hg.), *Vergangenheitsbewältigung durch Strafverfahren?,* Olzog, München 1984, S. 141 f.
36. W.N. Sanning, *The Dissolution of the Eastern European Jewry,* Institute for Historical Review, Torrance, CA, 1983; dt.: *Die Auflösung des osteuropäischen Judentums,* Grabert, Tübingen 1983
37. W. Benz (Hg.), *Dimension des Völkermords,* Oldenbourg, München 1991.

der Größenordnung von 300 000 angesiedelt sieht, kommt Benz in Übereinstimmung mit der herrschenden Meinung zu einer Verlustziffer von etwa 6 Millionen. Der Widerspruch beider Werke ist offenkundig und unaufhebbar, ein Vergleich unerläßlich.
Zunächst ist die Beobachtung interessant, daß es wieder einmal die Revisionisten waren, die bezüglich eines zentralen Punktes des Holocaust zuerst eine Abhandlung vorlegten.[38] Obwohl das Werk von Wolfgang Benz eindeutig eine Reaktion auf das revisionistische Buch war, trifft auch hier zu, was Nolte bezüglich der Behandlung der Revisionisten durch die etablierten Historiker ausgeführt hat: Sie werden totgeschwiegen bzw. diffamiert. In Benz' Buch findet sich an keinem einzigen Punkt eine direkte sachliche Auseinandersetzung mit den von Sanning vorgebrachten Argumenten. Es bleibt daher nichts anderes übrig, als beide Werke nebeneinander zu stellen, das statistische Material zu vergleichen und die Argumente der jeweiligen Autoren gegeneinander abzuwägen. Das Ergebnis dieser von Germar Rudolf vorgenommenen Untersuchung ist zunächst die Feststellung, daß beide Werke die Opfer des Holocaust völlig anders definieren. Während Sanning versucht, lediglich jene Opfer aufzusummieren, die durch direkte Tötungsmaßnahmen infolge einer nationalsozialistischen Vernichtungsabsicht verstarben, summiert Benz alle jüdischen Todesopfer in Europa auf das Konto des Holocaust, also auch die im Waffenrock der Roten Armee gefallenen Juden, die Opfer sowjetischer Deportationsmaßnahmen und Zwangsarbeitslager, die Bevölkerungsverluste infolge von natürlichen Sterbeüberschüssen und von Religionskonversionen usw.
Entscheidender aber ist der Umstand, daß Benz über die Frage der Bevölkerungsbewegungen während des Zweiten Weltkrieges und danach keine Untersuchungen anstellt. Gerade hier jedoch verbirgt sich das zentrale Problem unserer statistischen Betrachtung. Der als Exodus bekannt gewordene Auszug der Juden aus Europa, der vor dem Zweiten Weltkrieg begann, im Jahr 1941 zum großen Teil unterbrochen wurde und in den Jahren 1945 bis 1947 seine Hochzeit hatte, wird von Benz schlicht ignoriert. Auch die Frage der Wanderungsbewegung der Juden in Osteuropa wird von Benz stiefmütterlich behandelt, so die Frage, wievielen polnischen Juden die Flucht vor der deutschen Armee gelang und wie hoch der Anteil der Juden war, die in den Jahren 1941 und 1942 durch die Sowjets deportiert wurden. Gerade hier glänzt Sannings Untersuchung durch eine Fülle von Material, so daß man sich des Eindrucks nicht erwehren kann, daß Benz dem nichts entgegenzusetzen wußte, so daß er das Thema schlicht unter den Tisch fallen ließ.
Freilich ist damit noch nicht die Frage geklärt, welches der beiden Werke der historischen Wahrheit näher kommt. Dies zu entscheiden soll letztlich dem Leser überlassen bleiben, da es nach Rudolfs Auffassung noch wesentlich eingehenderer Untersuchungen bedarf, um auf dem heiklen Feld der jüdischen Weltbevölkerungsstatistik zu gesicherten Aussagen zu kommen, was an einem Beispiel veranschaulicht werden soll: Die evangelische Nachrichtenagentur *idea* meldete neulich, der in den USA arbeitende Missionsstatistiker David B. Barett habe festgestellt, daß die Zahl der sich zum Judentum bekennenden Menschen weltweit bei etwa 18 Millionen stagniere,[39] während das *American Jewish Yearbook* die 1979 schon stagnierende Zahl der Juden weltweit mit nur 14 Millionen angab.[40] Woher kommen plötzlich die 4 Millionen Juden? Nach welchen Kriterien wird von wem welche Statistik aufgestellt? Halbwahrheiten, Lügen, Statistiken. . .
Nun schallt uns bereits das nächste Argument entgegen: Wieviele Juden auch immer durch welche Umstände im deutschen Machtbereich umgekommen sind, ist nicht erheblich, da bereits ein Opfer eines zu viel ist. Ohne Zweifel ist es richtig, daß schon ein Opfer eines zuviel ist, ja man muß sogar noch weiter gehen: Selbst die nicht zum Tod führenden Verfolgungsmaßnahmen des Dritten Reichs waren schon in jeder Hinsicht inakzeptabel. Als Argument gegen die Untersuchung der statistischen

38. Auch bezüglich der Sachkritik an Aussagen und Dokumenten sowie bei der Forderung nach und der Erbringung von Sachbeweisen spielten die Revisionisten eine Vorreiterrolle.
39. Nach *Junge Freiheit,* 1. 4. 1994, S. 4.
40. *American Jewish Yearbook,* New York 1980, Vol. 81, S. 285–289; vgl. W.N. Sanning, aaO. (Anm. 36), S. 272.

Problematik oder des Ob und Wie der Judenvernichtung selber taugt es jedoch aus zwei Gründen nicht.
Erstens kann dieser Einwand schon allein deswegen nicht ziehen, da gerade die Zahl der Opfer seit Jahrzehnten als sakrosankt gilt. Käme es auf die Anzahl der Opfer nicht an, so müßte sie nicht als gesellschaftliches, ja strafrechtliches Tabu geschützt werden. Offenbar steht hinter der 6 Millionen-Zahl eben doch mehr als nur die Tatsache, daß sie eine Fülle von individuellen Schicksalen beinhaltet: Es geht um ein Symbol, von dem man nicht lassen möchte, da berechtigte Zweifel an der Zahl schnell zu unerwünschten Zweifeln an weiteren Komplexen des Holocaust führen könnten. Sowenig man jedem einzelnen Opfer die Tragik des individuellen Schicksals absprechen möchte, so sehr muß die Wissenschaft jedoch darauf bestehen, daß man über Zahlen immer diskutieren können muß. Es ist geradezu schizophren, daß einerseits diejenigen, die die 6 Millionen-Zahl anzweifeln, gesellschaftlich oder gar strafrechtlich geächtet werden, daß sich andererseits aber Justiz und Gesellschaft beim Auftauchen stichhaltiger Argumente gegen die 6 Millionen-Zahl plötzlich von der Millionenzahl zurückziehen, sie für unerheblich erklären und auf der Würde schon des ersten Opfers beharren. Ist die 6 Millionen-Ziffer nun strafrechtliches Richtmaß, oder ist sie unerheblich?
Vor allem aber und zweitens kann die moralisch korrekte Wertung, daß bereits ein Opfer eines zu viel sei, prinzipiell kein Einwand gegen eine wissenschaftliche Untersuchung dieses Verbrechens sein, dem allgemein in seiner moralischen Verwerflichkeit eine Einzigartigkeit in der Menschheitsgeschichte zugesprochen wird.[41] Ein angeblich einzigartig verwerfliches Verbrechen muß sich zumindest das gefallen lassen, was für jedes Verbrechen gilt, nämlich daß es detailliert untersucht wird, ja werden muß. Ich gehe sogar noch weiter: Wer ein einzigartiges Verbrechen postulieren will, muß eine einzigartige Untersuchung des vorgeworfenen Verbrechens akzeptieren, bevor man die Einzigartigkeit als gegeben hin- bzw. annimmt. Würde man dagegen das angeblich einzigartige Verbrechen durch einen moralischen Ent-Rüstungsring vor einer Untersuchung zu schützen suchen, so würde man sich selber eines einzigartigen Verbrechens schuldig machen, das darin besteht, die Belastung mit einzigartigen Schuldvorwürfen jeder Kritik und jeder Gegenwehr zu entziehen.

6. Weitgehend unstrittige Fragen des NS-Unrechts

Wenn die Historiker der herrschenden Geschichtsauffassung über den postulierten Judenmord diskutieren, so sehen sie den technischen und organisatorischen Ursprung dieses Massenmordes in der ab Kriegsbeginn durchgeführten Euthanasie, das heißt der Tötung sogenannten ›lebenunwerten‹ Lebens, also schwer geistig und/oder körperlich kranker Menschen. Grund für diese Annahme ist die über weite Bereiche feststellbare Kontinuität des in beiden Bereichen eingesetzten Personals.[42] Aus dieser Kontinuität allerdings einen Beweis für den Massenmord konstruieren zu wollen, halte ich für äußerst fragwürdig, denn schließlich könnte es sich bei dieser Kontinuität auch schlicht um den Willen der Führung gehandelt haben, das Personal, das sich in einem gesellschaftlich äußerst umstrittenen Exekutivbereich des Staates als loyal erwiesen hat, nunmehr für einen anderen umstrittenen Bereich einzusetzen. Ob es sich bei diesem umstrittenen Bereich aber um eine Umsiedlung, Ghettoisierung oder um einen Massenmord an den Juden gehandelt hat, ist damit noch lange nicht gesagt.
Zweifel an der Faktizität der Tötungen im Rahmen der Euthanasie, die an die 100 000 Opfer umfassen,[43] wurden meines Wissens von revisionistischer Seite bisher nicht ausformuliert. Anders sieht da-

41. So übrigens auch von E. Nolte, auch wenn man ihm bisweilen anderes unterstellte, vgl. *Der europäische Bürgerkrieg 1917–1945,* aaO. (Anm. 7), S. 516; *Streitpunkte*, aaO. (Anm. 8), Abschnitt II. 5., S. 381 ff., auch S. 421 ff.
42. Vgl. z. B. G. Sereny, *Im Abgrund,* Ullstein, Frankfurt/M.–Berlin 1980; K. A. Schleunes in: E. Jäckel, J. Rohwer (Hg.), *Der Mord an den Juden im Zweiten Weltkrieg,* Deutsche Verlags-Anstalt, Stuttgart 1985, S. 70 ff., bes. S. 78.
43. Vgl. K. Dörer, *Vierteljahrshefte für Zeitgeschichte* (VfZ) 15 (1967) 121–152; L. Gruchmann, *VfZ* 20 (1972) 235–279; H.-W. Schmuhl, in: M. Prinz, R. Zitelmann, *Nationalsozialismus und Modernisierung,* Wissenschaftliche Buchgesellschaft, Darmstadt 1991, S. 239–266.

gegen die moralische Wertung der Tötung schwerstkranker Menschen aus. Gerade auch in den westlichen Demokratien wurde dieses Thema bis zum Kriegsende kontrovers diskutiert, je teilweise sogar praktiziert, und gerade in der letzten Zeit flammt die Diskussion erneut auf, ob nicht neben der passiven und aktiven Sterbehilfe auch die Euthanasie in schweren Fällen angewendet werden sollte.[44] Mir liegt es fern, mich als Nichtfachmann zu diesem brisanten Thema selber auf eine Meinung festzulegen. Mit Nolte[45] muß ich aber ebenso verwundert feststellen, daß heute einerseits über die Tötung von 100 000 zumeist schwerstkranken Menschen aus möglicherweise zweifelhaften Gründen der ›genetischen Volksfürsorge‹ in den 12 Jahren der NS-Diktatur mit moralischer Entrüstung geurteilt wird, während man andererseits die allein in den letzten 12 Jahren in Deutschland durchgeführte willkürliche Tötung an etwa 4 Millionen gesunden Menschen im Mutterleib, erfolgt aus rein materialistisch-egoistischen Gründen, wie selbstverständlich hinnimmt. Man muß also feststellen, daß die moralischen Kategorien, nach denen heute geurteilt wird, gänzlich andere sind als die damaligen. Ob sie besser sind, wage ich zu bezweifeln.

Doch zurück zum vermeintlichen Genozid an den Juden. Sieht man von der Frage der Urheberschaft der Reichskristallnacht am 9. 11. 1938 ab,[46] so besteht zwischen den Revisionisten und der etablierten Historikerschaft bis zum angeblichen Beginn der Judenvernichtung ab Sommer 1941 kein großer Unterschied in der Beschreibung der einzelnen Stufen der nationalsozialistischen Judenverfolgung, wenn auch bezüglich des Umfanges und der Intentionen der einzelnen Maßnahmen gelegentlich Differenzen bestehen mögen: Berufsverbote, Entlassungen, ›Arisierungen‹ von Gewerbebetrieben, Sperrung von Vermögen, Heranziehung zu Zwangsarbeit, Vertreibungen bzw. Umsiedlungen in Ghettos, Beschlagnahmung von Besitz und Vermögen, Kennzeichnung durch den Judenstern, Nahrungsmittelrationierung, Deportationen in Durchgangs- und Konzentrationslager.[47] Natürlich gehen auch die Revisionisten davon aus, daß besonders durch die Deportations-, Ghettoisierungs- und Zwangsarbeitsmaßnahmen Tausende von Juden zumindest fahrlässig zu Tode gebracht wurden. Doch schon bei der Frage, ob es auch zu vorsätzlichen Tötungen an Juden einzig wegen ihres anderen Glaubens kam, scheiden sich die revisionistischen Geister, wobei ich persönlich auch diese für gegeben erachte, wenn ich auch über deren Umfang sowie deren Billigung oder gar Anordnung von oben zur Zeit keine Aussagen machen kann.

Sogar über die Pläne der Nationalsozialisten bezüglich der Zukunft der Juden in ihrem Machtbereich bis zur Jahresmitte 1941 gibt es durchaus ähnliche Ansichten zwischen der sogenannten funktionalistischen Historikerschule und den Revisionisten. M. Broszat hat angesichts der tatsächlichen Politik der Nationalsozialisten 1977 darauf hingewiesen, daß es bis zur Jahresmitte 1941 außer verbalen Drohungen Hitlers keinen Hinweis in der tatsächlichen Politik für eine Vernichtungsabsicht der Nationalsozialisten gibt. Vielmehr bewiesen die uns überlieferten Dokumente und die Ergebnisse der praktischen Politik Hitlers, daß bis in den Oktober und November 1941 alle Maßnahmen darauf abzielten, die Juden aus dem Machtbereich Deutschlands durch Aussiedlungen zu entfernen.[48] Insofern würden die

---

44. Ausgangspunkt der neueren Auseinandersetzung war der Vergleich der menschlichen Euthanasie mit dem Gnadentod für Tiere durch den Briten P. Singer, *Praktische Ethik,* Reclam, Stuttgart 1984, bes. S. 208f. Erst kürzlich wurde eine deutsche Übersetzung eines britischen Buches, das sich für die Euthanasie einsetzte, von einem norddeutschen Verlag auf massiven öffentlichen Druck hin storniert.

45. E. Nolte, aaO. (Anm. 8), S. 285.

46. Zur etablierten Position vgl. H. Graml, *Der 9. November 1938. ›Reichskristallnacht‹,* Bonn 1958; H. Lauber, *Judenpogrom ›Reichskristallnacht‹ November 1938 in Großdeutschland,* Gerlingen 1981; zur revisionistischen Position vgl. I. Weckert, *Feuerzeichen. Die Reichskristallnacht,* Grabert, Tübingen [3]1989.

47. Vgl. exemplarisch dazu die Darstellungen im Holocaust-Standardwerk von R. Hilberg, *Die Vernichtung der europäischen Juden,* Olle & Wolter, Berlin 1982, S. 64–194 und 278–584.

48. M. Broszat, *VfZ* 25 (1977) 739–775, bes. 748 ff., als Reaktion auf D. Irving, *Hitler's War,* Hodder & Stoughton, London 1977; dt.: *Hitlers Krieg,* Herbig, München 1983; für die intentionalistische Schule, die dem NS-Regime von Anfang an eine Massenmordabsicht unterstellt, siehe z. B. C. Browning, *VfZ* 29 (1981) 97–109; auch E. Goldhagen, *VfZ* 24 (1976) 379–405; zur Diskussion über die Entschlußbildung vgl. E. Jäckel, J. Rohwer (Hg.), aaO. (Anm. 42); vgl. auch S. Goshen, in *Zeitgeschichte* (Wien), 14 (1986/87), 221–243.

Dokumente aus dieser Zeit, die von Evakuierungen, Abschiebungen, Aussiedlungen usw. der Juden sprechen, durchaus keine Tarnsprache beinhalten, sondern aussagen, was gemeint sei.
Betrachtet man diesen zwischen Revisionisten und Exterminationisten unstrittigen Teil des NS-Unrechts an den Juden unter dem Aspekts der juristischen Definition des Völkermordes, die im Strafgesetzbuch lautet:

»§ 220a. Völkermord. (1) Wer in der Absicht, eine nationale, rassische, religiöse oder durch ihr Volkstum bestimmte Gruppe als solche ganz oder teilweise zu zerstören,
1. *Mitglieder der Gruppe tötet,*
2. *Mitgliedern der Gruppe schwere körperliche oder seelische Schäden* [. . .] *zufügt,*
3. *die Gruppe unter Lebensbedingungen stellt, die geeignet sind, deren körperliche Zerstörung ganz oder teilweise herbeizuführen,*
4. *Maßregeln verhängt, die Geburten innerhalb der Gruppe verhindern sollen,* [. . .]
wird mit lebenslanger Freiheitsstrafe bestraft.«,

so kann man nicht umhin festzustellen, daß selbst ohne den Tatbestand der planmäßigen, industriellen Massenvernichtung der Juden, vor allem durch Giftgas und durch Massenerschießungen, der Tatbestand des Völkermordes bestehen bleibt. Denn daß das NS-Regime die Juden in seinem Herrschaftsbereich vorsätzlich oder doch zumindest grob fahrlässig Bedingungen aussetzte, die ihnen zum Teil schwere körperliche und seelische Schäden eintrugen, teilweise zu ihrer körperliche Zerstörung und durch die Geschlechtertrennung zu einem gezielten Geburtenrückgang führten, wird nicht bestritten. Eine Anzweiflung des von den Nationalsozialisten an den Juden begangenen Völkermordes in dieser juristischen Definition ist daher meines Erachtens kaum haltbar, es sei denn, man läßt sich auf eine Diskussion ein, inwieweit die Reichsregierung die in den Konzentrationslagern und Ghettos herrschenden Zustände gekannt, billigend in Kauf genommen, nicht ausreichend abzustellen versucht oder gar gefördert hat und wie diese Handlungen oder Unterlassungen juristisch zu bewerten sind. Für die Diskussion solcher juristischer Spitzfindigkeiten ist hier allerdings nicht der geeignete Platz.
Eine Anzweiflung von Teilbereichen dieses Völkermordes wie zum Beispiel einzelner Tötungsmethoden oder auch übergeordneter Massenmordabsichten bzw. -durchführungen jedoch muß erlaubt sein und bewegt sich auch ganz klar innerhalb dessen, was der Gesetzgeber sogar in seiner jüngsten, vorerst im Bundesrat gescheiterten Strafrechtsverschärfung erlauben will.

7. Über bislang ignorierte und kritiklos hingenommene Dokumente

Erst angesichts der aussichtslosen Kriegslage ab Mitte/Ende 1941 und der Unmöglichkeit, die Juden aus Europa herauszubekommen, seien die Nationalsozialisten nach Meinung der Exterminationisten zunehmend dazu übergegangen, die Juden zu töten. Hier nun setzt die revisionistische Kritik ein. Die dokumentarischen Belege für diese These sind nämlich mehr als rar. C. Mattogno hat darauf hingewiesen, daß die Reihe der Dokumente hoher regierungsamtlicher Stellen, die auch nach dem November 1941 von Evakuierungen, Abschiebungen, Aussiedlungen usw. berichten, durchaus nicht abbricht.[49] Daß es im Gegensatz dazu aber bis heute kein einziges Dokument gibt, in dem die Intention einer summarischen Tötung der Juden ausgesprochen wird, ist allgemein anerkannt und wird lediglich auf die strenge Geheimhaltung dieses Massenmordes zurückgeführt, also auf die Vermeidung bzw. Vernichtung dokumentarischer Belege durch die vermeintlichen Täter.[50] Würde man also nur aufgrund von Dokumenten versuchen, die Holocaust-Geschichte zu rekonstruieren, so wäre man darauf angewiesen, davon auszugehen, daß ab Herbst 1941 die Urkunden nicht mehr meinten, was sie aussagten,

49. C. Mattogno, in *Annales d'Histoire Révisionniste* 1 (1987) 15–107, bes. 41 ff.; engl.: ders., *JHR* 8(2) (1988) 133–172; ders., *JHR* 8(3) (1988) 261–302. Eine ausführliche Darstellung findet man bei C. Mattogno, *La Soluzione Finale: Probleme e polemiche,* Edizioni die Ar, Padua 1991.
50. Neben M. Broszat, aaO. (Anm. 48), vgl. auch W. Scheffler, in *Aus Politik und Zeitgeschichte,* 32(43) (1982) 3–10.

daß also ungefähr ab diesem Zeitpunkt eine Codesprache verwendet wurde, bei der das vorher noch harmlose Wort Umsiedlung nun ähnlich wie zum Beispiel das Wort Sonderbehandlung Tötung bedeutete. Genau dies ist auch die Interpretation der heutigen Historiker, die im Buch von E. Kogon, H. Langbein und A. Rückerl ihre stilistische Blüte trieb, als dort der Leser im Abschnitt ›Enttarnung der verschlüsselten Begriffe‹ darüber aufgeklärt wird, daß er die Dokumente nur dann verstehen könne, wenn er in ihnen nicht das lese, was in ihnen steht.[51] Nun mag es tatsächlich sein, daß in vielen Fällen Begriffe wie Sonderbehandlung nachweislich zur Umschreibung für eine Exekution standen. Es ist andererseits aber auch richtig, daß dies nicht immer der Fall war. Vielmehr konnte der Begriff viele Maßnahmen umfassen, wie zum Beispiel Desinfektions- und Quarantänemaßnahmen, Strafen oder Begünstigungen aller Art und vieles andere mehr. Man kann also unmöglich aus einer Anzahl nachgewiesener Fälle auf alle jene Fälle schließen, die bisher nicht nachweisbar geklärt worden sind. Es sei denn, man findet echte Dokumente, in denen Anweisungen zur Verwendung einer Tarnsprache niedergelegt sind, also die exakte Definition der zu verwendenden Begriffe. Solch ein Dokument hat man aber bis heute nicht gefunden. Denn schließlich stellt sich die Frage, wodurch die Empfänger der Befehlsdokumente wissen konnten, wann sie dem Wortlaut des Befehls gehorchen mußten und wann sie ihm auf welche Weise zuwider handeln mußten, und alles das in Anbetracht der Tatsache, daß befehlswidriges Verhalten im Dritten Reich u.U. sehr hart bestraft wurde. Diese immanent wichtige Frage wurde kürzlich von einem revisionistischen Autorenkollektiv provokativ gestellt,[52] blieb aber wie alle anderen Sachfragen auch in der Erwiderung der Gegenseite völlig unbeachtet.[53] Mit der Beantwortung dieser Frage aber steht und fällt die auf diesen wortlautwidrig uminterpretierten Dokumenten ruhende etablierte Geschichtsauffassung. Hier klafft noch eine Lücke in der Forschung, die auch in diesem Band nicht geschlossen werden kann, die jedoch inzwischen von einer revisionistischen Forschergruppe erkannt wurde und zur Zeit untersucht wird.

Freilich gibt es auch andere Dokumente aus Teilbereichen des Holocaust-Komplexes, anhand derer die etablierte Geschichtswissenschaft glaubt, auf die gesamte postulierte Judenvernichtung schließen zu können. Bezüglich deren Kritik von revisionistischer Seite hat es bereits viele Arbeiten gegeben,[54] so daß in dieser Studie nur einige wenige Beispiele herausgegriffen wurden. Erstaunlich ist hierbei vor allem, daß die etablierte Historikerschaft ihre wichtigste Aufgabe – Sachkritik an Dokumenten, auf denen sie ihre Geschichtsschreibung aufbaut – fast völlig vernachlässigt. Die kritiklose Hinnahme aller Deutschland belastenden Dokumente ist ein allgemeines Phänomen, das in dem Skandal um die gefälschten Hitler-Tagebücher seinen Gipfel erreichte, einem Skandal, der nur durch den Beitrag eines Ausländers, nämlich des mittlerweile zum Vollrevisionisten konvertierten David Irving, aufgedeckt werden konnte.

Daß den Alliierten und ihren Helfershelfern nach dem Krieg alle Mittel zur Fälschung von Dokumenten in die Hände fielen – Briefpapier mit Originalbriefköpfen, Schreibmaschinen, Stempel, Druckereien etc.pp. –, sollte den Historiker generell zur Vorsicht mahnen. Um so mehr darf man sich wundern, wie gutgläubig und naiv vor allem, aber nicht nur, deutsche Historiker an vermeintliche Dokumente der damaligen Zeit herangehen.

Fast jeder der am vorliegenden Band beteiligten Autoren kam bei der Beschäftigung mit seinem Thema um die Kritik verschiedenster Dokumente nicht herum, die hier nicht alle aufgezählt werden können, so daß ich mich auf eine kurze Vorstellung der sich fast ausschließlich mit Dokumentenkritik

---

51. E. Kogon, H. Langbein, A. Rückerl u.a. (Hg.), *Nationalsozialistische Massentötungen mit Giftgas,* Fischer Taschenbuch, Frankfurt/Main 1985, Abschnitt II.
52. H. K. Westphal, W. Kretschmer, C. Konrad, R. Scholz, *DIE ZEIT lügt!,* Remer-Heipke, Winkelser Str. 11e, 97 688 Bad Kissingen 1992, S. 18 f.
53. T. Bastian, *Auschwitz und die ›Auschwitz-Lüge‹. Massenmord und Geschichtsfälschung,* Beck, München 1994.
54. Vgl. z. B. A. R. Butz, *Der Jahrhundertbetrug,* Verlag für Volkstum und Zeitgeschichtsforschung, Vlotho 1976; W. Stäglich, *Der Auschwitz-Mythos,* Grabert, Tübingen 1979; U. Walendy, *Historische Tatsachen,* Nr. 1 bis 61, Verlag für Volkstum und Zeitgeschichtsforschung, Vlotho 1975–1994.

beschäftigenden Beiträge beschränke. Hier ist zuerst die inzwischen Bände füllende Kritik des Revisionismus am sogenannten ›Wannsee-Protokoll‹ zu nennen, die, symptomatisch für viele weitere Bereiche, bisher von der etablierten Historikerschaft völlig ignoriert wurde. Lediglich E. Nolte hat bereits 1987 darauf hingewiesen, daß es an der Authentizität des Protokolls Zweifel gibt.[55] Da auf die vielfältigen Argumente der Revisionisten, hier zusammengefaßt und ergänzt von Johannes Peter Ney, bisher keine Erwiderung möglich gewesen scheint, muß man davon ausgehen, daß es sich bei diesem ›Dokument‹ um eine Fälschung handelt. Es taugt somit als Beleg für eventuelle Vernichtungsabsichten der deutschen Reichsregierung überhaupt nicht.

Ein weiterer, wesentlich wichtigerer Punkt ist die von Ingrid Weckert vorgetragene Kritik an den Dokumenten, die angeblich die Bestellung, Modifikation und den Einsatz der sogenannten Gaswagen behandeln, in denen viele zigtausend Juden mittels Auspuffgasen ermordet worden sein sollen. Auch hier sind die Indizien und Beweise, daß es sich bei den entscheidenden Belastungsdokumenten um Fälschungen handelt, frappierend. Daneben behandelt Frau Weckert auch die Frage der Glaubwürdigkeit der zu diesem Thema gehörenden Zeugenaussagen.

Als nächstem Komplex widmet sich Udo Walendy den angeblichen Bilddokumenten, also Fotos, die die Greuel der Nationalsozialisten gegen die Juden beweisen sollen. Hier geht es um die Frage, was auf den Bildern tatsächlich dargestellt ist, ob die Bilder retuschiert wurden oder ob es sich sogar um Totalfälschungen, also um Montagen oder um Gemälde, handelt. So kann man einen Berg von Leichen oder ein offenes Massengrab zwar als Beweis für die Gaskammermorde präsentieren, doch wer versichert uns eigentlich, daß es sich hierbei nicht um die deutschen Opfer alliierter Luftangriffe, um die Opfer von Hunger oder Seuchen in den deutschen oder auch alliierten Lagern, um gefallene Soldaten oder um Opfer von Pogromen oder gar um solche des sowjetischen Geheimdienstes handelt? Die Kriterien, nach denen ein manipuliertes oder totalgefälschtes Bild als solches entlarvt werden kann, werden von Udo Walendy eingangs behandelt, der dann an einigen Beispielen zeigt, daß die Bildfälschung zur Belastung des Dritten Reiches eher die Regel als die Ausnahme ist. Frappierend ist dabei die Entdeckung, daß es von den gefälschten Aufnahmen zumeist viele verschiedene Variationen gibt, die es einem leicht machen, auf Manipulationen aufmerksam zu werden. Freilich ist mit dem Beweis der vielfachen Fälschung noch nichts über die Tatsächlichkeit der mit diesen Fälschungen behaupteten Verbrechen ausgesagt, so daß man anhand der Bilddokumentenkritik eventuelle Vorwürfe nicht widerlegen kann. Aber eigentlich sollten ja Vorwürfe auch zuerst mit unanfechtbaren Beweisen bewiesen werden, bevor man sie als wahr hinzunehmen hat. Die uns bekannten Bilddokumente taugen jedoch nicht als unanfechtbare Beweise, auch wenn sie besonders von unserer Illustrierten- und Fernsehgesellschaft häufig vorschnell als Beweis akzeptiert werden, frei nach dem Motto: Was mein Auge gesehen hat, das ist offenkundig wahr. Dabei wird zumeist vergessen, daß nicht allein das Auge darüber entscheidet, was man glaubt gesehen zu haben, sondern daß vor allem bestimmte mit den Bildern verknüpfte Assoziationen für die inhaltliche Interpretation der Bilder durch den Betrachter verantwortlich sind. Diese Assoziationen werden schließlich durch die begleitenden Texte geliefert, die jedoch in der Regel einer wissenschaftlichen Überprüfung nicht standhalten.

Freilich gibt es auch Bilddokumente, die uns in der Erforschung des vermeintlichen Holocaust wesentlich weiter gebracht haben. Hierbei handelt es sich um die Luftbilder, die von deutschen oder alliierten Aufklärungsflugzeugen über Gebieten und zu einem Zeitpunkt gemacht wurden, als dort die vermeintlichen Vernichtungsaktionen gegen die Juden stattgefunden haben sollen. Der professionelle Lufbildauswerter John Clive Ball stellt in seinem Beitrag die wichtigsten Aufnahmen über Treblinka, Babi Jar und Auschwitz-Birkenau vor und zeigt, daß die in Gerichtsurteilen fixierten Vorwürfe über dortige Massenvernichtungen durch die Luftbilder nicht nur nicht bestätigt, sondern zum Großteil sogar endgültig widerlegt werden können. Auch auf die Arbeit von J.C. Ball, die schon seit Ende 1992

55. E. Nolte, aaO. (Anm. 7), S. 592; vgl. ders., aaO. (Anm. 8), S. 313 f.

vorliegt,[56] hat die etablierte Historikerschaft bisher mit keiner Zeile reagiert, man schweigt auch hier das offensichtlich Unwiderlegbare tot.

Hat ein Großteil der bisher präsentierten revisionistischen Forschung meistens zum Ziel gehabt, etablierte Vorstellungen anzugreifen und zu widerlegen, also sozusagen destruktiv zu sein, so wird ihr Schwerpunkt sich in Zukunft zweifellos mehr auf die konstruktive Forschung verlagern, also der Aufklärung der Frage, wie es denn sonst gewesen ist, wenn die althergebrachten Überlieferungen nicht stimmen. War die überwiegend destruktive Forschung der letzten Jahrzehnte oft dadurch bedingt, daß die nur vereinzelt und mit lächerlich geringen finanziellen Möglichkeiten ausgestatteten bzw. durch die staatlichen Repressionen sogar massiv unterdrückten Revisionisten meist auf das Material angewiesen waren, das von den Speisetischen der weltweit organisierten und mit Abermillionen staatlicher Mittel unterstützten etablierten Historiker an Brotkrumen abfiel, so wird sich dies in Zukunft allein schon deshalb ändern, weil mit dem Wandel des Zeitgeistes in Ost wie in West der Zugang zu den Archiven immer einfacher wird und weil die Anzahl wie auch die finanzielle Ausstattung der Revisionisten mit zunehmender Anerkennung in der Öffentlichkeit verbessert werden. Ist schließlich erst einmal nachgewiesen, daß die bisherige Sichtweise der Dinge nicht ganz stimmen kann, so setzt sich auch von staatlicher, also auch universitärer Seite zunehmend die Einsicht durch, daß es neuen konstruktiven Forschungsbedarf gibt, daß man neue Erklärungsansätze suchen und finden muß.

Wir stehen heute mitten im Umbruch zwischen der fast aussichtslos erscheinenden Verteidigung des Alten und der Suche nach neuen Wegen. Während einerseits ein Großteil der Arbeit zur Revision der Beweismittel, auf denen die bisherige Geschichtsschreibung ruht, noch ungetan ist, da es an fachkundigen Wissenschaftlern mangelt, die den Willen zur Revision, die Möglichkeit zu ihrer Durchführung und überhaupt erst einmal den Zugang zu diesen Beweismitteln haben, gehen die meisten Revisionisten mittlerweile neue Wege. So hat zum Beispiel Steffen Werner bereits 1991 die These aufgestellt, daß es auch über das Jahr 1941 hinaus eine NS-Aussiedlungpolitik gegenüber den Juden gab, die zu einer massiven Ansiedlung in Weißrußland und der Ukraine führte.[57] Auch dazu schwiegen alle etablierten Historiker.[58] Die erst neulich aufgefundenen Akten der Zentralbauleitung der Polizei und Waffen-SS von Auschwitz in Prag weisen ebenso völlig neue Perspektiven auf, haben doch die deutschen Behörden für die Errichtung des Lagers Birkenau viele Millionen Reichsmark investiert, was kaum auf eine Vernichtungsintention des Lagers, sehr wohl aber auf ein schlichtes Zwangsarbeitslager schließen läßt.[59] Neben diesen Dokumenten warten noch gigantische Aktenbestände in den USA, in Moskau, Prag, Warschau, Lublin und Auschwitz auf ihre Durchforstung, die bisher erst von Vertretern der Vernichtungsthese wie G. Fleming[60] und J.-C. Pressac[61] begonnen wurde. Diese Forscher jedoch halten bei ihren Forschungen grundsätzlich nur nach solchen Dokumenten Ausschau, die die etablierte Position festigen könnten, wobei besonders die Ergebnisse Pressacs mehr als mager sind.[62] Noch nie hat irgend jemand diese riesigen Bestände auf solches Material hin durchforstet, das neue oder auch nur andere Interpretationen als die der Vernichtungsthese stützen könnte.

---

56. J. C. Ball, *Air Photo Evidence,* Ball Recource Services Ltd., Suite 160-7231, 120 th. Street, Delta 416 P5 B.C., 1992.
57. S. Werner, *Die 2. babylonische Gefangenschaft,* Selbstverlag, Pfullingen 1990; nun Grabert, Tübingen ²1991.
58. Als Ausnahme ist auch hier E. Nolte zu erwähnen, der Werners Thesen zwar erwähnt, jedoch ohne Begründung in Bausch und Bogen ablehnt, aaO. (Anm. 8), S. 317.
59. Vgl. F. Freund, B. Perz, K. Stuhlpfarrer, in *Zeitgeschichte* (Wien) 20 (1993/94) 187–214; vgl. auch B. Wegner, in *VfZ* 40 (1992) 311–319.
60. G. Fleming, »Engineers of Death«, in *The New York Times,* 18. 7. 1993, E 19.
61. J.-C. Pressac, *Les Crématoires d'Auschwitz, la Machinerie du meurtre de masse,* CNRS, Paris 1993; dt.: *Die Krematorien von Auschwitz. Die Technik des Massenmordes,* Piper, München 1994.
62. Vgl. die entsprechenden Kritiken in: A.N.E.C., R. Faurisson, S. Thion, P. Costa, *Nouvelle Vision* 31 (1993) 11–79; R. Faurisson, *Réponse à Jean-Claude Pressac,* R.H.R., Colombes Cedex 1994. Ein weiteres Buch von M. Köhler (Hg.) erscheint in Kürze bei Neue Visionen, Schweiz, Postfach, CH-8116 Würenlos 1994.

8. Was Sachbeweise zu klären vermögen

Immer wieder kamen die bundesdeutsche Justiz[63] und mit ihr im Schlepptau die Zeitgeschichtsschreibung zu dem Schluß, daß die Nationalsozialisten die Spuren ihrer Tat so gut verwischt hätten, so daß heute keine Spuren der Tat mehr zu finden seien: Alle Gaskammern und Gaswagen seien zerstört, Massengräber ausgehoben, die darin befindlichen Leichen spurlos verbrannt und die Spuren der Gräber durch Auffüllung und Bepflanzung beseitigt worden.

Doch kann man sich vorstellen, daß eine Menschenmenge, fast doppelt so groß wie die Einwohnerzahl Berlins, ohne Spuren verschwindet?

Tatsächlich gibt es von den vermeintlichen Gaskammern zum Beispiel in den Lagern des Altreiches (Grenzen vom 31. 12. 1937), Österreichs und des Elsaß durchaus gut erhaltene Gebäude, an denen sich Untersuchungen durchführen lassen. Wer weiß zum Beispiel schon, daß die alte Streitfrage um die Existenz der Gaskammer von Dachau schnell gelöst würde, wenn man nur einmal den Mut aufbrächte, mit einem Induktionssuchgerät die Wasserleitungen in der Decke der vermeintlichen Gaskammer zu orten, die bis zum heutigen Tage die in der Decke eingelassenen Duschköpfe mit heißem Wasser versorgen könnten, wenn man die Heißwasser-Kesselanlage wieder anwerfen würde.[64] Dieser Schluß ergibt sich schon aus rein logischen Gründen, denn wenn der als Gaskammer bezeichnete Raum tatsächlich eine solche war, dann gab es in diesem Desinfektionsgebäudekomplex mit seinen vielen Sachentlausungskammern keine Dusche für die Häftlinge. Die aber hat es nachweislich gegeben, da dort viele tausend Häftlinge entlaust und geduscht wurden. Dachaus Gaskammer ist also nichts anderes als das, was sie vorgibt zu sein: ein Brauseraum.

Ähnlich einfache sachverständige Untersuchungen über die Originalität bzw. Funktionalität der als Gaskammern oder sonstige Exekutionswerkstätten präsentierten Räumlichkeiten in allen möglichen Lagern des ehemals deutsch beherrschten Gebietes ließen sich ohne Probleme von Architekten, Bauingenieuren usw. erstellen. Es rührt sich jedoch kein offizieller Finger, und die revisionistischen pflegt man bis heute abzuhacken, wenn man ihrer habhaft wird. Denn tatsächlich würde sich bei Aufdeckung eines großen Gaskammerschwindels in den Konzentrationslagern des Altreiches die logische Frage stellen, warum die Zeugenausagen und Berichte über die Lager des Ostens, jahrzehntelang unerreichbar hinter dem Eisernen Vorhang abgeschirmt, glaubwürdiger sein sollen als jene dann als Falschaussagen oder gar Lügen entlarvte Berichte über die Lager des Altreiches.[65] Aus diesem Grunde kann es sich die etablierte Geschichtswissenschaft nicht leisten, auch nur die Existenz einer einzigen Gaskammer im Dritten Reich in Frage zu stellen, und aus dem gleichen Grund blieb selbst das Institut für Zeitgeschichte immer auf dem Standpunkt, daß es auch in den Konzentrationslagern des Altreiches Gaskammern gegeben hat, auch wenn dort keine Massenvergasungen stattgefunden haben.[66]

Nicht nur in den Lagern des Altreiches, sondern auch in den Lagern von Auschwitz, Birkenau und Majdanek gibt es noch mehr oder weniger gut erhaltene Überreste der Gebäude des bezeugten Massenmordes, und selbst wo diese verlorengingen, kann der Fachmann anhand von Konstruktionszeich-

---

63. Klassisch dazu das Urteil des Frankfurter Auschwitz-Prozesses, Az. 50/4 Ks 2/63, S. 108 ff., das feststellen mußte, daß ihm »fast alle in einem normalen Mordprozeß zur Verfügung stehenden Erkenntnismöglichkeiten« fehlten, u. a. »die Leichen der Opfer, Obduktionsprotokolle, Gutachten von Sachverständigen über die Ursache des Todes und die Todesstunde, (. . .) Spuren der Täter, Mordwaffen usw.«.
64. Diese Information verdanke ich A. Schimmelpfennig, der sich mit einem solchen Gerät bereits erfolgreich auf die Suche der Wasserleitungen machte. Zudem wurde er von der Leiterin der Gedenkstätte Dachau Frau Barbara Diestel darauf aufmerksam gemacht, daß es ein von der Dachauer Gedenkstätte in Auftrag gegebenes Gutachten gebe, das feststellt, daß die Duschen der ›Gaskammer‹ quasi von heute auf morgen wieder in Betrieb gehen könnten. Wasser-Duschen wohlgemerkt, nicht Gas-Duschen!
65. So ein Standardargument des Revisionismus, zuletzt zusammengefaßt von M. Köhler, aaO. (Anm. 8), S. 18 f.; vgl. auch R. Faurisson, *JHR* 1(2) (1980) 101–114.
66. M. Broszat, in *Die Zeit,* 19. 8. 1960; vgl. E. Kern, *Meineid gegen Deutschland,* Schütz, Pr. Oldendorf ^{2}1971, S. 233 ff.

nungen weitgehende Schlüsse ziehen. Ein erster Versuch zur Klärung einiger weniger bautechnischer Fragen dieses Komplexes wird im vorliegenden Band von Carlo Mattogno, Franco Deana, Germar Rudolf und mir versucht. Es geht hierbei um die den Krematorien von Auschwitz und Birkenau bzw. den Sachentlausungsanlagen von Majdanek zugeschriebene Verwendung als Massenmordwerkzeuge. Während C. Mattogno und F. Deana die erste sachverständige Untersuchung zu den Krematorien von Auschwitz überhaupt veröffentlichen, die diesen Namen verdient, werden im Beitrag von G. Rudolf und mir nur einige, allerdings entscheidende bautechnische Beobachtungen und Feststellungen bezüglich der Verwendung einiger Räumlichkeiten als Menschengaskammern vorgestellt. Das Fazit dieser Beiträge ist klar: Eine kriminelle Verwendung der begutachteten Gebäude ist nicht beweisbar oder nach Überzeugung der Autoren sogar klar widerlegt.

Neben diesen bautechnischen Gutachten ist die Erstellung toxikologischer, chemischer und motorentechnischer Gutachten nötig, die uns Klarheit darüber verschaffen, mit welchen Methoden welches Giftgas unter welchen Bedingungen welche Folgen gezeitigt hätte, ob die bezeugten Szenarien des Massenmordes technisch überhaupt möglich waren und ob es irgendwelche Spuren bis zum heutigen Tag geben müßte. Der chemische und partiell toxikologische Teil unseres Bandes wird von Germar Rudolf und mir bestritten. Er beschreibt die von Fred A. Leuchter in Gang gesetzte Diskussion um die Frage der Bildung und Nachweisbarkeit von aus dem Giftgasprodukt Zyklon B entstehenden langzeitresistenten Eisencyanidverbindungen in den beschriebenen Gaskammern von Auschwitz, Birkenau und Majdanek.[67] Zentraler Punkt der Diskussion um die chemischen Rückstände in den Gaskammern von Birkenau und Majdanek ist der Widerspruch zwischen den Analysenergebnissen beider Lager. Für beide Lager wird die Verwendung der Räumlichkeiten als Zyklon B-Menschengaskammern postuliert, jedoch nur in den Räumlichkeiten von Majdanek findet man Cyanidreste. Da sich die etablierte Historikerschule in der Diskussion um die Gaskammern von Auschwitz und Birkenau auf die These einigte, daß es bei Menschenvergasungen zu keiner chemischen Rückstandsbildung kommen konnte, stellt sich die Frage, warum bei den angeblich exakt gleich abgelaufenen Vergasungen in Majdanek große Cyanidrückstandsmengen entstehen konnten. Es sieht also so aus, als hätte sich die etablierte Historikerschaft durch diese Widersprüche in eine logische Zwickmühle hineinmanövriert. Wir sind gespannt, ob und wenn dann wie sie sich daraus befreien wird.

Friedrich Paul Berg hat zu der Frage, unter welchen Bedingungen man mit der angeblich in Treblinka und Belzec verwendeten Mordwaffe Dieselmotor überhaupt zu einem Erstickungsmord in der Lage gewesen wäre, bereits vor über zehn Jahren eine eingehende Untersuchung vorgelegt, die natürlich in der etablierten Historikerliteratur wiederum ohne jede Resonanz blieb.[68] Sein Beitrag wurde für dieses Buch aktualisiert und ergänzt und kommt zu dem Schluß, daß die bezeugten Umstände der Dieselvergasungen nicht zu einer erfolgreichen Massentötung hätten führen können und daß diese Methode angesichts der hundert- bis tausendfach wirkungsvolleren und billigeren Methode der Holzgasgeneratoren auch absolut lächerlich, ja geradezu idiotisch wirkt. Es handelt sich seiner Meinung nach um einen Rohrkrepierer sowjetischer Propaganda. Die Folgen, die sich aus dieser Untersuchung unmittelbar für die angeblichen Vernichtungslager Treblinka und Belzec ergeben, liegen auf der Hand.

Arnulf Neumaier geht in seinem Beitrag neben Gedanken über bautechnische Probleme der vermeintlichen Gaskammern von Treblinka vor allem der Frage nach, ob die von den Zeugen berichteten Methoden der Spurenbeseitigung, hier der spurlosen Verbrennung von knapp einer Million Menschen, überhaupt irgendwie technisch möglich wären, welche Spuren man dennoch finden müßte und wie dieses Untersuchungsergebnis mit den tatsächlich vorgefundenen Spuren in Deckung zu bringen ist. Das Ergebnis ist erschütternd: Die von Zeugen beschriebenen Szenarien sind lächerlich und völlig irreal und stimmen auch nicht annäherungsweise mit den Untersuchungsergebnissen vor Ort überein.

---

67. F. A. Leuchter, *An Engineering Report on the alleged Execution Gas Chambers at Auschwitz, Birkenau and Majdanek, Poland,* Samisdat Publishers Ltd., Toronto 1988.
68. F. P. Berg, *JHR* 5(1) (1984) 15–46..

Zum Schluß unserer Betrachtungen folgt eine annähernd umfassende Kritik der Zeugenaussagen und medialen Darstellungen über die angebliche Massenerschießung der Juden aus Kiew durch deutsche Einsatzgruppen im Tal Babi Jar im Herbst 1941, vorgebracht von Herbert Tiedemann. Da sein Beitrag zeugen- und dokumentenkritische Anmerkungen, aber auch technisch-naturwissenschaftliche Aspekte umfaßt, stellt er gewissermaßen eine methodische Zusammenfassung revisionistischer Kritik an einem Beispiel dar und bildet somit einen guten Abschluß unserer Studie.

Die Vielfalt und Widersprüchlichkeiten der Aussagen und Darstellungen über diesen Fall, die zur äußersten Skepsis geradezu auffordern und wegen des absoluten Mangels jeder Skepsis seitens unserer Historiker, Journalisten und Politiker bei uns Zweifel an deren gesunden Menschenverstand aufkommen lassen, ist leider nur ein Musterbeispiel für viele Bereiche des Holocaust. Babi Jar ist zudem ein erster Ansatzpunkt zur Kritik an einem Dokumentenkomplex, der bis heute von der revisionistischen Forschung kaum beachtet wurde: Die Ereignismeldungen UdSSR über die Massenerschießungen an den russischen Juden, die angeblich von deutschen Stellen angefertigt und in Berlin gesammelt wurden. In diesen Meldungen wird der Fall Babi Jar sehr ausführlich geschildert. Dank der von J.C. Ball vorgestellten Luftbildbeweise läßt sich aber bis heute unwidersprochen sagen, daß der Massenmord von Babi Jar nie stattgefunden hat. Somit ist klar, daß zumindest diese Ereignismeldungen inhaltlich nicht richtig sind. Welche Schlußfolgerungen sich daraus für die anderen in die Hunderte gehenden Ereignismeldungen ergeben, müssen erst weitere Forschungen klären.

Natürlich stellen die hier vorgestellten Sachbeweise zum Holocaust erst einen zarten Anfang dessen dar, was sonst noch möglich und zur umfassenden Aufklärung des Komplexes notwendig ist. Weitere Untersuchungen ähnlichen Stils können unsere Befunde erhärten – und natürlich auch widerlegen. Mit den heute zur Verfügung stehenden modernen Technologien lassen sich über den momentanen Kenntnisstand hinaus zweifellos noch wesentlich bessere Erkenntnisse gewinnen. So ist zum Beispiel die moderne Archäologie heute in der Lage, mittels Luftaufnahmen die Überreste menschlicher Siedlungen aufzufinden, die viele Jahrtausende verlassen sind und stellenweise tief unter der Erdoberfläche liegen. Die gleiche Wissenschaft ist ebenso in der Lage, anhand nur geringer Überreste steinzeitlicher Feuerstellen festzustellen, aus welcher Zeit das Feuer stammt und unter welchen Bedingungen es brannte (Art des Holzes, Größe und Art des Lagers, Ernährungsweise aus den Überresten bestimmter Tierknochen, Zivilisationsstufe anhand von Gebrauchsgegenständen und menschlichen Abfällen usw.).

Wir sind daher der festen Überzeugung, daß man nicht nur an Hand der zum Teil noch in den Archiven schlummernden Luftbilder deutscher wie alliierter Aufklärer des Zweiten Weltkriegs gesicherte Erkenntnisse über die Vorkommnisse der damaligen Zeit gewinnen kann, sondern daß darüber hinaus auch noch heutige Luftaufnahmen in der Lage sind, die Größe ehemaliger Massengräber oder auch Gebäudefundamente ausfindig zu machen. Ferner kann man anhand von Grabungen und Analysen von Rückständen mit Sicherheit bis heute den Umfang von Massengräbern oder die Art und die Menge der Rückstände von Verbrennungsstellen ausfindig machen, wenn man nur will.

Daß man es bis heute nicht für nötig hielt, diese Beweise zu erbringen, die sich nicht nur die sowjetische Antifa-Propaganda der letzten Jahrzehnte kaum hätte entgehen lassen, stimmt mich – milde ausgedrückt – nachdenklich, zumal heute bei jedem Gerichtsverfahren über einen Autounfall technische Sachverständigengutachten eingeholt werden, geschweige denn bei Einzelmorden. Warum also weigert man sich bei diesem vermeintlich einzigartigen Massenmordverbrechen, auch nur einen Sachbeweis vor Gericht zu erheben oder zuzulassen?

9. Vom Zweck dieser Studie

Die von Nolte konstatierte Verdächtigung revisionistischer Autoren durch die etablierten Historiker, aber auch durch die Medien, die Justiz, ja die Gesellschaft im allgemeinen, sie hingen einer nationalsozialistischen Ideologie an oder stünden ihr doch nahe, läßt sich entlang einer Kette von Publikationen verfolgen[69] und fand ihren Gipfelpunkt sicherlich im Werk von Kogon, Langbein, Rückerl, in dem die Revisionisten auf übelste Weise beschimpft und verdächtigt werden, ohne daß man ihre Namen erfährt und auch ohne Nennung revisionistischer Publikationen, die es dem Leser ermöglichen würden, die Unterstellungen der Herausgeber zu überprüfen.[70] Letztlich läuft diese Pseudoargumentation der etablierten Historikerschaft immer darauf hinaus, den Revisionisten eine Apologie des NS-Systems zu unterstellen, also den unbedingten Willen, auch gegen die vermeintlichen Realitäten das NS-System zu verteidigen. Wer etwas verteidigt, der hält es für verteidigungswert, steht also hier dem NS-System nahe.

Zuerst einmal muß hier festgestellt werden, daß keiner der Autoren sich ideologisch in der Nähe des NS-Systems sieht.[71] Abgesehen davon aber ist der Vorwurf der Apologie des NS-Systems kein Argument, das unsere Sachargumente entkräften würde. Es liegt also der Verdacht nahe, daß die etablierte Historikerschaft mit dieser Schlagtot-Vokabel lediglich von den Sachfragen ablenken will, denen sie sich offensichtlich nicht gewachsen sieht. Auf jeden Fall aber muß man feststellen, daß diejenigen, die den Sachargumenten ausweichen, um in politischen Verdächtigungen ihr Heil zu suchen, dafür keine wissenschaftliche Motivation haben können. Ein wissenschaftlich motivierter Forscher interessiert sich nämlich vor allem und zuerst für die Sachargumente. Einzig eine politische Motivation kann diese Historiker dazu bewegen, politische Verdächtigungen auszusprechen, womit jedoch der Vorwurf der politischen Instrumentalisierung der Geschichtswissenschaft auf sie selber zurückfällt.

Jeder Leser möge seine Intentionen selber überprüfen, mit denen er an dieses Werk gehen möchte, denn:

> *»Wenn Sie meinen, sich um die Motivation eines Forschers bemühen zu müssen, liegt es auch bei Ihnen, die Motivation derer zu ergründen, die bezüglich dieses Themas ständig gegen die intellektuelle Freiheit argumentieren. Wenn man allerdings nicht bereit ist, die Motivation beider Seiten zu ergründen, sollte man vielleicht (man möge es mir verzeihen) seine eigene untersuchen.«*[72]

Auch die Ablenkung auf gewisse Randbereiche der Auseinandersetzung um den Holocaust, die von bestimmten Revisionisten begonnen worden sein möge, lassen wir nicht gelten, so etwa die Diskussion über die sicher abwegige These, die Nationalsozialisten hätten nach Veröffentlichung des Buches *Germany must perish!* von T. N. Kaufman aus Notwehr zum Massenmord an den Juden gegriffen,[73] oder die völkerrechtlich unhaltbare These, die Nationalsozialisten hätten nach der tatsächlich erfolgten Kriegserklärung internationaler jüdischer Privat(!)organisationen an das Dritte Reich[74] zu Recht alle Juden in ihrem Machtbereich als Angehörige einer feindlichen kämpfenden Nation interniert. Diese abwegige These wird zudem meist von Leuten vertreten, die zugleich die Deportation der Wolga-

---

69. Siehe z. B. I. Arndt, W. Scheffler, *VfZ* 24 (1976) 105–135; A. Suzman, D. Diamond, *Aus Politik und Zeitgeschichte* 28(30) (1978) 4–21; J. S. Conway, *VfZ* 27 (1979) 260–284; W. Benz, *VfZ* 29 (1981) 615–630; Dokumentationszentrum des österreichischen Widerstandes, Bundesministerium für Unterricht und Kultur (Hg.), *Amoklauf gegen die Wirklichkeit,* Wien 1991; G. Wellers, *Dachauer Hefte* 7(7) (1991) 230.
70. E. Kogon, H. Langbein, A. Rückerl u.a. (Hg.), aaO. (Anm. 51), Abschnitt I: »Einleitung«.
71. Wir wissen selbst, daß es gewisse Damen und Herren im Ernstfall nicht interessiert, wo wir uns ideologisch eingeordnet wissen wollen, denn sie wissen allemal besser als wir, was und wie wir denken. Oder etwa nicht?
72. B. R. Smith, *Campus Update No. 2, Committee for the Open Debate on the Holocaust,* P.O. Box 3267, Visalia, CA 93278, Spring 1994.
73. Vgl. dazu die sachliche Richtigstellung von W. Benz, *VfZ* 29 (1981) 615–630.
74. »Judea Declares War on Germany – Jews of all the World Unite – Boycott of German Goods«, in *Daily Express,* 24. 3. 1933, ein Tag nach Erlaß des Ermächtigungsgesetzes. Die deutsche Reaktion auf diese Kriegserklärung ist allgemein bekannt: am Samstag, dem 1. 4. 1933, rief die Reichsregierung zu einem halbtägigen Boykott jüdischer Geschäfte auf. Eine ähnliche Kriegserklärung erfolgte durch Samuel Untermeyer, Präsident der World Jewish Economic Federation, am 7. 8. 1933 in der *New York Times.* Nach Beginn der Kriegshandlungen in Polen erfolgte eine weitere jüdische Kriegserklärung durch Chaim Weizmann, Präsident des Jewish Agency, *Jewish Chronicle,* 8. 9. 1939. Prof. E. Nolte erwähnte diese Erklärung und die darauf fußenden These der vermeintlich völkerrechtskonformen Internierung der Juden durch Deutschland 1985 in einer englischen Publikation, was sicherlich einer der Hauptauslöser des Historikerstreites war, vgl. E. Nolte, *Das Vergehen der Vergangenheit,* Ullstein, Frankfurt/M.–Berlin 1987, S. 20 f., 170 f.

deutschen durch die Sowjets mit Beginn des Rußlandfeldzuges im Sommer 1941 oder die Internierung der Japaner durch die USA mit Eintritt Japans in den Krieg verurteilen.[75] Solche Randerscheinungen sind nicht unser Problem. Wir wollen mit diesem Werk kein nachgewiesenes Unrecht rechtfertigen oder irgendwie verständlich machen. Es geht einzig und allein um die Frage, ob die uns heute dargebotenen Beweise für den Holocaust, verstanden als vorsätzlichen, planvollen Massenmord an den Juden im Machtbereich des Dritten Reiches, ausreichen, ihn in der bisherigen Sichtweise – insbesondere im Hinblick auf die Massenvergasungen – glaubwürdig erscheinen zu lassen, oder ob nicht vielleicht im Lichte neuerer Beweise die Geschichtsschreibung revidiert werden muß.
Hinter der These, es könne den Holocaust in obiger Definition möglicherweise gar nicht gegeben haben, steckt naturgemäß eine gehörige Sprengladung für die Zeitgeschichtsforschung und für alle mit ihr direkt oder indirekt verknüpften Bereiche gesellschaftlichen Lebens. Wir sind uns dessen durchaus bewußt. Jedoch muß man sich folgendes vor Augen halten: Spätestens seit das offizielle Institut für Zeitgeschichte 1955 klarstellte, daß die Sowjets 1940 das über 20 000 Opfer zählende Massaker an der polnischen Elite in Katyn und anderswo begangen hatten,[76] hätten die bundesdeutschen Medien trotz der anderslautenden sowjetischen Propaganda, die bis 1990 Deutschland die Schuld dafür in die Schuhe schob, die Wahrheit über Katyn verbreiten können. Dennoch gab es vor allem im linken Medienspektrum bis Ende der achtziger Jahre immer wieder Stimmen, die die kommunistische Propaganda unreflektiert wiedergaben.[77] Der Grund hierfür wird wohl in dem Bestreben zu suchen sein, aus politischen, also unwissenschaftlichen Gründen dem Dritten Reich auch dort keine Entlastung von historischer Schuld zuzugestehen, wo jene unausweichlich geworden ist, um durch diese verhinderte Teilrevision der Geschichtsschreibung größere Revisionen zu unterbinden, die die wiederum politisch erwünschte, einzigartige Bösartigkeit des NS-Regimes schließlich in Frage stellen könnten.
Doch ist dies nicht der einzige Streitpunkt, bei dem ein Teil der Medien der Wahrheit aus ideologischen Gründen die Ehre verweigert. Es gibt darüber hinaus Bereiche der Zeitgeschichte, bei denen es weder die Medien noch viele Historiker mit der Aufrichtigkeit sonderlich ernst meinen. Seit vier Jahrzehnten verfocht zum Beispiel annähernd die gesamte deutsche Zeitgeschichtsforschung die These, der Feldzug des Dritten Reiches gegen Rußland sei ein gnadenloser Überfall gewesen mit der einzigen Intention, auf Kosten der dort lebenden Slawen Lebensraum im Osten zu gewinnen. Das änderte sich erst mit den Werken von V. Suworow[78] und E. Topitsch,[79] die beide überzeugendes Material vorlegen konnten, daß es sich bei dem Rußlandfeldzug durchaus um einen Präventivkrieg gegen die ebenfalls angriffsbereite Sowjetunion handelte, was freilich eine Lebensraum-Politik des Dritten Reiches nicht ausschließen muß. Nach dem Zerfall der UdSSR und der Öffnung ihrer Archive ist es schließlich völlig ruhig geworden mit der wissenschaftlichen Argumentation gegen die Präventivkriegsthese, wenngleich die Medien auch weiterhin die Lüge vom Überfall auf die friedliebende Sowjetunion verbreiten. Weder Topitsch als Philosoph noch Suworow als exilrussischer Offizier sind deutsche Historiker und haben dennoch durch ihre Forschung zu einem radikalen Umdenkprozeß geführt. Freilich scheuen sich noch viele Historiker, den Thesen Suworows und Topitschs zu folgen, da ihnen Thesen, die das Dritte Reich von einer seiner Übeltaten entlasten, grundsätzlich nicht geheuer sind.
Auch ein anderer sensibler Bereich mußte erst von einem Ausländer aufgegriffen werden, bevor die deutschen Historiker begannen, sich mit dem Thema auseinanderzusetzen. Der Kanadier J. Bacques veröffentlichte 1989 eine Studie, in der er den Beweis führte, daß die US-Amerikaner, Kanadier und Franzosen in den Jahren 1945 bis 1947 zusammen etwa eine Millionen deutsche Zivilinternierte vor-

75. Vgl. hierzu die eingehende Untersuchung von I. Fleischhauer, *VfZ* 30 (1982) 299–321; siehe auch die Arbeit über KZs der Alliierten von G. Eberbach, *DGG* 42(2) (1994)15–23.
76. H. Thieme, *VfZ* 3 (1955) 408–411.
77. Vgl. F. Kadell, *Die Katyn-Lüge,* Herbig, München 1991.
78. V. Suworow, *Der Eisbrecher. Hitler in Stalins Kalkül,* Klett-Cotta, Stuttgart 1989.
79. E. Topitsch, *Stalins Krieg,* Busse Seewald, Herford [2]1990.

sätzlich verhungern ließen, was Völkermord bedeutet.[80] Seit die Archive der Sowjetunion nach Ausführungen von J. Bacques Auskunft darüber geben, daß in Rußland nach dem Krieg etwa 450 000 verschleppte deutsche Gefangene umkamen, und man seit Jahren weiß, daß etwa 1,7 Millionen deutsche Gefangene nicht mehr aus alliiertem Gewahrsam zurückkehrten, meint Bacques die Zahl der Verluste in den Lagern unserer westalliierten Freunde ziemlich genau mit 1,25 Millionen angeben zu können.[81] Die Reaktion vieler deutscher Historiker auf diese kanadische (Selbst-)Beschuldigung, die USA, Kanada und Frankreich hätten einen Massenmord am deutschen Volk begangen, war das Abstreiten der Richtigkeit der Bacqueschen Analyse und die Inschutznahme der Alliierten.[82] Ähnlich paradox ist die Situation seit Jahrzehnten bezüglich der Schuld am Bombenkrieg gegen die Zivilbevölkerung. Während die Briten offenherzig ihre Schuld zugeben (und sie sind sogar noch stolz darauf),[83] besteht ein Großteil der deutschen Historiker darauf, daß Hitler grundsätzlich an allem, also auch am Bombenkrieg gegen die Zivilbevölkerung, schuld gewesen sei.

Zählt man zu den etwa eine Million Opfern dieses völkerrechtswidrigen alliierten Bombardements[84] jene 1,7 Millionen Opfer der alliierten Hungerlager sowie die etwa 3 Millionen Opfer der Vertreibung aus den deutschen Ostgebieten[85] zusammen, so kommt man auf eine stattliche Zahl von knapp unter 6 Millionen Deutschen, die von den Alliierten und ihren Verbündeten vorsätzlich oder doch grob fahrlässig auf völkerrechtswidrige Weise getötet wurden. Das liegt nahe einer anderen, durchaus symbolträchtigen Ziffer.

Angesichts dieser Desaster, die die deutsche Zeitgeschichtsforschung bereits in den letzten Jahren hatte hinnehmen müssen, ist es verständlich, daß nach Ansicht der Mehrheit der deutschen Historiker wenigstens der Holocaust bestehen bleiben muß, wenn nicht auch noch der letzte Funken an Glaubwürdigkeit verloren gehen soll. D. Irving (wieder ein Ausländer) stellte 1977 angesichts der Tatsache, daß man bis heute kein Dokument gefunden habe, in dem Hitler den Judenmord befiehlt oder aus dem seine Kenntnis oder Billigung des Massenmordes hervorgehe, die These auf, daß Hitler möglicherweise von der Ermordung der Juden gar keine Kenntnis gehabt habe.[86] M. Broszat erwiderte darauf zu Recht:

> *»Irvings These berührt vielmehr den Nerv der Glaubwürdigkeit der Geschichtsschreibung über die NS-Zeit.«*[87]

Wie ist es aber erst um diese Glaubwürdigkeit bestellt, wenn der Holocaust gar nicht so, wie geglaubt, stattfand? Diese These, in den letzten Jahrzehnten wiederum vor allem von Angehörigen der westalliierten Nationen vorgebracht, berührt nicht nur den Nerv der Glaubwürdigkeit der Geschichtsschreibung, sondern sie raubt ihn ihr. Deshalb wird man sich nach Veröffentlichung dieses Bandes auf entsprechende Reaktionen der entnervten Historiker gefaßt machen müssen. Aber darf es bei dieser Frage überhaupt um die Nervenschonung bzw. Nervenschwäche gewisser Historiker und ihrer Anhänger gehen, oder muß es hier vielmehr um nichts anderes gehen als um die Feststellung der historischen Wahrheit? Und geht es nicht auch besonders um die Frage, ob die Wissenschaft und die Meinungsäußerung hierzulande wirklich noch frei sind, ob also die Menschenrechte als moralisches Fundament

---

80. J. Bacques, *Other Losses,* Stoddart, Toronto 1989; dt.: *Der geplante Tod,* Ullstein, Frankfurt/M.–Berlin 1989.
81. J. Bacques, in *FAZ*, 12. 3. 1994, S. 8.
82. Vgl. M. Messerschmidt, *FAZ*, 1. 2. 1994.
83. J. M. Spaight, *Bombing Vindicated,* Geoffrey Bles, London 1944.
84. Das statistische Bundesamt geht in seiner vorsichtigen Schätzung von etwa 600 000 Opfern aus, wobei hier z. B. für Dresden nur die offizielle Zahl von 35 000 angesetzt wurde, sie entspricht jedoch eher einer Zahl zwischen 200 000 und 300 000, so daß eine Gesamtzahl von 1 Million Opfern eher wahrscheinlich scheint; vgl. D. Irving, *Und Deutschlands Städte starben nicht,* Weltbild Verlag, Augsburg 1989, S. 373.
85. Die übervorsichtige Schätzung des Bundesministeriums für Vertriebene geht von mindestens 2,1 Millionen Opfern aus; vgl. A. M. de Zayas, *Anmerkungen zur Vertreibung,* Kohlhammer, Stuttgart 1986, S. 215.
86. D. Irving, aaO. (Anm. 48).
87. M. Broszat, aaO. (Anm. 48), S. 745.

dieses Staates wirklich noch halten, was sie versprechen? Die semikonservative *Welt* jedenfalls forderte angesichts des jüngste BGH-Urteils (BGH/Deckert, siehe Anm. 25) empört, daß die Revisionisten nicht nur wegen ihres Angriffs auf die jüdische Menschenwürde ohne weitere Beweiserhebung zu verurteilen seien, sondern führte als weiteren wichtigen Grund an:

»Wer Auschwitz leugnet, [. . .] *der rüttelt auch an Grundfesten des Selbstverständnisses dieser Gesellschaft.«*[88]

Und auch die linksliberale *Zeit* beschrieb, warum man die Bestreiter des Holocaust durch Justiz und Verfassungsschutz mundtot machen müsse:

»Auf dem Spiel steht das moralische Fundament unserer Republik.«[89]

Nein, meine Damen und Herren Journalisten des demokratischen Verfassungsbogens: Wer an der Freiheit der Wissenschaft und der Meinungsäußerung rüttelt, der rüttelt an Grundfesten des Selbstverständnisses dieser Gesellschaft und setzt das moralische Fundament unserer Republik aufs Spiel! So wird ein Schuh daraus!

Es sei denn, die Bundesrepublik Deutschland definiert sich nicht über die in der Verfassung niedergelegten Menschenrechte, sondern über den herrschenden Holocaust-Glauben. Bevor man von uns jedoch verlangt, dies zu akzeptieren, müßte es mit deutlichen Worten in der Verfassung niedergelegt werden – nach einer vorhergehenden Zustimmung durch das deutsche Volk.

Daß die obigen Zeitungsmeldungen keine zufälligen Eintagsfliegen waren, bewies die *Welt* kurze Zeit später:

»Wer die Wahrheit über die nationalsozialistischen Vernichtungslager leugnet, gibt die Grundlagen preis, auf denen die Bundesrepublik Deutschland errichtet worden ist. Dieser Staat soll eine streitbare Demokratie sein, die sich wehrt, wenn Antidemokraten sie aushebeln wollen.«[90]

Nun wissen wir es genau: Wer zu gewissen historischen Aspekten eine andere Meinung hat, ist ein Antidemokrat. Das ist ungefähr so logisch wie die Feststellung, es sei nachts kälter als draußen.

Zu dem indirekten Vorwurf der *Welt*, die Autoren dieses Bandes seien Antidemokraten, möchte ich nur feststellen, daß nach meiner Ansicht unserem Staat ein Mehr an Demokratie in Form plebiszitärer Mitbestimmung sehr gut anstehen würde. Angesichts der in dieser Einleitung festgestellten Bedingungen, denen wir Forscher und Wissenschaftler in Deutschland und anderen westlichen Ländern ausgesetzt sind, folgt zudem zwangsläufig, daß diese Staaten erhebliche Demokratie- und Menschenrechtsdefizite haben – nicht nur im Bereich der Meinungs-, Forschungs- und Wissenschaftsfreiheit, sondern auch bezüglich des Zugangs zu den Medien.

Schließlich darf man wohl noch fragen, was von einem Staat zu halten ist, der gewisse Geschichtsauffassungen per strafrechtlicher Gewaltandrohung zu fixieren versucht und Andersdenkende sofort als Feinde der Demokratie verunglimpft. So schrieb der gewiß der Demokratiefeindlichkeit unverdächtige Friedrich Karl Fromme, Mitherausgeber der *Frankfurter Allgemeinen Zeitung,* kürzlich zum Thema:

»Historische Wahrheit kann nicht durch das Strafrecht festgeschrieben werden; einem der Liberalität verpflichteten Staat steht das nicht gut an, so schmerzlich oder peinlich es im Einzelfall sein mag.«[91]

In einer sachlich-wissenschaftlichen Diskussion sollte man der Wahrheit zutrauen, daß sie sich ohne Strafgesetze durchzusetzen vermag. Andererseits ist es fast ausgeschlossen, daß sie sich unter Strafverfolgungsandrohungen ungehindert durchzusetzen vermag.

In diesem Werk soll es um den wissenschaftlichen, sachlichen Streit über die Frage gehen, wo bezüglich des Holocaust die Wahrheit liegt. Für einen Beginn und nicht zur Beendigung dieser Diskussion

88. *Die Welt,* 16. 3. 1994, S. 6.
89. *Die Zeit*, 31. 12. 1993, S. 51.
90. R. Wassermann, »Die Justiz hat Klarheit«, in *Die Welt*, 28. 4. 1994, S. 4.
91. »Strafrecht und Wahrheit«, in *FAZ*, 22. 4. 1994, S. 1.

soll dieser Band dienen. Alles andere mag darauf folgen. Wir stellen also unsere Thesen zu Teilbereichen des Holocaust vor und freuen uns schon heute auf die sachlichen Erwiderungen und möglicherweise Widerlegungen durch die Geschichtswissenschaft. Wem dennoch zu diesem Werk nichts anderes einfällt als billige politische Polemik, der hat sich bereits im Vorfeld sachlich disqualifiziert.

10. Über die Freiheit der Wissenschaften

»Der Schutz des Grundrechts auf Wissenschaftsfreiheit hängt weder von der Richtigkeit der Methoden und Ergebnisse ab noch von der Stichhaltigkeit der Argumentation und Beweisführung oder der Vollständigkeit der Gesichtspunkte und Belege, die einem wissenschaftlichen Werk zugrunde liegen. Über gute und schlechte Wissenschaft, Wahrheit und Unwahrheit von Ergebnissen kann nur wissenschaftlich geurteilt werden [. . .] *Die Wissenschaftsfreiheit schützt daher auch Mindermeinungen sowie Forschungsansätze und -ergebnisse, die sich als irrig oder fehlerhaft erweisen. Ebenso genießt unorthodoxes oder intuitives Vorgehen den Schutz des Grundrechts. Voraussetzung ist nur, daß es sich dabei um Wissenschaft handelt; darunter fällt alles, was nach Inhalt und Form als ernsthafter Versuch zur Ermittlung der Wahrheit anzusehen ist* [. . .]

Einem Werk kann allerdings nicht schon deshalb die Wissenschaftlichkeit abgesprochen werden, weil es Einseitigkeiten und Lücken aufweist oder gegenteilige Auffassungen unzureichend berücksichtigt. [. . .] *Dem Bereich der Wissenschaft ist es erst dann entzogen, wenn es den Anspruch von Wissenschaftlichkeit nicht nur im einzelnen oder nach der Definition bestimmter Schulen, sondern systematisch verfehlt. Das ist insbesondere dann der Fall, wenn es nicht auf Wahrheitserkenntnis gerichtet ist, sondern vorgefaßten Meinungen oder Ergebnissen lediglich den Anschein wissenschaftlicher Gewinnung oder Nachweisbarkeit verleiht. Dafür kann die systematische Ausblendung von Fakten, Quellen, Ansichten und Ergebnissen, die die Auffassung des Autors in Frage stellen, ein Indiz sein. Dagegen genügt es nicht, daß einem Werk in innerwissenschaftlichen Kontroversen zwischen verschiedenen inhaltlichen oder methodischen Richtungen die Wissenschaftlichkeit bestritten wird.«*

Urteil des Bundesverfassungsgerichts vom 11. 1. 1994, Az. 1 BvR 434/87, S. 16f.

Die etablierte Geschichtswissenschaft ignoriert in fast allen ihren Werken grundsätzlich jede von den Revisionisten vorgebrachte wissenschaftliche Gegenmeinung zum Thema Holocaust. Ein Paradebeispiel hierfür ist das in letzter Zeit öfter als ›letzter Schrei‹ der Holocaust-Wissenschaft propagierte Buch von Jean-Claude Pressac, *Die Krematorien von Auschwitz. Die Technik des Massenmordes.* (siehe Anm. 61) Obwohl er vorgibt, die Argumente der Revisionisten zu widerlegen, blendet Pressac in seinem Werk systematisch alle Fakten, Quellen, Ansichten und Ergebnisse aus, die seine Auffassung in Frage stellen. Kein revisionistisches Werk wird genannt, auf kein einziges revisionistisches Argument wird eingegangen. Man könnte dies noch verschmerzen, wenn er wenigstens dem im Titel seines Buches niedergelegten Anspruch gerecht werden würde, nämlich eine technisch fundierte Abhandlung zu liefern. Tatsächlich jedoch enthält sein Werk auch nicht eine Quelle aus einer technischen Fachveröffentlichung. Sie enthält kein einziges Ergebnis eigener oder fremder technischer Studien. Ferner vermischt er seine private, oft unfundierte Meinung untrennbar mit den Aussagen von ihm zitierter Dokumente – eine höchst unwissenschaftliche Vorgehensweise.[92] Man könnte also mit Fug und Recht sagen, daß Pressac nicht nur seiner Auffassung zuwiderlaufende Argumente, sondern vielmehr die wissenschaftliche Arbeitsweise schechthin systematisch ausblendet.

In diesem Band dagegen ist die Beschäftigung mit den Meinungen zum Holocaust, wie sie in den Werken der etablierten Wissenschaft niedergelegt sind, das Alpha und Omega. Hier wird nichts ausgeblendet. Die tiefgehende Ausleuchtung der Fakten, Quellen, Ansichten und Ergebnisse der Gegenseite ist der zentrale Anlaß für das Erscheinen dieses Bandes.

92. Vgl. dazu aaO. (Anm. 62).

11. Von der ethischen Verantwortung des Wissenschaftlers

Gesetzt den Fall, wir haben mit unseren Thesen recht. Sollte man dies der Welt verschweigen, oder sollte man es ihr mitteilen? Oder klarer ausgedrückt: Kann die Verbreitung unserer Thesen negative Konsequenzen für das Zusammenleben der Völker haben? Dies ist denkbar, doch es ist auch denkbar, daß es positive Konsequenzen hat, genauso wie es denkbar ist, daß die Verbreitung der heute allgemein akzeptierten Ansicht über den Holocaust neben positiven auch negative Folgen für das Zusammenleben der Völker hatte und hat. Entscheidend für die politischen Auswirkung einer wissenschaftlichen These bzw. Erkenntnis ist, was die Polititk und heute vor allem die Medien aus ihr machen. Eine These oder Erkenntnis ist nicht damit aus der Welt zu schaffen, indem man versucht, sie mit irgendwelchen Mitteln zu unterdrücken oder gar zu verbieten. Sogar die Selbstbescheidung der Wissenschaftler kann höchstens zu einer Verzögerung, nie aber zum Stopp des Erkenntnisprozesses führen. Diesen Umstand hat Friedrich Dürrenmatt in *Die Physiker* treffend beschrieben. Der Erkenntnisprozeß läßt sich durch keine Macht der Erde aufhalten. Daher muß dem klugen Politiker daran gelegen sein, den Prozeß in einen Rahmen einzubinden, der seinen Vorstellungen und Zielen entspricht. Das schließt auch ein, daß die Politik ihre Zielvorstellungen wenigstens im groben nach den wissenschaftlichen Erkenntnissen ausrichtet.

Die Rolle des Wissenschaftlers sollte dabei sein, die Politiker immer wieder an die obige Weisheit zu erinnern: Das Verbot stoppt die Erkenntnis nicht, sondern macht sie nur für jene Gruppierungen interessant, die gerne im Zwielicht des Halb- oder Illegalen arbeiten. Vor allem aber setzen sich die Regierenden mit Verboten gegenüber der Wissenschaft vor dem Volk immer ins Unrecht und verlieren dadurch jede Glaubwürdigkeit, denn wer eine Diskussion verbietet, gerät schnell in den Verdacht, etwas verbergen zu müssen oder in Argumentationsnot geraten zu sein.

Wer verhindern will, daß gewisse Erkenntnisse oder Thesen von extremen Gruppen mißbraucht werden, kann dies nur dadurch erreichen, daß er die entsprechenden Themata selber besetzt.

Erstes Ziel jeder gemäßigten Politik muß es daher auch in unserem Fall sein, die Diskussion über den Holocaust aus radikalen Zirkeln herauszubekommen, damit mögliche Konsequenzen einer revidierten Geschichtsschreibung glaubhaft und kompetent von seriösen Politikern vertreten und durchgesetzt werden können. Erstes Ziel des Wissenschaftlers muß es sein, die Politiker auf diesen Umstand aufmerksam zu machen und sie bei ihrem Weg durch die Klippen wissenschaftlicher Erkenntnisse zu begleiten.

Ernst Gauss, Rothenburg o.d.T., den 25. 8. 1994

Der Fall Lüftl
oder: Die Justiz zur Zeitgeschichte

WERNER RADEMACHER

1. Einleitung

Als Mitte Februar 1992 viele österreichische und deutsche Tageszeitungen meldeten[1], daß der Präsident der österreichischen Bundesingenieurkammer Dipl.-Ing. Walter Lüftl nach Zweifeln am Holocaust zurückgetreten sei, beruhigten sich die Wogen in Deutschland recht rasch wieder, in Österreich jedoch erwuchs daraus ein mittelgroßer Skandal. Man warf dem Präsidenten der Bundesingenieurkammer Nazi-Sprüche vor und rief nach dem Staatsanwalt.

Sensible Zeitgenossen horchten damals jedoch auf, denn ein Ingenieur und vielfacher gerichtlicher Sachverständiger aus Österreichs High Society dürfte kaum ohne Grund Zweifel an der technischen Durchführbarkeit einiger Bereiche des Holocaust geäußert haben.

Insider hatten schon im Winter 1991 gemerkt, daß etwas im Busche war, denn in der Verbandszeitschrift *Konstruktiv* veröffentlichte Lüftl bereits erste Andeutungen, daß mit einigen historischen Zeugenaussagen etwas nicht stimmen könne, erwähnte jedoch nicht den Bezug zum Holocaust, sondern überließ es dem Leser, anhand der Sachfragen den Zusammenhang zu erkennen.[2]

Da der staatlich vereidigte Sachverständige Lüftl in Übereinstimmung mit rechtsstaatlichen Grundsätzen den Sachbeweis qualitativ jedem Zeugenbeweis vorzuziehen hat, war er mehr als verwundert, daß diese allgemein anerkannte qualitative Reihenfolge der Beweismittel bezüglich des Holocaust auf den Kopf gestellt scheint: Die Geschichtsschreibung zum Holocaust wird dominiert von Zeugenaussagen, die nach seinem ersten Eindruck häufig einer sachverständigen Kritik nicht standhalten, die aber dennoch kritiklos hingenommen und dem Sachverständigenurteil vorgezogen werden.

Verwundert war er auch, daß die Gerichte die bezeugten Ereignisse des Holocaust nicht nur als gerichtsbekannt voraussetzen, um sich damit der Beweiserhebung zu entledigen, sondern daß sie diese Notorität dazu einsetzen, der anderen Partei eine gegenteilige Beweisführung zu verwehren. Dies ist seiner Überzeugung nach menschenrechtswidrig, da als notorisch nur vorausgesetzt werden kann, was auch unbestritten ist. Sobald jedoch ein begründeter Widerspruch vorhanden sei, müsse darüber auch verhandelt werden.

Gibt derjenige, der sich hinter der *Notorität* verschanzt, nicht zu erkennen, daß er die Wahrheit, die möglicherweise anders als die überlieferte (›volkspädagogisch erwünschte‹) aussieht, nicht wissen will und sie anderen, die Glauben durch Wissen ersetzt haben möchten, mit unlauteren Mitteln vorzuenthalten sucht? Wer überzeugt ist, daß die *Notorität* SEINER Wahrheit entspricht, hat doch durch angebotene Sachbeweise, die er ja leicht widerlegen können muß, nichts zu befürchten. Aber in der forensischen Realität bezüglich des Holocaust wird jeder angebotene Beweis von vorneherein als ›pseudowissenschaftlich‹ abgetan. Man hat die alleinige Wahrheit gepachtet. ›Es sei schon alles tausendmal bewiesen. Die Gegenargumente seien schon tausendmal widerlegt‹, lautet der substanzlose Standardeinwand, der schlicht unwahr ist. Die willkürlich unterstellte Notorität ist der Maulkorb der Wahrheit.

1. Z. B. *Süddeutsche Zeitung,* 14. 3. 1992: »Rücktritt nach Zweifel an Holocaust«
2. W. Lüftl, *Konstruktiv*, 166 (1991) 31f.; vgl. dazu die Darstellung bei E. Gauss, *Vorlesungen über Zeitgeschichte,* Grabert, Tübingen 1993, S. 44 ff.

2. Lüftls Affront gegen ein Sondergesetz

Der § 3 des österreichischen Verbotsgesetzes (novelliert zuletzt im Februar 1992, *Bundesgesetzblatt* 127/92) lautet unter anderem:

> *g) Wer sich auf andere Weise als in den §§ 3a bis 3f bezeichnete Weise im nationalsozialistischen Sinne betätigt, wird, sofern die Tat nicht nach einer anderen Bestimmung strenger strafbar ist, mit Freiheitsentzug von einem bis zu zehn Jahren, bei besonderer Gefährlichkeit des Täters oder der Betätigung bis zu 20 Jahren bestraft.*
>
> *h) Nach § 3g wird auch bestraft, wer in einem Druckwerk, im Rundfunk oder in einem anderen Medium oder wer sonst öffentlich auf eine Weise, daß es vielen Menschen zugänglich wird, den nationalsozialistischen Völkermord oder andere nationalsozialistische Verbrechen gegen die Menschlichkeit leugnet, gröblich verharmlost, gutheißt oder zu rechtfertigen sucht.*

Den Leser wird nun interessieren, wie ein Mensch wie ›Du und ich‹, ein Bürger nach einem ordentlichen, arbeitsreichen Leben, der ohne Vorstrafen ist – nicht einmal eine Polizeistrafe wegen Verkehrsvergehen ist vorgemerkt! –, der einen nicht unbeträchtlichen Teil seiner Arbeitskraft unbedankt dem Wohle der Allgemeinheit gewidmet hat – die Aufzählung aller Ämter füllt allein eine Seite –, der zuletzt als parteiloser und unabhängiger freiberuflich Tätiger zum Präsidenten seiner berufständischen Vertretung – der österreichischen Bundesingenieurkammer – gewählt worden war, nun überhaupt (allenfalls als *gefährlicher* Täter unter einer Strafandrohung von bis zu 20 Jahren Freiheitsentzug) mit dem Gesetz in Konflikt kommen kann. Nachfolgend wird daher der Fall dieses österreichischen Diplom-Ingenieurs *Walter Lüftl* eingehend dargestellt.

Es begann mit zwei Pressemeldungen in der Wiener Tageszeitung *Die Presse* am 23. und 29. 3. 1991. Beide berichteten von den Verhandlungen der SPÖ und ÖVP darüber, einen neuen Spezialtatbestand der ›Verhetzung‹ als § 238a in das österreichische Strafgesetzbuch einzuführen. Demnach sollte mit Freiheitsstrafe bis zu einem Jahr bestraft werden, »wer die Tatsache leugnet, daß in Konzentrationslagern des NS-Regimes Millionen von Menschen, insbesondere Juden, im Sinne eines Völkermordes planmäßig vernichtet wurden«.

Lüftl verfaßte daraufhin zwei Briefe, einen an die Redaktion und einen an den Vorsitzenden des Justizausschusses des österreichischen Nationalrates Dr. Michael Graff. Die Inhalte kurzgefaßt: Der neue Paragraph wird nur das Denunziantentum fördern. Lüftl hatte nach dem Besuch des KZ Dachau 1990 festgestellt, daß die dortige als ›Gaskammer‹ gezeigte Touristenattraktion nicht nur »nicht benutzt wurde«, wie der Lagerführer die Wahrheit verkürzend angab, sondern eine von einer Laientruppe errichtete Attrappe war. Daran knüpfte Lüftl die Frage, ob man mit dieser als wahr beweisbaren Behauptung künftig als Vertreter der ›Dachaulüge‹ dastehen werde.

Von Dr. Graff kam keine Antwort, der Chefredakteur der *Presse,* Dr. Thomas Chorherr, teilte Lüftl dagegen am 5. 4. 1991 mit, daß der Brief leider nicht veröffentlicht werden könne, da er mißverstanden werden könnte. Diesem Schreiben erwiderte Lüftl am 10. 4. 1991 mit nachstehend angeführtem Schreiben:

Geschäftszahl *Wien, der 10.04.1991*

Ihr Zeichen: Dr. Ch/P *Ihr Schreiben: 5.04.1991*

Betrifft:

Sehr geehrter Herr Chefredakteur

Ich danke für Ihr Schreiben; es ist ja ungewöhnlich, daß der Chefredakteur einem Leserbriefschreiber antwortet. Dies zeigt, daß mein Brief doch Gegenstand gründlicher Überlegungen war.
Ich teile Ihre Meinung, daß der Brief mißverstanden werden könnte, insbesondere dann, wenn man ihn mißverstehen will; es besteht auch die Gefahr des Beifalls aus der falschen Ecke.
Aus diesem Grunde übersende ich Ihnen eine von mir verfaßte und anhand zugänglicher Quellen dokumentierte Denkschrift. Sie soll niemanden verteidigen, sie soll nur Bedenken wecken im Sinne von: Ob es so war, kann ich nicht feststellen, weil ich ja nicht dabei war, aber wenn es nicht so gewesen sein muß, soll man doch darüber reden dürfen.
Auch Geschworene und Richter dürfen nicht verurteilen, wenn sie noch Zweifel haben.
Ich bitte Sie, diese Denkschrift vertraulich zu behandeln, sie dient nur Ihrer persönlichen Information.
Sollte sie bei Ihnen auch Bedenken wecken, so sollte DIE PRESSE dennoch GEGEN den § 283 a auftreten, allerdings nicht – hier teile ich jetzt auch Ihre Meinung wegen des möglichen Mißverständnisses – unter Berufung auf den konkreten Anlaßfall, sondern wegen der Gefahr für den Rechtsstaat an sich. Die paar Neonazis sind es nicht wert, daß wir die Maximen des Rechtsstaates aufgeben.

Mit vorzüglicher Hochachtung

(Walter Lüftl)

Die im Brief erwähnte Denkschrift war die von Lüftl in der Zwischenzeit anhand in seiner Bibliothek vorhandener und sonstwie leicht zugänglicher Quellen verfaßte Schrift *Die neue Inquisition.*
Lüftl hatte sich nämlich entschlossen, einige Nationalratsabgeordnete und sonstige (neudeutsch) Opinionleaders von seinen Bedenken als unbefangener Fachmann zu unterrichten. Er hatte (naiverweise) die Hoffnung, daß diese Hinweise, die nicht von einem Neonazi, sondern von einem Fachmann kamen, bei den angeschriebenen Personen auch Bedenken wecken würden. Die ablehnende Haltung von Chorherr hatte ihn nämlich einigermaßen verblüfft, da er sich erinnerte, daß Chorherr bei der Präsentation des Filmes *Holocaust* im österreichischen Fernsehen noch ziemlich heftig seine Bedenken dagegen in der *Presse* dargelegt hatte. Was hatte ihn in der Zwischenzeit vom Saulus zum Paulus werden lassen?
In der Denkschrift *Die neue Inquisition* übte Lüftl, seinem damaligen Kenntnisstand entsprechend, massive Kritik an einigen zentralen Punkten der Holocaustgeschichtsschreibung[3], kritisierte abschließend den Versuch des österreichischen Gesetzgebers, die Wahrheitsfindung ex lege zu unterbinden, als staatlich verordneten Gesinnungsterror und fragte, ob der Justizminister und das Parlament beabsichtigen, daß in Zukunft Historiker und technisch-naturwissenschaftliche Sachverständige oder auch ganz simple Menschen, die nur ihre Zweifel äußern, ohne jede Verteidigungsmöglichkeit vor den Kadi gezerrt und abgeurteilt werden. Wie die Geschichte des Falls Lüftl zeigt, wollten dies sowohl der Justizminister als auch das Parlament!

3. Eine später erweiterte Fassung unter dem Titel *Holocaust (Glaube und Fakten)* wurde in *The Journal of Historical Review* 12(4), Winter 1992/1993, S. 391–420, veröffentlicht. Beide Werke stehen sachlich aber auf wackeligen Füßen und haben Lüftl daher auch teilweise berechtigte Angriffe von Fachleuten eingebracht.

3. Lüftls Einsatz hinter den Kulissen

Da Dr. Graff auf Lüftls Schreiben vom 23. 3. 1991 nicht geantwortet hatte, schrieb Lüftl ihm am 9. 5. 1991 nach einem Besuch des vormaligen Klubobmannes (=Fraktionsführer) der ÖVP bei ihm, dem er einige Unterlagen mit der Bitte um Übergabe an Dr. Graff gegeben hatte, neuerlich. Lüftl machte ihn auf das Ergebnis seiner bisherigen Forschungen aufmerksam: Unlösbare Widersprüche und begründete Zweifel. ›Zeitgeschichte‹ und Technik waren einfach nicht zur Deckung zu bringen.
Diesmal antwortete Dr. Graff mit Brief vom 13. 5. 1991:

> *»Vielen Dank für Ihren Brief im Zusammenhang mit dem geplanten § 283 a. Das ›Leuchter-Gutachten‹, das Sie mir übersendet haben, ist mir bekannt. Ich verhehle aber nicht, daß mich die persönlichen Eindrücke so vieler Zeitzeugen, die die Greuel von Auschwitz beschrieben haben, mehr beeindrucken als die Ausführungen des ›Leuchter-Gutachtens‹.* ***Darin aber, daß über Wahrheit und Unwahrheit nur die Wissenschaft, und nicht der Strafrichter entscheiden kann, stimme ich mit Ihnen voll überein.«*** [Hervorhebung durch den Verfasser]

Am 19. 5. 1991 beantwortete Lüftl dieses Schreiben und wies an Hand von Beispielen darauf hin, daß von ihm eingesehene Zeugenaussagen und Geständnisse von angeblichen Tätern objektiv falsch waren, und informierte Dr. Graff von dem Inhalt eines Schreibens vom 10. 5. 1991 von Lüftl an Prof. Jagschitz.
Prof. Jagschitz war vom Landesgericht für Strafsachen Wien im Verfahren gegen Gerd Honsik (Az. 26b Vr 14.186/86) zum Sachverständigen für Zeitgeschichte bestellt worden und hatte in seinem Schreiben vom 10. 1. 1991 an das Landesgericht von ***substantiellen Zweifeln an der bisherigen Gerichtsnotorik*** geschrieben.
Lüftl machte Prof. Jagschitz von seinen begründeten Zweifeln Mitteilung und empfahl ihm den Einsatz von Technikern zur Lösung der anstehenden Fragen: Hat es Massenvernichtung durch Gas gegeben, und existierten Gaskammern in Auschwitz? Lüftl hat Prof. Jagschitz noch am 12. 8., 5. 10., 21. 10. 1991 und 20. 2. 1992 geschrieben und viele Fakten (Fälschungen und Falschaussagen) aufgezeigt, Literaturhinweise gegeben und letztlich an ihn die entscheidende Frage gestellt:

> *»Wie wollen Sie als Zeitgeschichtler ohne den Sachbeweis der Techniker beurteilen, ob der Zeuge wissen kann (Wittgenstein, Über Gewissheit, Satz 441)? Sie können doch bloß andere Quellen zitieren, ohne die Fakten wirklich prüfen zu können! Ein Beispiel für alle: Was fangen Sie mit der Aussage des ›Zeitzeugen für Greuel‹ ›. . , aus den Kaminen schlugen meterlange Flammen. . .‹ an? Ich weiß aber, und kann dies durch meine Sachkenntnis, allenfalls durch Berechnung, zuletzt durch das Experiment beweisen, daß der Zeuge lügt. Wie können aber Sie ›. . . zeigen, daß der Zeuge in der Lage war zu wissen. . .‹?«*

Lüftl schlug daher Prof. Jagschitz vor, dem Gericht den Einsatz von technischen Gutachtern zu empfehlen. Herr Prof. Jagschitz antwortete ihm höflichkeitshalber, aber ausweichend. Wohin die Nichtbeachtung seiner Hinweise (auch Germar Rudolf hatte Prof. Jagschitz uneigennützig seinen Sachverstand angeboten) geführt hat, ist in der unten folgenden Kritik des *Jagschitz-Gutachtens* nachzulesen.

4. Lüftls Beauftragung als Holocaust-Sachverständiger

Da Lüftls Arbeit – er hatte mittlerweile die Schrift *Holocaust (Glaube und Fakten)* in Teilen konzipiert und arbeitete an Verbesserungen und Ergänzungen – inzwischen bekanntgeworden war, beauftragte ihn am 24. 5. 1991 der deutsche Anwalt Hajo Herrmann aus Düsseldorf, ein Gutachten »über die angeblichen Vergasungen von Menschen während des Krieges in den Konzentrationslagern Auschwitz 1+2 nach Untersuchungen an Ort und Stelle« zu erstatten. Es entspann sich eine rege Korrespondenz mit dem Anwalt, der Lüftl am 7. 6. 1991 schrieb, daß er aus den ihm übersandten Unterlagen den »chemisch-medizinischen Ansatz« erkenne und daher Herrn Germar Rudolf um Auskunft angeschrieben habe. Das war der Ansatz zum Gutachten des Diplom-Chemikers Germar Rudolf, eine Übersicht über das Ergebnis findet der Leser unten in diesem Buche. Da es Lüftl aber aus Zeitmangel nicht möglich war, nach Auschwitz zu fahren und dort Befund zu erheben, endete die Korrespondenz mit dem Rechtsanwalt Herrmann mit Schreiben vom 16. 7. 1991, ohne daß Lüftl ein Gutachten erstattet hatte. Er übersandte lediglich seine bis dahin hergestellten Ausarbeitungen und die zugehörigen Unterlagen und beantwortete eine Reihe von Fragen. Er verbesserte und ergänzte die Schrift *Holocaust* aufgrund von Hinweisen von befragten Fachleuten und schloß seine Arbeit im August 1991 ab. Zuvor hatte Lüftl die Schrift in der jeweiligen aktuellen Fassung an eine Reihe von Politikern (darunter den Justizminister, einen Klubobmann, mehrere Nationalratsabgeordnete, einen Landeshauptmann usw.) versandt, im Februar 1992 noch an eine Reihe von Senatspräsidenten des Obersten Gerichtshofes. Einer der Herren, sein Namen wird aus Dankbarkeit verschwiegen, sandte ihm die folgende bemerkenswerte Antwort:

Dr. N.N.
Senatspräsident des OGH

am 3.3.1992

Herrn
Baurat h.c.
Dipl.Ing.Walter LÜFTL
Präsident der Bundesingenieurkammer

Schönbrunner Straße 2o5/1/14-15
1120 W i e n

Sehr geehrter Herr Präsident!

Ich habe Ihre Arbeit mit großem Interesse gelesen.

Laut Pressebericht hat der Nationalrat die beiliegende Novelle zum Verbotsgesetz beschlossen.

Ein Gesetz, das eine wissenschaftliche Auseinandersetzung mit Fragen der Zeitgeschichte unter Strafe setzt, ist meiner Meinung nach verfassungswidrig und mit rechtsstaatlichen Grundsätzen unvereinbar.

Ich persönlich halte daher eine Auslegung des allerdings weitgehend mit unbestimmten Gesetzesbegriffen operierenden § 3 h (neu) Verbotsgesetz in der Richtung, daß eine (öffentliche) wissenschaftliche Arbeit die bestimmte von Wissenschaftlern oder Institutionen vertretene Darstellung über historische Ereignisse in Frage stellt oder auch zu widerlegen versucht, tatbestandsmäßig ist, für unvertretbar.

Der wissenschaftliche Versuch, die herrschende Ansicht über bestimmte Tötungsmethoden oder die Zahl der Opfer aus technischer Sicht zu widerlegen, fällt nach meiner Meinung überhaupt nicht unter den Tatbestand, es sei denn, es werden der NS-Völkermord oder andere NS-Verbrechen geleugnet oder gröblich verharmlost. Die anderen Begehungsformen stehen im vorliegenden Fall überhaupt nicht zur Debatte.

Eine authentische Interpretation oder eine Prognose der Auslegung des Gesetzes durch den OGH kann ich naturgemäß nicht geben.

Mit freundlichen Grüßen

Der Inhalt der Schrift *Holocaust (Glaube und Fakten)* wurde in der Nummer 12(4), Winter 1992/1993 des *The Journal of Historical Review* in englisch veröffentlicht. Es sei nur kurz angeführt, daß Lüftl in ihr die Motive seiner Arbeit angegeben hat, weiters, daß er meint, daß das Verbrechen beim ersten widerrechtlich Getöteten beginne und es nicht darauf ankomme, Opferzahlen herunterzuhandeln, vielmehr darauf, daß die von ihm aufgezeigten zahlreichen Widersprüche und objektiv unrichtigen, ja bewußt falschen Behauptungen der Aufarbeitung durch technische Sachverständige bedürften. Jedenfalls seien die Bedenken der Revisionisten nicht unbegründet und weitaus eher mit der Technik in Einklang zu bringen als die bisher bekannten Angaben der Holocaustliteraten. Sollte entgegen der Ansicht der Revisionisten die wissenschaftliche Aufarbeitung, insbesondere durch den Sachbeweis, den Holocaust (insbesondere die behaupteten Massenvergasungen; die anderen Tötungs- oder Todesarten stehen bei Lüftl mangels Befassung mit dieser Materie gar nicht zur Diskussion) als Tatsache ergeben, dann müßten auch die Revisionisten dies zur Kenntnis nehmen.

5. Der Skandal

Da inzwischen der österreichische Nationalrat am 26. 2. 1992 die Novelle zum Verbotsgesetz beschlossen hatte, in dessen § 3h sinngemäß der Inhalt des beabsichtigten § 283a StGB enthalten war, war für Lüftl die Arbeit an dem Problem, wie er glaubte, abgeschlossen, ein Kämpfer gegen Windmühlen wollte er nicht sein.

Wenige Tage danach erschien in der *Wochenpresse/Wirtschaftswoche* Nr. 11/92 ein Artikel »Die Nazisprüche des Walter Lüftl« eines Journalisten namens Reichmann in der typisch manipulativen Art, wie sie für den heutigen ›Enthüllungsjournalismus‹ so charakteristisch ist. Herr Reichmann hatte ohne Trennung von Nachricht und Kommentar, ohne Angabe der Motive von Lüftls Arbeit und ohne Zitierung der wesentlichen Voraussetzungen derselben aus dem Zusammenhang gerissene, fachlich unbestreitbar wahre Sätze wie: »Leichen sind kein Brennstoff; deren Verbrennung hat einen hohen Energie- und Zeitbedarf« als »Nazisprüche« denunziert.

Die bestellte Empörung ließ nicht lange auf sich warten. »Architektur-Chef leugnet Auschwitz« waren die noch harmloseren Titel, Gegenrecherchen gab es nicht, allenfalls zwei oder drei telefonische Rückfragen, deren textliche Wiedergaben zumeist haargenau das Gegenteil dessen aussagten, was Lüftl erklärt hatte.

Der Skandal war da.

Auch in den Ingenieurkammern regte sich wirkliche (auf Unkenntnis beruhende) und bestellte Empörung. Vor allem der Bund Sozialdemokratischer Akademiker (BSA) und freimaurerische Kreise konnten nicht laut genug Lüftls Rücktritt als Präsident fordern. Zwar konnte Lüftl als Präsident weder abgesetzt noch abgewählt werden, doch erschien ihm die künftige Arbeit mit künstlich erregten Vertretern der Ziviltechnikerschaft nicht mehr zielführend. Er hatte vorausgesetzt, daß gerade Techniker zuerst messen und dann urteilen würden. Der Präsident der Wiener Ingenieurkammer (ein Sozialist) wollte ihm den Rücktritt mit dem Hinweis schmackhaft machen, daß dann der BSA keine Anzeige gegen ihn erstatten werde. Was das Wort dieses Sozialdemokraten wert ist, zeigt die Tatsache, daß es bei all der bestellten Empörung mit großem Wellenschlag nur zwei Anzeigen gab: Die des Dr. Neugebauer, eines Berufsanzeigers des *Dokumentationszentrums des österreichischen Widerstandes,* und die des BSA.

Da das Amt des Präsidenten der Bundesingenieurkammer keine Sinekure war, sondern, mit Einsatz ausgeübt, empfindlich große Opfer an Zeit und Geld erforderte, trat Lüftl schon seiner Familie zuliebe am 12. 3. 1992 zurück.

Es dauerte nicht lange, bis ihn die Ladung des Landesgerichtes für Strafsachen erreichte. Es waren aufgrund der beiden billigen Denunziationen Vorerhebungen gegen ihn eingeleitet worden. Doch der Untersuchungsrichter interessierte sich nicht für die Aufklärung der Wahrheit; nein, bloß darum, wie Lüftls Schriften auszugsweise in »rechtsradikale Medien« gelangt seien. Lüftls Hinweis, daß es wohl auf die Richtigkeit seiner Arbeit, und nicht auf die Veröffentlichung ankomme, die als Beitrag zur Vergangenheitsbewältigung seinetwegen auch in der Neuberger Kirchenzeitung hätte erfolgen können, wurde nicht beachtet. Es ging um die ›nationalsozialistische Gesinnung‹, die sich offenbar dann einstellt, wenn man unerwünschte (da gegen die Notorität gerichtete) Wahrheiten niederschreibt; da gibt es offenbar die relative Wahrheit, die vom Medium abhängt. Die Frage unterblieb, ob Lüftl etwa Herrn Reichmann von der *Wochenpresse* angestiftet habe, sorgfältig tendenziös ausgesuchte Zitate aus seiner Schrift *Holocaust* unter dem Titel »Nazisprüche« zu veröffentlichen, dies als getarnte ›Verherrlichung der NS-Regimes‹. Daß weder der Staatsanwalt noch der Untersuchungsrichter dem Ingenieur Lüftl auch nur einen Satz oder Satzteil vorhalten konnte, der eine gröbliche Verharmlosung, Gutheißung oder Rechtfertigung nationalsozialistischer Verbrechen oder gar des Völkermordes sein konnte, rundet das Bild ab.

Am 15. 1. 1993 wurde Lüftl eröffnet, daß auf Antrag der Staatsanwaltschaft die Vorerhebung, die offensichtlich nichts Belastendes ergeben hatte, in eine als gravierender eingestufte Voruntersuchung umgewandelt worden sei.

Ein Antrag von Lüftls Verteidiger auf Einstellung des Verfahrens wurde am 28. 6. 1993 mit dem bemerkenswerten Hinweis,

> »[. . .] *daß sich aus der Ausarbeitung ergibt, daß diese grundsätzlich geeignet ist, im Falle der Verwendung in beschönigender oder rechtfertigender Weise, den Tatbestand des § 3g VG zu erfüllen*[. . .]«,

abgewiesen. Das heißt im Klartext, die Aussage, daß Blausäure bei 25,7°C siedet, ist dann nationalsozialistische Wiederbetätigung, wenn ein ›Rechtsradikaler‹ mit dieser Auskunft die Frage aufwirft, wie man dann in kalten Kellern mit Hilfe von Zyklon B Opfer in wenigen Minuten ›vergasen‹ kann.

Ja sogar der Hinweis, diese Frage durch Nachschau ein einem vom Unterrichtsministerium approbierten Chemielehrbuch selbst zu beantworten (weil der ›Rechtsradikale‹ nicht von selbst auf diese naheliegende Idee gekommen ist!), wäre offenbar nationalsozialistische Wiederbetätigung.

Da Lüftl aber ›Leugnen‹ nicht mehr vorgeworfen wurde, zog sein Verteidiger in der darauffolgenden Beschwerde den glasklaren Schluß, »[. . .] daß die Ergebnisse [seiner Arbeit] offenbar wahr sind. Insofern ist dem Gericht beizupflichten[. . .]«

Das Problem liegt darin, daß es ein offensichtlich menschenrechtswidriges Gesetz gibt. Lüftl hat eine ganze Reihe von Nationalratsabgeordneten angeschrieben und sie gefragt, ob sie das, was ihm passiert ist, bei der Zustimmung zu diesem Gesetz auch gewollt hätten. Ein einziger schrieb zurück: »Ihr Schreiben macht mich betroffen, das habe ich nicht gewollt.«

6. Weitere Forschungen

Lüftl war nun gezwungen, schon um seine Verteidigung zu fundieren, am *Holocaust* konform mit dem Inhalt der *Stenographischen Protokolle* des österreichischen Nationalrates, wonach die »ausschließlich seriöse wissenschaftliche Forschung an Einzelfragen« erlaubt sei, weiterzuarbeiten. Durch Informationsaustausch mit qualifizierten Fachleuten und intensives Quellenstudium konnte er sein Wissen exponentiell steigern, da er nun die Zeit, die er früher unbedankt der Kammerarbeit gewidmet hatte, dafür verwenden konnte. Dort, wo er beim Verfassen der Schrift *Holocaust* nur ›begründete Vermutungen‹ bzw. ›persönliche Überzeugungen‹ hatte, konnte er sein Wissen zur praktischen Gewißheit vertiefen. Lüftl ist heute nach seiner Überzeugung in der Lage, jede seiner in *Holocaust* aufgestellten Thesen als technische Gewißheit mit allen technischen Beweisen nachvollziehbar und mit nachprüfbarem Befund darzulegen. Verwiesen sei beispielhaft auf seine unten folgende Kritik des *Jagschitz-Gutachtens* im *Honsik-Prozeß* (Abschnitt 8).

7. Der Honsik-Prozeß

Mit naturgemäß allergrößtem Interesse hat Lüftl den *Honsik-Prozeß* (vom Ende April bis Anfang Mai 1992 vor dem Landesgericht für Strafsachen in Wien) verfolgt.
Insbesondere das entgegen jeder Usance nicht vor der Hauptverhandlung schriftlich vorgelegte, also bloß in der Hauptverhandlung vorgetragene Gutachten des Sachverständigen Dr. Jagschitz, als ›Zeitgeschichtler‹ in der Frage ›Massentötungen mit Giftgas‹ von vornherein auf verlorenem Posten stehend, war für ihn von Interesse.
Aber schon das, was man den Medienberichten entnehmen konnte, ergab, daß hier kein Gutachten erstattet wurde, sondern daß der Sachverständige bloß dem Gericht erzählte, was er sich angelesen hatte bzw. glaubte. Das Gericht hatte ›lesen lassen‹. Der Sachverständige hatte lt. eigener Angaben (unter Eid! Daher muß man es ihm bis zum Beweis des Gegenteils auch glauben!) 5 000 bis 7 000 Zeugenaussagen gelesen und ca. 2/3 für falsch befunden. Die Kriterien für diese Prüfung, die pro Aussage nicht mehr als 10 Minuten gedauert haben dürfte, verschweigt des Sachverständige aber. Überdies dürfte bloß das Gericht Zeugenaussagen würdigen, und zwar nur solche, die auch vor dem Gericht abgelegt worden sind, da ja der Angeklagte und sein Verteidiger diese Aussagen ›hinterfragen‹ können müssen.
Es wurde nur eine einzige Aussage im Detail in das Verfahren eingeführt, die Aussage des Dr. Fischer, der aber lt. der *Dienstaltersliste der Waffen-SS* im Zeitpunkt der Tat gar kein Arzt gewesen ist, daher die Funktion, die er lt. Aussage in Auschwitz ausgeübt haben will, gar nicht ausgeübt haben kann.[4] Die Aussage strotzt nur so von Unsinnigkeiten, der Gutachter hat diese nicht erkannt, weil er sie mangels Fachkenntnissen auch nicht erkennen konnte. Hat er diese Aussage für eine ›Schlüsselaussage‹ gehalten? Oder fand er keine belastendere, keine seiner Ansicht nach ›glaubwürdigere‹?
Doch mehr darüber später.
Daß der Sachverständige nur durch das massive Eingreifen des Vorsitzenden bei der Befragung durch den Verteidiger vor ärgeren Problemen bewahrt wurde, bestätigen sachkundige Prozeßbeobachter und ist offenkundig. Die Notwendigkeit, daß man bei komplizierten Sachverhalten erst Erläuterungen vor der eigentlichen Frage stellen muß, um das Umfeld zu klären und um sicherzustellen, daß man nicht mehr oder weniger absichtlich aneinander vorbeiredet, gibt dem Vorsitzenden die Möglichkeit, für den Sachverständigen unangenehme vorbereitende Feststellungen mit den Worten »Stellen Sie Fragen« abzuschneiden. Wer die Wahrheit wirklich erforschen will, kann in solch wichtigen Fragen auch weitschweifige Einleitungen zulassen, diese dienen ja der Wahrheitsfindung. ›Ausreden lassen‹ und geduldig zuhören gilt aber offenbar in Prozessen nach dem Verbotsgesetz nicht. Warum wohl?
Man überlege, wie der Sachverständige vom Verteidiger in die Enge getrieben worden wäre, hätte das Gutachten vor der Hauptverhandlung vorgelegen und hätten Fachleute die zum Teil in technischen Sachfragen geradezu dilettantischen Ausführungen kritisch betrachten können, wie es später nach Vorlage des Verhandlungsprotokolles möglich war. Zwar gibt der Sachverständige laufend an, kein Techniker zu sein, was an sich als ›notorisch‹ keines Beweises bedurft hätte, doch interpretiert er laufend technische Urkunden, die er für echt hält. Eine echte Urkunde muß aber nicht richtig sein. Das kann ein ›Zeitgeschichtler‹ ja nicht beurteilen. Durch die Gelegenheit, die Gebührennote des Sachverständigen einzusehen, wurde festgestellt, daß nicht nur das ›Gericht hat lesen lassen‹, sondern auch Jagschitz seinerseits mangels polnischer Sprachkenntnisse durch Dritte ›hat lesen lassen‹ und deren Leseergebnisse als eigenen Befund ausgegeben hat. Man darf daran erinnern, daß der österreichische Gerichtssachverständige einen Eid abzulegen hat, *die gemachten Wahrnehmungen getreu und vollständig anzugeben.* Wie Jagschitz ›getreu und vollständig‹ erheben konnte, ohne sich auf Übersetzun-

4. B. Meyer (Hg.), *Dienstaltersliste der Waffen-SS, Stand 1.7.1944,* Biblio Verlag, Osnabrück 1987. Horst Fischer war ›SS-Führer des Sanitätsdienstes‹ ohne Doktortitel und SS-Hauptsturmführer. Seine niederschriftliche Angabe, daß er 1942 als diensthabender SS-Arzt an den Vergasungen teilgenommen habe, ist daher falsch.

gen österreichischer Gerichtsdolmetscher zu stützen, ist unerfindlich. Diese Übersetzungen hätten dann aber auch zeitgerecht dem Angeklagten und der Verteidigung zur Verfügung stehen müssen, so wie auch der gesamte Befund zwecks gründlicher Vorbereitung der Verteidigung. Aber darauf wurde kein Wert gelegt. Im Gegenteil, als der Angeklagte den durchaus vernünftigen Vorschlag machte – der in jedem anderen Prozeß sicherlich befolgt worden wäre –, zur Widerlegung des unechten und unrichtigen Dokuments über die Verbrennungskapazität der Auschwitzer Krematorien wenigstens Fachleute des Wiener Krematoriums zu befragen, wurde ihm das Wort entzogen. Ob das fair war?

Jagschitz ist aber durchaus zugute zu halten, daß er mit gewissen ›Stereotypen‹ wie ›Judenseife‹ und ›4 Millionen Vergasungsopfer‹ aufgeräumt hat. Sein Gutachten ist trotz vieler Schwächen ein Schritt zum Offenkundigwerden der ›wahren‹ Wahrheit. Nichts ist ja törichter, als tatsächliche Geschehnisse zu bestreiten. Wird aber die ohnedies schreckliche Wahrheit übertrieben, besteht die Gefahr, daß die Übertreibung dazu führt, daß später überhaupt nichts mehr geglaubt wird.

Lüftl hat das Gutachten von Prof. Jagschitz nur stichprobenartig geprüft, das Ergebnis ist in der Folge dargestellt. Man überlege anhand der wenigen Beispiele, wie die Verteidigung im Besitze technischer Widerlegungen zum Nutzen des Angeklagten hätte agieren können.

8. Warum sollten technische Gutachten eingeholt werden, bevor ein zeitgeschichtliches Gutachten erstattet wird?

Obwohl Herr Prof. Jagschitz auf die Nützlichkeit der vorangehenden Einholung von technischen und naturwissenschaftlichen Gutachten im Hinblick auf die Komplexität der Frage ›Massentötungen mittels Giftgas‹ hingewiesen wurde, unterließ er es als bestellter Sachverständiger für Zeitgeschichte im *Honsik-Prozeß,* die technischen Fragen durch technische Sachverständige vorab klären zu lassen.

Er stützte sich bei seiner Gutachtenerstellung auf in anderen Verfahren abgelegte Zeugenaussagen, Angaben Sonstiger und Urkunden, die er offenbar für echt und richtig hielt.

Die nachfolgenden, von Lüftl miterarbeiteten Ausführungen sollen nachvollziehbar zeigen, daß die *Unterlassung der Zuziehung* von technischen Sachverständigen zu vermeidbaren Fehlschlüssen geführt hat.

8.1. Leichenkeller als Gaskammer

Der Sachverständige Jagschitz trug am 30. 4. 1992 (Seite 471 des Gerichtsprotokolls (GP)) vor, daß der Leiter der Zentralbauleitung der Waffen-SS Bischoff mit Schreiben vom 6. 3. 1943 eine Vorwärmanlage für den Keller 1 mit Abluft von Saugzuganlage bei den Krematorien II und III im Konzentrationslager Auschwitz-Birkenau bestellt hat. Diese Bestellung nimmt nun der Sachverständige als Beweis dafür, daß der (Leichen)Keller 1 in Wahrheit eine Gaskammer war, da

- man die Wärmeanlage benötigte »weil das Zyklon B nur bei Temperaturen zwischen 24 und 26°C einwandfrei funktioniert« (welche Fülle von Unkenntnis in technischer, physikalischer und chemische Hinsicht steckt nur in diesen paar Worten!)
- und man keine Wärmeanlage in einem Leichenkeller benötige, da ein solcher ja kühl sein müsse.

Ohne darauf einzugehen, ob die Urkunde überhaupt echt ist,[5] der Ablauf einer Planung und Bauausführung läßt hier beträchtliche Zweifel offen, darf zunächst festgehalten werden, daß der Sachverständige lediglich das gleiche wie Pressac[6] aussagt. Dort ist der gleiche Fehlschluß nachzulesen. Was Pressac aber anführt, Jagschitz aber anscheinend nicht weiß, ist die Tatsache, daß die Vorwärmanlage

5. Schreiben des Leiters der Zentralbauleitung der Waffen-SS Bischoff vom 6. 3. 1943, abgedruckt z. B. in J.-C. Pressac, *Auschwitz: Technique and Operation of the Gaschambers, Beate Klarsfeld Foundation,* New York 1989, S. 221.
6. J.-C. Pressac, ebenda, S. 223 rechts unten.

im Krematorium II noch vor Inbetriebnahme wegen Konstruktionsfehlern an der Saugzuganlage entfallen mußte und im Krematorium III von vornherein storniert wurde.[7] Hat Jagschitz das überlesen? Oder kennt er Pressacs Werk doch nicht so genau? Wie kann er dann, ohne die umfangreichen Befunde von Pressac zu kennen, ein Gutachten über »Massentötungen mit Giftgas in Auschwitz« überhaupt erstatten?

Darüber hinaus kann durchaus eine technische Notwendigkeit, einen Leichenkeller zu beheizen, bestanden haben, und zwar aus zwei Gründen:

- so wird aus hygienischen Gründen im Leichenkeller wohl die Notwendigkeit einer Wasserleitung zu Reinigungszwecken bestanden haben.[8] Will man im Winter das laufende vorsorgliche Entleeren bei Frostgefahr vermeiden, so muß man die Raumtemperatur sicher über Null Grad Celsius halten;
- man kann in Neuferts *Bauentwurfslehre*[9] nachlesen, daß eine Leichenkammer Temperaturen zwischen +2 und +12°C aufweisen soll, da gefrierende Leichen aufplatzen und an ihrer Unterlage (und auch aneinander bei Stapelung) festfrieren können. Der Zeuge Henryk Tauber gab zum Krematorium I am 24. 5. 1945 an:[10] »Alle Leichen waren gefroren und wir mußten sie voneinander mit Äxten trennen.«

Die Planung einer ›Wärmeanlage im Leichenkeller‹ ist also keineswegs ein Beweis für die Verwendung desselben als ›Gaskammer‹. Ein technischer Sachverständiger wäre jedenfalls nicht auf die Idee gekommen, Pressac ohne kritische, nachvollziehbare technische Argumente ohne Quellenangabe unvollständig zu zitieren und das obendrein unvollständige Zitat als Ergebnis eigener nachvollziehbarer Denktätigkeit als eigenes ›Gutachten‹ vorzutragen. Obendrein wird ja der ›Beweis‹ für die Existenz von ›Gaskammern‹ per se durch die Stornierung der Bestellung obsolet.

8.2. Leistungsfähigkeit der Krematorien

Nun soll noch wegen der typischen Art (ohne ausreichende technische Prüfung, aber dafür um so entschiedener vorgetragen!) des Sachverständigen Jagschitz auf das Dokument über die Leistungsfähigkeit der Krematorien eingegangen werden (Seite 475 GP).

Das Dokument[11] vom 23. 6. 1943 gibt für die fünf Krematorien 4 756 Personen in 24 Stunden an. Dabei fällt zunächst auf, daß die SS-Zentralbauleitung das Krematorium I berücksichtigt, obwohl dieses zu dieser Zeit schon in einen Luftschutzkeller umgebaut worden war.

Die Angabe über die Gesamtleistungsfähigkeit war überdies rein hypothetisch. Das Krematorium II mußte wegen Schornsteinschäden laufend stillgelegt werden und war bloß von Mai bis Juli 1944 (!) voll betriebsbereit. Krematorium III war nie voll ausgelastet gewesen, Krematorium IV hatte laufend Ofen- und Schornsteinschäden (stillgelegt im Mai 1943, vergeblicher Reparaturversuch im April 1944) und wurde nach der Häftlingsrevolte vom 7. 10. 1944 endgültig stillgelegt. Auch beim Krematorium V brannten Öfen und Schornsteine häufig aus. Daß die im Dokument, das übrigens altbekannt ist und schon mehrfach als Absurdität (Stäglich, Butz, Walendy u. a.) qualifiziert worden ist, genannten Zahlen einfach Phantasie sind, soll nachstehend begründet werden. Abgesehen davon, daß die Leistungsfähigkeit der einzelnen Muffeln in den Krematorien II bis V 96 Personen pro Tag (˘ Stunde pro Leiche! Stand der Technik 1940 ca. 1° bis 2 Stunden!) gewesen sein soll, wäre diese beim Krematorium I nur halb so groß gewesen, obwohl der Lieferant (Topf & Söhne) offenbar nach dem gleichen Patent die Öfen herstellte.

7. J.-C. Pressac, ebenda, S. 230.
8. In den Grundrißzeichnungen der entsprechenden Leichenkeller sind tatsächlich Wasserhähne eingezeichnet, J.-C. Pressac, ebenda, S. 311 f. Diese sollen später entfernt worden sein, ebenda, S. 286.
9. E. Neufert, *Bauentwurfslehre,* Ullstein Fachverlag, Frankfurt 1962, S. 423.
10. J.-C. Pressac, aaO. (Anm. 5), S. 482.
11. J.-C. Pressac, ebenda, S. 247.

Vergleicht man aber dieses Schreiben mit dem Aktenvermerk vom 12. 3. 1943[12] über den dort dokumentierten Koksverbrauch, dann resultiert Bemerkenswertes. Die 4 416 Personen (4 756 - 340 Krematorium I = Krematorium II bis V) können im 24-stündigen Dauerbetrieb mit 15 680 kg Koks, das sind 3,55 kg/Person, eingeäschert werden. Das ist unfaßbar, da üblicherweise hierzu 40 bis 50 kg Koks pro Person benötigt werden. Wer das nicht glaubt, der frage ältere Mitarbeiter eines Krematoriums jeder beliebigen Großstadt, die noch die ›Kokszeit‹ erlebt haben.[13]
Da aber die maximale Zulieferung im März 1943 144,5 t betragen hat,[14] war diese angebliche Spitzenleistung nur an 9 Tagen des März 1943 möglich, da waren aber die Krematorien II bis V noch nicht voll betriebsbereit! Der Durchschnittsverbrauch war ansonsten ca. 71 t pro Monat, d. h. bei Spitzenleistung konnten die Krematorien nur 4,5 Tage pro Monat überhaupt in Betrieb sein.
Das heißt im Klartext: Selbst mit der sagenhaften Leistungsfähigkeit von 4 416 Personen pro Tag können maximal ca. 20.000 Leichen in einem ›Regelmonat‹ 1943 eingeäschert worden sein. Nimmt man aber Bedacht auf einen wirklichen (vorsichtig geschätzt mit 25 bis 30 kg 7 bis 8 mal höheren!) Verbrauch, so kann die Verbrennungsleistung der Krematorien im Durchschnitt 2 500 bis 3 000 Leichen pro Monat nicht überschritten haben. Wie dann die Opfer der Massenvergasungen beseitigt worden sein sollen (Verbrennungen in Gruben und auf Scheiterhaufen etwa mit Methanol – Siedepunkt 64,5°C! – oder Holz –, dazu sind Quantitäten von 150 bis 200 kg pro Leiche nötig; ob es überhaupt geht, ist der Aussage des Krematoriumsfachmannes Lagacé, siehe auch Abschnitt 12.4, zu entnehmen), wäre noch zu klären, die Krematorien waren dazu keinesfalls in der Lage.
Der Koksverbrauch (nach einer Berechnung der Energiebilanz) pro Leiche im kontinuierlichen Betrieb ist (im theoretischen Idealfall) bei den 2/3/8 Muffelöfen bei ›Normalleichen‹ 22,7/15,3/11,3 kg, bei sehr abgemagerten Leichen (›Muselmanen‹) 30,7/20,4/15,3 kg, was einen groben mittleren Eckwert von 20 kg ergibt.[15] Dazu kommt ein Zuschlag von ca. 20% für das Anheizen und Diskontinuitäten. Das heißt, daß etwa von April bis Oktober 1943 (Verbrauch ca. 497 t[12]) 497 000/24 = 20 000 bis 21 000 Leichen kremiert werden konnten. Das gibt einen Durchschnitt von knapp 3 000 Leicheneinäscherungen im Monat oder 100 pro Tag. Die Krematorien konnten also, nimmt man Bedacht auf den tatsächlichen Brennstoffverbrauch, keinesfalls Tausende pro Tag einäschern. Darüber hinaus sind nach max. 3 000 Einäscherungen die Muffeln ›ausgebrannt‹, d. h. die Schamottauskleidung muß komplett erneuert werden, was ebenfalls nachweislich mit keiner der Muffeln je geschah.[15]

8.3. Kein Rauch aus den Krematoriumsschornsteinen

Zum Fehlen von Rauch aus den Schornsteinen der Krematorien in Auschwitz-Birkenau auf den Bildern der USAF-Luftaufklärer[16] meint der Sachverständige Jagschitz, daß von den Amerikanern »wahrscheinlich auch ein Filter verwendet worden ist [. . .] dieser sollte dazu dienen, aufgelockerte Wolken aufzulösen [. . .]« (S. 478 GP). Dem ist entgegenzuhalten, daß – selbst wenn es gelungen wäre, damit auch Rauchfahnen »aufzulösen« – die Schatten der Rauchfahnen auf dem Boden und damit auf dem Foto genau so gestochen scharf, wie die Schatten der Kamine sichtbar gewesen wären. Abgesehen davon waren diese Filter, für deren Verwendung Jagschitz keine Quelle angeben kann, offensichtlich nicht angebracht, als durch die Bomben der Alliierten am Boden Brände und somit auch Rauchfahnen erzeugt wurden. Diese Rauchfahnen sind auf anderen Bildern nämlich deutlich zu sehen.[17]

12. J.-C. Pressac, ebenda, S. 223, 3. Spalte.
13. Wer sich in die technischen Probleme des Kremierens und des Energieverbrauchs der verschiedenen Methoden vertiefen möchte, sei auf das Standardwerk von F. Schumacher, *Die Feuerbestattung,* Gebhardt's Verlag, Leipzig 1939, hingewiesen. Vgl. auch den Beitrag von C. Mattogno und F. Deana in diesem Buch.
14. J.-C. Pressac, aaO. (Anm. 5), S. 224.
15. Vgl. dazu den Beitrag von C. Mattogno und F. Deana im Buch.
16. Bericht des CIA, *The Holocaust Revisited,* Februar 1979, ST-79-10001, S. 11.
17. Vgl. dazu die Aufnahmen in J. C. Ball, *Air Photo Evidence, Ball Resource Service Ltd.,* Delta, B.C., Canada 1992, S. 41, 48, 65, 74.

8.4. Der ›sagenhafte‹ Krematoriumsfachmann

Auf Fragen des Verteidigers Dr. Schaller gibt der Sachverständige Jagschitz an, daß er nicht begreife, daß irgendein (später ›sagenhafter‹) Krematoriumsfachmann sagt, es seien nur Hundert (Kremierungen) gewesen, . . . das sei für ihn zu hoch, . . .das übersteige sein Fassungsvermögen. . .[18] Der Sachverständige Jagschitz hätte durch das Studium der eidlichen Aussage (eines kanadischen Staatsbürgers vor einem kanadischen Gericht am 5. und 6. April 1988 im 2. ›Zündel-Prozeß‹!) des ›sagenhaften Krematoriumsfachmannes‹ als Experte leicht zur technischen Realität finden können.
Der ›sagenhafte Krematoriumsfachmann‹ ist der Manager Ivan Lagacé des Bow Valley Krematoriums in Calgary, Alberta, Kanada. Das Bow Valley Krematorium ist das heißeste und daher schnellste Krematorium Nordamerikas, eine Einäscherung dauert wegen der Gasfeuerung bloß 90 Minuten.
Lagacé hat fünf Semester Begräbniswesen am Humber College in Ontario studiert und ist seit 1979 diplomiert und lizensiert. Er hat mehr als 1000 Personen kremiert. Lagacé erläuterte in einer klaren Aussage mit Akribie die Probleme des Kremierens und der Gefahren dabei. Er legte nachvollziehbar und prüfbar dar, daß die Birkenauer Krematorien (koksbeheizt!) wegen der nicht regulierbaren Abkühlung gegenüber erdgasbefeuerten Krematorien (Abdrehen der Energiezufuhr möglich!) weniger leistungsfähig waren. Er kannte auch die Pläne der Birkenauer Krematorien und konnte sie mit der ähnlichen Anlage in Bow Valley vergleichen.
Er ging auch im Detail auf die offene Verbrennung und die Frage der Behandlung von Fleckfieberleichen ein. Zur offenen Verbrennung führte er aus, daß selbst bei Einsatz von Benzin in 90% der Fälle lediglich die Haut verkohlt, möglicherweise auch die Glieder verbrennen, aber es sehr schwer ist, den Torso zu kremieren. Das war der ›sagenhafte‹ Krematoriumsfachmann, dessen Aussage wohl wesentlich mehr Wert hat als eine offenkundig *unrichtige* Urkunde. Ein technisch unmöglicher Sachverhalt wird auch dann nicht *richtig*, wenn er in einer ›echten‹ oder vom Sachverständigen Jagschitz für ›echt‹ gehaltenen Urkunde steht.
Selbst R. Hilberg weiß, daß das Krematorium I nur bis zum Frühjahr 1943 in Betrieb war.[19] Warum dann am 23. 6. 1943 die SS dessen Kapazität noch anführt, geht diesmal »über das Fassungsvermögen« des Verfassers.

8.5. Die riesigen Exhaustoren

Der Gutachter Jagschitz führt am 4. 5. 1992 über »erheblich große Absaugvorrichtungen« aus (»Ich habe das in Moskau eindeutig gefunden [. . .]« S. 19 GP; »[. . .] diese riesigen Absaugvorrichtungen, die aus den Leichenkellern Luft absaugen [. . .], [. . .] sondern es hat zumindest in den Krematorien II und III erheblich große Absaugvorrichtungen gegeben« S. 34 GP).
Es waren Ventilatoren mit einer Antriebsleistung von 3,5 PS. Bei 150 mm Wassersäule nötiger Saugleistung reicht das in Hinblick auf Leitungslänge, Querschnitte, Leitungsführung (zahlreiche rechtwinklige Umleitungen), Leitungsinnenflächen (rohes Mauerwerk, Holz) und die Ausbildung der Einlaßöffnungen (grob gelochtes Blech) bestenfalls für zehnmaligen Luftwechsel pro Stunde in der ›Gaskammer‹.
In Hinblick auf die Entlüftungszeit von 30 Minuten kann angegeben werden, daß dann die Blausäurekonzentration auf ca. 1/100 der Ausgangskonzentration gesunken sein kann. Da aber durch die Methode des angeblichen Einwurfes des Zyklon B von oben das Ausgasen der Blausäure nicht quasi ›abgedreht‹ werden kann (das funktioniert nur in den US-Gaskammern mit Blausäuregeneratoren!), ginge das Ausgasen weiter, und zwar verstärkt, da der Unterdruck beim Absaugen (Siedepunktsdepression!) das Ausgasen fördert. Die Ventilatoren mit der geringen Leistung von 3,5 PS hätten prak-

18. Gutachten Prof. Jagschitz vor dem Landesgericht für Strafsachen Wien im Verfahren gegen Gerd Honsik, Az. 26b Vr 14.186/86, S. 20 und 42 des Gerichtsprotokolls (GP).
19. R. Hilberg, *Die Vernichtung der europäischen Juden,* Fischer, Frankfurt/Main 1981, S. 946.

tisch bis knapp vor Ende des Gasaustritts, und das kann je nach Temperatur mehrere bis viele Stunden dauern, Sisyphosarbeit leisten müssen, ohne die Konzentration unter die tödliche Dosis senken zu können.
Wie die Ventilatoren überdies bei mit Leichen vollgestopfter Kammer im Hinblick auf die Zu- und Abluftführung wirklich funktioniert haben sollen, müßten noch Lüftungsfachleute klären, denn die Abluft wurde unten abgesaugt, obwohl die Altluft wegen der Erwärmung und Wasserdampfanreicherung durch die Opfer leichter als die Frischluft gewesen wäre. Problematischer ist ebenfalls die Tatsache, daß Luftein- und -auslaß zu nah beieinander liegen (2 Meter an der gleichen Wand gegen 7,5 m zur gegenüberliegenden, durch Leichen blockierten Seite des Raumes), das heißt, es kommt schon in der Kammer zu einem Luftkurzschluß.
Bei 5 g/m^3 Blausäure ist zwar bei ›Abdrehen‹ der Blausäure bei 5 Luftwechseln pro halbe Stunde und idealen Lüftungsverhältnissen die Konzentration nach einer halben Stunde bloß 50 mg/m^3, da kann man die Kammer schon ohne Gasmasken betreten. Da das Zyklon B aber noch stundenlang weitergast, ist ein Betreten nach 30 Minuten, wie dies behauptet wird, ohne Schutzanzug (da reichen auch nicht die Gasmasken mit Spezialfilter J mit einer sicheren Gebrauchsdauer von 30 Minuten!) tödlich.
Die Anordnung der Ausblase- und Ansaugöffnungen am First in ca. 5 m Entfernung voneinander[20] läßt außerdem die Frage offen, was bei schwachem Wind in Firstrichtung von der Ausblase- zur Ansaugöffnung passieren würde (›Luftkurzschluß‹), ein Fachmann würde solches nicht planen.
Der Ventilator für den Sezierraum, die Wasch- und Aufbahrungsräume, alle oberirdisch gelegen mit Fenstern, hatte eine Leistung von 1 PS, der für den viel größeren Leichenkeller I (›Gaskammer‹) 3,5 PS. Letzterer war daher mit Gewißheit ungeeignet, das Luftvolumen nach einer Beaufschlagung mit 5 mg/m^3 (nach Pressac[21] sogar 12 mg/m^3!) in der in der Literatur (Zeugenaussagen) angegebenen Zeit von 30 Minuten so oft auszutauschen, daß die ›Gaskammer‹ ohne schweren Atemschutz samt Schutzanzügen nach dem Lüften hätte betreten werden können. Daraus ist zu schließen, daß die Lüftungsanlagen der Krematorien II und III ausschließlich für normale Lüftungszwecke, und nicht für die Absaugung hochtoxischer Gasmengen in kurzer Zeit (20 bis 30 Minuten) konzipiert waren.[22]

8.6. Ein SS-Standartenführer als reisender Servicemonteur

Der Gutachter Jagschitz unterläßt es aber auch, im nichttechnischen Bereich wirklich »ad fontes« zu gehen, wie er einführend (S. 261 GP) erläutert hat.
Er führt als Beweis für die Existenz von Gaskammern die von ihm angegebene Tatsache an (S. 390 GP), daß offenbar bei Defekten Spezialisten für ›Gaskammern‹ von Berlin angefordert wurden:

> *»Es gibt einen Herrn, der, wenn Gaseinrichtungen* [sic!] *kaputt waren, von Berlin angefordert wurde, um sie wieder zu reparieren. Das war ein gewisser Herr Eirenschmalz* [. . .]*«*

Ein Blick in ein Standardwerk der ›Holocaustliteratur‹ zeigt, daß der »gewisse Herr Eirenschmalz« der Leiter des Amtes C-VI (Finanzen!!) in der Amtsgruppe C (Bauwesen) des WVHA (Wirtschafts- und Verwaltungshauptamt des SS) war.[23] Sein Rang war Standartenführer (Staf.), was bei der Wehrmacht dem eines Obersten entsprach.
Glaubt irgend jemand, der seinen gesunden Menschenverstand noch gebrauchen kann, daß etwa dann, wenn ein Scharnier einer Einwurfluke für das Zyklon B klemmte, wirklich ein SS-Standartenführer (der als Oberst beim Militär üblicherweise ein Regiment kommandiert), der offenbar der Oberstzahlmeister des Bauamtes war, mit dem Monteurkisterl aus Berlin anreiste, um irgend etwas an der ›Gaskammer‹ zu reparieren? Noch dazu dann, wenn in Auschwitz genügend Werkstätten und Fachpersonal vorhanden waren?

20. J.-C. Pressac, aaO. (Anm. 5), S. 291.
21. J.-C. Pressac, ebenda, S. 16 u. 18.
22. Dies ist übrigens auch die Meinung von J.-C. Pressac, ebenda, S. 224 u. 289.
23. R. Hilberg, aaO. (Anm. 19), Tabelle 73, S. 933.

8.7. Die ungewöhnlichen Folgen einer Blausäurevergiftung

Der Gutachter Jagschitz gibt an (S. 441 f. GP), er habe bei einem Interview in Warschau mit einem »Häftling mit Vertrauensverhältnis zum SS-Mann Breitwieser« erfahren, daß der SS-Mann Breitwieser bei »dieser Vergasungsaktion« (gemeint: Vergasung von sowjetischen Kriegsgefangenen am 4. 9. 1941 im Block 11 des Stammlagers Auschwitz, die lt. Pressac neuerdings erst im Dezember stattfand[24]) dabeigewesen sei und die Gasmaske zu früh abgenommen habe und dabei eine halbseitige Gesichtslähmung davongetragen habe.

Der Sachverständige zitiert eine Falschaussage, vermutlich die des Häftlings Kula.

Die vorsorgliche Befragung eines Toxikologen oder Gerichtsmediziners ergäbe nämlich, daß eine halbseitige Facialislähmung keine Folge von Blausäureeinwirkung sein kann und eine Blausäurevergiftung ohne sofortige tödliche Folgen keine Dauerfolgen verursacht.[25]

8.8. Weitere Details, Schlüsse und Fragen

Im übrigen kommt der Gutachter Jagschitz zum Resümee (S. 499 bis 501 GP), daß Korrekturen in Einzelfragen möglich sind und es noch erheblicher wissenschaftlicher Anstrengungen bedürfte, die zahlreichen Detailfragen zu prüfen.

Genau das wurde aber im Verfahren unterlassen!

Keine einzige Detailfrage wurde von dazu berufenen Technikern, Chemikern, Medizinern usw. geprüft. Im Gegenteil: Fachleute, die aus zeitgeschichtlichem Interesse kritische Fragen äußern und zur Diskussion stellen wollten (also nur das, was Jagschitz gutachterlich anregt!), werden in Österreich in Verfahren nach § 3h Verbotsgesetz und in Deutschland nach §§ 130, 185 StGB (Volksverhetzung, Beleidigung) verwickelt![26]

Der Gutachter Jagschitz hatte vor der Erstattung seines Gutachtens in einem Zwischenbericht am 10. 1. 1991 dargelegt, daß »substantielle Zweifel an grundlegenden Fragen verstärkt worden« sind und »daß nur eine relativ geringe wissenschaftliche Literatur einer erheblich größeren Zahl von Erlebnisberichten oder nichtwissenschaftlichen Zusammenfassungen gegenübersteht«.

Mit gespanntem Interesse wurde daher sein Vortrag in der Hauptverhandlung verfolgt bzw. das Protokoll desselben studiert. In diesem Vortrag tauchte aber nichts Wesentliches auf, was nicht schon altbekannt gewesen wäre. Jagschitz stützte sein zusammenfassendes Werturteil,

wonach der Massenmord durch Giftgas erwiesen sei,

in erster Linie auf Urkunden und die Feststellung, daß er beim Prüfen der Berichte von Zeugen und Tätern festgestellt habe, daß ca. 2/3 dieser Angaben falsch und ca. 1/3 richtig seien.

Ein interessanter forensischer Aspekt ist die Beweiswürdigung der Aussagen von Personen, die nicht einmal vom erkennenden Gericht vernommen wurden, durch den Sachverständigen!

Der Sachverständige Jagschitz verschweigt aber die Aussagen selbst und die Kriterien der Beurteilungen durch ihn. Lediglich wohl als ein Beispiel für alle zitiert er die Aussage eines ›Täters‹, die des ›SS-Arztes Dr.‹ Fischer. Da sie belastend ist, muß sie wohl richtig sein?

Der unbefangene Sachkundige fragt sich nur, wie es in den sechziger Jahren noch möglich war, einen ›Täter‹ zur eigenhändigen Niederschrift solch tatsachenwidrigen Unsinns zu bewegen:

Die Opfer sterben binnen zwei Minuten nach Einwurf von Zyklon B, Leichenaufzug führt direkt zu den Türen der Verbrennungsöfen usw.! Der Mann kann ein Krematorium niemals von innen gesehen haben, geschweige denn eine Menschentötung durch aus Zyklon B gewonnenem Blausäuregas beaufsichtigt haben!

---

24. J.-C. Pressac, *Les Crématoires d'Auschwitz, la Maschinerie du meutre de masse,* CNRS, Paris 1993.
25. W. Forth, D. Henschler, W. Rummel, *Allgemeine und spezielle Pharmakologie und Toxikologie,* Wissenschaftsverlag, Mannheim 1987, S. 751 f.
26. So ein schwebendes Ermittlungsverfahren gegen den Gutachter Dipl.-Chem. G. Rudolf wegen seines Gutachtens, vgl. den Beitrag von G. Rudolf und E. Gauss im Buch.

Zwei Details in der Aussage des ›Dr.‹ Fischer sollen noch kritisch kommentiert werden. Sie betreffen Vergasungen in der ›Sauna‹ (S. 443 Beilage GP), einem umgebauten Bauernhaus, das interessanterweise auf keinem Luftbild je dargestellt oder erkennbar ist!

- »[. . .] es wurden ausschließlich 2 kg-Dosen verwendet [. . .]«

  Wie Pressac zu entnehmen ist, waren lediglich Dosen mit einem Füllgewicht an Blausäure von 0,5, 1,0 und 1,5 kg verfügbar.[27]

- »[. . .] die Gaskammer wurde nach etwa 20 Minuten (!) geöffnet [. . .,. . .]die Türen blieben etwa 10–15 Minuten offen, damit das Giftgas aus der Gaskammer abziehen konnte. Eine Absaugvorrichtung gab es in der ›Sauna‹ nicht. Nun zogen die Häftlinge (des Leichenkommandos) mit 2 m langen Stangen, die an der Spitze einen gebogenen Eisenhaken hatten [. . .], die Leichen heraus[. . .]«

  Da Zyklon B noch stundenlang Blausäuregas abgibt und eine Lüftung durch natürlichen Zug eher Tage als Stunden gedauert hätte, müssen die Häftlinge immun gegen Blausäure gewesen sein! Wie paßt das mit dem Sonderbefehl des Lagerkommandanten Höß vom 12. 8. 1942 zusammen,[28] wonach beim Öffnen von vergasten (richtig: begasten!) Räumen SS-Angehörige ohne Gasmasken wenigstens 5 Stunden lang einen Abstand von 15 m wahren müssen und obendrein auf die Windrichtung achten sollen, da es schon zu Unfällen gekommen sei?

Die von Jagschitz zitierten Urkunden lassen aber, sofern sie überhaupt echt und richtig sind, was sehr häufig aus technischen Gründen begründet zu bezweifeln ist, in jedem Fall auch andere technische Interpretationen zu, als ihnen vom Gutachter unterlegt werden. Zum Beispiel handelt ein Dokument von einer Gastür im Krematorium II mit den Maßen 100/192. Laut Plänen hatten die Leichenkeller I der Krematorien II und III aber zweiflügelige Türen mit den Maßen 180/200. Wie macht man aber eine zweiflügelige Türe, 180x200 cm, mit einer Türe, 100x192 cm, blausäuregasdicht?
Weitere Beispiele aus der ›Holocaustliteratur‹ und dem Jagschitz-Gutachten:

»10 Gasprüfer«:[29] Bestellung durch die Zentralbauleitung des Lagers Auschwitz an die Ofenbaufirma Topf & Söhne im Frühjahr 1943. Sollten diese Gasprüfer irgend etwas mit der Blausäure zu tun gehabt haben, wären sie vom dafür zuständigen Sanitätsdienst bei der Fa. DEGESCH bestellt worden, und nicht von der Zentralbauleitung bei der Ofenfirma Topf & Söhne. Wie man schon der damaligen Fachliteratur entnehmen kann, handelt es sich bei ›Gasprüfern‹ tatsächlich um Geräte zur Analyse des Verbrennungsgases auf CO oder CO_2, die bei der ›Vergasung‹ des Kokses im Generator des Krematoriumsofen entstehen.[30] Auch die Anzahl der bestellten Gasprüfer (10) spricht sehr für diese Verwendung, da die beiden spiegelbildlich erbauten Krematorien II und III zusammen 10 Rauchgaskanäle besaßen, an denen die Meßstellen wahrscheinlich angebracht waren.
Kurios wurde die Angelegenheit erst, als Pressac neulich im Moskauer KGB-Archiv ein Dokument fand, in dem die oben erwähnte Bestellung von Gasprüfern durch ein Schreiben der Firma Topf & Söhne bestätigt wird.[31] Darin stehen mit bezug auf obiges Telegramm im Betreff die Worte »Krematorium, Gasprüfer«, im Text aber wird erwähnt, daß es bisher nicht gelungen sei, einen Lieferanten für »Anzeigegeräte für Blausäure-Reste« ausfindig zu machen. Dieses Dokument will uns also weismachen, daß unter Gasprüfer tatsächlich Geräte zum Blausäurenachweis verstanden wurden. Einige Dinge müssen einen Techniker aber seltsam stimmen:

27. J.-C. Pressac, aaO. (Anm.), S. 16 f..
28. J.-C. Pressac, ebenda, S. 201; sowie S. 445 GP.
29. J.-C. Pressac, ebenda, S. 371; sowie S. 471 GP.
30. Akademischer Verein Hütte (Hg.), *Hütte, Ernst und Sohn,* Berlin [27]1942, S. 1087.
31. J.-C. Pressac, aaO. (Anm. 24), Abbildungsseite 28. Dies ist gegenüber seinem ersten Buch das einzige neuartige Dokument, der Rest des Buches wiederholt und komprimiert im Prinzip nur die Ausführungen des Buches aus Anm. 5).

1. Nach der damaligen Literatur hießen Geräte zum Aufspüren von Blausäureresten ›Blausäurerestnachweisgeräte‹.[32] Man liest im Schreiben aber »Anzeigegeräte für Blausäure-Reste«. (Kein Deutscher würde Blausäure-Rest getrennt schreiben!) Da die Firma Topf & Söhne laut Schreiben bereits von drei Firmen Nachricht über die Beschaffungsmöglickeit solcher Geräte erhielt, müßte der korrekte Name dieser Geräte inzwischen selbst zu Topf & Söhne durchgedrungen sein.
2. Nach den damaligen Vorschriften war es bei jeder Entlausungsaktion mit Blausäure Pflicht, mittels Blausäurerestnachweisgeräten nachzuprüfen, ob die Belüftung einer begasten Räumlichkeit erfolgreich war, bevor sie ohne Gasmaskenschutz betreten werden durfte. Da in Birkenau bereits seit 1941 Entlausungen in großem Maßstab durchgeführt wurden, ist es absolut unglaubwürdig, daß sich erst im Frühjahr 1943 jemand um eine Bezugsmöglichkeit dieser Geräte gekümmert haben soll.
3. Der Sanitätsdienst des Lagers Auschwitz war seit der Schaffung des Lagers Birkenau im Jahre 1941 für die Bestellung, Verwaltung und Anwendung von Zyklon B und aller Materialien zu dessen Handhabung (Entlausungsanlagen, Gasmasken, Blausäurerestnachweisgeräte usw., angeblich auch für die Massenvergasungen) verantwortlich. Er hatte also seit zwei Jahre Erfahrung in diesem Metier. Warum sollte dann im Frühjahr 1943 die für diese Aufgabe nicht zuständige und zudem inkompetente Zentralbauleitung den Auftrag zur Beschaffung von Blausäurerestnachweisgeräten erteilt haben?
4. Warum wandte man sich an die völlig inkompetente Ofenbaufirma Topf & Söhne, die noch nicht einmal die Lieferanten der Geräte kannte, wenn im Lager Auschwitz der Sanitätsdienst bereits seit zwei Jahren kontinuierlich mit diesen Geräten beliefert wurde und somit die Lieferanten kannte? Höchst wahrscheinlich hatte er sie sogar vorrätig.
5. Aus dem Text der Bestellung der Zentralbauleitung (»Absendet sofort 10 Gasprüfer wie besprochen[. . .] Kostenangebot später nachreichen«) ergibt sich zudem, daß die Zentralbauleitung nach der Besprechung mit der Firma Topf davon ausgehen konnte, daß die Geräte sofort abgesendet werden können und daß die Firma Topf Herr der Preisgestaltung

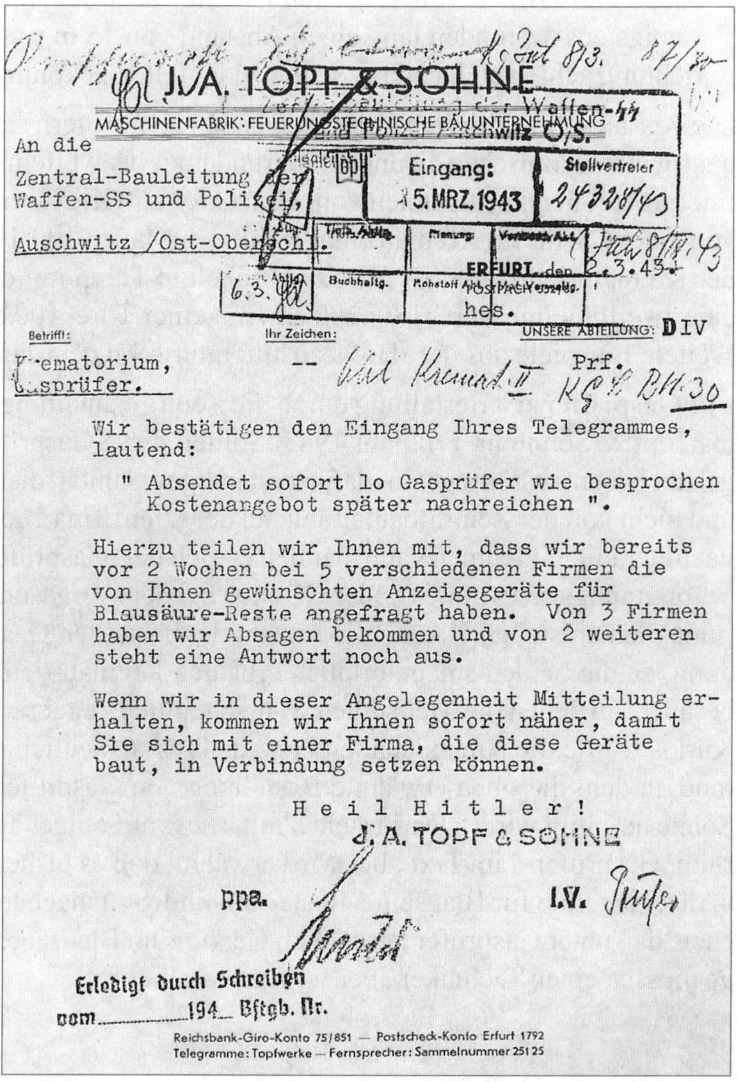
J.A. TOPF & SÖHNE
MASCHINENFABRIK: FEUERUNGSTECHNISCHE BAUUNTERNEHMUNG

An die
Zentral-Bauleitung der
Waffen-SS und Polizei,
Auschwitz /Ost-Oberschl.

Eingang: 5. MRZ. 1943

ERFURT, den 2.3.43
hes.

Betrifft: Krematorium, Gasprüfer.
Ihr Zeichen: --
UNSERE ABTEILUNG: D IV
Prf.

Wir bestätigen den Eingang Ihres Telegrammes, lautend:

" Absendet sofort lo Gasprüfer wie besprochen Kostenangebot später nachreichen ".

Hierzu teilen wir Ihnen mit, dass wir bereits vor 2 Wochen bei 5 verschiedenen Firmen die von Ihnen gewünschten Anzeigegeräte für Blausäure-Reste angefragt haben. Von 3 Firmen haben wir Absagen bekommen und von 2 weiteren steht eine Antwort noch aus.

Wenn wir in dieser Angelegenheit Mitteilung erhalten, kommen wir Ihnen sofort näher, damit Sie sich mit einer Firma, die diese Geräte baut, in Verbindung setzen können.

Heil Hitler!
J. A. TOPF & SÖHNE
ppa. I.V.

Erledigt durch Schreiben vom ....194.. Bftgb. Nr.

Reichsbank-Giro-Konto 75/851 — Postscheck-Konto Erfurt 1792
Telegramme: Topfwerke — Fernsprecher: Sammelnummer 25125

Dokument in Faksimile bei J.-C. Pressac, *Die Krematorien von Auschwitz*, Piper, München 1994, Dok. Nr. 28

32. Vgl. z. B. die Richtlinien für die Anwendung von Blausäure (Zyklon) zur Ungeziefervertilgung (Entwesung), Gesundheitsanstalt des Protektorats Böhmen und Mähren, Prag o.J.; Dokument NI-9912(1) im Internationalen Militärgerichtshof.

ist. Beides kann aber nur auf Produkte zutreffen, die zum Lieferprogramm der Firma gehören, also keinesfalls auf Blausäurerestnachweisgeräte. In unauflöslichem Widerspruch dazu steht das Antwortschreiben der Firma Topf, die plötzlich meint, erst langwierige Nachforschungen über Herstellerfirmen anstellen zu müssen.«

6. Es war in der Verwaltung deutscher Betriebe noch nie üblich, den Eingang von Telegrammen mit einem ordentlichen Brief zu bestätigen, wie dies hier angeblich geschehen sein soll. Mehr noch: Nach dem Untergang der 6. Armee in Stalingrad im Winter 1942/43 waren im Reich Arbeitskräfte extrem knapp, so daß besonders in den Verwaltungen jeder erdenkliche Arbeitsgang gespart wurde. Man kann daher mit Sicherheit davon ausgehen, daß damals Telegramme nicht bestätigt wurden.
7. Es darf verwundern, daß dieses Dokument, das in der Presse als der unwiderlegbare Beweis für die Existenz der Gaskammern gefeiert wurde,[33] erst 1993 entdeckt wurde, noch dazu in den vertrauenerweckenden Archiven des KGB.
8. Der auf dem Dokument sichtbare große rechteckige Eingangsstempel der Bauleitung weist seltsam unregelmäßig gekrümmte Linien der einzelnen Stempelfelder auf, was unmöglich durch einen Stempelvorgang hervorgerufen worden sein kann. Dies geht nur durch optische Verzerrungen bei photomechanischen Reproduktionen.

Dieses angeblich neue Dokument ist daher wahrscheinlich eine Fälschung. Eine sachverständige Analyse des vermeintlichen Originaldokumentes müßte hier für letzte Sicherheit sorgen.
»210 Gastürenverankerungen«:[34] Wer braucht im Krematorium IV für die Tötungsgaskammer 210(!) Gastürenverankerungen, falls es sich bei den ›Gastüren‹ wirklich um Türen zur ›Gaskammer‹ gehandelt haben soll? Wie blausäuregasdichte Türen verankert werden müssen, ist dem Fachwerk *Blausäuregaskammern zur Fleckfieberabwehr* zu entnehmen:[35] Die jeweils 8 Stück Maueranker (Lieferfirma Otte & Co., Wien) sind am Türrahmen schon angeschweißt, damit sich die Türe beim Versetzen nicht verziehen kann. Die 210 Stück Gastürenverankerungen sind kein Beweis für Menschenvergasungen.
Diese Beispiele zeigen deutlich, wie viele Details noch aufzuarbeiten wären, bevor ein zusammenfassendes Werturteil in dieser historischen Frage, die viele Wahrheitssuchende ehrlich bewegt, auf einer soliden Basis gelöster Detailfragen abgegeben werden kann.

8.9. Resümee

Der Gutachter Jagschitz hat in seinem Vortrag die ›symbolische Zahl von 4 Millionen jüdischen Opfern‹ insoweit korrigiert, als er ausgeführt hat, daß in Auschwitz »mehrere Hunderttausend bis maximal 1,5 Millionen durch Vergasung getötet« worden sein sollen.
Im Lichte der obigen technischen Fakten kann der von Jagschitz genannten Untergrenze bei der Zahl der Opfer der Größenordnung nach gefolgt werden, eventuell mit einigen Vorbehalten hinsichtlich der tatsächlichen Kremierungskapazitäten. Die Zahl der Getöteten einerseits und der Verstorbenen andererseits ist aber damit noch nicht nachvollziehbar geklärt! Dies um so mehr, als der gewiß des Revisionismus unverdächtige Autor Kazimierz Smolen ausführt:[36]

> »[. . .]*Täglich starben im Lager einige Hundert. Besonders hohe Sterblichkeit gab es während der Fleckfieberepidemien und wenn Durchfall massenweise auftrat*[. . .]«

Wenn also tatsächlich täglich »einige Hundert« starben (nicht getötet wurden! Daß daneben auch Tötungen vorgekommen sind, wird wohl niemand – auch die Revisionisten nicht – ernstlich bestreiten

33. Vgl. *FAZ*, 14. 10. 1993; *Die Welt*, 27. 9. 1993; *Welt am Sonntag*, 3. 10. 1993; *Der Spiegel* 49/1993; *L'Express*, 23. 9. 1993; *Libération*, 24. 9. 1993; *Le Monde*, 26. 9. 1993; *Le Nouvel Observateur*, 30. 9. 1993.
34. J.-C. Pressac, aaO. (Anm. 5), S. 451.
35. F. Puntigam, H. Breymesser, E. Bernfus, *Blausäuregaskammern zur Fleckfieberabwehr*, Sonderveröffentlichung des Reichsarbeitsblattes, Berlin 1943, S. 44.
36. Kazimierz Smolen war vor der Wende im Ostblock Direktor des Museums im KZ Auschwitz. Zitiert nach ders., *Auschwitz 1940–1945*, Ullstein, Frankfurt/Main 1961, S. 63.

wollen!), dann war im Hinblick auf die beschränkte Leistungsfähigkeit der Krematorien kein Raum mehr für die Beseitigung der Opfer von ›Massenvergasungen‹. Smolen hat seine Angaben noch unter dem Aspekt der ›4 Millionen‹ gemacht. Da blieb noch Platz für ›Massenvergasungen‹. Verknüpft man aber die Aussagen von Jagschitz (mehrere Hunderttausend bis maximal 1,5 Millionen insgesamt) mit denen von Smolen (täglich einige Hundert) und mit der Kapazität der Krematorien, dann ergibt sich ein ganz anderes Bild.

Jagschitz setzte sich aber mit den von ihm ermittelten Zahlen in Gegensatz zu Galinski, dem verstorbenen Vorsitzenden des Zentralrates der Juden in Deutschland, der noch Mitte 1990 vehement an der Zahl von 4 Millionen überwiegend jüdischer Auschwitzopfer festgehalten hat (»Für mich ist es historisch erwiesen, daß *im schlimmsten Vernichtungshof der Welt* vier Millionen Menschen umgekommen sind«[37]). Diese Aussage erinnert an die Notorität lt. OGH aufgrund von Angaben im *Brockhaus*. Im *Brockhaus* steht aber auch, daß eine Einäscherung in Krematorien 90 bis 100 Minuten dauert!

Ob Jagschitz mit diesem Teil seines Gutachtens nicht noch Probleme haben wird?

Möglicherweise exkulpiert ihn aber die Aussage von Simon Wiesenthal, der unlängst ausgesagt haben soll, daß nunmehr 1,5 Mio. Opfer die endgültige Zahl sein soll. Nur dem, der darunter geht, droht Wiesenthal mit dem Verbotsgesetz.[38]

Darüber hinaus ist es seit Anfang März 1993 durch Pressemeldungen offenkundig, daß die Opferzahl lt. der polnischen Agentur PAP aktualisiert 1,2 bis 1,5 Millionen ist: »[. . .] die Zahl von vier Millionen war Teil der sowjetischen Propaganda [. . .]« Was ist daher ab März 1993 ›notorisch‹?

Werden jetzt diejenigen amnestiert oder rehabilitiert, die wegen Zahlen zwischen 1,5 Millionen und 6,0 Millionen in der Vergangenheit Schwierigkeiten bekommen haben?

Pressac schließlich schreibt in seinem neuen Buch, daß nur 630 000 Menschen in Auschwitz in den Gaskammern umkamen und daß nicht mehr als 800 000 Menschen insgesamt in Auschwitz ihr Leben ließen.[24] Welche Zahl wird 1994, welche 1995 notorisch sein?

Lüftl hat ausschließlich das Gutachten Jagschitz als Basis und unter Verwendung ausschließlich ›nichtrevisionistischer‹ Quellen (Pressac, Hilberg, Dokumente aus dem Museumsarchiv in Auschwitz, sonstige gewiß unverdächtige Quellen wie Fachbücher usw.) aufgezeigt, daß man durch andere, aber denkmögliche Interpretationen des vom Gutachter Jagschitz vorgetragenen Materials auch zum gegenteiligen Resümee,

der Massenmord durch Giftgas kann nicht erwiesen werden,

kommen kann.

Zwar wurden nur sieben Ansatzpunkte (und einige Details) aus dem Vortrag des Gutachters behandelt, doch zeigt die Durchsicht des gesamten Protokolls, daß eine Fülle von Ansatzpunkten vorliegt, die nach Prüfung der technischen (und wie das Beispiel ›Eirenschmalz‹ zeigt, auch bloß der organisatorischen) Fakten jeweils genau den gegenteiligen Schluß zulassen, den der Sachverständige Jagschitz gezogen hat.

9. Sind alle Gutachter gleichberechtigt?

Für den außenstehenden Beobachter erhebt sich abschließend folgende Frage: Wäre der Sachverständige Jagschitz aufgrund einer sorgfältigen Quellenprüfung (und nach Zuziehung von Fachleuten) zum gegenteiligen Schluß, und diesmal nachvollziehbar und prüfbar, gekommen, hätte dann auch er gegen § 3h Verbotsgesetz verstoßen?

Diese Frage muß man naturgemäß in jedem Rechtsstaat westlicher Prägung ganz eindeutig verneinen. Es kann daher auch ein Privatgutachter wie Herr Lüftl, der sich mit diesem Fragenkomplex beschäftigt hat und nach Prüfung von Fakten als Ergebnis eigener nachvollziehbar und nachprüfbar dargeleg-

37. *Rheinische Post,* 18.7.1990.
38. *Kleine Zeitung,* Klagenfurt, 1.8.1992.

ter Denktätigkeit zu dem Schlusse gekommen ist, daß noch Zweifel an der ›volkspädagogisch erwünschten Wahrheit‹ bestehen, da diese im Widerspruch zu Naturgesetzen und technischen Möglichkeiten steht, nicht gegen den § 3h Verbotsgesetz verstoßen haben. Dies um so mehr nicht, als ja (siehe Stenographische Protokolle des österreichischen Nationalrates) die Beschäftigung mit Einzelfragen des Komplexes ausdrücklich nicht unter die zitierte Gesetzesstelle fällt.
Es wird ausdrücklich dem Leser überlassen festzustellen, daß die vorstehenden Ausführungen insgesamt mindestens den wissenschaftlichen Standard des Vortrages von Jagschitz erreichen.
Jedenfalls ist jedes Werturteil ausführlich begründet und mit Unterlagen zum Nachvollzug und zur Nachprüfung des Befunds ausreichend belegt.

10. Erklärung des Verfassers

Der vorstehende Beitrag enthält an keiner Stelle, weder direkt noch indirekt, irgend etwas, was als
- Leugnen,
- Gutheißen oder
- grobe Verniedlichung

des nationalsozialistischen Massenmordes beabsichtigt oder aufzufassen ist.
Der Verfasser verurteilt die nationalsozialistischen Verbrechen mit der nötigen Entschiedenheit und stellt fest, daß das Verbrechen beim ersten widerrechtlich getöteten Opfer beginnt.
Er nimmt aber im Sinne des Berichtes des Justizausschusses des österreichischen Nationalrates vom 5. 2. 1992 den *Grundsatz der Freiheit der Wissenschaft* in Anspruch.[39]
Die vorstehende Arbeit setzt sich als seriöse wissenschaftliche Arbeit mit *Einzelaspekten des historischen Geschehens* auseinander und ist insbesondere auch als kritische Stellungnahme zu den *Einzelaspekten des historisches Geschehen behandelnden Gutachtens* eines gerichtlich bestellten Sachverständigen nach dem Urteil erster Instanz zu betrachten.
Der Verfasser weist insbesondere auf eine Mitteilung des Vorsitzenden des Justizausschusses des österreichischen Nationalrates hin:

> *»Darin aber, daß über Wahrheit und Unwahrheit nur die Wissenschaft, und nicht der Strafrichter entscheiden kann, stimme ich mit Ihnen voll überein.«*
>
> (Dr. Michael Graff)

Es kann nun auch nicht von Bedeutung sein, wo und von wem dieses Schriftstück veröffentlicht wird, *denn die Wahrheit ist unteilbar.*

11. Das Ende der Affäre

Am 15. 6. 1994 wurde Lüftl das »Amtszeugnis des Landesgerichtes für Strafsachen Wien« vom 8. 6. 1994 zugestellt,[40] wonach die eingeleitete Voruntersuchung eingestellt worden ist, da ein Grund zur weiteren gerichtlichen Verfolgung nicht vorhanden sei.
Die Holocaust-Lobby, die schon vor Lüftl von der Einstellung erfahren hatte (wo blieb da das ›Amtsgeheimnis‹?), fühlte sich schwer getroffen:[41]
In einem Offenen Brief an den Justizminister Michalek haderte der Berufsdenunziant vom DöW (Dokumentationszentrum des österreichischen Widerstandes) Neugebauer mit dem Schicksal und wies dem bloß korrekt handelnden Justizminister »die volle Verantwortung« zu:

---

39. Siehe 387 der Beilagen zu den Stenographischen Protokollen des Nationalrates XVIII GP, Punkt 4, S. 5.
40. Az. 26b Vr 4274/92.
41. Siehe Berichte in den österreichischen Tageszeitungen vom 15. 6. 1994 sowie *Profil*, 20. 6. 94.

»Schwerer Rückschlag bei der Bekämpfung der Leugnung des Holocaust und ein Freibrief für alle künftigen Holocaust-Leugner.«

Der Holocaust-Lobby war also mittlerweile klar geworden, daß sie mit der ursprünglichen Denunziation Lüftls ein Eigentor geschossen hatte. Was Lüftl in *Holocaust* geschrieben hatte, war damals, vor der Änderung des Verbotsgesetzes, nicht strafbar; zu prüfen war ja bloß, ob er dies in der Absicht nationalsozialistischer Wiederbetätigunng geschrieben hatte, wofür aber die mehr als zweijährige Verfolgung und Voruntersuchung nicht einmal einen Schimmer ergeben hatte. Durch die marktschreierischen und die Wahrheit grob entstellenden Berichte über den ›Skandal‹ ging die Sache aber rund um den Erdball und regte eine Vielzahl von Menschen zum Nachdenken an. Und die Ergebnisse dieses Nachdenkens waren ganz sicher kontraproduktiv in den Augen und für die Zwecke der Holocaust-Lobby.

Nun darf Lüftl, verbrieft vom Wiener Landesgericht für Strafsachen, ungestraft feststellen und fragen:

1. Die von den ›Zeitzeugen« und ›geständigen Tätern‹ geschilderten Massenvergasungen mittels Zyklon B können nach den Naturgesetzen und technischen Möglichkeiten nicht so wie ›notorisch‹ und ›offenkundig‹ stattgefunden haben.
2. Der Gerstein-Bericht ist (wörtlich) »eine faustdicke Lüge«.
3. Die Massenvergasung mit Dieselauspuffgasen kann wegen der Zusammensetzung der Abgase nicht stattgefunden haben. Die Deutschen hätten zweckdienlicher Ottomotore oder noch wirksamer Holzgasgeneratoren verwendet, hätte es wirklich abgasbeaufschlagte Menschentötungskammern oder ›Gaswagen‹ gegeben.
4. Aus Krematoriumsschornsteinen schlagen bei Einäscherungen keine Flammen. Alle diesbezüglichen Aussagen von ›Zeitzeugen‹ sind falsch.
5. Die Zahl der kremierten Opfer ist wesentlich überzogen, da bei Massenvergasungen die Leistungsfähigkeit der Krematorien zu klein gewesen wäre. Aus dem Brennstoffverbrauch ist die Zahl der Kremierten einzugrenzen.
6. Im KZ Mauthausen gab es keine Massenvergasungen, die durch Zeugen geschilderte Art der Vergasung ist ein für die Henker lebensgefährlicher Unsinn.
7. Die Massenvergasung mit Kohlenmonoxid aus Flaschen ist technischer Unsinn.
8. Die versuchte Widerlegung des Leuchter-Berichts durch Auerbach kann experimentell leicht widerlegt werden.
9. Zyklon B und Dieselauspuffgase sind als Tatwaffen für die »planmäßige Vernichtung von Millionen Menschen, insbesondere Juden, im Sinne eines planmäßigen Völkermordes« abhanden gekommen.
10. Naturgesetze gelten identisch für Nazis und Antifaschisten.
11. Der Sachbeweis wird die Zeugnisse meineidiger ›Zeitzeugen« und die Geständnisse von ›Tätern‹ widerlegen.
12. Ergibt die objektive Aufarbeitung des Holocaust doch den »planmäßigen Völkermord mittels Gaskammern«, werden das auch die Revisionisten zur Kenntnis nehmen müssen.
13. Wer will aus welchen Motiven die Diskussion über dieses Thema mit Hilfe des Strafgesetzes abwürgen?
14. Kommt jetzt doch ›1984‹ durch die Hintertüre?

Der Wert von Aussagen und Geständnissen zum Holocaust

MANFRED KÖHLER

»Vor einem Gericht, das eingerichtet wurde, den Mord an den Juden als offenkundige Tatsache zu manifestieren, ebendiesen massenweisen, vorsätzlichen, von Deutschen begangenen Mord zu bestreiten, war für einen Angeklagten 1946 ähnlich tödlich wie es für einen mittelalterlichen Häretiker tödlich gewesen wäre, sich vor seinen Inquisitoren, die ihn aus welchem Grund auch immer schuldig sprechen wollten, damit zu verteidigen, daß er die Existenz des dreieinigen Gottes oder der Göttlichkeit Jesu selber bestreitet.«[1]

1. Einleitung

Eines der Hauptargumente der herrschenden Meinung in der Diskussion um den Holocaust ist, daß es sehr viele Zeugenaussagen gebe, die die Massenvernichtung belegen würden, und daß vor allem die vielen Geständnisse der Täter unter der SS ein unwiderlegbarer Beweis für die Existenz der gezielten Massenvernichtung der Juden während des Dritten Reiches seien.[2] Deshalb sei es unerheblich, daß es kaum Dokumentenbeweise und keine Sachbeweise gebe.[3] Zunächst ist es falsch vorzugeben, es gebe keine Sachbeweise. Dieses Werk ist eine Sammlung solcher Sachbeweise, die allerdings allesamt gewisse Bereiche der von Zeugen berichteten und von den Gerichten und der Wissenschaft daraufhin fixierten Darstellungen über den Holocaust widerlegen, da jeder Sachbeweis dem Zeugenbeweis überlegen ist. Diese Sachbeweise werden allerdings von der etablierten Forschung wie von der Justiz ignoriert. Dennoch stellt sich die Frage, wie denn die Zeugenaussagen zu bewerten sind.

Weiterhin ist festzuhalten, daß der objektive Historiker wie der Jurist nicht jede Erzählung eines Menschen unkritisch als Wahrheit akzeptieren dürfen, sondern den Wert dieser Berichte erkunden müssen. Dazu gehört als erstes, daß die Zeugenaussage in die Hierarchie der Beweismittel eingeordnet wird. Sodann ist zu fragen, wie die einzelne Aussage zustande gekommen ist, ob es zum Beispiel manipulative Tendenzen in der Umwelt des Aussagenden gab, die die Aussage beeinflußt haben können.

Da die meisten Aussagen über den Holocaust während gerichtlicher Ermittlungsverfahren und Prozesse abgelegt wurden, wollen wir zunächst aufhellen, welchen Wert eine Zeugenaussage vor Gericht hat.

2. Der Wert des Zeugenbeweises allgemein

In der Wissenschaft wie in der rechtsstaatlichen Justiz gibt es eine Hierarchie der Beweismittel bezüglich ihrer Beweiskraft. Danach ist jeder Sach- und Urkundenbeweis einer Zeugenaussage an Beweiskraft überlegen.[4]

---

1. W.B. Lindsey, *The Journal of Historical Review (JHR)* 4(3) (1983), S. 261–303, hier S. 265.
2. Prominentester Vertreter dieser These ist Prof. Nolte in seinem Buch *Streitpunkte*, Propyläen, Berlin 1993, S. 290, 293, 297.
3. Das Urteil des Schwurgerichs Frankfurt/Main stellte z. B. fest, daß es weder Spuren von Tat, Opfern, Tatwaffe noch von den Tätern gebe, Az: 50/4 Ks 2/63; vgl. I. Sagel-Grande, H. H. Fuchs. C. F. Rüter (Hg.), *Justiz und NS-Verbrechen*, Band XXI, University Press, Amsterdam 1979, S. 434.
4. Vgl. E. Schneider, *Beweis und Beweiswürdigung*, F. Vahlen, München [4]1987, S. 188, 304; hinzu als Beweisarten kommen noch die *Augenscheinnahme* durch das Gericht und die *Parteieinvernahme* als besonders unzuverlässige Zeugenaussage.

Der Zeugenbeweis gilt somit in der Wissenschaft wie in der Justiz als der unsicherste Beweis, da das menschliche Erinnerungsvermögen unzuverlässig und leicht zu manipulieren ist.[5] Nach Bender ist der Zeugenbeweis wegen seiner Unzuverlässigkeit nur ein Indizienbeweis, also kein unmittelbarer Beweis.[6]

Welche Anforderungen müssen gegeben sein, damit eine Zeugenaussage gerichtlich verwertbar ist?[7]

1. Der Zeuge muß glaubwürdig sein.

Ohne Anspruch auf Vollständigkeit zu erheben, seien einige Bewertungskriterien der Glaubwürdigkeit aufgezählt:

a) Emotionale Verwicklung. Sind Zeugen in den zu untersuchenden Fällen zu stark emotional verwickelt, so kann dies die Aussage in die eine oder andere Richtung verfälschen, ohne daß dies bewußt geschehen muß.
b) Wahrheitsliebe. Zeigt sich, daß es ein Zeuge mit der Wahrheit nicht so genau hält, so erschüttert dies seine weitere Glaubwürdigkeit.
c) Aussage unter Zwang. Ein Zeuge kann in seiner Aussagefreiheit eingeschränkt sein, wenn er mittelbarem oder unmittelbarem Druck ausgesetzt ist, der es ihm ratsam erscheinen läßt, seine Aussage danach auszurichten.
d) Beeinflussung durch Dritte. Das Gedächtnis eines Menschen ist leicht manipulierbar. Ereignisse, die von Bekannten oder von den Medien berichtet werden, können leicht als eigenes Erleben interpretiert werden. Ist also ein Zeuge vor seiner Aussage intensiv mit der Materie der Verhandlung in einer bestimmten, einseitigen Weise konfrontiert worden, so kann dies leicht seine Aussage im Sinne dieser Eindrücke verändern.
e) Zeitlicher Abstand zum zu bezeugenden Ereignis. Es ist allgemein anerkannt, daß Zeugenaussagen bereits nach wenigen Tagen an Zuverlässigkeit stark verlieren und bereits nach einigen Monaten so stark durch den Ersatz von Vergessenem durch nachträglich Aufgenommenes beeinflußt sind, daß sie kaum mehr einen Beweiswert besitzen.[8]

2. Die Zeugenaussage muß glaubhaft sein.

a) Innere Schlüssigkeit. Die Zeugenaussage muß widerspruchsfrei und in Übereinstimmung mit den Regeln der Logik sein.
b) Richtigkeit des historischen Kontextes. Eine Zeugenaussage muß in Übereinstimmung zu bringen sein mit dem durch höhere Beweismittel (Dokumente, Sachbeweise) gesicherten historischen Kontext.
c) Technische und naturwissenschaftliche Realität. Eine Zeugenaussage muß Dinge berichten, die mit dem zur bezeugten Zeit technisch Möglichen und mit den naturwissenschaftlichen Gesetzen in Übereinstimmung zu bringen sind.

Während die unter 2. aufgeführten Punkte leicht überprüfbar sind, sind die unter 1. aufgeführten Umstände häufig nur schwer oder gar nicht aufzuklären und ziehen daher in der Beweislehre den meisten Aufwand nach sich. Zudem muß man bedenken, daß jeder Zeuge einen Vorgang anders, nämlich immer rein subjektiv von seinem Standpunkt aus, erlebt hat, daß er ihn je nach physischer und psychischer Verfassung anders in sein Bewußtsein aufgenommen hat und daß er sein Erlebnis schließ-

5. Vgl. z. B. § 373 Zivilprozeßordnung.
6. R. Bender, S. Röder, A. Nack, *Tatsachenfeststellung vor Gericht,* 2 Bde., Beck, München 1981, Bd. 1, S. 173.
7. Ich danke Herrn E. Gauss, der mir den Rückgriff auf seine Ausführungen in *Vorlesungen über Zeitgeschichte,* Grabert,. Tübingen 1993, S. 241 ff., ermöglichte. Vgl. auch die ausführliche Darstellung bei E. Schneider, aaO. (Anm. 3), S. 200–229, und R. Bender, S. Röder, A. Nack, aaO. (Anm. 5), Bd. 1, 1. Teil.
8. Siehe dazu besonders R. Bender, S. Röder, A. Nack, ebenda, S. 45 ff.; vgl. die Ausführungen einer jüdisch-amerikanischen Spezialistin in: E. Loftus, K. Ketcham, *Witness for the defense,* St. Martin's Press, New York 1991; besprochen in: J. Cobden, *Journal of Historical Review (JHR)* 12(3) (1991) 238–249. Für letzteren Hinweis danke ich R. Faurisson.

lich immer rein subjektiv entsprechend seinen Möglichkeiten und entsprechend der Gegebenheit wiedergeben wird. Selbst wenn also zwei Zeugen völlig neutral und glaubwürdig und ihre Aussagen glaubhaft sind, müssen sie dennoch nicht dasselbe berichten.[9]

Aussagen vor Gericht streitender Parteien, also Aussagen der Ankläger und der Angeklagten, sind naturgemäß besonders kritisch zu betrachten, da die Parteien ein Interesse daran haben, die Gegenpartei zu belasten und sich zu entlasten.[10] Aber auch unparteiische Zeugen sind häufig sehr weit von der objektiven Wahrheit entfernt, und die Tatsache, daß trotz dieses seit Jahrhunderten bekannten Sachverhalts auch heute noch der Zeugenbeweis vor Gericht ein unzulässig hohes Gewicht besitzt, wird immer wieder von kompetenter Seite kritisiert[11] und hat schon oft zu krassen Fehlurteilen geführt.

Gerichtliche wie außergerichtliche Geständnisse gelten juristisch gesehen generell nur als Indiz, da man aus Erfahrung weiß, daß ein Großteil aller abgelegten Geständnisse falsch ist. Dies kann zum Beispiel geschehen,

- um dritte Personen zu decken;
- um sich mit einer Tat zu schmücken;
- um sich in einer ausweglosen Verhör-Situation Erleichterung zu verschaffen;
- um durch Reue und Bußfertigkeit Strafmilderung zu erhalten;
- aufgrund psychischer Störungen usw. . .

So sind leider auch in der Bundesrepublik immer wieder Fehlurteile zu verzeichnen, die aufgrund von falschen Geständnissen zustande kamen.[12] Das gleiche gilt entsprechend für selbstbelastende Aussagen, die nicht immer der Wahrheit entsprechen müssen. Um so erstaunlicher ist es, daß der ansonsten kenntnisreiche R. Bender einen sich selbst belastenden Zeugen generell als wahrheitsliebend einstuft.[13]

3. Die Beweisarten in der Holocaust-Geschichtsbetrachtung

3.1. Der Sach- und Urkundenbeweis

Der Sachbeweis ist in der etablierten Holocaustforschung praktisch nicht existent. Bis heute wurde kein einziges Massengrab in bezug auf diesen Themenkomplex gesucht, gefunden, exhumiert oder untersucht.[14] Keine einzige der angeblich massenhaften, riesigen Verbrennungsstellen wurde gesucht, gefunden, ausgegraben oder untersucht. In keinem Fall wurden die angeblichen Tatwaffen gesucht, gefunden bzw. einer forensischen Untersuchung durch internationale Gremien oder durch rechtsstaatliche Gerichte unterzogen. Somit wundert es nicht, daß Rückerl ohne Erwähnung des Sachbeweises den Urkundenbeweis – auch ohne Erbringung eines Sachbeweises über dessen Echtheit und Richtigkeit – für das Beweismittel Nr. 1 hält.[15]

Ansonsten wurden nur von den Revisionisten Sachbeweise vorgelegt, wie sie nachfolgend von anderen Autoren vorgetragen werden.

---

9. Vgl. dazu speziell für unseren Fall J. Baumann in: R. Henkys, *Die NS-Gewaltverbrechen,* Kreuz, Stuttgart 1964, S. 280 f.; sowie R. Bender, S. Röder, A. Nack, aaO. (Anm. 5), allgemein.
10. E. Schneider, aaO. (Anm. 3), S. 310 ff.
11. Vgl. z. B. S. Klippel, *Monatszeitschrift für deutsches Recht* 34 (1980) 112 ff.; E. Schneider, aaO. (Anm. 3), S. 188.
12. Vgl. z. B. einen Fall, geschildert im *Spiegel-TV,* RTL-Plus, 15. 7. 1990, 21 Uhr 45 über zwei fälschlich wegen Mordes Verurteilte.
13. R. Bender, S. Röder, A. Nack, aaO. (Anm. 3), S. 76.
14. A. Neumaier berichtet in diesem Band von der Untersuchung des Geländes des Lagers Treblinka durch das Bezirksgericht Siedlice. J. C. Ball verweist auf Grabungen auf dem Gelände des KZ Birkenau im Auftrag des Museums Auschwitz. Beide Untersuchungen wurden jedoch bis heute der Öffentlichkeit weitgehend vorenthalten und keinem Gericht zur Verfügung gestellt.
15. R. Rückerl, in: J. Weber, P. Steinbach (Hg.), *Vergangenheitsbewältigung durch Strafverfahren?* Olzog, München 1984, S. 77.

Es ist immer wieder überraschend, wie aggressiv die etablierten Historiker auf einen Einwand reagieren, ein Dokument, das den Holocaust angeblich beweise, könne gefälscht bzw. verfälscht, falsch interpretiert worden oder sachlich unzutreffend sein. Hier zeigt sich die gleiche Aversion unserer Zeitgeschichtler gegen eine tiefgehende Dokumentenkritik,[16] wie sie auch bezüglich der Sachbeweise gegeben ist. Eine Dokumentenkritik ist schließlich auch nichts anderes als eine sachverständige Untersuchung eines Dokuments, also die Erbringung eines Sachbeweises bezüglich der formellen Echtheit und sachlichen Richtigkeit eines Dokuments.

3.2. Der Zeugenbeweis in der etablierten Holocaust-Betrachtung

3.2.1. Medienzeugen für die Geschichtsschreibung?

Ein Teil der Zeugnisse über den Holocaust wurde in Form schriftlicher Bekenntnisse oder in jüngerer Zeit häufiger in Form von Darstellungen in Rundfunk und Fernsehen abgelegt. In beiden Fällen sind sie einer Kritik nach den in Abschnitt 2 aufgeführten Punkten leicht zugänglich, es fehlt jedoch zumeist die Möglichkeit, mit dem Zeugen in ein Zwiegespräch zu gelangen, um genauere Details zu erfahren und um die Glaubwürdigkeit des Zeugen und die Glaubhaftigkeit seiner Aussage zum Beispiel durch ein Kreuzverhör zu überprüfen. Die Kritiken an den in verschiedenen Medien veröffentlichten Aussagen sind zahl- und umfangreich,[17] wobei eine umfassendere Arbeit zur Zeit erstellt wird.[18] Einer Aufforderung seitens kritischer Zeitgenossen, sich einem Kreuzverhör zu stellen, weichen diese Zeugen jedoch in aller Regel aus. Funk und Fernsehen präsentieren zwar regelmäßig neue Zeugen, stellen diesen jedoch nie kritische Fragen und verweigern interessierten Forschern und Rechtsanwälten den Zugang zu den Zeugen, indem sie deren Anschrift oder sogar deren gesamte Identität geheimhalten. Diesen reinen Papier- bzw. Zelluloid-Zeugen kann ein Beweiswert jedoch erst dann zugesprochen werden, wenn ihre Aussage einer kritischen Prüfung standgehalten hat. Über die einzige bisher stattgefundene kritische Prüfung solcher Zeugen berichtet Robert Faurisson im folgenden Beitrag. Wir wollen uns daher hier in erster Linie auf die gerichtlichen Zeugnisse beschränken, zumal diese in der Bevölkerung wegen der vermeintlichen Gerechtigkeit der deutschen Justiz auch ein höheres Ansehen genießen.

---

16. Vgl. den Beitrag von J. P. Ney im vorliegenden Buch.
17. Neben den vielen grundsätzlichen Ausführungen anderer Autoren in diesem Buch vgl. z. B. P. Rassinier, *Deutsche Hochschullehrer Zeitung* 2 (1962) 18–23; ders., *Das Drama der Juden Europas,* Pfeiffer, Hannover 1965; W.D. Rothe, *Die Endlösung der Judenfrage,* Bierbaum, Frankfurt/Main 1974, Band 1; W. Stäglich, *Der Auschwitz-Mythos,* Grabert, Tübingen 1979; ders., *Deutschland in Geschichte und Gegenwart (DGG)* 29(1) (1981) 9–13; W. Stäglich, U. Walendy, *Historische Tatsache Nr. 5* (*HT* 5), Verlag für Volkstum und Zeitgeschichtsforschung, Vlotho 1979; U. Walendy, *HT* 9 (1981), *HT 12* (1982), *HT* 31 (1987), *HT* 36 (1988), *HT* 44 (1990), *HT* 50 (1991); I. Weckert, *HT 24* (1985); D. Felderer, *JHR* 1(1) (1980) 69–80; ders. *JHR* 1(2) (1980) 169–172; C. Mattogno, *Annales d'Histoire Révisionniste* 5 (1988) 119–165; engl.: *JHR* 10(1) (1990) 5–47; ders., *»Medico ad Auchwitz«: Anatomia di un falso,* Edizioni *La Sfinge,* Parma 1988; ders., *Il rapporto Gerstein. Anatomia di un falso,* Sentinella d'Italia, Monfalcone 1985; R. Faurisson, *DGG* 35(2) (1987) 11–14; ders., *Annales d'Histoire Révisionniste* 4 (1988) 135–149, 163–167; ders., *Nouvelle Vision* (NV) 28 (1993) 7–12; P. Marais, *En lisant de près les écrivains chantres de la Shoah - Primo Levi, Georges Wellers, Jean-Claude Pressac,* La Vielle Taupe, Paris 1991; R. Kammerer, A. Solms, *Das Rudolf-Gutachten,* Cromwell Press, London 1993; E. Gauss, aaO. (Anm. 7); vgl. daneben von der Gegenseite die seltenen Erwiderungen z. B. von J. S. Conway, *Vierteljahrshefte für Zeitgeschichte* (VfZ) 27 (1979) 260–284, sowie die ebenfalls vernichtende Kritik von J.-C. Pressac, *Auschwitz: Technique and Operation of the Gaschambers,* Beate Klarsfeld Foundation, New York 1989, S. 124 ff., 161f., 174, 177, 181, 229, 239, 379ff., 459–502.
18. Jürgen Graf (Hg.), *Auschwitz. Tätergeständnisse und Augenzeugen des Holocaust,* Neue Vision Schweiz, Postfach, 8116 Würenlos 1994.

3.2.2. Gerichtszeugen für die Geschichtsschreibung?

Die zumindest theoretisch äußerst kritische Behandlung der Zeugen- und Parteiaussage vor Gericht beruht auf der über Jahrhunderte gesammelten Menschenkenntnis vieler Juristen und sollte daher auch von den Historikern als Richtlinie akzeptiert werden, wenn auch die Methoden der Wahrheitsfindung in der Wissenschaft notwendigerweise andere sind als die vor Gericht. Während das Gericht zum Beispiel innerhalb eines zeitlich begrenzten Rahmens zu einem schicksalhaften Urteil über das, was wahr und falsch ist, kommen muß, kann, ja darf die Wissenschaft niemals zu einem endgültigen Urteil kommen, wenn sie ihren Maximen der Offenheit nach allen Richtungen treu bleiben will. Während in einem Gerichtsprozeß durch die Verquickung mit dem menschlichen Schicksal immer auch die Emotion einen starken, verzerrenden Einfluß auf die Urteilsbildung hat, ist dieser Einfluß in der Wissenschaft meist sehr gering oder sollte es zumindest sein.

Wenn wir nachfolgend über Zeugenaussagen und Geständnisse reden, auf deren Grundlage das Gebäude des Holocaust fast ausschließlich aufgebaut ist, so müssen wir uns vergegenwärtigen, daß diese zum überwiegenden Teil in Gerichtsprozessen abgegeben wurden oder doch zu dem Zweck, um jemanden damit vor Gericht oder vor der Öffentlichkeit zu be- oder entlasten. Emotionsfreie, außergerichtliche Zeugenaussagen sind praktisch nicht vorhanden. Die Materie selbst und die Emotionen, mit denen sie aufgeladen ist, haben dafür Sorge getragen. Die Wahrheit von Aussagen und Geständnissen ist daher von den Gerichten durch Sachverständige gründlich zu überprüfen, was in den sogenannten NSG-Verfahren[19] regelmäßig nicht erfolgt. Um so mehr müssen wir uns fragen, inwieweit solche Aussagen einer Wissenschaft dienen können, die zur Annäherung an die Wahrheit auf emotionslose Berichte angewiesen ist. Geschichtswissenschaft mit gerichtlichen Zeugenaussagen und darauf basierenden Strafgerichtsurteilen schreiben zu wollen, selbst wenn sie unter streng rechtsstaatlich geführten Prozessen zustande kamen, ist somit an sich schon sehr fragwürdig. Noch fragwürdiger wird es, wenn in der Geschichtswissenschaft Zeugenaussagen selbst dann als Beweis herangezogen werden, wenn sie vom urteilenden Gericht als unglaubwürdig abgelehnt wurden.[20]

Die Wissenschaft steht also vor dem Dilemma, daß sie nur diese zumindest teilweise fragwürdigen Aussagen besitzt und sich somit mit ihnen begnügen muß. Um so wichtiger ist es dann aber, daß die Wissenschaft sich die Umstände ansieht, unter denen diese Aussagen zustande gekommen sind, denn ihr Wert ist nicht zuletzt davon abhängig, wie fair man sich gegenüber Zeugen und Angeklagten von seiten der Staatsanwaltschaft, der Verteidigung, des Gerichts, aber auch der Medien und der gesamten Öffentlichkeit verhalten hat.

3.3. Methoden des Zeugniserwerbs

3.3.1. Alliierte Nachkriegsprozesse

Um zu beurteilen, welchen Wert die Zeugenaussagen und Geständnisse im Zusammenhang mit dem Holocaust haben, müssen zuerst die Umstände der alliierten Nachkriegsprozesse in Nürnberg und anderswo untersucht werden, in deren Urteilen in groben Zügen die Geschichtsdarstellungen über den Holocaust anhand von Zeugenaussagen und vermeintlichen Tätergeständnissen festgehalten wurden. Diese alliierten Prozesse gliedern sich grob skizziert in zwei Teile, und zwar in jene, die von der jeweiligen Besatzungsmacht nach eigenen Vorstellungen durchgeführt wurden, und in jene, die unter zumindest anfänglicher Zusammenarbeit der Siegermächte im Rahmen des Internationalen Militärgerichtshof in Nürnberg abgehalten wurden.

---

19. NSG = Nationalsozialistische Gewaltverbrechen.
20. E. Kogon, H. Langbein, A. Rückerl, *Nationalsozialistische Massentötungen durch Giftgas, Fischer,* Frankfurt/Main 1983, bauen ihre Dokumentation z. B. auf die in den Akten verschiedener Staatsanwaltschaften niedergelegten Dokumente und Aussagen auf, ohne daß nachzuvollziehen ist, ob diese von den zuständigen Gerichten überhaupt als Beweise akzeptiert wurden.

3.3.1.1. Amerikanische Prozesse

Unmittelbar nach Kriegsende setzten die Amerikaner alle Deutschen, die in der Partei, im Staat oder in der Wirtschaft eine führende Stellung inne hatten, ohne Verfahren unter ›automatic arrest‹ fest.[21] Hunderttausende wanderten so in Gefangenenlager, die meist nur aus umzäunten Wiesen bestanden. Kurz nach Kriegsende wurde allen deutschen Gefangenen der Status als Kriegsgefangener aberkannt.[22] Als Zivilinternierte standen sie nach alliierter Auffassung außerhalb jeden Rechts. Diese Gefangenen hausten besonders im Machtbereich der Amerikaner und Franzosen größtenteils in Erdhöhlen, erhielten nur ungenügende Mengen an Lebensmitteln, ihnen wurde jede medizinische Hilfe versagt, weder das IRK noch andere Organisationen oder Privatpersonen durften helfend eingreifen. Auf diese Weise starben die Gefangenen in den amerikanischen Lagern wie die Fliegen zu Hunderttausenden.[23]

Nach der Militärregierungsverordnung Nr. 1 war jeder Deutsche unter Androhung lebenslanger Inhaftierung verpflichtet, den Alliierten jede Auskunft zu geben.[24] Deutsche Zeugen konnten aufgrund dieser Aussagepflicht zu einer Aussage gezwungen werden, indem man sie jahrelang inhaftierte, stundenlang verhörte oder ihnen mit Auslieferung an die Russen drohte.[25] Zur Beschaffung von Belastungsmaterial gegen unwillige Zeugen gab es eine eigene Abteilung ›Special Project‹. Mit deren Material gelang es, die Zeugen gefügig zu machen, da man sie anhand dieses Materials bedrohen konnte, sie bei Verweigerung einer belastenden Aussage gegen andere selber auf die Anklagebank zu bringen.[26]

Allein aus dieser Tatsache erkennt man, daß jeder Deutsche nach dem Krieg vogelfrei war und sich unversehens in einer Situation wiederfand, in der er lieber alle den Alliierten genehme, unter Umständen auch falsche Auskünfte gab, um selber von der drohenden Willkür verschont zu bleiben.

In der amerikanischen Besatzungszone wurden unter Hoheit der Armee in Dachau, Ludwigsburg, Darmstadt und Salzburg[27] Prozesse gegen verschiedene Angeklagte durchgeführt. Sie gliederten sich im groben in drei Komplexe: Verbrechen in Konzentrationslagern (darin eingeschlossen die Euthanasie-Fälle), Morde an abgesprungenen alliierten Flugzeugbesatzungen und das angebliche Kriegsverbrechen von Malmedy bei der Ardennenoffensive. Vorbereitet wurden diese Verfahren unter anderem durch Verhöre von Verdächtigen und Zeugen in verschiedenen Lagern und Gefängnissen, die heute als Folterzentralen bekannt sind, zum Beispiel Ebensee, Freising, Oberursel, Zuffenhausen und Schwäbisch Hall.[28] Rückerl führt zu diesen Verfahren lapidar aus:[29]

> *»Gegen die Art der Prozeßführung einiger amerikanischer Militärtribunale, vor allem aber gegen die Tatsache, daß in diesen Prozessen mehrfach als Beweismittel Geständnisse der Angeklagten verwertet wurden, die im Vorverfahren teilweise unter schwerstem physischem und psychischem Druck zustande gekommen waren, wurden alsbald auch von amerikanischer Seite selbst Einwände erhoben.«*

21. R. Hilberg, *Die Vernichtung der europäischen Juden,* Olle & Wolter, Berlin 1982, S. 727; M. Lautern, *Das letzte Wort über Nürnberg,* Dürer, Buenos Aires 1950, S. 18; vgl. die Erlebnisberichte von J. Gheorge, *Automatic Arrest,* Druffel, Leoni 1956; J. Hieß, *Glasenbach,* Welsermühl, Wels 1956; L. Rendulic, *Glasenbach – Nürnberg – Landsberg,* Stocker, Graz 1953; M. Brech, W. Laska, H. von der Heide, *JHR* 10(2) (1990) 161–185.
22. D. Irving, *Der Nürnberger Prozeß,* Heyne, München ²1979, S. 26; R. Tiemann, *Der Malmedy-Prozeß,* Munin, Osnabrück 1990, S. 70, 93 f.
23. J. Bacques, *Der geplante Tod,* Ullstein, Frankfurt/M.–Berlin 1989.
24. Erlassen am 16. 8. 1945; A. von Knieriem, *Nürnberg. Rechtliche und menschliche Probleme,* Klett, Stuttgart 1953, S. 158.
25. F. Utley, *Kostspielige Rache,* Faksimile-Abdruck Verlag für ganzheitliche Forschung und Kultur, Viöl 1993, S. 195 ff.
26. F. Utley, aaO. (Anm. 26), S. 196; M. Lautern, aaO. (Anm. 21), S. 24.
27. R. Aschenauer, *Macht gegen Recht, Arbeitsgemeinschaft für Recht und Wirtschaft,* München 1952, S. 5; vgl. auch ders., *Zur Frage einer Revision der Kriegsverbrecherprozesse,* Selbstverlag, Nürnberg 1949, bes. S. 14 ff.
28. R. Tiemann, aaO. (Anm. 22), S. 71, 73; F. Oscar, *Über Galgen wächst kein Gras,* Erasmus-Verlag, Braunschweig 1950, S. 77 ff.
29. A. Rückerl, *NS-Verbrechen vor Gericht,* C. F. Müller, Heidelberg ²1984, S. 98.

In der Tat gab es bis zum Jahre 1949 mehrere amerikanische Untersuchungskommissionen, die einen Teil jener Vorwürfe untersuchten, die von deutschen oder auch von amerikanischen Verteidigern, vor allem von R. Aschenauer, G. Froeschmann und W.M. Everett, vorgebracht wurden.[30 u. 31] Von US-amerikanischer Seite wurde diesen Kommissionen, deren Berichte nur teilweise und erst auf Druck der Öffentlichkeit veröffentlicht wurden,[32] jedoch der Vorwurf gemacht, sie wären für die Armee wie für die Politik lediglich Feigenblätter, da sie das ganze Ausmaß des Skandals eher vertuscht hätten.[33] So beurteilte das National Council for Prevention of War das die Armee von schweren Vergehen freisprechende Resümee des Baldwin-Ausschusses wie folgt:

> *»Der Ausschuß schloß seinen Bericht mit Empfehlungen für eine Reform derartiger Verfahren in der Zukunft ab, mit Empfehlungen freilich, die den ganzen Inhalt seiner Entschuldigungen und Entlastungen, mit denen der größte Teil des Berichts angefüllt ist, Lügen strafen.*
> *Seine Erklärung, auf eine Formel gebracht, lautet: ›Wenn ihr es auch nicht getan habt, wir wollen nicht, daß ihr es wieder tut‹* [. . .]*«.*[34]

Besonders engagiert zeigte sich damals der vom US-Senat als Beobachter entsandte Senator J. McCarthy, der aus Protest gegen die Kollaboration der Untersuchungsmitglieder mit der amerikanischen Armee bei der Vertuschung des Skandals seinen Beobachterposten nach zwei Wochen niederlegte und eine bewegende Rede vor dem US-Senat hielt.[35] Die Art und Weise, mit der die Amerikaner in den Untersuchungsgefängnissen oder auch noch während der Hauptverhandlung in Dachau von Angeklagten Geständnisse oder von unwilligen Zeugen des automatic arrest Aussagen erpreßten, hinterließen deutliche Spuren: Hautverbrennungen, mittels brennender Streichhölzer zerstörte Nagelbetten, herausgerissene Fingernägel, ausgeschlagene Zähne, zerbrochene Kiefer, zerquetschte Hoden, Wunden aller Art durch Prügeln mit Knüppeln, Schlagringen und Fußtritten, nacktes Einsperren in kalte, nasse und dunkle Räume oder tagelange Haft in heißen Räumen ohne Flüssigkeitszufuhr, Scheinprozesse, Scheinverurteilungen, Scheinhinrichtungen, falsche Seelsorger u.v.a.m. waren die Methoden.[36 u. 37] Schlimmer jedoch als diese sogenannten Verhörmethoden dritten Grades waren laut J. Peiper, Hauptangeklagter im Malmedy-Prozeß, das Gefühl des wehrlosen Ausgeliefertseins bei totaler Isolation von der Außenwelt und den Mitgefangenen sowie der oftmals gelungene Versuch der Amerikaner, die Gefangenen mit Drohungen und Versprechungen gegeneinander auszuspielen, um durch falsche Belastungsaussagen den in der Kameradschaft begründeten Widerstand der Gefangenen zu brechen (Verhöre zweiten Grades).[38]

Aus den Protokollen dieser stunden- und tagelangen Verhöre schusterte die Anklagebehörde sogenannte Eidesstattliche Erklärungen (Affidavits) zusammen, wobei entlastende Passagen gestrichen wurden und der Inhalt durch Umformulierungen oftmals entstellt wurde.[39] Neben diesen zweifelhaften Affidavits war alles Erdenkliche, zum Beispiel auch unbeglaubigte Kopien von Dokumenten sowie

30. Zu G. Froeschmann vgl. O.W. Koch, *Dachau – Landsberg, Justizmord – oder Mord-Justiz?,* Refo-Verlag, Witten 1974.
31. Zu W. M. Everett vgl. R. Tiemann, aaO. (Anm. 22), bes. S. 82, 103 ff. Hierin auch die beste Darstellung über die Tätigkeit der verschiedenen Untersuchungsausschüsse.
32. R. Tiemann, ebenda, S. 144.
33. R. Tiemann, ebenda, bes. S. 160 ff., 175 ff., 282 ff.; R. Aschenauer, *Macht gegen Recht,* aaO. (Anm. 27), S. 65 f.
34. R. Tiemann, aaO. (Anm. 28), S. 181.
35. Congressional Record-Senate No. 134, 26. VII. 1949, S. 10397 ff., komplett abgedruckt in R. Tiemann, aaO. (Anm. 22), S. 269 ff.
36. Vgl. neben McCarthy, aaO. (Anm. 35) auch R. Aschenauer, *Macht gegen Recht,* aaO. (Anm. 27), F. Utley, aaO. (Anm. 26), bes. S. 216ff.; F. Oscar, aaO. (Anm. 28), S. 38 ff.
37. J. Halow, *JHR* 9(4) (1989) 453–483; ders., *Siegerjustiz in Dachau,* Druffel, Leoni 1993; vgl. exemplarisch den Fall I. Koch in: A. L. Smith, *Die ›Hexe von Buchenwald‹,* Böhlau, Köln 1983; zum Malmedy-Fall vgl. auch R. Merriam, *JHR* 2(2) (1981) 165–176.
38. R. Tiemann, aaO. (Anm. 22), S. 86, 220 f.
39. A. von Knieriem, aaO. (Anm. 24), S. 159, auch 169; M. Lautern, aaO. (Anm. 21), S. 41 ff.; vgl. die Ausführungen von I. Weckert im vorliegenden Band.

Aussagen aus dritter Hand (Hörensagen), als Beweis zulässig.[40] In einem Fall wurde sogar das unvollständige, nicht unterschriebene Affidavit eines Angeklagten verwendet, der aufgrund von Mißhandlungen schließlich Selbstmord verübt hatte.[41] Durch den Befehl SOP No. 4 wurde schließlich versprochen, daß derjenige Angeklagte die Freiheit erhält, der sich als Kronzeuge zur Belastung Dritter zur Verfügung stellt.[42] Wie sich diese Regelung ausgewirkt hat, hat Lautern an zwei Beispielen gezeigt, in denen zwei Inhaftierte sich die Freiheit durch Falschaussagen über Dritte erkauften.[43]
Bis zum Beginn des Prozesses waren die Angekagten völlig ohne anwaltliche Vertretung, und auch während der Verfahren boten die Verteidiger nur selten eine wirksame Unterstützung, denn die Pflichtverteidiger waren oft selber Angehörige der Siegermächte, meist des Deutschen nicht mächtig und zeigten nur wenig Interesse an der Verteidigung der Angeklagten, manchmal verhielten sie sich sogar offen wie Ankläger, ja drohten sogar den Angeklagten und überredeten sie zu falschen Schuldbekenntnissen.[44] Aber selbst wenn sie zur Verteidigung willens waren, wie z.B. der Amerikaner W.M. Everett, wurde ihnen dies von der Anklagebehörde und vom Gericht fast unmöglich gemacht: Den Verteidigern wurde Akteneinsicht nur teilweise und widerwillig gestattet, Gespräche mit den Angeklagten waren erst kurz vor Prozeßbeginn, teilweise sogar erst danach und nur unter alliierter Aufsicht möglich. Ihnen wurde oftmals erst kurz vor Prozeßbeginn erlaubt, die meist pauschal und allgemein gehaltenen Anklagepunkte zu erfahren.[45] Anträge zur Vernehmung von Entlastungszeugen oder zur Anfechtung von Beweismitteln, wie erpreßten Aussagen, wurden meist abgelehnt.[46] Dies entsprach durchaus den Bestimmungen der amerikanischen Besatzungsmacht, heißt es doch in Artikel 7 der Verordnung Nr. 7 der Militärregierung für die Amerikanische Zone über die Verfassung gewisser Militärgerichte dazu:

»Die Gerichte sind an Beweisregeln nicht gebunden [. . .] *Das Gericht hat der Gegenpartei die Gelegenheit zur Bestreitung* [. . .] *des Beweiswertes eines solchen Beweismittels in dem Ausmaß zu geben, als das nach Ansicht des Gerichts für die Rechtsfindung erforderlich ist.«*[47]

Was das Gericht als erforderlich ansah, blieb ihm überlassen. Pure Willkür also.
Interessant ist schließlich die Frage, wie die belastenden Aussagen vor allem der ehemaligen Häftlinge der Konzentrationslager zu bewerten sind. Um diese Aussagen zu bekommen, wendete die Anklagebehörde ein besonderes Verfahren an, die sogenannten ›Bühnenschaus‹ oder ›Revuen‹.[48] Die Anklagebehörde suchte dazu ehemalige KZ-Häftlinge zusammen und setzte sie ins Auditorium. Die Angeklagten wurden auf einer beleuchteten Bühne plaziert, während die ehemaligen KZler im dunklen Raum saßen und zum Teil mit wildem Geschrei und bösesten Verwünschungen alle erdenklichen Beschuldigungen gegen die Angeklagten erheben konnten. Wurden wider Erwarten gegen einen Angeklagten keine oder nur ungenügend erscheinende Vorwürfe erhoben, so half die Anklage nach, indem sie den Zeugen ins Gewissen redete, manchmal sogar handfest drohte.[49] War trotzdem keine belastende Aussage zu erhalten, so schreckte die Anklagebehörde dennoch nicht vor einem Prozeß zurück; entlastende Aussagen wurden von der Anklage vernichtet.[50] Diese Bühnenschauen wurden erst beendet, als ein amerikanischer Offizier SS-Kleidung anzog und sich ebenfalls auf der Bühne den Zeugen

40. R. Aschenauer, *Macht gegen Recht,* aaO. (Anm. 27), S. 32 f.; Vgl. Art. 7 der Verordnung Nr. 7 der Militärregierung für die Amerikanische Zone, in: A. von Knieriem, aaO. (Anm. 24), S. 558.
41. R. Tiemann, aaO. (Anm. 22), S. 102.
42. Rede von J. McCarthy, aaO. (Anm. 35), R. Tiemann, aaO. (Anm. 22), S. 275.
43. M. Lautern, aaO. (Anm. 21), S. 32, über die Fälle E. von dem Bach-Zelewski und F. Gauß. Hinzu gehören auch die Fälle W. Höttl und D. Wisliceny – die Liste ließe sich beliebig verlängern.
44. R. Aschenauer, *Macht gegen Recht,* aaO. (Anm. 27), S. 29 f., 43 f.
45. R. Aschenauer, ebenda, S. 26ff., F. Utley, aaO. (Anm. 26), S. 225 f.
46. R. Tiemann, aaO. (Anm. 22), S. 91, 96 f. 103.
47. A. von Knieriem, aaO. (Anm. 24), S. 558.
48. Vgl. hierzu R. Aschenauer, *Macht gegen Recht,* aaO. (Anm. 27), S. 18 ff.; O. W. Koch, aaO. (Anm. 30), S. 127.
49. R. Aschenauer, *Macht gegen Recht,* aaO. (Anm. 27), S. 24 ff., 33 f.
50. R. Aschenauer, ebenda, S. 21.

präsentierte, worauf er unter johlendem Geschrei von einigen Zeugen ebenfalls als KZ-Scherge schwer belastet wurde.[51]

Entlastungszeugen aus den KZs wurden von der Anklagebehörde verschwiegen, bedroht, beleidigt, eingeschüchtert, ja sogar stellenweise selbst verhaftet und mißhandelt.[52] Viele ehemalige KZ-Insassen drohten ihren ehemaligen Leidensgenossen mit Repressalien gegen deren Familien oder sogar mit belastenden Aussagen und Anzeigen gegen sie, falls sie keine entsprechenden belastenden Aussagen oder Erklärungen gegen Dritte abgaben. Sogar Morddrohungen gegen Mithäftlinge sind belegt.[53] Die Vereinigung der Verfolgten des Naziregimes VVN,[54] die darüber entscheiden konnte, welcher ehemalige Häftling im damals hungernden Deutschland Nahrungsmittelzuweisungen, Wohnberechtigungsscheine usw. bekam, setzte mit diesem Mittel viele ehemalige Mitinsassen unter Druck, nicht als Entlastungszeugen aufzutreten, ja sie verbot den ehemaligen Mithäftlingen ausdrücklich entlastende Aussagen.[55]

Die zu Belastungsaussagen willigen Zeugen fielen durch häufiges, zum Teil gruppenweises Auftauchen bei verschiedenen Prozessen auf, bei denen sie erhebliche Zeugengelder und Naturalien erwarten konnten. Vielfach handelte es sich bei diesen ›Berufszeugen‹, die sich bezüglich ihrer Aussagen offen untereinander absprachen, um kriminelle Exhäftlinge, denen bei willigem Verhalten Straffreiheit versprochen wurde.[56] Die von der US-Armee in einer Untersuchungskommission eingesetzten Richter G. Simpson und E. L. van Roden sollen in diesem Zusammenhang vom ›Abschaum der Menscheit‹ gesprochen haben.[57] Selbst wenn solche oder andere Zeugen des Meineides überführt wurden, wurden sie nie gerichtlich verfolgt.[58] Im Gegenteil: Erst wenn ein Zeuge vor Gericht von den Methoden berichtete, mittels derer seine Aussage zustande kam, und diese somit zurücknahm, ging ihm die Anklagebehörde an den Kragen.[59]

Im Prinzip glichen sich die Prozesse in Dachau alle, egal ob es um Verbrechen in den KZs, um Fliegermorde oder um den Malmedy-Fall ging, wobei F. Oscar zu Recht schreibt,[60] daß mangels potentieller Zeugen im Malmedy-Fall stärker gefoltert wurde, während in den KZ-Fällen dank des ›Zeugen‹-Überflusses zu den ›Bühnenschauen‹ gegriffen wurde, wohingegen in den Euthanasie- und Ärzte-Fällen verstärkt zur Beschlagnahmung entlastender Dokumente und zur Unterdrückung entlastender Aussagen gegriffen wurde.[61] F. Utley meinte[62], daß die KZ-Fälle schlimmer gewesen seien, als es der ohnehin schon beispiellose Malmedy-Fall war.[63]

Welchen Eindruck muß man von gewissen Historikern haben, die wie T. A. Schwartz noch 1990 in Deutschlands wichtigster zeitgeschichtlicher Publikation behaupten, daß diese amerikanischen Prozesse in Übereinstimmung mit der Genfer Konvention durchgeführt worden seien; daß das Hauptpro-

51. Gesellschaft für freie Publizistik, *Das Siegertribunal,* Nation Europa, Coburg 1976, S. 69 f.
52. R. Aschenauer, *Macht gegen Recht,* aaO. (Anm. 27), S. 42 f.; R. Tiemann, aaO. (Anm. 22), S. 98 ff., 103.
53. F. Utley, aaO. (Anm. 26), S. 223 f.
54. Später als verfassungswidrige kommunistische Vereinigung eingestuft.
55. R. Aschenauer, *Macht gegen Recht,* aaO. (Anm. 27), S. 42f.; F. Utley, aaO. (Anm. 26), S. 227; O. W. Koch, aaO. (Anm. 30), S. 53; Gesellschaft für freie Publizistik, aaO. (Anm. 51), S. 67.
56. R. Aschenauer, *Macht gegen Recht,* aaO. (Anm. 27), S. 21, 24ff.; F. Utley, aaO. (Anm. 26), S. 223, 227; O. W. Koch, aaO. (Anm. 30), S. 48, 55; vgl. Anm. 43 (›Kronzeuge‹).
57. Gesellschaft für freie Publizistik, aaO. (Anm. 51), S. 69.
58. M. Lautern, aaO. (Anm. 21), S. 33, 51.
59. Solch einen Fall schildert M. Lautern, ebenda, S. 42 f; vgl. auch das Schicksal des Reichsbankdirektors Puhl während des IMT, H. Springer, *Das Schwert auf der Waage,* Vowinckel, Heidelberg 1953, S. 178 f.
60. R. Aschenauer, *Macht gegen Recht,* aaO. (Anm. 27), S. 13; F. Oscar, aaO. (Anm. 28), S. 67 f.
61. Als bisher bestdokumentiertes Beispiel von Fehlurteilen über einen Arzt vgl. Zeitgeschichtliche Forschungsstelle Ingolstadt (Hg.), *Der Fall Rose. Ein Nürnberger Urteil wird widerlegt,* Mut-Verlag, Asendorf 1988.
62. F. Utley, aaO. (Anm. 26), S. 222.
63. Bisher das einzige eingehend untersuchte Beispiel eines Dachauer Prozesses, vgl. A.L. Smith, aaO. (Anm. 37), bes. S. 110 ff.

blem dieser Prozesse lediglich in der fehlenden Berufungsmöglichkeit und der ungewissen zukünftigen Behandlung der Verurteilten bestanden habe; daß allein die Fälle Ilse Koch[63] und Malmedy von besonderer Bedeutung gewesen seien; daß der US-Senatsausschuß die amerikanischen Besatzungsbehörden von den schweren Vorwürfen entlastet habe?[64]

3.3.1.2. Britische Prozesse

Die Briten verhielten sich in den ersten Nachkriegsjahren im allgemeinen nicht anders als die Amerikaner. Nach Aschenauer treffen die wichtigsten Eigenschaften der amerikanischen Nachkriegsprozesse auch auf jene britischen zu, die in Werl stattfanden[65] und bei denen neben führenden Offizieren der Wehrmacht auch KZ-Angehörige der Lager Auschwitz, Bergen-Belsen und Natzweiler angeklagt wurden.[66] Ein wesentlicher Unterschied besteht allerdings darin, daß es während dieser Prozesse oder danach nicht zu Untersuchungskommissionen kam, so daß die internen Vorgänge z.B. der britischen Verhörlager und -gefängnisse, allen voran Minden[67], Bad Nenndorf[68] und Hameln, zumeist unter der Oberfläche blieben. Zwei Beispielen kann man jedoch entnehmen, daß auch dort Verhörmethoden zweiten und dritten Grades die Regel waren. Der erste Fall ist die Folterung des ehemaligen Auschwitz-Kommandanten R. Höß im Gefängnis zu Minden, von der er nicht nur selber in seiner Autobiographie berichtet,[69] sondern die mittlerweile auch von einem seiner damaligen Peiniger bestätigt wurde,[70] der ganz nebenbei auch von Folterungen an H. Frank in Minden berichtet.[71] Ferner hat O. Pohl in seiner Aussage vor dem IMT über ähnliche Methoden in Bad Nenndorf berichtet, unter denen sein Affidavit zustande kam.[72] Gerade das Beispiel von Höß ist besonders wichtig, da seine Aussage als Zeugenbeweis eines Täters für den Massenmord an den Juden während des IMT vorgelegt wurde (siehe unter 3.3.1.5.).

3.3.1.3. Französische Prozesse

Über die französischen Prozesse gegen die Lagerbesatzung der KZs Neue Bremme und Natzweiler[73] wissen wir recht wenig. Aus dem Verhalten der Franzosen gegenüber den deutschen Zivilisten im ›automatic arrest‹[74] sowie gegenüber der Bevölkerung in den besetzten Gebieten,[75] die genauso schlimm, wenn nicht schlimmer war als die Handlungsweise der Amerikaner, kann man jedoch schließen, daß die Franzosen den Amerikanern in nichts nachstanden.

---

64. T. A. Schwartz, »Die Begnadigung deutscher Kriegsverbrecher«, *VfZ*, 38 (1990) 375–414.
65. R. Aschenauer, *Macht gegen Recht,* aaO. (Anm. 27), S. 72 ff.
66. A. Rückerl, aaO. (Anm. 29); bez. einer umfassenden Darstellung des britischen Prozesses gegen die Lieferanten von Zyklon B an das Lager Auschwitz vgl. W.B. Lindsey, aaO. (Anm. 1).
67. Nach R. Faurisson, *Annales d'Histoire Révisionniste* 1 (1987) 149, war Minden/Weser das Hauptvernehmungszentrum der britischen Militärpolizei.
68. R. Aschenauer, *Macht gegen Recht,* aaO. (Anm. 27), S. 72, schreibt vom berüchtigten Sonderlager Bad Nenndorf, in dem es in den Vorverfahren zu schweren Mißhandlungen kam.
69. R. Höß in: M. Broszat (Hg.), *Kommandant in Auschwitz,* dtv, München [9]1983, S. 149f.; vgl. R. Faurisson, aaO. (Anm. 67), S. 137–152; engl.: *JHR* 7(4) (1986) 389–403; dt.: *DGG* 35(1) (1987) 12–17; vgl. ders., *NV* 33 (1994) 111–117.
70. R. Butler, *Legions of Death,* Arrows Books Ltd., London 1986, S. 236 f.
71. R. Butler, ebenda, S. 238 f.
72. O. Pohl, »Letzte Aufzeichnungen«, in: U. Walendy, *Historische Tatsachen Nr. 47,* Verlag für Volkstum und Zeitgeschichtsforschung, Vlotho 1991, S. 35ff.; M. Lautern, aaO. (Anm. 21), S. 43 ff.; D. Irving, aaO. (Anm. 22), S. 80f.; Pohl hat sich selber als juristisch unschuldig bezeichnet, da er keine Greuel veranlaßt, noch geduldet habe: ders. *Credo. Mein Weg zu Gott,* A. Girnth, Landshut 1950, S. 43; vgl. einen Bericht von A. Moorehead über die unfeinen Verhörmethoden der Briten in Bergen-Belsen in der britischen Monatszeitschrift *The European,* März 1945; zitiert nach F. J. Scheidel, (siehe Anm. 149), Band 3, S. 83 ff.
73. A. Rückerl, aaO. (Anm. 29), S. 99.
74. Vgl. neben J. Bacques, aaO. (Anm. 23), auch die Beschreibung schwerer Folterungen an Internierten in: Landesverband der ehemaligen Besatzungsinternierten Baden-Württemberg (Hg.), *Die Internierung im Deutschen Süd-*

3.3.1.4. Russische Prozesse

Die Prozesse in der sowjetischen Besatzungszone kann man als Teil der Fortsetzung der Kriegsverbrechertribunale betrachten, die in der Sowjetunion seit Beginn der Feindseligkeiten durchgeführt wurden. Der völkerrechtswidrige Charakter der Kriegsverbrecher-Prozesse wurde 1950 durch ein offizielles Gutachten bestätigt.[76] Maurach berichtet in den Vorverfahren von Dauerverhören, körperlichen Mißhandlungen aller Art, entstellten Protokollen, vom Ausspielen der Gefangenen gegeneinander, Zwang zur Denunziation usw., in den Hauptverhandlungen von summarischen Massenprozessen vor Sondergerichten mit willkürlichen Verfahrensregeln.[77] Über diese Verfahrensmethoden besteht allgemein Einigkeit, sogar das Bundesjustizministerium hat sich dahingehend geäußert.[78] Analoges gilt entsprechend für vergleichbare Verfahren der sowjetischen Satellitenstaaten in den ersten Nachkriegsjahren. So berichtet Buszko, daß ähnlich wie beim IMT auch in Polen extra ein Gerichtshof geschaffen wurde, dessen Urteile unanfechtbar waren.[79] Das Bundesjustizministerium bezeichnete zudem die frühen DDR-Verfahren als Willkürprozesse,[80] deren dunkelstes Kapitel, die sogenannten Waldheimer Prozesse, jüngst von Eisert ausführlich beschrieben wurde.[81]

3.3.1.5. Das Internationale Militärtribunal und die Nachfolge-Tribunale

Das eigentliche Internationale Militärtribunal bestand aus Anklägern und Richtern der vier Siegermächte und stellte 22 der wichtigsten, noch lebenden Größen des Dritten Reiches vor Gericht. An dieses Tribunal schlossen sich 12 weitere Verfahren gegen verschiedene Behörden (z. B. Reichsregierung, Oberkommando der Wehrmacht, SS-Wirtschaftsverwaltungshauptamt) bzw. Berufsstände (Juristen, Chemie- und Stahlbranche) des Dritten Reiches an, die allerdings nur von den Amerikanern durchgeführt wurden, da die anderen Siegermächte ihr Interesse daran verloren hatten.[82]

Das Londoner Statut, das den rechtlichen Rahmen des Internationalen Militärtribunals (IMT) setzte,[83] bestimmte in seinem Artikel 3, daß der Gerichtshof nicht abgelehnt werden kann, und schloß im Artikel 26 die Anfechtbarkeit seiner Urteile kategorisch aus. Gemäß Artikel 13 stellte der Gerichtshof zudem seine Verfahrensregeln selbst auf. Allein diese Punkte reichen schon aus, um diesem Tribunal

---

westen, Selbstverlag, Karlsruhe 1960, bes. S. 73 ff.; vgl. auch A.L. Smith, *Vierteljahrshefte für Zeitgeschichte,* 32 (1984) 103–121, der seine Untersuchung lediglich auf amtliche Darstellungen alliierter Stellen gründet. Ob es ebenso angebracht wäre, über die Zustände in deutschen KZs lediglich an Hand offizieller Darstellungen damaliger deutscher Regierungs- und Verwaltungsstellen zu berichten?

75. F. Utley, aaO. (Anm. 26), S. 301 ff.
76. C. Roediger, *Völkerrechtliches Gutachten über die strafrechtliche Aburteilung deutscher Kriegsgefangener in der Sowjetunion,* Heidelberg 1950.
77. R. Maurach, *Die Kriegsverbrecherprozesse gegen deutsche Gefangene in der Sowjetunion, Arbeitsgemeinschaft vom Roten Kreuz in Deutschland,* Britische Zone, Hamburg 1950, S. 79 ff.
78. Teilweise abgedruckt in: A. Rückerl, aaO. (Anm. 29), S. 100. Vgl. den Beitrag von I. Weckert im vorliegenden Band.
79. J. Buszko, *Auschwitz. Geschichte und Wirklichkeit des Vernichtungslagers,* Rowohlt, Reinbek 1980, S. 193 ff.; R. Henkys, aaO. (Anm. 9), S. 191, meint, daß die Polen 1947 Wert auf rechtsstaatlich geführte Prozesse legten – was auch immer das damals hieß.
80. A. Rückerl, aaO. (Anm. 29), S. 211.
81. W. Eisert, *Die Waldheimer Prozesse,* Bechtle, München 1993; Über einen neueren Prozeß um Oradour und Lidice vgl. H. Lichtenstein, *Im Namen des Volkes?,* Bund, Köln 1984, S. 132 ff. Die Verteidigung fungierte hier nach Lichtenstein als zweiter Ankläger.
82. A. Rückerl, aaO. (Anm. 29), S. 95 ff.
83. Komplett abgedruckt in G. Brennecke, *Die Nürnberger Geschichtsentstellung,* Verlag der deutschen Hochschullehrerzeitung, Tübingen 1970, S, 27 ff.; bezüglich weiterer Darstellungen zum IMT neben den weiter unten zitierten Werken vgl. auch H. Härtle, *Freispruch für Deutschland,* Schütz, Göttingen ²1965; H. H. Saunders, *Forum der Rache,* Druffel, Leoni 1986; F. J. P. Veale, *Der Barbarei entgegen,* Marienburg, Hamburg 1962; W. Maser, *Das Exempel,* Blaue Aktuelle Reihe Band 9, Mut-Verlag, Asendorf 1986; W. E. Benton, G. Grimm (Hg.), *Nuremberg. German Views of the War Trials,* Southern Methodist University Press, Dallas 1955; C. Haensel, *Der Nürnberger Prozeß,* Moewig, München 1983; M. Bardèche, *Nürnberg oder die Falschmünzer,* Priester, Wiesbaden 1957; Reprint: Verlag für ganzheitliche Forschung und Kultur, Viöl 1992; A. R. Wesserle, *JHR* 2(2) (1981) 155–164; C. Porter, *Not Guilty at Nuremberg: The German Defense Case,* Historical Review Press, Brighton 1990.

jede Rechtsstaatlichkeit abzusprechen. Besonders bezeichnend sind weiterhin drei Artikel über die Rechte des Gerichtshofes. So legte Artikel 18 fest, daß der Gerichtshof »den Prozeß streng auf eine beschleunigte Verhandlung der durch die Anklage [sic] vorgebrachten Punkte beschränken« sollte und daß er alle Fragen und Erklärungen ablehnen konnte, die ihm unnötig oder unerheblich erschienen. Im Artikel 19 heißt es wörtlich:

»Der Gerichtshof ist an Beweisregeln nicht gebunden, er soll in weitem Ausmaß ein schnelles und nicht formelles Verfahren anwenden und jedes Beweismittel, das ihm Beweiswert zu haben scheint, zulassen.«,

und in Artikel 21:

»Der Gerichtshof soll nicht Beweis für allgemein bekannte Tatsachen fordern, sondern soll sie von Amts wegen zur Kenntnis nehmen [...]«

Zu diesen allgemein bekannten Tatsachen gehörte laut Statut alles, was durch irgendeine Behörde oder Kommission irgendeines alliierten Staates in Urkunden, Handlungen, Berichten und Protokollen festgestellt wurde. Somit galten alle in den unter 3.3.1.1. bis 3.3.1.4. besprochenen Verfahren erbrachten ›Beweise‹ als erwiesene Tatsachen, die nicht mehr verhandelt wurden. Somit bewertete das IMT zum Beispiel die SS und die Waffen-SS vor allem auf Grundlage der in den Dachauer Prozessen erworbenen ›Beweise‹ als verbrecherische Organisationen.[84]

Im Vorfeld des Prozesses äußerten die Sowjets unverblümt ihren Wunsch, die Angeklagten ohne Prozeß oder doch nur nach einem summarischen Schauprozeß zu erschießen, da deren Schuld ohnehin offenkundig sei.[85] Zwar gab es auf westalliierter Seite zustimmende Äußerungen,[86] jedoch überwog die Einsicht, daß nur ein richtiger Prozeß wirksam sein könne.[87] Daß der Chefankläger R. Jackson jedoch in einer seiner Reden erklärte, dieses Militärtribunal sei eine Fortsetzung des Krieges gegen Deutschland mit anderen Mitteln und es sei an keine einschränkenden Bestimmungen irgendwelcher überkommenen Rechtssysteme gebunden, sollte jeden Forscher ob der Rahmenbedingungen dieses Prozesses skeptisch machen.[88]

Irving bezeichnete die Ermittlungen der Anklagebehörde des IMT in seiner Anfangsphase als eine Privatveranstaltung des amerikanischen Geheimdienstes OSS, bevor R. Jackson diesen Einfluß zurückschob.[89] Knieriem beschreibt sehr ausführlich die Folgen der Tatsache, daß sich die Anklagebehörde den ganzen exekutiven Apparat aller Besatzungsbehörden uneingeschränkt nutzbar machen konnte, wie zum Beispiel die Arretierung jedes beliebigen Zeugen, die Beschlagnahmung aller Aktenbestände des Reiches sowie den Zugang zu den Akten der Sieger, während die Verteidigung völlig mittel- und machtlos war.[90] Da das IMT im Stil eines angelsächsischen Strafverfahrens geführt wurde, in der die Ankläger im Gegensatz zum deutschen Verfahren nicht zur Ermittlung und Vorbringung entlastender Beweise verpflichtet sind, sondern vielmehr versuchen, einseitig die Schuld des Angeklagten zu beweisen, mußte schon allein die oben beschriebene Waffenungleichheit von Anklage und Verteidigung zu gravierenden Fehlurteilen führen.[91] Selbst die vorsitzenden Richter hätten, wenn sie in Ausnahmefällen willens gewesen wären, der Verteidigung zur Verbesserung ihrer Situation kaum hel-

---

84. So L. Greil über den Malmedy-Prozeß in *Oberst der Waffen-SS Jochen Peiper und der Malmedy-Prozeß,* Schild, München [4]1977, S. 90; zur Einstufung von SS und Waffen-SS im IMT siehe G. Rauschenbach, *Der Nürnberger Prozeß gegen die Organisationen,* L. Röhrscheid, Bonn 1954; vgl. auch R. Hilberg, aaO. (Anm. 21), S. 728.
85. A. von Knieriem, aaO. (Anm. 24), S. 127 f.
86. D. Irving, aaO. (Anm. 22), S. 24 ff.; R. Hilberg, aaO. (Anm. 21), S. 720, 726; vgl. C. Haidn, *DGG* 34(3) (1986) 11–14.
87. A. von Knieriem, aaO. (Anm. 24), S. 128 f.
88. R. H. Jackson, 3. Anklagerede vom 26. 7. 1946 vor dem Internationalen Miltärgerichtshof in Nürnberg, in: ders., *Staat und Moral,* Nymphenburger Verlagshandlung, München 1946, S. 107.
89. D. Irving, aaO. (Anm. 22), S. 39.
90. A. von Knieriem, aaO. (Anm. 24), S. 130–200, bes. S. 195: »Praktisch fungierte die Anklagebehörde als eine der höchsten Besatzungsbehörden.«
91. So auch A. Rückerl, aaO. (Anm. 29), S. 91; J. Weber, *Aus Politik und Zeitgeschichte* 18(48) (1968) 3–31, hier S. 11.

fen können, denn die Richter waren de facto lediglich Gäste der Anklagebehörde, die alle materiellen und personellen Entscheidungen im Gericht fällte.[92] Sogar zur Beweiserhebung bzw. -sicherung hatten die Richter weder gegenüber den Besatzungsmächten noch gegenüber der Anklagebehörde Weisungsrechte.[93]

Die Durchführung des IMT glich über weite Strecken in erschreckendem Maße denen der oben unter 3.3.1.1. beschriebenen Prozesse. Von Knieriem und mit ihm viele andere berichten von Drohungen jeglicher Art und von psychischen Foltern,[94] von Dauerverhören[95] und Vermögensbeschlagnahmungen[96] gegenüber Angeklagten wie gezwungenen Zeugen; von Einschüchterungen, Inhaftierungen, prozessualer Verfolgung sowie anderen Zwangsmaßnahmen gegenüber Entlastungszeugen;[97] von entstellten Affidavits,[98] Dokumenten[99] und Synchronübersetzungen;[100] von willkürlich abgelehnten Beweisanträgen,[101] Aktenbeschlagnahmung[102] und -einsichtsverweigerung[103] für die Verteidigung sowie deren systematische Behinderung durch die Anklagebehörde,[104] so daß ihr z.B. Auslandsreisen zur Auffindung von Entlastungszeugen unmöglich wurden[105] oder die Post zensiert wurde;[106] von Berufszeugen, die früher wegen Schwerkriminalität in KZs saßen;[107] und schließlich von gegen die Beweislage gefällten Urteilen,[108] deren »Argumentation in ihrer Primitivität einmalig« ist.[109]

Als es dem amerikanischen Verteidiger E. J. Caroll verwehrt wurde, im Krupp-Prozeß zu verteidigen, richtete er an General Clay einen Protestbrief, in dem er als Kritikpunkte der IMT-Prozesse u. a. festhielt: lange, unmenschliche Untersuchungshaft; Dokumentenverweigerung seitens Anklage und Gericht, Beweise vom Hörensagen, beliebige Form von Dokumenten, Entlastungszeugenvorenthaltung, Zeugenvernahme nur in Gegenwart von Anklagevertretern; Verschwinden von Entlastungsbeweisen; Vermögensberaubung; Aussageerzwingung; Zeugeneinschüchterung.[110]

---

92. M. Lautern, aaO. (Anm. 21), S. 20.
93. A. von Knieriem, aaO. (Anm. 24), S. 149.
94. A. von Knieriem, ebenda, S. 158, 189 ff.; D. Irving, aaO. (Anm. 22), S. 41 f., 59, 61; M. Lautern, aaO. (Anm. 21), S. 47ff., beschreibt die Wirkung einer Auslieferungsdrohung auf F. Gauß, Jurist im Außenministerium und Rechte Hand Ribbentrops. Der ängstliche Gauß log unter dieser Androhung das Blaue vom Himmel herunter, um Ribbentrop zu belasten und damit seinen Kopf aus der Schlinge zu ziehen, was ihm trefflich gelang; ebenso F. Utley, aaO. (Anm. 26), S. 197; H. Springer, aaO. (Anm. 59), S. 96.
95. A. von Knieriem, aaO. (Anm. 24), S. 189; S. Springer, aaO. (Anm. 59), S. 35.
96. A. von Knieriem, aaO. (Anm. 24), S. XXIV; F. Utley, aaO. (Anm. 26), S. 195 f.
97. A. von Knieriem, aaO. (Anm. 24), S. 191, 198; R. Aschenauer, *Landsberg. Ein dokumentarischer Bericht von deutscher Sicht,* Arbeitsgemeinschaft für Recht und Wirtschaft, München 1951, S. 34; D. Irving, aaO. (Anm. 22), S. 63, 78, 80; F. Oscar, aaO. (Anm. 28), S. 85 f., 88 f.; M. Lautern, aaO. (Anm. 21), S. 42 f., 46.
98. Vgl. neben Anm. 39 (›Affidavit‹) auch die Schilderung der Entstehung eines entstellten, um nicht zu sagen gefälschten Affidavits bei B. Frfr. von Richthofen anhand seines eigenen Erlebens in: *Gesellschaft für freie Publizistik,* aaO. (Anm.51), S. 89–92; auch L. Rendulic, aaO. (Anm. 21), S. 59 ff.
99. A. von Knieriem, aaO. (Anm. 24), S. 193 f.
100. A. von Knieriem, ebenda, S. 179 ff.
101. A. von Knieriem, ebenda, S. 168 f., 176 f.; D. Irving, aaO. (Anm. 22), S. 82
102. A. von Knieriem, ebenda, S. 142, 148; M. Lautern, aaO. (Anm. 21), S. 18.
103. A. von Knieriem, ebenda, S. 149, 175 f.; R. Aschenauer, *Landsberg,* aaO. (Anm. 97), S. 34 f.; M. Lautern, aaO. (Anm. 21), S. 9 ff.; H. Springer, aaO. (Anm. 59), S. 35, 243.
104. A. von Knieriem, aaO. (Anm. 24), S. 149 f., 189, 199 f.; M. Lautern, aaO. (Anm. 21), S. 23, 27 f. Lautern beschreibt fairerweise aber auch die Vorzüge, die die Verteidiger genießen konnten: unentgeldliche Reisemöglichkeiten innerhalb der Amerikanischen Zone, Benutzung der Armeedienstpost, Rückendeckung der Besatzungsbehörden bei Verfahren seitens der Anwaltskammern, die stellenweise etwas gegen Anwälte hatten, die ›Nazis‹ verteidigten, S. 22 f.
105. A. von Knieriem, aaO. (Anm. 24), S. 196.
106. A. von Knieriem, ebenda, S. XXIV
107. A. von Knieriem, ebenda, S. 191; R. Aschenauer, *Landsberg,* aaO. (Anm. 97), S. 32 f.; F. Oscar, aaO. (Anm. 28), S. 89 ff.
108. A. von Knieriem, aaO. (Anm. 24), S. 178.
109. A. von Knieriem, ebenda, S. 185.
110. F. Oscar, aaO. (Anm. 28), S. 32 ff.

Irving nennt die Art der Vernehmungen der IMT-Anklagebehörden Gestapo-Methoden,[111] da den Gefangenen in ihrer Isolation trotz Hunger, Kälte und aufgrund von Mißhandlungen erlangter Verletzungen keine medizinische Versorgung gewährt wurde;[112] sogar die Verteidiger der Angeklagten schwebten in Gefahr, inhaftiert zu werden, wenn sie auf ihren Rechten gemäß rechtsstaatlichen Prozessen bestanden, wie es zum Beispiel dem Verteidiger v. Neuraths passierte[113] oder allen Verteidigern im Krupp-Prozeß.[114] Aschenauer sieht starke Parallelen zwischen den von den USA in Dachau geführten KZ-Prozessen einerseits und den in Nürnberg gegen das SS-Wirtschaftsverwaltungshauptamt geführten Prozeß andererseits bezüglich belastender Zeugenaussagen ehemaliger Häftlinge, da es sich um die gleichen kriminellen Berufszeugen handelte.[115] Und natürlich fehlten auch bei den IMT-Prozessen nicht die Drohungen und Einschüchterungen der VVN gegen ehemalige Mithäftlinge zur Verhinderung entlastender Aussagen.[116]

Bezüglich Mißhandlungen und Folterungen während des IMT gibt es keine einhellige Meinung. Während Irving sie in Form dauernder Schikanen und kleiner Mißhandlungen zugesteht,[117] geht von Knieriem davon aus, daß es sie »anscheinend« nicht gab.[118] Bekannt geworden sind jedoch die schweren Mißhandlungen von J. Streicher, die er während seiner Vernehmung vor dem IMT darlegte.[119] Seine Ausführungen wurden jedoch auf Antrag der Anklage aus dem Protokoll gestrichen.[120] Lautern weiß von Folterungen an SS-Gruppenfüher Petri zu berichten,[121] und O. Pohl hat in seinen letzten Aufzeichnungen von Mißhandlungen am Standartenführer Maurer berichtet.[122] M. Weber zählt daneben noch eine Reihe weiterer Mißhandlungsfälle auf.[123] Demnach ist zu vermuten, daß gegenüber den in der Öffentlichkeit stark beachteten Hauptangeklagten nur kleinere physische Mißhandlungen durchgeführt wurden, während die weniger im Rampenlicht stehenden inhaftierten Zeugen auch in Nürnberg Gefahr liefen, bei Widerborstigkeit mißhandelt zu werden.

Die im Abschnitt 3.3.1.1. erwähnten Untersuchungskommissionen führten dazu, daß auch manche Urteile des IMT und der Nachfolgetribunale revidiert wurden, wobei die Bundesregierung im Zuge der Wiederaufrüstung als Folge der Koreakrise auf einer milderen Beurteilung bestand.[124]

3.3.1.6. Die Konsequenzen der alliierten Nachkriegsprozesse

Mittels der amerikanischen Verfahren in Dachau und der analogen Prozesse der anderen Alliierten wurden angeblich die Greueltaten in den KZs und in Osteuropa bewiesen. SS und Waffen-SS gelten seither als verbrecherische Organisationen. Das IMT selber bekräftigte diese Feststellung durch nochmalige Vorlage der zumeist in den obigen Prozessen erworbenen ›Beweise‹.

---

111. D. Irving, aaO. (Anm. 22), S. 37. M. Lautern spricht in dem Zusammenhang von Verhören 2. Grades, aaO. (Anm. 21), S. 41; W. Maser nennt die Verhöre aggressiv und scharf, *Nürnberg – Tribunal der Sieger,* Econ, Düsseldorf 1977, S. 127.
112. D. Irving, aaO. (Anm. 22), S. 59; H. Springer, aaO. (Anm. 59), S. 38 ff.
113. Für 6 Wochen! D. Irving, aaO. (Anm. 22), S. 80.
114. F. Utley, aaO. (Anm. 26), S. 198; M. Lautern, aaO. (Anm. 21), S. 51 ff., ein Fall im IG-Farben-Prozeß ist geschildert auf S. 60 ff.
115. R. Aschenauer, *Landsberg*, aaO. (Anm. 97), S. 32.
116. F. Oscar, aaO. (Anm. 28), S. 85.
117. D. Irving, aaO. (Anm. 22), S. 59 ff.
118. A. von Knieriem, aaO. (Anm. 24), S. 158.
119. *Times,* London, 27. 4. 1946. Für diese Information danke ich R. Faurisson. Vgl. H. Springer, aaO. (Anm. 59), S. 166.
120. Der Prozeß gegen die Hauptkriegsverbrecher vor dem Internationalen Militärgerichtshof Nürnberg, Nürnberg 1947, Band XII, S. 434.
121. M. Lautern, aaO. (Anm. 21), S. 45,
122. U. Walendy, aaO. (Anm. 72, ›Pohl‹), S. 37.
123. M. Weber, *JHR* 12(2) (1992) 167–213, bez. J. Aschenbrenner, F. Sauckel, H. Frank, A. Eigruber, J. Kramer u.a.
124. R. Rückerl, aaO. (Anm. 29), S. 97, 130 ff.; ders., (siehe Anm. 136), S. 165; R. Hilberg, aaO. (Anm. 21), S. 733; T. A. Schwartz, aaO. (Anm. 64).

Am besten hat H. Fritzsche in seinen Erinnerungen die Wirkung der vor dem IMT vorgelegten Beweise wiedergegeben. Alle Hauptangeklagten von Nürnberg bestanden darauf, vor Beweiseröffnung des IMT nicht gewußt zu haben, daß es einen Massenmord an den Juden gegeben habe.[125] Nachdem die Vorführung eines zweifelhaften Films über das KZ Dachau und andere Lager seine psychologische Wirkung zwar nicht verfehlt hatte, aber auch nicht überzeugen konnte, wurden die meisten Angeklagten schließlich von den Zeugenaussagen von R. Höß und O. Ohlendorf überzeugt.[126] Der schließlich von den meisten Angeklagten als erwiesen angesehene Judenmord wirkte auf die Verteidigung und die Angeklagten, ja auf das Schicksal der ganzen Nation wie ein lähmender Fluch, da nunmehr niemand mehr zu widersprechen wagte.[127] Dennoch blieb bei den Angeklagten der Eindruck, daß die eigentliche Aufklärungsarbeit nicht geleistet wurde: »Das Unfaßbare wurde notdürftig bewiesen, aber keineswegs untersucht.«[128]

Daß die *Vierteljahrshefte für Zeitgeschichte* das IMT als faires, nach Gerechtigkeit strebendes Verfahren einstuften, dessen einzige Mangelhaftigkeit in seinen Rechtsgrundlagen zu suchen war, kann den Kenner des diese Zeitschrift herausgebenden Instituts für Zeitgeschichte nicht wundern.[129]

3.3.2. ›Rechtsstaatliche‹ Verfahren

Mit dem Grundlagenvertrag zur Teilsouveränität der Bundesrepublik Deutschland wurde festgelegt, daß die Urteile des IMT für alle behördlichen und gerichtlichen Instanzen der Bundesrepublik Deutschland bindend sind.[130] Von etablierter Seite wird dies als Manko verspürt, da die Vereinigten Staaten die meisten in ihren Nachkriegsprozessen Verurteilten im Laufe der Koreakrise schnell auf freien Fuß setzten, ohne daß die deutsche Justiz sie auch nach Auftauchen neuer Beweise nochmals anklagen konnte.[131] Man kann darin aber auch ein Manko dahingehend verspüren, daß die Alliierten in Artikel 7 des Vertrages ihre durch die seinerzeitigen gerichtlichen Feststellungen und Urteilssprüche fixierte Geschichtsschreibung auch für deutsche Gerichte irrevidierbar gemacht haben.

Zur Frage der Bedeutung der Zeugenaussagen in den Urteilen von Prozessen besonders der Bundesrepublik Deutschland oder Israels muß zunächst festgestellt werden, daß das Geschichtsbild, wie es durch das IMT bezüglich des Holocaust festgelegt wurde, heute allgemein als offenkundig wahr gilt. Inwieweit der Überleitungsvertrag dabei ein Rolle spielte, muß offen bleiben.[132] Beweisanträge zur Widerlegung oder auch nur zur Überprüfung dieser ›Wahrheit‹ oder zur Infragestellung der Offenkundigkeit, insbesondere Sachbeweise, werden daher besonders in Deutschland ohne Prüfung abgelehnt. Die entsprechenden Beweisanträge werden als Prozeßverschleppungstaktik verworfen.[133] Wer dennoch in der Öffentlichkeit auf seiner gegenteiligen Behauptung bzw. Überzeugung beharrt oder auf technisch-wissenschaftliche Gegenargumente verweist, wird wegen Beleidigung der Juden, Verunglimpfung des Andenkens Verstorbener, Volksverhetzung oder Aufstachelung zum Rassenhaß verfolgt.[134] Seit 1985 ist dies sogar ein Offizialdelikt, das heißt, der Staat muß von selbst und ohne Anzei-

125. R. Hilberg, aaO. (Anm. 21), S. 724 f.; H. Spinger, aaO. (Anm. 59), S. 113 ff. Göring blieb übrigens bis zu seinem Tode auf dem Standpunkt, daß diese Unterstellung unwahr sei, S. 118; vgl. auch *Der Prozeß gegen die Hauptkriegsverbrecher vor dem Internationalen Militärgerichtshof Nürnberg,* Nürnberg 1947, Band IX, S. 682.
126. H. Spinger, aaO. (Anm. 59), S. 87. Ob Ohlendorf ähnlich wie Höß oder Pohl ›behandelt‹ wurde, weiß man nicht, jedoch kann bei ihm auch schon eine fast nicht nachweisbare ›mildere‹ psychische Behandlung ausgereicht haben.
127. H. Spinger, ebenda, S. 101, 112 f.
128. H. Spinger, ebenda, S. 119.
129. L. Gruchmann, *VfZ* 16 (1968) 385–389, hier S. 386.
130. »Vertrag zur Regelung aus Krieg und Besatzung entstandener Fragen, 26. 5. 1952«, *Bundesgesetzblatt* (BGBl) II (1955) 405 f.
131. So z. B. A. Rückerl, aaO. (Anm. 29), S. 130 ff., 138 f.
132. E. Gauss sieht eine nicht unerhebliche Rolle, aaO. (Anm. 7), S. 314 f.
133. Der Bundesgerichtshof (BGH) hat diese Praxis als rechtens bestätigt, Az. 1 StR 193/93
134. §§ 130, 131, 185, 189 StGB..

ge eines sich beleidigt Fühlenden die Ermittlungen aufnehmen.[135] Wer sich also vor Gericht auf irgendeine Weise gegen die offenkundige ›Wahrheit‹ stellt, wird höchstens wegen verstockten Leugnens bzw. wegen Reuelosigkeit um so härter bestraft, seine Argumente werden ignoriert. Diese unüberwindliche und blinde dogmatische Verfolgung anderer Ansichten erschwert jede mögliche Forschung, die inhaltlich von der offiziell geduldeten Auffassung abweicht. Doch sehen wir uns am Beispiel der Bundesrepublik Deutschland und Israels näher an, in welchem Rahmen sich in sogenannten Rechtsstaaten die Prozesse gegen vermeintliche NS-Gewalttäter abspielten und abspielen.

3.3.2.1. Die Ermittlungen

Zweifelhafter Ausgangspunkt vieler Ermittlungen, sei es kurz nach dem Krieg oder manchmal auch noch heute, sind Feststellungen, die im Laufe alliierter Nachkriegsprozesse gemacht wurden – sei es in den Urteilsbegründungen, in Zeugenaussagen, Tätergeständnissen oder sonstigen Unterlagen der Ermittlungsbehörden.[136–138] Nachdenklich kann auch stimmen, wie man die Verfahrensbestimmungen umging, um allein vermutete deutsche Verbrechen besser verfolgen zu können. Bis zum Jahre 1951 durfte die deutsche Justiz den alliierten Kontrollratsgesetzen entsprechend nur Verbrechen von Deutschen an Deutschen oder Staatenlosen verfolgen.[139] Aber auch nach Erlangung der Teilsouveränität 1955 genügten gewissen Kreisen die Ermittlungstätigkeiten und -erfolge der deutschen Justiz nicht. Rückerl erklärt diesen unzufriedenstellenden Zustand damit, daß die Staatsanwaltschaften nach bestehendem Recht nur dann tätig werden, wenn ein mutmaßlicher Täter in ihrem regionalen Zuständigkeitsbereich ansässig ist oder wenn die bekannt gewordene Tat in ihrem Bereich geschah. Da die vermeintlichen NS-Verbrechen überwiegend im Ausland begangen worden sein sollen, deren Täter zudem häufig unbekannt sind, unterblieb häufig jede Ermittlung.[140] Um dieses Manko zu umgehen, wurde von den Justizministern der Bundesländer 1958 die *Zentrale Stelle der Landesjustizverwaltungen zur Aufklärung nationalsozialistischer Verbrechen* in Ludwigsburg geschaffen, die unter Umgehung der obigen Bestimmungen in Form einer Voruntersuchung weltweit Forschungen anstellt, wo von wem welche Verbrechen in deutschem Namen begangen worden sein könnten – ein in der Rechtsgeschichte einmaliges Verhalten.[141] Diese Zentrale Stelle sammelt noch heute aus allen Quellen (Archiven, Zeugenaussagen, Gerichtsakten, Büchern, Erlebnisberichten, Filmen, Pressemeldungen) Informationen zu vermeintlichen im Ausland begangenen strafbaren Handlungen Deutscher unter dem NS-Regime. Wenn sie meint, gegen gewisse Beschuldigte genügend Beweismaterial gefunden zu haben, leitet sie ihre Ergebnisse schließlich an die zuständigen Staatsanwaltschaften weiter, die dann die regulären Ermittlungen aufnehmen.

Nachdem sich die Bundesregierung jahrelang dagegen gesträubt hatte, die Archive des Ostblocks einer Auswertung zu unterziehen,[142] wurde diese Weigerung unter dem Eindruck des Auschwitz-Prozesses 1964 aufgegeben und durch einen Aufruf ersetzt, daß alle Staaten der Welt Deutschland alle möglichen Unterlagen über NS-Verbrechen zugänglich machen sollten. Einige Stimmen forderten sogar die Einrichtung einer Europäischen Juristischen Kommission, ausschließlich zur Verfolgung vermeintlicher NS-Verbrecher.[143] Dieser Aufruf der Bundesregierung veranlaßte zum Beispiel die DDR

135. Zur Novellierung des §194 Abs. 2 StGB vgl. *BGBl* I (1985) 965.
136. Vgl. A. Rückerl, *NS-Prozesse,* C.F. Müller, Karlsruhe ²1972, S. 83 f., 88.
137. A. Rückerl, *NS-Vernichtungslager im Spiegel deutscher Strafprozesse,* dtv, München ²1978, S. 39 f., 43 ff., bez. Treblinka-Prozeß, S. 243 bez. Chelmno.
138. Bezüglich des Auschwitz-Prozesses: B. Naumann, *Auschwitz*, Athenäum, Frankfurt/Main 1986, S. 67 f., 132.
139. A. Rückerl, aaO. (Anm. 29), S. 107 f., 124; zum Umfang und den Problemen dieser Verfahren vgl. M. Broszat, *VfZ* 29 (1981) 477–544.
140. A. Rückerl, aaO. (Anm. 29), S. 128.
141. E. Schüle, *VfZ* 9 (1962) 440–443; A. Rückerl, aaO. (Anm. 29), S. 142 ff.
142. 1962 sprach die Bundesregierung noch von einer Propagandaaktion der DDR zur Diskreditierung der BRD, als diese generell anbot, Belastungsmaterial gegen NS-Verbrecher zu liefern, A. Rückerl, aaO. (Anm. 29), S. 159.
143. W. Maihofer, *Aus Politik und Zeitgeschichte* 15(12) (1965) 3–14, hier S. 14.

dazu bekanntzugeben, sie habe noch Belastungsmaterial für Hunderttausende vorliegen.[144] Neben diesen osteuropäischen Quellen entstammt ein Großteil des Materials, das die Zentrale Stelle sammelt, aus Archiven des Westens inklusive vor allem Israels, aus der gewöhnlichen Holocaustliteratur und von Häftlingsorganisationen.[145] Hier haben sich vor allem S. Wiesenthal[146] und H. Langbein, ein ehemaliger Kommunist und Auschwitz-Häftling, hervorgetan. Letzterem bescheinigte das Frankfurter Schwurgericht, daß er bei der Vorbereitung des Prozesses und für sein Zustandekommen eine besondere Rolle gespielt habe,[147] ja die Staatsanwaltschaft bedankte sich anläßlich Langbeins Anwesenheit bei einer Zeugenvernehmung ganz offen für seine Unterstützung.[148]

Entscheidend aber ist die mittlerweile in fünf Fällen nachgewiesene Tatsache, daß die Zentrale Stelle oder die Staatsanwaltschaften sogenannte Täter-Dossiers zusammenstellten, die sie allen potentiellen Zeugen und auch in- wie ausländischen Ermittlungsbehörden zur Weitergabe an Zeugen zugänglich machten. In diesen Dossiers werden alle vermeintlichen Täter mit Lebenslauf, damaligem und heutigem Lichtbild und die ihnen unterstellten Taten aufgeführt sowie solche Taten, die sich möglicherweise ereignet haben, für die aber noch Zeugen und Hinweise auf die Täter fehlen. Schließlich werden die Zeugen mit der Bitte um Diskretion gebeten, die Täter den Taten zuzuordnen und eventuell noch nicht aufgeführte Taten bekanntzugeben.[149] Daß unter solchen Umständen spätere Identifizierungen vor Gericht eine Farce sind, liegt auf der Hand.[150] Schließlich berichten Rückerl[151] und Henkys,[152] daß die Zeugen aufgrund neuerer Erkenntnisse der Ermittlungsbehörden oder wegen der Unstimmigkeit der Zeugenaussagen mit den Auffassungen der Ermittlungsbehörden immer wieder vernommen wurden. Es sollte nicht wundern, wenn nicht allein dies schon zu einer Zielgerichtetheit der Aussagen geführt hat. Rückerl weist in diesem Zusammenhang auf Zeugenmanipulationen durch Ermittlungsbeamte und private Dokumentationszentren hin, die er freilich als Ausnahme ansieht.[153]

Die häufig sehr schwierigen Ermittlungen führten dazu, daß die Angeklagten häufig über 3 bis 5 Jahre, manchmal sogar darüber, in Untersuchungshaft saßen, was nach Auffassung nicht nur des Europäischen Gerichtshofes menschenrechtswidrig ist und zur Zermürbung der Angeklagten beitragen kann.[154]

---

144. A. Rückerl, aaO. (Anm. 29), S. 169 f.
145. A. Rückerl, ebenda, S. 158, ders., aaO. (Anm. 136), S. 25, 43 f., 57, ders., aaO. (Anm. 137), S. 44.
146. Vgl. seine Selbstbekenntnisse in Sachen ›Nazi‹-Jagd in *Recht, nicht Rache,* Ullstein, Frankfurt/M.–Berlin 1991.
147. H. Langbein, *Der Auschwitz-Prozeß,* Europäische Verlagsanstalt, Frankfurt/Main 1965, Band 2, S. 858.
148. H. Langbein, ebenda, Band 1, S. 31 f.; Langbein hat sogar per Zeitungsanzeige nach Zeugen gesucht: R. Hirsch, *Um die Endlösung,* Greifenverlag, Rudolstadt 1982, S. 122; vgl. H. Langbein, *Menschen in Auschwitz,* Europaverlag, Wien 1987, S. 554.
149. Fall eins ist der Sachsenhausen Prozeß. Hier liegt das Zeugendossier komplett in Kopie vor: Schreiben des Leiters der Zentralstelle im Lande Nordrhein-Westfalen für die Bearbeitung von nationalsozialistischen Massenverbrechen in Konzentrationslagern bei dem Leitenden Oberstaatsanwalt in Köln, Oberstaatsanwalt Dr. H. Gierlich, Az. 24 AR 1/62 (Z); Fall zwei ohne Angabe des Verfahrens beschreibt J. Rieger in: Deutscher Rechtsschutzkreis (Hg.), *Zur Problematik der Prozesse um ›Nationalsozialistische Gewaltverbrechen‹,* Schriftenreihe zur Geschichte und Entwicklung des Rechts im politischen Bereich, Heft 3, Bochum 1982, S. 16; Fall drei beschreibt F. J. Scheidl für den Sobibor-Prozeß in *Geschichte der Verfemung Deutschlands,* Selbstverlag, Wien 1968, Band 4, S. 213 f., nach *National Zeitung* 30. 9. 1960, S. 3 ff.; Fall vier bez. des Majdanek-Prozesses beschreiben die *Unabhängigen Nachrichten* 7 (1977) 9 f.; vgl. W. Stäglich, *Die westdeutsche Justiz und die sogenannten NS-Gewaltverbrechen,* Deutscher Arbeitskreis Witten, Witten 1978, S. 14; ders., *Journal of Historical Review* 3(2) (1981) 249–281; Fall fünf im Prozeß gegen G. Weise in R. Gerhard (Hg.), *Der Fall Gottfried Weise,* Türmer, Berg ^{2}1991, S. 63.
150. Vgl. die von Zeugen dargebotenen Identifizierungsschauspiele in: B. Naumann, aaO. (Anm. 138), S. 151, 168, 176, 471; F. J. Scheidl, aaO. (Anm. 149), S. 164, 213; H. Lichtenstein, (siehe Anm. 158), S. 68, 82.
151. A. Rückerl, aaO. (Anm. 136), S. 88.
152. R. Henkys, aaO. (Anm. 9), S. 210 ff.; vgl. auch B. Naumann, aaO. (Anm. 138), S. 69.
153. A. Rückerl, aaO. (Anm. 29), S. 256.
154. Vgl. z. B. die U-Haft Zeiten im Frankfurter Auschwitz-Prozeß bei B. Naumann, aaO. (Anm. 138), S, 15 f.; zur Entscheidung des Europäischen Gerichtshofes: J.G. Burg, *NS-Prozesse des schlechten Gewissens,* G. Fischer, München 1968, S. 187; vgl. auch R. Henkys, aaO. (Anm. 9), S. 265.

Schließlich bleibt anzumerken, daß Rückerl[155] wie Henkys[156] den Einsatz politisch besonders zuverlässigen Personals in den ersten Jahrzehnten dieser besonderen Ermittlungen für nötig halten, da viele Angestellte und Beamte durch ihre eigene Tätigkeit während der NS-Zeit befangen sein könnten. Man darf davon ausgehen, daß nur solche Personen eingesetzt wurden, denen nie der Gedanke kommen konnte, die Realität der untersuchten angeblichen Verbrechen in Frage zu stellen. Bei soviel eifrigem, ideologisch überzeugtem und geschultem Personal kann es auch schon einmal vorkommen, daß aussagenunwillige Zeugen in den Voruntersuchungen bedroht werden, um die gewünschten Aussagen zu erhalten. Lichtenstein beschreibt die Folgen einer Vernehmung 2. Grades, die er ausdrücklich für notwendig hält, um die unwilligen Zeugen zum Sprechen zu zwingen:

> *»Der Zeuge* [Barth[157]] *zögert,* [...] *erleidet oder täuscht einen Nervenzusammenbruch vor.* [...] *Ehe er die Zeugenbank verläßt, nimmt er die Behauptung zurück, der Polizeibeamte, der ihn vernommen habe, habe ihn ›erpreßt‹ zu sagen, was damals geschehen sei. Nun bequemt er sich zu der Worten, der Beamte ›ging recht scharf vor‹, was man bei solchen Zeugen wohl muß.* [sic!]*«*[158]

Alles in allem scheint die Zentrale Stelle sich eher als Geschichtsforschungsinstitut mit eigenwilligen Methoden zu verstehen denn als Strafverfolgungsbehörde: Rückerl hält jedenfalls die Ermittlungsergebnisse seines Hauses für historische Sachverhalte.[159] Steinbach schlägt sogar vor, daß die Zentrale Stelle nach Beendigung der NSG-Prozesse in Zukunft zu einem Geschichtsforschungsinstitut umfunktioniert werden soll.[160]

3.3.2.2. Richter und Staatsanwälte

Für die vermeintlichen großen Verbrechenskomplexe des Dritten Reiches (Einsatzgruppen, Konzentrations- und andere Lager) wurde – neben Verfahren gegen Einzelpersonen – jeweils an einem zentralen Ort ein Mammutprozeß veranstaltet, zu dem häufig zig Angeklagte und z.T. in die Hunderte gehende Zeugen geladen wurden.[161] Mag dies auch aus finanziellen und prozeßtechnischen Gründen nicht anders durchzuführen gewesen sein, so mußte es dennoch dazu führen, daß die Schuldfrage jedes einzelnen Angeklagten bei solchen Prozessen zwangsläufig unterging, denn weder Angeklagte und Verteidiger noch Richter und Schöffen können bei der über sie hereinbrechenden Flut von Beweisen über Jahre hinweg den Überblick über alles behalten.[162]

Obwohl immer wieder klargestellt wird, daß es nicht Aufgabe von Gerichten sein kann, Geschichtswissenschaft zu betreiben, stellt Rückerl ausdrücklich fest, daß gerade die Prozesse um die angeblichen NS-Vernichtungslager von historischer Relevanz sind und daß die Aufklärung zeitgeschichtlicher Vorgänge häufig in den Vordergrund gerückt wurde.[163] Unumwunden wird zugegeben, daß die zeitgeschichtlichen Ergebnisse dieser Ermittlungen die wichtigste Grundlage dessen bilden, worauf die Zeitgeschichtsschreibung ihre Forschung betreibt.[164] Steinbach meint sogar, daß es in der Ge-

155. A. Rückerl, aaO. (Anm. 29), S. 163 f.
156. R. Henkys, aaO. (Anm. 9), S. 210.
157. H. Barth war 1983 in einem Schauprozeß in der DDR wegen seiner Beteiligung an den Vorgängen in Lidice und Oradour-sur-Glane verurteilt worden, vgl. H. Lichtenberg, aaO. (Anm. 81, ›Eisert‹).
158. H. Lichtenstein, *Majdanek. Reportage eines Prozesses,* Europäische Verlagsanstalt, Frankfurt/Main 1979, S. 52, vgl. auch S. 55.
159. A. Rückerl, aaO. (Anm. 137), S. 33.
160. J. Weber, P. Steinbach (Hg.), aaO. (Anm. 15), S. 35 f, 207.
161. Vgl. A. Rückerl, aaO. (Anm. 29), S. 263 ff. Im Auschwitz-Prozeß waren es z. B. 23 Angeklagte und über 350 Zeugen, vgl. H. Laternser, *Die andere Seite im Auschwitzprozeß 1963/65,* Seewald, Stuttgart 1966, S. 13, 23.
162. H. Laternser, ebenda, S. 12 f., 143 ff.
163. A. Rückerl, aaO. (Anm. 137), S. 7, 17 ff., 22 ff., 90 ff., 254 ff.; so auch R.M.W. Kempner in: R. Vogel (Hg.), *Ein Weg aus der Vergangenheit,* Ullstein, Frankfurt/M. 1969, S. 216; ders. in: H. Lichtenstein, aaO. (Anm. 81), S.7.
164. A. Rückerl, aaO. (Anm. 29), S. 260 f., 324; vgl. auch das Vorwort von M. Broszat in A. Rückerl, aaO. (Anm. 137); daneben H. Langbein, aaO. (Anm. 147), Band 1, S. 12; vgl. W. Scheffler in: J. Weber, P. Steinbach (Hg.), aaO. (Anm. 15), S. 123 ff.

schichte der Geschichtswisssenschaft einmalig sei, daß dieser Untersuchungsbereich den Staatsanwälten und Richtern als Nichthistorikern überlassen wurde und daß dadurch dieses Kapitel das besterforschte der deutschen Geschichte sei.[165]

In der Tat sind Gerichte auf einem Gebiet den Historiker überlegen, nämlich bei der Erlangung von Zeugenaussagen. Rückerl merkt zu Recht an, daß es den Ermittlern und Richtern in Strafprozessen im Gegensatz zu Historikern dank des Staatsapparates möglich ist, eine Vielzahl von Zeugenaussagen zu bekommen und durch Befragungen bzw. Verhöre auf ihren Wahrheitsgehalt abzuklopfen.[166] Ob diese Aussagen aber angesichts der schicksalhaften Entscheidungen, die davon abhängen, wahr sind, vermag man letztlich kaum zu beurteilen. Bader und Henkys sehen daher erst dann die Möglichkeit, den Wahrheitsgehalt von Aussagen zu ermitteln, wenn dem Gericht die Anwendung von Zwang erlaubt wäre, was sich allerdings im Rechtsstaat verbiete.[167] Man darf sich wundern, daß es in unserem Jahrhundert erwachsene Menschen gibt, die glauben, mit Zwang zur Wahrheit gelangen zu können. Tuchel schränkt die historische Verwertbarkeit juristischer Ermittlungsergebnisse immerhin auf solche ein, die gute und vollständige juristische Recherchen zur Grundlage haben.[168] Doch wer beurteilt dies nach welchen Kriterien?

Das herausragendste Beispiel der NSG-Prozesse ist der Frankfurter Auschwitz-Prozeß. Entgegen den Beteuerungen des seinerzeitigen Vorsitzenden wird dieser Prozeß allgemein als der historische Prozeß schlechthin verstanden.[169] So darf es nicht wundern, wenn die einzigen Sachgutachten, die das Gericht zur Tatfrage erstellen ließ, historische Gutachten über das nationalsozialistische Regime im allgemeinen und über die Judenverfolgung im besonderen waren,[170] nicht dagegen kriminologische Gutachten über die Spuren der vermuteten und bezeugten Taten der Angeklagten.[171] Geradezu zynisch muß es daher klingen, wenn der Bundesgerichtshof den Freispruch in einem NSG-Verfahren aufhob, weil das Gericht angeblich nichts zur Aufklärung der Frage unternommen habe, ob die Tat überhaupt stattgefunden habe.[172] Gerade diese Frage wird aber von den mit NSG-Verfahren betrauten Gerichten nie durch die einzig verläßlichen nichthistorischen Sachgutachten aufgeklärt, was den BGH bei Schuldsprüchen aber offenbar nicht stört.

Bedenklich muß zudem erscheinen, daß in den großen NS-Gewaltverbrechensprozessen durch die Staatsanwaltschaft und durch die Zeugen im Stil eines Schauprozesses jeweils ein Gesamtbild des vermeintlichen Grauens des Holocaust gezeichnet wurde,[173] auch wenn und obwohl dies zur Klärung der Tatvorwürfe gegen die Angeklagten nichts beitragen konnte, sehr wohl aber zu einer Voreingenommenheit des Gerichts den Angeklagten gegenüber führte. So führt Rückerl zum Beispiel aus, daß

---

165. P. Steinbach in: J. Weber, P. Steinbach (Hg.), ebenda, S. 25, bzw. S. 35.
166. A. Rückerl in: J. Weber, P. Steinbach (Hg.), ebenda, S. 72.
167. K. S. Bader, siehe Anm. 175, zitiert nach R. Henkys, aaO. (Anm. 9), S. 220.
168. J. Tuchel in: J. Weber, P. Steinbach (Hg.), aaO. (Anm. 15), S. 143.
169. A. Rückerl, aaO. (Anm. 137), S. 18; B. Naumann, aaO. (Anm. 138), S. 7.
170. Bezüglich des Auschwitz-Prozesses vgl. H. Laternser, aaO. (Anm. 161), S. 82 f. Diese historischen Gutachten siehe in H. Buchheim, M. Broszat, H.-A. Jacobsen, H. Kausnick, *Anatomie des SS-Staates,* 2 Bände, Walter Verlag, Freiburg 1964; bez. Sobibor: A. Rückerl, aaO. (Anm. 137), S. 87, 90 ff.; bez. Treblinka: ebenda, S. 82; bez. Majdanek: H. Lichtenstein, aaO. (Anm. 158), S. 30.
171. So freimütig das Frankfurter Schwurgericht in seiner Urteilsbegründung, siehe Rüter, aaO. (Anm. 3); A. Rückerl, aaO. (Anm. 29), S. 214 f., führt an, daß außer Ortsbesichtigungen nur der Dokumenten- und Sachbeweis geführt wird.
172. H. Lichtenstein, aaO. (Anm. 81), S. 117 f., über ein Urteil des LG Bielefeld, Az. Ks 45 Js 32/64, um die Räumung des Ghettos Wladimir-Wolynsk. Daneben merkte der BGH an, daß das Gericht auch bei mehreren Verdachtsgründen und gegen unwiderlegte Entlastungsbehauptungen des Angeklagten zu einem Schuldspruch kommen kann!
173. H. Laternser, aaO. (Anm. 161), S. 34 f.; Rückerl hält dies ausdrücklich für notwendig: aaO. (Anm. 136), S. 32; P. Steinbach in: J. Weber, P. Steinbach (Hg.), aaO. (Anm. 15), S. 26; im Jerusalemer Eichmann-Prozeß hießen die entsprechenden Zeugen offiziell »Leiden-des-jüdischen-Volkes-Zeugen«: H. Arendt, *Eichmann in Jerusalem,* Reclam, Leipzig 1990, S. 335, vgl. S. 355 ff.: vgl. auch F. J. Scheidl, aaO. (Anm. 149), S. 235 ff.

der grausame Rahmen, innerhalb dessen das vermeintliche Verbrechen geschah, strafverschärfend sei.[174] Bader meint dazu:

> *»Prozesse, die geführt werden, um Beweismaterial für die Historiker abzugeben, sind böse Prozesse und nähern sich bedenklich dem Schauprozeß.«*[175]

Bezeichnend ist auch die Wertung, die die Beweismittel durch die Gerichte erfuhren. Rückerl berichtet, daß der Dokumentenbeweis zur Überführung der vermuteten Täter praktisch nie möglich sei, so daß man fast immer und besonders mit zunehmendem zeitlichen Abstand zur vermeintlichen Tat auf den Zeugenbeweis zurückgreifen müsse, obwohl dessen Fragwürdigkeit gerade in NSG-Prozessen offenkundig sei.[176] Weiter führt er aus, daß die Überführung durch nur einen Zeugen angesichts des möglichen Irrtums des Zeugen als zweifelhaft gilt, daß aber mehrere Zeugen, die die gleiche belastende Aussage machen, die Gerichte überzeugen würden.[177] Dies erinnert an das im Altertum stellenweise anzutreffende Übersiebnungsverfahren, bei dem nicht die Qualität der Beweismittel über die Schuld entschied, sondern die Menge der Zeugen.[178] Besonders nachdenklich muß stimmen, daß die Gerichte aus Beweismangel zunehmend Aussagen vom Hörensagen akzeptierten,[179] obwohl allgemein akzeptiert ist, daß dieser Beweis wertlos und seine Verwertung daher äußerst gefährlich ist, da er quasi zu einem Fehlurteil führen muß.[180]

Auch die äußeren Bedingungen solcher Prozesse entsprachen nicht rechtsstaatlichen Normen. So kritisiert Laternser, daß im Gerichtssaal des Auschwitz-Prozesses widerrechtlich Foto- und Filmaufnahmen gestattet wurden, was zur Belagerung der Angeklagten führte, ähnlich Raubtieren in einem Zoo;[181] daß bei Ausführungen der Verteidigung oder der Angeklagten diese vom Publikum beleidigt oder sogar bedroht wurden, ohne daß das Gericht eingriff;[182] daß die Angeklagten den Beleidigungen seitens der Staatsanwaltschaft und der Zeugen, sogar den Herabsetzungen durch die Richter ausgesetzt waren;[183] daß die Staatsanwaltschaft an einer Ausstellung beteiligt war, die während des Prozesses in der Paulskirche abgehalten wurde und in der die Angeklagten mit Bild, Lebenslauf und Tatvorgang als Täter vorverurteilt wurden.[184] Grabitz berichtet, daß es Richtern wie Staatsanwälten angesichts der von den Zeugen geschilderten grausamen Ereignisse fast unmöglich war, objektiv zu bleiben, ja sie stuften sich stellenweise selbst als befangen ein, da sie Wut, Scham und Verzweiflung verspürten.[185] Ganz deutlich wurde diese Befangenheit auch bei Ortsbesichtigungen des Gerichtes, zu dem Grabitz vermerkt:

> *»Verlagert sich das Prozeßgeschehen aus dem Gerichtssaal an den Tatort, herrscht nur noch tiefe Betroffenheit.«*[186]

---

174. A. Rückerl, aaO. (Anm. 137), S. 328.
175. K. S. Bader in: *Möglichkeiten und Grenzen für die Bewältigung historischer und politischer Schuld in Strafprozessen,* Studien und Berichte der katholischen Akademie in Bayern, Heft 19, S. 126; zitiert nach R. Henkys, aaO. (Anm. 9), S. 219.
176. A. Rückerl, aaO. (Anm. 29), S. 249; ders., aaO. (Anm. 137), S. 34; ders., aaO. (Anm. 136), S. 27, 29, 31.
177. A. Rückerl, aaO. (Anm. 29), S. 257; H. Lichtenstein, aaO. (Anm. 158), S. 49.
178. Vgl. den Leserbrief des Richters am LG Salzburg Dr. F. Schmidbauer in *Profil,* 17/91; Dank gebührt W. Lüftl für diesen Hinweis.
179. H. Laternser, aaO. (Anm. 161), S. 29, 151 f., 171.
180. E. Schneider, aaO. (Anm. 4), S. 189; R. Bender, S. Röder, A. Nack, aaO. (Anm. 6), Band 2, S. 178 ff. Der Beweis vom Hörensagen ist fatalerweise in Deutschland im Gegensatz zum angelsächsischen Recht zulässig!
181. Laternser, aaO. (Anm. 161), S. 39; B. Naumann, aaO. (Anm. 138), S. 141; vgl. H. Lichtenstein, aaO. (Anm. 158), S. 29.
182. Laternser, aaO. (Anm. 161), S. 15, 30 f., 80.
183. Laternser, ebenda, S. 29, 35 f., 52 f., 56 f., 59, 154 f.; vgl. B. Naumann, aaO. (Anm. 138), S. 62, 135, 266, 270, 281, 383.
184. Laternser, aaO. (Anm. 161), S. 94 ff., 417 ff.; B. Naumann, aaO. (Anm. 138), S. 383.
185. H. Grabitz, *NS-Prozesse – Psychogramme der Beteiligten,* C.F. Müller, Heidelberg, ^{2}1986, S. 11; vgl. auch dies., *Zeitgeschichte* (Wien), 14 (1986/87) 244–258.
186. H. Grabitz, ebenda, S. 18, vgl. 149 ff.

Dies erinnert stark an jene Auschwitz-Pilger, die mit gesenktem Haupt durchs Lager schreiten und selbst vor einer Heißluftentlausungskammer ein Gedenkgebet für die darin (fälschlich von ihnen angenommenen) Ermordeten abhalten, anstatt sich darüber Aufklärung zu verschaffen, zu welchem Zweck diese Gebäude und Einrichtungsgegenstände tatsächlich verwendet wurden.
Bedenklich stimmt zudem, wenn der Vorwurf Laternsers stimmt, daß die Staatsanwaltschaft entgegen ihrer Pflicht (§160 StPO) im Auschwitz-Prozeß praktisch nichts unternommen habe, um auch entlastende Beweise für die Angeklagten aufzuspüren.[187] Diesbezüglich entlarvend ist die Bemerkung der Oberstaatsanwältin Grabitz über die Aufgabe der Staatsanwaltschaft, wenn ein Angeklagter die ihm unterstellten Taten bagatellisiert oder gar leugnet:

> *»Es ist die Aufgabe der Staatsanwaltschaft, durch Beibringung überzeugender Beweise – insbesondere auch von Zeugenaussagen –, diese Einlassungen des Angeklagten zu widerlegen.«*[188]

Entgegen anderslautenden Urteilen ging es den meisten Staatsanwälten offensichtlich tatsächlich nur um die Belastung der Angeklagten. Dadurch ähnelten diese Prozesse zunehmend den angelsächsischen Strafprozessen, in denen die Staatsanwaltschaft lediglich Belastendes vorbringt.
Aus den unter 3.3.2.1. dargestellten Möglichkeiten der Ermittlungsbehörden, über viele Jahre mit einem mehrere hundert Fachleute umfassenden Gremium und der Unterstützung aller Regierungen und aller Archive der Welt Ermittlungen gegen zukünftige Angeklagte durchführen zu können,[189] ergibt sich somit in ähnlichem Ausmaß eine Waffenungleichheit zwischen Anklage und Verteidigung, wie sie während der alliierten Nachkriegsprozesse bestand. Arendt stellt diese Waffenungleichheit analog zum IMT für den Eichmann-Prozeß in Jerusalem fest.[190]
Ist ein Angeklagter in NSG-Verfahren erst einmal verurteilt, so hat er kaum Chancen, in einem Revisionsverfahren oder durch ein Wiederaufnahmeverfahren seine Unschuld unter Beweis zu stellen. Während kurz nach dem Krieg Wiederaufnahmeverfahren noch keine Seltenheit waren, werden sie heute fast ausnahmslos abgelehnt.[191] Oppitz sieht den Grund dafür darin, daß heutige Gerichte Zeugenaussagen angeblich weitaus kritischer beurteilen als unmittelbar nach Kriegsende, wodurch Fehlurteile unwahrscheinlicher geworden seien.[192] Ob dies stimmt, soll weiter unten untersucht werden.

3.3.2.3. Die Verteidiger

Prozeßberichte von Verteidigern in NSG-Verfahren sind sehr selten, da den wenigen Verteidigern, die solche Prozesse freiwillig übernehmen, schon die durch den Prozeß selber heraufbeschworenen Unannehmlichkeiten meist vollauf genügen. Sie weichen daher in der Regel den durch eine Veröffentlichung hervorgerufenen weiteren Unannehmlichkeiten aus. Schließlich ist es für einen freiberuflich tätigen Rechtsanwalt sehr schwierig, die für die Abfassung eines Buches nötige Zeit und die notwendigen finanziellen Mittel aufzubringen, ganz abgesehen davon, daß man für solcherlei Bücher kaum einen Verleger findet. H. Laternser, der selber von der prinzipiellen Richtigkeit der Holocaust-Geschichte überzeugt war,[193] hat bisher als einziger Rechtsanwalt einen solchen ausführlichen Bericht veröffentlicht. Da dieser Prozeß in der Öffentlichkeit für starkes Interesse sorgte, fand sich hierfür ausnahmsweise auch ein etablierter Verleger. Die Ausführungen von Laternser gelten cum grano salis auch für alle anderen NSG-Prozesse, deren Rahmenbedingungen in weniger etablierten Publikationen

187. Laternser, aaO. (Anm. 161), S. 32; A. Rückerl, aaO. (Anm. 29), S. 249, ist hier anderer Meinung.
188. H. Grabitz in: J. Weber, P. Steinbach (Hg.), aaO. (Anm. 15), S. 86.
189. So A. Rückerl, aaO. (Anm. 29), S. 242 f., 262 f.
190. H. Arendt, aaO. (Anm. 173), S. 352 f.
191. U.-D. Oppitz, *Strafverfahren und Strafvollstreckung bei NS-Gewaltverbrechen*, Selbstverlag, Ulm 1979, S. 63 ff., 327 ff.
192. U.-D. Oppitz, ebenda, S. 230 ff.
193. H. Laternser, aaO. (Anm. 161), S. 12 f.

angeschnitten wurden.[194] Laternser, der schon während des IMT verteidigte, charakterisiert die Verhandlungsatmosphäre während des Frankfurter Auschwitz-Prozesses wie folgt:

> *»In den größeren internationalen Strafverfahren, in denen ich mitgewirkt habe, hat es zu keiner Zeit – auch nicht vor dem Internationalen Militärgerichtshof in Nürnberg – eine so gespannte Atmosphäre wie im Auschwitz-Prozeß gegeben.«*[195]

Als Kritikpunkte an diesem Prozeß seitens der Verteidigung führt er unter anderem an, daß während der Plädoyers der Verteidiger kaum Pressevertreter und Staatsanwälte zugegen waren. Es bestand also kein Interesse an einer allseitigen Betrachtung.[196] Ferner kritisiert er, daß die Verteidigung bei der Befragung von Zeugen stark behindert wurde und daß ihre Anträge unterdrückt, nicht beschieden oder ohne Grund abgelehnt wurden.[197] Auch die Einsicht in die Tonbandprotokolle der Zeugenvernehmungen blieben der Verteidigung vorenthalten.[198] Somit war eine Kontrolle und Rekapitulation der vielen Zeugenaussagen für die Verteidigung kaum möglich. Daß diese eingeengte Bewegungsfreiheit gewissen Kreisen noch nicht eng genug war, merkt Rückerl an, dem die Prozesse zu lange dauerten, angeblich wegen der zunehmenden Beweisflut der Verteidiger,[199] und Lichtenstein stellt folgerichtig fest, daß die Verteidigung nicht genügend behindert wurde.[200]

Bezeichnend waren die Reaktionen von Gericht und Öffentlichkeit, wenn sich ein Rechtsanwalt erdreistete, die von der Anklagebehörde ausfindig gemachten Zeugen vor Prozeßbeginn ohne Angabe seiner Funktion selber zu verhören, und wenn sich dann vor Gericht herausstellte, daß die Aussagen der Zeugen, die vorher unstimmig und widersprüchlich waren, nunmehr aufeinander abgestimmt und von den gröbsten Unglaubhaftigkeiten gereinigt waren.[201] Die Öffentlichkeit griff den Rechtsanwalt an, und die Hauptzeugenländer Polen und Israel erteilten ihm für die Zukunft ein Einreiseverbot.[202]

Nachdenklich muß zudem stimmen, daß die Verteidiger von Angeklagten in NSG-Prozessen Angriffen aus der Öffentlichkeit ausgesetzt sind, die zuweilen bis zu tätlichen Angriffen und zur standesrechtlichen oder sogar strafrechtlichen Verfahren gehen.[203] So kann es nicht verwundern, daß viele Pflichtverteidiger ihre Aufgabe aus ideologischen Vorbehalten oder aus Angst vor einer Rufschädigung nur widerwillig annehmen und lieber mit dem Richter oder sogar mit der Staatsanwaltschaft zusammenarbeiten, als ihre Mandanten wirksam zu verteidigen, ja sogar in Betracht ziehen, ihr Mandat wegen Pressekampagnen niederzulegen.[204] Eine gemeinsame Strategie der Anwälte scheiterte so, man bekämpfte sich teilweise sogar.[205] Dies führte nachweislich in einem Fall so weit, daß ein Pflichtverteidiger seinem Mandanten riet, durch falsche Schuldgeständnisse das Gericht milde zu stimmen, was dieser tatsächlich machte.[206] Ähnliche Ratschläge werden von außen an die Verteidiger herangetragen, da der Öffentlichkeit das Beharren der Angeklagten auf ihrer Unschuld, die ihnen niemand abnimmt, jämmerlich und feige erscheint.[207]

---

194. Vgl. hierzu H. Laternser, ebenda, außerdem z.B. E. Kern, *Meineid gegen Deutschland,* Schütz, Preußisch Oldendorf [2]1971; F. J. Scheidl, aaO. (Anm. 149), bes. Band 4, S. 198 ff.195. H. Laternser, aaO. (Anm. 161), S. 28, vgl. auch S. 32.
196. H. Laternser, ebenda, S. 57.
197. H. Laternser, ebenda, S. 37, 40 f., 46 ff., 61, 112, 117 u.a.m.
198. H. Laternser, ebenda, S. 46 ff., 146 f.
199. A. Rückerl, aaO. (Anm. 136), S. 270.
200. H. Lichtenstein, aaO. (Anm. 158), S. 113, die *Frankfurter Allgemeine Zeitung* vom 31.3.1979 zitierend.
201. Deutscher Rechtsschutzkreis, aaO. (Anm. 149), S. 15 f.
202. Deutscher Rechtsschutzkreis, ebenda, S. 15 f.; sowie H. Lichtenstein, aaO. (Anm. 158), S. 89; H. Grabitz, aaO. (Anm. 185), S. 15.
203. H. Lichtenstein, aaO. (Anm. 158), S.70 f., 89, 97 f. bez. RA L. Bock; strafrechtlich ermittelt wird z.Zt. gegen Hajo Herrmann, dessen Beweisanträge, die wahrscheinlich von der Staatsanwaltschaft an die Presse gegeben und dort teilweise veröffentlicht wurden, volksverhetzend sein sollen.
204. B. Naumann, aaO. (Anm. 138), S. 383.
205. H. Laternser, aaO. (Anm. 161), S. 76 ff.; H. Lichtenstein, aaO. (Anm. 158), S. 86, 99.
206. H. Laternser, aaO. (Anm. 161), S. 81.
207. So z. B. E. Bonhoeffer, *Zeugen im Auschwitz-Prozeß,* Kiefel, Wuppertal [2]1965, S. 52 f.

Bei der Lektüre von Laternsers Prozeßdokumentation fällt auf, daß er nirgendwo kritisiert, daß zu den Opfern, zur Tatwaffe und zum Tatort keine Sachbeweise erhoben wurden und daß auch die Zeugenaussagen keiner sachkritischen Analyse unterzogen wurden. In dieser Hinsicht steht Laternser in der Tradition der anderen Verteidiger des IMTs und der bundesdeutschen Prozesse, die allesamt bis vor kurzer Zeit selber keinen Zweifel an der Faktizität der Holocaust-Geschichten hatten. Ihnen kam es somit überhaupt nicht in den Sinn, vor einer Verhandlung über die Schuld von Angeklagten zuerst die Klärung der Tat durch den Sachbeweis zu fordern, wie es bei jedem Verkehrsunfall und jedem normalen Mord natürlicherweise immer der Fall ist. Auch vermißt man bei Laternser eine Kritik an der Praxis, die Angeklagten über viele Jahre, stellenweise sogar über mehr als fünf Jahre in Untersuchungshaft zu behalten und sie dadurch einer seelischen Zermürbung auszusetzen, die fast jeden Angeklagten willig werden läßt, mit dem Gericht und der Staatsanwaltschaft in gewissem Rahmen zu kooperieren, wenn nur das eigene Schicksal dadurch gemildert wird.
Schließlich sei noch darauf verwiesen, daß es dem Verteidiger Eichmanns nicht erlaubt war, seinen Mandanten unter vier Augen zu sprechen, und daß ihm die Einsicht in die Vernehmungsprotokolle Eichmanns verwehrt wurde,[208] also auch hier Methoden analog dem IMT.

3.3.2.4. Die Zeugen

3.3.2.4.1. Belastungszeugen

Rückerl, Henkys und Langbein[209] kennen durchaus das Problem, daß Zeugenaussagen nicht nur wegen des natürlichen Gedächtnisschwunds und der Parteilichkeit zweifelhaft sind, sondern auch deshalb, weil sie häufig Gehörtes bzw. Gesehenes aus den Berichten Dritter oder aus Mediendarstellungen in vermeintlich Selbsterlebtes verwandeln. Bei Zeugenaussagen zwischen Selbsterlebtem und fremdem Erleben zu unterscheiden, sei den Gerichten nahezu unmöglich.
Rückerl und Henkys schreiben einerseits, daß das Elend der Lager die sinnliche Aufnahmefähigkeit der Häftlinge erschwerte, was ungenaue, ja fehlerhafte Aussagen erklärlich und entschuldbar, ja sogar erst glaubwürdig mache.[210] Andererseits vertreten sie die These, daß ganz besonders grausame und damit einprägsame Ereignisse in ihrem Gedächtnis wie eine Fotographie auch über 30 Jahre und mehr unveränderbar blieben, so daß solche Zeugenaussagen glaubwürdig seien.[211] Selbst wenn diese These stimmen sollte, bleibt die Frage offen, wie das Gericht zwischen fotographisch exakten Erinnerungen und durch den Zahn der Zeit und die Umwelteinflüsse unbewußt manipulierten Aussagen unterscheiden will. Die jüdisch-amerikanische Zeugenaussagenspezialistin E. Loftus vertritt auch und gerade bezüglich der Holocaust-Zeugen eine entgegengesetzte Position: gerade diese seien durch die weltweit mediale Ausschlachtung und durch die enorm emotional aufgeladene Atmosphäre des Themas absolut unglaubwürdig.[212] Allerdings hat sie diese Auffassung erst, seit sie dem Demjanjuk-Prozeß in Jerusalem beiwohnte, bei dem ihr die Schuppen von den Augen fielen. Schließlich endete dieser Prozeß mit einem Freispruch, da die völlige Unglaubwürdigkeit aller Belastungszeugen zu offenkundig geworden war,[213] und zwar auch jener, die zwei Jahrzehnte zuvor mit ähnlichen Aussagen vor zwei Treblinka-Prozessen in Deutschland als glaubwürdige Zeugen mit den Prozeß entschieden.[214]

208. F. J. Scheidl, aaO. (Anm. 149), S. 239 f.
209. A. Rückerl, aaO. (Anm. 136), S. 26 f.; ders., aaO. (Anm. 137), S. 88 f.; ders., aaO. (Anm. 29), S. 251 ff.; R. Henkys, aaO. (Anm. 9), S. 209 f; H. Langbein, *Menschen in Auschwitz*, aaO. (Anm. 148), S. 334 ff., 544 f.
210. R. Bender, S. Röder, A. Nack, aaO. (Anm. 6), Band 1, S. 146 ff., schreiben zu Recht, daß eine übergenaue Beschreibung unglaubwürdig sein muß, da sich kein Zeuge exakt an alles erinnern könne, erst recht nicht nach langer Zeit.
211. H. Lichtenstein schwärmt geradezu von dem wundersamen Gedächtnis der Belastungszeugen, aaO. (Anm. 158), S. 64 f., 78, zeigt andererseits aber Verständnis für Widersprüche in den Aussagen, S. 75.
212. E. Loftus, aaO. (Anm. 8); auch H. Grabitz, aaO. (Anm. 185), S. 64, 67, erkennt das Problem, das sich aus der Opferrolle der jüdischen Zeugen ergibt.
213. Vgl. dazu den Beitrag von A. Neumaier im vorliegenden Band.

Da in vielen deutschen Prozessen Sachgutachter über die Glaubwürdigkeit der Zeugen zu dem Schluß kamen, daß diese generell auch nach 30 Jahren und mehr zumindest bezüglich des Aussagekerns gegeben sei, meint Oppitz zu dem Schluß kommen zu können, daß in Zukunft Anträge zur Überprüfung solcher Fragen wegen Offenkundigkeit abgelehnt werden sollten.[215] Da Rückerl meint, daß erst die Unbestimmtheit und Widersprüchlichkeit von Zeugenaussagen ein Qualitätszeichen ist,[216] kann es nicht verwundern, daß gemeinhin die Forderung gestellt wird, die Überprüfung von belastenden Zeugenaussagen zum Holocaust als verwerflich abzulehnen.[217] Schließlich beobachtet man, daß die Gerichte in Anbetracht des lähmenden Grauens, das die Belastungszeugen in den Gerichtssälen lebendig werden lassen, gegenüber deren Aussagen völlig unkritisch werden und bereit sind, auch im Gerichtssaal die Zeugen lediglich als unschuldige, arg- und wehrlose Opfer zu sehen,[218] ja es gibt sogar Stimmen, die dieses fassungslose Entsetzen seitens des Gerichtes und der Öffentlichkeit für nötig halten, um die Leiden der Opfer überhaupt erst richtig beurteilen zu können.[219] Grabitz legt dar, daß man gegenüber den ›Opferzeugen‹ besonders einfühlsam, verständnisvoll und in der Befragung zurückhaltend sein muß,[220] was bei ihr in der Bemerkung gipfelt:

»Als Mensch möchte man diesen Zeugen einfach in die Arme nehmen und mit ihm weinen.«[221]

Fest steht nicht erst seit dem Demjanjuk-Prozeß, daß nicht alle diese Zeugen Gutes im Schilde führen. Oppitz[222] hat anhand einer Reihe von Fällen gezeigt, daß es auch vor bundesdeutschen Gerichten Rache- und Berufszeugen gibt, die allerdings nur in seltenen Fällen wegen Falschaussagen abgeurteilt wurden, bzw., so darf man wegen der Kritiklosigkeit und Leichtgläubigkeit deutscher Gerichte den Holocaust-Belastungszeugen gegenüber vermuten, noch nicht einmal als solche erkannt wurden. Besonders dramatisch sind jene Fälle, in denen den Angeklagten durch Zeugen vorgeworfen wurde, sie hätten bestimmte Menschen ermordet, von denen sich später aber herausstellte, daß sie noch lebten, nie existiert hatten oder schon lange vor der Zeit des NS-Regimes gestorben waren.[223]

Laternser berichtet vom Auschwitz-Prozeß, was im Prinzip für alle NSG-Prozesse zutrifft: ausländische Zeugen reisten unmittelbar nach ihrer Aussage wieder ab und konnten so bei später erwiesener Falschaussage nicht belangt werden. Weder die Richter noch die Staatsanwälte unternahmen irgend etwas, um die Aussagen der Belastungszeugen zu überprüfen. Jeder dahingehende Vorstoß der Verteidigung wurde »im Keim erstickt«,[224] da man die Opfer von damals heute nicht wieder verfolgen dürfe.[225] Lichtenstein schildert empört einen Ausnahmefall, in dem die Staatsanwaltschaft wie das Gericht die Zeugenaussagen samt und sonders in das Land der Fabeln verwies.[226]

214. Vgl. H. Lichtenstein, aaO. (Anm. 81), S. 196 ff.
215. U.-D. Oppitz, aaO. (Anm. 191), S. 352.
216. A. Rückerl, aaO. (Anm. 29), S. 253; so auch das Gericht im Fall gegen G. Weise: R. Gerhard (Hg.), aaO. (Anm. 149), S. 56, 59, 65, 75.
217. A. Rückerl, aaO. (Anm. 29), S. 253 f., 257 f. zeigt Verständnis für diese Tendenz; H. Arendt, aaO. (Anm. 173), S. 338 f., bezeichnet es als unmenschlich, die Wahrhaftigkeit der Zeugenaussagen der Holocaustopfer anzuzweifeln, die Vorverurteilung der Angeklagten hingegen für notwendig und rechtens – eine durchaus ›normale‹ Einstellung unserer Zeitgenossen; vgl. H. Lichtenstein, aaO. (Anm. 158), S. 75, S. 99, 104; ders., aaO. (Anm. 81), S. 120; I. Müller-Münch, *Die Frauen von Majdanek,* Rowohlt, Reinbek 1982, S. 156; E. Bonhoeffer, aaO. (Anm. 207), S. 22 f.
218. Beispielhaft hierfür der Majdanek-Prozeß, vgl. I. Müller-Münch, aaO. (Anm. 217), S. 142; auch B. Naumann, aaO. (Anm. 138), S. 281.
219. H. Lichtenstein, aaO. (Anm. 158), S. 127.
220. H. Grabitz, aaO. (Anm. 185), S. 12 ff., 78, 87.
221. H. Grabitz, ebenda, S. 12.
222. U.-D. Oppitz, aaO. (Anm. 191), S. 113, 239 ff., 258, 350 f.
223. Siehe hierzu die Darstellungen bei F. J. Scheidl, aaO. (Anm. 149), S. 198 ff.; Deutscher Rechtsschutzkreis, aaO. (Anm. 149).
224. H. Laternser, aaO. (Anm. 161), S. 37 f., 57 f., 85, 157.
225. So die Aussage in einem anderen anderen Verfahren, vgl. Deutscher Rechtsschutzkreis (Hg.), aaO. (Anm. 149), S. 19.
226. H. Lichtenstein, aaO. (Anm. 81), S. 113 ff., hier S. 120.

Grabitz unterscheidet drei Kategorien jüdischer Zeugen:[227]

a) *Objektiv-sachliche Zeugen.* Sie zeichnen sich nach Grabitz durch eine differenzierte Aussage bezüglich des Charakters und des Verhaltens der Tatbeteiligten aus. Außerdem würden sie als Motivation ihrer Aussage meist anführen, daß sie sich eingedenk der Opfer ihrer Familie oder ihres Volkes verpflichtet sähen, diese Aussage zu tätigen. Grabitz übersieht hier, daß auch eine scheinbar emotionslos vorgetragene, differenzierende Aussage noch lange nicht wahr sein muß und daß auch dem Gedenken an die Opfer aus Volk und Familie eine Vergeltungsmotivation zugrunde liegen kann.
b) *Um Objektivität und Sachlichkeit bemühte jüdische Zeugen.* Unter diese subsumiert Grabitz jene Zeugen, denen es angesichts ihrer schrecklichen Erlebnisse schwer fällt, die Fassung zu bewahren, wobei Weinkrämpfe und Zusammenbrüche, aber auch Schimpftiraden während oder nach der Aussage vorkommen. Grabitz entschuldigt also die zum Teil unsachlichen Ausführungen dieser Zeugen mit ihren Erlebnissen. Was aber, wenn die bezeugten schrecklichen Erlebnisse unwahr sind? Wie kann man die Aussagen überprüfen, wenn das Mitgefühl mit den Zeugen wegen dieser Aussagen eine Hinterfragung ebendieser blockiert?
c) *Vom Haß geprägte Zeugen.* Sie projizieren nach Grabitz eine erlebte Tat auf Unschuldige, da sie den Schuldigen nicht mehr belasten können, oder überhöhen die Verantwortlichkeit eines am Tatort Anwesenden. Daß diese Haßzeugen, wie mittlerweile in vielen Fällen erwiesen, auch Straftaten frei erfinden können, kommt ihr nicht in den Sinn.

Die Staatsanwältin Grabitz stellt wahrscheinlich in Übereinstimmung mit den meisten Staatsanwälten und auch Richtern fest, daß ihre Zeugenkategorie a) glaubwürdig und deshalb nicht weiter zu hinterfragen sei, daß ihre Kategorie b) zwar stellenweise unzuverlässig, aber wegen der als wahr unterstellten fürchterlichen Erlebnisse der Zeugen ebenfalls nicht weiter zu hinterfragen sei und daß ihre Kategorie c) zwar sachlich richtig, aber bezüglich der Täter verzerrt dargestellt sei. Für sie gibt es mithin keinen Grund, an der Glaubwürdigkeit jüdischer Zeugen zu zweifeln,

> *»diesem Zeugen – der ja aussagen will, um die Wahrheit an den Tag zu bringen, sonst wäre er nicht freiwillig aus dem Ausland gekommen* [. . .]*«*[228]

Geht es noch naiver?
Die Belastungszeugen wurden durch die ihnen in der Regel gewährte Narrenfreiheit, die häufig auch von den Verteidigern nicht eingeengt wurde,[229] sicherlich nicht wahrheitsliebender. Erschwerend kommt hinzu, daß es in Strafprozessen keine Pflicht zur Führung von Wortlautprotokollen gibt, daß also die Aussagen von Zeugen durch das Gericht nicht im Wortlaut festgehalten werden. Sie sind daher häufig nicht mehr exakt nachvollziehbar, wenn sich durch andere Beweise Widersprüche ergeben. Der unwahren Behauptung durch Zeugen wird damit Tür und Tor geöffnet. Auch in den Medien werden immer nur ausgesuchte Passagen von Aussagen veröffentlicht, deren Aussagewert an sich schon zweifelhaft ist.[230]
Oppitz und Rückerl haben mehrfach Zeugenbeeinflussungen durch Häftlingsorganisationen wie zum Beispiel der kommunistischen Tarnorganisation Vereinigung der Verfolgten des Naziregimes festgestellt.[231] Neben den bereits oben erwähnten Manipulationen seitens der Ermittlungsbehörden wiegt

227. H. Grabitz, aaO. (Anm. 185), S. 64–90.
228. H. Grabitz, ebenda, S. 13
229. Im Eichmann-Prozeß hat es der Verteidiger R. Servatius z. B. abgelehnt, die »Leiden-des-jüdischen-Volkes-Zeugen« (vgl. Anm. 173) ins Kreuzverhör zu nehmen, vgl. ders., *Verteidigung Adolf Eichmann,* Harrach, Bad Kreuznach 1961, S. 62 f.
230. Auch das von H. Langbein herausgegebene Buch *Der Auschwitz-Prozeß,* aaO. (Anm. 147), basierend auf eigenen Aufzeichnungen, enthält leider nur die seiner Meinung nach glaubhaften Aussagen, Band 1, S. 15 – die dennoch stellenweise unglaubhaft wirken.
231. A. Rückerl, aaO. (Anm. 29), S. 256; U.-D. Oppitz, aaO. (Anm. 191), S. 113 f., 239; vgl. dazu H. Laternser, aaO. (Anm. 161).

jedoch wesentlich schwerer, daß die Zeugen aus dem Ostblock vor ihrer Einreise in die BRD durch östliche Geheimdienste, Innen- und Justizministerien sowie während der Prozesse durch Botschaften und Konsulate auf ihre Zuverlässigkeit überprüft und zudem massiv beeinflußt wurden, ja daß sie sogar von Staatsbeamten in den Gerichtssaal begleitet wurden. Zumeist durften nur zuverlässige Kommunisten und zur Belastung der Angeklagten willige Zeugen ausreisen.[232] B. Naumann nannte diese Vorgehensweise der Ostblockstaaten Inquisition,[233] und Langbein freute sich darüber, daß trotz dieser Entdeckung die deutschen Gerichte die Glaubwürdigkeit dieser Zeugen nicht anzweifelten.[234] Laternser berichtet darüber hinaus, daß die Zeugen im Auschwitz-Prozeß schon vor Prozeßbeginn die Möglichkeit hatten, ihre Geschichten in den Medien oder sogar in eigens herausgegebenen Zeugen-Informationsblättern zu erzählen, wodurch unbefangene Zeugenaussagen unmöglich wurden. Ebenso wurden die Zeugen durch eine Vielzahl von Organisationen und Personen betreut, wodurch eine Beeinflussung ebenfalls wahrscheinlich ist.[235] Nur nebenbei sei hier erwähnt, daß viele Zeugen von einem Prozeß zum andern reisten und dabei betrügerisch immense Zeugengelder kassierten.[236]

Welchen Einfluß das ständige Bombardement mit Holocaust-Geschichten auf die europäischen, amerikanischen und israelischen Zeugen hat, zeigt Rückerl anhand australischer Zeugen. Während die westlichen Zeugen fast immer zu gewissen Komplexen konkrete Aussagen machen können, gehen die Ermittler in Australien meist mit leeren Händen aus. Dort kann sich keiner mehr genau erinnern.[237]

Es stellt sich schließlich die Frage, ob es möglich ist, daß Personen Ereignisse, die sie selber gar nicht oder nicht in dem Ausmaß erlebt haben, nachträglich als selbst erlebt so intensiv in Erinnerung tragen können, daß sich dies auf ihre Psyche auswirkt, daß sie also im nachhinein das Grauen und den Schrekken erleben, von dem sie eigentlich erst durch die Medien oder durch Dritte erfahren haben. Diese Frage stellte sich insbesondere nach dem Demjanjuk-Prozeß in Jerusalem, als sich herauszukristallisieren begann, daß nicht nur die Zeugen unglaubwürdig waren, sondern daß im Strudel von Dokumentenfälschungen und Falschaussagen auch der Kern ihrer Aussage ins Wanken geriet (siehe Anm. 213). Will man nicht alle jüdischen Zeugen der Lüge bezichtigen, sondern ihnen Irrtum zugestehen, so muß man zwangsweise nach anderen Antworten Ausschau halten. Stein hat einen Ansatz dazu aufgezeigt, als er den Holocaust als zentralen Bezugspunkt moderner jüdischer Identität erkannte und darauf hinwies, daß das jüdische Volk in seiner Mehrheit identitätsstiftenden Gruppenphantasien des Martyriums nachhänge.[238] Mehr noch: Man fordert sogar von jüdischer Seite eine dauernde, zunehmende »Traumatisierung« vor allem der jüdischen Jugend durch das hautnahe Nacherleben aller tatsächlichen und vermeintlichen Holocaust-Greuel, um so eine »fast physische Identifizierung« und Solidarisierung mit dem eigenen Volk zu erreichen.[239]

Eine im Januar 1993 unter dem Eindruck des Demjanjuk-Prozesses durchgeführte Tagung ukrainischer und polnischer Ärzte im US-amerikanischen Exil kam schließlich zu dem Ergebnis, daß viele Juden ihre wahren, zum Teil ebenfalls schrecklichen Erlebnisse in den Konzentrationslagern vergessen und sie zunehmend durch Gruppenphantasien des Märtyrertums und durch Horrorphantasien der

232. H. Laternser, ebenda, S. 37, 99 ff., 158 ff., 171 ff.; H. Lichtenstein, aaO. (Anm. 81), S. 29, beschreibt eine Manipulation sowjetischer Zeugen durch den KGB.
233. B. Naumann, aaO. (Anm. 138), S. 438 f.
234. H. Langbein, aaO. (Anm. 147), Band 2, S. 864; die Tatsache der Zeugenbeeinflussung wurde vom Bundesgerichtshof bestätigt, als Revisionsgrund aber abgelehnt, BGH-Strafsenat, Az. StR 280/67.
235. H. Laternser, Anm. aaO. (161), S. 86 ff., 170; U.-D. Oppitz belegt einen Fall der Beeinflussung durch Betreuer: aaO. (Anm. 191), S. 113.
236. H. Laternser, aaO. (Anm. 161), S. 113 ff., 161 ff.; auch dies wurde vom BGH, aaO. (Anm. 234), bestätigt und als Revisionsgrund abgewiesen; vgl. F. J. Scheidl, aaO. (Anm. 149), S. 153–159.
237. A. Rückerl, aaO. (Anm. 29), S. 258 f.
238. H. F. Stein, *The Journal of Psychohistory* 6(2) (1978) 151–210; ders., ebd. 7(2) (1979) 215–227; ähnlich A. Elon, »Die vergessene Hoffnung«, *FAZ*, 28.6.1993, S. 28; G. Gillessen, »Bedenkliche Art der Erinnerung«, *FAZ*, 4. 8. 1992, S. 8; M. Wolffsohn, »Eine Amputation des Judentums?«, *FAZ* 15. 4. 1993, S. 32.
239. C. Schatzker, *Aus Politik und Zeitgeschichte* 40(15) (1990) 19–23, bes. 22 f.

medialen Darstellungen ersetzen würden, da diese in den jüdischen Gemeinden wegen ihrer identitätsstiftenden Wirkung stark verbreitet würden. Solche Erscheinungen seien bereits in der einschlägigen medizinischen Literatur beschrieben worden und würden *Holocaust-Surviver-Syndrom* genannt.[240]

3.3.2.4.2. Entlastungszeugen

Wie anders sieht dagegen die Behandlung von Entlastungszeugen durch die Gerichte aus. Am erschütternsten ist das Beispiel von G. Weise, in dessen Prozeß eine Vielzahl von Entlastungszeugen auftraten bzw. genannt wurden. Diese wurden aber entweder vom Gericht nicht geladen, ihre Aussage entgegen dem Wortlaut als belastend ausgelegt oder mit dem Hinweis für belanglos erklärt, daß nur eine belastende Aussage das Verbrechen aufklären könne. Wer von einem Verbrechen nichts weiß, war eben zum falschen Zeitpunkt am falschen Ort.[241] Weise wurde schließlich nur aufgrund *eines* Belastungszeugen verurteilt, die weit über zehn Entlastungszeugen wurden ignoriert. Rieger berichtet, daß ein anderes Gericht über zwei Entlastungszeugen wie folgt urteilte: Man wisse nicht, warum diese Zeugen die Unwahrheit sagen.[242] Burg berichtet, daß er als Entlastungszeuge regelmäßig bedroht, ja tätlich angegriffen wurde.[243]

Deutschen Entlastungszeugen, die damals außerhalb der KZ- und Ghetto-Umzäunung standen, begegnen die Gerichte grundsätzlich mit Mißtrauen. Können Sie sich nicht an die von Belastungszeugen berichteten Greueltaten erinnern oder bestreiten sie diese sogar, was in der Regel der Fall ist,[244] so gelten sie als unglaubwürdig, sie werden deshalb nicht vereidigt.[245] Grabitz empfindet solche Zeugen wie auch die sich analog verhaltenden Angeklagten, denen sie am liebsten eine runter hauen möchte, widerwärtig und ekelerregend.[246] Rückerl unterstellt ihnen sogar einen Meineid,[247] wogegen stellenweise sogar gerichtlich vorgegangen wurde.[248] Lichtenstein berichtet über einen Fall, in dem solcherlei unwissende Zeugen reihenweise der Lüge und des Meineides bezichtigt wurden und wo es wiederholt zu Verhaftungsdrohungen und Verhaftungen kam.[249] Er zitiert den auf die Beteuerung eines Zeugen, er sage die reine Wahrheit, antwortenden Richter mit den Worten:

»Ich verspreche Ihnen, daß Sie für diese Wahrheit bestraft werden.«[250]

Im Auschwitz-Prozeß wurde der Zeuge B. Walter, dessen Aussage der Staatsanwaltschaft nicht gefiel, vorläufig festgenommen, bis daß er seine Aussage revidiert hatte.[251] Daß so ein Verhalten des Gerichts auf diese Zeugen einschüchternd wirkte, ist offensichtlich. Lichtenstein echauffiert sich aber lediglich darüber, daß es dennoch freche Zeugen gebe, die weiterhin alles ableugneten.[252] Deutsche Entlastungszeugen der ›Täterseite‹ für Adolf Eichmann im Jerusalemer Prozeß wurden von der Anklage grundsätzlich mit Verhaftung bedroht, so daß sie sich von den Verhandlungen fernhielten.[253]

240. Polish Historical Society, Press release 25. 1. 1993, Stamford, CT, über eine Konferenz polnischer und ukrainischer Ärzte im polnischen Konsulat von New York am 24. 1. 1993.
241. R. Gerhard (Hg.), aaO. (Anm. 149), S. 33, 40, 43–47, 52 f., 60, 73.
242. Deutscher Rechtsschutzkreis (Hg.), aaO. (Anm. 149), S. 17; ähnliche Beurteilungen von Entlastungszeugen im Majdanek-Prozeß, H. Lichtenstein, aaO. (Anm. 158), S. 50, 63, 74.
243. J. G. Burg, *Zionnazi Zensur in der BRD,* Ederer, München 1979 (Majdanek-Prozeß).
244. U.-D. Oppitz, aaO. (Anm. 191), S. 115, 260; R. Henkys, aaO. (Anm. 9), S. 210 ff.; R. Rückerl, aaO. (Anm. 29), S. 250 f.; H. Langbein, aaO. (Anm. 147), Band 1, S. 15; ders., aaO. (Anm. 148), S. 334.
245. vgl. B. Naumann, aaO. (Anm. 138), S. 272, 281, 294f., 299, 318, 321, 404.
246. H. Grabitz, aaO. (Anm. 185), S. 40 f., 46, 48.
247. A. Rückerl, aaO. (Anm. 29), S. 251.
248. U.-D. Oppitz, aaO. (Anm. 191), S. 353.
249. H. Lichtenstein, aaO. (Anm. 81), S. 63 ff.
250. H. Lichtenstein, ebenda, S. 80.
251. H. Laternser, aaO. (Anm. 161), S. 34 ff., 57 f., 414 ff.; B. Naumann, aaO. (Anm. 138), S. 272, 281, 299 f.
252. H. Lichtenstein, aaO. (Anm. 81), S. 77.
253. R. Servatius, *Verteidigung Adolf Eichmann,* Harrach, Bad Kreuznach 1961, S. 64.

In welchem Dilemma sich die deutschen Zeugen ›außerhalb der Umzäunung‹ befinden, macht die Forderung H. Galinskis deutlich, der für alle Angehörigen der KZ-Wachmannschaften eine summarische Strafe wegen Zugehörigkeit zu einer terroristischen Vereinigung fordert.[254] Rückerl führt dazu aus, daß diese Forderung nur deshalb undurchführbar sei, weil zur Zeit des Dritten Reiches der Strafbegriff der terroristischen Vereinigung noch nicht existierte und heutige Gesetze nicht rückwirkend angewandt werden dürfen.[255] Dennoch stellt er und viele andere fest, daß jeder Mensch auf seiten des Dritten Reiches, der aus welchen Gründen auch immer mit dem vermeintlichen Geschehen in Berührung kam, mit einem Bein im Gefängnis stehe,[256] da er von den oft haßerfüllten Zeugen häufig allein wegen seiner damaligen Position als Verbrecher angesehen werde.[257] Langbein widmet der von vielen Häftlingen geäußerten Meinung, es handle sich bei allen SS-Männern um leibhaftige Teufel, ein ganzes Kapitel,[258] ja er gesteht ein, daß jeder Holocaust-Überlebende ein dauernder Ankläger aller Deutschen sei.[259] Es ist daher verständlich, daß sich nur wenige Entlastungszeugen aus SS, SD, Wehrmacht und Polizei zu offenherzigen Aussagen entschließen können, da ihnen jeder beliebige Belastungszeuge daraus einen Strick drehen kann, denn an Einfallsreichtum bezüglich möglicher Belastungen fehlt es ihnen nicht.

Sollten sich Entlastungszeugen schließlich sogar dazu hinreißen lassen anzugeben, nichts von Gaskammern zu wissen oder deren Existenz sogar abzustreiten, so werden sie im mildesten Fall für unglaubwürdig erklärt, wenn nicht sogar der Richter ihnen gegenüber ausfällig wird.[260] Wie anders klingen da die Schalmeien der Richter, wenn ausnahmsweise einmal ein ehemaliger SS-ler ›gesteht‹:

> *»Ein wertvoller Zeuge, einer der wenigen, die wenigstens einiges bestätigen, was ohnehin als bekannt vorausgesetzt werden muß.«*[261]

Hier trifft der Autor den Nagel auf den Kopf! Da ohnehin schon alles als gerichtsbekannt vorausgesetzt wird, könnte man sich tatsächlich das umständliche Verfahren sparen und nach Entgegennahme der Belastungszeugenaussagen sofort das Urteil verkünden.

Die Gerichte ziehen aus diesen Umständen häufig den Schluß, daß diese Art von Zeugen ohnehin nichts zur Aufklärung beitragen könne, mißachten somit deren Aussagen oder unterlassen sogar deren Ladung.[262]

3.3.2.5. Die Angeklagten

Ist die Situation der Zeugen von SS und Anverwandten bereits kritisch, so muß die der Angeklagten hoffnungslos sein. Gegen sie richtet sich ungehemmt der Haß und die Häme von Belastungszeugen

254. I. Müller-Münch, aaO. (Anm. 217), S. 57.
255. A. Rückerl, aaO. (Anm. 29), S. 235 f.; vgl. S. 222 ff.
256. U.-D. Oppitz, aaO. (Anm. 191), S. 260; H. Lichtenstein, aaO. (Anm. 158), S. 52, 58 ff., 60; R. Rückerl, aaO. (Anm. 137), S. 13, 89, 181, 311; vgl. auch die verzweifelten Ausführungen des zu lebenslanger Haft verurteilten E. Bauer, der nichts Besseres für seine Verteidigung vorzubringen weiß als den Hinweis, daß alle anderen Beteiligten mindestens genauso schuldig waren: P. Longerich (Hg.), *Die Ermordung der europäischen Juden,* Piper, München ²1990, S. 360 ff.; in Israel müssen Entlastungszeugen aus der ehemaligen SS und ähnlicher Organisationen sofort mit ihrer Verhaftung rechnen, da man dort weniger Skrupel bei der rückwärtigen Anwendung von Gesetzen hat, vgl. bez. des Eichmann-Prozesses z. B. F. J. Scheidl, aaO. (Anm. 149), S. 239.
257. A. Rückerl, aaO. (Anm. 29), S. 236; U.-D. Oppitz, aaO. (Anm. 191), S. 114; I. Müller-Münch, aaO. (Anm. 217), S. 109, 174; B. Naumann, aaO. (Anm. 138), S. 18, 108, 114, 120; R. Gerhard (Hg.), aaO. (Anm. 149), S. 61, 63.
258. H. Langbein, *Menschen in Auschwitz,* aaO. (Anm. 148), S. 333 ff.; vgl. S. 17 f.
259. H. Langbein, ebenda, S. 547.
260. Vgl. B. Naumann, aaO. (Anm. 138), S. 265; I. Müller-Münch, aaO. (Anm. 217), S. 107: »Was glauben Sie eigentlich, dem Gericht noch alles weismachen zu können? Ich verzichte auf Ihre weitere Aussage.«, auch S. 116, 172.
261. H. Lichtenstein, aaO. (Anm. 158), S. 56; ders., aaO. (Anm. 81), S. 72 f.: »[. . .] stellte der Landgerichtsdirektor fest, es gebe eben auch solche Zeugen. Gottlob, sollte man hinzufügen«.
262. So H. Lichtenstein, ebenda, S. 106.

und Medien.[263] Es ist nahezu ein Wunder, daß angesichts der gesamten im Verlauf dieser Untersuchung festgestellten Umstände die Täter zum überwiegenden Teil die gesamte Beteiligung an den bekundeten Taten abstreiten. Die Straftaten als solche werden von ihnen dagegen in der Regel nicht abgestritten, was angesichts der ›Offenkundigkeit‹ dieser Dinge ohnehin nur ihre Glaubwürdigkeit in den Augen des Gerichts mindern würde. Häufig vernimmt man sogar Entsetzen und Ekel der Angeklagten gegenüber den bezeugten Taten. Jäger merkt dazu an,[264] daß diese Bekundungen möglicherweise aus prozeßtaktischen Erwägungen und durch einen Sinneswandel durch spätere Umwelteinflüsse geprägt sein können und somit schwerlich als Beweis für ein damaliges Unrechtsbewußtsein gewertet werden können – und, so wollen wir hinzufügen, aus den gleichen Gründen schwerlich als Beweis für die Tat selber dienen können, zumal den häufig mehrdeutigen Äußerungen der ›Täter‹ zur Kriegszeit, niedergelegt in Tagebüchern, Briefen, Reden usw.,[265] fast nie ein Unrechtsbewußtsein zu entnehmen ist.

Oftmals beziehen die Angeklagten jedoch zu den gegen sie erhobenen Vorwürfen keine Stellung oder können sich nicht erinnern. Sie versuchen lediglich, jeden eigenen Tatbeitrag abzustreiten und die Schuld auf Dritte, zumeist unbekannte, tote oder vermißte Kameraden abzuwälzen.[266] Entlastungsaussagen der Angeklagten werden vom Gericht und von der Staatsanwaltschaft als bloße Schutzbehauptungen interpretiert,[267] was häufig auch stimmt, denn viele Angeklagten versuchen alle möglichen und unmöglichen Tricks, um sich von Tatort und Tatzeit zu distanzieren, was ihnen freilich nicht immer gelingt. Diese häufig zum Scheitern verurteilte Taktik ist nur allzu verständlich, da den Angeklagten kaum eine Möglichkeit gegeben wird, die Tat selber zur widerlegen. Dadurch in die wehrlose Defensive gedrängt, verstummten die Angeklagten bei vielen gegen sie erhobenen Vorwürfen. Bezeichnend ist dazu die Stellungnahme des Vorsitzenden im Frankfurter Auschwitz-Prozeß:

> *»Wir wären der Wahrheit ein gutes Stück näher gekommen, wenn Sie nicht so hartnäckig eine Mauer des Schweigens um sich herum errichtet hätten.«*[268]

Doch welche Wahrheit wollte der Vorsitzende hören? Zum Teil waren die Angeklagten erst nach dramatischen Szenen von Herz- und Nervenattacken oder Hysterie-Zuständen bereit, wenigstens in gewissem Maße Schuld einzugestehen.[269] Empörungen der Angeklagten über die maßlosen Zeugenlügen sind allgegenwärtig.[270]

Selbst nach einer Verurteilung zu hohen oder lebenslänglichen Strafen streiten die meisten weiterhin »verstockt« ihre Schuld ab, was für ›Verbrecher‹ dieser Kategorie sonst absolut ungewöhnlich ist. Reue, Einsicht und Schuldempfinden scheinen ihnen fremd zu sein.[271] Und selbst in den wenigen Fäl-

263. Zur Vorverurteilung durch die Medien vgl. H. Laternser, aaO. (Anm. 161), S. 12 f. »Bestie in Menschengestalt«, 33, 86, 147 f.
264. H. Jäger in: P. Schneider, H. J. Meyer, *Rechtliche und politische Aspekte der NS-Verbrecherprozesse,* Johannes Gutenberg-Universität, Mainz 1966, 56 f.; vgl. H. Jäger, *Verbrechen unter totalitärer Herrschaft,* Walter-Verlag, Olten 1966.
265. H. Langbein, . . .*wir haben es getan,* Europa Verlag, Wien 1964, bes. S. 126 ff.; vgl. auch G. Schoenberner, *Wir haben es gesehen,* Fourier, Wiesbaden 1981.
266. A. Rückerl, aaO. (Anm. 29), S. 237 ff.; ders., aaO. (Anm. 136), S. 30, 34; ders., aaO. (Anm. 137), S. 25, 30 f., 40, 70, 78, 81 f., 85 f., 88 ff., 253, 319 f.; U.-D. Oppitz, aaO. (Anm. 191), S. 261; R. Henkys, aaO. (Anm. 9), S. 210 ff.; H. Langbein, *Menschen in Auschwitz,* aaO. (Anm. 148), S. 566 ff.; vgl. auch die Schlußworte der Angeklagten im Frankfurter Auschwitz-Prozeß, H. Langbein, aaO. (Anm. 147); auch B. Naumann, aaO. (Anm. 138); H. Lichtenstein, aaO. (Anm. 81), S. 30 f., 34, 47, 86 f., 110, 128, 202, 206, 210; H. Grabitz, aaO. (Anm. 185), S. 38, 41, 64, 120, 145.
267. A. Rückerl, aaO. (Anm. 29), S. 266; H. Langbein, aaO. (Anm. 147), Band 1, S. 15; H. Grabitz, aaO. (Anm. 185), S. 110 ff.
268. B. Naumann, aaO. (Anm. 138), S. 507, vgl. S. 62, 265, 294.
269. Vgl. z. B. I. Müller-Münch, aaO. (Anm. 217), S. 98; B. Naumann, aaO. (Anm. 138), 130, 132, 137;
270. B. Naumann, ebenda, S. 144 f., 189, 378; H. Lichtenstein, aaO. (Anm. 158), S. 74; E. Demant (Hg.), *Auschwitz – »Direkt von der Rampe weg. . .«,* Rowohlt, Reinbek 1979, S. 90f., 111, 128.
271. U.-D. Oppitz, aaO. (Anm. 191), S. 165 f.

len, in denen Schuld zugegeben wird, tritt ein seltsam gespaltenes Bewußtsein auf, bei dem die vermeintlichen Täter sich zu echter, herzenstiefer Sühne nicht bereit finden, sondern weiterhin woanders Mitschuld suchen, Rechtfertigungen erfinden und über Ungerechtigkeiten ihnen gegenüber klagen. Sereny[272] und Draber[273] sprechen von der Existenz von zwei Bewußtseins- und Gewissensebenen bzw. sogar von Selbstentfremdung und Bewußtseinsstörungen.

Besonders erschütternd ist der Fall des im Auschwitz-Prozeß Angeklagten O. Kaduk, eines geistig sehr einfach strukturierten Menschen. Im wurde derart zugesetzt, daß er einen Nervenzusammenbruch erlitt,[274] in seinem Prozeß sogar entlastende Aussagen abzuwehren versuchte[275] und schließlich resignierend meinte: »Ich bin ja ein Mörder. Ich bin ja nicht mehr glaubwürdig.«[276] Wer seine völlige geistige Verwirrung nachvollziehen möchte, dem sei die Lektüre von Demants Interviews mit ihm und zwei anderen Auschwitz-Verurteilten anempfohlen (siehe Anm. 270). Wer sie mit wachem Auge liest, kann den Justizskandal mit Händen greifen.

Angesichts dieser Umstände erscheint es wie blanker Hohn, wenn Langbein meint:

> *»Nichts kann sie* [die Angeklagten] *daran hindern, übertriebene Darstellungen zurückzuweisen oder zu widerlegen.«*[277]

Das Tüpfelchen auf dem ›i‹ liefert schließlich Oppitz, wenn er kritisiert, daß die wegen NS-Verbrechen Verurteilten nach ihrer Haftentlassung teilweise auf ihre politische Tätigkeit hin überprüft werden, ein wohl einmaliger und rechtswidriger Akt polizeistaatlicher Überwachung.[278] Offensichtlich will unser Staat dafür Sorge tragen, daß diese Menschen nicht revisionistisch tätig werden.

H. Grabitz[279] spricht angesichts des offenkundigen Widerspruchs zwischen der Grausamkeit der vermeintlichen Verbrechen und der biederen Harmlosigkeit der Angeklagten in Übereinstimmung mit H. Arendt (siehe Anm. 173) von der Banalität des Bösen. Sie kommt sogar auf die Idee, daß der Grund für das hartnäckige Leugnen der Angeklagten und für den Kontrast zwischen Tat und Tätern darin zu suchen sei, daß die Verbrechen möglicherweise gar nicht geschehen seien, verwirft diesen »verführerischen« Ansatz jedoch sogleich wieder, da er ihr angesichts der Beweislage zynisch erscheint.[280]

3.3.2.6. Verhalten der Öffentlichkeit

Bereits die in Abschnitt 3.3.2.2. ausgeführten Umstände der NSG-Prozesse bezüglich der Erstellung historischer Gesamtschauen der beschriebenen NS-Greuel ließen den Verdacht aufkommen, daß diese Prozesse starken Schauprozeß-Charakter besitzen. Die Geständnisse, daß die NSG-Prozesse vor allem eine volkspädagogische Bedeutung haben, sind zahlreich. So gestand der Oberstaatsanwalt während des Auschwitz-Prozesses F. Bauer dies ebenso ein[281] wie der seinerzeitige Korrespondent der *FAZ* bei diesem Prozeß, B. Naumann. Dieser schrieb, daß der Auschwitz-Prozeß »seine ethische, seine gesellschaftspädagogische Bedeutung« habe.[282] Ebenso äußerte sich die graue Eminenz im Hintergrund des Prozesses, H. Langbein:[283]

272. G. Sereny, *Am Abgrund,* Ullstein, Frankfurt/Main 1980, S. 123, vgl. auch S. 130, 141, 400.
273. A. Draber in: J. Weber, P. Steinbach (Hg.), aaO. (Anm. 15), S. 110.
274. B. Naumann, aaO. (Anm. 138), S. 130.
275. H. Langbein, *Menschen in Auschwitz,* aaO. (Anm. 148), S. 552 f.
276. B. Naumann, aaO. (Anm. 138), S. 150.
277. H. Langbein, aaO. (Anm. 147), Band 1, S. 10.
278. U.-D. Oppitz, aaO. (Anm. 191), S. 315 f.
279. H. Grabitz, aaO. (Anm. 185), S. 115.
280. H. Grabitz, ebenda, S. 147, bezieht sich dabei auf E. Aretz, *Hexen-Einmal-Eins einer Lüge,* Hohe Warte, Pähl 1973, ein sicher für den Revisionimus nicht repräsentatives, zudem veraltetes Buch. Es wäre angemessener gewesen, A. R. Butz, *Der Jahrhundertbetrug,* Verlag für Volkstum und Zeitgeschichtsforschung, Vlotho 1976, oder W. Stäglich, *Der Auschwitz-Mythos,* Grabert, Tübingen 1979, zu zitieren.
281. C. von Schrenck-Notzing, *Charakterwäsche,* Seewald, Stuttgart 1965, S. 274.
282. B. Naumann, aaO. (Anm. 138), S. 7.
283. H. Langbein, aaO. (Anm. 147), Band 1, S. 9.

»Das Besondere an diesen Kriminalprozessen ist deren politische Wirkung.«

A. Rückerl schrieb, daß die Aufklärung der NS-Verbrechen »eine über die strafrechtliche Verfolgung erheblich hinausreichende allgemeine öffentliche und historische Relevanz« habe und:

> *»Die Ergebnisse zeitgeschichtlicher Forschung und strafrechtlicher Untersuchungen zusammen erscheinen geeignet, dem Mann auf der Straße die Dinge bewußt zu machen, die er – so unbequem es auch sein mag – in seinem eigenen Interesse nicht zu schnell vergessen sollte.«*[284]

Scheffler meint konsequent, daß die NSG-Prozesse dauerhaft in den Mittelpunkt des öffentlichen Interesses gehören, da sie eine Daseinsfrage unserer Gesellschaft behandelten,[285] und nach Steinbach liefern die NSG-Prozesse einen wichtigen Beitrag zur deutschen Identitätsbestimmung.[286]
Logische Konsequenz dessen ist, daß aus pädagogischen Gründen regelmäßig Schulklassen und Bundeswehreinheiten in solche Prozesse geführt werden,[287] denen teilweise hohe Würdenträger jüdischer Organisationen und Israels beiwohnten.[288] Aufrichtiger erscheint dagegen das offene Eingeständnis von jüdischer Seite, die in Israel abgehaltenen Prozesse gegen Eichmann und Demjanjuk hätten Schauprozeß-Charakter gehabt.[289]
Kröger beschreibt die Diskrepanz zwischen dem Willen der Mehrheit des deutschen Volkes Mitte der sechziger Jahre, die NS-Prozesse beendet sehen zu wollen,[290] und dem fast ausnahmslosen Eintreten der wichtigen Printmedien für deren Fortsetzung,[291] womit eine Beeinflussung der Leser in diese pädagogisch erwünschte Richtung erfolgte.[292] Gleichzeitig verweist er darauf, daß die Kritik dieser Printmedien an den Gerichten um so größer ist, je milder die Urteile ausfallen – man fordert also härtere Strafen.[293] Bonhoeffer merkte somit zu Recht an, daß die deutsche Presse besonders über die spektakulären Massenprozesse ausführlich informierte, obwohl es bis in die siebziger Jahre in der Bevölkerung kaum Bedarf an solchen Informationen gab.[294] Lichtenstein[295] und Steinbach[296] berichten, daß nach einer zunehmenden Ablehnung der NSG-Prozesse Ende der siebziger/Anfang der achziger Jahre ein plötzlicher Umschwung in der Volksmeinung stattfand, neben der pädagogisch geschulten neuen Generation nach Steinbach vor allem gefördert durch die Fernsehserie *Holocaust*.[297] Der volkspädagogische Auftrag der Medien wird von verschiedener Seite unterstrichen.[298] Auf die Qualität dieser

284. A. Rückerl, aaO. (Anm. 137), S. 7 bzw. 23; vgl. ders., aaO. (Anm. 29), S. 323; vgl. auch H. Lichtenstein, aaO. (Anm. 81), S. 213 f.
285. W. Scheffler in: J. Weber, P. Steinbach (Hg.), aaO. (Anm. 15), S. 114.
286. P. Steinbach in: J. Weber, P. Steinbach (Hg.), ebenda, S. 39.
287. I. Müller-Münch, aaO. (Anm. 217), S. 181 ff.; H. Langbein, *Menschen in Auschwitz,* aaO. (Anm. 148), S. 553, ders., aaO. (Anm. 147), S. 10, 49; B. Naumann, aaO. (Anm. 138), S. 367; H. Laternser, aaO. (Anm. 161), S. 20; H. Lichtenstein, aaO. (Anm. 158), S. 106, 123, 129 f.; ders., aaO. (Anm. 81), S. 159, 166, 205; H. Grabitz, aaO. (Anm. 185), S. 55, 69.
288. H. Lichtenstein, aaO. (Anm. 158), S. 37; G. Stübiger, *Der Schwammbergerprozeß in Stuttgart,* Schriftenreihe zur Geschichte und Entwicklung des Rechts im politischen Bereich, Heft 4, Selbstverlag Verein Deutscher Rechtsschutzkreis e.V., Bochum Mai 1992.
289. Bezüglich des Eichmann-Prozesses und zum Prozeß gegen J. Demjanjuk in Jerusalem: A. Melzer, »Iwan der Schreckliche oder John Demjanjuk, Justizirrtum? Justizskandal!«, *SemitTimes,* Sondernummer März 1992.
290. U. Kröger, *Die Ahndung von NS-Verbrechen vor westdeutschen Gerichten und ihre Rezeption in der deutschen Öffentlichkeit 1958 bis 1965,* Dissertation, Universität Hamburg 1973, S. 267 ff., 276.
291. U. Kröger, ebenda, S. 323 f.
292. U. Kröger, ebenda, S. 331.
293. U. Kröger, ebenda, S. 322; B. Hey weist auf ähnliche Kritiken seitens anderer Gruppen wie Kirchen und Juristen hin, in: J. Weber, P. Steinbach (Hg.), aaO. (Anm. 15), S. 65 ff; vgl. ebenda, S. 202 ff.
294. E. Bonhoeffer, aaO. (Anm. 207), S. 15.
295. H. Lichtenstein, aaO. (Anm. 81), S. 212.
296. P. Steinbach in: J. Weber, P. Steinbach (Hg.), aaO. (Anm. 15), S. 29; auch W. Scheffler, ebenda, S. 114 ff.; P. Reichel, ebenda, S. 158.
297. Über die allgemeine Stimmungsveränderung nach *Holocaust* vgl. besonders T. Ernst, *Aus Politik und Zeitgeschichte* 31(34) (1981) 3–22.
298. E. Bonhoeffer, aaO. (Anm.207); H. Lichtenstein, aaO. (Anm. 158), S. 117; H. Grabitz, aaO. (Anm. 185), S. 58 f.

Medienberichterstattung warf die Zeitung *Neues Österreich* ein bezeichnendes Licht, als sie sich zu Zeugenaussagen in einem NSG-Prozeß in einer für unsere Medien leider typischen Weise äußerte:

> *»Was der Angeklagte nicht widerlegen kann, das ist offenkundig doch geschehen, so unglaublich es auch klingt.«*[299]

Die (Ver)Öffentlichkeit ist also damit einverstanden, daß in NSG-Prozessen nicht etwa die Schuld des Angeklagten erwiesen werden muß, sondern daß die Angeklagten im Stile der mittelalterlichen Inquisition ihre Unschuld gegen jeden erdenklichen Vorwurf beweisen müssen.

Die bemerkenswerteste Reaktion des Auslandes auf die NSG-Prozesse war wohl der internationale Appell 1978, die NS-Verbrechen nicht verjähren zu lassen,[300] nachdem die Verjährung für Mord in der Bundesrepublik bereits zweimal verlängert worden war,[301] einzig und allein um vermeintliche NS-Verbrechen bis in alle Ewigkeit verfolgen zu können. Interessant ist in diesem Zusammenhang die Feststellung Lichtensteins, daß Simon Wiesenthal während der Verjährungsdebatte 1979 Protestkarten in vielen Sprachen der Welt drucken und verteilen ließ mit der Aufforderung, diese an die Bundesregierung zu versenden.[302] Steinbach bezeichnet folgerichtig die Verjährungsdebatten des Deutschen Bundestages als Sternstunden des deutschen Parlamentarismus.[303]

So werden selbst im Jahre 1994, fast 50 Jahre nach Ende des Krieges und über 50 Jahre nach Begehen der vermeintlichen Verbrechen, immer noch NSG-Prozesse allein durch Zeugenaussagen entschieden. Besonders seit der Wiedervereinigung verfolgt man in den neuen Ländern Personen, die quasi schon schuldig gesprochen sind, die aber bisher nicht greifbar waren. Langbein hat diese Entwicklung 1965 vorausgesehen:

> *»Es ist daher zu erwarten, daß – werden einmal umfassende Recherchen durchgeführt – in der DDR noch manche SSler aufgespürt werden, deren Schuld zwar schon bewiesen ist* [sic!!!], *die aber in der BRD oder in Österreich nicht gefaßt werden konnten.«*[304]

Die Möglichkeit zu dieser immerwährenden Hexenjagd erfolgt aufgrund von Gesetzesänderungen, die rückwirkend eine Verschärfung der prozessualen Lage des Angeklagten bewirkten, nach Henkys also auf Grundlage eines menschenrechtswidrigen ex-post-facto-Gesetzes (rückwirkendes Gesetz).[305] Bezeichnend auch, daß die vermeintlichen NS-Gewalttäter selbst nach ihrem Tod keine Ruhe finden. Die regelmäßig nach dem Krieg durch die Presse geisternden Gerüchte, Hitler sei noch gar nicht tot oder Hitlers Leichnam sei endlich gefunden und obduziert worden, ergänzen die vielen Meldungen, die sich um die letzten Ruhestätten und tödlichen Schicksale vermeintlicher NS-Mörder ranken.[306]

3.3.2.5. Resümee

Obwohl nach Expertenmeinung der Zeugenbeweis schon nach wenigen Jahren annähernd wertlos ist, werden noch nach Jahrzehnten nur aufgrund von Zeugenaussagen, die ganz offensichtlich in jeder Hinsicht unglaubhaft sind, Menschen abgeurteilt. Entlastungsbeweise werden teilweise unterdrückt,[307]

---

299. *Neues Österreich,* 1. 6. 1963, S. 12.
300. A. Rückerl, aaO. (Anm. 29), S. 205; siehe auch den Beitrag von C. Jordan im vorliegenden Band.
301. Erste Verlängerung *BGBl* I (1965) 315, zweite *BGBl* I (1969) 1065 f., endgültige Aufhebung *BGBl* I (1979) 1046; vgl. M. Hirsch in: J. Weber, P. Steinbach (Hg.), aaO. (Anm. 15), S. 40 ff.; W. Maihofer, aaO. (Anm. 143), 3–14; P. Schneider, ebenda, 15–23.
302. H. Lichtenstein in: J. Weber, P. Steinbach (Hg.), aaO. (Anm. 15), S. 197.
303. P. Steinbach in: J. Weber, P. Steinbach (Hg.), ebenda, S. 27.
304. H. Langbein, aaO. (Anm. 147), Band 2, S. 1003.
305. R. Henkys, aaO. (Anm. 9), S. 276; vgl. dazu die Ausführungen von C. Jordan im vorliegenden Band.
306. So z. B. die schon berühmte Fledderei am Leichnam Mengeles, vgl. G.L. Posner, J. Ware, *Mengele. Die Jagd auf den Todesengel,* Aufbau, Berlin 1993; vgl. *Frankfurter Allgemeine Zeitung,* 13. 4. 1993, S. 3: »Nichts als Gerüchte um Bormanns Grab«; *Die Zeit,* 8. 11. 1991, S. 87: »In ewiger Ruhe das Ungeheuerliche«, bez. Ch. Wirth.
307. Ein klassisches Beispiel hierzu liefert C. Jordan im vorliegenden Band.

und die Medien, denen eigentlich eine Wächterrolle zukommt, spielen dieses Spiel nicht nur mit, sondern fordern, es sogar noch zu verschärfen.

Bei der Verhandlung gewisser Verbrechenskomplexe stand und steht also die Tat unumwunden fest und zumeist auch der Täterkreis, denn jeder in einem KZ eingesetzte Deutsche kommt als Täter oder Gehilfe in Frage. Zum Teil sprachen dies die Zeugen auch offen aus und forderten eine Bestrafung allein schon wegen der Tatsache, daß jemand in einem KZ eingesetzt war. Wer immer unter diesen Umständen vor einem Gericht stand – ob als Zeuge oder als Angeklagter – durfte auf keinen Fall das Verbrechen als solches leugnen, denn das hätte entweder eine verschärfte Strafe für einen Angeklagten bedeutet oder für Zeugen eine Anklage der eigenen Person wegen Volksverhetzung, Beleidigung oder ähnlichem, zumindest aber gewaltige gesellschaftliche Repressionen, die zumindest die berufliche Karriere zerstören konnten.

Jeder Angeklagte konnte unter diesen Bedingungen nur versuchen, seinen Anteil an der ›Tat‹ zu minimieren und durch die Belastung anderer von sich abzuwälzen. Mit der Belastung Dritter macht man sich im übrigen immer Freunde bei der Staatsanwaltschaft und dem Gericht, das bei Geständnissen und Kooperationsbereitschaft zur Enttarnung weiterer vermeintlicher Verbrecher immer zu Zugeständnissen bereit ist – ein Mechanismus, der falsche Geständnisse erzwingt, wenn die Tat als solche nicht zur Disposition steht.

Selbst neutralen Wissenschaftlern ist es heute nicht möglich, sich der Holocaustforschung zu widmen mit der These, gewisse Vorgänge habe es nicht gegeben. Ohne Prüfung ihrer Argumente werden auch diese wegen Offenkundigkeit des Gegenteils ihrer These abgeurteilt, und somit wird ihre bürgerliche Existenz vernichtet. Zwar hatte das OLG Düsseldorf 1992 in Übereinstimmung mit einer Entscheidung des Bundesverfassungsgerichts entschieden, daß die Offenkundigkeit aufgehoben werden kann, wenn es gänzlich neue Beweise oder den bisherigen Beweisen überlegene Beweismittel gibt, die eine Neuverhandlung der Sache erfordern.[308] Doch auch das Vorbringen neuer, umfangreicher wissenschaftlicher Sachbeweise zur Erschütterung der Offenkundigkeit wurde bisher von den Gerichten abgelehnt. Der Bundesgerichtshof entschied diesbezüglich 1993, daß auch die Ablehnung von Anträgen zur Überprüfung der Offenkundigkeit, wie es von der Verteidigung in einer Revisionsschrift gerügt wurde,[309] wegen der Offenkundigkeit des Holocaust rechtmäßig sei (siehe Anm. 133). Somit handelt es sich bei dem Holocaust um eine juristisch vollständig abgesicherte Geschichtsbetrachtung, die nach diesem Urteil durch nichts erschüttert werden kann. Dies ist eine Inquisition in ihrer reinsten und höchsten Ausformung, die den Menschenrechten auf Forschungs-, Wissenschafts- und Meinungsfreiheit auf eklatanteste Weise widerspricht.

Leider gab es bis vor kurzem keine Anwälte, die diesen für den Rechtsstaat katastrophalen Teufelskreis erkannt haben und darauf bestanden, daß auch die Tat, die Tatwaffe und die Opfer bzw. Spuren davon sowie die Zeugenaussagen und die Dokumente durch moderne forensische Methoden untersucht werden müssen, bevor es um die Frage geht, wer der Täter war. Erst seit kurzem gibt es solche Anwälte, doch konnten auch diese bisher außer Beschimpfungen, Strafandrohungen und der oben zitierten Entscheidung des BGH, also einer Rechtsverschärfung, noch keine Ernte für den Rechtsstaat einfahren.

R. M. W. Kempner, seinerzeit stellvertretender Hauptankläger während des IMT, meinte 1966, daß sich das Nürnberger Verfahren bezüglich des Rechtsverfahrens nicht von den Verfahren vor einem deutschen Schwurgericht oder einem anderen Gericht unterschied.[310] Über weite Strecken können wir ihm recht geben.

---

308. Oberlandesgericht Düsseldorf, Az. 2 Ss 155/91 - 52/91 III; BVG Az. 2 BrR 367/92; vgl. H. Kater, *DGG* 40(4) (1992) 7–11. Der Bundestag schloß sich dem an, vgl. Entschluß des Petitionsausschusses des Deutschen Bundestages, Az. Pet4-12-07-45-14934, Schreiben an H.W. Woltersdorf vom 30. 7. 1992.
309. Revisionsschrift Hajo Herrmann zum Urteil des Landgerichts Schweinfurt, Az. 1 KLs 8 Js 10453/92, eingereicht am 29. 12. 1993 unter Az. H-nw-02/93.
310. R. M. W. Kempner, aaO. (Anm. 265), S. 8.

4. Parallelen

Es gab eine Straftat, die war schlimmer als alle anderen, genannt das crimen atrox. Nach Zeugenaussagen gehörten dazu die übelsten Mißhandlungen und Mordformen an Menschen und Tieren, die sich der menschliche Geist überhaupt vorstellen kann, ja sogar Störungen und Zerstörungen der Umwelt. Dieses Delikt wurde nicht nur als Offizialdelikt von Staats wegen verfolgt, sobald es bekannt wurde. Die Gerichte waren sogar gehalten, sich nicht an die normale Gerichtsordnung zu halten, da es sich um teuflische Verbrechen handelte, denen man anders nicht glaubte beikommen zu können. Selbst die Grabesruhe konnte die Opfer nicht davor schützen, verfolgt zu werden: Ihre Leichname wurden kurzerhand exhumiert.
Wurden zu Beginn der Verfolgung dieser Verbrechen noch rüdeste Foltermethoden an Angeklagten und unter Umständen auch an unwilligen Zeugen verübt, so ließen diese Methoden später stark nach. Psychologisch geschickte Verhörmethoden und lange, zermürbende Untersuchungshaftzeiten ersetzten sie. Schließlich sorgten die über alle Medien verbreiteten Geschichten über diese Verbrechen, deren Einzelheiten inzwischen schon in offiziellen Büchern fixiert waren, dafür, daß jeder im Lande wußte, worum es ging. Somit ähnelten sich die Zeugenaussagen zu den einzelnen Verbrechen häufig so sehr, daß der Außenstehende glauben mußte, daß die Aussagen so vieler unterschiedlicher, nicht miteinander in Kontakt stehender Personen irgendwie wahr sein mußten.
Viele Zeugen gaben ihre Aussage anonym ab. Belastungszeugen, die vor Gericht einen heiligen Eid bezüglich der Wahrheit ihrer Aussage ablegen mußten, erhielten meist hohe Belohnungen für ihren Dienst. In der Regel wurden ihre Aussagen nie überprüft, sie wurden nie von den Verteidigern in ein Kreuzverhör genommen. Wurden sie dennoch des Meineides überführt, so geschah ihnen in der Regel nichts. Selbst offenkundig widersprüchliche und unsinnige, ja unmöglich erscheinende Aussagen galten als glaubhaft.
Zeugen und Angeklagte jedoch, die die Tat bzw. ihre Täterschaft leugneten, wurden wegen verstockten Leugnens um so härter verfolgt und bestraft, da sie offensichtlich nicht willens waren, ihre teuflischen Taten einzugestehen, Reue zu zeigen und Abkehr vom Teuflischen zu geloben. Im Laufe der Zeit wußte jeder Angeklagte, daß er nur durch Eingeständnisse die Milde des Gerichts erhoffen konnte, so daß selbst in solchen Fällen, wo keine Folterungen mehr durchgeführt wurden, Geständnisse abgelegt wurden. Vielfach wurde durch die Belastung Dritter versucht, sich durch Kooperation mit dem Gericht Strafmilderung oder sogar die Freiheit zu erkaufen.
Sachbeweise zu den unterstellten Straftaten akzeptierten die Gerichte äußerst selten, und selbst dort, wo nachgewiesen werden konnte, daß die angeblich vom Angeklagten ermordeten Menschen noch lebten oder schon viele Jahre vorher eines natürlichen Todes gestorben waren, zeigte sich das Gericht häufig ungerührt. Später wurde sogar eine Offenkundigkeitsformel eingeführt, die Gegenbeweise im Vorfeld abwehrte.
Der Verteidiger selber durfte die Taten als solche nicht in Frage stellen und mußte sich die Auffassungen seiner Zeit zu eigen machen, wenn er nicht vor dem Gericht und der Öffentlichkeit in Ungnade fallen wollte. Dies konnte so weit führen, daß ihm vorgeworfen wurde, er stünde selber hinter den Taten seines Mandanten und gehöre zu dessen Sippschaft, was ihm selbst ein Strafverfahren einbrachte. Auch erhielten die Verteidiger nur selten Einsicht in die Prozeßakten, sie konnten mit den Angeklagten nicht unter vier Augen sprechen.
Es handelt sich hierbei um eine Beschreibung der Prozeßbedingungen bei den mittelalterlichen Hexenprozessen, wie sie von Soldan und Heppe in ihrem Klassiker *Geschichte der Hexenprozesse* erforscht wurden.[311]
Ähnlichkeiten mit den hier beschriebenen Fällen sind rein zufällig, oder etwa nicht?

5. Schlußfolgerungen

Unter den oben dargestellten Umständen der NSG-Prozesse kann den darin abgelegten Zeugenaussagen und Geständnissen kaum Beweiswert zugesprochen werden. Unter wissenschaftlichen Gesichtspunkten betrachtet, können also ganz besonders in diesem Fall die Zeugenaussagen niemals ausreichen, um damit irgendwelche historischen Ereignisse belegen zu wollen, geschweige denn zu beweisen.

So wurden die Geständnisse und Zeugnisse von vermeintlichen Tätern und Beteiligten durch Folter, Androhung von Anklageerhebung, Haft- und Strafverschärfung, Nachteile für das persönliche Wohlergehen und berufliche Fortkommen sowie durch die völlige Ausweg- und Wehrlosigkeit in den oben beschriebenen Schauprozessen erzwungen bzw. erschlichen. Mit ähnlichen Mechanismen wurden auch die Belastungszeugen manipuliert, bzw. sie manipulierten selber. Hier waren es neben Gewaltandrohungen bewußte Manipulationen durch Medien, regierungsamtliche, juristische wie private Institutionen. Letztlich hat die Narrenfreiheit für jene Zeugen und die Tendenz, sie nachträglich zu Helden des antifaschistischen Widerstandes zu stilisieren und sie in ihrem Rachedurst zu bestärken, dazu geführt, daß diese Aussagen sich durch ihre Widersprüchlichkeit und Maßlosigkeit selbst ad absurdum geführt haben. Einige herausstechende Beispiele solcher Aussagen sind am Ende dieser Studie wiedergegeben.

Maßgebend für diese Umstände ist das weltweite Verfolgungs- und Diffamierungsklima, dem sich unmittelbar jeder ausgesetzt sieht, der nur vermeintlich etwas mit angeblichen NS-Verbrechen zu tun gehabt haben könnte oder in Verdacht kommt, diese anzuzweifeln. Die angebliche Einzigartigkeit dieser Verbrechen führte bei den Nazi-Jägern und den Hütern des antifaschistischen Grundkonsenses in Politik, Medien und auch in der breiten Bevölkerung zu einer einzigartigen moralischen Verblendung, die die Regeln des gesunden Menschenverstandes und der rechtsstaatlichen Justiz außer Kraft setzten, so daß man bei den entsprechenden Gerichtsverfahren stark an die mittelalterlichen Hexenprozesse erinnert wird.

Beweis für diese Einstellung der Mehrheit unserer Mitmenschen ist allein schon der Umstand, daß bisher auf Bücher wie das vorliegende nicht mit Argumenten eingegangen wurde, sondern mit hysterischem Geschrei sofort nach dem Staatsanwalt gerufen wurde, auch wenn die lautesten Schreier das Buch niemals auch nur annähernd zur Gänze gelesen haben oder sich nicht die Mühe gemacht haben, das hierin Dargelegte anhand des Quellenmaterials auf seine Richtigkeit hin zu überprüfen. Es gibt eben Dinge, die können heute nicht wahr sein, weil sie nicht wahr sein dürfen.

In Anbetracht aller Umstände geht man wahrscheinlich nicht fehl in der Annahme, unsere Gesellschaft befinde sich bezüglich des Holocaust in einem Zustand der permanenten Massensuggestion, gefördert durch das Holocaust-Survivor-Syndrom der Überlebenden (siehe Anm. 240), durch die schon hysterisch zu nennende Verfolgungswut aller möglichen gesellschaftlichen Gruppierungen bis hoch zur bundesdeutschen Justiz gegen Menschen anderer Meinung und natürlich durch die traumatisierend wirkenden anhaltenden Bewältigungs- und Trauerrituale in Schulen, Politik und Medien. Bender schreibt dazu:

> *»Einen noch stärker prägenden Einfluß als das Vorbild von sog. Meinungsführern haben die oftmals an das Hysterische grenzenden Massensuggestionen. Begünstigend wirken: feierliche Rituale,*[312] *das andau-*

311. M. Bauer (Hg.), Soldan – Heppe, *Geschichte der Hexenprozesse,* bes. Band I, Müller, München 1912, S. 311 ff.; vgl. auch W. Behringer, *Hexen und Hexenprozesse in Deutschland,* dtv, München 1988, S. 182.
312. Hier: Vorführung von Holocaust-Filmen, Gedenkreden an besonderen Tagen (Reichskristallnacht, Wannsee-Konferenz, Befreiung von KZs) und Orten (Gedenkstätte Plötzensee, KZ Auschwitz, Babi Jar), Pilgerfahrten von Schul- und Jugendgruppen in KZs.

ernde Einhämmern gleicher Parolen,[313]*emotional anregende Signale (Musik, Fahnen, usw.).*[314] [. . .] *Zum anderen ist die Massensuggestion – wie kaum eine andere Erscheinung – geeignet, zu geradezu extremen Wahrnehmungsverfälschungen zu führen.«*[315]

Es kann unter Berücksichtigung aller Umstände des Zustandekommens der Aussagen zum Holocaust der Verdacht aufkommen, daß die erhobenen Anschuldigungen nicht nur nicht beweisbar sind, sondern daß das Gegenteil der Beweisbehauptung der etablierten Holocaust-These wahr ist.Nur so ist erklärlich, warum man sich zu solchen unrechtsstaatlichen Maßnahmen gezwungen sah und sieht.

Mittlerweile hat sich auch die Zeitgeschichtsforschung zu dem Urteil durchgerungen, daß auf die Zeugenaussagen kaum Verlaß ist.[316] Doch greifen die Zeitgeschichtler nun zu einer Hilfskonstruktion. So führt Nolte aus, daß sich die Aussagen über den Holocaust zwar übertreiben ließen, daß man Derartiges aber nicht erfinden könne.[317] Er befindet sich damit in Übereinstimmung mit vielen sachverständigen Psychiatern und Psychologen, die nach Oppitz (siehe Anm. 215) immer wieder bestätigt haben, daß es am Kern der immer gleich oder doch ähnlich lautenden Holocaust-Aussagen kein Zweifel bestehen könne.

Doch wer bestimmt nach welchen Regeln, wo die faule Schale der Zeugenaussagen aufhört und wo ihr wahrer Kern anfängt?

Wie erklären diese Fachleute, daß alle Schauermärchen der Alliierten aus dem Ersten Weltkrieg frei erfunden waren: abgeschnittene Nonnenbrüste, an Scheunentoren angenagelte Zivilisten, abgehackte Kinderhände, zu Seife verarbeitete gefallene Soldaten, Massenvergasungen von Serben in Gaskammern usw.?[318]

Wie erklären sie sich ferner, daß die folgenden Horrorszenarien des Zweiten Weltkrieges nichts als Greuellügen der Alliierten und ihrer Verbündeten waren: Fließbanderschießungen, Fließbandstarkstromtötungen, Hochofenkremierungen, Vakuum- und Wasserdampftötungen,[319] Fettansammlungen bei offenen Menschenkremierungen, dadurch rauchgeschwängerte schwarze Luft, Blutgeysir-spritzende Massengräber, Seife aus Menschenfett, Lampenschirme aus Menschenhaut, Schrumpfköpfe aus Häftlingsleichen usw. [320]

Außerdem weiß man heute, daß die Massenvergasungshorrorszenarien – angeblich betrieben mit Zyklon B oder Dieselabgasen – in den Konzentrationslagern des Altreichs (z. B. Dachau, Sachsenhausen, Buchenwald, Bergen-Belsen) nichts als frei erfundene Lügen sind, aufgestellt oder doch unterstützt von unseren westlichen, demokratischen Freunden. Welchen Grund können unsere Historiker angeben, ausgerechnet die Erzählungen über Diesel- oder Zyklon B-Massenvergasungen im ehemaligen, uns sicher nicht sehr freundlich gesonnenen, kommunistischen, diktatorischen Ostblock für nicht frei erfindbar zu erklären?

313. Hier: Die immer wiederkehrende Leier der Einzigartigkeit und Unvergeßlichkeit deutscher Verbrechen in tausenderlei Variationen sowie deren detaillierte Darstellung.
314. Hier: Horrorbilder, und -filme, ob echt, gefälscht oder nachgestellt, sowie fortwährende kritiklose Präsentationen von Greuelberichten und -aussagen führen zur Ausschaltung der kritischen Vernunft und zum Übergang zur kritiklosen, tiefsten emotionalen Betroffenheit und zum Haß gegen alles, was anderer Meinung ist. So berichtet z. B. H. Lichtenstein, *Aus Politik und Zeitgeschichte* 31(9–10) (1981) 3–13, daß Jugendliche vor Beginn des Majdanekprozesses für ein Ende der NS-Prozesse gegen heutige Greise gewesen seien, nach den ungeheuerlichen Greuelaussagen der Belastungszeugen aber für eine Verfolgung in aeternam eintraten, hier S. 12; vgl. auch die Forderung nach Traumatisierung durch C. Schatzker, aaO. (Anm. 239).
315. R. Bender, S. Röder, A. Nack, aaO. (Anm. 6), Band 1, S. 44 f.
316. So z. B. J.-C. Pressac, *Les Crématoires d'Auschwitz – la Machinerie du meurtre de masse,* Éditions du CNRS, Paris 1993, S. 2; vgl. auch A. J. Mayer, *Why did the Heavens not darken?,* Pantheon Books, New York 1988, S. 362 ff.
317. E. Nolte, aaO. (Anm. 2), S. 310; ähnlich J.-C. Pressac, aaO. (Anm. 17), S. 126 ff.
318. Vgl. A. Ponsonby, *Absichtliche Lügen in Kriegszeiten,* Buchkreis für Gesinnung und Aufbau, Seeheim 1967.
319. Siehe dazu die unten aufgeführten Beispiele und eine Zusammenfassung von C. Mattogno, *Annales d'Histoire Révisionniste* 1 (1987) 15–107, bes. 91 ff.
320. Neben der am Ende aufgeführten Liste vgl. U. Walendy, *Historische Tatsachen* Nr. 22 u. 43, Verlag für Volkstum und Zeitgeschichtsforschung, Vlotho 1984 bzw. 1990 mit weiteren Hinweisen; A. L. Smith, aaO. (Anm. 37).

Wie erklären sich schließlich diese Fachleute die in diesem Band aufgezeigten Widersprüche zwischen den Sachbeweisen und den Zeugenaussagen in fundamentalen Kernbereichen des Holocaust?
Es mag sein, daß die meisten Zeugenaussagen einen wahren Kern haben, doch kann man diesen nicht dadurch bestimmen, daß man unter den Aussagen in demokratischer Manier ein gewichtetes Mittel bildet. Auch wenn die überwiegende Mehrzahl der Zeugen Unmögliches bekundet, bleibt es unmöglich.

Beispiele absurder Aussagen über den vermeintlichen NS-Völkermord

- Blutgeysire aus Massengräber[321]
- Säure- oder kochendes Wasserbad zur Herstellung menschlicher Skelette[322]
- Injektionen in Häftlingsaugen zur Änderung der Augenfarbe[323]
- Herstellen von Schrumpfköpfen aus Häftlingsleichen[324]
- Abschöpfen von siedendem Menschenfett aus offenen Kremierungsfeuern[325]
- SS-Mann springt aus Mitleid mit wildfremder jüdischer Mutter mit Kind in letzter Sekunde freiwillig in die Gaskammer, um mit ihr zu sterben[326]
- Seifenherstellung aus Menschenfett, feierliche Beerdigung von Seife[327]
- unterirdische Massenvernichtung in riesigen Hallen durch Starkstrom[328]
- Tötung in Vakuum-Kammer oder mit Wasserdampf bzw. Chlorgas[329]
- spurlose Beseitigung von Massengräbern mit Hunderttausenden von Leichen in wenigen Wochen; ein Wunderwerk deutscher Improvisationskunst[330]
- fahrbare Gaskammern in Treblinka, die ihre Opfer direkt in Verbrennungsgruben entleeren; verzögert wirkendes Giftgas, das den Opfern ermöglicht, die Gaskammern zu verlassen und selbständig zu den Massengräbern zu gehen[331]
- elektrische Fließbandexekutionen[332]
- Leichenverbrennung in Hochöfen[333]

321. A. Rückerl, aaO. (Anm. 137), S. 273 f.; E. Wiesel, *Paroles d'Etranger,* Edition du Seuil, 1982, S. 86; A. Eichmann in: H. Arendt, aaO. (Anm. 217), S. 184; B. Naumann, aaO. (Anm. 138), S. 214.
322. F. Müller in: H. Langbein, aaO. (Anm. 147), Band 1, S. 87; Zeuge Wells im Eichmann-Prozeß in: F.J. Scheidl, aaO. (Anm. 149), S. 236.
323. H. Langbein, *Menschen in Auschwitz,* aaO. (Anm. 148}, S. 383 f.
324. H. Langbein, ebenda, S. 381.
325. R. Höß in: M. Broszat (Hg.), aaO. (Anm. 69), S. 130; H. Tauber in: J.-C. Pressac, aaO. (Anm. 17), S. 489 f.; F. Müller, *Sonderbehandlung*, Steinhausen, München 1979, S. 207 f, 217 ff.; H. Langbein, *Menschen in Auschwitz,* aaO. (Anm. 148), S. 464; B. Naumann, aaO. (Anm. 138), S. 10, 334 f., 443; S. Steinberg, nach: Französisches Büro des Informationsdienstes über Kriegsverbrechen (Hg.), *Konzentrationslager Dokument 321,* Reprint Zweitausendundeins, Frankfurt/Main [9]1993, S. 206. u.v.a.m.
326. E. Bonhoeffer, aaO. (Anm. 207), S. 48 f.
327. S. Wiesenthal, *Der neue Weg,* 15/16 & 17/18, Wien 1946; Die Sowjets wollten dies zum Anklagepunkt während des IMT machen (Exhibit USSR-393), scheiterten aber an den anderen Alliierten; vgl. H. Härtle, *Freispruch für Deutschland,* Schütz, Göttingen 1965, S. 126 ff.; nicht nur im Greenwood-Friedhof von Atlanta (Georgia, USA) steht am Holocaust-Memorial ein Grabstein für 4 Stück ›Juden-Seife‹. Vgl. auch folgende Richtigstellungen: R. Harwood, D. Felderer, *JHR* 1(2) (1980) 131–139; M. Weber, *JHR* 11(2) (1991) 217–227.
328. Neben C. Mattogno, aaO. (Anm. 319), besonders S. Szende, *Der letzte Jude aus Polen,* Europa-Verlag, Zürich 1945; S. Wiesenthal, *Der neue Weg,* 19/20, Wien 1946.
329. Neben C. Mattogno, aaO. (Anm. 319), besonders W. Grossmann, *Die Hölle von Treblinka,* Verlag für fremdsprachige Literatur, Moskau 1947; *The Black Book of Polish Jewry,* Roy Publishers, New York 1943.
330. Neben Anm. 329 vgl. auch W. Benz, *Dimension des Völkermords,* Oldenbourg, München 1991; S. 320, 469, 479, 489, 537 ff.
331. Berichte der kommunistischen polnischen Untergrundbewegung, Archiv der Polnischen Vereinigten Arbeiterpartei, 202/III, Bd. 7, Bl. 120 f., zitiert nach P. Longerich (Hg.), aaO. (Anm. 256), S. 438.
332. *Prawda,* 2. 2. 1945, vgl. U. Walendy, *Historische Tatsachen* Nr. 31: »Die Befreiung von Auschwitz 1945«, Verlag für Volkstum und Zeitgeschichtsforschung, Vlotho 1987, S. 4.
333. H. von Moltke, *Briefe an Freya 1939–1945,* Beck, München 1988, S. 420; vgl. P. Longerich (Hg.), aaO. (Anm. 256), S. 435; *Prawda*, 2. 2. 1945.

- SS-Radrennen in der Gaskammer von Birkenau[334]
- Leichenvernichtung durch Sprengung[335]
- blaue Gasschwaden nach Blausäurevergasungen (Blausäure ist farblos)[336]
- Singen von Nationalhymnen und der Internationalen durch die Opfer in den Gaskammern; Beweis für Greuelpropaganda kommunistischer Herkunft[337]
- schnellaufbaubare Vergasungshäuschen[338]
- Tötung durch Einnahme eines Glases flüssiger Blausäure[339]
- Das aus den Beinen exekutierter Häftlinge herausgeschnittene Muskelfleisch zuckt so stark, daß es die Sammelbehälter in ruckartige Bewegungen versetzt.[340]
- Zyklon-Gaseinleitung in den Gaskammern von Auschwitz aus Duschköpfen oder aus Stahlflaschen[341]

334. *Nürnberger Nachrichten,* 11. 9. 1978, Bericht über Zeugenaussagen im Schwurgerichtsprozeß Aschaffenburg.
335. R. Höß in: M. Broszat (Hg.), aaO. (Anm. 69), S. 161f.; R. Rückerl, aaO. (Anm. 136), S. 78; H. Grabitz, aaO. (Anm. 185), S. 28.
336. R. Böck, Staatsanwaltschaft Frankfurt, Az. 4 Js 444/59, Blatt 6881f.
337. H.G. Adler, H. Langbein, E. Lingens-Reiner (Hg.), *Auschwitz - Zeugnisse und Berichte*, Europäische Verlagsanstalt, Köln ³1984, S. 76.
338. R. Aschenauer (Hg.), *Ich, Adolf Eichmann*, Druffel, Leoni 1980, S. 179f.
339. Urteil des Landgerichts Hannover, Az. 2 Ks 1/60; vgl. H. Lichtenstein, Anm. 81, S. 83.
340. F. Müller, aaO. (Anm. 325), S. 74.
341. M. Scheckter bzw. Bericht vom 4. Juni 1945, verfaßt von einem Offizier der 2. Panzerdivison, jeweils über Auschwitz, Anm. 325, S. 184.

Die Zeugen der Gaskammern von Auschwitz

ROBERT FAURISSON

ZUSAMMENFASSUNG: Eine Zeugenaussage muß immer überprüft werden. In einer Strafsache gibt es zwei wesentliche Mittel, eine Zeugenaussage zu überprüfen: die Gegenüberstellung der Zeugenaussage mit dem Tatbestand (insbesondere mit der Expertise der Mordwaffe) und das gründliche Kreuzverhör des Zeugen über das, was er gesehen haben will. In den Prozessen, in denen es um die Mord-Gaskammern von Auschwitz ging, wurde von Justizbeamten und Anwälten jedoch nicht einmal eine Expertise der Mordwaffe verlangt. Im übrigen hat kein einziger Anwalt die Zeugen ins Kreuzverhör genommen, mit der Aufforderung, einen einzigen dieser chemischen Schlachthöfe genau zu beschreiben. Als bei dem ersten Zündel-Prozeß 1985 in Toronto Zeugen endlich darüber vernommen wurden, erlebten sie ein Debakel. Angesichts dieser niederschmetternden Niederlage und wegen anderer früherer oder späterer Rückschläge gaben die Verfechter der Judenvernichtungsthese allmählich eine hauptsächlich auf Zeugenaussagen gründende Geschichte von Auschwitz auf. Sie sind nunmehr darum bemüht, sie durch eine wissenschaftliche oder wenigstens scheinbar wissenschaftliche Geschichte zu ersetzen, die auf den Fakten und Beweisen gründet. Die ›Zeugnis-Geschichte‹ von Auschwitz nach Art von Elie Wiesel und Claude Lanzmann ist in Verruf geraten. Sie ist überholt. Die Exterminationisten können nur noch versuchen, gleich den Revisionisten zu arbeiten, nämlich auf Grund der Fakten und Beweise.

In der vorliegenden Studie sind ›Gaskammern‹ im Sinne von ›Gaskammern zur Tötung von Menschen‹ oder ›NS-Gaskammern‹ zu verstehen. Unter ›Auschwitz‹ ist sowohl Auschwitz I als auch Auschwitz II oder Birkenau zu verstehen. Mit ›Gaskammerzeugen‹ bezeichne ich unterschiedslos die Leute, die einem Mord durch Vergasung an diesen Orten beigewohnt haben wollen, und diejenigen, die sich mit der Aussage begnügen, sie hätten dort eine Mord-Gaskammer gesehen. Unter ›Zeugen‹ schließlich verstehe ich diejenigen, die man gewöhnlich als solche bezeichnet, ob es sich um Gerichts- oder um Medienzeugen handelt: Die ersten haben sich unter Eid vor Gericht geäußert, während die zweiten in Büchern, Artikeln, Filmen, im Fernsehen oder im Radio Zeugnis abgelegt haben. Selbstverständlich waren manche dieser Zeugen abwechselnd Gerichts- und Medienzeugen.

Meine Studie vermeidet jegliche psychologische oder soziologische Betrachtung über die Zeugenaussagen bezüglich der Gaskammern von Auschwitz sowie über physikalische, chemische, topographische, bautechnische, dokumentarische und historische Gründe, weshalb diese Zeugenaussagen unannehmbar sind. Sie zielt vor allem darauf hin, einen Aspekt herauszustellen, den die Revisionisten bisher nicht hervorgehoben haben und der dennoch entscheidend ist: Bis 1985 wurde kein einziger Gaskammerzeuge vor Gericht über die Tatsächlichkeit der berichteten Vorfälle ins Kreuzverhör genommen. Als ich 1985 bei dem ersten Zündel-Prozeß in Toronto erreichte, daß solche Zeugen endlich ins Kreuzverhör genommen wurden, brachen sie zusammen. Seit diesem Datum sind keine Gaskammerzeugen mehr vor Gericht erschienen, mit Ausnahme vielleicht des Demjanjuk-Prozesses in Israel, wo sich die Zeugenaussagen ebenfalls als falsch erwiesen haben.[1]

Zunächst möchte ich auf jene schlimmen Gründe zurückkommen, die Simone Veil[2] bereits 1983 veranlaßten zuzugeben, daß es keine Gaskammerzeugen gebe.

---

1. Vgl. dazu E. Loftus, K. Ketcham, *Witness for defense,* St. Martin's Press, New York 1991, sowie den Beitrag von A. Neumaier im vorliegenden Band.
2. S. Veil, ehemalige französische Justizministerin, ehemalige Vorsitzende des europäischen Parlaments.

1. Die These von Simone Veil

Nach Kriegsende hatte die Illusion, es gäbe unzählige Zeugen von den Auschwitz-Gaskammern, allmählich Glauben gewonnen. Als aber der historische Revisionismus Ende der siebziger Jahre insbesondere in Frankreich die Medienbühne betrat, gewannen manche langsam den Eindruck, daß diese Zeugen vielleicht doch nicht so zahlreich seien, als zunächst geglaubt. Bei den Vorbereitungen auf den großen Prozeß, den die jüdischen Vereinigungen Anfang der 80er Jahre gegen mich anstrengten, hatten ihre Anwälte, vor allem der spätere Justizminister Robert Badinter, die größten Schwierigkeiten, Beweise und Zeugenaussagen ausfindig zu machen. So mußten sie ihren Pilgerstab nehmen und sich nach Polen und Israel begeben, um womöglich dort zu holen, was sie in Frankreich nicht fanden. Vergebliche Mühe. Es kam zu meinem Prozeß, zunächst in erster Instanz (1981), dann in Berufung (1983). Kein einziger Zeuge ging das Risiko ein, vor Gericht zu erscheinen. Am 26. April 1983 verkündete die Pariser Berufungskammer ihr Urteil. Wie nicht anders zu erwarten, wurde ich zwar verurteilt »wegen Beeinträchtigung Fremder«, das heißt eigentlich wegen Beeinträchtigung der Juden durch die Darlegung meiner Thesen in der Großpresse. Doch verknüpfte das Gericht diese Verurteilung mit Anmerkungen, die geeignet waren, Bestürzung im gegnerischen Lager hervorzurufen. Meine Arbeit wurde für seriös, jedoch gefährlich erachtet. Sie war gefährlich, weil ich nach Ansicht der Justizbeamten anderen Personen anscheinend die Möglichkeit ließ, meine Erkenntnisse zu strafbaren Zwecken auszunützen. Andererseits war diese Arbeit insofern seriös, als sie nach dem Dafürhalten des Gerichts kein Versäumnis, keine Leichtfertigkeit, keine vorsätzliche Unwissenheit, keine Lüge erkennen ließ, im Gegensatz zu den Behauptungen der Gegenpartei, die mich »der Beeinträchtigung Fremder durch Geschichtsfälschung« (sic) bezichtigt hatte.

Die Zeugenaussagen betreffend, entschied das Gericht sogar:

> *»Herrn Faurissons Forschungsarbeiten betrafen die Existenz der Gaskammern, die, wenn man zahlreichen* Zeugenaussagen *Glauben schenkt, während des Zweiten Weltkriegs dazu verwendet worden seien, einen Teil der von deutschen Behörden deportierten Personen systematisch zu töten.«* [Hervorhebung von mir]

Die Kammer faßte vortrefflich zusammen, was sie meinen »logischen Untersuchungsweg« und meine »Argumentation« nannte, und präzisierte, daß für mich

> *»die Existenz der Gaskammern, so wie sie seit 1985 gewöhnlich beschrieben werden, auf eine absolute Unmöglichkeit stoße, die allein ausreichen würde, sämtliche vorliegenden* Zeugenaussagen *für ungültig zu erklären oder zumindest Zweifel an ihnen zu erheben* [Hervorhebung von mir]«.

Schließlich zog das Gericht aus diesen Rechtsgründen einen praktischen Schluß und verfügte für jeden Franzosen das Recht, nicht mehr an die Beweise und die Zeugen der Gaskammern zu glauben. Es entschied:

> *»Der Wert der von Herrn Faurisson verfochtenen Schlüsse* [bezüglich der Gaskammern] *untersteht also einzig der Beurteilung der Sachverständigen, der Historiker und der Öffentlichkeit.«*

Zwei Wochen später reagierte Simone Veil in der Öffentlichkeit auf diesen für sie und ihre Glaubensgenossen so erschütternden Gerichtsbeschluß mit einer äußerst wichtigen Erklärung. Sie gab das Fehlen von Beweisen, Spuren und sogar Gaskammerzeugen zu, fügte aber sofort hinzu, daß dieses Fehlen leicht zu erklären sei, denn

> *»jeder weiß* [behauptete sie], *daß die Nazis diese Gaskammern zerstört und alle Zeugen systematisch beseitigt haben«.*

Zum einen ist »jeder weiß« kein Argument, das einer Juristin würdig ist. Zum anderen hat Simone Veil in dem Glauben, sie könnte sich möglicherweise aus der Affäre ziehen, ihren Fall eigentlich verschlimmert: Um zu verfechten, was sie behauptete, hätte sie nämlich nicht nur beweisen müssen, daß die Gaskammern existiert haben, sondern auch, daß die Nazis sie zerstört und alle Zeugen beseitigt hät-

ten: ein riesiges verbrecherisches Unternehmen, bei dem man sich fragen kann, auf welchen Befehl hin, mit wem und welchen Mitteln die Deutschen es in aller Stille durchgeführt haben.
Wie dem auch sei! Wir nehmen Simone Veils Zugeständnis zur Kenntnis: *Es gibt weder Beweise, noch Spuren, noch Zeugen der Gaskammern.* Selbstverständlich versuchte S. Veil, ihre Leute zu beruhigen, und hüllte dieses erstaunliche Zugeständnis in konventionelle Bemerkungen ein. In einem ›Ereignis-Interview‹, das im *France-Soir Magazine* vom 7. Mai 1983 (S. 47) unter dem Titel »Simone Veils Warnung bezüglich der Hitler-Tagebücher:›man läuft Gefahr, den Völkermord zu verharmlosen‹« erschien, sagte sie unter anderem:

»Mich erstaunt heute die widersinnige Situation: Ein Hitler zugeschriebenes Tagebuch wird mit großem Werbeaufwand und viel Geld veröffentlicht, ohne daß man anscheinend große Vorsichtsmaßregeln traf, um sich seiner Authentizität zu versichern. Gleichzeitig müssen aber die Personen, die einen Prozeß gegen Faurisson angestrengt haben, weil dieser die Existenz der Gaskammern bestritten hatte, den formalen Nachweis von der Realität dieser Gaskammern erbringen. Jeder weiß nun aber, daß die Nazis diese Gaskammern zerstört und alle Zeugen systematisch beseitigt haben.«

Eine solch folgenschwere Entscheidung wie die von S. Veil war nicht nur mit dem Desaster vom 26. April 1983 zu erklären, sondern mit einer ganzen Reihe von Ereignissen aus dem Jahr 1982, das für sie in Sachen Geschichte der Gaskammern und Glaubwürdigkeit der Zeugen ein besonders pechschwarzes Jahr gewesen war. Ich möchte hier nur drei dieser Ereignisse in Erinnerung bringen:

1. Am 21. April 1982 hatten Historiker, Politiker und ehemalige Deportierte in Paris eine Vereinigung gegründet, mit dem Ziel, Beweise für die Existenz und den Betrieb der Gaskammern zu suchen (ASSAG: die Association pour l'étude des assassinats par gaz sous le régime nationalsocialiste – Vereinigung zur Erforschung der Morde durch Gas unter dem NS-Regime); elf Jahre später hatte diese Vereinigung immer noch keinen Beweis gefunden (das ist heute, im Jahre 1993, übrigens noch der Fall, da diese Vereinigung, deren Bestand laut Statut »auf die Erfüllung ihres Zwecks beschränkt ist«, immer noch existiert).
2. Im Mai 1982 hatte das französische Ministerium für die ehemaligen Frontkämpfer eine bedeutende Ausstellung über die Deportation im Zeitraum 1933–45 (»Exposition de la déportation 1933–1945«) in Gang gebracht. Diese Ausstellung sollte dann in vielen französischen Städten gezeigt werden. Daraufhin ließ ich einen Text verbreiten, in dem ich den täuschenden Charakter dieser Ausstellung belegte: keinen Beweis – außer einem betrügerischen – für die Existenz der NS-Gaskammern, auch kein genaues Zeugnis von ihrer Existenz hatte man den Besuchern vorlegen können; deshalb ließ Frl. Jacobs, die den Anstoß im Ministerium gegeben hatte, diese Wanderausstellung sofort einstellen.
3. Vom 29. Juni bis 2. Juli 1982 hatte in der Pariser Sorbonne ein internationales Kolloquium über das »Nazi-Deutschland und die Judenvernichtung« stattgefunden. Dieses Kolloquium war als entscheidende Antwort auf die revisionistische Offensive in Frankreich angekündigt worden und sollte mit einer aufsehenerregenden Pressekonferenz zu Ende gehen. Daraus war nichts geworden: Am Tag der Eröffnung hatten wir in der Eingangshalle der Sorbonne Exemplare meiner kurz zuvor erschienenen *Réponse à Pierre Vidal-Naquet* verteilt (was für uns nicht ohne Risiko war)[3]. Das Kolloquium fand unter Ausschluß der Öffentlichkeit und in einer bewegten Atmosphäre statt. Auf der Pressekonferenz schließlich sprachen die beiden Kolloquiumsveranstalter, die Historiker François Furet und Raymond Aron, nicht einmal das Wort ›Gaskammer(n)‹ aus.

Ich sage oft, daß an jenem 2. Juli 1982 der Mythos der NS-Gaskammern und ihrer Augenzeugen gestorben ist oder seitdem in den letzten Zügen liegt, zumindest auf der Ebene der historischen Forschung. Mitten in der Sorbonne hatte man also mit Bestürzung das Fehlen jeglichen festen Beweises und jeglicher glaubwürdigen Zeugen festgestellt. Zuvor hatte man jedoch herumposaunt, daß dieses

3. R. Faurisson, *Réponse à Pierre Vidal-Naquet,* La Vieille Taupe, Paris 1982.

Kolloquium dem »Unsinn« von Faurisson ein Ende machen werde durch die Vorweisung unzähliger Beweise und Zeugnisse. Eine solche Stille nach solch einem Gepolter sprach Bände.

2. Das schriftliche Zeugnis des Fajnzylberg-Jankowski

Ich sagte vorhin, daß bei meinem Prozeß kein einziger Zeuge das Risiko auf sich nahm, vor dem Gericht zu erscheinen. In letzter Minute hatte die Anklage dennoch das *schriftliche* Zeugnis eines in Paris lebenden Juden vorgelegt, den in den Zeugenstand zu rufen man sich wohl gehütet hatte. Bei diesem Juden handelte sich um den berühmten Szmul Fajnzylberg, geboren am 23. Oktober 1911 im polnischen Stockek. Dieser ehemalige Kellner, atheistische Jude und Kommunist, war politischer Delegierter der internationalen Brigaden in Spanien gewesen und drei Jahre lang im Konzentrationslager Auschwitz-Birkenau interniert.

In seinem kurzen schriftlichen Zeugnis behauptete er im wesentlichen, daß er im Krematorium von Auschwitz (Altes Krematorium oder Krematorium I) gearbeitet und einen guten Teil der Zeit mit seinen Kameraden eingeschlossen im Koksraum verbracht habe. Jedesmal, wenn die SS Juden im Nebenraum vergaste, sorgten jene nämlich dafür, daß das Sonderkommando in den Koksraum eingesperrt wurde, damit kein Jude den Vergasungsvorgang *de visu* feststellen konnte. War die Vergasung abgeschlossen, so befreiten die Deutschen die Mitglieder des Sonderkommandos und ließen sie die Opfer aufheben und verbrennen. Damit hätten die Deutschen denselben Personen den Mord verheimlicht und das Ergebnis des Mordes gezeigt!

Dieser Zeuge, der kein Augenzeuge ist, ist außerdem unter dem Namen Alter Feinsilber, Stanislaw Jankowski oder Kaskowiak bekannt. Sein Zeugnis kann man in den *Heften von Auschwitz* in anderer Form lesen.[4]

3. Die Niederlage der Zeugen beim ersten Zündel-Prozeß 1985

Der bedeutende Sieg, den der Revisionismus am 26. April 1983 in Frankreich errungen hatte, sollte 1985 beim ersten Zündel-Prozeß in Toronto bestätigt werden. Ich möchte kurz auf diesen Prozeß zurückkommen, um dessen Tragweite in jeder Hinsicht zu unterstreichen, insbesondere, was die Zeugenaussagen über die Gaskammern von Auschwitz betrifft: *Erstmals seit dem Krieg sollten jüdische Zeugen in ein normales Kreuzverhör genommen werden.* Im übrigen möchte ich, ohne die Bedeutung des Zündel-Prozesses aus dem Jahre 1988 minimieren zu wollen, erkennen lassen, daß der Prozeß von 1985 im Keim bereits alle Errungenschaften des zweiten im Jahre 1988 enthielt, den *Leuchter-Report* sowie sämtliche wissenschaftlichen Gutachten eingeschlossen, die danach, sozusagen im Kielwasser des *Leuchter-Reports,* vermehrt entstanden.

Sowohl 1985 als auch später, 1988, war ich der Berater von Ernst Zündel und seinem Anwalt Douglas Christie. Im Jahre 1985 hatte ich diese verantwortungsvolle Aufgabe nur unter der Bedingung angenommen, daß alle jüdischen Zeugen erstmals über die Tatsächlichkeit der berichteten Geschehnisse befragt würden, und das ohne besondere Rücksicht. Ich hatte nämlich festgestellt, daß im Zeitraum 1945 bis 1985 die jüdischen Zeugen ein echtes Privileg genossen hatten. Niemals hatte ein Anwalt der Verteidigung gedacht oder gewagt, von ihnen materielle Erklärungen über die Gaskammern (genauer Standort, Aussehen, Maße, innere und äußere Struktur) oder über die Vergasungen (das Verfahren von Beginn an bis zum Schluß, die Vorsichtsmaßregeln vor, während und nach der Vollstreckung) zu verlangen. Nur in seltenen Fällen, wie im Prozeß Tesch, Drosihn und Weinbacher[5], hatten Anwälte

4. *Hefte von Auschwitz,* Sonderheft (I). Handschriften von Mitgliedern des Sonderkommandos, Verlag Staatliches Auschwitz-Museum 1972, S. 32–71
5. Über das Kreuzverhör des Zeugen Dr. Charles Sigismund Bendel durch den Rechtsanwalt Dr. Zippel siehe »Excerpt from transcript of proceedings of a Military Court for the Trial of War Criminals held at the War Crimes Court, Curiohaus, Hamburg, on Saturday 2nd March, 1946, upon the trial of Bruno Tesch, Joachim Drosihn and.

vage Fragen materieller Natur gestellt, die für die Zeugen zwar etwas verfänglich gewesen waren, sich aber immer am Rande der zentralen Fragen bewegten, die man hätte stellen müssen. Kein Anwalt hatte jedoch Aufschlüsse über eine Waffe verlangt, die er nie zu Gesicht bekommen hatte und die man ihm nie gezeigt hatte. Beim großen Nürnberger Prozeß (1945–46) waren die deutschen Anwälte diesbezüglich äußerst zurückhaltend gewesen. Beim Eichmann-Prozeß 1961 in Jerusalem hatte der Anwalt Dr. Robert Servatius die Frage nicht aufwerfen wollen: In einem Brief vom 21. Juni 1974 schrieb er mir in diesem Zusammenhang: »Eichmann hat selbst keine Gaskammer gesehen; die Frage wurde nicht diskutiert; er hat sich aber auch nicht gegen deren Existenz gewandt.« Beim Frankfurter Prozeß zeigten sich die Anwälte besonders scheu. Zugegebenermaßen war die Atmosphäre für die Verteidigung und die Angeklagten unerträglich. Dieser Schauprozeß wird wie ein Fleck auf dem Wappen der deutschen Justiz haften, auch auf der Person Hans Hofmeyers, der zunächst Landgerichtsdirektor, dann Senatspräsident war. In über 180 Sitzungen gaben sich Richter und Geschworene, Staatsanwaltschaft und Kläger, Angeklagte und Verteidiger sowie Journalisten aus aller Welt damit einverstanden, daß man ihnen als einzige physische Darstellung der ›Mordwaffe‹ eine Karte vom KZ Auschwitz und eine vom KZ Birkenau lieferte, auf denen an der Stelle der angeblichen Gaskammern zur Tötung von Menschen fünf winzige geometrische Figuren eingezeichnet worden waren mit den Bezeichnungen ›Altes Krematorium‹ für Auschwitz, und ›Krematorium II‹, ›Krematorium III‹, ›Krematorium IV‹ und ›Krematorium V‹ für Birkenau! Diese Karten[6] waren im Gerichtssaal ausgestellt. In revisionistischen Kreisen hat man öfter den Frankfurter Prozeß mit den Hexenprozessen in den Jahren 1450 bis 1650 verglichen. In jenen Prozessen machte man sich wenigstens manchmal die Mühe, die Hexensabbate zu schildern oder zu zeichnen. Beim Frankfurter Prozeß baten nicht einmal die Anwälte, die einen Zeugen wie Filip Müller in Schwierigkeit brachten, einen jüdischen Zeugen oder einen reumütig gewordenen deutschen Angeklagten, ihnen ausführlicher zu beschreiben, was er gesehen haben wollte. Obwohl einige deutsche Anwälte bei den zwei Besichtigungen der Justiz an Ort und Stelle des Mordes in Auschwitz zugegen waren, verlangte offenbar kein einziger technische Erklärungen oder eine kriminologische Expertise der Mordwaffe. Ganz im Gegenteil, einer von ihnen, der Frankfurter Anwalt Anton Reiners, trieb die Willfährigkeit derart, daß er sich von den Journalisten fotografieren ließ, wie er gerade den Deckel der Klappe hob, durch welche die SS-Männer die Zyklon B-Granulate in die vermeintliche Gaskammer von Auschwitz hineingeschüttet hätten.

Deshalb war ich 1985 in Toronto wohl entschlossen, diesem Mißstand ein Ende zu machen, das Tabu zu brechen und allem voran die Fragen an die Sachverständigen und jüdischen Zeugen zu stellen oder vielmehr durch D. Christie stellen zu lassen, die man normalerweise in jedem Prozeß stellt, in dem man gehalten ist festzustellen, ob ein Verbrechen begangen wurde, und wenn ja, von wem, wann und wie. Zum Glück für mich nahm E. Zündel meine Bedingungen an, und D. Christie willigte ein, diese Richtlinie zu befolgen und den Sachverständigen und Zeugen die Fragen zu stellen, die ich ihm vorbereiten würde. Ich war überzeugt, daß sich auf diese Weise alles ändern könnte und der mit so viel falschen Zeugenaussagen gewobene Schleier zerreißen würde. Ich rechnete trotzdem nicht mit einem Freispruch von E. Zündel, und wir hatten uns alle damit abgefunden, den Preis für unseren Wagemut zu zahlen. Andererseits hatte ich die Hoffnung, daß mit Hilfe dieses charakterfesten, tiefblickenden Mannes und dank seines unverzagten Anwalts die Geschichte, wenn nicht die Justiz, endlich die Legende besiegen würde.

Karl Weinbacher«, transcript, p. 30–31 (doc. NI-11953). Über diesen entsetzlichen Prozeß sollte man unbedingt lesen: Dr. William Lindsey, »Zyklon B, Auschwitz, and the Trial of Dr. Bruno Tesch«, in *The Journal of Historical Review,* Fall 1983, S. 261–303. Diese Studie wurde zum Teil in: Udo Walendy, *Historische Tatsachen,* Nr. 25 (1985), S. 10–23 wiedergegeben.

6. Abgebildet sind beide Karten in Hermann Langbein, *Der Auschwitz-Prozeß. Eine Dokumentation,* 2. Bde., Europäische Verlagsanstalt, Frankfurt 1965, 1027 S., hier S. 930–933. Für eine ausführliche Studie über den Prozeß siehe Dr. Wilhelm Stäglich, *Der Auschwitz-Mythos. Legende oder Wirklichkeit? Eine kritische Bestandsaufnahme,* Grabert-Verlag, Tübingen 1979, XII–492 S.

Bereits beim ersten Kreuzverhör brach in den Reihen der Anklage Panik aus. Jeden Abend, bis spät in die Nacht hinein, bereitete ich die zu stellenden Fragen vor. Morgens übergab ich sie mit den entsprechenden Akten dem Anwalt Doug Christie, der seinerseits mit Hilfe seiner Mitarbeiterin eine hauptsächlich juristische Aufgabe erledigte. Bei den Kreuzverhör-Sitzungen hielt ich mich dicht am Pult des Anwalts und versorgte diesen unermüdlich auf Klebeetiketten mit Zusatzfragen, die je nach den Antworten des Sachverständigen oder des Zeugen einzubringen waren.

Der von der Anklage genannte Sachverständige war Dr. Raul Hilberg, der Verfasser von *The Destruction of the European Jews.* Er mußte Tag für Tag eine solche Demütigung hinnehmen, daß er 1988, von einem neuen Staatsanwalt für einen neuen Zündel-Prozeß ersucht, ablehnte, nochmals als Zeuge auszusagen: Er begründete seine Ablehnung in einem vertraulichen Brief, in dem er seine Befürchtung eingestand, sich erneut den Fragen von Dr. Christie stellen zu müssen. Raul Hilbergs Kreuzverhör hatte eindeutig erkennen lassen, daß man letztlich keinen einzigen Beweis für die Existenz eines Befehls, oder eines Plans, oder einer Anweisung, oder eines Etats für das angebliche Unternehmen zur physischen Ausrottung der Juden besaß; man besaß ebensowenig eine Expertise der Mordwaffe (Gaskammer oder Gaswagen) oder einen Autopsiebericht, der die Ermordung eines Häftlings durch Giftgas feststellte. Gab es aber in Ermangelung von Beweisen, Waffe und Leiche, Augenzeugen des Verbrechens?

Eine Zeugenaussage muß immer überprüft werden. Das erste übliche Mittel, diese Überprüfung vorzunehmen, ist, die Behauptungen des Zeugen mit dem Ergebnis von Untersuchungen oder Expertisen bezüglich des Tatbestands des Mordes zu konfrontieren. Im vorliegenden Fall hatte es weder Untersuchungen noch Expertisen über die vermeintlichen Gaskammern von Auschwitz gegeben. Das erschwerte jedes Kreuzverhör, doch durfte diese Schwierigkeit nicht als Entschuldigung dienen: Ein Kreuzverhör war sogar um so notwendiger, als sonst kein Mittel mehr blieb zu erfahren, ob der Zeuge die Wahrheit sagte oder nicht.

4. Jüdische Zeugen werden endlich ins Kreuzverhör genommen: A. Friedman und Dr. R. Vrba

Den Lesern, die sich für die technischen und dokumentarischen Mittel interessieren, mit denen wir trotzdem in der Lage waren, die beiden jüdischen Hauptzeugen, Arnold Friedman und Dr. Rudolf Vrba, ins Kreuzverhör zu nehmen, kann ich die Lektüre der Abschrift der Gerichtsverhandlungen von 1985 nur empfehlen (*Queen versus Zündel*, Toronto, Ontario, Kanada, 7. Januar 1985). Die Seiten 304 bis 371 geben die Vernehmung und das Kreuzverhör von Arnold Friedman wieder; letzterer bricht auf den Seiten 445 und 446 zusammen, als er schließlich zugibt, daß er eigentlich nichts gesehen und nur vom Hörensagen berichtet hat, weil er, das waren seine Worte, überzeugende Leute kennengelernt hatte. Möglicherweise hätte er eher den Standpunkt von D. Christie als den dieser Leute eingenommen, wenn Dr. Christie ihm damals hätte sagen können, was er ihm jetzt sagte!

Dr. Vrba war ein außerordentlich wichtiger Zeuge. Man kann sogar behaupten, daß es für diesen Prozeß der Anklage gelungen war, mit Dr. Raul Hilberg den Sachverständigen Nr. 1 und mit Dr. Rudolf Vrba den Zeugen Nr. 1 in Sachen ›Holocaust‹ anzuwerben. Das Zeugnis des letzteren war eine der Hauptquellen des berühmten *War Refugee Board Report* über die *German Extermination Camps – Auschwitz and Birkenau* gewesen, die im November 1944 vom Executive Office of the President [Roosevelt] veröffentlicht worden war. Dr. Vrba war ebenfalls Mitverfasser von *I Cannot Forgive* (Bantam, New York 1964; deutsche Ausgabe, *Ich kann nicht vergeben,* Rütten & Loening, München 1964), neben Alan Bestic, der in seinem Vorwort über ihn schrieb: »Indeed I would like to pay tribute to him for the immense trouble he took over every detail: for the meticulous, almost fanatical respect he revealed for accuracy« [Ich möchte ihm wirklich meine Anerkennung für die riesige Mühe aussprechen, die er sich bei jedem Detail machte; für den minutiösen, nahezu fanatischen Respekt vor der Genauigkeit].

Möglicherweise hat kein Gericht jemals einen Zeugen erlebt, der sich mit solcher Bestimmtheit über die Gaskammern von Auschwitz äußerte. Am Schluß des Kreuzverhörs kippte die Lage jedoch derart um, daß Dr. R. Vrba nur noch eine Erklärung für seine Irrtümer und Lügen hatte. Er gab zu, in seinem Buch von der »poetic licence‹ Gebrauch gemacht zu haben bzw. von der »licentia poetarum«, wie er es mit ersichtlichem Vergnügen auf Latein formulierte!

Zum Schluß trat eine überraschende Wendung ein: Der Staatsanwalt Griffiths, der diesen höchst prominenten Zeugen bestellt hatte und mittlerweile ob der Lügen des Dr. R. Vrba offenbar aufgebracht war, schoß ihn selber mit folgender Frage nieder:

> *»You told, Mr. Christie several times in discussing your book* I Cannot Forgive *that you used poetic licence in writing that book. Have you used poetic licence in your testimony?« [Im Zusammenhang mit Ihrem Buch* Ich kann nicht vergeben *haben Sie Herrn Christie mehrmals gesagt, Sie hätten beim Schreiben Ihres Buches dichterische Freiheit walten lassen. Haben Sie dann auch bei Ihrer Zeugenaussage von der dichterischen Freiheit Gebrauch gemacht?] (S. 1636).*

Der falsche Zeuge versuchte, den Hieb abzuwenden, doch gab ihm der Staatsanwalt mit einer zweiten ebenso heimtückischen Frage bezüglich der von Vrba angegebenen Zahl an Vergasten den Rest: Der Zeuge brachte nur Gewäsch heraus. Griffiths schickte sich an, ihm eine dritte, letzte Frage zu stellen, als plötzlich die Sache ein schnelles Ende nahm, und man hörte den Staatsanwalt zum Richter sagen: »I have no further questions for Dr. Vrba« [Ich habe keine weiteren Fragen an Dr. Vrba] (S. 1643).

Mit verstörtem Gesicht verließ der Zeuge den Zeugenstand. Das Verhör, das Kreuzverhör und das abermalige Verhör dieser Persönlichkeit füllen 400 Seiten (S. 1244–1643) der Abschrift aus. Diese Seiten könnten in einer Rechtsenzyklopädie unter dem Stichwort ›Methoden zur Feststellung einer Falschaussage‹ stehen.

5. Die Anklage verzichtet darauf, Zeugen zu bestellen

Drei Jahre später, im Jahre 1988, nämlich bei dem zweiten gegen E. Zündel angestrengten Prozeß, hielt die Staatsanwaltschaft es für geraten, jeglichem Rückgriff auf Zeugen zu entsagen. Die kanadische Justiz hatte offenbar aus dem ersten Prozeß gelernt: Es gab keine echten Zeugen für die Existenz und den Betrieb der NS-Gaskammern.

Alle Länder der Welt haben die Lektion allmählich begriffen. Im Klaus Barbie-Prozeß 1987 in Frankreich war von den Gaskammern in Auschwitz die Rede, doch bot man eigentlich keine Zeugen von diesen Gaskammern auf. Der mutige, jedoch nicht kühne Verteidiger Jacques Vergès wich lieber dem Thema aus. Das war ein Glück für die jüdischen Anwälte, die nichts mehr befürchteten, als mich an der Seite von J. Vergès zu sehen. Wäre dieser auf mein Angebot, ihn zu beraten, eingegangen, hätten wir in Frankreich dem Mythos von den Gaskammern einen furchtbaren Schlag versetzt.

Bei einigen revisionistischen Prozessen in Frankreich haben manchmal jüdische Zeugen von diesen Gaskammern erzählt, aber keiner hat vor Gericht bestätigt, eine gesehen oder einer Vergasung beigewohnt zu haben.

Heutzutage machen sich die Zeugen der Gaskammern äußerst rar, und der Demjanjuk-Prozeß in Israel, der einmal mehr gezeigt hat, wie geläufig die Falschaussage in dieser Sache ist, hat zu dieser Entwicklung beigetragen. Noch vor einigen Jahren kam es vor, daß alle Juden, die sich »als überlebende Zeugen der Gaskammern von Auschwitz« ausgaben, mich im hinteren Gerichtssaal ausfallend ansprachen. Sie zeigten mir ihre Tätowierungen. Ich brauchte nur sie zu bitten, mir in die Augen zu schauen und mir eine Gaskammer zu beschreiben, und sie erwiderten mir unweigerlich: »Wie könnte ich das? Hätte ich eine Gaskammer mit eigenen Augen gesehen, würde ich heute nicht mit Ihnen reden. Ich wäre auch vergast worden.« Das führt uns, wie man sieht, zu Simone Veil und ihrer Erklärung von 7. Mai 1983 zurück, und wir haben gesehen, was davon zu halten ist.

6. Die Medienzeugen

Außer den Gerichtszeugen gibt es auch Medienzeugen der Gaskammern bzw. der Vergasungen von Auschwitz oder Birkenau. Man denkt hier an die Namen Olga Lengyel, Gisela Perl, Fania Fénelon, Ota Kraus, Erich Kulka, Hermann Langbein, André Lettich, Samuel Pisar, Maurice Benroubi, André Rogerie, Robert Clary usw. Meine Bibliothek ist voll von diesen Erzählungen, die voneinander abgeschrieben sind. Paul Rassinier war der erste, der uns zeigte, wie die Unwahrheit dieser Zeugenaussagen nachzuweisen ist. Er hat es unter anderem für das KZ Auschwitz in *Le Véritable Procès Eichmann ou les Vainqueurs incorrigibles* (Les Sept Couleurs, Paris 1962) getan, wo der Anhang V Miklos Nyiszlis Buch *Médecin à Auschwitz* (dt. Ausgabe: *Im Jenseits der Menschlichkeit. Ein Gerichtsmediziner in Auschwitz.* Aus dem Ungarischen v. Angelika Bihari, Dietz-Verlag, Berlin 1992) gewidmet ist.

In den fünfziger bis achtziger Jahre hatten die Revisionisten schon einiges Interesse, solche kritischen Untersuchungen von Zeugenaussagen durchzuführen. Heutzutage ist diese Übung meines Erachtens überflüssig geworden. Wir sollen davon absehen, »auf die Krankenwagen zu schießen« und es den Exterminationisten selbst und Jean-Claude Pressac im besonderen überlassen, diese Subliteratur zu kritisieren, denn, wie heute feststellbar, die leidenschaftlichsten Exterminationisten gehen endlich durch die revisionistische Schule. Das Ergebnis ist manchmal witzig. Im Oktober 1991 kündete die Zeitschrift *Le Déporté pour la liberté,* das Organ der UNADIF (Union nationale des associations de déportés, internés et familles de disparus – Nationaler Verband der Vereinigungen von Deportierten, Internierten und Angehörigen Verschollener) auf der ersten Seite an: »In der Mitte dieser Nummer erster Teil des Zeugenberichts von Henry Bily, einem der ganz wenigen Überlebenden eines Sonderkommandos.« In der Novemberausgabe setzte H. Bily den Bericht seiner Erfahrungen in Auschwitz unter dem Titel »Mon histoire extraordinaire« [Meine außergewöhnliche Geschichte] fort.

In der darauffolgenden Ausgabe des *Déporté pour la liberté* Dezember 1991–Januar 1992 erschien nun aber eine »Richtigstellung nach der Veröffentlichung von Henry Bilys Text in unseren Spalten«. Die Leitung und Redaktion der Zeitschrift legten die Fälschung an den Tag: H. Bily hatte im größten Teil seines Zeugenberichts

> *»ohne jede Quellenangaben ganze Passagen aus dem Buch (u. a. aus den Kapiteln 7 u. 28) von Dr. Myklos Nyiszli,*Médecin à Auschwitz, *abgeschrieben, das 1946 verfaßt, 1961 übersetzt und bei den éditions René Juillard erschienen ist. Unglücklicherweise wurden die Dr. Myklos Nyiszli ursprünglich unterlaufenen Fehler auch übernommen: die umfangreiche Entlehnung schließlich betrifft die Beschreibung der Tätigkeit vom Sonderkommando Auschwitz-Birkenau, in dem Henry Bily gearbeitet haben will...*
> *Aus dieser Analyse geht hervor, daß der Text von Henry Bily in keiner Weise als originaler persönlicher Zeugenbericht angesehen werden kann«.*

Die aufmerksamen Leser dieser Mitteilung ließ der Satz »Unglücklicherweise wurden die Dr. Myklos Nyiszli ursprünglich unterlaufenen Fehler auch übernommen« erkennen, daß der jüdische Krawattenhändler H. Bily, um das Unglück vollständig zu machen, einen Zeugenbericht abgeschrieben hatte, der selber schon eine Fälschung war. Vor längerer Zeit hatte P. Rassinier, wie eben erwähnt, nachgewiesen, daß *Médecin à Auschwitz* (ein Werk, an dem übrigens Jean-Paul Sartre, der 1951 Auszüge in *Les Temps modernes* veröffentlicht hatte, hing) nur ein äußerst plumper Schwindel sein konnte. Viele Revisionisten, insbesondere Carlo Mattogno, haben später diese Diagnose bestätigt. Meinerseits habe ich in meiner Besprechung von Jean-Claude Pressacs Buch *Auschwitz: Technique and Operation of the Gas Chambers* (Beate Klarsfeld Foundation, New York 1989) einen mit »Drôlerie [involontaire] de Pressac à propos de M. Nyiszli« ([unbeabsichtigte] Posse von J.-C. Pressac über M. Nyiszli) überschriebenen Exkurs eingeschoben. Ich darf diejenigen Leser, die sich mit den Falschaussagen über Auschwitz gern beschäftigen, darauf verweisen. Es sind Falschaussagen, die der Apotheker J.-C. Pressac mit vielen Verrenkungen, mühseligen Erfindungen und unnützen Spekulationen um jeden Preis zu verteidigen versucht, die er aber, ohne es zu wollen, auf immer diskreditiert (R. Faurisson,

»Auschwitz: Technique and Operation of the Gas Chambers, 1989, ou Bricolage et ›gazouillage‹ à Auschwitz et Birkenau selon Pressac«, *Revue d'histoire révisionniste,* November 1990, S. 126–130).

7. Die Falschzeugen Elie Wiesel und Primo Levi

Über Elie Wiesel und Primo Levi sind einige Worte notwendig. Was den ersten betrifft, verweise ich auf meinen Artikel »Ein unredlicher Kronzeuge« [Elie Wiesel], in *Deutschland in Geschichte und Gegenwart,* Juni 1988 (S. 11–14); siehe ebenfalls »Un grand faux témoin: Elie Wiesel (suite)«, in *Nouvelle Vision,* September 1993, S. 19–24, wiedergegeben mit meiner Erlaubnis in einem deutschen Flugblatt vom 29. Juni 1993: »Elie Wiesel, ein unredlicher Kronzeuge (2. Teil)«. In *La Nuit* (Les Editions de Minuit, Paris 1958, mit einem Vorwort von François Mauriac), einem biographischen Bericht vor allem über seine Internierung in Auschwitz und Birkenau, erwähnt E. Wiesel nicht einmal die Gaskammern, aber offensichtlich hält man ihn durch eine Art weltweite mediatische Vereinbarung für den Zeugen schlechthin des ›Holocaust‹ und der Gaskammern. Seiner Ansicht nach rotteten die Deutschen die Juden massenweise aus, indem sie sie in Kohlenfeuer oder Glutöfen stürzten! Der Schluß seines Zeugenberichts enthält eine höchst merkwürdige Episode (S. 129–135), vor der ich seit Jahren erwarte, daß Elie Wiesel uns eine Erklärung geben möge. Im Januar 1945, erzählt er uns, überließen die Deutschen ihm sowie seinem Vater die Wahl, im Lager bis zur Ankunft der Sowjetrussen zu bleiben oder mit den deutschen Truppen abzuziehen. Nachdem Vater und Sohn sich miteinander besprochen hatten, beschlossen sie, mit ihren Ausrottern nach Deutschland zu gehen, anstatt auf ihre sowjetischen Befreier vor Ort zu warten. . .[7]

In den Medien ist Primo Levi merkwürdigerweise posthum seit mehreren Jahren in die erste Reihe der Zeugen der Gaskammern von Auschwitz aufgestiegen. Er ist der Verfasser von *Si c'est un homme* (Originalausgabe: *Se questo è un uomo),* Julliard, Presse Pocket, Paris 1993. Der erste Teil des Buches ist der längste und bedeutendste: Er umfaßt 180 Seiten (S. 7–186) und wurde 1947 verfaßt. Der Autor schreibt bereits auf Seite 19, daß er erst nach dem Krieg von der Vergasung der Juden in Birkenau erfahren habe. Er selber arbeitete in Buna-Monowitz und hatte Birkenau nie betreten; deshalb spricht er nur äußerst vage und lediglich fünfmal von »der« Gaskammer (S. 19, 48, 51, 96, 135). Er begnügt sich, sie stets in der Einzahl und als ein Gerücht zu erwähnen, von dem »jeder spricht« (S. 51). In seinem 1976, also fast dreißig Jahre später geschriebenen »Anhang« ziehen die Gaskammern plötzlich kraftvoll ein: Innerhalb von sechsundzwanzig Seiten (S. 189–214), die angesichts ihres engeren Schriftbilds für dreißig Seiten gelten können, erwähnt sie der Autor elfmal (S. 193, 2mal; 198, 3mal; 199; 201, 2mal; 202, 204, 210). An zwei Stellen spricht er von »Gas« und an neun Stellen von »Gaskammern« (immer im Plural). Er schreibt, als wenn er sie gesehen hätte: »Die Gaskammern waren nämlich als Duschräume getarnt mit Rohrleitungen, Hähnen, Umkleideräumen, Kleiderhaken, Bänken usw.« (S. 198). Er scheut sich nicht, außerdem zu schreiben: »Die Gaskammern und die Krematorien waren mit Absicht konzipiert worden, um Menschenleben und -körper millionenfach zu vernichten; der entsetzliche Rekord geht an Auschwitz mit 24 000 Toten an einem einzigen Tag im Monat August 1944.« (S. 201 f.)

7. Ein Aspekt, der nicht uninteressant ist: In der deutschen Ausgabe dieses Buches (*Die Nacht zu begraben, Elisha,* deutsche Übersetzung von Curt Meyer-Clason, Ullstein, Frankfurt/M.–Berlin 1962, S. 17–153) wurden die Kremierungsöfen der Originalausgabe abgeschafft und durch Gaskammern (einschließlich in Buchenwald) ersetzt. Diesen Fund verdanke ich dem Schweizer Revisionisten Jürgen Graf, und der deutschen, in Frankreich lebenden Revisionistin A.W. danke ich für die Liste der fünfzehn Textstellen, in denen der deutsche Übersetzer es für richtig hielt, da Gas zu übertragen, wo es im Originaltext keines gab (s. Anhang, S. 110).–Im Dezember 1986 war ich in Oslo, um der Verleihung des Nobelpreises an Elie Wiesel beizuwohnen. Mit Freunden hatte ich ein damals schon mit *Elie Wiesel, un grand faux témoin* überschriebenes Flugblatt verteilt.Einige Monate später prangerte Pierre Vidal-Naquet, der wohl verbissenste meiner Widersacher, E. Wiesel als einen Mann an, »der alles Mögliche erzählt. . . Man braucht nur einige Passagen von *Die Nacht zu begraben,* um zu wissen, daß manche seiner Schilderungen nicht stimmen und daß er sich letztlich in einen Shoah-Händler verwandelt. [Er] schadet der historischen Wahrheit, und das in ungeheurem Maße«. (Interview mit Michel Folco, in *Zéro,* April 1987, S. 57)

Elie Wiesel und Primo Levi sind nicht die einzigen, die auf diese Weise ihre Erinnerungen ›bereichert‹ haben.
Primo Levi war Chemieingenieur. Über seinen wissenschaftlichen Schiffbruch oder sein Delirium in *Si c'est un homme* siehe Pierre Marais, *En lisant de près les écrivains chantres de la Shoah – Primo Levi, Georges Wellers, Jean-Claude Pressac* (La Vieille Taupe, Paris 1991, 127 Seiten), insbesondere das Kapitel »Le chimiste, la batterie de camion et . . . les chambres à gaz« [Der Chemiker, die LKW-Batterie. . . und die Gaskammern] (S. 7–21), das Primo Levi betrifft. Dieser hat am 11. April 1987 Selbstmord begangen. Seiner Eigenschaft als Jude hatte er es verdankt, nicht erschossen zu werden, als er am 13. Dezember 1943, im Alter von 24 Jahren, von der faschistischen Miliz verhaftet worden war. »Die Faschisten hatten ihn als Partisanen (er trug noch eine Pistole bei sich) gefangengenommen, und er hatte sich als Jude ausgegeben, um nicht auf der Stelle erschossen zu werden. Und als Jude wurde er den Deutschen ausgeliefert. Die Deutschen schickten ihn nach Auschwitz [. . .]«. (Ferdinand Camon, »Chimie/Levi, la mort«, in *Libération,* 13. April 1987, S. 29).

Schluß

Zwischen 1945 und 1985 haben die vermeintlichen Gerichtszeugen der Gaskammern von Auschwitz ein ungewöhnliches Privileg genossen: man hat ihnen immer die Prüfung des Kreuzverhörs über die Tatsächlichkeit der Vorgänge erspart, von denen sie angeblich berichteten. Im Jahre 1985, im ersten der beiden Zündel-Prozesse in Toronto, erklärte sich der Anwalt Douglas Christie auf meine Anregung hin und mit meiner Unterstützung bereit, diesen Typus von Zeugen der Regel gemäß ins Kreuzverhör zu nehmen. Das Ergebnis war der Zusammenbruch der Zeugen Arnold Friedman und Dr. Rudolf Vrba. Diese Niederlage war so schlimm, daß sich heute keine Zeugen mehr finden, die das Risiko auf sich nehmen, vor Gericht zu behaupten, sie hätten in Auschwitz oder in irgendeinem anderen Konzentrationslager des Dritten Reichs einer Vergasung beigewohnt.
Die vermeintlichen Medienzeugen ergießen sich weiterhin in der Welt des Rundfunks, des Fernsehens und des Buches, wo sie kaum Gefahr laufen, durch peinliche Fragen in Schwierigkeiten zu kommen. Aber auch diese Zeugen machen sich immer rarer, und es kann sogar vorkommen, daß sie von Verfechtern der Vernichtungsthese angeprangert werden. Letztere gehen nämlich zunehmend durch die Schule des Revisionismus, weil sie einsehen, daß sie sich bislang für die Lügen von zu vielen falschen Zeugen verbürgt haben, Lügen, die letztlich ihrer eigenen Sache teuer zu stehen kommen.
Da es nun offenkundig immer riskanter ist, sich als Zeuge der Gaskammern zu präsentieren, wie der Jude Filip Müller es noch 1979 tat, ist die sich heute zunehmend durchsetzende Lösung diejenige, die Simone Veil bereits am 7. Mai 1983 hatte annehmen müssen infolge eines Beschlusses der Pariser Berufungskammer vom 26. April 1983, die die Ansicht vertrat, meine Arbeit über die Gaskammerfrage sei seriös, eine Arbeit, in der ich den Nachweis erbrachte, daß die vermeintlichen Zeugnisse gegen absolute physikalisch-chemische Gesetzmäßigkeit verstoßen. Die von S. Veil befürwortete Lösung oder vielmehr Ausflucht besteht darin zu behaupten, daß es tatsächlich schon deshalb weder Beweise, noch Spuren, noch Zeugen des Mordes gebe, weil die Deutschen alle Beweise, alle Spuren und alle Zeugen beseitigt hätten. Eine solche Behauptung, abgesehen davon, daß sie absurd ist, brauchte wiederum Beweise, die S. Veil nicht liefert. Das ist aber nicht so wichtig! Nehmen wir diese Behauptung zur Kenntnis, und merken wir uns – nach S. Veil und denjenigen, die sich in der Praxis anscheinend ihrer These anschließen – diese von den Revisionisten schon lange aufgedeckte Offenkundigkeit: Es gibt nicht nur keine Beweise und keine Spuren der NS-Gaskammern, es gibt auch keine Zeugen.
Heute, Ende 1993, werden die Zeugnisse über die Gaskammern von Auschwitz diskreditiert, auch bei den Exterminationisten. Die auf Zeugnissen beruhende Geschichte weicht zunehmend einer Geschichte, die entweder auf Fakten oder auf naturwissenschaftlichen Argumenten gründet. Eben dies hatte ich in einem Artikel in *Le Monde* vom 29. Dezember 1978 und in einem Brief vom 16. Januar 1979 an dieselbe Zeitung angeregt. Über zehn Jahre mußten vergehen, bevor unsere Gegner sich auf dem Feld,

dem naturwissenschaftlichen Feld nämlich, vorwagten, wo ich sie aufforderte, sich mit uns zu messen. J.-C. Pressac wurde – vor allem, von dem Ehepaar Klarsfeld – beauftragt, die ›Zeugnis-Geschichte‹ zu verurteilen und sie durch eine wissenschaftliche oder wenigstens scheinbar wissenschaftliche Geschichte zu ersetzen.

Claude Lanzmann und die Anhänger der ›Zeugnis-Geschichte‹ sind darüber verzweifelt[8]. Die Revisionisten schätzen sich glücklich darüber. Ein halbes Jahrhundert ungeprüfter Zeugnisse muß nun endgültig der Suche nach Fakten und Beweisen auf gerichtlichem, naturwissenschaftlichem und historischem Gebiet weichen.

Abbildung 1: (Einzel-)Tür einer Gaskammer zur Hinrichtung einer einzigen Person je Vergasungsvorgang mit Blausäure (Baltimore, USA, 1954, Technologie der 30er Jahre). Die Hinrichtung eines Menschen mit Blausäure ist zwangsläufig viel komplizierter und viel gefährlicher für die Umgebung als eine Entlausung von Kleidungsstücken mit Blausäure (selbst in einer Degesch-Gaskammer).

Abbildung 2: Eine der drei Türen einer vermeintlichen NS-Gaskammer zur Hinrichtung Hunderter von Personen mit Zyklon B (Blausäure) in einem Vorgang (Auschwitz, Polen, Anfang der 40er Jahre, Krematorium I). Diese kleine, nicht gerade feste und völlig undichte (s. das Schlüsselloch) Tür ist zum Teil verglast und öffnet nach innen, das heißt in den Raum, in dem sich die Leichen angehäuft haben sollen.

8. Siehe unter anderem den Artikel von Robert Redeker, den dieser in seiner Zeitschrift *Les Temps Modernes* unter dem Titel »La Catastrophe du révisionnisme« (November 1993, S. 1–6) veröffentlicht hat. Dort wird der Revisionismus wie das katastrophale Zeichen eines Epochenwechsels vorgestellt: »Auschwitz« war – und bleibt für den Verfasser – eine »Mystik«, das heißt ein mit einer religiösen Ehrfurcht umgebener Glaube; nun aber wird »Auschwitz« zu seinem Bedauern ein Gegenstand historischer und technologischer Betrachtungen. Dieser Artikel war im Druck, als in dem Magazin *Express* ein ganzes Dossier über das neue Buch von J.-C. Pressac erschien (23. September 1993, S. 76–80 u. 82–87). C. Lanzmann hat gegen diese Wendung der ›Holocaust‹-Geschichte heftig protestiert. Er schreibt: »Selbst zu deren Widerlegung werden die Argumente der Revisionisten somit legitimiert, die zum Bezugspunkt aller werden. Die Revisionisten besetzen das ganze Gelände.« (in *Le Nouvel Observateur*, 30. September 1993, S. 97).

Französische Originalfassung: *La Nuit,* éditions de Minuit, Paris 1958, 178 p.	Englische Übersetzung: *Night,* übersetzt aus dem Französischen von Stella Rodway, Vorwort von Robert McAfee Brown, zum 25. Jahrestag der Erstausgabe Bantam Books, 1986 [Hill and Wang edition published September 1960], XIV-111 p.	Deutsche Übersetzung: *Die Nacht zu begraben, Elischa* deutsche Übersetzung von Curt Meyer-Clason, Ullstein, München 1962 [S. 17–153].
A. in Auschwitz	**A. in Auschwitz**	**A. in Auschwitz**
1. p. 57: au crématoire	p. 30: to the crematory	S. 53: ins Vernichtungslager
2. p. 57: au crématoire	p. 30: to the crematory	S. 53: in die Gaskammer
3. p. 58: les fours crématoires	p. 30: these crematories	S. 54: die Gaskammern
4. p. 61: aux crématoires	p. 33: in the crematories	S. 57: in den Gaskammern
5. p. 62: le four crématoire	p. 33: the crematory oven	S. 57: in die Gaskammer
6. p. 67: Au crématoire	p. 36: the crematory	S. 62: in die Gaskammer
7. p. 67: le crématoire	p. 36: the crematory	S. 62: Gaskammer
8. p. 84: exterminés	p. 48: exterminated	S. 76: vergast
9. p. 101: dans les fours crématoires	p. 59: the crematory ovens	S. 90: in den Gaskammern
10. p. 108: six crématoires	p. 64: six crematories	S. 95: sechs Gaskammern
11. p. 109: au crématoire	p. 64: the crematory	S. 95: in den Gaskammern
12. p. 112: le crématoire	p. 66: the crematory	S. 98: die Gaskammer
13. p. 129: au crématoire	p. 77: to the crematory	S. 113: in die Gaskammer
B. In Buchenwald	**B. In Buchenwald**	**B. In Buchenwald**
14. p. 163: du four crématoire	p. 99: of the crematory oven	S. 140: der Gaskammer
15. p. 174: au crématoire	p. 106: to the crematory	S. 150: in die Gaskammer

Übersichtstabelle: Die deutsche Übersetzung von Elie Wiesels berühmtestem Buch. Die englische Übersetzung (1960) aus dem französischen Original (1958) ist korrekt, während die deutsche Übersetzung (1962) in fünfzehn Fällen von GAS spricht, obwohl die entsprechenden Stellen im französischen Original das Wort GAS nicht erwähnen.

Politik und Rechtsprechung – Ein Fallbeispiel

Claus Jordan

0. Zum Inhalt

Unser Rechtswesen beruht auf dem Prinzip der Gewaltenteilung. Die Rechtsprechung soll unabhängig von der Politik sein. Allerdings hat sie den Gesetzen zu folgen, die von politischen Gremien erlassen werden. So weit so gut – zumindest solange die Gesetzgebung sich ihrerseits den gewachsenen und in der Praxis erprobten Rechtstraditionen verpflichtet fühlt.
Läßt sich die Gesetzgebung aber von tagespolitischer Opportunität leiten, werden Sondergesetze erlassen, denen die Rechtsprechung folgen muß, dann wird diese zum Werkzeug der Politik. Die im Grunde so segensreiche Gewaltenteilung kann dann von den Gesetzgebern als Alibi mißbraucht werden, um die Verantwortung für die Folgen schlechter Gesetze von sich abzuschieben.
Eine folgenschwere Sondergesetzgebung war die Verjährungsaufhebung für Mord von 1979. Sie erfolgte auf politischen Druck. Bedenken, daß Justizirrtümer zu befürchten seien, wurden hinweggeredet. Der in diesem Beitrag dargestellte Fall Weise läßt erkennen, wie berechtigt die Warnungen waren und wie leichtfertig man seinerzeit die Warnung vor Justizirrtümern hinweggewischt hat. Jetzt aber fühlen sich die Gesetzgeber nicht mehr verantwortlich: Es gäbe doch die Gewaltenteilung.
Kann es angehen, daß die Gesetzesmacher jetzt, wo es sich als mißraten erweist – sich des Kindes nicht erinnern wollen, das sie mit so viel frommen Sprüchen in die Welt gesetzt haben?
Ich erhoffe von der Erörterung dieses Falles, daß der Fehler des Gesetzgebers von 1979 korrigiert wird und daß unser Rechtswesen wieder zu gewachsener Rechtstradition zurückkehrt, wie es seinerzeit prophezeit wurde:

> »[. . .] *Vielleicht gibt es wirklich, zur gern aufgenommenen Rechtfertigung der Verjährungsaufhebung, noch den einen oder anderen neu zur Strafverfolgung kommenden Fall. Wahrscheinlich ist es nach den Bekundungen der Sachverständigen nicht. Ob noch Urteile herauskommen können nach den strengen Beweisregeln, an denen nicht manipuliert werden darf, ist äußerst fraglich. Eines Tages, so um das Jahr 2000 herum, wird dann die Unverjährbarkeit des Mordes in unserem Recht entdeckt werden, und man wird sich fragen, wie es dazu kam. In einem soundsovielten Strafrechtsänderungsgesetz wird das beiläufig in Ordnung gebracht werden. Es sei denn, wir hätten dann einen Staat, der für sich die Allgewalt in Anspruch nimmt, was wir jetzt die Freiheit haben ›Hybris‹ zu nennen.*«[1]

1. Die Verjährungsaufhebung: Bruch der Rechtstradition

Am 20. März 1979 und am 3. Juli 1979 debattierten die Bundestagsabgeordneten über die Aufhebung der Verjährung für Mord. Das entsprechende Gesetz wurde am 3. Juli 1979 mit 255 gegen 222 Stimmen angenommen.[2]

1.1. Ausländische Einflußnahme

Natürlich gab es ein ausländisches Interesse an dieser Frage, das aber auch von deutschen Stellen gestützt wurde. Unter dem Untertitel »Amerikanische Delegation zur Verjährungsfrage / Heute bei Schmidt« berichtet die *FAZ* z. B. über eine Reise des »Simon Wiesenthal Center for Holocaust Stu-

---

1. K. F. Fromme, *Frankfurter Allgemeine Zeitung* (*FAZ*), 5. 7. 1979, S. 1: »Was man sagt, und was man meint«.
2. Debatte zum 18. Strafrechtsänderungsgesetz, siehe Plenarprotokolle 8/145 und 8/166.

dies« aus Los Angeles, die vom Bonner Auswärtigen Amt unterstützt wurde.[3] Auch Abgeordnete des israelischen Parlaments suchten die Entscheidungsvorgänge auf Aufforderung deutscher Stellen zu beeinflussen. So berichtete unter anderen Gideon Hausner, Knesseth-Abgeordneter und Mitglied des israelischen Holocaust-Zentrums Yad Vashem, daß er von Bundeskanzler Schmidt aufgefordert worden sei, den deutschen Gesetzgebern die Unverjährbarkeit der NS-Verbrechen nahezulegen, was er auch eindringlich tat.[4]

1.2. Die juristischen Bedenken

Hinweise auf das Rückwirkungsverbot des Artikels 103 GG wurden beiseite geschoben, und zwar mit Hinweis auf ein Urteil des Bundesverfassungsgerichtes von 1969. Die Gegner der Verjährungsaufhebung machten weitere juristische Bedenken geltend. Dr. A. Mertes (CDU/CSU) wies auf den Konflikt zwischen Gerechtigkeit und Rechtsfrieden hin. In der europäischen Rechtskultur bedeute Verjährung ausschließlich die

»Sicherung des Staates vor dem Justizirrtum«.

Und:

> *»In den Ländern des **angloamerikanischen Rechtskreises** sichert sich der Staat gegen das Risiko eines Unrechts auf andere Weise, nämlich durch das **Opportunitätsprinzip** und durch **besonders strenge Beweisregeln**. Die Verjährung ist im deutschen und europäischen Recht das notwendige Korrektiv zum Legalitätsprinzip.« . . . »Im übrigen gehört es zu den großen **Unaufrichtigkeiten** unserer Zeit, den Strafzweck der sühnenden Gerechtigkeit in allen Lebensbereichen zugunsten der **Resozialisierung** zurückzudrängen, im Falle der NS-Verbrechen aber sogar nach 35- bis 47jähriger Resozialisierung die Sühne zum obersten und ausschließlichen Strafzweck zu machen.«*[5]

Der damalige Bundesjustizminister H.-J. Vogel drückte in seinen Stellungnahmen nicht die Sorge vor Justizirrtümern aus, sondern entgegnete nur der Befürchtung, mangels Beweisen könne man ohnehin keinen angeblichen NS-Täter mehr verurteilen. Dazu meinte er, die moderne Kriminalistik sei in der Lage,

> *»Tat und Täterspuren in einer Weise zu sichern, die die Überführung des Täters auch noch nach Jahrzehnten gewährleistet.«*[6]

Von einer Anwendung moderner Kriminalistik auch zur Vermeidung von Justizirrtümern hat er nicht gesprochen. Die Warnung vor einseitiger Ermittlung kam von Gegnern der Verjährungsaufhebung, die eine Verurteilung trotz mangelnder Beweise befürchteten.[7] Die Befürworter der Verjährungsaufhebung verwiesen auf den Grundsatz ›in dubio pro reo‹, dessen Einhaltung sie offenbar als selbstverständlich ansahen.[8] Noch deutlicher hatte es Fromme in dem bereits zitierten Zeitungsbeitrag ausgedrückt, als er von *»den strengen Beweisregeln, an denen nicht manipuliert werden darf«,* wie von einer Selbstverständlichkeit schrieb.

Im Fall Weise wurde keine dieser Selbstverständlichkeiten gewahrt: Gottfried Weise wurde unter völliger Außerachtlassung des Grundsatzes ›im Zweifel für den Angeklagten‹ verurteilt. An den strengen Beweisregeln wurde zu seinen Lasten auf das schlimmste manipuliert. Und von der Anwendung moderner Kriminalistik war im Prozeß nichts zu finden, schon gar nicht dort, wo sie zu einer Entlastung des Angeschuldigten hätte führen müssen. – Allerdings: Herr H.-J. Vogel hatte sie, die moderne Kriminalistik, ja auch nur einseitig zur Bereitstellung von Belastungsbeweisen verwenden wollen.

3. *FAZ*, 15. 3. 1979: »Den Vorhang nicht fallen lassen«.
4. *FAZ*, 18. 6. 1979, S. 11: »Völkermord darf nicht als ›normales‹ Verbrechen gelten«.
5. Plenarprotokoll 8/166, S. 13234 f. Hervorhebungen so im Protokoll.
6. Plenarprotokoll 8/145, S. 11612.
7. So z. B. Dr. Lenz (Bergstraße, CDU) in der Bundestagsdebatte vom 29. 3. 1979, Plenarprotokoll 8/145, S. 11609.
8. So z. B. auch Dr. Schwarz-Schilling (CDU), Plenarprotokoll 8/145, S. 11644.

1.3. Das Feigenblatt: Ein Gutachten

Man wollte die Verjährungsaufhebung eigentlich nur für sogenannte NS-Morde.[9] Dafür traten die Abgeordneten Maihofer und Helmrich offen ein. Gegen eine solche gar zu offenkundige Sondergesetzgebung ergaben sich dann doch verfassungsrechtliche Bedenken, so daß schließlich die Verjährung generell für Mord aufgehoben wurde.

Die Frage der Verfassungsgemäßheit der generellen Verjährungsaufhebung für Mord blieb offen. Professor Böckenförde hatte als Gutachter ausgeführt, daß die Aufhebung der Verjährung dann zur Verfassungswidrigkeit umschlägt, wenn normative Regelungen der Verfahrensführung nicht mehr gleichmäßig angewendet werden können. Er schrieb:

> »[. . .] *Ein solcher Umschlag könnte sich etwa dann ergeben, wenn* [. . .] *bestenfalls Zufallsergebnisse erzielt werden könnten, etwa wegen unaufhaltbaren Beweisverfalls, unüberwindlicher Ermittlungsschwierigkeiten, fehlender Möglichkeit effektiver Beweissicherung, grundsätzlicher Unbestimmtheit oder fehlender Objektivierbarkeit des Tatbestandes.*
> *Ob ein solcher Umschlag in die Unausführbarkeit bei einer Verjährungsaufhebung für NS-Mordtaten oder Mordtaten generell eintreten würde, kann hier nicht beurteilt werden. Dazu ist eine eingehende Kenntnis und Würdigung der tatsächlichen Gegebenheit, insbesondere der Ermittlungs- und Beweisprobleme notwendig* [. . .]«[10]

Das Gutachten hat also nicht besagt: Die Aufhebung ist verfassungsgemäß. Es kommt vielmehr lediglich zu der Aussage: Man kann zur Zeit (1979) noch keine Verfassungswidrigkeit erkennen. Dazu muß man erst »die tatsächliche Gegebenheit« aus mehreren Fällen würdigen können.

1.4. Die uneingelösten Wechsel

Ein uneingelöster Wechsel ist das mit Einholung eines Gutachtens gegebene Versprechen, ob das alles verfassungsgemäß sei, lasse man prüfen. Tatsächlich will es offenbar niemand in Politik, Wissenschaft oder bei den Wächtern der Demokratie, den Medien, wissen, sonst hätte man schon lange bei Herrn Professor Böckenförde – oder anderswo – den nunmehr möglichen Abschluß des Gutachtens angefordert.

Vor die Blößen der Kernfragen ›Verfassungsgemäßheit‹ und ›Justizirrtum‹ hat man 1979 das noch nicht abgeschlossene Gutachten Böckenfördes wie ein Feigenblatt gehalten, garniert mit einer Sammlung frommer Sprüche.

Jetzt zeigt der Fall Weise, daß das hohle Sprüche und faule Wechsel waren.

2. Der Fall Weise als Beispiel für Umschlagen der Praktikabilität

1988 ist in Wuppertal der Rentner Gottfried Weise wegen fünffachen Mordes verurteilt worden. Eine Prüfung des Wuppertaler Verfahrens ergibt, daß hier alle Merkmale vorliegen, die Prof. Dr. Böckenförde 1979 als Kennzeichen eines Umschlagens aus der Praktikabilität aufgezählt hatte:

a) Unaufhaltbarer Beweisverfall: Zum Beispiel ist der Versetzungsbefehl nicht mehr aufzutreiben, der zusätzlich zu zwei vorhandenen Dokumenten beweisen würde, daß Weise bis September 1944 nicht am angeblichen Tatort im Lager Auschwitz eingesetzt sein konnte (angebliche Tatzeit »Juni/Juli 1944«).

b) Unüberwindliche Ermittlungsschwierigkeiten: Zum Beispiel gelang es dem Gericht nicht einmal, ein wirklichkeitsgerechtes Bild vom angeblichen Tatort der Freimark-Fälle zu gewinnen. (Vgl. Abschnitt 2.2.2.)

c) Fehlende Möglichkeit effektiver Beweissicherung: Zum Beispiel hatten Staatsanwaltschaft und

9. Vgl. F. K. Fromme, *FAZ*, 14. 2. 1979: »Die Angst vor dem, was man will«.
10. *FAZ*, 30. Juni 1979, Nr. 149, Seite 6.

Gericht vermieden, rechtzeitig eine Aussage des früheren Häftlings Dr. Eisenschimmel zu sichern. Sie hätte wesentlich zur Entlastung des Angeklagten beigetragen. Als die Verteidigung sich darum bemühte, war Herr Dr. Eisenschimmel bereits so schwer erkrankt, daß er nicht mehr aussagen konnte.

d) Fehlende Objektivierbarkeit des Tatbestandes: Das Gericht blieb in seinen ›Feststellungen‹ überall sehr ungenau, wo es um konkrete Tatbestände ging. Zum Beispiel wurde in den Freimark-Fällen die angebliche Tatzeit auf »Juni/Juli 1944« festgestellt, von den angeblichen Opfern sind nicht die Namen, zum Teil nicht einmal das Geschlecht angegeben. Das erschwert es ungemein, konkrete Gegenbeweise zu sichern, wie es etwa durch Gegenprobe anhand der nun vorliegenden Sterbebüchern des KZ Auschwitz möglich geworden wäre.

Das Wuppertaler Gericht hat die Beweisschwierigkeiten nur durch Abgehen von den strengen Beweisregeln ›überwunden‹.

Es muß aber noch ein anderer Gesichtspunkt genannt werden, an den Böckenförde gar nicht denken konnte, weil er fest in der gewachsenen Rechtstradition verhaftet ist: Im Wuppertaler Prozeß kam es praktisch zu

e) einer Umkehrung der Beweislast. Der Angeklagte stand plötzlich verzweifelt vor der Unmöglichkeit, seine Unschuld zu beweisen, z. B. nachzuweisen, daß er zur angegebenen Tatzeit nicht am angegebenen Tatort hatte sein können. Dem Gericht genügten widersprüchliche und unbestimmte Zeugenaussagen, deren Dubiosität es mit dem Hinweis überspielte, gerade die Widersprüche zeigten, daß es sich nicht um abgesprochene Aussagen handelte. Diese Aussagen waren dem Gericht Beweis genug. Der Angeklagte mußte nun seine Unschuld beweisen.

Erst lange nach dem Prozeß gelang es, Entlastungsbeweise beizubringen, deren rechtzeitige Beschaffung die Strafverfolger rechtswidrig vermieden und verhindert hatten.

2.1. Überblick zu Zustandekommen, Ablauf und Folgen des Wuppertaler Prozesses gegen Gottfried Weise

2.1.1. Vorgeschichte des Falles Weise

Gottfried Weise hatte als Soldat nach schwerer Verwundung ein Auge verloren, wurde front- und wachdienstuntauglich geschrieben und – nach einer Ausbildung als Buchhalter – in das Konzentrationslager Auschwitz kommandiert. Hier war er zunächst in der Häftlingsgeldverwaltung außerhalb des Lagers eingesetzt und dann im Effektenlager II in Birkenau. Dort hatte er eine Gruppe jüdischer Frauen zu beaufsichtigen. Diese Gruppe geleitete er nach Auflösung von Auschwitz über Ravensbrück wohlbehalten zu den Amerikanern. Alle ›seine‹ Häftlinge sagten für ihn aus: daß er sich in Auschwitz bemüht hatte, ihr Los zu erleichtern, daß sie froh gewesen waren, auf dem Transport wieder seinem Kommando zugeteilt zu werden, daß er einmal sogar ein gehbehindertes Mädchen aus russischem Artilleriefeuer getragen hatte. Nach sorgfältigster Überprüfung in dreijähriger Gefangenschaft wurde Gottfried Weise entlassen. Er hatte ein gutes Gewissen, und so tat er dann etwas recht Außergewöhnliches: Über das Rote Kreuz und den Jüdischen Weltkongreß suchte er nach seinen früheren Schützlingen. – Im Urteil des Landgerichtes Wuppertal[11] werden diese Bemühungen des Angeklagten allerdings nur abwertend als Zeichen seiner Abgefeimtheit erwähnt.

2.1.2. Wie kam es zu der Anklage?

In Wien hatte 1962 in der Strafsache gegen Richard Baer ein Zeuge, Herbert Tischler, u. a. von einem SS-Unterscharführer oder Rottenführer »Weiser« berichtet. Dieser habe einen Häftling getötet, als er ihm eine Blechbüchse vom Kopf schießen wollte. Damit war der ›Tell von Auschwitz‹ erfunden. Zwar

11. Urteil des Landgerichtes Wuppertal, 28. 1. 1988, Seiten 104–107.

wurde Tischler in einem amtlichen Schreiben als unglaubhaft bezeichnet. Zwar war bekannt, daß er wegen allerlei Rechtsübertretungen von Interpol gesucht wurde. Aber als Belastungszeuge in einem NS-Prozeß galt Tischler als glaubhaft. Sein Hinweis auf den angeblichen ›Tell von Auschwitz‹ ging in die Mühlen der Strafverfolgung. Man schrieb das angebliche ›Tellschießen‹ dem ehemaligen Unterscharführer Gottfried Weise zu. 1980 begann man mit Nachfragen: Fragelisten mit Hinweisen auf die Tatvorwürfe, mit Bildern von Gottfried Weise gingen nach Polen, Israel, Ungarn, in die USA.
Man suchte also Zeugen, und man fand sie. Wie die Zeugensuche, das ›Auffrischen‹ der Erinnerungen dieser Zeugen vor sich gingen, werde ich am Beispiel des Zeugen Freimark näher beschreiben.

2.1.3. Was waren die Anklagepunkte?

Am 7. Juni 1985 erhob die Staatsanwaltschaft Köln gegen den Rentner Gottfried Weise aus Solingen, geboren am 11. März 1921 in Waldenburg, Anklage wegen des Verdachtes des Mordes im KZ Auschwitz.
Am 28. Januar 1988 verurteilte unter dem Vorsitz des jetzigen Vize-Landgerichtspräsidenten Wilfried Klein ein Wuppertaler Schwurgericht Gottfried Weise wegen fünf angeblicher Morde zu lebenslanger Freiheitsstrafe:
Zwei Morde (die ›Lazar-Fälle‹) soll der Angeklagte nach Aussagen der Zeugin Lazar im Effektenlager II durch das sogenannte ›Büchsenschießen‹ begangen haben, indem er seinen Opfern Blechbüchsen auf Kopf und Schultern stellte, erst auf die Büchsen und dann auf die Opfer schoß. Drei Morde (die ›Freimark-Fälle‹) soll er nach Aussagen des Zeugen Freimark im »Juni/Juli 1944« im »Effektenlager I« begangen haben, und zwar:

a) einen Mord in einer Baracke (›Baracken-Mord‹),
b) etwa vier Wochen später zwei Morde auf einem Platz zwischen dem Lagerzaun und einer etwa 10 Meter entfernten Rampe (›Rampenmorde‹).

2.1.4. Wie verlief der Prozeß?

Der gesamte Prozeßverlauf stand unter dem Zeichen der Vorverurteilung des Angeklagten in einem Haß-Szenario. Presse und Gericht ergänzten sich. So fand zum Beispiel der nachfolgend wiedergegebene Pressebericht über eine (nachweisbar falsche[12]) Zeugenaussage gläubige Aufnahme nicht nur durch eine unbedarfte Öffentlichkeit, sondern auch durch das Gericht, das tatsächlich selbst dieses so leicht widerlegbare Greuelmärchen in die schriftliche Urteilsbegründung aufnahm.[13]

»›Lebende Kinder wurden in die Feuergrube geworfen‹

> [...] *Als ein neuer Häftlingstransport ins Lager gekommen sei, seien die Kinder gleich aussortiert und lebend in eine brennende Feuergrube geworfen worden,* [...]
> *Da kam plötzlich der angetrunkene ›Blinde‹ (so nannten die Häftlinge den Angeklagten Weise* [...] *machte Licht und forderte Olga* [...] *auf, zu tanzen* [...] *Es war entsetzlich! Draußen die Schreie der Kinder.* [...] *Der Blinde forderte das Mädchen, das schwanger war, auf, sich hinzustellen und trat ihm mit seinem Stiefel in den Bauch. Die junge Frau schrie und brach zusammen.* [...] *«*[14]

Durch derartige Greuelmärchen wurde der Angeklagte zur »Bestie von Auschwitz« abgestempelt – nicht nur für die Öffentlichkeit, sondern auch für das Gericht. Der Angeklagte ist zwar nicht wegen der behaupteten Lebendverbrennungen verurteilt worden. Die Annahme, sie hätten stattgefunden und der Angeklagte habe dabei große Gefühlsroheit gezeigt, hatte aber zweifellos Einfluß auf die Urteilsfindung. Das wird schon durch die Ausführlichkeit bewiesen, mit der das Gericht dieses Greuelmär-

12. Vgl. Beitrag von J.C. Ball im Buch.
13. Begründung zum Wuppertaler Auschwitz-Urteil vom 28. 1. 1988, Seite 96.
14. Wuppertaler Zeitung, *General-Anzeiger,* 10. 6. 1987.

chen in der Urteilsbegründung weitererzählt, um dann den Angeklagten »völliger Gefühlsroheit« zu bezichtigen.
Eindeutig kam die parteiische Einstellung der Richter auch im Gerichtssaal zum Ausdruck. So wurden zum Beispiel von der damals bekanntlich DDR-finanzierten und Stasi-gelenkten VVN im Gerichtssaal und davor Flugblätter verteilt. Die Flugblattverteilung im Gerichtssaal wurde vom Vorsitzenden Richter zwar milde gerügt, so etwas dürfe man über den Angeklagten erst verbreiten, nachdem er verurteilt sei. Das Verteilen der VVN-Flugblätter wurde aber nicht unterbunden.
Auch das ständige Mitstenographieren seitens der VVN-Vertreter und ›Betreuer‹ der Belastungszeugen wurde vom Gericht nicht unterbunden, sondern freundlichst übersehen. (Frau Ruth Kulling von der VVN saß übrigens immer auf einem Presseplatz.) Dagegen hatte der Verteidiger dem Sohn des Angeklagten dringend empfohlen, von Notizen Abstand zu nehmen, weil das in der Verhandlung nicht zulässig sei. Mehrfach war dann zu beobachten, daß die ungerügt Mitstenographierenden das Notierte den Belastungszeugen vor deren Vernehmung mitteilten.
In jedem normalen Prozeß hätte hier die Verteidigung eingreifen können und müssen. Angesichts des vom Gericht geduldeten und teilweise miterzeugten Haß-Szenarios hielt das die Verteidigung in Wuppertal für nicht sinnvoll. Um der allen Prozeßregeln widersprechenden ständigen Vorinformation und Einstimmung der Belastungszeugen nicht noch Vorschub zu leisten, hatte der Verteidiger dem Angeklagten geraten, keine Aussagen zu machen. Nach der Urteilsverkündung hieß es dann in der Presse:

> *»Das Schweigen des Angeklagten, so Klein, zeige, daß Weise den Vorwürfen keine Tatsachen entgegenzusetzen habe – ›nun ist er von der Vergangenheit eingeholt, die nicht totzuschweigen ist‹.«*[15]

Niemandem scheint aufgefallen zu sein, welche Ungeheuerlichkeit hier formuliert wurde: Der Angeklagte habe den Vorwürfen keine Tatsachen entgegensetzen können. Es wird suggeriert, daß die Vorwürfe der Anklage und der Zeugen selber bereits Tatsachen seien, die der Angeklagte zu entkräften nicht in der Lage gewesen sei. Vorwürfe aber sind noch keine Tatsachen.
Die von der Presse wie selbstverständlich vorausgesetzte Umkehrung der Beweislast ist kein einfacher Lapsus Linguae. Je genauer man die Prozeßunterlagen prüft, um so sicherer wird erkennbar, wie stark das Gericht sich von seiner eigenen Voreingenommenheit leiten ließ. In jedem ›normalen‹ Prozeß gilt der Angeklagte als unschuldig, solange seine Schuld nicht erwiesen ist, und bei unsicherer Beweislage gilt ›im Zweifel für den Angeklagten‹. Das war in Wuppertal nicht so.
In dieser Situation der umgekehrten Beweislast ließen sich natürlich alle bei einem solchen Spätestprozeß erwarteten Ermittlungsschwierigkeiten leicht gegen den Angeklagten instrumentalisieren, insbesondere die oben unter a) bis c) aufgeführten.
Trotzdem hätte der Angeklagte noch eine Chance gehabt, seine Unschuld – wenn es denn nun einmal so verlangt wurde – zu beweisen, hätte ihm das Gericht nicht rigoros jede Möglichkeit dazu beschnitten und verweigert. Eine der gegen den Angeklagten instrumentalisierten Behinderungen seiner Verteidigung war, daß das Gericht die schon von der Anklage praktizierte einseitige Zeugenauswahl konsequent fortsetzte:
Der Anklage stand umfangreiches Material über mögliche Zeugen zur Verfügung. Die Staatsanwaltschaft hätte darin sowohl nach Be- als auch nach Entlastungszeugen suchen müssen. Das war aber nicht der Fall. Schon in den Voruntersuchungen wurden die ehemaligen Häftlinge nur dann dringlich um Aussage gebeten, wenn sie Belastendes zu wissen behaupteten, wie z. B. die Zeugin Lazar bei ihren Aussagen in Budapest am 2. 6. 1987 und 16. 6. 1987. Die Protokolle[16] zeigen unter anderem, wie einfühlsam und dringlich der aus Wuppertal angereiste Vorsitzende Klein die Zeugin dazu bewegte, sich doch zur Aussage in Wuppertal bereitzufinden. Ganz anders wurde bei möglichen Entlastungszeugen verfahren. So wurde zum Beispiel die von der Verteidigung beantragte Vernehmung der

15. Artikel von Ulla Dahmen-Oberbossel in *General-Anzeiger Wuppertal,* 20. 1. 1988.
16. Kopien beider Protokolle sind dem Revisionsantrag vom 12. 8. 1988 beigefügt.

erkrankten Zeugin Korn in Israel abgelehnt: »Es sind aus dem Beweisantrag keine Gründe ersichtlich, daß die Zeugin in absehbarer Zeit wird vernommen werden können.«[17]

Dieser einseitigen Zeugenauswahl versuchte im Prozeß die Verteidigung durch zahlreiche Anträge auf Ladung ehemaliger Häftlinge (mehr als 20) und weitere Beweisanträge entgegenzuwirken, die aber vom Gericht grundsätzlich abgelehnt wurden. Die Ablehnungen stützten sich immer wieder darauf, daß diese Zeugen ja bestenfalls aussagen könnten, sie wüßten nichts von den angeblichen Taten des Angeklagten. Das sei unerheblich, denn erstens hätten die Häftlinge nicht alles wissen können, und zweitens könnten sie sich nach 43 Jahren ohnehin nicht mehr genau erinnern.

Das Wuppertaler Gericht stufte die Beweisanträge der Verteidigung grundsätzlich zu Beweisermittlungsanträgen herab und lehnte sie ab.[18] Im Gegensatz dazu hatte schon das OLG Düsseldorf im ersten Haftverschonungsbeschluß ausgeführt, daß seiner Auffassung nach alle in Betracht kommenden Zeugen zu hören seien, da es die schwierige Wahrheitserforschung nach so langer Zeit geboten lasse, alle in Betracht kommenden Zeugen zu hören.[19] Dies ist sehr bemerkenswert, da es nicht üblich ist, daß sich ein anderes Gericht mit Fragen der Tatsachenermittlung befaßt, die grundsätzlich alleinige Aufgabe des für den Prozeß zuständigen Gerichtes sind. Das OLG Düsseldorf bekräftigte seine Auffassung, indem es Weise nach dem Wuppertaler Urteilsspruch erneut Haftverschonung gewährte.

Ein weiteres Beispiel für Beweismittelunterdrückung ist die Aussage des Isaac Liver, die er am 18. 10. 1985 bei der Direktion der Nationalen Polizei in Villejuif (Frankreich) machte. Die Nummern im folgenden auszugsweisen Zitat weisen auf schriftlich vorliegende Fragen an den Zeugen hin:

> *»Nr. 2: Ich arbeitete im ›Lager Kanada‹ zuerst in Auschwitz im Lager Kanada Nr. 1, dann im Lager Kanada Nr. 2, das sich etwa 7 km von Auschwitz in Birkenau befand. 1944 war ich in Birkenau* [. . .]
> *Nr. 4: Der Name Gottfried Weise und die Spitznamen ›der Blinde‹ oder ›Sleepy‹ erinnern mich an absolut nichts.*
> *Nr. 5: Ich war keineswegs Zeuge der in dieser Akte erwähnten Taten und habe nicht davon sprechen gehört. Ich glaube, daß diese Geschichte nicht stimmt, denn ohne jeden Zweifel hätten sie alle Gefangenen des Lagers und wahrscheinlich die aus den anderen Lagern gekannt.*
> *Ich persönlich habe den Eindruck, daß die Sache sich nicht halten läßt; alles was in dieser Akte* [!] *angeführt ist, ist mir völlig fremd, und wenn sich die Dinge im Lager so abgespielt hätten, wie sie beschrieben sind, wüßte ich zwangsläufig davon.«*[20]

Ein unvoreingenommenes Gericht hätte selbstverständlich gerade diesen Zeugen ausführlich gehört, um kein einseitiges Bild zu erhalten, um der Öffentlichkeit kein einseitiges Bild zu vermitteln und um durch Vergleich der Zeugenaussagen das Erinnerungsvermögen und die Glaubwürdigkeit der einzelnen Zeugen besser erkennbar zu machen. Das Wuppertaler Gericht ›wußte‹ aber von vornherein, welche Zeugen glaubwürdig waren und welche nicht: So blieb der Zeuge Isaac Liver ungehört. Seine dem Gericht vorliegende frühere Vernehmung wurde nicht verlesen und blieb somit sowohl der Öffentlichkeit als auch den Schöffen unbekannt. In gleicher Weise wurde mit anderen Aussagen verfahren, die zur Entlastung des Angeklagten, zur Korrektur seines in der Öffentlichkeit ausschließlich negativ gezeichneten Bildes hätten führen können.

Das Gericht lehnte nicht nur die Ladung von Entlastungszeugen ab, es verhinderte auch die rechtzeitige Vorlage von Sachbeweisen, wozu weiter unten (2.1.7.2) Näheres ausgeführt wird.

2.1.5. Die Urteilsbegründung

Am 28. Januar 1988 hat die 1. Schwurgerichtskammer des Landgerichts Wuppertal für Recht erkannt, daß der Angeklagte unter Freisprechung im übrigen wegen Mordes in fünf Fällen zu einer Gesamtstrafe von lebenslanger Freiheitsstrafe verurteilt wird.

17. Ablehnung der Beweisanträge 1–13, hier gemäß Revisionsantrag S. 17 zitiert.
18. Revisionsantrag, S. 6.
19. Revisionsantrag, S. 80.
20. Seite 1909 f. der Gerichtsakten

In den ersten achtzehn Seiten der Urteilsbegründung wird zunächst der »zeitgeschichtliche Hintergrund« dargestellt, und zwar aufgrund von »allgemeinkundigen, geschichtlich gesicherten Tatsachen«, zu denen

> *»beispielhaft verwiesen wird auf: Buchheim/Broszat/Jacobsen/Krausnick, ›Anatomie des SS-Staates‹, Walter-Verlag, Bd. I und II; Hofer, ›Der Nationalsozialismus – Dokumente 1933–1945‹, Fischer-Verlag; Kogon, ›Der SS-Staat‹, Wilhelm Heyne-Verlag«.*

Auschwitz-Literatur mit stichhaltigen, nachprüfbaren und auswertbaren Sachangaben fehlt in dieser Literaturangabe.

So enthalten denn auch die in der Urteilsbegründung auf weiteren vierzig Seiten folgenden Schilderungen des Lagers, seiner Organisation und der Lebensumstände viele nachweisbare Unrichtigkeiten und offenkundige Unglaublichkeiten. (So steht zum Beispiel tatsächlich und wörtlich auf Seiten 57/58 der Urteilsbegründung: »Viele der Häftlinge trugen als wertvollsten Besitz eine Schüssel bei sich, die der Verrichtung ihrer Notdurft ebenso diente wie als Eßnapf.«)

Dann heißt es:

> *»Auf die Funktion des KL Auschwitz als Massenvernichtungslager soll nicht näher eingegangen werden, weil die Taten, die der Angeklagte begangen hat bzw. haben soll, nicht im Zusammenhang mit den im Rahmen der ›Endlösung der Judenfrage‹ erteilten Befehlen stehen.«*[20]

Aber in Einzelheiten der Urteilsbegründung wird später immer wieder auf das bekannte Szenario zurückgegriffen. Ein Beispiel hierfür bietet das Wuppertaler Gericht im Hinwegerklären von Unglaublichkeiten in besonders phantasievollen Aussagen der Zeugin Lazar:

Die Zeugin Lazar hatte in Budapest beeidet, sie habe zahlreiche Morde selbst gesehen, so z. B.:

> *»3. Ich hatte im ›Canada‹ Lager freien Ausgang, und so konnte ich sehen, wie SS-Leute Gefangene erschossen haben.*
>
> *4. Beinahe jeden Tag, beinahe jede Stunde sind Erschießungen vorgekommen. Dies habe ich mit eigenen Augen gesehen.«*[22]

Das stand nun im Gegensatz zu den Aussagen der meisten als Zeugen vernommenen früheren Häftlinge. Das Gericht fand aber eine Erklärung dieser »Unstimmigkeit«. Es erklärte diese Übertreibungstendenzen damit, daß die Erlebnisse des in der Nähe stattfindenden Massensterbens bei den Krematorien in das Erinnerungsbild der Zeugin mit eingegangen seien.[23]

Auch an vielen weiteren Stellen der Urteilsbegründung greifen die Richter auf die »allgemeinkundigen, geschichtlich gesicherten Tatsachen« zurück, an die sie so fest glauben. So wird zum Beispiel die ganz unglaubhafte Behauptung, der Angeklagte habe ungestraft im Lager herumschießen können, damit begründet, es sei ja ›allgemeinkundig‹, daß das Leben eines Häftlings nichts gegolten habe.

Selbst wenn man von der ›Allgemeinkundigkeit‹ dieser Vorstellung ausging, hätte man sich zumindest fragen müssen, wie ein solches Herumballern möglich gewesen sein sollte, ohne auch andere Wächter zu gefährden. Bei etwas genauerer Prüfung hätte man alte Wachbücher einsehen und daraus erkennen können, daß über jede Waffe, jeden Schuß Munition Buch geführt wurde. Ich habe zum Beispiel ohne größere Schwierigkeiten aus einem Prager Archiv eine Reihe Musterblätter aus KZ-Wachbüchern beziehen können, die genau belegen, daß das jedem Soldaten bekannte Verfahren der Waffen- und Munitionsausgabe auch bei den Wachen der Konzentrationslager genau eingehalten wurde. Bei etwas weniger ›Allgemeinkunde‹ und etwas mehr Sachprüfung hätte das Gericht den Unfug von der straffrei und ungerügt herumballernden Bestie nicht geglaubt.

Für die Nachprüfung der so ›allgemeinkundig‹ vom Gericht getroffenen ›Feststellungen‹ gibt es nach deutschem Recht keine zweite Tatsacheninstanz. Bei Mordprozessen ist keine Berufung möglich,

---

20. Seite 1909 f. der Gerichtsakten.
21. Urteil, S. 65 f..
22. Urteil, S. 151.
23. Urteil, S. 116.

sondern nur die Revision, die auf Formalfehler prüft, aber keine Überprüfung der als festgestellt geltenden Tatsachen vornimmt und auch keine neuen oder zuvor abgelehnten Beweismittel würdigt.

2.1.6. Die Revision

Schon die Verteidigung hatte sich auf die ›Lazar‹-Fälle und die damit verbundene Abstempelung des Angeklagten zur »Bestie von Auschwitz« konzentriert. Den erst spät ins Spiel gekommenen Zeugen Freimark hielt die Verteidigung für so unglaubwürdig, daß sie eine Verurteilung wegen der von ihm vorgebrachten Beschuldigungen für ausgeschlossen hielt. Das war ein Irrtum der in Sonderprozessen nicht erfahrenen Verteidiger. In Wuppertal war nichts ausgeschlossen.
Auf die ›Lazar‹-Fälle konzentrierte sich auch der Revisionsanwalt. Er glaubte, schon ein Nachweis teilweiser Unrichtigkeit müsse zwingend das gesamte Urteil zur Neuverhandlung stellen. Das war ein weiterer für den Beschuldigten tragischer Irrtum: Am 31. März 1989 hob der Bundesgerichtshof das Urteil nur bezüglich dieser zwei angeblichen Morde auf, ließ es aber überraschenderweise im übrigen, also bezüglich drei behaupteter Morde (›Freimark‹-Fälle) bestehen.

2.1.7. Der rechtskräftig gewordene Teil des Urteils: Die Freimark-Fälle

Wie hat nun die – wie es der Revisionsanwalt formuliert hatte – »sehr ›personalisierte‹ Beweissituation« in den von der Revision nicht erfaßten Freimark-Fällen ausgesehen?
Das Wuppertaler Gericht hatte auf Grund von Freimarks Aussagen drei Morde im »Effektenlager I«, »dem sogenannten alten Lager Kanada«, für erwiesen gehalten:

a) Erschießen eines unbekannt gebliebenen männlichen Häftlings an einem nicht näher bestimmten Tag im Juni/Juli 1944. Diese Tat soll in einer Baracke stattgefunden haben, die vom Gericht als »Bettzeug-Baracke« bezeichnet wurde.
b) Etwa vier Wochen später (aber noch im »Juni/Juli 1944«): Erschießen von zwei aus Grodno stammenden Häftlingen (ohne Angabe des Geschlechts). Ein weiterer Häftling soll bei dieser Gelegenheit von dem SS-Angehörigen Graf ermordet worden sein. (Damit wurde Graf zum Mörder gestempelt und als Entlastungszeuge diskreditiert. Er war von einem Wiener Gericht freigesprochen worden. Gegen die Herbeiziehung der Wiener Akten hat sich das Wuppertaler Gericht mit Händen und Füßen gewehrt.) Diese Taten sollen auf dem Platz zwischen einem Zaun und einer Rampe stattgefunden haben, die sich an einem etwa 10 Meter vom Zaun entfernten Gleis befunden haben soll. An dieser Rampe hätten zur Tatzeit Hunderte von Häftlingen »dreißig bis vierzig« Waggons beladen, nachts bei tagheller Scheinwerferbeleuchtung.

2.1.7.1. Der unbedingte Glaube an Freimarks Aussagen

Für die Verurteilung genügte dem Wuppertaler Gericht die Aussage des einzigen angeblichen Augenzeugen Freimark, von dem es schreibt:

> *»Die Glaubwürdigkeit des Zeugen ist über jeden Zweifel erhaben.«*[24] *»Schon aufgrund seiner glaubhaften Aussage ist die Kammer daher von den unter Ziffer 1. a) und b) dargestellten Taten des Angeklagten überzeugt.«*[25]

Es war sehr leichtfertig, allein im Vertrauen auf Wahrheitsliebe und Wahrheitsfähigkeit eines einzigen Zeugen hin einen Menschen zu lebenslanger Freiheitsstrafe zu verurteilen. Trotz aller Schwierigkeiten aus fortgeschrittenem Beweisverfall konnten neue Beweise gefunden werden. Aus ihnen ergibt sich, daß der Zeuge Freimark nicht die Wahrheit gesagt hat.
Der unbeirrbare Glaube des Gerichtes an seinen Zeugen Freimark ist nicht nachvollziehbar. Schon im Prozeß waren viele Widersprüchlichkeiten erkennbar. Das Gericht sah darüber hinweg. So fiel zum Beispiel niemandem auf, daß Freimark als jüdisch-politischer Häftling in Auschwitz einen grünen

24. Urteil, S. 180.
25. Urteil, S. 190.

Winkel getragen haben will, das Kennzeichen für kriminelle Häftlinge. Eine genauere Prüfung hätte ergeben, daß Freimark zu dieser für ihn während seiner KZ-Haft zweifellos äußerst wichtigen Frage immer wieder neue Angaben gemacht hat. Zur Frage »Welcher Winkel?« sind inzwischen folgende Angaben Freimarks bekannt: rot-gelb (1962), grün (1966), grün (1968), grün und rot-gelb (1988), grün-gelb (1989)[26]. Diese und viele anderen Unstimmigkeiten wurden vom Wuppertaler Gericht nicht geprüft. Der wichtigste Widerspruch besteht in Freimarks Aussagen zum Zeitpunkt seiner Typhuserkrankung.

Es ist z. B. unbestritten, daß Gottfried Weise erst Ende Mai 1944 nach Auschwitz abkommandiert worden war, und zwar für zunächst acht Wochen zur Häftlingsgeldverwaltung, die sich außerhalb des Lagers befand. Dafür konnte die Verteidigung zwei Dokumente vorlegen. Außerdem war eine frühere Aussage des Zeugen Freimark bekannt, er sei Ende Mai 1944 an schwerem Bauchtyphus erkrankt. Nach den vorhandenen Unterlagen konnten somit weder Freimark noch Weise zur angeblichen Tatzeit (»Juni/Juli 1944«) am angeblichen Tatort gewesen sein. Doch das Gericht konnte diese kleine ›Unebenheit‹ glattbügeln: Den Weise hätte man ja auch zeitweise zu irgendwelchen Wachdiensten abkommandieren können (Weise war wachdienstunfähig geschrieben), und (der ansonsten ganz unfehlbare) Freimark könne sich ja in seiner früheren Aussage geirrt haben. Freimark bestätigte dann auch bereitwilligst, dann sei er eben erst später erkrankt. Und das Gericht meinte, daß die Widersprüche in den Aussagen Freimarks zum Zeitpunkt seiner Typhus-Erkrankung seine Glaubwürdigkeit nicht berührten, weil seine neue Aussage durch Indizien gestützt werde.[27] Als Grund für seinen damaligen ›Irrtum‹ habe Freimark nachvollziehbar erklärt, daß er bei seiner Einvernehmung 1968 dem Zeitpunkt seiner damaligen Erkrankung »keine besondere Aufmerksamkeit gewidmet habe«.[28]

2.1.7.2. Die falsch gesetzte Indizienstütze

Die Verteidigung hatte beantragt, Unterlagen über Freimarks Erkrankung anzufordern. Das Gericht erhielt dann am Tage vor der Urteilsverkündung Unterlagen und meinte, Grund zur Freude zu haben. Die aufgefundenen Krankenblattunterlagen des KZ Auschwitz würden nämlich beweisen, daß der Zeuge Freimark im August und September 1944 im Häftlingskrankenbau wegen Typhus-Verdachts untersucht wurde. Man meinte also, nun außer krampfhaft hochzulobenden Zeugenaussagen endlich auch einmal ein Sachindiz für seinen Verurteilungswillen gefunden zu haben: ein Indiz, daß Freimarks neue Aussage zum Erkrankungszeitpunkt die Richtige sci. Diesen Irrtum konnte das Gericht nur dadurch aufrechterhalten, daß es konsequent die Beweisanträge der Verteidigung zur Vervollständigung dieser Indizien ablehnte.[29]

Doch selbst diese aus Fragmenten der vorhandenen Indizien gebastelte Stütze hatte das Gericht verfälscht angesetzt. Es schrieb:

> *»In den Unterlagen vom 14. August 1944 wurde beispielsweise zur Untersuchung des ehemaligen Häftlings und Zeugen Jakob Freimark unter der Ziffer 9 der Liste vermerkt: ›87215 . . . Freimark, Jakob . . . klin. Diagn.: Typhusverdacht‹, bei anderen Häftlingen wurde als Grund etwa ›noch Typhusverd.‹, nur ›Typhus‹ etc. vermerkt.«*[30]

Suggeriert wird damit, daß Freimarks Krankheit nicht etwa dem Ende zu ging (»noch Typhusverd.«) oder voll ausgebrochen war (»Typhus«), sondern daß bei ihm lediglich ein Anfangsverdacht für Typhus vorlag, daß er also neu erkrankt war. Allerdings: Weder in zahlreichen nachträglich gefundenen

26. Matthies/Jordan, August 1993: *Fall Weise – Neue Beweise zur Klärung unrichtiger Angaben des Zeugen Freimark und unrichtiger Feststellungen im Urteil des Landgerichtes Wuppertal vom 28. Januar 1988.* Kopien können gegen Erstattung der Kopierkosten angefordert werden.
27. Urteil, S. 185.
28. Urteil, S. 75 f.
29. Urteil, S. 76 f.
30. Urteil, S. 58.

Krankenbelegen noch in den Gerichtsakten, soweit sie der Verteidigung bekannt sind, ist ein Krankenbeleg zu finden, auf dem »noch Typhusverdacht« vermerkt ist. Seltsam auch die Verlesung in letzter Minute von nur zwei Belegen aus einer im Auschwitz-Museum vorhandenen Belegreihe. Seltsam auch die rigorose Behauptung, weitere Krankenbelege über Freimark gäbe es nicht. Die Verteidigung hatte keine Gelegenheit, die erst am Tage der Urteilsverkündung verlesenen Laborzettel näher zu prüfen. Somit konnte das Gericht die Fiktion aufrechterhalten, die Krankheit Freimarks müsse irgendwann nach dem 14. 8. 1944 ausgebrochen und bis zum 18. 9. 1944 schon wieder völlig ausgeheilt sein. Es liegen nun weitere Beweise vor, um diese von Anfang an unglaubwürdige Fiktion zu widerlegen:

2.2. Neue Beweise, Wiederaufnahmeantrag, Ablehnung, Einspruch

Zum Fall Weise wurde Ende 1992 ein Wiederaufnahmeantrag gestellt. Am 22. April 1994 erging vom Landgericht Mönchengladbach ein ablehnender Beschluß, der dem Inhaftierten zu Pfingsten – also Ende Mai – 1994 zugestellt wurde. Gegen den Ablehnungsbeschluß wurde von Weises Anwalt Einspruch erhoben. Die neuen Beweise, auf die sich der Wiederaufnahmeantrag stützt, wurden im Ablehnungsbeschluß teils ganz übergangen, teils mit formaler oder unzureichender Begründung abgelehnt.

2.2.1. ›Die falsche Zeit‹ – Neue Beweise für falsche Zeitangabe zu Freimarks Typhuserkrankung

2.2.1.1. Die nachträglich gefundenen Laborzettel

Mir bleibt unverständlich, warum es nicht schon vor Jahren einen Rechtsskandal auslöste, als bewiesen werden konnte, wie leichtfertig das Wuppertaler Gericht die Beschaffung weiterer Beweise unterdrückt hatte, weil angeblich:

> »[. . .] *nichts dafür ersichtlich ist, daß dem staatlichen Auschwitz-Museum in Polen über die genannten dem Internationalen Suchdienst des Deutschen Roten Kreuzes in Ablichtung überlassenen Dokumente hinausgehende Krankenblattunterlagen zur Verfügung stehen.*«[31]

In Wirklichkeit waren zur Erkrankung Freimarks insgesamt sieben Laborzettel zu finden:

1) 13./14.8.1944 (Blut, Gruber-Widal und Weil-Felix, Befund »0« ohne »steril«),
2) 28.8.1944 (Stuhl, Befund »0«),
3) 28.8.1944 (Blut, Befund »0« ohne »steril«),
4) 5.9.1944 (Stuhl, Befund »0«),
5) 8.9.1944 (Blut, erstmals Befund »steril«).
6) 11.9.1944 (Stuhl, Befund »0«),
7) 18.9.1944 (Blut – Gruber-Widal, zweiter Befund »steril«).

Das Gericht stützte seine Meinung, Freimark sei »dann« eben erst im August erkrankt, auf die von ihm genannten, angeblich allein auffindbaren Indizien: Auf zwei der nunmehr bekannten sieben Laborzettel, und zwar auf Anfangsglied Nr. 1) und Endglied Nr. 7) der Belegkette.[31]

Wäre der Verteidigung Gelegenheit zur Prüfung der vom Gericht vorgelegten Belege gegeben worden, hätte sie sogar anhand der beiden Laborzettel 1) und 7) erkennen können, daß an der Interpretation des Gerichtes etwas nicht stimmte:

- Befund 1) enthielt noch keinen »Steril«-Vermerk.
- Bei Befund 7) war dieser Vermerk jedoch vorhanden.

31. Urteil, S. 76 f.

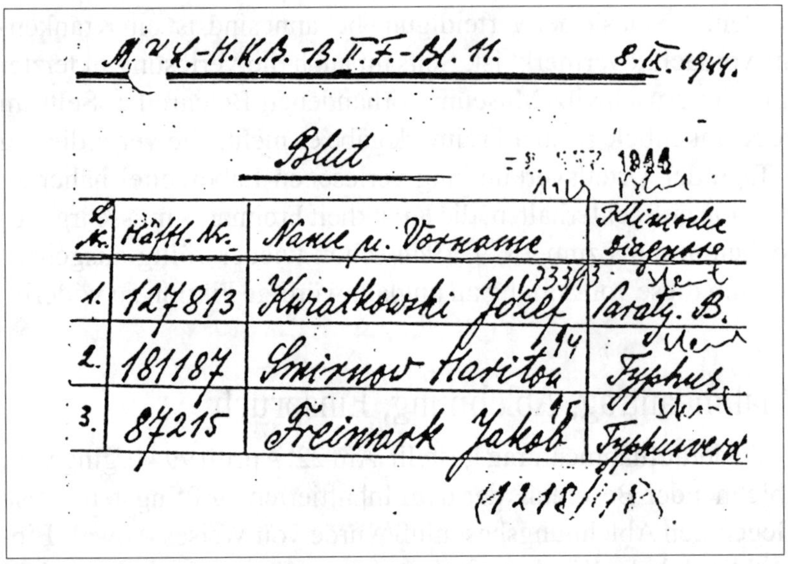

L. Nr.	Häftl. Nr.	Name u. Vorname	Klinische Diagnose
1.	127813	Kwiatkowski Józef	Paraty. B.
2.	181187	Smirnow Hariton	Typhus
3.	87215	Freimark Jakob	Typhusverd.

Erster Sterilvermerk zu Freimark auf Laborzettel vom 8.9.1944.

Sterilvermerke auch zu den zwei Mitpatienten

Allein der Sterilvermerk auf diesem Beleg hätte – wäre er der Verteidigung bekannt gewesen – stutzig machen müssen. Hier wurde dem Angeklagten eine erste Verteidigungsmöglichkeit zu dieser Frage vorenthalten. Auch die zweite Verteidigungsmöglichkeit, Beschaffung der Belege 2) bis 6), wurde verwehrt, erst recht natürlich die beantragte Einholung eines medizinischen Fachgutachtens.

Die nachträglich gefundenen Dokumente beweisen nun, daß Freimarks Typhuserkrankung nicht »im August 1944« ausgebrochen ist, wie im Urteil festgeschrieben. Die Dokumentenreihe ergibt nämlich ganz eindeutig, daß Freimark in der Zeit vom 13. 8. bis 18. 9. 1944 nicht akut an Typhus erkrankt war. Seine lange und schwere Typhuserkrankung ist aber unbestritten und unter anderem im Urteil festgeschrieben. In August/September 1944 kann sie, so beweist es die Belegreihe, nicht ausgebrochen und ausgeheilt sein. Wann aber sonst soll die Krankheit abgelaufen sein: vor oder nach August/September 1944? Die der Verteidigung vorliegenden fachärztlichen Stellungnahmen sagen eindeutig, daß der zweite Steril-Vermerk nach Gruber-Widal am Ende der Laborreihe typisch für den Abschluß einer Nachuntersuchung gemäß den damaligen seuchenhygienischen Vorschriften ist. Freimark könnte demnach nur vor August 1944 erkrankt sein, also im Juni/Juli 1944. Das müßte nun der Prüfung durch einen gerichtlich zugelassenen Gutachter unterworfen werden.

Aber auch ohne fachärztliches Gutachten ist beweisbar, daß Freimarks Erkrankung nicht nach September 1944 ausgebrochen sein kann. Freimark hat nämlich nach seinen Aussagen vor dem Krematoriumsaufstand vom 7. 10. 1944 mindestens einige Wochen im Lagerwiderstand an der Aufstandsvorbereitung mitgearbeitet. Die allein verbleibende Möglichkeit, daß er vor August 1944 erkrankt ist, wird von vielen weiteren Angaben Freimarks bestätigt. Seine ursprüngliche Angabe »Erkrankung Ende Mai 1944« wird von seinen weiteren Erklärungen vielfach abgestützt.

In der Ablehnung des Wiederaufnahmeantrags übersieht das LG Mönchengladbach wiederum die Bedeutung der ›Steril‹-Vermerke; es nimmt wiederum keinerlei Kenntnis von den damaligen seuchenhygienischen Bestimmungen; es verweigert wiederum die Einholung eines Fachgutachtens. Der Anwalt Weises hatte »Einholung eines Sachgutachtens, zu erstellen durch einen Epidemilogen der Fachrichtung Hygiene und Bakteriologie« beantragt. Wie schon zuvor die Wuppertaler Richter meinen nun auch deren Kollegen in Mönchengladbach aus ihrer omnipotenten Universal-Fachkenntnis, eine Nachuntersuchung sei aus den Laborbelegen nicht zu erkennen. Doch während die Wuppertaler Richter noch locker unterstellten, daß die von allen Seiten unbestrittene Typhuserkrankung Freimarks irgendwann zwischen dem 14. August und dem 18. September 1944 abgelaufen sei, kommt LG Mönchengladbach nun wenigstens zu der Erkenntnis, daß Freimark in dieser Zeit nicht akut typhuskrank war. Dem ist aus Sicht des Wiederaufnahmeantrages voll zuzustimmen. Was aber auch LG Mönchengladbach völlig unter den Teppich kehren möchte, ist die Frage, wann denn nun Freimark die akute Phase seiner schweren Typhuserkrankung durchgemacht haben soll, wenn nicht im Juni/Juli 1944? Diese Frage ist den Vertretern des Urteils verständlicherweise sehr unbequem. Freimarks Berichte belegen die Zeit nach dem 18. September 1944 bis zum Krematoriumsaufstand (7. 10. 1944) so dicht mit Widerstandstätigkeit, daß da keine ausreichende Zeitlücke bleibt. Die Zeit seiner langen und schweren Erkrankung, die nicht bestritten wird, kann somit nur vor August 1944 liegen, also im Juni/Juli 1944. Und wenn man das zugibt, muß man auch zugeben, daß der einzige angebliche Augenzeuge zur angeblichen Tatzeit überhaupt nicht am angeblichen Tatort sein konnte.

2.2.1.2. Freimarks Aussagen zum ›Fall Klehr‹

Zur Stützung von Freimarks ursprünglicher Aussage »Erkrankungsbeginn Ende Mai 1944« stehen außer der komplettierten Reihe der Laborzettel noch weitere neue Beweise zur Verfügung: Aussagen Freimarks, die er gemacht hat, ehe er wußte, worauf es im Fall Weise ankommt. So berichtete er 1968, daß er im Mai 1944 wegen Typhus ins Krankenrevier eingeliefert worden sei. Er berichtet sodann, wie er Dr. Mengele und den Sanitätsdienstgrad (SDG) Klehr bei ihren Experimenten an Häftlingen beobachten konnte, als es ihm »schon wieder besser ging«.[32] Zu dieser Zeit war seine schwere Erkrankung (39, 40, 41,3°C Fieber[33]) abgeklungen, und er lief als Rekonvaleszent im Krankenbereich herum. Seine schwere Erkrankung muß demnach spätestens im Juli 1944 abgeklungen sein, denn: Im Frankfurter Auschwitz-Prozeß wurde festgestellt, daß der SDG Klehr im Juli 1944 in das Außenlager Gleiwitz versetzt wurde. Laut Auschwitz-Kalendarium[34] »[. . .] war Klehr [. . .] ab Juli 1944 Leiter des Häftlingskrankenbaus im Nebenlager Gleiwitz I [. . .]«

Freimark berichtet in seiner 1968er Aussage ausführlich über viele Untaten des Dr. Mengele, die er – Freimark – alle mit eigenen Augen gesehen habe. Und: »In Begleitung von Dr. Mengele befand sich stets der SDG Klehr.«[35] Also hat Freimark den Klehr nicht nur einmal, sondern sehr oft gesehen. Das Geschilderte kann er natürlich nicht alles an einem Tag gesehen haben, dazu hat er Wochen der Beobachtung gebraucht. Daraus ergibt sich: Freimarks schwere Typhus-Erkrankung muß – seinen Klehr/Mengele-Angaben gemäß – spätestens Anfang Juli 1944 abgeklungen sein.

Das LG Mönchengladbach meint dazu, es könne ja sein, daß Freimark mehrfach im Krankenrevier war. Er habe ja auch angegeben, einmal von Dr. Senteler geschlagen worden zu sein. Das LG Mönchengladbach ignoriert dabei die in der Auschwitz-Dokumentation genauestens belegte Organisation des Krankenwesens im KL Auschwitz. Das LG übersieht völlig, daß Häftlinge erst nach Untersuchung durch den polnischen Leitenden Arzt Dr. Zenkteller (nicht ›Senteler‹, siehe auch 2.2.5) ins Krankenrevier eingewiesen wurden, daß sie dort nicht beliebig zum Besuch von Freunden hineingehen konnten, daß Freimark selbst an mehreren Stellen seine Erlebnisse mit Dr. Zenkteller in engem Zusammenhang mit seiner Typhuserkrankung schildert und so weiter.

32. Zeugenaussage Freimarks in Tel Aviv, 20. 11. 1968; dok/172. Zur Zitierweise ›dok/nnn‹: Über die zahlreichen Angaben von und über Freimark liegt eine Dokumentation vor, die Abschriften von nicht allgemeinzugänglichen Quellen enthält, z. B. von Texten aus dem Urteil und Übersetzungen aus jiddischen und hebräischen Texten. Mit ›dok/nnn‹ wird auf die Seitenzahl dieser Dokumentation verwiesen. Sie kann bei Interesse gegen Erstattung der Kopierkosten angefordert werden. Neben Protokollen von früheren Zeugenaussagen Freimarks sind in der Dokumentation zwei längere Berichte oder Erzählungen Freimarks enthalten:
    1) *Einsam in der Schlacht*, autobiographische Erzählung Freimarks im Suwalki-Buch: *Jewish Community Book Suwalki and Vicinity: Baklerove, Filipove, Krasnopole, Psheroshle, Punsk, Ratzk, Vizhan, Yelineve;* The Yair – Abraham Stern – Publishing House, Tel Aviv, 1989; Texte teils in Englisch, teils in Hebräisch; Freimarks Erzählung aus dem Hebräischen übersetzt.
    2) Freimarks Yad-Vashem-Bericht; Erinnerungen von 1959, Niederschriften von 1962 und 1964; aus dem Jiddischen (in hebräischer Schrift) ins Deutsche übersetzt.
33. Yad-Vashem-Bericht, Seiten 72 und 82; dok/156,162.
34. D. Czech, *Kalendarium der Ereignisse im Konzentrationslager Auschwitz-Birkenau 1939–1945,* Reinbek, Hamburg 1989, S. 1009.
35. Zeugenaussage Freimarks in Tel Aviv, 20. 11. 1968; dok/173.

2.2.1.3. Freimarks Aussagen zum Krankheitsverlauf

Freimarks Typhus-Erkrankung muß sehr schwer gewesen sein. In seinem Yad-Vashem-Bericht gibt Freimark – wie schon erwähnt – an, daß er Temperaturen von 39, 40 und 41,3°C[35] gehabt habe. Außerdem habe er – offenbar durch langes Krankenlager – einen schmerzhaften Abszeß am Gesäß bekommen.[36] Als er, an diesem Abszeß schwer leidend, im Bett lag, habe auf seiner Kartei [Krankenblatt?] geschrieben gestanden: »Grober Vital 1/800«.[37] Offen ist, ob es sich bei diesem Gruber-Widal-Test um einen der beiden uns aus den Laborblättern bekannten handelt oder ob schon während des akuten Krankheitsverlaufs ein Test dieser Art gemacht wurde. Letzteres ist bei der offenbaren Schwere der Erkrankung und ihrer Dauer nicht auszuschließen. – Auch in seiner Aussage von 1966 erwähnt Freimark, daß er mit Bauchtyphus »niederlag«.[38] In der schon mehrfach zitierten Aussage von 1968 wiederholt er, daß er (im Mai 1944) an Typhus erkrankt sei, und fügte dann hinzu, er habe seine Mengele/Klehr-Beobachtungen gemacht, »als es mir schon wieder besser ging«. Es muß ihm also vorher schlecht gegangen sein. Und es muß sich um eine ganz wesentliche Verbesserung gegenüber der Zeit handeln, als Freimark noch so sehr unter dem tamponierten Gesäß-Abszeß litt, denn mit dieser Tamponierung hätte er nicht die von ihm beschriebenen Ausflüge machen können. Der Gesäß-Abszeß wiederum war Folge langer Bettlägerigkeit mit den bei Bauchtyphus typischen unkontrollierten Harn- und Stuhlabgängen. Auch hieraus ergibt sich, daß die Krankheit lange vor dem Zeitpunkt des »als es mir schon wieder besser ging« ausgebrochen sein muß. Die vehemente Form des Ausbruchs seiner Krankheit mit Kollaps und Fieber bis zu 41,3°, die er 1962 noch sehr hervorhebt, schließt aus, daß die Erkrankung erst im August/September 1944 ausgebrochen sein könnte. Eine lange Reihe von Laboruntersuchungen zur Feststellung der Krankheit wäre ja bei der Vehemenz des Ausbruchs und den deutlichen Symptomen völlig unsinnig gewesen.

Alle vor 1988 liegenden Aussagen Freimarks zu seiner Typhus-Erkrankung weisen darauf hin, daß er schwer und dementsprechend lange krank gewesen sein muß. Eine derart schwere Typhuserkrankung dauert Wochen vom Ausbrechen bis zum Abklingen. Das Abklingen hat, wie vorangehend nachgewiesen, spätestens Anfang Juli 1944 einsetzen müssen, sonst hätte Freimark nicht mehr den Klehr häufig bei Untaten beobachten können. Die mehrwöchige schwere Typhus-Erkrankung Freimarks muß demnach spätestens Anfang Juni 1944 ausgebrochen sein. Das deckt sich mit dem von ihm 1968 genannten Erkrankungstermin »Ende Mai 1944«. Seine früheren Aussagen stützen somit die Aussage von 1968.

Das LG Mönchengladbach schließt beide Augen vor der auch ihm bekannten Tatsache, daß Freimark seine Mengele/Klehr-Beobachtungen gemacht haben will, als es ihm schon wieder besser ging – also nach seiner schweren Typhuserkrankung. Es meint vielmehr, Freimark sei sicher öfter mal im Krankenrevier gewesen. Dabei übersieht es nicht nur, daß Freimark selbst die Klehr-Beobachtungen ausdrücklich im Zusammenhang mit seiner Typhus-Erkrankung schildert. Es übersieht auch völlig, die in den Auschwitz-Dokumenten besonders genau geschilderte Organisation des Krankenbereiches. Ohne Einweisung durch den Leiter des Ambulatoriums konnte Freimark nicht in den Krankenbereich gelangen, und schon gar nicht in den Isolierbereich für Seuchenkranke, von dem aus er beobachtet haben will. Freimark war, wie die Laborbelege beweisen, in Krankenblock BIIF eingewiesen. Einweisender Arzt im zugehörigen Ambulatorium BIId war der polnisch Arzt Dr. Zenkteller, an den sich Freimark sehr emotionsgeladen erinnerte, und zwar wiederum im engen Zusammenhang mit seiner Typhuserkrankung. (Siehe dazu auch unter 2.2.5.)

35. Zeugenaussage Freimarks in Tel Aviv, 20. 11. 1968; dok/173.
36. Yad-Vashem-Bericht, S. 79/80; dok/160.
37. Yad-Vashem-Bericht, S. 180; dok/161.
38. Aussage Freimarks in Tel Aviv, 29. 4. 1966; dok/168.

2.2.1.4. Freimarks Aussagen über seine Mithilfe zur Vorbereitung des Krematorium-Aufstandes

Im August/September 1944 war Freimark nicht krank. Das beweist die vom 13. 8. bis 18. 9. 1944 lückenlose Reihe der Laborblätter. Könnte Freimark nach dem 18. 9. 1944 (da war er nachweisbar gesund) und vor dem 24. 10. 1944 (auch da war er eindeutig ansteckungsfrei und auf dem Weg nach Sachsenhausen) schwer an Typhus erkrankt sein?
Eine Bejahung dieser Frage ist an sich schon ausgeschlossen, denn die zwischen 18. 9. und 24. 10. 1944 verbleibenden fünf Wochen hätten kaum für den schweren Krankheitsverlauf ausgereicht, geschweige denn für die danach noch erforderliche Quarantäne zur Feststellung der Ansteckungsfreiheit vor ›Verschubung‹ in ein anderes Lager.
Aber Freimark selbst liefert uns noch einen zusätzlichen Beweis dafür, daß er nach dem 18. 9. 1944 nicht mehr krank war. Nach seinen Angaben hat er nämlich als enger Vertrauter von Salman Gradovski[39] an der Vorbereitung des Krematorium-Aufstandes mitgewirkt. Der Aufstand fand am 7. 10. 1944 statt. Freimarks Mitwirkung muß nach seiner Typhus-Erkrankung stattgefunden haben. Auch in Wuppertal wurde ausdrücklich festgestellt, daß Freimark bei seiner neuen Aussage »in engem zeitlichen Zusammenhang hierzu [zum Zeitpunkt seiner Erkrankung] den nachfolgenden Krematoriumsaufstand einordnet«.[40] Diese Einordnung ist richtig, nur daß nicht die gesamte Krankheit – so quasi zwischen Tür und Angel – mit »August/September« abzuhaken ist. Das war nur die Phase der Rekonvaleszenz und Nachuntersuchung. Die Reihe von Laborzetteln beweist das eindeutig. Die eigentliche Krankheitsphase lag in Juni/Juli 1944.
Das LG Mönchengladbach übergeht die Frage, wie denn Freimarks einwandfrei festgestellte schwere Erkrankung zeitlich eingeordnet werden kann.

2.2.1.5. Freimarks Aussage über seine Rückbeorderung zum Kommando ›Kanada‹ zu Beginn der Ungarn-Transporte

> *»Als die ungarischen Transporte begannen, bin ich zurückbeordert worden, in ›Kanada‹ zu arbeiten. Dort haben wir verstanden, warum sie wollten, daß wir das Lager von Juden säubern. Tag und Nacht sind sie gekommen, diese Transporte aus Ungarn. Wir haben auf der Rampe gearbeitet, und es war sehr schwer. Ein Transport nach dem anderen ist gekommen.«*[41]

Diese Angabe Freimarks in seinem Bericht von 1959/1962 stützt noch einmal sehr massiv seine ganz konkrete Aussage von 1968, daß er im Mai 1944 wieder zum Kommando ›Kanada‹ gekommen sei. Die Ungarn-Transporte, bei deren Beginn er rückbeordert wurde, begannen laut Auschwitz-Kalendarium Mitte Mai 1944[42]. Freimarks ursprüngliche Aussage, kurz nach dieser Rückbeorderung erkrankt zu sein, paßt ganz genau mit dem von ihm genannten Erkrankungstermin Ende Mai 1944 zusammen.
Das LG Mönchengladbach nimmt keine Notiz hiervon.

2.2.1.6. Freimarks Aussage über seine weitere Rekonvaleszenz-Zeit während der Transporte aus Lodz

In seinem Yad-Vashem-Bericht[43] schildert Freimark ausführlich seinen Revieraufenthalt bei weiterem Abklingen der Typhuserkrankung. Diese längere Rekonvaleszenz-Phase lag nach Freimarks Angaben in der Zeit der Transporte aus Lodz – also in August/September 1944. Das wiederum deckt sich voll mit seiner Angabe, er sei Ende Mai 1944 erkrankt.
Das LG Mönchengladbach nimmt keine Notiz hiervon.

---

39. Suwalki-Buch und Yad-Vashem-Bericht; dok/108, 109, 111, 139, 141, 142, 145, 152 ff.
40. Urteil, Seite 75; dok/177.
41. Yad-Vashem-Bericht, S. 53; dok/146.
42. D. Czech, aaO. (Anm. 34), S. 776.
43. Yad-Vashem-Bericht, S. 83, 84; dok 162,163.

2.2.1.7. Abschließend zu 2.2.1:

Daß die Laborzettel nicht gegen Freimarks Erkrankung im Mai 1944 sprechen, sondern im Gegenteil ein sehr starkes Indiz für die Richtigkeit dieser Angabe sind, wird von Gottfried Weises Anwalt schon seit Jahren geltend gemacht. Seltsamerweise hat sich keine der rechtswahrenden Stellen dafür interessiert. Nun wird dieser an sich schon äußerst schwerwiegende neue Beweis durch weitere neue Beweise massiv gestützt. Diese weiteren Stützen ergeben sich aus Angaben Freimarks, die dem Wuppertaler Gericht genau so unbekannt waren wie die komplette Reihe der Laborzettel, die also ebenfalls neue Beweise sind. Neue Beweise zur Stützung von Freimarks 1968er Aussage »Erkrankung Ende Mai 1944« waren zunächst:

1. die vom Wuppertaler Gericht falsch verwendeten Laborzettel 1) und 7) zuzüglich der nachträglich gefundenen Laborzettel 2) bis 6), also die gesamte nunmehr bekannte Reihe der Laborzettel 1) bis 7). Diese bereits sehr massive Stütze der Freimark-Angaben von 1968 wird fünffach verstärkt durch folgende weitere neue Beweise aus anderen Aussagen Freimarks:
2. Spätestens im Juni 1944 war Freimark im Krankenbau. Nur so konnte er bei erstem Abklingen seiner Krankheit, also spätestens im Juli 1944, den Klehr bei dessen Missetaten beobachten.
3. Freimarks Erkrankung war sehr schwer und hat dementsprechend lange gedauert. Sie kann nicht nach den ›Steril‹-Befunden vom 9. und 18. September 1944 ausgebrochen sein, weil er schon am 24. Oktober 1944 ansteckungsfrei verlegt wurde.
4. Freimark hat Ende September/Anfang Okober 1944 als Gesunder an der Vorbereitung des Krematorium-Aufstandes mitgewirkt. Er kann also in dieser Zeit nicht krank gewesen sein.
5. Freimark datiert seine Verlegung nach ›Kanada‹ selbst noch einmal auf Mitte Mai 1944. Er erinnert sich an den Zeitpunkt der Verlegung: »Als die Ungarn-Transporte begannen . . .«. Die Ungarn-Transporte begannen Mitte Mai 1944.
6. Freimark war noch Rekonvaleszent in der Zeit, als die Transporte von Lodz kamen, also im August/September 1944.

Unter Beachtung der gerichtlichen Feststellung: »Die Glaubwürdigkeit des Zeugen ist über jeden Zweifel erhaben« ist nur ein Schluß möglich: Freimark beweist selbst, daß er im Juni/Juli 1944 nicht am Ort der angeblichen Taten Weises gewesen sein kann. Seine für ein Erkrankungsdatum Ende Mai 1944 gemachten Aussagen sind wesentlich plausibler als seine in Wuppertal doch offensichtlich recht plötzlich erfolgte ›sukzessive Reproduktion‹, daß er ›dann‹ eben erst im August/September 1944 krank gewesen sei. Das LG Mönchengladbach hält an der Wuppertaler Version fest.

2.2.2. ›Der falsche Ort‹ – Neue Beweise gegen falsche Schilderung von Tatort und Tatverlauf

Die Mordtaten, die dem verurteilten Gottfried Weise im rechtskräftig gewordenen Teil des Urteils vorgeworfen werden, soll er in bzw. an der vom Gericht ungenau und unrichtig als ›Effektenlager I‹ bezeichneten alten Entwesungsanlage (Gasentwesung I) verübt haben[44]. Dort will sie der Zeuge Jakob Freimark gesehen haben:

a) Eine Mordtat soll der Verurteilte in der ›Bettzeug-Baracke‹ innerhalb von ›Effektenlager I‹ verübt haben. Der Zeuge will das gesehen haben, als er inmitten von vielen Häftlingen innerhalb des Lagers an einem Platz stand, von dem aus man zwei Barackeneingänge einsehen konnte.
b) Zwei weitere Morde soll der Verurteilte »auf dem Platz zwischen Verladerampe und der ostwärtigen Einfahrt zum Effektenlager I« verübt haben. Das Gleis, an dem sich die Verladerampe befand,

44. Zu diesem Thema liegt eine genauere Untersuchung vor: Matthies/Jordan, *Der Fall Weise – Neue Beweise zur Klärung unrichtiger Ortsangaben und unrichtiger Tatvorwürfe im Urteil des Landgerichtes Wuppertal vom 28. Januar 1988,* Fassung von März 1993 mit Nachtrag von Mai 1993. Kopien dieser Untersuchung können gegen Erstattung der Kopierkosten angefordert werden.

soll »etwa 10 Meter« vom Zaun entfernt verlaufen sein. In der Vorstellung des Gerichtes gab es also zwischen Zaun und Rampe einen »Platz« von etwa 900 m^2: 10m (Abstand Zaun/Gleis) = 90 m (Länge des Zauns).

Die angeblichen Tatorte werden vom Gericht relativ genau beschrieben, im Unterschied zu den angeblichen Opfern und zur angeblichen Tatzeit. Das ermöglicht eine Überprüfung des Ortsbildes, von dem das Gericht bei seiner Urteilsfindung ausging. Dieses Ortsbild war falsch.

Das LG Mönchengladbach kann zwar die Unrichtigkeit des Wuppertaler Ortsbildes nicht bestreiten, hält die falschen Feststellungen des Urteils aber nicht für relevant.

2.2.2.1. Das falsche Ortsbild des Wuppertaler Gerichtes

Zeuge und Gericht haben sich bei ihrer Darstellung der angeblichen Tathergänge an einem unrichtigen Ortsbild orientiert, das mit einer gleichfalls unrichtigen Skizze übereinstimmt, die dem Urteil beigefügt ist.

Die falsche Skizze des Wuppertaler Gerichtes

Markierungen X1 und X2 von Jordan eingesetzt. Vermeintlicher Platz zum Antreten von etwa 100 Häftlingen. Beobachtungsort zum ›Barackenmord‹.
X 1 ——

Vermeintlicher Platz zum Antreten von 200 bis 400 Häftlingen und Tatort der angeblichen ›Rampenmorde‹.
X 2 ——

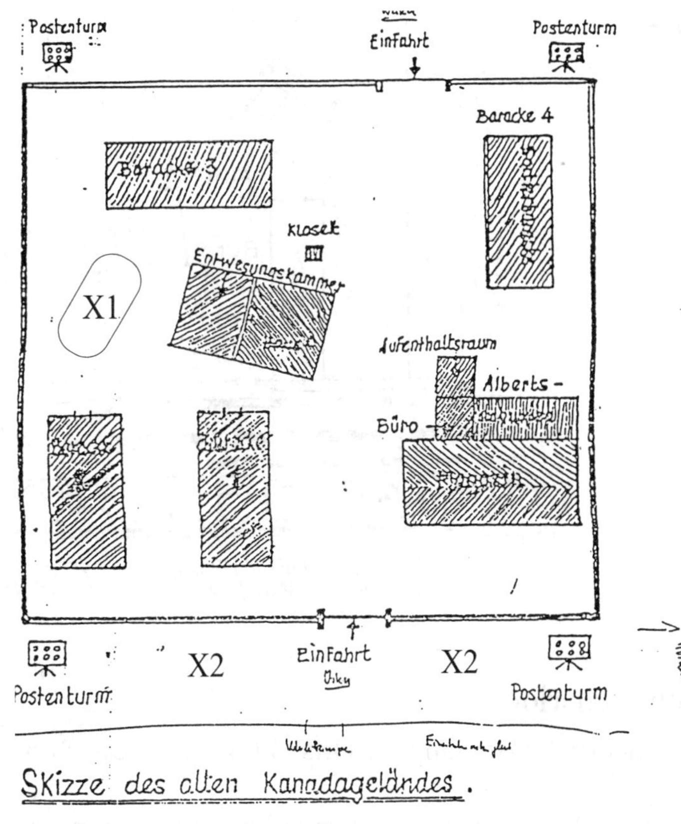

2.2.2.2. Das richtige Ortsbild aus Dokumenten

Das richtige Ortsbild zeigt die nachstehende maßstabgerechte Zeichnung. Sie ist das Ergebnis sorgfältiger Auswertung von US-Luftbildern[45], der Beschreibung der Entwesungskammer I (des angeblichen Tatortes) in Unterlagen des Auschwitz-Archivs[46] und des Buches von Pressac[47], das als wissenschaftliches Standardwerk der Auschwitz-Literatur gilt.

Das LG Mönchengladbach bestreitet nicht, daß die vom Gericht zur Feststellung von Tatort und

45. Hierzu: J. C. Ball, *Air Photo Evidence,* Delta, B.C., Canada 1992, S. 34.
46. Hierzu: *Archivum des Museums in Auschwitz, Ensemble der Erklärungen zum Raub des Opfergutes,* 51. Kapitel, S. 119–134, Bericht des ehemaligen Häftlings Josef Odi.
47. J.-C. Pressac, *Auschwitz: Technique and Operation of the Gas Chambers, Beate Klarsfeld Foundation,* New York 1989.

Tatverlauf verwendete Skizze falsch ist. Es kann auch nichts gegen die Richtigkeit der nach Luftbildern gezeichneten Skizze vortragen. Trotzdem meint es, »daß die US-Luftbildaufnahme vom 25. August 1944 für sich gesehen nicht die Lagerverhältnisse zur Tatzeit im Juni/Juli 1944 wiedergeben kann [. . .]« Diese Einschränkung ist völlig unverständlich, weil dem LG Mönchengladbach nach eigenen Angaben auch die US-Luftbildaufnahmen vom 4. April 1944, 31. Mai 1944 und 21. Dezember 1944 bekannt sind, die neben anderem Material zur weiteren Verifizierung der Skizze dienten.

Zeichnung nach 1944er Luftbildern der US-Airforce

Die richtige Ortsdarstellung zeigt, daß es die in der Skizze des Gerichtes frei erscheinenden Plätze X1 und X2 nicht gab.

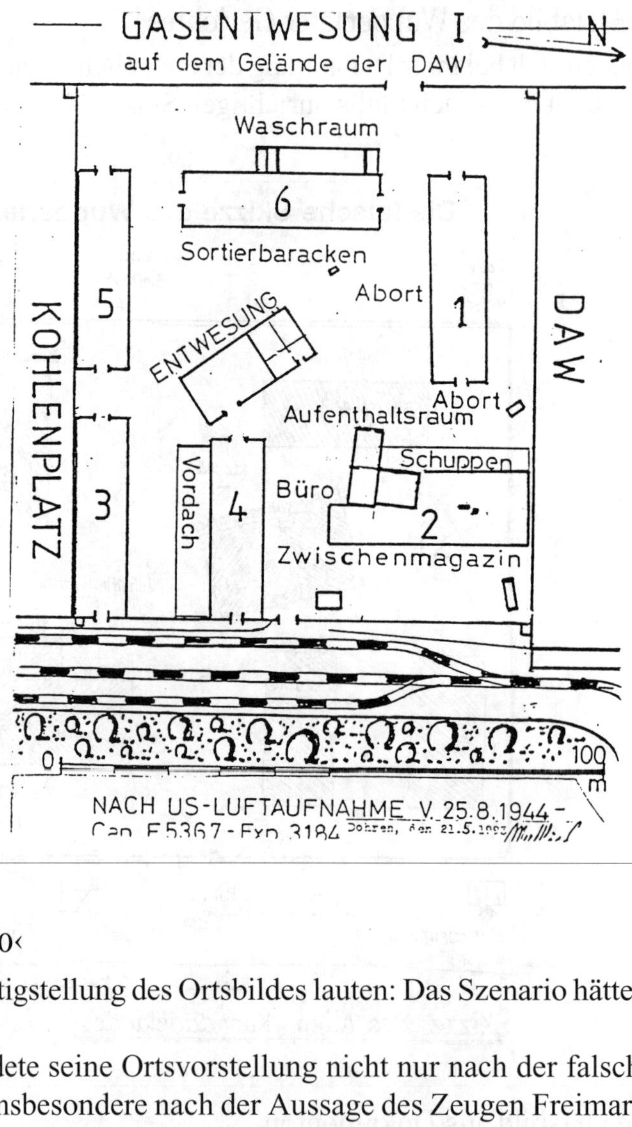

2.2.3. ›Das falsche Szenario‹

Die Folgerungen aus der Richtigstellung des Ortsbildes lauten: Das Szenario hätte sich nicht abspielen lassen.

Das Wuppertaler Gericht bildete seine Ortsvorstellung nicht nur nach der falschen Skizze, sondern auch nach Zeugenaussagen, insbesondere nach der Aussage des Zeugen Freimark. Das Gericht hatte diesem Zeugen ein besonders präzises Ortsgedächtnis bescheinigt. In der Tat: Er hat fast ein Dutzend falsche Details präzise so beschrieben, wie sie in der Gerichts-Skizze falsch eingezeichnet waren. Der Zeuge Freimark kannte offensichtlich den angeblichen Tatort nicht aus eigener Erinnerung. Er orientierte sich auch nur an der fehlerhaften Skizze. Falsch waren zunächst zwei sehr wesentliche Einzelheiten:

1) Auf dem vermeintlich freien Platz, auf dem der Zeuge Freimark seiner Schilderung nach inmitten »vieler« Häftlinge gestanden haben will, stand in Wirklichkeit eine Baracke (in vorstehender Zeichnung), von der der Zeuge Freimark offensichtlich nichts wußte. Freimark und seine Mithäftlinge können hier nicht gestanden haben. Es gab auch keinen anderen Aufstellplatz für eine größere Häftlingsgruppe, der die Bedingungen für das von Freimark geschilderte Szenario erfüllt hätte.

Das LG Mönchengladbach meint, vielleicht wären es nicht 100 Häftlinge gewesen, die aufzustellen waren. Freimark und das Wuppertaler Gericht hatten nur von »vielen« gesprochen. Aus den vom Wuppertaler Gericht genannten Arbeitskommandos und den im Auschwitzkalendarium zu deren Stärke gemachten Angaben ergab sich aber die im Antrag vorgerechnete Zahl von etwa 100 Häftlingen. Zu dieser Berechnung liegen erfreulicherweise noch viele Arbeitseinsatzlisten in Auschwitz vor, aus denen die genaue Stärke der laut Feststellung des Wuppertaler Gerichtes am Tatort anwesenden Arbeitskommandos hervorgeht. Wieder einmal wird in diesem Fall eine mögliche sachliche Klärung abgelehnt. Das LG Mönchengladbach hat auch die zweite wichtige Frage völlig ignoriert: Nach dem Szenario Freimark/Wuppertal hätte Freimark gleichzeitige volle Sicht in die Eingänge von zwei zum Verwechseln ähnlichen Baracken haben müssen. Die richtige Skizze zeigt nun aber, daß die Baracken keineswegs zum Verwechseln ähnlich waren und daß von keinem denkbaren Aufstellungsplatz her gleichzeitig beide Barackeneingänge eingesehen werden konnten. LG Mönchengladbach übersieht, daß sich Freimarks Tatschilderung auch aus diesem Grund als unrichtig erweist.

Freimarks Tatschilderung ist übrigens gerade zur Frage der zwei angeblich so zum Verwechseln ähnlichen Baracken recht bezeichnend für die Art der Wahrheitsfindung in diesem Fall: Ursprünglich, bei seiner ersten Vernehmung in Israel, wußte Freimark nur von einer Baracke, in der sich alle handelnden Figuren des ›Barackenmordes‹ trafen. Im Prozeß sah Freimark dann die (falsche) Ortsskizze, auf der unrichtig zwei völlig gleiche Baracken eingezeichnet sind. Das Bild inspirierte Freimark, und er änderte seine erste Aussage (Eine-Baracke-Version) zu einer Zwei-Baracken-Version um: Er verteilte die Akteure nun auf zwei Baracken für eine besonders dramatische Schilderung. Als Beweis seiner Wahrheitsliebe räumte er ein, er wisse nicht mehr genau, ob die ›Bettzeug-Baracke‹ als eigentlicher Tatort die rechte oder die linke der Zwillingsbaracken gewesen sei. Das Gericht war von seiner pingeligen Wahrheitsliebe und seiner detaillierten Ortskenntnis begeistert und übersah die Falle: Die Zwei-Baracken-Version läßt sich nur an dem fiktiven Ort der falschen Skizze abspielen. In das tatsächliche Ortsbild paßt sie nicht hinein; Freimarks Tatschilderung und die darauf basierenden ›Feststellungen‹ im Urteil sind falsch.

2) Das Szenario der angeblichen Taten b) geht davon aus, daß Hunderte von Häftlingen in Tag- und Nachtschicht einen langen Güterzug von »dreißig bis vierzig« Waggons beladen, wieder entladen und erneut beladen. Der große Platz zwischen Zaun und Rampe ist dazu nachts »taghell« durch die auf dem Zaun angebrachten Scheinwerfer beleuchtet. Drei Häftlinge können in einem der vielen Waggons ein Versteck einrichten, Wasser und Verpflegung dorthin bringen, sich selbst dort verstecken. Ihr Fehlen wird erst bei Schichtwechsel bemerkt. Nach stundenlangem Zählappell beginnt man, alle Waggons wieder zu entladen. Die Häftlinge werden in Anwesenheit Hunderter Häftlinge gefunden, mißhandelt, ermordet. Es ist etwa Mitternacht.

   Tatsache aber ist: Das Ladegleis führte direkt am Zaun entlang. Die Rampe bot somit keinen 10 Meter breiten Streifen Platz, sondern lediglich einen Streifen maximal von 1m Breite und maximal 30 m Länge (30 m^2). Es gab auch keine Scheinwerfer auf dem Zaun, keine taghelle Beleuchtung. Es gab auch keine »dreißig bis vierzig« Waggons. Das ganze Ladegleis hätte maximal sechs Waggons aufnehmen können, an die kleine Rampe direkt am Zaun hätten ohnehin nur drei Waggons gepaßt. (Der frühere Häftling Josef Odi, der im Unterschied zu Freimark die alte Gasentwesung genau kannte und richtig beschrieb, hielt es schon für sehr bemerkenswert, daß an manchen Tagen sogar »mehrere« Waggons beladen wurden.)

   Das LG Mönchengladbach umgeht eine Stellungnahme zu der szenarischen Unmöglichkeit der »dreißig bis vierzig« Waggons in höchst eigenartiger Weise: In seinem ansonsten wörtlichen Zitat der Szenario-Schilderung aus dem Urteil läßt LG Mönchengladbach die dort enthaltene Angabe von dreißig bis vierzig Waggons einfach weg. Absicht oder Schludrigkeit? Auf weitere falsche Ortsangaben Freimarks, die seine Ortsunkenntnis beweisen, geht LG Mönchengladbach nicht ein.

Die Unmöglichkeit, die vom Gericht genannten Arbeitskommandos zwischen Gleis und Zaun aufzustellen, meint LG Mönchengladbach mit zwei nicht gut durchdachten Argumenten hinwegerklären zu können:
Erstens sei ja laut Antrag zwischen Gleis und Zaun 2,7 m Abstand gewesen, und zweitens seien es sicher nicht so viele Häftlinge gewesen, wie im Antrag aus Feststellung des Gerichtes und Angaben im Auschwitz-Kalender vorgerechnet.
Zum ersten Punkt hat LG Mönchengladbach versäumt, die ihm vorliegenden Ausarbeitungen zu Gleis- und Verladeanlagen zur Kenntnis zu nehmen. Sonst hätte es zumindest gemerkt, daß Waggons über das Gleis hinausstehen, daß also keinesweg 2,7 m freier Raum zwischen den Waggons und dem Zaun vorhanden war, sondern maximal 1,7 m. Es hätte erkennen müssen, daß man nicht unmittelbar am Zaun stehen oder gehen konnte, daß nur ein begehbarer Streifen von etwa 1 m Breite verblieb, und der auch maximal in Länge der Rampe von knapp 30 m (einschließlich seitlicher Aufstellraum für Posten). LG Mönchengladbach hätte bei genauerem Hinsehen erkennen müssen, daß hier nicht mehr als zwanzig Personen überwachbar antreten oder gar arbeiten konnten. Ganz und gar nicht wäre dort noch ein Platz gewesen, auf dem die angeblichen Mißhandlungen und Morde stattfinden und – so Freimark – von allen Angetretenen genau beobachtet werden konnten.
Zum zweiten Punkt erstaunt zunächst, daß LG Mönchengladbach hier mit einem Mal die ansonsten (wo es um Belastungen geht) für so zuverlässig erachteten Angaben des Auschwitz-Kalenders massiv in Frage stellt, ohne überhaupt die dort genannten Unterlagen (Arbeitseinsatzlisten) eingesehen zu haben. Sei's drum! Zum geschilderten und gerichtlich ›festgestellten‹ Beladen, Entladen und Wiederbeladen der dreißig oder vierzig Waggons hätten, wie es das Wuppertaler Gericht auch mehrfach hervorhob, sehr viele Arbeitskräfte anwesend sein müssen. Und wo hätten die unter den tatsächlichen Ortsverhältnissen Platz finden sollen? Eben diese wichtige Frage läßt das LG Mönchengladbach völlig offen.

Die Untersuchungen zum angeblichen Tatort ergeben aber noch viele andere Hinweise, die zu zwei Erkenntnissen führen:[44]

- Erstens bezeugt Freimark immer wieder örtliche Details, die es nur in der falschen Gerichts-Skizze gab, nicht aber in Wirklichkeit. Er hatte ganz offensichtlich keine eigene Erinnerung an die Örtlichkeiten.
- Zweitens gehören viele vom Gericht ›festgestellte‹ falsche Einzelheiten zwingend zu dem falschen Szenario, das Grundlage der gesamten Tatschilderung und der entsprechenden ›Feststellungen‹ des Gerichtes ist.

Schon allein diese beiden Erkenntnisse beweisen: Die Aussagen des Zeugen Freimark und die danach im Urteil festgeschriebenen Tatschilderungen sind notwendigerweise falsch.

2.2.4. ›Der falsche Gottfried‹

Im Wuppertaler Prozeß erklärte der Zeuge Freimark immer wieder, daß der Angeklagte als »Gottfried« in seinem Gedächtnis »eingeritzt« sei. Das klang schon damals recht erstaunlich, denn in seinen bis dahin bekannten früheren Aussagen hatte Freimark nie den angeblich so fest in sein Gedächtnis eingeritzten Gottfried Weise erwähnt.

2.2.4.1. Neuer Beweis: Der wirklich ›eingeritzte‹ Gottfried

Inzwischen liegen lange Berichte und Aussagen Freimarks vor, die zur Zeit des Wuppertaler Prozesses noch nicht bekannt waren. 1959/1962 hat Freimark zum Beispiel in einem sehr langen Bericht für Yad-Vashem alles niedergelegt, was ihm zum Thema Auschwitz erinnerlich war. Freimark hat sich dazu offensichtlich jahrelang sehr intensiv mit seinen Auschwitz-Erinnerungen beschäftigt, und in diesen Berichten war etwas sehr Verblüffendes zu finden: Freimark erinnerte sich damals an einen ganz anderen Gottfried (und nur an diesen):

> *»Als Oskar* [ein Oberkapo] *nach Hause durfte, wurde er ersetzt durch einen anderen Deutschen namens Gottfried. Er stammte aus dem Sudetenland. Er war ein fürchterlicher Hund. Ihm war ein Unterkapo unterstellt, ein Belgier namens Leon. Die beiden waren außerordentliche Mörder.«*[48]

1962 verbindet Freimark den Namen Gottfried also eindeutig mit einem Häftling. Freimark hatte, als er »Facharbeiter in der Weberei« war, unter ihm zu leiden. Falls ihm mehr als ein mörderischer Hund von Gottfried erinnerlich war: Ist es glaubhaft, daß er seinerzeit ausgerechnet nur den erwähnt hätte, von dem er nur ganz allgemein wußte, daß er ein fürchterlicher Hund und Mörder gewesen sei? Dagegen sollte er 1962 den so auffällig einäugigen Gottfried Weise ganz vergessen haben, obwohl er doch – so Freimarks Aussage von 1985 – gerade diesen Gottfried bei ganz konkreten Morden erlebt haben will, und zwar in höchster Gefahr für das eigene Leben?

2.2.4.2. Die Wuppertaler These von der ›sukzessiven Reproduktion‹

Das Wuppertaler Gericht meinte, das Funktionieren des Freimarkschen Gedächtnisses erklären zu können. Es führte aus, daß trotz der verstrichenen Zeit »seine ›einfache‹ Erinnnerung [. . .] zum Kerngeschehen einen hohen Grad an Erinnerungsgenauigkeit« erwiesen hätte. Das Gericht zeigte zudem psychologisch begründete Einfühlsamkeit für den Wechsel von Vergessen und Erinnern des Zeugen.[49] Der Zeuge habe seine Erinnerung um zumeist affektbetonte Kristallisationskerne sukzessiv reproduziert und sei dabei frei von Fremdbeeinflussung geblieben.[50]
Der Name ›Gottfried‹ war für Freimark zweifellos ein ›Kristallisationskern‹ zur Wiederbelebung ›affektbetonter Gedächtnisreste‹. Liegt da nicht die Vermutung nahe, daß Freimark sukzessiv einen falschen Gottfried ›reproduziert‹ hat?

2.2.4.3. Wie wurde der Angeklagte identifiziert?

Das Identifizieren des Beschuldigten wurde im Fall Weise offensichtlich völlig abweichend von seriösen Praktiken[50] gehandhabt. Wie schon im Zusammenhang mit der Aussage Isaac Liver erwähnt, wurde den potentiellen Belastungszeugen eine Frageliste mit Angaben zur Person des Verdächtigten und den gegen ihn erhobenen Vorwürfen vorgelegt.[52] In einer beigefügten Bilderreihe war der Beschuldigte mehrfach abgebildet, was allerdings im Falle des wegen seiner Einäugigkeit ohnehin zu erkennenden Gottfried Weise wohl eine geringere Rolle spielte.
Kein Wunder also, daß Freimark, dem die Bilder mehrfach vorgelegen haben, genau wußte, auf welchen Bildern der Angeklagte abgebildet ist. Als ob das noch nicht genug der unseriösen ›Identifikation‹ sei, ließ das Wuppertaler Gericht das Abspielen folgender Schmierenkomödie im Gerichtssaal zu:

> *»Gleichsam in einem Akt der Befreiung äußert er* [Freimark], *daß er den ›Slepak‹, den ›Gottfried‹ sofort wiedererkannt habe, als er den Sitzungsaal betreten habe und fuhr alsdann auf den Angeklagten blickend fort: ›Ja, das ist er. Er soll seine Brille runternehmen. Damals trug er keine Brille. Ich bin Häftling 87215. Erkennen Sie mich?‹ In der ihm vorgelegten Lichtbildmappe identifiziert er den Angeklagten bei sich steigernder Erregung und schnellem Vor- und Rückblättern schon nach wenigen Augenblicken: ›Ich schaue, ich denke, ich bin in Auschwitz. Das ist er (Bild 8). Ganz eindeutig, das ist er (Bild 14). So habe ich ihn*

48. Yad-Vashem-Bericht, S. 63; dok/151.
49. Urteil, S. 187; dok/180.
50. Urteil, Seite 188; dok/181.
51. Siehe z. B. die Arbeiten von Prof. Dr. Michael Stadler, Universität Bremen, Institut für Kognitionspsychologie; u. a. Studie Stadler/Fabian/Wetzels, »Wiedererkennen des Täters oder Identifizieren des Beschuldigten?«, in *Bremer Beiträge zur Psychologie* 100(1) (1992).
52. Dies ist in NS-Gewaltverbrecherprozessen durchaus üblich und entspricht den Praktiken der Hexenprozesse des Mittelalters. Vgl. hierzu dem Beitrag von M. Köhler im vorliegenden Band.

gesehen (Bild 2). Das ist er auch. Es ist ganz klar, auf diesen Bildern ist der Slepak abgebildet. Das ist der Mann, der heute hier sitzt.‹«[53]

2.2.4.4. Der falsche Gottfried als Ergebnis ›sukzessiver Reproduktion affektbetonter Gedächtnisreste‹

Die schauspielerische Leistung des Zeugen Freimark im Wuppertaler Gerichtssaal zeigt, wie sehr er sich in eine ihm aus sukzessiven Reproduktionen zuwachsende Rolle hineinleben konnte. Wie mag bei ihm das falsche ›Gottfried‹-Bild entstanden sein?

Bei seiner ersten Befragung zu Gottfried Weise, 1985, war in Freimarks Gedächtnis zwar noch der Name »Gottfried« »eingeritzt«, die Erinnerung an den Namensträger aber schon verblaßt. Hier werden ihm nun recht gezielte Fragen nach einem mutmaßlichen Mörder ›Gottfried‹ vorgelegt. Dieser Name ist für Freimark Kristallisationskern affektbetonter Gedächtnisreste. Zu den affektbetonten Gedächtnisresten gehört für Freimark die feste Vorstellung, daß alle in Auschwitz eingesetzten SS-Männer »an der Tötungsmaschinerie teilgehabt hätten«.[54] Zwei affektbetonte Gedächtnisreste vereinen sich nun bei ihm zu einem neuen ›Kristallisationskern sukzessiver Reproduktion‹ einer ihm immer wirklicher erscheinenden Fiktion. Ein Bilderalbum wird ihm vorgelegt, Männer in den ihm verhaßten Uniformen der KL-Bewacher. Einer davon ist im Unterschied zu den anderen – mehrfach abgebildet. Er fällt durch seine Einäugigkeit auf: Der ›Slepy‹ oder ›Slepak‹, nach dem ausdrücklich gefragt worden war! Kein Zweifel, Freimark ist sich nun sicher, daß er seinen Mann gefunden hat.

Es fehlt nur noch die passende Geschichte. Sukzessiv produziert Freimark Erinnerungen an weitere affektbetonte Gedächtnisreste, aus Erlebtem, Gelesenem und Gehörtem: die Geschichte, daß Häftlinge erschossen wurden, die sich in einem Eisenbahnwaggon versteckt hatten.

Natürlich:

Hat er, Freimark, das nicht selbst erlebt? – Wie war das noch? – Richtig: Ein Häftling aus Grodno[55] *– oder waren es zwei?, und der Graf soll ihn erschossen haben?*[56] *– Waren es vielleicht noch mehr? – Aber ja: Drei waren es, und zwei davon hat der ›Gottfried‹ erschossen – gewiß doch, der war ja schon in der Weberei ein ›außerordentlicher Mörder‹. – Und wo hat er die zwei erschossen? – Nun ja: Waggons zum Beladen standen 1943 doch wohl am ›alten Kanada‹«, und der dort Kommandierende hat auch geschossen.*[57] *– War das der ›Gottfried‹? – Natürlich, wer anders als dieser ›fürchterliche Hund‹ sollte es denn gewesen sein? Klar, der war's! – Weise hieß er übrigens mit Nachnamen. – Tatsächlich? Ich kenne ihn halt noch unter seinem Vornamen.*

Wie bitte? 1944 und nicht 1943? Ja doch!!! 1944 also!

Der Freimark von 1985 wird sich immer sicherer. Er kann bald seine subjektive Wahrheit mit ›erstaunlicher Präzision und Wirklichkeitsnähe‹ so überzeugend vortragen, daß der zeugensuchende Staatsanwalt und erst recht die Wuppertaler Richter begeistert sind.

Das LG Mönchengladbach meint zu alledem: »Der von dem Antragsteller nun geäußerte Verdacht, der Zeuge Freimark könne den Antragsteller mit einem Funktionshäftling namens ›Gottfried‹ verwechselt haben, ist keine den Anforderungen im Zulässigkeitsverfahren genügende Tatsachenbehauptung. Konkrete Anhaltspunkte für eine Verwechslung trägt der Antragsteller nicht vor. Die von ihm zum Wissensstand des Zeugen Freimark über den Antragsteller und den Häftling Gottfried genannten

53. Urteil, S. 183; dok/179.
54. Urteil, S. 182; dok/179. Auch das typisch für Hexenprozesse: Jeder, der (angeblich) dabei war, ist schuldig!
55. Der Ortsname Grodno scheint für Freimark ein weiterer Kristallisationskern affektbetonter Gedächtnisreste zu sein. In seiner phantasievollen Erzählung, wie er an der Ermordung eines Mitgefangenen teilnimmt, sind seine Mittäter wiederum drei Häftlinge aus Grodno, die dann erschossen werden; dok/67.
56. Urteil, S. 196 f.; dok/182.
57. Gemäß Wahrunterstellung des Gerichts (Urteil, S. 196; dok/182) wurden 1943 tatsächlich zwei Häftlinge nach dem Versuch erschossen, sich in einem Waggon unter abzutransportierenden Sachen zu verstecken.

Zeugen sind als Beweismittel schon deshalb ungeeignet, weil sie über den Wissensstand des Zeugen Freimark nichts bekunden können.«[58]

2.2.5. Andere ›falsche Gottfrieds‹ in Freimarks Erzählungen

Es ist unglaublich, wie leichtfertig ein deutsches Gericht mit der oben dargestellten Theorie der ›sukzessiven Reproduktion‹ operiert. Um zu unterstreichen, wie groß die Gefahr ›falscher Gottfrieds‹ bei Erzählern wie Freimark ist, hier noch kurz eins der vielen weiteren Beispiele falscher Personenzuweisungen durch Freimark:
In seinem Yad-Vashem-Bericht (1959/1962) beschreibt Freimark, wie ihm der berüchtigte Dr. Mengele mit Hilfe von Dr. Knott und Dr. Schor einen Liter Blut abzapfte[59].
In seiner Aussage zu Sachsenhausen (1966) gab Freimark dann an, daß ein Dr. Senteler (richtig: Dr. Zenkteller) ihm diesen Liter Blut abgezapft habe.[60]
In seinem Suwalki-Bericht von 1989 (»Einsam in der Schlacht«) nennt er nun wieder Dr. Mengele/Dr. Knott als Blutabzapfer, diesmal ohne Dr. Schor.[61]
Freimarks Erinnerungen kreisen um ein Kernereignis, die Blutabnahme. Seine Übertreibungstendenz läßt sie zum Abzapfen von einem ganzen Liter Blut werden. Aber immerhin: Die Blutabnahme, das Kernerlebnis, hat mit großer Wahrscheinlichkeit wirklich stattgefunden. Die handelnden Personen sind in Freimarks Phantasie dagegen frei ersetzbar. Der Grund, aus dem Freimark 1966 den Dr. Zenkteller als Blutabzapfer nennt, ist leicht erkennbar: Freimark haßte diesen Arzt und beschuldigte ihn deshalb 1966, Selektionen durchgeführt zu haben. Erlebniskern war, daß dieser Häftlingsarzt zu entscheiden hatte, welche Patienten zur stationären Weiterbehandlung in den Krankenbau aufgenommen wurden. Die Übertreibungstendenz Freimarks ließ daraus ›Selektionen für die Gas-Kammern‹ werden: Eine für den Beschuldigten bekannterweise äußerst gefährliche Anschuldigung. Allerdings hatte Dr. Zenkteller im Gegensatz zu Gottfried Weise Glück: Er war Pole, erhielt in Polen ein faires Verfahren und wurde freigesprochen[62]. Wäre er Deutscher gewesen, wäre es sicher auch für ihn tragisch ausgegangen.
Das LG Mönchengladbach macht sich solche Gedanken nicht. Es hat nicht einmal zur Kenntnis genommen, daß der von Freimark beschuldigte Arzt in Wirklichkeit Dr. Zenkteller hieß. So hat es auch versäumt, zur richtigen Wertung der Angaben Freimarks die genau bekannten Funktionen dieses polnischen Arztes zu berücksichtigen.

3. Der ›Fall Freimark‹

In Freimarks Erzählungen gibt es noch viele Beispiele für Verwechslungen von Personen, Orten und Vorfällen. Sie sind in einer genaueren Analyse der Angaben von und über Freimark näher dargestellt[26]. An den im ›Fall Freimark‹ dank seiner Redseligkeit reichlich vorliegenden Angaben läßt sich die Zielgerichtetheit seiner Aussagen gut analysieren. Als übergeordnete Zielrichtungen sind immer wieder erkennbar:
a) der Wunsch nach Rache,
b) der Wunsch nach Selbstdarstellung.
Diese übergeordneten Ziele paßt Freimark seinen jeweiligen fallorientierten Zielrichtungen an. Zum Beispiel ist sein Rachewunsch 1966 gegen den Dr. Zenkteller gerichtet. Als er erkennen mußte, daß

58. Die Aussage von 58 Zeugen, die alle im gleichen Bereich wie Freimark waren, wurde als Beweis dafür angefordert, daß die Häftlinge ihre Bewacher nicht beim Vornamen kannten.
59. Yad-Vashem-Bericht, S. 72; dok/160 ff.
60. dok/167,168. Dieser Satzteil ist im Protokoll getippt und nachträglich durchgestrichen worden.
61. dok/139.
62. Hefte von Auschwitz, Nr.15, S. 45, Fußnote 90.

Zenkteller Pole ist und dadurch gegen falsche Anschuldigungen gefeit, konzentriert Freimark seine Anschuldigungen wieder auf den Dr. Mengele. Auch seinen übergeordneten Wunsch nach Selbstdarstellung kann Freimark fallorientiert den jeweiligen Gegebenheiten anpassen. So hat er zum Beispiel 1959/1962 in seinem Yad-Vashem-Bericht noch sehr viel über seine heldenhafte Arbeit in der Widerstandsbewegung des Lageruntergrundes und über seine nicht minder heldenhafte Mitwirkung bei der Vorbereitung des sogenannten Krematorium-Aufstandes (7. 10. 1944) berichtet. Den Beginn der Aufstandsvorbereitungen hatte er damals noch mit »August 1944« angegeben. Mit seinem tatsächlichen Erkrankungstermin, Mai 1944, paßt das recht gut zusammen. Im Wuppertaler Prozeß muß er aber, weil er sonst den dort Angeklagten nicht hätte belasten können, seine Typhus-Erkrankung auf August/September 1944 oder später verlegen. Das beißt sich nun sehr mit seinen angeblichen Heldentaten im Widerstand. Als er nach dem Wuppertaler Prozeß sein Heldenepos »Einsam in der Schlacht« für das Suwalki-Buch 1989 verfaßt, macht er deshalb nur noch sehr vage Angaben über seine Mitarbeit für den Aufstand vom 7. 10. 1944. Übrigens: Die Übersetzungen aus dem Suwalki-Buch haben amerikanische Freunde von einem jungen Israeli erhalten. Er war zunächst von Freimarks Erzählung so ergriffen, daß er nicht weiterlesen wollte. Dann aber las er doch weiter. Die Übersetzung übergab er – kostenlos – mit dem Kommentar: »This man is a fucking liar!« [Dieser Mann ist ein verdammter Lügner.]

Das LG Mönchengladbach dazu: »Auch durch dieses Vorbringen wird die Glaubwürdigkeit des Zeugen Freimark nicht in Frage gestellt.«

4. Der Fall Wuppertal

In Wuppertal war man glücklich über das jeweils so präzise angepaßte Gedächtnis des Zeugen Freimark. So einen Zeugen hatte man gesucht und gefunden.

Den Zeugen Freimark hatte bisher niemand haben wollen. Weder im Sachsenhausen- noch im Frankfurter Auschwitz-Prozeß bekam er den ersehnten Auftritt, und selbst der Protokollant für Freimarks Yad-Vashem-Bericht scheint, wie seine skeptischen Zwischenfragen ergeben, einige Zweifel gehabt zu haben. In Wuppertal aber durfte Freimark endlich auftreten. Für richtige Inszenierung dieses Auftritts sorgten die ›Allgemeinkundigkeit‹ des Vorsitzenden Richters und sein Wunsch, den Opfern des Faschismus ein Denkmal zu setzen. Über die Art seiner ›Allgemeinkundigkeit‹ hat er sich selbst in der Urteilsbegründung ausgelassen. Seinen ›Denkmalswunsch‹ kannte ich zunächst nur vom Hörensagen. Deshalb habe ich herumgefragt. Ergebnis: 1985 hatte die *Wuppertaler Zeitung* von vielen Toten in dem KZ ›Kemna‹ berichtet, das von Mitte bis Ende 1933 in der Umgebung Wuppertals bestanden hat. Ein neugieriger Wuppertaler wollte wissen, warum die Namen der Ermordeten nicht auf dem neuen Kemna-Denkmal stünden. Es stellte sich heraus, daß in Kemna erfreulicherweise keine Todesopfer zu beklagen waren, daß die Behauptung »viele Tote« also falsch war. Man habe sie vom Stadtarchiv, sagte die Zeitung. Sie sei von dem Herrn Richter Klein gekommen, sagte das Stadtarchiv. Herr Klein hielt es nicht für nötig, auf die nun an ihn gerichtete höfliche Anfrage zu antworten.[63]

Für die richtige Kulisse sorgte die Wuppertaler Antifa-Szene: die Metastasis der VVN mit ihren gerade in Wuppertal besonders zahlreichen Mitläufern und Claqueuren, einschließlich der örtlichen Presse. Was dann in Wuppertal ablief, ist bereits in dem Buch *Der Fall Weise* genau dargelegt worden[64]: die Voreingenommenheit des Wuppertaler Gerichtes, die unterschiedliche Behandlung und Wertung der Be- und der Entlastungszeugen, die Ablehnung zahlreicher Beweisanträge, die Unterdrückung von entlastenden Beweismitteln. Ein weiteres Beispiel der in Wuppertal praktizierten Beweisunterdrük-

63. Kopie des unbeantworteten Anfrage-Briefes bei C. Jordan.
64. R. Gerhard, *Der Fall Weise – Dokumentation zu einem Auschwitz-Birkenau-Prozeß,* Türmer, Berg am See, ^{2}1991, bes. S. 31 ff., Aussagen Dr. Hans Eisenschimmel (nicht verlesen) und Henry Isaac Liver (nicht gewürdigt); S. 51, Ablehnung einer Beiziehung der ›Wienakte‹ S. 60, Zeuge Kierski (abgewertet wegen »zu geringem Überblick«), S. 73, Zeuge Burger (Hinwegerklären entlastender Angaben eines Belastungszeugen).

kung habe ich schon zuvor erwähnt (2.2.1.1, Laborzettel). Weitere Hinweise zur einseitigen Wuppertaler Beweiswertung liegen in einer gesonderten Studie vor.[65] Ich kann hier auf Wiederholung der in Buch und Studie ausführlich dargestellten Einzelheiten verzichten. Das Buch ist allen Bundestagsabgeordneten – den Gesetzesmachern – zugegangen, die Studie allen direkt Verantwortlichen: dem Bundespräsidenten, dem Bundeskanzler, dem Bundesjustizminister, dem zuständigen Ministerpräsidenten, dem Landesjustizminister. Reaktion: von wenigen Ausnahmen abgesehen, allgemeine ›Nichtzuständigkeit‹, Hinweis auf die Gewaltenteilung, Verweis an die Staatsanwaltschaft, und die erklärt lapidar ›kein Handlungsbedarf‹, ohne auf irgendeins der vorgebrachten Argumente einzugehen.
Das ist nicht nur für den tragischen Einzelfall äußerst bedauerlich, sondern muß alle erschrecken, die um die Rechtsstaatlichkeit unseres Landes besorgt sind.

5. Generelle Probleme von Spätestprozessen

Der Wuppertaler Prozeß läßt Probleme erkennen, die mit großer Wahrscheinlichkeit nicht nur im Fall Weise aufgetreten sind, sondern auch in anderen ähnlichen Prozessen. Was im Fall Weise vor sich gegangen ist und weiter vor sich geht, steht deshalb ganz generell für die von der Verjährungsaufhebung geschaffenen Rechtsprobleme.
Das sind nun zwar Probleme im Hausrevier der Juristen, in dem ich eigentlich nichts zu suchen habe. Aber: Ich würde nicht im fremden Revier nach dem Rechten sehen wollen, wenn ich irgendwo einen Hegeverpflichteten erkennen könnte, der seiner Pflicht nachkommt.

5.1. Generationenproblem

Daß bei Spätestprozessen ein Generationenproblem zu erwarten ist, hatte schon 1979 der baden-württembergische Justizminister Eyrich angeführt. Danach könne die Urteilsfindung dadurch belastet werden, daß eine jüngere Richtergeneration sich eine »von der eigenen Generation nicht mehr selbst erlebte Tatsituation« nicht vergegenwärtigen könne.[66]
Sicherlich hat Eyrich das Generationenproblem vor allem hinsichtlich der Bewertung von Kriegsereignissen, Befehlsnotstand usw. gesehen. Aber auch im Fall des Gottfried Weise, dem ja ganz private, gegen jeden Befehl von ihm selbst aus einer Laune heraus verübte Morde vorgeworfen wurden, konnten sich die jüngeren Richter vieles nicht vergegenwärtigen.
Ein Zeitzeuge, der sich an die Schwierigkeiten bei Verbrennung der Dresdner Bombenopfer erinnert, wäre sicher nicht auf die Greuelgeschichte von den in offenen Gruben lebend verbrannten Kindern hereingefallen. Oder: Wer selber einmal Wache schieben mußte, hätte sich sicher gewundert, wo Weise die Munition zum Herumballern herbekam, wieso von den Erschießungen nichts im Wachbuch stand und so weiter und so fort.
Ein Beispiel möge zeigen, wie wenig auch die in Mönchengladbach urteilende jüngere Richtergeneration sich ein Bild von damaligen Gegebenheiten und Situationen machen kann:
Einer der vielen ›Irrtümer‹ Freimarks ist seine Behauptung im Suwalki-Buch 1989, er sei in ein Kriegsgefangenenlager bei Allenstein gekommen. »Das Lager hieß ›Stalag 10a‹.«[67]
Dort habe ihm der polnische Hauptmann Kachacinski gesagt: »Ich biete dir an, in die Untergrundbewegung einzutreten, die wir organisieren wollen. Du wirst der Kontakt zu allen Lagern sein. Du wirst der Kontakt zwischen den Lagern sein. Du wirst eine Arbeit bekommen, die dir gestattet, dich frei zwischen den Lagern zu bewegen. Als Elektriker wirst du die Elektrozäune prüfen.«[68]

---

65. Jordan, 15. 3. 1992: *Der Fall Weise – Fakten zum Wiederaufnahmebegehren.* Kopien können gegen Erstattung der Kopierkosten angefordert werden.
66. *FAZ*, 9. 2. 1979, S. 5.
67. Suwalki-Buch, S. 314; dok/120.
68. Suwalki-Buch, S. 316; dok/124.

Freimark beschreibt dann im Suwalki-Buch seitenlang seine Untergrundarbeit als Elektriker.
In seinem Yad-Vashem-Bericht erzählt er von einer gleichen Arbeit in Auschwitz und erwähnt dabei seine Erfahrungen aus ›Stalag 10a‹:
»Es hieß, arbeiten in dem polnischen Untergrund. Wir sind rings ums Lager gegangen und haben dafür gesorgt, daß die Schilder richtig hängen und der kleine Zaun vor dem elektrischen Zaun in Ordnung ist. Ich war der Vorarbeiter bei diesem Kommando, weil ich gesagt habe, daß ich schon Erfahrung habe als Elektriker. Ich habe solche Arbeiten bereits im Stalag 10a verrichtet.«[69]
LG Mönchengladbach: »Auch durch dieses Vorbringen wird die Glaubwürdigkeit des Zeugen Freimark nicht in Frage gestellt. In den Aufzeichnungen auf Seite 70 berichtet der Zeuge nämlich nur, daß er vorgegeben habe, Elektriker zu sein, um in ein Sonderkommando eingeteilt zu werden, was ihm auch gelungen sei; dort sei er Vorarbeiter geworden. Der Zeuge Freimark stellt somit die Anwesenheit in dem Strafgefangenenlager nicht als eine wahre Tatsache hin.«
Das LG Mönchengladbach hat sich also noch nicht einmal mit der Abkürzung ›Stalag‹ beschäftigt. Diese stand bekanntlich nicht für ›Strafgefangenenlager‹, wie vom LG fälschlich behauptet, sondern für ›Stamm-Lager‹, und das was die Bezeichnung für einfache Kriegsgefangenenlager, im Unterschied zu ›Oflag‹ = Offizierslager. Wie sollten den Richtern in Mönchengladbach da die Fragen kommen, die sich einem Angehörigen der Kriegsgeneration in diesem Zusammenhang sofort stellen. Z. B.: Wie kam der damals angeblich 16jährige Freimark überhaupt in ein Kriegsgefangenenlager? Wieso waren dort so viele polnische Offiziere, die ja bekanntlich in gesonderten Offizierslagern untergebracht waren? Aber bei den glücklich spätergeborenen Richtern ›klingelt‹ nichts. Sie kommen zu dem leicht widerlegbaren Fehlschluß, Freimark habe das in Auschwitz nur eben mal so ›vorgegeben‹. Schon die vom LG Mönchengladbach dazu zitierte Stelle aus Freimarks Yad-Vashem-Bericht zeigt, daß dieser dort nichts von ›vorgegeben‹ sagt. Im Suwalki-Buch rankt er dann eine ganze Reihe seiner Heldentaten um seine Arbeit als Elektriker. Wenn das LG Mönchengladbach diese Tätigkeit nur für vorgegeben hält, dann muß es auch Freimarks gesamten Suwalki-Bericht ins Reich der Fabel verweisen, Freimark also so wie beantragt als äußerst unglaubwürdig beurteilen.

5.2. Eigenwillige Anwendung von Standard-Lehrsätzen forensischer Psychologie

Das Wuppertaler Gericht hat die Lehrbücher zur forensischen Psychologieanwendung zwar brav gelesen, die daraus entnommenen Lehrsätze aber überstrapaziert. Was für normale Prozesse gilt, kann nicht unmodifiziert auf die neue Form von Sonderprozessen angewandt werden. Zum Beispiel:
Für das vom Gericht näher erläuterte Vergessen im Zeitverlauf[70] ist bei Bender/Röder/Nack[71] eine Vergessenskurve abgebildet. Es ist unseriös, wenn das Wuppertaler Gericht in pseudowissenschaftlicher Form solche Vergessenskurven auch dort verwenden will, wo die entsprechenden Ereignisse 41 Jahre zurückliegen, wie bei der ersten Vernehmung Freimarks. Die Vergessenskurven in den Lehrbüchern gehen nämlich von Vergessenszeiten in der Größenordnung von Monaten, maximal wenigen Jahren aus, nicht aber von Jahrzehnten.

5.3. In Wuppertal unbeachtet: Tendenz von Spätaussagen zu Zielgerichtetheit

Bender/Röder/Nack weisen darauf hin, daß Aussagen in einem Prozeß häufig einen Zug zum Zweckmäßigen (also Entlastung oder Belastung) erhalten. Dadurch werden Erinnerungsreste häufig »zweckmäßig« deformiert, es entstehen an richtigen Einzelheiten »aufgehängte Unwahrheiten«. Weiter führen sie aus:

---

69. Freimarks Yad-Vashem-Bericht, S. 70; dok/155.
70. Urteil, S. 187 f.; dok/180 f..
71. R. Bender, S. Röder, A. Nack, *Tatsachenfeststellung vor Gericht,* 2 Bände, C. H. Beck, München 1981, hier Bd. I, S. 46.

»132 Während Umfang und Zuverlässigkeit des Erinnerten mit dem Zeitablauf grundsätzlich abnehmen, sieht es mit der subjektiven Gewißheit unserer Auskunftspersonen, sich vollständig und zuverlässig zu erinnern, oftmals gerade umgekehrt aus:
Sie werden (behauptetermaßen) um so sicherer, desto länger das Ereignis zurückliegt.
133 Diese Erscheinung hängt mit der erhöhten Chance zusammen, daß länger zurückliegende Vorfälle öfter aus der Erinnerung wieder hervorgeholt worden sind, weil sich die Auskunftspersonen mit den Vorgängen innerlich beschäftigt haben. Solche Wiederbeschäftigung mit früherer Erinnerung verfestigt aber nicht nur die Gedächtnismuster, es verfälscht und erweitert sie auch. Je länger der Vorfall zurückliegt, um so mehr haben unsere Auskunftspersonen (unter der genannten Voraussetzung) schließlich vergessen, wie wenig sie einstmals – kurz nach dem Vorfall – davon noch erinnert hatten.«[72]

Das klassische Lehrbuch spricht schon bei 30 Tagen von einer Langzeit. Freimark wurde nach 41 Jahren oder 15 000 Tagen erstmals zum Fall Weise befragt, also nach einer 500mal so langen Zeit. In dieser Zeit ist sein Gedächtnis immer wieder neu mit nachträglich Gehörtem und Gelesenem in äußerst affektbetonter Weise belastet worden. Die sich immer wieder wandelnde Form seiner Aussagen zu verschiedenen Zeitpunkten spricht für sich: Verblassende Erinnerung wird von Gehörtem, Gelesenem und Phantasiertem überlagert.
Was namhafte Fachautoren bereits bei normalen Prozessen als Problem der Wahrheitsfindung erkannt haben, potenziert sich in den nach Jahrzehnten geführten politischen Sonderprozessen. In der Bundesrepublik Deutschland werden die auftretenden Probleme aus außenpolitischen oder volkspädagogischen Rücksichten tabuisiert. Im Ausland unterliegt die wissenschaftliche Forschung keinen solchen Forschungsbehinderungen.

5.4. In Wuppertal unbeachtet: das ›Survivor Syndrome‹

Das Problem des Holocaust-Überlebenden-Syndroms wurde außerhalb der BRD schon zur Zeit des Wuppertaler Prozesses weltweit diskutiert. Ich erhielt von fachmedizinischer Seite die Auskunft, als einer der führenden Experten gelte heute der ukrainisch-amerikanische Psychiater Dr. O. Wolansky, und wurde auf ein Referat verwiesen, das er zu diesem Thema am 25. Januar 1993 auf einem Kongreß im polnischen Konsulat in New York vor 150 polnischen, weißrussischen und ukrainischen Ärzten gehalten hat. Ich zitiere daraus auszugsweise:

»Well known Ukrainian-American psychiatrist Dr. O. Wolansky explained the persistent psychological and psychiatric damage caused to the mentation of the majority of the concentration camp survivors. He indicated that in regard to Holocaust survivors alone, over 1600 medical articles and books [have been] *written on this subject in the past 50 years, what resulted in the term of the Holocaust Survivor Syndrome. He explained that the true horrors and the stress of the concentration camps were forgotten by survivors with the passing of the years, and were supplanted by group fantasies of martyrdom borrowed from heard or read materials or by delusions confabulated anew. He illustrated this phenomenon with the effusive and emotional testimony in Jerusalem of the Jewish Treblinka survivors at the Demjanuk trial which subsequently turned out to be what in legal terms and before a more neutral tribunal could be called prejudice and/or fabrications.«*[73]

Bereits im Wuppertaler Prozeß kam zur Sprache, daß Freimark in psychiatrischer Behandlung gestanden hat. Die von Dr. O. Wolansky in seinem Vortrag für das ›Survivor Syndrome‹ genannten Symptome:

- aus Gelesenem oder Gehörtem geborgte Phantasien von Märtyrertum,
- erneut zusammengeschwatzte Selbsttäuschungen,
- übertriebene und emotionsbestimmte Aussagen

sind in den Erzählungen Freimarks in großer Zahl als »aufgehängte Unwahrheiten« im Sinne von Bender/Röder/Nack zu erkennen.

72. R. Bender, S. Röder, A. Nack, aaO. (Anm. 70), Bd. I, S. 48.
73. *News release,* January 25, 1993, Polish Historical Society, Stamford, CT 06902, USA.

6. Cautio Criminalis

Herr Schwarz-Schilling hatte als Befürworter der Verjährungsaufhebung besänftigend auf das angeblich selbstverständliche ›in dubio pro reo‹ verwiesen. Wie zur Bekräftigung gab er 1991 als weiland Postminister auch noch eine Briefmarke heraus, die an den vierhundertsten Geburtstag eines Mannes erinnern soll, der sich um die Entwicklung des abendländischen Rechtswesens sehr verdient gemacht hat:

Der Jesuitenpater Friedrich Spee von Langenfeld machte in einer Zeit, in der alle Welt noch an Hexen glaubte (auch er selbst) sein ›Rechtliches Bedenken wegen der Hexenprozesse‹ geltend. Selbstverständlich müsse man das abscheuliche Verbrechen der Hexerei bekämpfen. Aber gerade weil die Hexerei ein so besonders schweres Verbrechen sei, müsse man den so Angeklagten auch alle Möglichkeiten der Verteidigung zugestehen.

Es wäre zu wünschen, daß alle in unserer Zeit für das deutsche Rechtswesen Verantwortlichen sein Buch lesen und beherzigen würden.[74] Natürlich glaubt man in unserer Zeit nicht mehr an Hexen, die auf ihren Besen zum Blocksberg reiten. (Das wäre zumindest für westdeutsche Hexen schon wegen der jahrzehntelang real-existenten Zonengrenze nicht mehr möglich gewesen.) Aber man glaubt an die ›Allgemeinkundigkeit‹ besonders abscheulicher Verbrechen. Natürlich wendet man im Unterschied zu den mittelalterlichen Prozessen die physische Folter nicht mehr an. Selbst in den Nachkriegs-Sonderprozessen wurde sie seit Anfang der 50er Jahre nicht mehr angewandt. Aber man versagt Angeklagten noch immer die von Spee geforderten vollen Verteidigungsmöglichkeiten, wenn sie wegen allgemeinkundig besonders scheußlicher Verbrechen vor Gericht stehen. Wie sollte sich zum Beispiel der Angeklagte Weise gegen die Abstempelung zur ›Bestie von Auschwitz‹ wehren, wenn doch die lodernden Feuergruben, die Lebendverbrennung von Kindern, die rings um ihn stattfindenen Massenvergasungen, die meterhohen Flammen aus den Krematoriumsöfen so allgemeinkundig waren? Es war nur folgerichtig, daß die Wuppertaler Richter der so abgestempelten Bestie keine ›Ausflüchte‹ erlauben wollten.

Zur Rechtssicherheit, so ließ mich ein hochgestellter Jurist wissen, gehöre, daß man an rechtskräftig gewordenen Urteilen nicht herummäkele. Ich sehe das anders: Auch Halbgötter in Schwarz können irren. Sie vor ideologischer Verblendung und vorprogrammierten ›Irrtümern‹ zu bewahren, ist ein dringendes Anliegen unserer Zeit. Die letztlich durch Aufhebung der Verjährung hervorgerufene Rechtsunsicherheit muß beendet werden. Auch die als Sonderverbrecher Angeklagten müssen sich unbehindert verteidigen dürfen. Wer für sie eintritt, darf nicht unbesehen als Nazi und potentieller Brandstifter diffamiert werden, wie es unlängst in Solingen dem Herrn Kissel geschah, der sich für seinen Nachbarn Weise eingesetzt hatte.[75]

Im Jahre 1979 hatte der Journalist Fromme die stillheimliche Wiederherstellung der gewachsenen Rechtstradition »so um das Jahr 2000 herum« vorausgesagt. Ginge es nicht etwas früher? Wäre es nicht wirklich an der Zeit, das Rechtsgutachten Böckenfördes nun endlich durch Prüfung eines konkreten Falles abzuschließen? Doch niemand scheint den Mut zu haben, das heiße Eisen anzufassen, weder in der Grundsatzfrage noch im Einzelfall Weise. Hier war schon Ende 1992 ein Antrag auf

74. Friedrich von Spee, *Cautio Criminalis oder Rechtliches Bedenken wegen der Hexenprozesse,* dtv, München 1982.
75. Siehe dazu das Flugblatt, das Herr Kissel herausgeben mußte, weil ihm die Medien Richtigstellung zu den volksverhetzenden Verleumdungen verweigerten, mit denen man über ihn hergefallen war.

Wiederaufnahme des Verfahrens gestellt worden. Nach einigen Monaten versuchte Weises Anwalt vom Landgericht Mönchengladbach etwas über den Bearbeitungsstand zu erfahren. Man könne den Antrag nicht bearbeiten, weil die Akten vom Land Nordrhein-Westfalen angefordert worden seien, hieß es zunächst. Dann begann ein Spiel, das wir als Kinder ›Schraps hat den Hut verloren‹ nannten. Die Gnadenstelle habe die Akten. Nein, nicht diese, eine andere. Nein, die auch nicht. Endlich, Ende November 1993 kam eine Nachricht vom Landgericht mit einer dicken Anlage. Die Staatsanwaltschaft Köln, die gleiche Staatsanwaltschaft, die Weises Verurteilung erreicht hatte, war seit Juli 1993 im Besitz der Akte gewesen und hatte eine dicke ›Verfügung‹ ausgearbeitet, in der sie wortreich und inhaltsarm zu begründen versuchte, daß der Wiederaufnahmeantrag abzulehnen sei. Im Dezember 1993 schob diese Staatsanwaltschaft in einer weiteren ›Verfügung‹ noch Ablehnungsargumente nach. Weises Anwalt reichte im Januar 1994 die Widerlegung dieser Argumente beim Landgericht ein. Zu Pfingsten 1994 wurde der Wiederaufnahmeantrag schließlich abgelehnt, wogegen Einspruch erhoben wurde.

Wird weiter auf Zeit gespielt? Gottfried Weise hat nach zwei Schlaganfällen gerade noch einmal eine schwere Krebsoperation mit anschließender Lungenentzündung überstanden und einen dritten Schlaganfall erlitten. Eine ›natürliche‹ Lösung könnte manchem als der bequemere Weg erscheinen.

Solange die Verantwortlichen sich ihrer Pflicht entziehen, bleibt uns nur das Gebet, das ich an einem oberbayerischen Haus fand:

O'hl. Michael ›Kämpfer des Rechts‹
steh uns bei
wenn uns droht was schlechts

A 1993 D

Statistisches über die Holocaust-Opfer

W. Benz und W.N. Sanning im Vergleich

GERMAR RUDOLF

»Ich traue nur der Statistik,
die ich selber gefälscht habe«
humoris causa

1. Einleitung

Kontroverse Diskussionen über den Holocaust pflegen häufig in einer Sackgasse zu enden, indem sich eine Partei darauf zurückzieht, es sei schließlich eine unbestreitbare Tatsache, daß nach dem Zweiten Weltkrieg 6 Millionen jüdische Menschen fehlten. Es komme daher überhaupt nicht darauf an, wie die Menschen damals umgebracht worden seien. Doch ist die Opferzahl wirklich unbestritten?

Bei der oben angeführten Argumentation wird zumeist übersehen, daß die Zahl ›sechs Millionen‹ lange Zeit auf nichts anderem beruhte als auf den Aussagen vom Hören-Sagen zweier deutscher SS-Bürokraten vor dem Internationalen Militärtribunal (IMT), und zwar auf die nur schriftlich vorgelegte Aussage Wilhelm Höttls[1] und die mündlich, wenn auch ohne Kreuzverhör vorgetragene Aussage von Dieter Wisliceny.[2] Angeblich wollen sie diese Zahl von Eichmann gehört haben,[3] der dies jedoch später abstritt.[4] Beide Zeugen wurden aufgrund ihrer Aussage in Nürnberg vom Angeklagten- in den zumeist lebensrettenden Zeugentrakt verlegt. Während Wisliceny und Eichmann später abgeurteilt und gehenkt wurden, wurde W. Höttl nie gerichtlich verfolgt, obwohl er ähnlich tief in die Judendeportationen verstrickt war. Offensichtlich hat man ihm für seine Dienste Straffreiheit zugesagt und dieses Versprechen ihm gegenüber im Gegensatz zu Wisliceny auch gehalten. Über nähere Details der Art und Weise, wie die Aussagen solcher gezwungenen Zeugen während der Nürnberger Prozesse erworben wurden, vergleiche den Beitrag von M. Köhler im Buch. Der Ursprung der Sechs-Millionen-Zahl, die zwischenzeitlich selbst von etablierten Historikern als ›Symbolische Zahl‹ relativiert wurde,[5] ist also mehr als zweifelhaft. Es darf daher nicht wundern, daß auch weltbekannte Statistiker schon frühzeitig anmerkten, daß die Opferzahlfrage mitnichten geklärt sei.[6]

Revisionistische Forscher pflegen sich zur Einleitung der Diskussion um die Holocaust-Opfer zumeist auf eine Veröffentlichung der *Baseler Nachrichten* vom 12. 6. 1946 zu beziehen, die von maximal 1,5 Millionen jüdischen Opfern des Nationalsozialismus ausging, sowie von der Tatsache, daß das Internationale Rote Kreuz in seinen Tätigkeitsberichten nach dem Krieg niemals etwas von einer systematischen Judenausrottung durch Gaskammern in Vernichtungslagern berichtete.[7] Benz merkt zu Recht

1. *Der Prozeß gegen die Hauptkriegsverbrecher vor dem Internationalen Miltärgerichtshof Nürnberg (IMT),* Nürnberg 1947, Band XXXI, S. 85f. und Band XI, S. 255ff., 285ff.
2. Ebenda, Band IV, S. 412.
3. So auch die Aussage von W. Benz (Hg.), *Dimension des Völkermords,* Oldenbourg, Münschen 1991, S. 1 ff.
4. R. Aschenauer, *Ich, Adolf Eichmann,* Druffel, Leoni 1980, S. 460 f., 473 ff., 494; über den historischen Quellenwert dieser Eichmann-Biographie vgl. D. Kluge, *Deutschland in Geschichte und Gegenwart* (DGG), 29(2) (1981) 31–36. Siehe ferner bei P. Rassinier, *Was ist Wahrheit?,* Druffel, Leoni, [8]1982, S. 90, 134; R. Servatius, *Verteidigung Adolf Eichmann,* Harrach, Bad Kreuznach 1961, S. 62ff.; U. Walendy, *Historische Tatsache* Nr. 18, Verlag für Volkstum und Zeitgeschichtsforschung, Vlotho 1983; H. Arendt, *Eichmann in Jerusalem,* Reclam, Leipzig 1990, S. 331 ff.
5. Aussage von M. Broszat, Gutachter vor dem Schöffengericht Frankfurt am 3. 5. 1979, Az. Js 12 828/78 919 Ls.
6. Vgl. die Ausführungen von Prof. F. H. Hankins, zeitweilig Präsident der amerikanischen Vereinigung für Demographie, wiedergegeben in *The Journal of Historical Review* (JHR) 4(1) (1983) 61–81.
7. R. Harwood, Starben wirklich sechs Millionen?, *Historische Tatsachen* Nr. 1, Historical Review Press, Richmond 1975, S. 9, 33 f.; vgl. auch R. Rothkranz, *Die kommende Diktatur der Humanität,* Band 2, Pro Fide Catholica, Durach 1990, S. 91 ff.

an, daß der Bezug auf verschiedene, unfundierte Zeitungsquellen und auf das IRK, das mangels Übersicht selber nie statistische Erhebungen über die Opferzahlen anfertigte, sehr zweifelhaft ist.[8] Es hat zwar seit Kriegsende einige Versuche zur Klärung der strittigen Opferzahlfrage gegeben,[9] eine dem Gewicht des Themas entsprechende Fachmonographie fehlte jedoch bis zu Beginn der achtziger Jahre. Erst im Jahre 1983 erschien in den USA das Buch *The Dissolution of the Eastern European Jewry* von W.N. Sanning[10], in dem anhand statistischen Materials zumeist aus jüdischen Quellen der Versuch angestellt wurde, die Opferzahl des Holocaust unter den Juden im Machtbereich des Dritten Reiches zu ermitteln. Da Sanning in seinem Buch zu dem Ergebnis kommt, daß allerhöchstens einige hunderttausend Juden im Machtbereich des Nationalsozialismus ihr Leben auf ungeklärte Weise verloren,[11] war zu erwarten, daß von etablierter Seite eine Gegendarstellung erscheinen würde, die mit einer Wucht statistischen Materials die ›Symbolische Zahl‹ von 6 Millionen jüdischer Opfer bestätigen würde. Und in der Tat: 1991 erschien eine 585 Seiten starke Publikation des offiziellen Instituts für Zeitgeschichte unter dem Titel *Dimension des Völkermords.*

> »*In der Gesamtbilanz ergibt das ein Minimum von 5,29 und ein Maximum von knapp über sechs Millionen* [jüdischen Opfern der Holocaust].«[12]

So faßt der Herausgeber W. Benz das Ergebnis der statistischen Untersuchungen seiner 17 Koautoren zusammen, von denen sich jeder ein vom Dritten Reich besetztes oder mit ihm verbündetes Land zum Thema gemacht hat. Eine Richtigstellung muß aber gleich abgegeben werden:

> »*Selbstverständlich hatte das Projekt auch nicht den Zweck, irgendwelche vorgegebenen Zahlen (›Sechs Millionen‹) zu beweisen.*«,[13]

auch wenn das Ergebnis zufällig der offiziösen Zahl entspricht. Wir werden bei der nachfolgenden Abhandlung der einzelnen Beiträge in diesem Buch nur den verantwortlichen Herausgeber W. Benz erwähnen, um den Leser nicht mit einer Vielzahl neuer Namen zu irritieren.
W.N. Sanning schreibt in der Zusammenfassung seines 320 seitigen Werkes:

> »– *Anfang des Zweiten Weltkrieges gab es weniger als 16 Millionen Juden in der Welt*[. . .]
> – *In den Reihen der Roten Armee und in den sibirischen Arbeitslagern kamen etwa eine Million Juden um;*[. . .]
> – *Den Krieg überlebten etwa 14 Millionen Juden*[. . .]«[11]

Von der fehlenden Million Juden seien ferner weitere zivile und militärische Verluste abzuziehen, so daß Sanning letztlich auf nur etwa 300 000 Juden kommt, die im deutschen Machtbereich des Zweiten Weltkrieges auf ungeklärte Weise umkamen.

8. W. Benz, aaO. (Anm. 3), S. 9ff., basierend auf H. Rothfels, *Vierteljahrshefte für Zeitgeschichte (VfZ)* 14 (1966) 244.
9. J. Lestschinsky, »The Decline of European Jewry«, *Congress Weekly,* New York 24. 9. 1951; L. Poliakov, *Bréviaire de la haine,* Paris 1951; G. Reitlinger, *The Final Solution,* Michell, London 1953, dt.: *Die Endlösung,* V. Spiess, Berlin 1956; H. Krausnick, *Aus Politik und Zeitgeschichte* 4(32) (1954) 426 .; P. Rassinier, *Was nun, Odysseus?,* Priester, Wiesbaden 1960; A. Erhardt, Sonderbeilage zu *Nation Europa* 12 (1961); H. Krausnick, in: *Dokumentation zur Massenvergasung,* Bundeszentrale für Heimatdienst, Bonn 1962, S. 16–22; P. Rassinier, *Deutsche Hochschullehrer-Zeitung* (DHZ) 1/2 (1963) 61; G. Wellers, *Aus Politik und Zeitgeschichte* 28(30) (1978) 22–39; R. Hilberg, *Die Vernichtung der europäischen Juden*, Olle & Wolter, Berlin 1982, S. 811 f.; F. H. Hankins, *JHR* 4(1) (1983) 61–81.
10. W. N. Sanning, *The Dissolution of the Eastern European Jewry,* Institute for Historical Review, Torrance, CA, 1983; dt.: *Die Auflösung des osteuropäischen Judentums,* Grabert, Tübingen 1983; vgl. ders., *DGG* 28(1–4) (1980) 12–15, 17–21, 17–21, 25–31, sowie die Diskussionen mit der Gegenseite: W. D. Rubinstein, W. N. Sanning, A. R. Butz, *JHR* 5(2–4) (1984) 367–373; D. Desjardins, J. S. Conway, *JHR* 7(3) (1986) 389–403.
11. W. N. Sanning, *Die Auflösung...,* aaO. (Anm. 10), S. 278 f.
12. W. Benz, aaO. (Anm. 3), S. 17. Da jeder Beitrag dieses Buches mit einer Übersicht über die Geschichte des Judentums des jeweiligen Landes beginnt und alle antijüdischen Gesetze, Maßnahmen und Ereignisse im Detail schildert, muß man sich erst durch eine Unmenge bereits in vielen anderen Werken erarbeiteter Ausführungen durchschlagen, um die statistisch relevanten Daten aus dem Buchstabendickicht herausfiltern zu können. Das Volumen des Benz-Werkes sagt also nichts über dessen statistisch relevanten Inhalt aus.
13. Ebenda, S. 20.

Angesichts des fundamentalen Widerspruches dieser beiden Werke stellt sich dem zeitgeschichtlich interessierten und kritischen Leser natürlich die Frage, welcher der beiden Autoren recht hat. Da die Antwort auf diese Frage von weittragender Bedeutung ist und angesichts der neueren Ergebnisse naturwissenschaftlicher und technischer Forschung einige Komplexe des Holocaust äußerst fragwürdig geworden sind, soll hier eine Gegenüberstellung der Arbeitsmethoden und Ergebnisse beider Werke erfolgen.[14]

2. Methodik

Dazu gliedern wir diese Analyse zuerst nach den Ländern, die im Zweiten Weltkrieg ganz oder teilweise unter deutsche Herrschaft kamen und betrachten dort die Entwicklung der jüdischen Einwohnerzahlen. Die Reihenfolge der Länder entspricht im wesentlichen der des Werkes von Benz, in dem ausschließlich diese Länder behandelt werden. Sanning dagegen flicht weitergehendere bevölkerungsstatistische Betrachtungen auch außereuropäischer Länder ein, wodurch in seinem Werk keine strenge Reihenfolge der im deutschen Machtbereich befindlichen Länder eingehalten werden kann.

Die Staatsgrenzen der betrachteten Länder änderten sich im Zeitraum zwischen 1933 und 1945 zum Teil erheblich. Da in dem Werk von Benz jedes Land von einem anderen Autor behandelt wird, die sich über gemeinsame Grenzen offensichtlich nicht geeinigt haben, kommt es immer wieder zu Überschneidungen, die häufig zu Doppelzählungen führen.[15] Wir werden im Einzelfall darauf hinweisen und am Schluß diese Doppelzählungen aufsummieren. Da Sanning als Alleinautor seines Buches diese Abstimmungsschwierigkeiten nicht hatte, werden wir uns nachfolgend an seiner Wahl der Grenzen orientieren. Da das Benz-Werk bezüglich der Bevölkerungsstatistiken der Gebiete, die Hoheitsverschiebungen unterworfen waren, sehr detailliert ist, können wir hier die entsprechenden Korrekturen meist recht einfach durchführen.

Wir werden zu jedem Land bzw. zu jeder Ländergruppe zuerst eine kurze tabellarische Übersicht der Bevölkerungsstatistik jüdischer Menschen beider Werke gegenüberstellen. Nur wenn sich die statistischen Ausgangszahlen beider Werke merklich widersprechen, soll ein Blick auf die Fundierung der Daten und deren Berechnungen zur Entscheidung beitragen, wer die besseren Argumente hat. Auf die Solidität der von den Autoren zitierten Quellen wird ebenfalls nur in strittigen Fragen eingegangen werden.

Daran schließt sich eine Gegenüberstellung der Summe der jüdischen Menschenverluste im deutsch besetzten Europa an, wie sie von beiden Werken erarbeitet wurden, inklusive einer zusammenfassenden Sachkritik. Hierbei wird auch auf die Frage eingegangen, durch welche Methoden und an welchen Orten die von Benz vermeintlich festgestellten Opfer umgekommen sein sollen, wobei sich gewisse Widersprüche offenbaren werden.

Es folgt ein Überblick über die Anzahl jüdischer Auswanderer aus den europäischen Ländern unter ehemaliger deutscher Besetzung sowie eine Betrachtung der weltweiten Bevölkerungsentwicklung jüdischer Menschen vor und nach dem Zweiten Weltkrieg. Da diese Punkte nur von Sanning behandelt werden, kann hier kein Vergleich zum Benz-Werk gezogen werden – da das Benz-Werk acht Jahre nach Sannings Buch erschien, macht dies den Eindruck, daß zumindest bezüglich der Auswanderungsfrage kein sachlicher Widerspruch möglich war.

Schließlich wird die Arbeit von Sanning einer statistischen Kontrolle unterzogen, wie sie vor einiger Zeit bereits von einem schwedischen Statistiker durchgeführt wurde.

Um eine Unmenge von Fußnoten zu vermeiden, wird als Quellenverweis nachfolgend lediglich die Seitenzahl des jeweiligen Werkes angegeben, im Text mit der Initiale des entsprechenden Autors/

14. Erste Kritiken an W. Benz erfolgten bereits von W. Hackert, *DGG* 40(2) (1992) 19–24, und von U. Walendy, *Historische Tatsachen* Nr. 52, Verlag für Volkstum und Zeitgeschichtsforschung, Vlotho 1992, S. 27–33.
15. So auch der Kommentar von E. Jäckel, Professor für Zeitgeschichte in Stuttgart, in seiner Rezension des Benz-Werkes in der *Zeit* vom 28. 6. 1991.

Herausgebers (S bzw. B), in Tabellen in der Spalte ›Ref.‹ oder in Klammern. Nur in wenigen Fällen wird auf die im jeweiligen Werk zitierte Quelle selber verwiesen.

3. Die Länder unter deutschem Einfluß

3.1. Deutschland und Österreich

BENZ	Juden 10/41	Ref.	Juden 1945	Ref.			Opfer	Ref.
Deutschland	164.–235.000	34ff.	20.000	52/64			139.–174.000	52/53
Österreich	60.000	68	5.000	71			48.767	74
SUMME	**224.–295.000**		**25.000**				**188.–223.000**	

SANNING	Juden 10/41	Ref.	Juden 1945	Ref.	Todesfälle	Ref.	Vermisst	Ref.
Deutschland	164.000	175	27.000	176	14.000	176	123.000	176
Österreich	50.000	176	9.000	176	5.000	176	36.000	176
SUMME	**214.00**		**34.000**				**159.000**	

Im Oktober 1941 wurde den Juden im deutschen Machtbereich die zuvor massiv geförderte Ausreise[16] aus dem deutschen Machtbereich erschwert.[17] Danach setzten schrittweise die Deportationen in Arbeits-, Konzentrations- und die sogenannten Vernichtungslager ein. Im weiteren wird daher auf dieses ungefähre Datum bezüglich der jüdischen Bevölkerungszahl vor dem Beginn der von den Holocaust-Vertretern beschriebenen Judenvernichtung Bezug genommen.

Die niedrige Zahl des Bestandes der Juden in Deutschland von Benz zu diesem Zeitpunkt gleicht der von Sanning, da beide auf einer Monatsmeldung der Reichsvereinigung der Juden in Deutschland an das Reichssicherheitshauptamt beruhen. Da diese Vereinigung ein verlängerter Arm des nationalsozialistischen Staates war, ist diese Zahl recht zuverlässig. Benz geht allerdings davon aus, daß in dieser Zahl nur die ›Volljuden‹ enthalten sind und zählt noch ca. 43% ›Halb-‹ und ›Vierteljuden‹ dazu.

Benz gibt für den Bestand der Juden in Österreich keine Zahl an, meint jedoch, daß bis Kriegsbeginn zwei Drittel der beim Anschluß in Österreich befindlichen Juden (definiert nach den Nürnberger Rassegesetzen) geflüchtet seien (B68). Demnach wären von 206 000 (B70) ca. 70 000 bei Kriegsbeginn verblieben. Eine weitere Verringerung um ca. 10 000 ergibt sich durch die Auswanderung bis Oktober 1941, die im Altreich in diesem Zeitraum bei ca. 15% lag (B35).

Sanning stützt sich bezüglich Deutschlands nur auf die Angaben der Reichsvereinigung. Bezüglich Österreichs verweist er auf zeitgenössische jüdische Quellen in Österreich und Amerika.

Benz gibt für die nach dem Krieg aufgefundenen Juden in Deutschland nur Schätzungen und für Österreich lediglich einen Wert ›nach der Befreiung‹ an. Diese Zahlen sind allerdings wegen des damals herrschenden Chaos sehr unzuverlässig. Sanning beruft sich auf Werte des bekannten Holocaust-Spezialisten G. Reitlinger, wobei der Wert für Österreich erst im Oktober 1947, also nach dem Abebben der größten Bevölkerungsverschiebungen in Europa, ermittelt wurde.

Während Benz den Sterbeüberschuß der durch die Auswanderung vor allem junger Menschen völlig überalterten Juden im Reich zwischen 1941 und 1945 vernachlässigt, wird er von Sanning berücksichtigt. Dadurch verringert sich die Zahl der Vermißten bei ihm weiter. Dies macht die völlig gegensätzliche Betrachtungsweise der Autoren erkennbar, die im Falle von Benz davon ausgehen, daß die Differenz zwischen Vor- und Nachkriegsjuden der Vernichtung anheimfiel, wodurch eine Berechnung natürlicher Sterblichkeitsraten überflüssig erscheinen mag. Sanning dagegen geht erst einmal davon

16. Zur Beziehung Zionismus und Nationalsozialismus vgl. A. Schölch, *VfZ* 30 (1982) 646–674; F. R. Nicosia, *Hitler und der Zionismus,* Druffel, Leoni 1989; ders., *VfZ* 37 (1989) 367–400.
17. Vgl. Schreiben des GeStaPo-Chefs Müller an den Beauftragten des Chefs der SiPo und des SD in Belgien und Frankreich, 23. 10. 1941, in: P. Longerich (Hg.), *Die Ermordung der europäischen Juden,* Piper, München ²1990, S. 82.

aus, daß die entstehende Differenz nicht gestorben ist, sondern zunächst nur als vermißt gilt. Nachfolgend werden uns noch weitere Unterschiede in der Behandlung statistischer Fragen auffallen, die am Ende zusammengefaßt werden.
Die Opferzahlen von Benz wurden von mir bei Deutschland um 21 000 und bei Österreich um 16 692 reduziert. Diese stellen nämlich Opfer dar, die ins europäische Ausland geflüchtet sind, dort aber später unter deutsche Herrschaft kamen und ebenso vernichtet worden sein sollen (B64(D) bzw. 74(A)). Da diese Menschen in den entsprechenden Ländern aber wiederum aufgeführt werden (vor allem Frankreich und Tschechoslowakei), ziehe ich diese ab. Wir merken uns **37 692 doppelt gezählte** jüdische Opfer, die nachher von der bei Benz aufgeführten Gesamtsumme abzuziehen sind.

3.2. Frankreich, Benelux, Dänemark, Norwegen und Italien

BENZ	JUDEN 10/41	REF.	JUDEN 1945	REF.	OPFER	REF.
Luxemburg	3.500–3.700	104	2.450	103	1.200	104
Belgien	52.000	109f.	?23.482	(? ist:	28.518	130
Frankreich	300.000	109	?223.866	Stand	76.134	127
Niederlande	161.000	144	?59.000	10/41	102.000	165
Dänemark	6.000	175	?5.884	minus	116	185
Norwegen	1.800	187	?1.042	Opfer-	758	196
Italien	34.000	201	?28.086	zahl)	5.914	216
SUMME	**558.500**		**?343.860**		**214.640**	

SANNING	JUDEN 10/41	REF.	JUDEN 1945	REF.	VERMISST	REF.
Luxemburg	Summe:		500	169	Summe:	
Belgien	460.000	168	61.000	169	124.500	176
Frankreich			238.000	169		
Niederlande			36.500	169		
Dänemark	Summe:		Summe:	169	Summe:	
Norwegen	8.000	175	*7.000	169	1.000	176
Italien	48.000	169	39.000	169	9.000	176
SUMME	**516.000**		**382.000**		**134.000**	

* geflohen

Die großen Unterschiede in den Ausgangszahlen für Frankreich und die Benelux-Länder liegen darin begründet, daß es bis auf die Niederlande nur Schätzungen über die Zahl der vor dem Krieg dort ansässigen Juden gibt, da diese niemals statistisch erfaßt wurden und die Einwanderung aus Deutschland und Polen zum Teil unkontrolliert erfolgte. Während sich Sanning bei seinen Zahlen auf die Aussagen des *American Jewish Yearbook 1940* (New York) und auf Reitlinger[18] stützt, die von einer knappen halben Million sprechen, geht Benz bezüglich Belgien und Frankreich grundsätzlich von Schätzungen aus. Grundlage bilden dafür unter anderem Berichte deutscher Stellen, die allerdings oft die Anzahl der Juden wahrscheinlich aus propagandistischen Gründen enorm überhöhten.[19]
Die Opferzahl wird bei Benz nicht etwa aus der Differenz der Vorkriegs- zu den Nachkriegsjuden bestimmt, sondern aus der Zahl derjenigen, die angeblich nachweislich die Deportationen überlebt haben (2 566 von 75 720), wobei er sich auf S. Klarsfeld bezieht.[20] Als Überlebensnachweis gilt bei diesem die offizielle Rückmeldung der Deportierten in Frankreich nach dem Krieg sowie das zufällige Bekanntwerden des Überlebens derjenigen, die sich nicht offiziell zurückmeldeten. Der schwedische Bevölkerungsstatistiker C.O. Nordling führt zu Recht aus, daß sich die Überlebenden unter den etwa

18. G. Reitlinger, *The Final Solution,* US-Ausgabe bei A.S. Barnes, New York 1961.
19. W. N. Sanning führt mehrere Beispiele für solche übertriebenen Zahlen deutscher Stellen an: Rumänien: 1,5 bis 2 Mio. (real etwa 700 000); Frankreich: 1,2 Mio. (real etwa 300 000) (S40).
20. S. Klarsfeld, *Memorial to the Jews deported from France 1942–1944,* Beate Klarsfeld Foundation, New York 1983, S. xxvi.

52 000 ausländischen Juden, die vor dem Krieg in Frankreich Zuflucht suchten und später nach Auschwitz deportiert wurden, nach dem Krieg kaum in Frankreich zurückgemeldet haben würden.[21] Auch die Überlebenden unter den verbliebenen etwa 23 000 französischen Juden, die zum Teil erst kurz vor dem Krieg die französische Staatsbürgerschaft angenommen hatten, werden nach dem Krieg zu einem nicht unerheblichen Teil unregistriert ausgewandert sein und sich in ihrer neuen Heimat möglicherweise einen anderen Namen zulegt haben,[22] so daß sie heute nur schwer auffindbar sind.

Somit kann die von Klarsfeld verwandte und von Benz übernommene Methode zur Opferzahlbestimmung kaum zu einem richtigen Ergebnis führen. Auch die Aussage ehemaliger Häftlinge, daß ihre Familienangehörigen verschwunden seien, kann nicht überzeugen. Es hat bis heute viele Fälle gegeben, bei denen sich Familienmitglieder durch Glück nach Jahrzehnten wiedergefunden haben, die voneinander glaubten, der jeweils andere sei vernichtet worden.[23] Da die Familien damals bei der Inhaftierung auseinandergerissen und über ganz Europa verstreut wurden und es im Nachkriegschaos besonders für die entwurzelten Juden keine Möglichkeit gab, ihre Angehörigen zu suchen, ist das Fehlen eines Hinweises auf überlebende Familienmitglieder kein Beweis für deren Vernichtung. C.O. Nordling hat diese fehlerhaften, vorschnellen Schlüsse am Beispiel einer Untersuchung über das Schicksal der jüdischen Bevölkerung der polnischen Stadt Kaszony jüngst aufgezeigt.[24]

Eine weitere fehlerhafte Methode von Klarsfeld und Benz kann in deren Praxis liegen, diejenigen Häftlinge, die bei Ankunft in Auschwitz ausselektiert wurden, also nicht offiziell im Lager aufgenommen wurden und somit auch keine Häftlingsnummer eintätowiert bekamen, pauschal als vergast zu verbuchen, weil sie angeblich wegen Arbeitsunfähigkeit nicht zu gebrauchen gewesen seien. Nordling[21] hat darauf hingewiesen, daß die ersten Transporte vom März bis Juli 1942 annähernd komplett in Auschwitz aufgenommen wurden, daß später allerdings größere Anteile nicht mehr im Lager registriert wurden. Geht man davon aus, daß Nichtregistrierung Tötung durch Gas bedeutete, so wäre ein gegenteiliges Verhalten zu erwarten gewesen, wenn das Dritte Reich eine Vernichtungspolitik im Sinn hatte, denn 1943 war im Gegensatz zu 1942 der Arbeitskräftemangel in Deutschland wesentlich gravierender, so daß ein schonender Umgang mit den jüdischen Arbeitskräften angebracht gewesen wäre. Dieses Registrierungsverhalten weist also eher darauf hin, daß man zuerst das Lager Auschwitz mit Arbeitskräften füllte und später die über 30 beigeordneten Arbeitslager im Umfeld von Auschwitz sowie andere Lagerkomplexe. Zu dieser These paßt, daß die Männer eines Transportes aus dem Jahre 1942 erst im April 1944 in Auschwitz registriert wurden, also Tätowiernummern erhielten.[25] Sie wurden offensichtlich trotz Nichtregistrierung im Jahre 1942 nicht getötet, sondern 1° Jahre in anderem Zusammenhang außerhalb von Auschwitz eingesetzt. Es ist uns nicht bekannt, woher Klarsfeld und Mitarbeiter die Sicherheit nehmen, daß die anderen, nicht in Auschwitz registrierten Häftlinge nicht etwa ebenfalls woanders eingesetzt, sondern vergast wurden.[26]

21. C. O. Nordling, *What happend to the 75,000 Jews who were deported from France?*, unveröffentlichte Arbeit.
22. Jüdische Einwanderer nach Israel wurden moralischem Druck ausgesetzt, ihren zumeist deutsch klingenden Namen zugunsten eines hebräischen abzulegen. Vgl. J.G. Burg, *Schuld und Schicksal,* Damm, München [3]1962.
23. Einzelberichte in *St. Petersburg Times,* 30. 10. 1992: »Miracles still coming out of Holocaust«; *Chicago Tribune,* 29. 6. 1987: »Piecing a family back together«; *State-Times* (Baton Rouge), 24. 11. 1979, S. 8; *Jewish Cronicle,* 6. 5. 1994: »Miracle meeting as ›dead‹ sister is discovered«; vgl. *San Francisco Chronicle,* 25. 11. 1978, S. 6; *Northern California Jewish Bulletin,* 16. 10. 1992; vgl. *JHR* 13(1) (1993) 45.
24. C. O. Nordling, *The Jews of Kaszony,* unveröffentlichte Arbeit.
25. S. Klarsfeld, aaO. (Anm. 20), Anmerkung zu Tabelle III, S. xxvi.
26. R. Faurisson hat darauf hingewiesen (S. Thion, *Vérité Historique ou vérité politique?,* La Vielle Taupe, Paris 1980, S. 328), daß laut D. Czech (*Hefte von Auschwitz* 7 (1964) S. 88) keine Frau des Transportes Nr. 71 von Frankreich nach Auschwitz eine Registriernummer erhielt, daß also alle Frauen nach Ankunft vergast worden seien. Dem widerspreche die Feststellung von S. Klarsfeld (aaO., Anm. 20, S. XXVII), daß 70 Frauen dieses Tranportes überlebt hätten, darunter Simone Jacob (ebenda, S. 519), die später als erste Präsidentin des Europaparlamentes bekannt wurde. Nach der Neuausgabe des Kalendariums (D. Czech, *Kalendarium der Ereignisse im Konzentrationslager Auschwitz-Birkenau 1939–1945,* Rowohlt, Reinbek 1989, S. 757) sollen nun doch 223 Frauen dieses Transports eine Nummer (78560–78782) erhalten haben, also nach herrschender These als arbeitsfähig selektiert worden sein. Ob sich unter diesen 223 die bei Klarsfeld erwähnten 70 überlebenden Frauen befanden, ist unseres Wissens nicht geklärt.

Somit ist klar, daß die dem Benz-Werk zugrunde liegenden statistischen Daten auf zumindest teilweise unfundierten Spekulationen beruhen.
Die andere Methode, nämlich der Vergleich des Vor- und Nachkriegsbestands der jüdischen Bevölkerung, wird von Benz nicht einmal versucht. Die in obiger Tabelle angegebenen Werte nach dem Krieg, die mit einem Fragezeichen versehen sind, beruhen daher schlicht auf der hier durchgeführten Subtraktion der vermeintlichen Opferzahlen vom Vorkriegsbestand.
Sanning bezieht sich bei den Nachkriegsbeständen wiederum auf Reitlinger.
Man erkennt aus dem Vergleich der Werte von Benz et al. und Reitlinger, beide etablierte Holocaust-Forscher, daß die Abschätzung von Vermißtenzahlen für diese Länder aufgrund des unzureichenden statistischen Materials sehr schwierig ist. Deswegen nimmt Benz einfach an, daß die meisten deportierten Juden von Frankreich und Benelux (213.813, B103;127;130;165) tatsächlich ermordet wurden. Dafür können freilich die Zahlen Reitlingers nicht zweckdienlich sein, da diese belegen, daß diese Unterstellung schon allein deswegen falsch ist, weil nach seinen Zahlen nur ca. 134 000 Juden als vermißt gelten. Die Antwort auf die Frage, wie viele von diesen Vermißten unregistriert in der unmittelbaren Nachkriegszeit ausgewandert sind, wird von Benz nicht angeschnitten und wird hier in einem späteren Kapitel behandelt.
Auch hier wurde bei Benz die Opferzahl korrigiert. Die vor der türkischen Küste vorgelagerten dodekanesischen Inseln (Rhodos, Kos u. a.) wurden nämlich sowohl bei Italien als auch bei Griechenland gezählt. Die entsprechenden 1 641 Opfer wurden daher hier von den ursprünglich 7 555 Opfern Italiens abgezogen (B213;216). Dies macht zusammen mit Deutschland und Österreich **39 333 Doppelzählungen.**

3.3. Albanien

Benz geht davon aus, daß Albanien mit seinen wahrscheinlich weniger als 1 000 Juden zu Kriegsbeginn einen Blutzoll von einigen wenigen hundert Juden zu entrichten hatte, kann sich dabei aber nur auf Schätzungen stützen (B236;238). Sanning behandelt dieses Land, über das es keine Statistiken und Abhandlungen gibt, überhaupt nicht.

3.4. Griechenland und Jugoslawien

BENZ	JUDEN 4/41	REF.	JUDEN 1945	REF.	OPFER	REF.
Griechenland	70.–71.500	272	12.726	272	58.885	272
Jugoslawien	80.–82.000	312/3	16.000	329	60.–65.000	330
SUMME	**150.–153.000**		**28.726**		**119.–124.000**	

SANNING	JUDEN 4/41	REF.	JUDEN 1945	REF.	VERMISST	REF.
Griechenland	65.000	172	12.000	173	53.000	174
Jugoslawien	68.000	174	12.000	174	56.000	174
SUMME	**133.000**		**24.000**		**109.000**	

Bezüglich Griechenland kann Benz auf besseres Material verweisen, da er im Gegensatz zu Sanning die kurz vor Kriegsbeginn abgeschlossene griechische Volkszählung auswerten konnte (B247), Sanning dagegen auf eine von 1931 zurückgreifen mußte (S172). Aufgrund von Auswanderungen nahm letzterer eine geringe Bevölkerungsabnahme an und schätzte daher fälschlich den Bestand auf 65 000. Zusammen mit den ca. 2 000 jüdischen Einwohnern des Dodekanes (vor allem Rhodos und Kos) kommt Benz dagegen auf mindestens 70 000 Juden in Griechenland.
Beide Autoren gehen bezüglich Jugoslawien von der letzten Volkszählung im Jahre 1931 aus (etwa 68 000 Juden). Benz schätzt zudem ein Wachstum von ca. 4 000 und schätzt hierzu ca. 5 000 ausländische Flüchtlinge sowie weitere ca. 3–5 000 Geltungsjuden, die zwar ihren Glauben abgelegt haben, von den Nürnberger Rassegesetzen aber dennoch als Juden eingeordnet wurden. Sanning hingegen

geht mit Reitlinger davon aus, daß sich Ein- und Auswanderung im seit 1939 zunehmend antijüdischen Jugoslawien (B312) die Waage gehalten haben. Das Problem der Geltungsjuden wird bei Sanning nicht thematisiert.
Die Differenz beider Autoren ergibt sich bei Griechenland durch eine zu niedrige Vorkriegszahl bei Sanning, bei dem zudem wahrscheinlich 2 000 Juden des Dodekanes fehlen[27]. Bei Jugoslawien scheint dagegen Benz die Vorkriegszahl etwas zu hoch geschätzt zu haben. Die tatsächliche Zahl der Vermißten wird daher wahrscheinlich zwischen beiden ohnehin nur wenig abweichenden Werten liegen.

3.5. Ungarn

BENZ	Juden 1941 (340)	Gefallen + Sow. Deportation (351)	Geburten-defizit (340)	Flucht (340)	Juden 1945 (351)	Opfer (351)
Ungarn	484.000	Summe: 27.000	2.900	9.000	166.000	277.000*

* Unstimmigkeiten in der Summenbildung ergeben sich durch die Umrechnung, siehe Text.

SANNING	Juden 1941	Über-tritte	Gefallen	Sowjet-Deport.	Geburten-defizit	Flucht	Juden 1945	Vermisst
Ungarn (187)	400.000	10.000	27.500	65.500	20.000	6.000	200.000	71.000

Zunächst muß hier definiert werden, von welchem Ungarn die Rede ist. Da Ungarn vor und nach dem Zweiten Weltkrieg dieselben Grenzen hatte, zwischenzeitlich und kurzfristig aber ungeheure Gebietsgewinne erwarb, wollen wir uns hier auf die Grenzen des heutigen Ungarns (sog. Trianon-Ungarn) einigen. Da beide Autoren die Anzahl der Juden für die zugewonnenen und wieder verlorenen Gebiete getrennt von Trianon-Ungarn angeben, sollte diese Definition problemlos auf die Anzahl der ungarischen Juden übertragen werden können. An einer Stelle ergibt sich aber ein gravierendes Problem. Die von Benz aufgestellte Verteilung der Juden auf Trianon-Ungarn (ca. 401 000) und die hinzugewonnenen Gebiete (ca. 324 000) bezieht sich auf eine Gesamtzahl von 725 000 Juden für Großungarn (B338), von der auch Sanning ausgeht (S179). Benz zieht jedoch ca. 100 000 Geltungsjuden nichtjüdischer Konfession nach dem Nürnberger Gesetz hinzu sowie etwa netto 50 000 Einwanderer aus Polen (B340). Dieser etwa 20%ige Zuwachs muß entsprechend für die Zahl von Trianon-Ungarn aufgeschlagen werden, womit man auf 484 000 Juden kommt. Die anschließenden Zahlen (Gefallene an der Front im ungarischen Arbeitsdienst, sowjetische Deportationen sowie die Überlebendenzahl und die Opfer) ergeben sich aus der von Benz für Großungarn angegebenen Zahl, wenn man berücksichtigt, daß ca. 55% aller großungarischen Juden im Trianon-Ungarn lebten und davon ausgeht, daß die Veränderungen alle Juden gleichmäßig betraf. Tatsächlich kann man davon allerdings nicht ausgehen, da unbestritten ist, daß die Budapester Juden, ca. 150–200 000, gänzlich von Deportationen in vermeintliche Vernichtungslager ausgenommen blieben (B348 f.; S186).
Um diese Probleme zu vermeiden, könnte man auch von Großungarn ausgehen. Dies wurde aber vor allem aus einem Grund nicht getan: Alle Gebietsgewinne Ungarns sind bereits bei anderen Beiträgen des Benz-Werkes behandelt worden. Das sind die Batschka von Jugoslawien, Nordsiebenbürgen von Rumänien und die Südslowakei und die Karpatoukraine von der Tschechoslowakei mit insgesamt etwa 324 000 konfessionellen Juden bzw. 391 000 Geltungsjuden (+20%). Bei der Gesamtstatistik hat Benz hiervon lediglich die Juden aus den von der CSR erworbenen Gebieten nicht doppelt gezählt.[28] Da die doppelt gezählten 214 000 Geltungsjuden etwa 24,5% an Großungarns Juden ausmachten, entspricht dies einer Doppelzählung von 122 500 jüdischen Opfern bei einer Gesamtopferzahl von 500 000 Juden, die durch die Deutschen umgekommen sein sollen (B351). Berücksichtigt

27. Sanning führt nicht aus, ob er sie möglicherweise bei Italien aufgeführt hat. Da seine Zahlen dort größer sind als die von Benz (siehe oben), ist dies möglich.
28. Bezüglich Batschka vgl. B330, bezüglich Siebenbürgen B409.

man, daß der Anteil der Opfer in den Randgebieten größer war als in Trianon-Ungarn, da z. B. ganz Budapest von Deportationen ausgenommen war, erscheint sogar eine Doppelzählung von 150 000 möglich. Damit summieren sich die **Doppelzählungen auf mindestens 161 833.**

Leider hantieren nicht alle Koautoren des Benz-Werkes mit den gleichen Methoden wie im Falle Ungarns, wo durch einfache Schätzungen 20% Juden bei der Ausgangszahl aufgeschlagen werden, womit die Gebietsüberschneidungen und Doppelzählungen vollkommen unkontrollierbar werden. Wir wollen uns daher hier weniger um die jeweilige Zahl kümmern als vielmehr um die Methodik der einzelnen Werke. Gerade Ungarn eignet sich für eine genauere Betrachtung der Methodik, da es sich um ein besonders brisantes Kapitel der Holocaust-Geschichte(n) handelt. Die Holocaust-Vertreter gehen selbstverständlich davon aus, daß ca. 400 000 bis 500 000 ungarische Juden von den Deutschen nach Auschwitz deportiert und dort zum großen Teil umgebracht wurden. Grundlage dafür sind *IMT*-Dokumente, die nach Benz zeigen, daß im Frühjahr und Frühsommer 1944 »nachweisbar 444 152 Juden aus Ungarn deportiert« wurden (B344).

Sanning zitiert in seinem Buch A. R. Butz, der darauf hingewiesen hat, daß das Internationale Rote Kreuz in seinem 1948 veröffentlichten Report nichts von Deportationen der Juden nach Auschwitz erwähnt, sondern nur vom Beginn der jüdischen Leiden im Oktober 1944.[29] In dieser Zeit kam es neben gewalttätigen Übergriffen zu Deportationen, die aber unbestritten ins Reich zur Zwangsarbeit und nicht nach Auschwitz führten (B348;S181). Butz und Sanning gehen also davon aus, daß die Deportation der ungarischen Juden nach Auschwitz gar nicht stattfand.

Es muß aber wohl akzeptiert werden, daß es noch heute ungarische Juden gibt, die im Frühjahr 1944 tatsächlich nach Auschwitz deportiert wurden und des öfteren vor Gericht als Zeugen ausgesagt haben.[30] Ferner meint Pressac, daß zwischen 1/3 und 2/3 der nach Auschwitz deportierten ungarischen Juden, deren Ankunft und Selektion von der SS fotographiert wurde,[31] als arbeitsfähig eingestuft, also nicht getötet wurden. Etwa 50 000 dieser ungarischen Juden seien zudem nachweislich im Frühjahr über Auschwitz ins Lager Stutthof weitertransportiert worden.[32] Sannings Theorie steht hier also auf wackeligen Beinen,[33] allerdings auch die These von Benz, daß die ungarischen Juden umgehend und praktisch vollständig getötet worden sein sollen.

Es gibt noch weitere Hinweise darauf, daß die These von der Massenvernichtung der ungarischen Juden nicht ganz stimmt. Die Zeugen betonen nämlich einhellig, daß während dieser vermeintlichen Massenvernichtungsaktionen aufgrund der beschränkten Krematoriumskapazitäten in Birkenau riesige Gruben ausgehoben wurden, um darin die Leichen zu verbrennen. Dabei sollen dunkle Rauchwolken den Himmel um Birkenau verdunkelt haben. Leider (oder Gott sei Dank) beweisen die Aufnahmen alliierter Luftaufklärer aus dieser Zeit, daß es damals im Lager Birkenau, das niemals von Rauchwolken bedeckt war, weder offene Feuer, noch riesige Gruben, noch kleine oder große Rauchentwicklungen, noch Leichenberge, noch große Lagerstellen mit Feuerholz oder ähnliches gegeben hat.[34] Die Polish Historical Society kommt denn auch zu dem Schluß, daß man angesichts dieser Beweise die Opferzahl von Auschwitz um weitere 400 000 plus 74 000 (polnische Juden des aufgelösten Ghettos Lodz, die in der Zeit ebenso vergast worden sein sollen) reduzieren müsse, womit man auf eine Zahl von etwa 500 000 Opfern für Auschwitz angelangt sei.[35]

---

29. A. R. Butz, *The Hoax of the Twentieth Century,* Historical Review Press, Brighton, Sussex, 21977, S. 138.
30. So z. B. die Zeuginnen J. Lazar und L. Heuser im Prozeß gegen G. Weise, vgl. R. Gerhard (Hg.), *Der Fall Weise,* Türmer, Berg [2]1991, S. 28, 33.
31. S. Klarsfeld, *The Auschwitz-Album,* Beate Klarsfeld Foundation, New York 1980.
32. J. C. Pressac, *Les crématoires d'Auschwitz, la maschinerie du meutre de masse,* Édition du CNRS, Paris 1993, S. 147, bezieht sich ohne nähere Quellenangabe auf Yad Vashem.
33. W. N. Sanning hat mittlerweile von seiner These Abstand genommen, persönliche Mitteilung.
34. Vgl. J. C. Ball, *Air Photo Evidence,* Ball Recource Services Ltd, Delta, B.C., 1992; vgl. seinen Beitrag im Buch sowie J. Konieczny, *The Soviets, but not the Western Allies, should have bombed the Auschwitz camp,* Polish Historical Society, Stamford, CT, April 1993.
35. J. Konieczny, aaO. (Anm. 34).

Angesichts dieser Beweislage nützen auch angeblich beweiskräftige Dokumente des Nürnberger Tribunals wenig, da diese durchaus weder immer echt noch wahr sein müssen und außerdem nur von ohnehin hier unbestrittenen Deportationen zeugen, nicht aber von einer Vernichtung. Hier sei nur an den Fall des KZ Dachau erinnert, zu dem das IMT auch feststellte, daß darin Hunderttausende vergast worden seien, was letztlich nichts als eine Greuelpropagandalüge war.[36] Wir werden aber bei der Behandlung der Sowjetunion noch einem anderen Fall zweifelhafter IMT-Dokumente begegnen.
Auch bei der Behandlung der weiteren Faktoren erweist sich die Methode von Benz als sehr nachlässig. Die durch sowjetische Deportation und im ungarischen Arbeitsdienst an der Front gestorbenen Juden meint er nur vage schätzen zu können (B339), während Sanning gestützt auf jüdische oder zumindest projüdische Stimmen belegbare Zahlen vorlegen kann (S181;185). Das Geburtendefizit wird von Benz mit der Vorkriegstendenz fortgeschrieben, während Sanning aufgrund des Arbeitsdienstes für ungarische Juden und der allgemein schlechten Lage der Juden im Krieg davon ausgeht, daß die Geburtenrate weiter abnahm. Übertritte zum christlichen Glauben berücksichtigt Benz gar nicht. Immerhin tauchen die zum Christentum übergetretenen Juden nach dem Krieg in keiner Statistik über Juden mehr auf und gelten somit bei Benz und Mitautoren als ›vergast‹.
Interessant sind nun die Beobachtungen bezüglich der Juden, die nach dem Krieg in Ungarn anwesend gewesen sein sollen. Während sich die Zahl von Benz für Großungarn auf 300 000 beläuft, geht Sanning davon aus, daß allein in Kern-(Trianon-)Ungarn nach dem Krieg etwa 300 000 Juden vorhanden waren. Er stützt sich dabei zum einen auf den U.S. War Refugee Board, der in seinem *Final Summary Report* darüber berichtet, daß nach Verhandlungen mit der SS über 200 000 Juden aus Budapest von Deportationen ausgenommen wurden (S186). Zum zweiten berichtet das IRK in seinem bereits oben erwähnten Bericht, daß im November 1944 etwa 100 000 Juden aus der Provinz nach Budapest strömten.[37] Ferner seien im April 1946 200 000 Juden im Trianon-Ungarn gezählt worden, wobei nach Reitlinger damit zu rechnen sei, daß inzwischen eine regelrechte Massenwanderung der Juden gen Westen eingetreten war (S186). Hierbei sei ferner zu berücksichtigen, daß bei dieser Wanderung sicherlich eine Vielzahl ausländischer, zumeist polnischer Juden zu finden gewesen sei. Sanning gibt daher 200 000 als Mindestzahl der im Trianon-Ungarn vorhandenen Juden nach dem Krieg an. Die Zahl der Überlebenden ergibt sich bei Benz fast ausschließlich aus der Zahl der vorhandenen Juden minus der obigen geschätzten Reduktionen minus der tatsächlichen oder vermeintlichen Deportationen in Lager bzw. zur Zwangsarbeit nach Nürnberger Dokumenten. Andere Quellen werden grundsätzlich nicht verwendet. Wer damit glücklich wird, der ist sehr bescheiden.

3.6. Tschechoslowakei

BENZ	Juden 1939	Emigration	Juden 1945	Opfer
CSR (379)	251.745	33.000	40.000	164.–168.000*

* Unstimmigkeiten in der Summenbildung bestehen beim Autor selbst.

SANNING	Juden 1939	Emigration	Gefallen	Geburten-Defizit	Juden 1945	Vermisst
CSR (191)	254.288	52.300	3.000	5.000	82.000	112.000

Wir betrachten hier die Tschechoslowakei in den Nachkriegsgrenzen (bis 1992), also abzüglich der Karpathoukraine. Benz betrachtet die CSR zwar in den Grenzen vor ihrem Zerfall 1938/39, gibt jedoch eine Aufschlüsselung des Anteils der einzelnen Regionen.[38]

36. Vgl. die Richtigstellung M. Broszats, Institut für Zeitgeschichte, *Die Zeit*, 19.8.1960, sowie an einen schwedischen Empfänger mit Briefkopf des IfZ, 17.7.1961; daneben: H. Wendig, *Richtigstellungen zur Zeitgeschichte,* Heft 5, Grabert, Tübingen 1993, S. 50; E. Kern, *Meineid gegen Deutschland,* Schütz, Göttingen 1968, S. 263 ff; ausführliches Quellenmaterial in F. A. Leuchter, *Der zweite Leuchter Report,* Samisdat Publishers, Toronto 1989.
37. A. R. Butz, aaO. (Anm. 29), S. 139.
38. Während der Beitrag über die Tschechoslowakei von 102 542 Juden in der Karpathoukraine spricht (B355), geht der Beitrag über Ungarn lediglich von 78 000 Juden aus (B338). Also auch hier: Ungenauigkeiten und Widersprüche bei Benz.

Benz geht von einer Wanderungsbilanz bis Mitte 1943 von netto 33 000 Auswanderern aus, wobei im Falle der Slowakei netto keine Auswanderung zu beobachten gewesen sein soll (B369). Bezüglich der Auswanderung aus dem Protektorat stützt er sich dabei auf offizielle Zahlen damaliger jüdischer Stellen, die allerdings die illegale Auswanderung nicht erfaßten (B358). Sanning zählt insgesamt über 52 000 Auswanderer und begründet dies damit, daß laut Anglo-American Committee allein bis Ende 1939 die jüdische Bevölkerung um 40 000 abgenommen habe (S188). Ein Geburtendefizit und die im ungarischen Arbeitsdienst Gefallenen werden nur von Sanning in Rechnung gestellt.
Benz summiert bezüglich des Protektorates diejenigen Juden, die sich offiziell als Überlebende aus den Deportationen zurückmeldeten oder sonstwie nach dem Krieg in der Tschechoslowakei aufgefunden wurden, auf und erhält somit seiner Meinung nach die ungefähre Zahl der Überlebenden. Leider erfolgten diese Erhebungen immer nur punktuell auf bestimmte Lager oder Städte bezogen, aber nie landesweit zu einem Zeitpunkt, so daß die daraus gewonnenen Zahlen lückenhaft bleiben müssen. Im Falle der Slowakei erhält er die Überlebendenzahl aus der Differenz zwischen den von den Deportationen nicht zurückgekehrten Juden und dem Bevölkerungsstand vor den Deportationen. Auch eine Wanderungsbewegung gen Westen wird nicht berücksichtigt. Bezüglich der an Ungarn zwischenzeitlich abgetretenen Gebiete geht er davon aus, daß diese das gleiche Schicksal erlitten wie die übrigen Juden Ungarns. Abgesehen von der Karpathoukraine waren davon etwa 45 000 Juden betroffen. Über die Problematik der Juden im Machtbereich Großungarns wurden oben bereits Ausführungen gemacht.
Sanning verweist darauf, daß nach Reitlinger im Jahre 1946, also nach dem Beginn der Wanderungsbewegung gen Westen, allein im früheren Protektorat 32 000 überlebende Juden gefunden wurden (S189). Ebenso seien in der Slowakei Reitlinger zufolge nach dem Kriege 45 000, nach anderen projüdischen Quellen sogar 60 000 Juden angetroffen worden (S190), was den Schätzungen von Benz, der von 20 000 Juden in der Slowakei ausgeht und sich dabei in erster Linie auf tschechische Veröffentlichungen stützt, natürlich widerspricht (B374).

3.7. Rumänien

BENZ	Juden 1941	Juden 1945 (407)	Opfer
Rumänien (409)	466.418	356.–430.000	107.295

SANNING	Juden 1941	Emigration	Gefallen	Juden 1945	Vermisst
Rumänien (202)	465.242	20.000	11.500	430.000	3.742

Rumänien wird hier in den Nachkriegsgrenzen betrachtet, also inklusive Nordsiebenbürgens und ohne Bessarabien und die Nordbukowina. Uneinigkeit zwischen den beiden Autoren besteht nur hinsichtlich der Behandlung der in Nordsiebenbürgen lebenden Juden, die im Zweiten Weltkrieg unter ungarische Herrschaft kamen (siehe oben). Nach Benz wurden diese zum großen Teil in Auschwitz ›vergast‹, nach Sanning erlitten sie vor allem durch den Fronteinsatz im ungarischen Arbeitsdienst Verluste. Da die Überlebendenzahl von bis zu 430 000, die von Benz und von Sanning mehrfach belegt ist, einen großen Opfergang der nordsiebenbürger Juden ausschließt und dieses Resultat mit den oben erwähnten Forschungsergebnissen jüngerer Zeit übereinstimmt, wird man davon ausgehen dürfen, daß die Juden auf dem Territorium Nachkriegs-Rumäniens kaum Verluste erlitten. Benz geht zur Bestimmung der Opferzahlen einfach von der niedrigsten belegten Überlebendenzahl aus, ignoriert also die auch von ihm erwähnte Überlebendenzahl von 430 000 Juden.

3.8. Bulgarien

BENZ	JUDEN 1941	JUDEN 1945	OPFER
Bulgarien (308)	50.000	50.000	0

SANNING	JUDEN 1941	JUDEN 1945	IMMIGRATION
Bulgarien (203)	48.400	56.000	7.600

Bulgarien wird hier verstanden in seinen Vor- und Nachkriegsgrenzen, also ohne das griechische Thrazien, das jugoslawische Mazedonien und ohne die südliche rumänische Dobrudscha mit quantitativ allerdings vernachlässigbarer jüdischer Bevölkerung. Benz hat die vergrößerten Kriegsgrenzen gewählt, verkleinert jedoch weder bei Jugoslawien noch bei Griechenland das Gebiet entsprechend. Dadurch zählt er bei Griechenland 4 200 Opfer (B272) und bei Jugoslawien 7 160 Opfer doppelt (B298). Damit erhöht sich die **Doppelzählung auf mindestens 173 193.**
Es besteht allgemein kein Zweifel daran, daß die Juden auf dem Territorium Bulgariens nicht gefährdet waren und keinen Blutzoll entrichteten. Die gegenüber dem Vorkriegsstand sogar erhöhte Anzahl bei Sanning erklärt dieser damit, daß Bulgarien einer Unmenge legaler wie illegaler Auswanderer als Tor zum Nahen Osten diente. Nach Sanning sei damit zu rechnen, daß sich unmittelbar nach Kriegsende noch eine merkliche Anzahl ausländischer Juden im Lande aufhielt.

3.9. Polen

BENZ	JUDEN 9.39	REF.	JUDEN 1945	REF.	OPFER	REF.
Polen	2.000.000	443	200.000	492f.	1.800.000	495
SANNING	JUDEN 1941	REF.	JUDEN 1945	REF.	VERMISST	REF.
Polen (203)	757.000	39	240.489	40f.	516.511	41

Polen wird hier verstanden in den Nachkriegsgrenzen ohne die deutschen Ostgebiete. Benz gibt zwar an, bei seiner Betrachtung zu diesem Gebiet lediglich die Verwaltungsbezirke Bialystok und Galizien hinzuzunehmen, berechnet am Ende die Opferzahlen aber doch für das Gebiet ganz Zwischenkriegspolens, also inklusive Teilen der im Kriege als Reichskommissariate Ukraine und Ostland bezeichneten Gebiete. Da er im Beitrag der Sowjetunion nur die Opferzahlen von Galizien und Bialystok abzieht, kommt es hier zu Doppelzählungen, die im Kapitel über die Sowjetunion näher betrachtet werden.

3.9.1. Die Bevölkerung Polens bis zum Kriegsausbruch

Die letzte Volkszählung Polens vor dem Krieg ergab etwa 3,1 Millionen Juden (B416;S5).
Sanning zeigt anhand detaillierter Untersuchungen auf, daß die polnischen Juden bereits während der Zwischenkriegszeit einen äußerst geringen Bevölkerungszuwachs aufzuweisen hatten (S16). Zudem führt das Institut für Zeitgeschichte aus, daß seit 1933 jährlich etwa 100 000 Polen dem radikal antisemitischen Staat den Rücken kehrten und nach Westeuropa oder nach Übersee auswanderten (S21).[39]
Da in erster Linie junge Menschen das Land verließen, muß die Anzahl der Juden in Polen nicht nur aufgrund der Migration, sondern auch wegen der zunehmenden Überalterung stark abgenommen haben. Sanning berechnet die Migration von 1931 bis 1939 mit nur 500 000 Auswanderern und kalkuliert sogar noch mit einem Bevölkerungswachstum von 0,2%. Daraus ergibt sich ein Bestand von 2 664 000 Juden vor Kriegsbeginn (S22).

39. H. Graml, *Die Auswanderung der Juden aus Deutschland zwischen 1933 und 1939* in: Institut für Zeitgeschichte (Hg.), *Gutachten des Instituts für Zeitgeschichte,* Band 1, Selbstverlag, München 1958, S. 80

Benz handelt dieses Problem, dem Sanning 20 Seiten intensive und reich belegte Recherchen widmet, in zwei Sätzen ab (B417):

> »[. . .] *wenn wir für das Jahr 1939 auf der Basis der Fortschreibung der Zensuszahlen* [von 1931] *unter Berücksichtigung von natürlichem Zuwachs und Emigration für den Polnischen Staat eine Gesamtbevölkerung von 35 100 000 Personen annehmen, wobei der Anteil der Juden auf 3 446 000 geschätzt wird. Noch einmal: diese Zahlen sind nicht gesichert*[. . .]«

Benz geht also erstens davon aus, daß sich die polnischen Juden ähnlich vermehrten wie die übrigen Polen. Da dies 8 Jahre vor Erscheinen von Benz' Werk von Sanning deutlich widerlegt wird und Benz dessen Argumente noch nicht einmal zum Thema macht, hat man nur eine Erklärung, warum hier offensichtlich Unwahrheiten verbreitet werden: Die Ausgangszahl polnischer Juden muß maximiert werden.

Zweitens geht Benz davon aus, daß die Emigration im wesentlichen vernachlässigbar war. Da dieses Buch eine Veröffentlichung des Instituts für Zeitgeschichte ist und genau dieses Institut öffentlich verlautbart hat, daß seit 1933 jährlich etwa 100 000 polnische Juden das Land verließen, fragt man sich, ob hier die linke Hand nicht weiß (oder wissen will?), was die rechte tut.

Benz geht nachfolgend von 3 350 000 Juden in Polen zu Kriegsbeginn aus (B417), davon 2,3 Mio. im 1939 deutsch besetzten Westteil (B418), und verfälscht dadurch die Statistik wahrscheinlich um mindestens 700 000 Juden. Sollen wir glauben, daß Benz die Argumente Sannings bezüglich der Bevölkerungsentwicklung im Vorkriegspolen nicht kennt? Dies erscheint ausgeschlossen, da dieses Werk immerhin eine Reaktion auf Sannings Buch ist. Die Tatsache, daß Benz für diesen Komplex lediglich einen Satz und eine entschuldigende Bemerkung übrig hat (»Noch einmal: diese Zahlen sind nicht gesichert.«), erklärt in meinen Augen alles: Hier wird mit Statistiken Schindluder getrieben!

3.9.2. Fluchtbewegungen während des Polen-Feldzuges

Nach Benz sollen während des Polen-Feldzuges etwa 300 000 der anfangs 2,3 Mio. Juden Westpolens vor der deutschen Armee in den östlichen, von den Sowjets besetzten Teil geflohen sein, wovon wiederum etwa 250 000 von den Sowjets nach Sibirien deportiert wurden. Dies seien Schätzungen, da es keine verläßlichen Zahlen gebe (B425f.;443). Demnach sind nach Benz etwa 2 Mio. polnische Juden in Westpolen unter die Herrschaft des Dritten Reiches gelangt (B443). Als Beleg für diese Zahlen wird vor allem auf damalige Angaben deutscher Stellen verwiesen, wobei deren Zweifelhaftigkeit bereits angesprochen wurde[19]. Sanning führt dazu aus, daß diese Zahlen einer Fortschreibung der Volkszählung von 1931 mit einem 10%igen Bevölkerungswachstum durch die deutschen Stellen entsprechen (S39f.). Schon damals gab es keine verläßlicheren Zahlen und Erhebungen, und man machte den gleichen Fehler, den Benz in seinem Buch wiederholt.

Sanning führt eine Menge zionistischer, jüdischer bzw. projüdischer Quellen an, die alle darauf hindeuten, daß während des deutsch-polnischen Krieges zwischen 500 000 und 1 Million Juden in den sowjetisch besetzten Teil Polens flohen (S33–38). Davon sei wiederum ein Großteil nach Sibirien deportiert worden. Als Beleg dienen unter anderem die Angaben jüdischer Hilfsorganisationen, die in Sibirien 600 000 polnische Juden in Arbeitslagern versorgten. Da ein beträchtlicher Teil dieser deportierten Juden schon während der unmenschlichen Verfrachtung in diese Lager umkam, geht Sanning von insgesamt 750 000 in den sowjetischen Teil sowie von weiteren 100 000 nach Rumänien geflohenen Juden aus (S38).[40] Danach habe sich die Anzahl der Juden in Westpolen von Anfangs 1 607 000 (S32) auf 757 000 reduziert (S39), in Ostpolen sei sie dagegen durch die überwiegende Deportation der westpolnischen Flüchtlinge gleich geblieben (etwa 1 Mio., Benz gleichlautend, B443).

Daß solche Fluchtbewegungen nicht ungewöhnlich waren, zeigt das Beispiel Belgiens, wo nach Kriegsbeginn 1° bis 2 Mio. Menschen vor der deutschen Armee flohen und damit alle Bewegungen der alliierten Armeen unmöglich machten (S38).

40. Vgl. auch die Angaben von J.G. Burg, aaO. (Anm. 22), S. 11 ff.

Die Zahlen von Benz und Sanning bezüglich des Restbestandes der Juden nach dem Krieg unterscheiden sich nicht stark. Anzufügen bleibt allerdings, daß das britisch-amerikanische Untersuchungskomitee für das europäische Judenproblem im Februar 1946 laut United Press auf einer Pressekonferenz erklärte, daß sich im Nachkriegspolen noch schätzungsweise 800 000 Juden befänden, die alle auszureisen wünschten.[41]

3.9.3. Die Vernichtung der polnischen Juden

Während Sanning auf die Methoden des vermeintlichen Massenmordes nicht eingeht, führt Benz dazu etliches aus, wovon einiges zitiert und, wo notwendig, kommentiert werden soll. Zunächst macht Benz an einigen Stellen Ausführungen zu den angeblichen, für ihn freilich erwiesenen Abgas-Morden in Lastwagen (Kalisz, B431, Chelmno, B447,462, vgl. Jugoslawien, B320). Siehe dazu den Beitrag von I. Weckert im vorliegenden Buch.

Bezüglich der Tötungsmethoden in anderen Lagern berichtet er vom Einsatz von Zyklon B-Gas aus Flaschen in Belzec (B462). Zyklon B-Gas, also Blausäure, gab und gibt es aber nicht in Flaschen. Blausäure wird nur für industrielle Zwecke in Tankwagen transportiert, aber nicht in Flaschen abgefüllt. Ferner berichtet er vom Einsatz von Dieselmotoren für die Massenvergasungen (Belzec, B462, Treblinka, B463, vgl. UdSSR B540). Vgl. hierzu den Beitrag über Dieselvergasungen von F.P. Berg, bezüglich Treblinka siehe den Beitrag von A. Neumaier im vorliegenden Buch. Jeder weitere Kommentar erübrigt sich daher hier.

Eine interessante Aussage ist die folgende:

> *»In Anbetracht der Tatsache, daß es über die Vernichtungslager kaum auswertbare Quellenbestände gibt, ist die Zahl der in diesen Mordorten getöteten Juden besonders schwer zu ermitteln. Sie stützt sich vorwiegend auf Schätzungen der Zeugen, die Analyse der regelmäßigen Transporte und deren Stärkeangaben und aus den Einwohnerzahlen in denjenigen Gebieten, aus denen die jeweiligen Tötungsorte ›beliefert‹ wurden*[. . .]«(B463f.)

Die Unzuverlässigkeit von Zeugenaussagen wird in diesem Band häufiger aufgezeigt. Eine pure Differenzrechnung von Vor- und Nachkriegszahl ist zudem nur dann möglich, wenn keine unkontrollierte Emigration stattfand und die statistischen Ausgangszahlen gesichert sind. Man darf sich über diese dreiste Methode bei Benz wundern.

Benz gibt schließlich zu, daß die Quellenlage nicht nur bezüglich der vermeintlichen Vernichtungslager, sondern bezüglich der gesamten Organisation des angeblichen Vernichtungsapparates sehr dürftig ist (B463 Fußnote) und daß es keinen schriftlichen, daß heißt dokumentarisch nachweisbaren Befehl für die Judenvernichtung gibt (B3;458f;512).

3.10. Sowjetunion

BENZ	JUDEN 6.41	JUDEN 1945	OPFER
UdSSR (560)	5.200.000	2.300.00	2.890.000

SANNING	JUDEN 6.41	GEFALLENE	DEPORTATIONS-VERLUSTE	DT. KRIEGS-SCHAUPLATZ	JUDEN 1945	VERMISST
UdSSR (136)	5.439.000	200.000	700.000	130.000	3,5–4,5 Mio.	0–1 Mio

Die Sowjetunion wird hier verstanden in ihren Nachkriegsgrenzen. Benz führt zur Feststellung der Opferzahlen lediglich eine Differenzrechnung der Anzahl jüdischer Bürger vor und nach dem Weltkrieg durch. Davon zieht er einerseits die Opfer Bessarabiens und der Nordbukowina ab, also 100 000

41. *Keesing's Archiv der Gegenwart,* 16./17. Jahrgang, Rheinisch-westfälisches Verlagskontor, Essen 1948, S. 651, Meldung B vom 15. 2. 1946. Die alliierten Besatzungsbehörden registrierten offiziell in der Nachkriegszeit bis zu 5 000 polnisch-jüdische Emigranten wöchentlich (!) allein in den Westzonen, W. Jacobmeyer, *VfZ* 25 (1977) 120–135, bes. 125. Hinzu kommen die Migrationen über andere Länder sowie die nichtregistrierten Emigranten.

Opfer, die bei ihm bei Rumänien gezählt sind (B409), sowie andererseits die Opfer der Bezirke Bialystok und Galizien (600 000, bei ihm bei Polen gezählt, B451). Diese Korrekturen brauchen wir hier nicht durchzuführen, da wir sowohl Rumänien als auch Polen in ihren Nachkriegsgrenzen betrachtet haben. Benz unterlaufen dabei aber zwei Fehler: Erstens vergißt er, daß die Sowjetunion nach dem Krieg die Karpathoukraine mit vor dem Krieg etwa 100 000 Juden annektierte. Da die Opfer dieses Gebietes allerdings bei Ungarn gezählt wurden (B338, etwa 90 000 Opfer), wirkt sich dies bei Benz nicht aus. In dieser Untersuchung haben wir Ungarn und die Tschechoslowakei allerdings in den Nachkriegsgrenzen behandelt. Wir müssen folglich die Juden der Karpathoukraine der Sowjetunion zurechnen. Dadurch erhöht sich die Zahl der Juden vor dem Krieg und die Opferzahl entsprechend. Sanning rechnet von den ca. 101 000 Juden der Karpathoukraine 15 000 als vermißt und 86 000 als von der UdSSR vereinnahmt an (S206).

Zweitens übersieht Benz, daß im Beitrag über Polen (entgegen der Verlautbarung) auch die ehemals polnischen Regionen der Reichskommissariate Ostland und Ukraine mit einbezogen werden. Da Benz von ca. 1 Mio. Juden im sowjetisch besetzten Teil ausgeht (B443), wovon ca. 600 000 auf die berücksichtigten Bezirke Bialystok und Galizien fallen (B457), hat er etwa 360 000 jüdische Opfer (90% Opferanteil der 400 000 dort lebenden Juden) doppelt gezählt.

Damit kommen wir insgesamt auf eine Doppelzählung von 533 193 bei Benz aufgeführten jüdischen Opfern.

3.10.1. Die sowjetischen Deportationen

Sannings in obiger Tabelle aufgeführte Rubrik ›dt. Kriegsschauplatz‹ beinhaltet jüdische Verluste im deutschen Heeresgebiet durch nicht von deutschen Truppen durchgeführte oder initiierte Pogrome, Folgen von Hunger und Seuchen sowie die im Rahmen des Völkerrechts erlaubten Exekutionen von Partisanen, bei denen Juden bekanntlich einen sehr hohen Anteil stellten. Diese Rubrik sowie ›Deportationsverluste‹ und ›Gefallene‹ der Roten Armee behandelt Benz auf eine eigenwillige Weise:

> *»In ihr* [der Opferzahl] *sind auch die Verluste durch Kampfhandlungen unter jüdischen Soldaten und Zivilisten* [Partisanen] *enthalten sowie diejenigen, die den Strapazen der Flucht und dem Hunger zum Opfer fielen. Das ist berechtigt. Auch sie waren Opfer nationalsozialistischer Gewaltpolitik.«*(B560)

Eine Quantifizierung dieser Opferkategorien sowie eine Begründung dieser Eintopf-Taktik gibt er nicht, denn dies sind die letzten Worte seines Buches. Einige Hinweise über die Geisteshaltung des Autorenkollektivs lassen sich aber sehr wohl finden. So spricht Benz z. B. vom *»Überfall auf die Sowjetunion«*(B499). Auch habe Stalin alles getan, um *»Hitler keinen Vorwand für antisowjetische Maßnahmen oder gar einen Krieg zu bieten«*(B507). Ferner meint er, die Sowjetunion habe eine »Appeasementpolitik« verfolgt (B508). Heute ist selbst in Rußland unumstritten, daß die Mär vom Überfall Deutschlands auf die friedliebende Sowjetunion wirklich in die Rumpelkammer kommunistischer Kriegspropaganda gehört.[42] Insofern sind die sich durch den Krieg ergebenden Verluste nicht ausschließlich Deutschland anzulasten und haben schon gleich gar nichts auf dem Konto Holocaust zu suchen.

Benz meint, daß es über den Umfang der sowjetischen Evakuierungen und Deportationen von Mensch und Material keine systematischen Darstellungen gibt. Er handelt diese wichtige Frage in zwei Absätzen mit dem Hinweis ab, daß Stalin Hitler nicht durch Evakuierungspläne habe provozieren wollen (nein, man träumt nicht!) und daß es daher kaum zu merklichen Deportationen gekommen sei (B507). Sanning dagegen beschäftigt sich auf seinen Seiten 53–136 ausschließlich mit dieser Problematik und kann anhand einer reichen Fundierung alliierter, jüdischer und sowjetischer Statistiken stichhaltige Zahlen über den Umfang der sowjetischen Evakuierungs- und Deportationsmaßnahmen bei Kriegsbe-

42. Vgl. z. B. V. Suworow, *Der Eisbrecher,* Klett-Cotta, Stuttgart 1989; E. Topitsch, *Stalins Krieg,* Busse Seewald, Herford ²1990

ginn liefern. Damit ist die Unterstellung von Benz, daß es keine systematische Abhandlung zu diesem Thema gibt, bereits widerlegt. Sollten Benz und Mitarbeiter das Buch von Sanning doch nicht gelesen haben? Offensichtlich doch, denn Benz hält Sannings Ausführungen generell nicht für eine systematische Darstellung:

»[. . .] *Der Verf.* [Sanning] *glänzt durch methodisch unzulässigen Umgang mit dem statistischen Material und ebenso kühne wie nachweislich irrige Kombinationen und Schlüsse.*«(B558, Fußnote 396)

Allerdings läßt Benz den Leser mit der Frage im Stich, was an Sannings Darstellung falsch sein könnte. Während Benz davon ausgeht, daß etwa 3 bis 3,2 Millionen sowjetische Juden in den Einflußbereich deutscher Truppen kamen (B509), belegt Sanning wiederum anhand unverdächtiger Quellen klar, daß diese Zahl unter einer Million gelegen haben muß (S126). Er belegt, daß ein Großteil der arbeitsfähigen Bevölkerung und besonders die Intelligenz der meisten russischen Städte beim Einzug deutscher Truppen bereits evakuiert waren. Die Vielzahl der Belege und Beweise kann hier nicht erbracht werden. Auf ein Argument sei hier aber näher eingegangen. Es ist allgemein akzeptiert, daß etwa 600 000 Juden den Rock der Roten Armee trugen. Berücksichtigt man, daß belegbar viele Juden in Arbeitslager hinter den Ural deportiert wurden und der normale Rekrutierungsanteil der männlichen Bevölkerung in keinem Teilnehmerland des Zweiten Weltkrieges über 30% anstieg, so müssen nach Sanning im nichtbesetzten Teil der Sowjetunion mindestens 4 Millionen Juden gelebt haben.
Nun kann es aber sein, daß diese 600 000 Juden schon vor dem Krieg eingezogen wurden, da die UdSSR bekanntermaßen selber einen Großangriff gegen Europa plante,[42] und/oder daß die Sowjets während des deutschen Vormarsches überwiegend die wehrfähige männliche Bevölkerung deportiert hätten. Dies würde bedeuten, daß den Deutschen nur wenige Männer im wehrfähigen Alter in die Hände gefallen wären, so daß in den besetzten Gebieten die weiblichen Juden zu über 90% ausgerottet worden wären, während die eingezogenen und deportierten Männer im Hinterland und in der Armee eine wesentlich größere Überlebenschance gehabt hätten. Die Todesrate der Frauen wäre somit größer oder zumindest gleich groß gewesen wie die der Männer. Demnach müßte die Sowjetunion heute in den damals wehrfähigen Jahrgängen gleichviel oder mehr Männer als Frauen aufweisen. Dies ist aber nachweislich nicht der Fall. Die Geschlechtsverteilung entspricht vielmehr der der anderen Sowjetvölker, das heißt, es besteht ein entsprechend großes Männerdefizit. Das bedeutet, daß die Geschlechter zahlenmäßig ungefähr gleichmäßig deportiert wurden, daß den Deutschen also tatsächlich nur relativ wenige sowjetische Juden in die Hände fielen.
Bezüglich der Anzahl heute in der Sowjetunion anzutreffender Juden beruft sich Benz ausschließlich auf sowjetische Volkszählungen. Er führt aus, daß *»Zweifel an der Zuverlässigkeit der sowjetischen Volkszählungen (. . .) wenig berechtigt sind«,* da diese Daten der sowjetischen Volkswirtschaft als Grundlage dienten (B558). Nun weiß heute jedes Kind, daß gerade für diese Volkswirtschaft alle möglichen statistischen Zahlenwerke gefälscht wurden, um im Wettbewerb mit dem imperialistischen Westen zu zeigen, daß man besser war. Intern dienten diese Fälschungen dazu, vor dem unaufhaltsam nahenden Zusammenbruch die Augen, Ohren und Münder zu verschließen. Aber bezüglich der Anzahl in den Volkszählungen festgestellter Juden bedarf es gar nicht einmal einer Fälschung. Schließlich war die radikal-atheistische UdSSR einer der Staaten, die es auch und besonders den Juden schwer machte, sich zu ihrer Religion zu bekennen. Das freiwillige Bekenntnis zum Judentum im Jahre 1959 und 1970 (2,2 bzw. 2,1 Mio.; B559;S147) sagt also über die Anzahl der Überlebenden in der Sowjetunion wenig aus. Jüdische Schätzungen aus den siebziger Jahren gehen daher auch von 3 bis 4 Millionen Juden in der Sowjetunion aus (S148f.). Neuere Zeitungsmeldungen sprechen sogar von 5 Millionen Juden und mehr, was jedoch angesichts der stagnierenden Bevölkerungsentwicklung kaum sein kann.[43]
Da zionistische Kreise eine Auswanderung der Juden aus Rußland nach Israel erreichen möchten, tendieren sie heute möglicherweise dazu, die Zahl der Juden in Rußland zu übertreiben, um deren schweres Los während der 70jährigen stalinistischen Unterdrückung zu dramatisieren. Die Zahl ver-

43. *New York Post,* 1. 7. 1990.

meintlich vorhandener oder verschwundener Juden bleibt also auch in anderen Bereichen Manövriermasse der Politik.

3.10.2. Die Massenvernichtung in der Sowjetunion

Auch bezüglich der von ihm erwähnten Massenmorde an den Juden auf dem Gebiet der Sowjetunion bezieht sich Benz hauptsächlich auf Zeugenaussagen.

Im Hinterland der in Rußland kämpfenden deutschen Truppen wurden die sogenannten Sonderkommandos eingesetzt, die auch nach Aussage von Benz vor allem der Partisanenbekämpfung dienten (B514f.;518;520;528f.;540). Sie sollen daneben hauptverantwortlich für die Massenerschießungen jüdischer Zivilisten sein, deren Opferzahlen nur schwer zu bestimmen sind (B577). Benz stellt die These auf, daß die während des Krieges vom Jüdischen Antifaschistischen Komitee verbreiteten Opferzahlen dieser Erschießungen viel zu niedrig seien, um »[. . .] *in den USA die sowjetischen Bemühungen um Rettung der jüdischen Bevölkerung in ein (unzutreffend) gutes Licht zu setzen*«.(B557 Fußnote) Da sich die USA niemals um die jüdischen Opfer gekümmert haben, sondern selber nachweislich seit 1933 in ihrer Propaganda die Opferzahlen künstlich überhöht haben, ist nicht ersichtlich, wie und auf wen jüdische Antifaschisten in den USA durch vermeintlich untertriebene Zahlen hätten Eindruck machen können. Ganz neu ist Benz' Erkenntnis, daß Antifaschisten die angeblichen Greuel der Faschisten aus propagandistischen Gründen verharmlosen. Das Gegenteil ist wohl eher richtig. Man kann daraus nur schließen, daß diese von Benz für zu niedrig erachteten Opferzahlenangaben der Antifaschisten in Wirklichkeit bereits übertrieben sind.

Bezüglich des Einsatzes von Massenvergasungslastwagen in der UdSSR bietet uns Benz eine einzige, besonders ›seriöse‹ Quelle an: Die stalinistischen Schauprozesse von Charkow und Krasnodar (B526f.;540).[44] Dieses völlig unkritische Zitieren läßt fast die Frage aufkommen, ob die Autoren selber stalinistischer Gesinnung sind. Unkenntnis kann man habilitierten Wissenschaftlern wirklich nicht unterstellen.

Als Beleg für die Massenerschießungen im Osten gelten gemeinhin die sogenannten ›Ereignismeldungen UdSSR‹, die angeblich von den Sonderkommandos regelmäßig nach Berlin abgesetzt wurden, und in denen u. a. die Anzahl der Exekutionen aufgeführt ist. Allerdings seien nicht alle Ereignisse dort verzeichnet, so daß sie nach Benz als Grundlage zur Opferzahl-Bestimmung unzureichend sind (B542f.). Eine Ausnahme hierfür sei aber der exemplarische Fall Babi Jar (B530;534;542). Da mittlerweile unumstößlich bewiesen ist, daß das angebliche Massaker von Babi Jar eine Greuellüge ohne realen Hintergrund ist,[45] ist freilich die Authentizität der gesamten Serie der IMT-Dokumente ›Ereignismeldungen UdSSR‹ in Frage gestellt und damit der ganze Einsatzgruppen-Massenmord an sich, denn dokumentarische Beweise gibt es sonst nicht. Da nützt auch das Fabulieren von Benz nichts: »*Die Authentizität der Meldungen steht jedoch außer Zweifel.*« (B541). Der als Beweis dafür zitierte H. H. Wilhelm ist Historiker vom gleichen Geiste. Man zitiert sich eben gegenseitig in seiner Holocaust-apologetischen »*Standardliteratur, in der immer wieder Bezug untereinander genommen wird, damit der Eindruck eines wissenschaftlich fundierten Argumentationsgeflechts entstehen soll*[. . .]«(B8 Fußnote 24).

Schließlich soll nicht unerwähnt bleiben, daß Benz immer wieder betont, daß die Deutschen sämtliche Spuren ihrer Massenvernichtung zumeist durch Exhumierung und spurlose Verbrennung unkenntlich gemacht hätten, wodurch keine Opfer oder Massengräber erhalten seien (B320;469;479;489;537f.). Millionen von Opfern verschwanden spurlos, im Fall von Babi Jar sogar durch eine für die Luftaufklärer unsichtbare Weise.

Riesige Massengräber kann man nicht durch Exhumierung und Verbrennung der Leichen unauffindbar machen. Solch riesige Erdbewegungen mit der dabei erfolgenden Störung der Bodenschichten, den

44. Vgl. die Beiträge von F. P. Berg und I. Weckert im Buch.
45. Vgl. die Beiträge von H. Tiedemann und J. C. Ball im Buch.

Einsenkungen des Verfüllmaterials usw. könnte man nicht nur auf den damaligen Aufnahmen der alliierten wie deutschen Luftaufklärer, sondern auch noch heute entdecken, wenn man nur wollte. Da nach Benz zumindest stellenweise »diese Aufgabe nur unzureichend« erledigt wurde, müßten zudem noch viel mehr Spuren vorhanden sein: Nicht verbrannte Leichen bzw. Leichenteile, Millionen Knochen und Zähne und jede Menge Asche.[46] Wenn es solche Funde gegeben hätte, wären diese durch die stalinistischen Kommunisten, die für ihren effektiven Propagandaapparat bekannt waren, in Anwesenheit internationaler Untersuchungskommissionen weidlich ausgeschlachtet worden. Somit hätte man sich für die Blamage von Katyn an den Deutschen revanchieren können, die gerade in dieser Zeit mit Hilfe internationaler Untersuchungskommissionen die Massenmorde der Sowjets an polnischen Offizieren enthüllten.[47] Aber nein, die ach so friedliebende Sowjetunion hat seinerzeit an so etwas Gemeines nicht gedacht. Auch heute, wo man nach 50, ja 60 Jahren die Massengräber Hunderttausender Opfer Stalins oft durch Zufall entdeckt, ist immer noch keine einzige Spur deutscher Massengräber oder -verbrennungsstätten auffindbar, ja man vermeidet tunlichst jede öffentliche Überlegung, ob sie nicht mit Hilfe modernster Methoden aufzufinden sein müßten – sie sind schließlich dank der wundersamen deutschen Methoden alle spurlos verschwunden.

Aufgetaucht dagegen sind beim Rückzug der deutschen Armee einige zigtausende Frauen, Greise und Kinder. General R.A. Rudenko führte in seiner Anklagerede vor dem IMT aus, daß die Deutschen während ihres Rückzuges arbeitsunfähige Kinder, Frauen und Greise zu Hunderttausenden in KZs zurückließen.[48] Oberjustizrat A.A. Smirnow legte ein Dokument vor, das zu diesen Lagern in Weißrußland genauere Ausführungen machte.[49] Es wäre interessant zu prüfen, ob diese Arbeitsunfähigen möglicherweise zu jenen gehören, die in den Lagern weiter westlich ausselektiert wurden und die nach der These von S. Werner tatsächlich vor allem nach Weißrußland deportiert wurden.[50]

4. Über Opfer, Vermißte und Gefundene

4.1. Die Zahl der Opfer bzw. Vermißten

LAND	OPFER BENZ	OPFER BENZ, UM DOPPELTZÄHLUNGEN REDUZIERT	VERMISSTE SANNING
Deutschland	160.000	139.000	123.000
Österreich	65.459	48.767	36.000
Luxemburg	1.200	(Summe: 207.852) 1.200	
Belgien	28.518	28.518	Summe:
Frankreich	76.134	76.134	124.500
Niederlande	102.000	102.000	
Dänemark	116	116	Summe:
Norwegen	758	758	1.000
Italien	8564	5.914	9.000
Albanien	?200	?200	0
Griechenland	58.885	58.885	53.000
Jugoslawien	60.000	60.000	56.000
Ungarn	***550.000***	***277.000***	***71.000***
Tschechoslowakei	143.000	164.000	112.000
Rumänien	211.214	107.295	3.742
Bulgarien	11.393	0	-7.600
Polen	***2.700.000***	***1.800.000***	***516.511****
UdSSR	***2.100.000***	***2.890.000***	***15.000*****
SUMME	**6.277.441**	**5.759.785**	**1.113.153**

* enthält nicht die polnischen Repatriierungen; ** 15.000 Vermißte der Karpathoukraine

46. Vgl. C. Loos, *RHR* 5 (1991) 136–142, sowie den Beitrag von A. Neumaier im Buch.
47. F. Kadell, *Die Katyn-Lüge,* Herbig, München 1991.
48. *IMT* Band VII, S. 196, 8. 2. 1946.
49. Ebenda, Band VII, S. 635 ff., 19. 2. 1946; vgl. Dokument USSR-4, nicht in IMT-Dokumentenbänden enthalten.
50. S. Werner, *Die 2. babylonische Gefangenschaft,* Selbstverlag, Pfullingen 1990; ders., *DGG* 41(4) (1993) 13–17.

Benz führt auf Seite 15f. seines Buches für jedes Land die Opferzahl auf, auf die sich die Autoren des Buches geeinigt haben. In der obigen Tabelle wurden lediglich für Italien und Griechenland andere, nämlich die Zahlen der jeweiligen Autoren übernommen, da die in der Aufführung von Benz angegebenen, davon leicht differierenden Zahlen in den Beiträgen selber nicht erscheinen (Italien 6 513, Griechenland 59 185).
Als Differenz der von Benz angegebenen und der hier um die doppelt gezählten Opfer reduzierten Opferzahl ergeben sich 517 656 Opfer, was aufgrund statistischer Rundungen nur unwesentlich von den oben festgehaltenen 533 193 Doppelzählungen abweicht. Damit sind Benz eine halbe Millionen Doppelzählungen in seinem als Standardwerk gepriesenen Werk nachgewiesen, was einer Erhöhung der Opferzahl um knapp 10% entspricht. Das hätte nicht passieren dürfen, wenn sich Benz als Herausgeber die Mühe gemacht hätte, die einzelnen Beiträge zu koordinieren. Benz schreibt in seiner Einleitung allerdings von einer Summe von 5,3 bis knapp über 6 Millionen Holocaust-Opfer[12]. Es scheint also, als habe Benz diese Doppelzählungen schon einkalkuliert, auch wenn sein Ergebnis mangels Beweisführung nicht nachvollziehbar ist.
Die ausschlaggebenden Unterschiede zwischen Benz und Sanning liegen in drei Ländern begründet: (Groß-)Ungarn, Polen und UdSSR. Anhand dieser Beispiele haben wir hier ausführlich gezeigt, mit welchen möglicherweise absichtlich falschen und verfälschenden Methoden Benz und Mitautoren ihre Statistiken produzierten, um zu den gewünschten Aussagen zu kommen.

4.2. Die etablierte Opferverteilung

LAGER	TOTE NACH IFZ	TÖTUNGSMETHODE	TOTE BENZ S. 17
Chelmno:	150.000	Gaswagen (CO)	152.000
Belzec:	600.000	Motorabgase (CO)	600.000
Sobibor:	200.000	Motorabgase (CO)	250.000
Treblinka:	700.000	Motorabgase (CO)	900.000
Majdanek:	50.000	Erschießung, Motorabgase (CO), Zyklon B	60.–80.000
Auschwitz-Birkenau	mehr als 1.000.000	Zyklon B	1.000.000
Mauthausen	4.000	Zyklon B Gaswagen (CO)	
Neuengamme	450	Zyklon B	
Natzweiler	mehrere Tausend	Zyklon B	
Stutthof	200	Zyklon B	
Ravensbrück	mehr als 1.000	Zyklon B	
Dachau	mindestens 2.300 Versuchsvergasungen	Zyklon B Zyklon B	
SUMME CA.	2.710.000		3.000.000
GESAMTOPFER CA.	6.000.000		6.000.000
REST CA.	3.290.000		3.000.00

Die Opferzahl des Lagers Auschwitz, seit dem IMT auf etwa 4 Millionen festgelegt, wurden 1990 offiziell auf eine Million gesenkt.[51] Anfang 1993 sprach sich die Polish Historical Society dafür aus, die Opferzahl um weitere 400 000 abzusenken, da die Luftaufnahmen alliierter Aufklärer ergeben hätten, daß die Vernichtung der ungarischen Juden nicht stattgefunden habe.[34] Demnach sei also die Massenvernichtung spätestens im Mai 1944 eingestellt worden. Pressac vertritt nun seit neuestem die

51. Vgl. *Jüdische Allgemeine Wochenzeitung,* 26. 7. 1990; *Der Spiegel,* 30/90, 111; *Süddeutsche Zeitung,* 21. 9. 1990; *Die Tageszeitung,* 18. und 19. 7. 1990; vgl. auch F. Piper, *Die Zahl der Opfer von Auschwitz, V*erlag Staatliches Museum in Oswiecim, Auschwitz 1993.

These, daß die Massenvernichtung erst ein halbes Jahr später als vorher angenommen, nämlich erst im Laufe des Jahres 1942 eingesetzt habe, weshalb die Opferzahl inklusive der vernichteten ungarischen Juden auf 630000 Gaskammertote abzusenken sei.[32] Zieht man aus beiden Veröffentlichungen die Konsequenzen, nämlich späterer Beginn und früheres Ende der Massenvernichtung als bisher angenommen, so sind von den etwa 1 Million Opfern nach Pressac 270 000 und nach der Polish Historical Society weitere 400 000 Opfer abzuziehen. Es bleiben also nur noch etwa 230 000 Gaskammertote übrig. Tatsächlich reduziert Pressac die Zahl der Gaskammertoten in der deutschen Ausgabe seines letzten Werkes auf gut 500 000.[52] Es scheint also nur eine Frage der Zeit zu sein, wann die nächste Reduktion der Opferzahlen folgt.

Kritik an dem Umstand, daß die Opferzahl dieses vermeintlich größten Vernichtungslagers stetig reduziert wird, nicht jedoch die Gesamtopferzahl des Holocaust, hält z. B. Prof. E. Nolte für berechtigt.[53] Grotesk wird es, wenn zeitgleich mit der Absenkung der Opferzahlen von Auschwitz die israelische Gedenkstätte Yad Vashem nichts Eiligeres zu vermelden wußte, als daß neuere Forschungen in sowjetischen Archiven ergeben hätten, daß die jüdischen Opferzahlen durch die Massenerschießungen hinter der Front um 250 000 höher lägen als bisher angenommen, wonach also eher mit 6,25 als mit 6 Millionen Opfern zu rechnen sei.[54]

Wenn aber die Opferzahlen in den Lagern stetig sinken, stellt sich bei gleichbleibender oder sogar steigender Gesamtopferzahl die Frage, wo die Opfer umgekommen sind, wenn nicht in den Gaskammern. Um dieses Problem zu lösen, ist man z. B. bestrebt, die Opferzahlen anderer Lager anzuheben. Bisher wurden z. B. für das Lager Treblinka Zahlen zwischen 700 000 und 900 000 angegeben.[55] Benz geht nun von einer Zahl zwischen 1 und 1,2 Million aus (B468), wovon 974 000 polnische Juden gewesen sein sollen (B495). Somit erhält Treblinka mit über einer Million Opfer bei Benz ein stärkeres Gewicht als Auschwitz – eine in der neueren Zeitgeschichtsforschung völlig neue Tendenz.

Nach der Reduzierung der Opferzahlen von Auschwitz auf weit unter 1 Million müssen nun die verbleibenden 5 bis 6 Millionen Opfer auf andere Mordstätten verteilt werden. In obiger Tabelle ist die Opferverteilung angegeben, wie sie das offizielle Institut für Zeitgeschichte bis vor kurzem wiedergab.[56]

Interessant ist zunächst die Tatsache, daß das Institut für Zeitgeschichte die Feststellung seines vormaligen Leiters M. Broszat revidiert, der festgestellt hatte, daß es in den Konzentrationslagern des Altreiches keine Vergasungen gegeben habe.[36] Daß in dieser Aufzählung wiederum die Anlagen in Dachau, Sachsenhausen, Ravensbrück usw. auftauchen,[57] ist wohl der Einsicht des Instituts zu verdanken, daß man eine Lüge niemals teilweise zugeben darf, da man sonst in Gefahr gerät, gänzlich entlarvt zu werden. Die in der letzten Spalte aufgeführten, bei Benz zu findenden Zahlen stammen aus einer wesentlich älteren Veröffentlichung des Instituts für Zeitgeschichte.[58] Man darf sich wundern, warum er nicht auf aktuellere Zahlen desselben Instituts zurückgegriffen hat.

Weiters wäre interessant, wie die Historiker die Differenz zwischen diesen etwa 2 700 000 bzw. 3 000 000 zumeist Gaskammertoten und den gut 3 Millionen Toten, die zur Gesamtzahl von ungefähr 6 Millionen Opfern noch fehlen, erklären wollen. Reduziert man die Opferzahlen von Auschwitz weiter entsprechend den neuen Tendenzen und erhöht gleichzeitig die Gesamtopferzahl, so ergeben sich 4 Millionen neu zu verteilende Opfer. Die milde Erhöhung der Opferzahlen des Lagers Treblinka von 700 000 auf 1,2 Millionen bei Benz (B468) löst das Problem nicht und steht im Widerspruch zu den

52. J.-C. Pressac, *Die Krematorien von Auschwitz. Die Technik des Massenmordes,* Piper, München 1994, S. 202.
53. E. Nolte, *Streitpunkte,* Propyläen, Berlin 1993, S. 312.
54. »Mehr Judenmorde als bisher bekannt«, *Süddeutsche Zeitung,* 17. 12. 1991, S. 7, ähnlich die übrige Tagespresse.
55. Vgl. den Beitrag von A. Neumaier in diesem Band.
56. Mitteilung des Institutes für Zeitgeschichte, Mai 1990.
57. Siehe dazu neben E. Kern, aaO. (Anm. 36), auch G. Schirmer, *Sachsenhausen —Workuta, Grabert,* Tübingen 1992, S. 10, 49 ff.
58. I. Arndt, W. Scheffler, *VfZ* 24 (1976) 105.

obigen Aussagen desselben Instituts für Zeitgeschichte. Die verbliebenen 3 bis 4 Millionen Juden kann man unmöglich allein durch Erschießungen der Einsatzkommandos, Hunger- und Seuchentote und anderes mehr erklären. Solche Menschenmassen in der Größenordnung der gesamten Einwohnerschaft der Hauptstadt Berlin verschwinden nicht spurlos. Es kann daher nicht verwundern, daß Benz in seinem Werk nicht angibt, wo der verschwundene Rest umgekommen sein soll.

4.3. Der Exodus – die Wiederkehr von Vermißten

EINWANDERUNG EUROPÄISCHER JUDEN VOR UND NACH DEM ZWEITEN WELTKRIEG

LAND	NACH DEM KRIEG	VOR DEM KRIEG
Palästina	73.000 ('45–'48)	293.000 ('32–'44)
Israel	585.000 ('48–'70)	
USA[59]	490.000	406.000 ('33–'43)
Lateinamerika	150.000	180.000 (30er Jahre)
Kanada, Australien, England, Südafrika	250.000	90.000 (30er Jahre)
SUMME	**1.548.000**	**969.000**

Benz untersucht mit keinem einzigen Absatz das Problem der jüdischen Auswanderung aus Europa nach dem Zweiten Weltkrieg. Mehr noch: Daß es nach dem Zweiten Weltkrieg eine als Exodus berühmt gewordene Völkerwanderung gerade der europäischen Bevölkerung jüdischen Bekenntnisses gegeben hat, wird von Benz überhaupt nicht erwähnt. Die ersten zehn Beiträge glänzen durch Abwesenheit jedes Hinweises auf Auswanderungen nach dem Krieg, andere wiederum (Griechenland und Jugoslawien) geben sich ein Feigenblatt, indem immerhin einige Hundert oder Tausend eingestanden werden, die nach Kriegsende das Land verließen.

Da Benz die Opferzahl zumeist aus der Differenz der Vorkriegs- zu den Nachkriegszahlen ermittelt, muß dies zu einer großen Schräglage führen. Sanning dagegen führt eine Aufstellung der jüdischen Einwanderung in außereuropäische Länder auf, die in obige Tabelle wiedergegeben ist (S231). Sie gilt bis heute als unwidersprochen, so daß man von der Richtigkeit dieser Angaben ausgehen kann.

Sanning weist nach, daß es 1970 im ehemals deutsch besetzten Europa ohne die UdSSR immer noch etwa 860 000 Juden gab (S232). Da die jüdische Bevölkerung Westeuropas nach dem Krieg so gut wie kein Bevölkerungswachstum mehr zu verzeichnen hatte, müssen einschließlich der Nachkriegsauswanderungen (etwa 1,548 Mio., vgl. obige Tabelle) nach dem Krieg mindestens 2 408 000 Juden im deutsch besetzten Teil Europas (ohne UdSSR) gelebt haben. Sanning ermittelte, daß unmittelbar nach dem Krieg im ehemals deutsch besetzten Europa (ohne UdSSR) nur 1 443 000 Juden statistisch aufgefunden wurden (S207), 1,1 Mio. galten als vermißt (vgl. Tabelle S.158). Benz kommt auf 1,2 bis 1,3 Millionen statistisch erfaßte Juden im ehemals deutsch besetzten Europa (ohne UdSSR) unmittelbar nach dem Krieg. Die Differenz zu den etwa 2,4 Millionen heute von Sanning erfaßten Juden, etwa 1 bis 1,2 Millionen Juden, ist also nach dem Krieg zunächst ohne Registrierung ausgewandert. Setzt man diese unregistrierten Auswanderungen in Bezug zu den von Sanning als vermißt bezeichneten 1,1 Millionen Juden des ehemals deutsch besetzten Europas, so kann man angesichts der großen Schwankungen des Zahlenmaterials nach Sanning keine statistisch abgesicherten Aussagen mehr machen, ob

59. Da die USA nicht die Religionszugehörigkeit von Einwanderen registrierten, sind die offiziellen Daten der USA über die Zuwanderung von Juden sehr unzuverlässig, vgl. Sanning, aaO. (Anm. 10), S. 210–220. Wie prolematisch die Zahlenangaben der in den USA lebenden Juden sind, ergibt sich aus einer Meldung des *National Observer* vom 2. 7. 1962, nach dem es damals in den USA statt, wie offiziell verlautet, etwa 5 bis 6 Millionen Juden (vgl. E. L. Ehrlich, *Aus Politik und Zeitgeschichte* 38(16) (1988) 16–22) 12 Millionen gegeben haben soll – eine sehr unwahrscheinlich hohe Zahl; vgl. *DHZ* 4 (1962) 31 f.

und wenn dann wie viele Juden während des Dritten Reiches eines ungeklärten Todes starben. Statistisch abgesichert heißt dabei: Da die Schwankungen des Zahlenmaterials allein über einige Hunderttausend gehen, können Verluste in dieser Größerordnung nicht mit Sicherheit nachgewiesen werden. Auf jeden Fall aber hat danach die jüdische Bevölkerung im ehemals deutsch besetzten Europa (ohne die UdSSR) mit hoher Wahrscheinlichkeit keine in die Millionen gehenden Verluste während des Zweiten Weltkrieges erlitten.

4.4. Korrekturen für Wolfgang Benz

Ausgangszahl Benz:	abzüglich	Grund
5,3 bis 6 Mio.	mind. 1 Mio.	unregistrierte Auswanderung nach dem Krieg
	mind. 1,5 Mio.	statistisch nicht erfaßte Juden in der UdSSR
	mind. 0,5 Mio.	Opfer von Krieg, Partisanenkampf und sowj. Deportation
	0,7 Mio.	statistisch überhöhte Judenzahl im Vorkriegspolen
	mind. 0,3 Mio.	Wegfall der Vernichtung der ungarischen Juden

5,3 bis 6 Mio. minus mindestens 4 Mio. → maximal 1,3 bis 2 Mio. Vermisste

Zieht man diese etwa 1 Million unregistrierten Auswanderungen von Benz' angeblich gefundenen 5,3 bis 6 Millionen Opfer ab, so erhält man bei ihm 4,3 bis 5 Millionen Opfer. Davon abzuziehen wäre ferner die Differenz zwischen der in sowjetischen Statistiken aufgetauchten Anzahl sowjetischer Juden und der tatsächlichen Zahl (etwa 1,5 Mio.), die Anzahl der durch andere Umstände in der UdSSR umgekommenen Juden (Deportationen, Krieg, Partisanenkampf, mindestens 500 000), die Anzahl der statistisch hinzugemogelten polnischen Juden (etwa 700 000) sowie die Anzahl der wahrscheinlich nicht gänzlich umgekommenen ungarischen Juden (300 000), also in der Summe etwa 3 Millionen. Somit verbliebe bei Benz ein Rest von maximal 1,3 bis 2 Millionen ungeklärten Fällen.

5. Die jüdische Weltbevölkerung

Auch dieses heiße Eisen wird von Benz konsequent gemieden. Sanning macht sich dagegen die Mühe, die weltweite Entwicklung der jüdischen Bevölkerung vor dem Zweiten Weltkrieg bis heute nachzuvollziehen. Er weist unter anderem darauf hin, daß die offiziellen Statistiken nach dem Krieg den Holocaust zwar widerzuspiegeln scheinen (S255). Jedoch habe die jüdische Weltbevölkerung außerhalb der UdSSR in den ersten Dekaden nach dem Krieg so stark zugenommen, wie es normalerweise nur für Entwicklungsländer oder für eine ländliche Bevölkerung typisch ist (S260). Da die Juden fast überall in der Welt annähernd gänzlich verstädtert sind und zumeist der Mittel- oder sogar Oberschicht angehören, was nur ein geringes Wachstum erwarten läßt, weise dies darauf hin, daß hier etwas nicht stimmt. Nach eingehenden bevölkerungsstatistischen Untersuchungen kommt Sanning zu den Schlüssen, die wir eingangs zitierten, auf die wir hier aber nicht näher eingehen wollen, da ohnehin anscheinend keine Gegenargumente anzuführen sind.

6. Statistische Kontrollen

6.1. Das Schicksal jüdischer Persönlichkeiten

Der schwedische Demograph Carl O. Nordling hat sich Ende der 80er Jahre die Mühe gemacht, anhand der in der *Encyklopædia Judaica*[60] aufgeführten jüdischen Persönlichkeiten das Schicksal des Judentums im Zweiten Weltkrieg in einer statistischen Studie nachzuvollziehen.[61] Er hat dabei 722

60. *Encyklopædia Judaica,* Jerusalem 1972.
61. C. O. Nordling, *Revue d'Histoire révisionniste (RHR)* 2 (1990) 50–64; engl.: *JHR* 10(2) (1990) 195–209. Auf diese Arbeiten machte mich R. Faurisson dankenswerterweise aufmerksam.

namentlich aufgeführte Juden aus 12 europäischen Ländern,[62] die im Laufe des Weltkrieges unter deutsche (Vor-)Herrschaft kamen, nach folgenden Kriterien ausgewählt:

- Geburtsdatum zwischen 1860 und 1909;
- am 1. 1. 1938 noch nicht emigriert;
- am 1. 1. 1939 noch am Leben.

Von diesen 722 Juden sind demnach 317 (44%) vor allem bis Ende 1941 emigriert, 256 (35%) blieben von Internierungen jeder Art verschont. Insgesamt starben in dieser Zeit 95 dieser jüdischen Persönlichkeiten (13%), wovon 57 (8%) auf die östlichen Lager inklusive unbekannter Todesort und -umstände fallen. Unter diesen 8% müßten sich neben Seuchen-, Transport- und Hungertoten auch die Toten der gezielten Massenvernichtung verbergen.

Für die polnischen Juden ergibt sich folgendes Bild:[63]

Von 65 am 1.1.1940 in der *Encyklopædia Judaica* aufgeführten jüdischen Persönlichkeiten emigrierten 13 (20%), 14 überlebten (22%), 38 kamen um (58%). Von diesen 38 starben allerdings 23 (60% aller Toten) nicht etwa in den Lagern des Ostens, sondern in Freiheit, in Ghettos, auf Transporten, durch Kampfhandlungen oder Strafaktionen sowie an Hunger und Seuchen in westlichen Lagern (Dachau, Nordhausen). Lediglich in 15 Fällen, also bei etwa 23% aller polnischen Persönlichkeiten, ist der Todesort entweder ungeklärt oder liegt in einem der östlichen Lager, wobei auch hier wieder zu berücksichtigen ist, daß ein Teil davon Opfer von Hunger, Seuchen und gewaltsamen Transporten am Kriegsende geworden ist. Auch bei den polnischen Persönlichkeiten bleiben somit wahrscheinlich weniger als 15% Opfer einer hypothetischen Massenvernichtung. Benz geht dagegen davon aus, daß etwa 80–90% aller 1940 in Polen anwesenden polnischen Juden, nach ihm etwa 2 Millionen, in den Gaskammern der Vernichtungslager ermordet wurden (B495).

In einem weiteren Beitrag stellt Nordling seine statistischen Erhebungen den Ergebnissen von W.N. Sanning gegenüber, die wir hier komplett wiedergeben wollen.[64]

Man erkennt die über weite Bereiche erstaunliche Übereinstimmung der Prozentsätze und kann daraus rückschließen, daß die Erhebungen von Sanning mit den Angaben des Schicksals der jüdischen Persönlichkeiten, wie sie in der *Encyklopædia Judaica* wiedergegeben sind, übereinstimmen. Auffällig ist zudem, daß offensichtlich die Möglichkeit für jüdische Persönlichkeiten oder deren Wille zur Auswanderung zwischen 1939 und 1941 geringer war als bei der durchschnittlichen jüdischen Bevölkerung.

Bevor man jedoch die statistischen Ergebnisse Sannings als korrekt bezeichnet, erscheint es nötig, das Schicksal weiterer jüdischer Bevölkerungsgruppen auf die gleiche Weise zu untersuchen wie das der in der *Encyklopædia Judaica* wiedergegebenen jüdischen Persönlichkeiten, um folgende mögliche Verzerrungen zu vermeiden:

1. Die Eintragung jüdischer Persönlichkeiten in die *Encyklopædia Judaica* des Jahres 1972 wird auch vom Schicksal der entsprechenden Juden im und nach dem Krieg abhängig sein:
   a) So mögen einige Juden nur deshalb aufgeführt worden sein, weil sie aufgrund deutscher Verfolgungsmaßnahmen starben. Beispiele: J. Korczak (1879–1942) wurde registriert, weil er freiwillig mit einer Gruppe Kinder nach Treblinka ging; die Nonne E. Stein (1891–1942) wurde wegen ihres Märtyrertodes aufgenommen. Wenn sie überlebt hätten, wären sie möglicherweise nicht in die Enzyklopädie aufgenommen worden.
   b) Einige Juden wiederum wurden nur deshalb aufgenommen, weil sie den Krieg überlebten und danach zu bekannten Persönlichkeiten werden konnten. Beispiel: P. Mendès–France (*1907) war vor dem Krieg noch ein unbekannter Unterstaatssekretär.

62. 170 Franzosen, 96 Polen, 93 Deutsche, 85 Österreicher, 64 Ungarn, 63 Italiener, 49 Niederländer, 42 Tschechoslowaken, 29 Rumänen, 13 Dänen, 9 Jugoslawen, 9 Belgier.
63. C. O. Nordling, *RHR* 4 (1991) 95–100, mit Korrekturen gegenüber aaO. (Anm. 61); die hier aufgeführten Zahlen wurden nach den neuesten Forschungen von C. O. Nordling aktualisiert.
64. C. O. Nordling, *RHR* 5 (1991) 96–106; engl.: *JHR* 11(3) (1991) 335–344.

2. Durch internationale Beziehungen oder materielle Vorteile kann eine Emigration für jüdische Persönlichkeiten einfacher gewesen sein als für den Normalbürger. Allerdings ist diese Kategorie von Juden bereits zu Kriegsbeginn weitgehend emigriert gewesen.
3. Jüdische Persönlichkeiten können nicht so einfach ihre Identität ändern, untertauchen, fliehen und illegal emigrieren. Der Leidensweg der Persönlichkeiten ist daher im Gegensatz zum Normalbürger meist gut nachvollziehbar.
4. Jüdische Persönlichkeiten unterlagen möglicherweise wegen ihres stärkeren gesellschaftlichen und politischen Engagements besonders in der Kriegszeit restriktiveren Maßnahmen durch die deutsche Besatzungsmacht.

VERGLEICH DER STATISTISCHEN ERGEBNISSE BEZÜGLICH DER IM DEUTSCHEN MACHTBEREICH LEBENDEN JUDEN MIT DEN ENTSPRECHENDEN ZAHLEN DER IDENTIFIZIERTEN JÜDISCHEN PERSÖNLICHKEITEN IM GLEICHEN GEBIET

Jüdische Gesamtbevölkerung			Identifizierte Persönlichkeiten		
KATEGORIE	TAUSEND	%	%	ANZAHL	KATEGORIE
Anwesende 1939[10]	5.044	177	148	629	Anwesende im Januar 1939[60]
Emigration 1939 bis 1941[10]	- 2.197	77	48	- 206	Emigration 1939 bis 1941[60]
Anwesende 1941	= 2.847	100	100	= 423	Anwesende 1941
In Auschwitz registrierte Juden (unter der Annahme, daß 60% aller Internierten Juden waren)[60]	244	8,6	8,5	35	Nach Auschwitz Deportierte[60]
Vermißte im Mai 45[60]	- 207	7,3	7,6	- 32	Vermißte im Mai 45[60]
Überlebende von Auschwitz	= 37	1,3	0,9	= 4	Überlebende von Auschwitz
In Theresienstadt registriert[65]	141	5,0	5,0	21	Nach Theresienstadt Deportierte[60]
Aus Theresienstadt Verschickte[65]	- 88	3,1	1,2	- 5	Aus Theresienstadt Verschickte[60]
In Theresienstadt Gestorbene[65]	- 33,5	1,2	1,2	- 5	In Theresienstadt Gestorbene[60]
Überlebende von Theresienstadt	= 19,5	0,7	2,6	= 11	Überlebende von Theresienstadt
			17,0	72	Nach Deportationen in KZs Verschwundene[60]
Weder durch Auswanderung noch durch natürlichen Tod Verschwundene[10]	304	10,7	12,3	52	Nicht durch natürlichen Tod Verschwundene
Überlebende in allen Lagern im April 1945[66]	275	9,6	5,7	24	Überlebende in allen Lagern im Mai 1945

6.2. Die Korherr-Berichte

Richard Korherr war der führende Statistiker des Dritten Reiches. Er fertigte Anfang 1943 auf Wunsch Himmlers einen Bericht über die Entwicklung der jüdischen Bevölkerungszahlen in Europa seit der NS-Machtübernahme an, den Himmler Hitler vorlegen wollte. Nach mehreren Unterredungen und einem Briefwechsel mit Himmler modifizierte und kürzte Korherr seinen ersten Bericht ab.[67] Diese beiden Berichte sowie der dazugehörige Briefverkehr gehören mit zu den angeblich zentralen Beweisstücken des Holocaust, aufgrund dessen zum Beispiel G. Wellers glaubte, die Opferzahlen des Holocaust allein bis Ende März 1943 auf etwa 2 Millionen festsetzen zu können.[68]
Zunächst einmal muß festgestellt werden, daß in den Korherr-Berichten und dem zugehörigen Briefverkehr, der nur für Himmlers und Hitlers Augen bestimmt war, nichts auf eine Tötungsabsicht gegenüber den europäischen Juden hinweist oder darauf, daß schon eine Tötung stattgefunden habe, was

65. H. G. Adler, *Theresienstadt 1941–1945,* Mohr, Tübingen 1955.
66. N. Masur, *En jude talar med Himmler,* Stockholm 1945.
67. IMT-Dokumente NO-5193 bis 5198.
68. G. Wellers, aaO. (Anm. 9).

erstaunlich genug ist, da man solches vor Himmler oder Hitler kaum hätte zu verheimlichen brauchen. Man kann dem Bericht aber entnehmen, daß etwa 2° Millionen Juden gen Osten evakuiert wurden. Korherr stellt fest:

»Von 1937 bis Anfang 1943 dürfte die Zahl der Juden in Europa teils durch Auswanderung, teils durch Sterbeüberschuß der Juden in Mittel- und Westeuropa, teils durch Evakuierungen vor allem in den völkisch stärkeren Ostgebieten, die hier als Abgang gerechnet werden, um schätzungsweise 4 Millionen zurückgegangen sein.«[69]

Warum erwähnt Korherr, daß die Evakuierungen hier als Abgang gerechnet werden? Das kann nur dann einen Sinn haben, wenn sie eigentlich nicht aus Europa verschwunden sind, aber dennoch in der Statistik als abgewandert geführt werden. Waren sie also nicht tot? S. Challen hat nicht nur dieser Zusatz sowie das Fehlen jedes Hinweises auf den Massenmord in diesen streng geheimen, nur für Himmler und Hitler gedachten Papieren irritiert, sondern auch die Tatsache, daß der angeblich beste Statistiker Deutschlands eklatante Fehler seines Berichtes elegant zu tarnen vermochte.[70]
So schreibt Korherr in seinem Schlußsatz, daß die jüdischen Bevölkerungsverluste von 1933 bis 1943 (5 Millionen) zur Hälfte durch Auswanderungen in andere Kontinente verursacht wurden, man findet in seinen Zahlenangaben jedoch nur etwa 1,5 Millionen Auswanderungen. Es fehlen also etwa 1 Million Auswanderungen. Damit stellt sich die Frage: Warum hat der beste Statistiker Deutschlands bei einem für Hitler gedachten Geheimbericht eine seinem Zahlenmaterial widersprechende Schlußfolgerung gezogen? Zählt man die einzelnen Posten Korherrs zu den 1943 weltweit verstreuten Juden auf, so kommt man zudem auf eine Zahl, die nur knapp unter dem Vorkriegsbestand liegt, eine Massentötung ist also schon von daher auszuschließen. S. Challen hat sich daher die Mühe gemacht, die Angaben Korherrs genauer unter die Lupe zu nehmen. Letztlich kommt er zu der Überzeugung, daß Korherr im Auftrage Himmlers die Emigrationszahlen im Zahlenwerk um eine Million reduziert und die Anzahl der gen Osten Evakuierten um eine Million erhöht hat. In einem der Briefe schreibt Himmler dann auch, daß sich dieser Bericht gut zu Tarnzwecken eignen würde.[71] Challen kommt zu der gut begründeten Überzeugung, daß Himmler vor Hitler vertuschen wollte, daß im Osten sowohl ein Großteil der polnischen als auch der russischen Juden durch Flucht und sowjetische Evakuierungsmaßnahmen entkommen sei. Nach Challens Berechnungen auf der Basis des Zahlenmaterials von Korherr erlitten die Juden während des Zweiten Weltkrieges Verluste in der Höhe von etwa 1,2 Millionen Menschen, davon etwa 750 000 im Machtbereich Deutschlands.
Letztlich sind also die Korherr-Berichte eine Bestätigung der von Sanning gefundenen Zahlen über das Schicksal des osteuropäischen Judentums. Als Beweis für eine Massenmord-Hypothese eignen sie sich jedenfalls nicht im geringsten.

6.3. Die Wiedergutmachung

Eine oft gestellte Frage lautet, ob man nicht anhand der Zahl jüdischer Wiedergutmachungsanträge erkennen könne, wie viele Juden die Herrschaft des Dritten Reiches überlebt hätten. Tatsächlich stößt man bei dieser Untersuchung auf unüberwindliche Probleme. Das Bundesfinanzministerium gibt zwar auf Anfrage detaillierte Auskünfte über die Wiedergutmachungsleistungen an die Verfolgten des Dritten Reiches. So wurden nach dem Stand vom 1. 7. 1979 etwa 4,3 Millionen Einzelanträge zur Wiedergutmachung gestellt, heute nennt das Bundesfinanzministerium etwa 4,4 Millionen Einzelanträge.[72]
Man kann diese Zahl aber aus mehreren Gründen nicht interpretieren. Einerseits registriert das Ministerium nicht die Konfession der Antragsteller, so daß sich nicht ermitteln läßt, wie hoch der Anteil der

69. IMT-Dokumente NO-5193.
70. S. Challen, *Richard Korherr and his Reports,* Cromwell Press, London 1993.
71. IMT-Dokumente NO-5197.
72. J. Fisch, *Reparationen,* C. H. Beck, München 1992; E. Rumpf, *Wiedergutmachung,* Kultur- und Zeitgeschichte – Archiv der Zeit, Rosenheim o.J.; vgl. M. Weber, *JHR* 8(2) (1988) 243–250; dt.: *DGG* 37(1)(1989) 10 ff.

Juden daran ist. Zweitens sind etwa die Hälfte aller Anträge abgelehnt worden, wobei nicht klar wird, warum dies geschah, etwa weil der Antragsteller gar nicht im Herrschaftsbereich des Dritten Reiches gewesen war oder weil er trotz z. B. jüdischer Konfession keinen Schaden erlitten hatte. Eine Wertung dieser Ablehnungen ist daher nicht möglich. Drittens registriert die Statistik des Finanzministeriums nicht die Zahl der Antragsteller, sondern die Zahl der Anträge. Da jede Wiedergutmachungsart (Schaden an Leben, Gesundheit, Eigentum, Vermögen oder im beruflichem Fortkommen usw.) getrennt beantragt wird, kann ein Antragsteller durchaus mehrere Anträge gestellt haben. Andererseits wurde ein Großteil der Anträge von Gruppen in cumulo gestellt, so daß in der Statistik ganze Familien oder noch größere Menschengruppen lediglich durch einen Antrag auftauchen. Ferner muß berücksichtigt werden, daß die Juden in der Sowjetunion bis vor kurzem keine Wiedergutmachung kassieren konnten, somit also in der Statistik nicht enthalten sind. Eine amerikanische Zeitung berichtete schließlich, daß nur etwa jeder zweite Holocaust-Überlebende Wiedergutmachungsgelder aus Deutschland erhalte.[73] Daher eignen sich die bisher vorliegenden statistischen Angaben über die Wiedergutmachungsanträge nicht zur Lösung bevölkerungsstatistischer Fragen.

7. Schlußfolgerungen

Das Buch von W.N. Sanning ruht bezüglich seiner Untersuchungen der mittel- und westeuropäischen Staaten nicht auf dem sichersten statistischen Fundament. Hier kann Benz durch besseres Material glänzen. Beide Werke schließlich behandeln das Problem der ›Geltungsjuden‹ nicht konsequent. Während bei Benz jeder Autor nach Gutdünken verfährt, befaßt sich Sanning mit diesem Problem nur am Rande.
Entscheidend aber für die Frage der Opferzahl des Holocaust sind die Untersuchungen der Länder Polen, UdSSR und Ungarn sowie die Frage der Nachkriegsauswanderungen. Hier versagt das Benz-Werk völlig. Betrachten wir zur Beurteilung der beiden Werke die Grafik 1. Die Balkenhöhe der Grafik repräsentiert die Anzahl der Juden vor Beginn des Zweiten Weltkrieges im Gebiet des späteren Zugriffsbereichs des Dritten Reiches. Grob betrachtet erhält Benz die Zahl der Holocaust-Opfer, indem er von dieser Ausgangszahl die Zahl derer abzieht, die während und nach dem Krieg registiert ausgewandert sind.
Er zählt die jüdischen Opfer aus sowjetischer Deportation und Lagerhaft ebenso auf das deutsche Konto wie die Opfer von Pogromen, die weder mit Hilfe noch mit Duldung

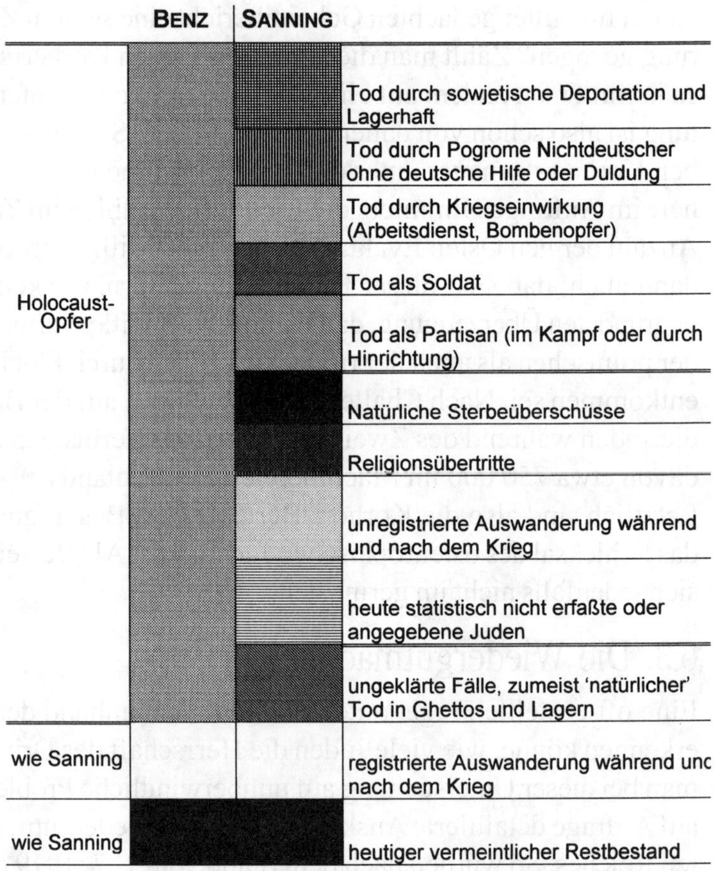

Grafik 1: Schematische Darstellung der Methoden zur Holocaust-Opferzahlenbestimmung von W. Benz und W.N. Sanning. Die Höhe der einzelnen Bereiche sagt nichts über die Anzahl der Fälle aus.

73. *The Atlanta Journal and Constitution,* Georgia, 31. 3. 1985, A14 ff.

deutscher Truppen stattfanden, die Opfer aus alliierten Bombardierungen und aus den Gefallenen des Arbeitsdienstes, die jüdischen Opfer in den Reihen der sowjetischen Armeen und die Opfer aus dem regulären Partisanenkampf. Da es sich hierbei weder um vorsätzliche noch um fahrlässige strafbare Tötungshandlungen durch Deutsche handelt, ist diese Methode der Opfermaximierung unredlich zu nennen. Sanning schließt diese Opfer zu Recht aus seiner Analyse aus, freilich mit Ausnahme der nur schlecht bezifferbaren und von eventuellen irregulären Erschießungen abzugrenzenden regulären Partisanenopfer.

Auch die Bestimmung tatsächlicher oder nur scheinbarer Bevölkerungsverluste durch zivile Vorgänge wie natürliche Sterbeüberschüsse, Religionsübertritte, unregistrierte Auswanderungen während und vor allem nach dem Krieg sowie statistisch heute nicht erfaßte Juden werden von Benz fast völlig ignoriert. Benz verschweigt insbesondere die als Exodus bekannt gewordene, zum Teil unkontrollierte und unregistrierte Massenauswanderung nach dem Krieg, die heute allgemein anerkannte Tatsache, daß die sowjetischen Statistiken nur einen Bruchteil der tatsächlich in der Sowjetunion lebenden Juden widerspiegeln, und den Umstand, daß die polnischen Juden in der Zwischenkriegszeit durch Auswanderung und Überalterung große Bevölkerungsverluste auch durch Sterbeüberschüsse hinnehmen mußten.

Er betont, daß es bezüglich der sowjetischen Evakuierungen, der jüdischen Bevölkerungsentwicklung in Polen und der polnischen Fluchtbewegung keine sicheren Zahlen gebe und daß man auf Schätzungen angewiesen sei. Zu seinen völlig falschen Schätzungen kommt er schließlich ohne jede Beweisführung innerhalb weniger Sätze. Obwohl er zugibt, daß gerade in diesen Bereichen Forschungsbedarf besteht, weicht er diesem aus.

Statt dessen wird mit einer kaum zu bremsenden Wortgewalt die jüdische Frühgeschichte und die Geschichte antijüdischer Maßnahmen jedes Landes wiederholt, was andere Autoren schon zuhauf und zum Teil wesentlich besser getan haben, was zu der Lösung der selbstgestellten Aufgabe aber nichts beiträgt.

Neuere Forschungsergebnisse, z. B. Luftbildauswertungen bezüglich der angeblichen Vernichtung der ungarischen Juden, werden ebenfalls völlig ignoriert. Schlimmer noch: Benz erzählt bezüglich der angeblichen Tötungsmethoden die alten, längst widerlegten Behauptungen weiter und ignoriert, daß auf diesem Feld allein sachverständige Techniker und Naturwissenschaftler kompetente Fachleute sind.

Schließlich zitieren Benz und Mitarbeiter stalinistische und kommunistische Quellen ohne einen Funken der Kritik, selbst wenn sie offenkundig von Schauprozessen herrühren, und bedienen sich ohne Skrupel der stalinistischen Terminologie, womit sie sich in ein zweifelhaftes, unwissenschaftliches Licht stellen.

Vierzehn der vermeintlich besten Fachhistoriker der Welt[74] sind zudem offensichtlich nicht fähig gewesen, für eine gleichmäßige Handhabung der Ländergrenzen in den einzelnen Beiträgen zu sorgen, um damit bei der Addition der Opferzahlen die Doppelzählung von einer halben Million Opfer zu vermeiden.

So fällt das Urteil, daß sie eigentlich anderen zugedacht haben, auf sie selber zurück:

> »[. . .] *lassen fast alle übrigen Arbeiten über den Holocaust den Eindruck entstehen, die Zahl der Opfer könne unmittelbar aus der rückläufigen Zahl der* [gezählten] *Juden* [. . .] *abgeleitet werden«.*(B408)
>
> »[. . .]*Der Verf.* [Benz inklusive Koautoren] *glänzt durch methodisch unzulässigen Umgang mit dem statistischen Material und ebenso kühne wie nachweislich irrige Kombinationen und Schlüsse.«(*B558 Fußnote 396)

Sanning macht wie Benz den Fehler, die statistischen Zahlen auf die Goldwaage zu legen. Aufgrund ihrer tatsächlichen Schwankungen ist eine gesicherte Aussage über die Frage, wie viele hunderttau-

74. Neben den Beitragenden dankt Benz den Professoren I. Gutmann, O. D. Kulka, Y. Bauer, C. Browning, C. Madajczyk, H. Krausnick, H. D. Loock, R. L. Braham und W. Scheffler, S. 20.

send Juden ihr Leben im deutschen Einflußbereich verloren, nicht möglich. Diese Werte gehen in den Schwankungen des statistischen Materials unter. Als gesichert können bis heute nur jene Zahlen gelten, die vom Internationalen Komitee des Roten Kreuzes angegeben werden. Dessen Sonderstandesamt in Arolsen sammelt bekanntlich alle amtlich dokumentierten Todesfälle in deutschen Konzentrationslagern des Dritten Reiches. Nach einer Übersicht vom 31.12.1988 sind danach 289 597 Todesfälle beurkundet. Die Aufteilung dieser Sterbefälle auf die einzelnen Lager ist der folgenden Tabelle zu entnehmen.

BEURKUNDETE STERBEFÄLLE IN DEUTSCHEN KZs Stand 31.12.1988	
GESAMT	**289.597**
Auschwitz	56.068
Bergen-Belsen	6.852
Buchenwald	20.679
Dachau	18,454
Flossenbürg	18.333
Groß-Rosen	9.817
Majdanek	8.824
Mauthausen	78.841
Mittelbau	7.463
Natzweiler	4.431
Neuengamme	5.777
Ravensbrück	3.639

Wahrscheinlich dürften Juden an der Gesamtzahl etwa die Hälfte ausmachen. Man muß aber bedenken, daß dies nicht alle Fälle sind. Die Lager Chelmno, Belzec, Sobibor und Treblinka sind genauso wenig aufgeführt wie die Opfer in den Ghettos. Schließlich muß man bedenken, daß in Auschwitz nach den Sterbebüchern allein bis Ende 1943 etwa 66 000 Menschen starben[75] und daß von den Amerikanern im KL Dachau 25 000 Tote allein für die Kriegszeit angegeben wurden.[76] Realistisch geschätzt wird die tatsächliche Opferzahl also mindestens doppelt so hoch gewesen sein wie die von Arolsen aufgeführte Summe der namentlich dort registrierten Opfer. So soll sich nach neueren Angaben die Zahl der mittlerweile namentlich registrierten Opfer auf 450 000 belaufen.[77] Wie hoch daran schließlich der Anteil der Juden ist, die zweifellos den größten Anteil stellen, bleibt vorerst ungewiß.
Selbst unter diesem Gesichtspunkt betrachtet, war die Ernte des Todes groß.

75. Pressac rechnet die Anzahl für die ganze Bestehenszeit des Lagers auf plausible 130 000 hoch, aaO. (Anm. 32), S. 144 ff.
76. Prosecution Exhibit no. 35, National Archives USA, 13.5.1945, ref. no. M-1174, roll 4, frame 54; vgl. E. Gauss, *Vorlesungen über Zeitgeschichte,* Grabert, Tübingen 1993, S. 235.
77. W. Sofsky, *Die Ordnung des Terrors: Das Konzentrationslager,* Fischer, Frankfurt ^{2}1993, S. 331, Fußnote 37, zitiert das Rote Kreuz ohne Quellenangabe mit 450 000 namentlich registrierten Opfern.

Das Wannsee-Protokoll – Anatomie einer Fälschung

JOHANNES PETER NEY

»WANNSEE-KONFERENZ: Tagung von Spitzenvertretern der obersten Reichs- und Parteibehörden am 20. 1. 1942 unter dem Vorsitz von R. Heydrich in Berlin ›Am großen Wannsee 56/58‹. Auf Anordnung A. Hitlers beschlossen die Teilnehmer Maßnahmen zur Ausrottung der Juden in den von Dtl. beherrschten Gebieten Europas (›Endlösung der Judenfrage‹): Errichtung von Vernichtungslagern (Konzentrationslagern) in Osteuropa, in denen die Juden getötet werden sollten.«[1]

1. Über Dokumentenkritik

Dokumente sind Gegenstände mit verschlüsselten Informationen über einen Vorgang oder Zustand. Man unterscheidet z. B. Bild- und Schriftdokumente sowie in neuer Zeit alle möglichen Formen der Informationsspeicherung (Tonträger, elektronische Datenträger und vieles andere mehr). Hier soll nachfolgend das Hauptaugenmerk auf die Kritik von Schriftstücken gelegt werden, mit denen wir es beim Holocaust hauptsächlich zu tun haben.

Wenn ein Dokument irgend etwas beweisen soll, so muß zuerst bewiesen werden, daß das Dokument *echt* und die darin enthaltene Information *sachlich richtig* ist. Die Echtheit eines Dokumentes setzt einerseits voraus, daß die Materialien und Techniken der Informationsverschlüsselung und -speicherung zur angeblichen Entstehungzeit bereits existierten. Mit Hilfe technischer, chemischer und physikalischer Methoden läßt sich heute vielfach überprüfen, ob das verwendete Papier, die Schriftfarbe, die Schreibgeräte u.ä. zur angeblichen Erstellungszeit überhaupt schon existierten. Ist dies nicht der Fall, so ist die Fälschung erwiesen. So wäre zum Beispiel ein Dokument aus dem letzten Jahrhundert, geschrieben mit einer Schreibmaschine aus unserem Jahrhundert, mit Sicherheit gefälscht. Bei versuchter Prüfung der Holocaust-Dokumente fällt eine solche Untersuchung allerdings bisher aus, da in den wenigen Fällen, in denen Originale bekannt sind, diese von den Archiven eifersüchtig gehütet werden und jeder Vorstoß zu einer solchen naturwissenschaftlich-technischen Untersuchung im Keim erstickt wird.

Zur Überprüfung der Echtheit gehört schließlich auch die Klärung, ob die Form des untersuchten Dokuments mit der ähnlicher Dokumente aus seinem angeblichen Entstehungsumfeld in der notwendigen Weise übereinstimmt. Bei handschriftlichen Dokumenten bedeutet dies eine Ähnlichkeit der Handschrift und des Ausdrucksstils mit anderen Dokumenten des gleichen Schreibers, bei amtlichen Dokumenten die Übereinstimmung von amtlichen Kennzeichnungen der ausstellenden Behörde, wie Briefköpfe, Stempel, Unterschriften und Abzeichnungen, Aktenzeichen, Titel und Amtsbezeichnungen, Eingangsvermerke, Verteiler, Korrektheit des Verwaltungsweges und der Kompetenzen usw. sowie auch hier eine Nähe zu der landes- und bürokratieüblichen Ausdrucksweise. Je größer hier die Diskrepanzen sind, um so wahrscheinlicher ist eine Fälschung.

Schließlich muß geklärt werden, ob die inhaltliche Aussage des Dokumentes richtig ist. Dazu gehört, daß die im Dokument beschriebenen Zustände und Ereignisse in Übereinstimmung stehen müssen mit den Informationen, die wir darüber aus anderen, gesicherten Quellen haben. Grundlegend aber ist die Frage, ob das im Dokument Beschriebene überhaupt mit dem naturwissenschaftlich Möglichen und den seinerzeitigen technischen Möglichkeiten in Übereinstimmung steht und ob der Inhalt in sich logisch und widerspruchsfrei ist. Ist dies nicht der Fall, so mag das Dokument zwar echt sein, es besitzt aber bezüglich seiner inhaltlichen Aussagen keine Beweiskraft, höchstens über die Inkompetenz des Erstellers.

---

1. *Der Große Brockhaus,* F.A. Brockhaus, Wiesbaden [18]1979.

Bezüglich der Kritik an Dokumenten im Zusammenhang mit dem Holocaust treffen wir auf das erstaunliche Phänomen, daß diese von der etablierten Historikerzunft weltweit fast völlig vernachlässigt wird. Schon die Forderung nach einer unvoreingenommenen Dokumentenkritik gilt als verwerflich, da damit auch anzunehmen ist, daß ein solches Dokument ja auch falsch sein könnte, daß also gewisse Vorgänge, die mit solchen Dokumenten belegt werden, überhaupt nicht oder nicht in der bisher geschilderten Weise stattgefunden haben könnten. Nichts aber ist heute verwerflicher, als das festzementierte geschichtliche Bild über den Holocaust in Zweifel zu ziehen. Wo aber Zweifel an wissenschaftlichen Ergebnissen verwerflich sind, wo man nicht mehr zulassen will, daß das eigene Geschichts- oder sogar Weltbild in Frage gestellt wird, wo das Ergebnis einer Untersuchung von Beginn an festzustehen hat, wo also Wunschergebnisse produziert werden, da wurde der Boden der Wissenschaft längst verlassen und der des religiösen Dogmas betreten. Zweifel und Kritik sind mit die wichtigsten Pfeiler der Wissenschaft.

In diesem Werk wird an vielen Stellen an verschiedensten Dokumenten Kritik geübt, ja vielfach nachgewiesen, daß es sich um Fälschungen handelt. Daß besonders nach dem Ende des Zweiten Weltkrieges zu Lasten Deutschlands gefälscht wurde, ist unbestritten.[2] Daß die Möglichkeiten zu Fälschungen angesichts der erbeuteten Archive, Schreibmaschinen, Stempel, Briefpapiere, staatlichen Druckereien etc. pp. gigantisch waren, ist ebenfalls unbestritten. Daß auch auf dem Gebiet des Holocaust gefälscht worden ist, kann angesichts dieser Umstände niemand von vornherein ausschließen. Deshalb tut gerade auch hier die vorbehaltlose Dokumentenkritik not. Nachfolgend wird *das* zentrale Belastungsdokument bezüglich des Holocaust, das Wannsee-Protokoll, einer tiefgehenden Kritik unterzogen, wie es seit Jahrzehnten von *allen* Historikern der Welt hätte getan werden müssen, aber nicht getan wurde. Diese Arbeit sollte zudem eine Aufforderung an alle gewissenhaften Historiker sein, auch in der Holocaust-Frage alle Dokumente – ob be- oder entlastend – endlich einer fachlich korrekten, unvoreingenommenen Dokumentenkritik zu unterwerfen.

2. Das Material über die Wannsee-Konferenz

2.1. Primärquellen – das zu untersuchende Material

Bei einer Untersuchung des Wannsee-Protokolls müssen die hierzu in direkter Beziehung stehenden Schriftstücke natürlich mitbehandelt werden. Es handelt sich hierbei um:

1. Der Brief Görings an Heydrich vom ??.7.1941, in dem Heydrich beauftragt wird, Konzepte für eine Gesamtlösung der Judenfrage im deutsch besetzten Europa zu erarbeiten.
2. Der erste Einladungsbrief Heydrichs zur Wannsee-Konferenz vom 29. November 1941.
3. Der zweite Einladungsbrief Heydrichs zur Wannsee-Konferenz vom 8. Januar 1942.
4. Das Wannsee-Protokoll, ohne Datum.
5. Der Begleitbrief zum Wannsee-Protokoll vom 26. Januar 1942.

2.1.1. Der Herkunftsnachweis

Der Ankläger im Wilhelmstraßen-Prozeß gegen Ernst von Weizsäcker, Robert M.W. Kempner, hatte nach seinen Angaben[3] aus Berlin Anfang März 1947 eine Sendung von Akten zu erwarten. Dabei haben er und seine Mitarbeiter dann ein Protokoll über die Wannseekonferenz entdeckt. Der Verfasser des Protokolls sei Eichmann gewesen. Im WDR wurde Kempners Original-Statement 1983 vom Band abgespielt, wonach er das Protokoll im Herbst 1947 entdeckt habe.[4] Außer den hier zitierten mündli-

2. Als Beispiele seien hier nur genannt: *Die Hitler-Tagebücher, Rauschnings Gespräche mit Hitler* (beide: K. Corino (Hg.), *Gefälscht!,* Rowohlt, Reinbek 1992; vgl. auch E. Jäckel, A. Kuhn, H. Weiß, *Vierteljahrshefte für Zeitgeschichte* 32 (1984) 163–169), Katyn (F. Kadell, *Die Katyn-Lüge,* Herbig, München1991), SS-Ausweise für Demjanjuk (D. Lehner, *Du sollst nicht falsch Zeugnis geben,* Vowinckel, Berg o.J.).
3. Gemäß *Sozialdemokratischem Pressedienst* vom 21. 1. 1992, S. 6.
4. R. Derfrank, *Ihr Name steht im Protokoll,* WDR Hörspiel-Manuskript, Januar 1992.

chen Angaben Kempners wurden keine Belege über die Fundstelle und die Fundumstände bekannt. Kempner: »Die Echtheit ist selbstverständlich von niemandem angezweifelt worden.« Das Gericht habe das Protokoll unter der Nummer 2.568 eingeführt. In den Gerichtsakten läuft es unter G-2.568.

2.1.2. Verschiedene Fassungen

Das von Kempner dem Gericht vorgelegte Exemplar des Wannsee-Protokolls zeigt für ›SS‹ stets diese Schreibweise, nicht die im Dritten Reich übliche Runenschreibweise ›ᛋᛋ‹. Es scheint das älteste im Umlauf befindliche Exemplar zu sein.[5]
Wahls erwähnt zahlreiche Fassungen, die auch im Umlauf sind. Das Politische Archiv im Auswärtigen Amt, Bonn, ist der Meinung, die dort liegende Fassung sei maßgebend. Diese Fassung schreibt das Runen-›ᛋᛋ‹. Wann und wie diese Fassung ins Archiv des heutigen Außenamtes gelangt ist, ist nicht festgestellt worden. Da die weiteren Fassungen ebensowenig zu ihrem Ursprung zurückzuverfolgen sind, können sie hier unbehandelt bleiben. Die hier vorgelegte Zusammenstellung stützt sich also nur auf das Exemplar im Auswärtigen Amt.[6]
Von dem Begleitschreiben zum Protokoll sind bisher zwei Fassungen aufgetaucht, eines mit „SS“, das andere mit dem Runen-›ᛋᛋ‹ sowie weiteren Abweichungen.

2.2. Sekundärquellen – Literatur über das Wannsee-Protokoll

Die Literatur zum Wannsee-Protokoll füllt Bände. Hier sollen die wichtigsten Gutachten und Kritiken zusammengestellt werden, die alle zu dem schlüssig bewiesenen Ergebnis kommen, daß alle Fassungen des Protokolls und dazu alle Fassungen der zum Protokoll gehörenden Begleitbriefe gefälscht sind. Dagegen ist ein Beweis für die Echtheit des Protokolls oder ein Widerlegungsversuch der oben erwähnten Gutachten und Kritiken von keiner Seite je vorgelegt worden.
Für diese Untersuchung wurden herangezogen:

- Hans Wahls, *Zur Authentizität des ›Wannsee-Protokolls‹*[7]
- Udo Walendy, »Die Wannsee-Konferenz vom 20.1.1942«[8]
- Ingrid Weckert, »Anmerkungen zum Wannseeprotokoll«[9]
- Johannes Peter Ney, »Das Wannsee-Protokoll«[10]
- Herbert Tiedemann, »Offener Brief an Rita Süßmuth«[11]

Weitere, ebenfalls wichtige Arbeiten seien hier einmalig erwähnt[12].

5. R. M. W. Kempner, *Eichmann und Komplizen,* Europa-Verlag, Zürich 1961.
6. *Akten zur deutschen Auswärtigen Politik 1918–1945, Serie E: 1941–1945,* Band I, 12. Dezember 1941 bis 28. Februar 1942 (1969), S. 267–275.
7. Hans Wahls, *Zur Authentizität des ›Wannsee-Protokolls‹,* Zeitgeschichtliche Forschungsstelle, Ingolstadt 1987.
8. Udo Walendy, »Die Wannsee-Konferenz vom 20. 1. 1942«, in *Historische Tatsachen,* Nr. 35, Verlag für Volkstum und Zeitgeschichtsforschung, Vlotho 1988.
9. Ingrid Weckert, »Anmerkungen zum Wannseeprotokoll«, in *Deutschland in Geschichte und Gegenwart,* 40(1) (1992) 32-34.
10. Johannes Peter Ney, »Das Wannsee-Protokoll«, in *Huttenbrief,* Sonderdruck Juni 1992.
11. H. Tiedemann, »Offener Brief an Rita Süßmuth«, Moosburg, 1.3.1992; abgedruckt in *Deutschland in Geschichte und Gegenwart,* 40(2) (1992) 11–18.
12. E. Lachout, *Gutachten – Begleitschreiben vom 26.(1.)(2.)1942 zum Wannseeprotokoll vom 20.1.1942,* Wien 6.8.1991; W. Stäglich, *Der Auschwitz-Mythos,* Grabert, Tübingen 1979; Bund der Verfolgten des Naziregimes (BNV), *Das Wannsee-Protokoll zur Endlösung der Judenfrage und einige Fragen an die, die es angeht,* Bundesvorstand des BVN, 1952; R. Aschenauer (Hg.), *Ich, Adolf Eichmann,* Druffel, Leoni 1980, S. 478ff.; H. Arendt, *Eichmann in Jerusalem,* Reclam, Leipzig 1990; J.G. Burg, *Zionnazi Zensur in der BRD,* Ederer, München 1980; G. Fleming, *Hitler und die Endlösung,* Limes, Wiesbaden 1982; W. Grabert (Hg.), *Geschichtsbetrachtung als Wagnis,* Grabert, Tübingen 1984; L.Polakov, J. Wulf, *Das Dritte Reich und die Juden,* Arani, Berlin 1955; P. Rassinier, *Debunking the Genocide Myth, Institute for Historical Review,* Torrance 1978; G. Reitlinger, *Die Endlösung,* Colloqium Verlag, Berlin 1989; R. Bohlinger, J.P. Ney, *Zur Frage der Echtheit des Wannsee-Protokolls,* Verlag für ganzheitliche Forschung und Kultur, Viöl 1992, [2]1994; W. Scheffler, »Zur Entstehungsgeschichte der ›Endlösung‹«, in *Aus Politik und Zeitgeschichte* 3(43) (1982) 3–10.

3. Die Dokumentenkritik

3.1. Analyse des vorausgehenden Schriftverkehrs

3.1.1. Der Göring-Brief[13]

Form: Es liegt lediglich eine Kopie des Dokumentes vor, ein Original wurde bisher nicht gefunden. Auf dieser Kopie fehlt der Briefkopf, der mit der Maschine eingetragene Absender ist falsch, das Datum ist unvollständig, denn es fehlt der Tag[14]. Der Brief hat kein Aktenzeichen, es ist kein Verteiler angegeben, der Brief hat keinen ›Betreff‹.(siehe Ney[10])

Sprache: Die Wiederholung des Satzes »Vorbereitung in organisatorischer, sachlicher und materieller Hinsicht« in »Gesamtentwurf über die organisatorischen, sachlichen und materiellen Vorausmaßnahmen« ist nicht Görings Stil, und es ist unter seinem Sprachniveau.[15] Ebenso die Wendung »möglichst günstigsten Lösung«.[16]

3.1.2. Die erste Einladung[17]

Form: Der Geheimvermerk fehlt (siehe Ney[10] u. Tiedemann[11]). Merkwürdig zudem: Der Brief war vom 29. November 1941 bis zum 23. Dezember 1941 unterwegs, um von Berlin nach Berlin zu gelangen (Ney[10]).

Sprache: »Fotokopie« wurde damals mit Ph geschrieben; »Auffassung an den [. . .] Arbeiten« ist kein deutsch; es muß heißen »Auffassung über die [. . .] Arbeiten«; »Persönlich« war als Leitvermerk verpönt; der ganze Stil des Schreibens ist nicht deutsch (Ney, ebenda).

3.1.3. Die zweite Einladung[18]

Form: Von diesem Dokument liegt nur eine Kopie vor, ein Original ist bisher nicht gefunden worden. Der Brief hat die laufende Nummer der ausfertigenden Dienststelle »3076/41«, während der Begleitbrief zum Protokoll mit späterem Datum die frühere Nummer »1456/41« trägt.(Tiedemann[11]) Der Briefkopf ist anders als der der ersten Einladung (Tiedemann, ebenda). Der Brief hat nur den Sperrvermerk »Geheim« (Ney[10]).

Sprache: Einmal wird das »ß« verwendet (»anschließenden«), dann »ss« (»Grossen«). (Ney, ebenda) Stilblüten: »Mit der Endlösung der Judenfrage zusammenhängende Fragen«; »Da die. . . Fragen keinen Aufschub zulassen, lade ich Sie daher. . . ein.« (Ney, ebenda)

3.2. Analyse des Wannsee-Protokolls

3.2.1. Form

Es wird zwar behauptet, das Exemplar im Auswärtigen Amt sei das Original, aber das kann nicht sein, denn es ist als 16. Ausfertigung von 30 Ausfertigungen bezeichnet. Wegen seiner Form-Mängel ist es (ob echt oder gefälscht) nach deutschem Recht ungültig und somit kein Dokument:

13. Politisches Archiv des Auswärtigen Amtes, Inland IIg, Band 117, Kopie; vgl. P. Longerich, *Die Ermordung der europäischen Juden,* Piper, München ^{2}1990, S. 78.
14. Während des Internationalen Militärtribunals wurde das Datum willkürlich auf den 31.7. festgelegt, vgl. *Der Prozeß gegen die Hauptkriegsverbrecher vor dem Internationalen Militärgerichtshof Nürnberg 14. November 1945–1. Oktober 1946 (IMT),* Nürnberg 1947, fotomechanischer Nachdruck: Delphin, München 1984, Band IX, S. 575ff. & Band XXVI, S. 266 f.
15. Vgl. hierzu den Brief von Göring an Heydrich vom 24. 1. 1939, bei: U. Walendy, aaO. (Anm. 8), S. 21.
16. J. P. Ney, aaO. (Anm. 10), ausgehend von der weiß-auf-schwarz-Kopie im Wannsee-Museum. P. Longerich, aaO. (Anm. 13), und W. Stäglich, aaO. (Anm.12), S. 32, schreiben fälschlich »möglichst günstigen Lösung«.
17. Politisches Archiv des Auswärtigen Amtes, K 2104 –19, –20.
18. Ebenda, K 2104 –15.

Das Papier hat keinen Briefkopf; die versendende Dienststelle ist nicht genannt, es fehlen das Datum, der Verteiler, das Aktenzeichen, der Ausstellungsort, die Unterschrift, das Schreibzeichen (Wahls[7] u. Walendy[8]). Es fehlt der Eingangsstempel des Auswärtigen Amtes, das (heute!) als Empfänger genannt wird (Tiedemann[11]). Diesem Papier fehlen alle notwendigen Eigenschaften eines Protokolls: Uhrzeit des Beginns und des Endes der Konferenz, Hinweise auf die eingeladenen, aber nicht erschienenen Personen (Tiedemann, ebenda), die Namen des Vortragenden zu jedem Satz, Gegenzeichnung des Leiters der Sitzung (Tiedemann, ebenda, u. Ney[10]). Das Papier hat jedoch, in der Schreibmaschine seines Textes geschrieben, die Aktennummer der empfangenden(!) Behörde, nämlich des Auswärtigen Amtes (Tiedemann[11]). Der wichtigste Teilnehmer, R. Heydrich, steht nicht auf der Teilnehmerliste (Wahls[7] u. Walendy[8]).

3.2.2. Sprache

Das Wannsee-Protokoll ist eine Fundgrube für sprachliche Stilblüten, die darauf hinweisen, daß die Verfasser dieses Papiers stark durch die angelsächsische Sprache beeinflußt waren. Nachfolgend werden nur die auffälligsten dieser Stilblüten vorgestellt, wobei viele von allen Autoren aufgeführt werden, so daß zumeist ein spezieller Verweis unterbleibt.

Allein die Formulierungen »im Hinblick« (8mal), »im Zuge« (5mal), »Lösung« (23mal), »Fragen« (17mal), »Problem« (6mal), »Bereinigen« (4mal), oft sogar mehrfach im selben Satz, künden von einem so mangelhaften Wortschatz, daß ein Ausländer als Schreiber zu unterstellen ist. Dann sind die Ausdrücke »Lösung der Frage«, »der Lösung zugeführt«, »Lösungsarbeiten«, »Regelung der Frage«, »Regelung des Problems«, »restlose Bereinigung des Problems«, »Mischlingsproblem endgültig bereinigen«, »praktische Durchführung« (gibt es eine theoretische Durchführung?), zumal in unablässiger Wiederholung, fremdländisch (Walendy[8]).

Die Formulierung: »Der allfällig endlich verbliebene Restbestand [. . .]« mag in der Prosa vorkommen, aber bestimmt nicht in einem Konferenz-Protokoll. Leeres Geschwätz findet sich: »Im Hinblick auf die Parallelisierung der Linienführung [. . .]« (Tiedemann[11]) neben inhaltlichem Unsinn: »Die evakuierten Juden werden Zug um Zug in[. . .] Durchgangsghettos gebracht[. . .]« Da die Juden erst in Zukunft in die Ghettos evakuiert werden sollen, müßte es heißen: »Die zu evakuierenden Juden[. . .]« »Bezüglich der Behandlung der Endlösung [. . .]«: Wie soll man eine Endlösung behandeln?(Walendy[8]) »Wurden die jüdischen Finanzinstitutionen des Auslandes [. . .] verhalten [. . .]«: Meint der Verfasser »angehalten«? »Italien einschließlich Sardinien«: In Europa wußte man, was alles zu Italien gehört. »Die berufsständische Aufgliederung der [. . .] Juden: [. . .] städtische Arbeiter 14,8%«: waren das alles Müllmänner? (Ney[10]) Gemeint sind wohl Angestellte. »[. . .] als Staatsarbeiter angestellt«: Was denn nun: Arbeiter oder Angestellte? Meinte der Verfasser Beamte? (Ney, ebenda) »in den privaten Berufen – Heilkunde, Presse, Theater, usw.« Wir sagen »freie Berufe«. Diese Leute heißen bei uns Ärzte, Journalisten, Künstler. Vor ›usw.‹ steht bei uns nie ein Komma, im Englischen vor ›etc.‹ immer. »die sich im Altreich befindlichen [. . .]«: Deutsch ist eine schwere Sprache (Ney, ebenda).

3.2.3. Sachwidriger Inhalt

»[. . .] werden die [. . .] Juden straßenbauend in diese Gebiete geführt«: auf diese Weise wurde keine einzige Straße gebaut! (Wahls[7] u. Walendy[8])

»Im Zuge dieser Endlösung [. . .] kommen rund 11 Millionen Juden in Betracht.« Selbst die herrschende Meinung geht davon aus, daß niemals mehr als 7 Millionen Juden im Zugriffsbereich Hitlers waren. Tatsächlich waren es sogar nur etwa 2,5 Millionen (Wahls[7] u. Walendy[8])[19]

19. Vgl. den Beitrag von G. Rudolf im Buche. Die *Basler Nachrichten* vom 13. 6. 1946 sprachen von etwa 3 Millionen Juden im Zugriffsbereich Hitlers.

»[. . .] teilte Heydrich eingangs seine Bestellung zum Beauftragten für die Vorbereitung der Endlösung [. . .] durch den Reichsmarschall mit«: Göring hatte die Macht, Heydrich in einen Posten seiner Wahl zu setzen, aber das hätte er selbstverständlich auf dem Dienstwege getan. Heydrichs Vorgesetzter war Himmler, und nur auf Himmlers Anordnung konnte Heydrich zu irgend etwas ernannt (nicht »bestellt«) werden (Ney[10]).

»Mit der Endlösung im Generalgouvernement zu beginnen, weil hier das Transportproblem keine übergeordnete Rolle spielt [. . .] Juden müßten so schnell wie möglich aus dem Gebiet des Generalgouvernements entfernt werden«: So schnell wie möglich entfernen und straßenbauend hinführen widerspricht sich. Niemand widersprach. Offenbar hatte Deutschland als Staatssekretäre nur Schwachsinnige aufzubieten! (Walendy[8])

»Von den in Frage kommenden 2° Millionen Juden [im Generalgouvernement] sei überdies die Mehrzahl der Fälle arbeitsunfähig«: Diese Anmerkung Dr. Bühlers macht ja ausgerechnet sein Gebiet nicht geeignet, die Evakuierung der dortigen Juden zu »Arbeitszwecken im Osten« als besonders vordringlich hervorzuheben! (Walendy, ebenda)

»[. . .] Dr. Bühler stellte weiterhin fest, daß die Lösung der Judenfrage im Generalgouvernement federführend beim Chef der Sicherheitspolizei und des SD liegt.« Bis zum Tage der Besprechung am Wannsee konnte Bühler dies nicht wissen, denn Heydrich hatte nach dem ›Protokoll‹ soeben erst seine Bestellung zum Beauftragten und seine Federführung bei der Bearbeitung mitgeteilt. Dr. Bühler hatte ja wohl nicht die Vollmacht, seinen Vorgesetzten Dr. H. Frank, Generalgouverneur in Polen, einfach für abgesetzt zu erklären (Walendy, ebenda).

»Der Beginn der einzelnen Evakuierungsaktionen wird weitgehend von der militärischen Entwicklung abhängig sein.« Diese Aussage ist falsch, denn bereits seit dem Oktober 1941 liefen Evakuierungstransporte von Juden aus dem Reichsgebiet inklusive dem Protektorat Böhmen und Mähren gen Osten, wie es übrigens im ersten Einladungsschreiben Heydrichs zur Wannsee-Konferenz explizit ausgeführt wird (Walendy, ebenda).

»Die berufsständische Aufgliederung der im europäischen Gebiet der UdSSR ansässigen Juden war etwa folgende [. . .]«: Das verrät eindeutig den Jahre später wirkenden Fälscher; zur Zeit der Wannseekonferenz hätte man nicht »war«, sondern »ist« geschrieben (Tiedemann[11]).

3.2.4. Innere Logik

Warum wurde zu dieser angeblich eminent wichtigen Besprechung die zweite Garnitur eingeladen, und warum kam obendrein nicht einmal diese zweite Garnitur? So ließ sich Dr. H. Frank von Dr. Bühler vertreten, der nichts beschließen konnte, da er berichtspflichtig war? (Tiedemann, ebenda)

Ist es denkbar, daß untergeordnete Leute den Völkermord beschließen? (Tiedemann, ebenda)

Warum wurden die Stellen nicht eingeladen, deren Mitwirkung bei der Durchführung eines so gigantischen Mordprogrammes unentbehrlich war, wie etwa die Führung der Reichsbahn? (Tiedemann, 11)

3.3. Der Begleitbrief

3.3.1. Form

Das Begleitschreiben zeigt wie das Protokoll schon auf den ersten Blick, daß es nicht echt sein kann: Das Schreiben trägt das Datum 26. Januar 1942, der Briefkopf jedoch zeigt die Nummer 1456/41. Der Brief ist also im Jahre 1941 beim Amt des Chefs der Sicherheitspolizei und des SD registriert, also vor der Abfassung des Protokolls, das er begleiten soll (Weckert[9], Ney[10], Tiedemann[11]). Zwischen dem Datum des Briefes und dem Datum seines Eingangs beim Außenamt liegen 35 Tage, bei einem Postweg innerhalb Berlins und bei einem Sachverhalt, den Heydrich als dringlich bezeichnet hat! (Wekkert[9], Ney[10], Tiedemann[11]) Luther aber hat diesen Brief schon vor seinem Eintreffen in der Postannahmestelle des Außenamtes mit einer (weiter unten noch zu untersuchenden) handschriftlichen Bemer-

kung versehen, der er ein Datum im Monat »II«, also Februar gibt (der Tag ist unleserlich) (Weckert[9], Ney[10]). Der Eingangsstempel des Auswärtigen Amtes zeigt, wie das Besprechungsprotokoll selbst, als Aktenzeichen des Empfängers die Nummer D. III 29 g.Rs, die jedoch vom Außenamt schon einem anderen eingegangenen Schriftstück gegeben worden war, und zwar einem Bericht des deutschen Gesandten in Kopenhagen vom 6. 1. 1942 (Ney, ebenda).
Auf dem Brief fehlt die normalerweise auf dem Briefpapier aufgedruckte Anschrift des Absenders. Der neue Treffpunkt Kurfürstenstraße wird fälschlich mit »ss« geschrieben. Das maschinenschriftlich eingetragene Aktenzeichen des Absenders »IV B 4« bezeichnet die Dienststelle Eichmanns, der jedoch verwendete dafür Briefpapier, auf dem diese Dienststellenbezeichnung aufgedruckt war. Der Briefkopf ist anders als der der beiden Einladungschreiben. Der Brief hat keinen Betreff und keinen Verteiler. Es ist bei diesem Begleitschreiben nicht mehr die Rede von 30 Ausfertigungen des Protokolls, deren 16. Ausfertigung er begleiten soll. Der Raum für Anlagen, vorgesehen im Eingangsstempelfeld, ist leer, obwohl doch dieser Brief die Anlage schlechthin begleiten soll (Ney, ebenda). Ripske hat kritisiert, daß es beim deutschen Auswärtigen Amt keine ›Unterstaatssekretäre‹ gegeben habe; dieser Rang sei durch die Weimarer Republik abgeschafft und nicht wieder eingeführt worden.[20]

3.3.2. Sprache

Auch der Begleitbrief zeigt eine elende undeutsche Sprache: »praktische Durchführung der Endlösung«: Gibt es eine theoretische Durchführung? (Tiedemann[11]) Auch hier wieder der überflüssige Satz mit der breitgetretenen Formulierung der Lösungsarbeiten: »[. . .] die organisatorischen, technischen und materiellen Voraussetzungen zur praktischen Inangriffnahme der Lösungsarbeiten.« Hier wird also gefordert: Die Detailbesprechung der Fertigstellung der Vorlage der Voraussetzungen der Inangriffnahme der Lösungsarbeiten (Ney[10]). Kommentar überflüssig.

3.3.3. Sachwidriger Inhalt

Das Protokoll nennt sich »Besprechungsprotokoll«, und wenn es echt wäre, dann wäre das auch die richtige Bezeichnung. Heute räumen selbst die offiziell anerkannten Historiker ein, daß auf der Konferenz gar nichts beschlossen worden ist, daß ihr also nicht die Bedeutung zukommt, die ihr bisweilen beigemessen wird.[21] Der Begleitbrief spricht jetzt aber plötzlich von »Absprache«. Weiter steht darin, daß »die Grundlinie festgelegt sei«. Es konnte dort aber nichts festgelegt werden (Tiedemann[11], Walendy[8]).

3.3.4. Innere Logik

Obwohl Göring im Juli 1941 Eile gefordert haben soll (»in Bälde«), trudelt die Befolgung seines Befehls so vor sich hin. Doch plötzlich wird es eilig: die nächste Besprechung soll am 6. März sein (Ney[10], Tiedemann[11]).

3.3.5. Die Panne

Es werden zwei Versionen des Begleitschreibens gehandelt, deren erste von Kempner[5] vorgelegt wurde, während die zweite im Auswärtigen Amt in Bonn liegt. Inhaltlich sind sie identisch, jedoch gibt es unwiderlegbare Beweise dafür, daß beide Exemplare gefälscht sind:
Beide Versionen sind mit zwei verschiedenen Schreibmaschinen geschrieben. Dabei haben sich die Schreibkräfte bemüht, den Buchstabenanschlag, Zeilenumbruch und die Formatierung des Textes gleich zu gestalten, wobei es offen ist, wer von wem abgeschrieben hat. Schon dies ist aber nicht gelungen:

20. Persönliche Mitteilung W. Ripske, ehemaliger Reichsbeamter mit verschiedenen Posten bei der Reichsregierung.
21. J. Bauer, *The Canadian Jewish News,* 30. 1. 1992, S. 8; K. Pätzold, »Die vorbereitenden Arbeiten sind eingeleitet«, in *Aus Politik und Zeitgeschichte,* 42(1–2) (1992); vgl. E. Jäckel, *Frankfurter Allgemeine Zeitung,* 22. 6. 1992, S. 34.

Der Gruß ist um einen Anschlag, das »Ihr« um einen weiteren Anschlag verschoben. Die Unterschrift, entweder echt (kaum anzunehmen) oder mit Faksimile-Stempel, ist dann völlig verrutscht.
Wenn man genauer hinsieht, fallen noch mehr Unterschiede auf: Der Abstand der beiden großen Absätze, die genau sein sollenden, aber doch ungenauen Unterstreichungen, die nicht ganz gleiche »6« beim Termin für die Besprechung. Daß in der einen Version »SS«, in der anderen das Runen-»ϟϟ« erscheint, ist man schon vom Protokoll gewöhnt. Gehäuft sind die Schriftfehler in der zweiten Hälfte der Zeile:
»`ich am 6. März 1942, 10.30 Uhr , in Berlin,Kurfürsten-`«.
Die andere Version zeigt:
»`ich am 6. März 1942, 10.30 Uhr. in Berlin, Kurfürsten-`«.
Man sieht: Es sollte gleich werden, mißlang aber ein bißchen.
Um das Machwerk endgültig zu durchschauen, muß man ein Lineal zu Hilfe nehmen. Dann sieht man: Der Stempelblock beider Versionen ist absolut identisch, aber: Bei der »SS«-Version ist er genau parallel zu den Zeilen aufgedrückt, dagegen hängt er bei der »ϟϟ«-Version um ca. 3 Winkelgrade schräg nach links unten. Und folgendes ist der zwingende Beweis: Niemand kann handschriftlich zweimal ganz genau die gleiche Schrift eines mehrzeiligen Textes schreiben! Die schräg über das ganze Papier beider Versionen handschriftlich zugefügten Anmerkungen Luthers aber sind identisch. Aber: Diese handschriftlichen Anmerkungen sitzen nicht an derselben Stelle beider Versionen und sind unterschiedlich groß. Das beweist unwiderlegbar: Beide Versionen sind gefälscht. Der Fälscher hatte die drei Gruppen – Text, Stempelblock und Handschrift – unabhängig voneinander zur Hand. Er komponierte beide Versionen, bloß leider nicht genau gleich. Warum er das überhaupt versuchte, ist nicht schwer zu erraten: Die ältere, beim IMT präsentierte Version von Kempner besitzt das normale »SS«, die später aufgetauchte Version des Auswärtigen Amtes das echter wirkende Runen-»ϟϟ«. Der Fälscher wollte wahrscheinlich seine Unachtsamkeit korrigieren und hat dabei des Bösen einfach zuviel getan!

4. Zusammenhänge

4.1. Die Rechtslage

1. Die Herstellung eines gefälschten Dokumentes ist strafbar. Näheres ist in Kapitel 6 ausgeführt.
2. Die Vorlage eines nicht unterschriebenen Papiers, dessen Aussteller nicht genannt ist, das kein Datum trägt usw., ist wirkungslos. Es ist kein öffentliches Dokument, keine Urkunde.
3. Die öffentliche Diskussion über die Echtheit einer Urkunde ist nicht strafbar. Nach geltendem Recht ist jedoch die Relativierung oder Bagatellisierung der Morde an den Juden durch Dienststellen des Dritten Reiches strafbar. Aus diesem Grunde sind hier die möglichen oder tatsächlichen unmittelbaren Konsequenzen der Wannsee-Konferenz nicht behandelt.
4. Alle wegen des Krieges nicht zur Veröffentlichung bestimmten Schriftstücke unterlagen im Deutschen Reich (wie in allen anderen Staaten analog) der Geheimhaltung. Die Handhabung solcher allgemein als ›Verschlußsachen‹ bezeichneten Schriftstücke war im Deutschen Reich mit der ›Verschlußsachen-Vorschrift‹ geregelt. Auszüge:[22]
   »36. Verschlußsachen sind bei den Dienststellen in Sammlungen zu vereinen.
   50. Mindestens einmal im Jahr ist der Bestand an Verschlußsachen durch einen unbeteiligten Offizier oder Beamten zu prüfen.
   77. Jedes Schriftstück, das seinem Inhalt nach eine Verschlußsache ist, muß von seiner Entstehung bis zu seiner Vernichtung stets nachweisbar sein.
   83. Die Stückzahl der den einzelnen Dienststellen zugehenden Vervielfältigungen ist so gering wie möglich zu halten«.

22. Wehrmacht-Dienstvorschriften, Verschlußsachenvorschriften HDv 99, MDv 9, LDv 99, Neufassung vom 1.8.1943.

4.2. Zeugenaussagen

U. Walendy (aaO., Anm. 8) führt in seiner Ausarbeitung viele Zeugenaussagen von Beteiligten der Wannsee-Konferenz an, von denen hier nur einige Beispiele angeführt werden sollen. Dr. G. Klopfer sagte zum Beispiel über die Wannsee-Konferenz aus: »Irgendwelche Beschlüsse konnten daher in der Sitzung nicht gefaßt werden [. . .] Ich erfuhr nach der Sitzung am 3. März 1942 durch ein Schreiben des Chefs der Reichskanzlei, Hitler habe auf Vortrag von Dr. Lammers die ›Endlösung der Judenfrage‹ bis nach dem Kriege zurückgestellt.«[23]

Staatssekretär E. von Weizsäcker im Auswärtigen Amt hat nach seiner Aussage das Besprechungsprotokoll zu seiner Amtszeit nie zu sehen bekommen, obwohl doch seine Dienststelle eine jener 30 Ausfertigungen (eben die 16.) erhalten haben soll. Er hat auch dem Verräter Canaris, dem er sonst alles hinterbracht hat oder hinterbracht haben will, nichts über eine solche Konferenz berichtet.[24]

Dr. H.-H. Lammers, Chef der Rechskanzlei, bezeugte: »Ich meldete den Vortrag [bei Hitler] an und bekam ihn nach einiger Zeit. Es gelang mir, [seine] Auffassung kennenzulernen. Der Führer ließ sich auch diesmal auf eine Erörterung der Frage mit mir nicht ein und schnitt mir einen in Aussicht genommenen längeren Vortrag mit den Worten ab, die etwa dahin gingen ›Ich wünsche während des Krieges keine Vorträge mehr in den Judensachen. Ich habe jetzt Wichtigeres zu tun, andere sollten es auch haben.‹ Und er sagte dann mit ziemlicher Deutlichkeit, daß er wünsche, daß mit allen diesen Judensachen nun endlich Schluß gemacht werde. Er fügte dem an, daß er nach dem Kriege eine endgültige Entscheidung treffen werde, wohin die Juden kommen.«[25]

Dr. Bühler stellte als Zeuge vor dem IMT fest: »Aus dieser Mitteilung [Heydrichs] habe ich die bestimmte Überzeugung mitgenommen, daß die Umsiedlung der Juden, wenn auch nicht den Juden zuliebe, so um des Rufes und des Ansehens des deutschen Volkes willen, in humaner Weise vor sich gehen würde.«[26]

4.3. Das Schicksal der Konferenz-Teilnehmer

Merkwürdigerweise hatte die Wannsee-Konferenz unmittelbar nach dem Kriege und bei den ›Kriegsverbrecherprozessen‹ keinerlei Bedeutung. Keiner der angeblichen oder tatsächlichen Teilnehmer an der Besprechung wurde wegen der nach der gängigen Auslegung des Protokolls folgerichtigen Vorbereitung eines Völkermordes verurteilt, und zwar nicht einmal zu Bagatellstrafen. Dazu siehe Walendy, aaO., Anm. 8. G. Klopfer war 1945 bis 1949 wie alle deutschen Führungspersönlichkeiten inhaftiert und wurde in Nürnberg des Kriegsverbrechens beschuldigt. Die Alliierten hatten jedoch ihre Anklage wegen fehlender Beweise wieder fallen gelassen (1949, also nach Kempners Fund). Nach seiner Haftentlassung hat die Staatsanwaltschaft 1960 noch einmal versucht, die Anklage zu erwirken. Das Ermittlungsverfahren wurde aber am 29. 1. 1962 mit der Begründung eingestellt, daß Klopfer trotz der Teilnahme an der Konferenz keine Straftat nachgewiesen werden könne.[27] Klopfer konnte später wieder als Anwalt tätig sein.

G. Leibbrand wurde ebenfalls 1949 aus der alliierten Haft entlassen und verstarb später, ohne je wieder behelligt worden zu sein.

W. Stuckart wurde 1949 im Wilhelmstraßen-Prozeß wegen anderer vermeintlicher Verfehlungen zu 3 Jahren und 10 Monaten Gefängnis verurteilt. Er kam 1953 als freier Mann bei einem Autounfall ums Leben.

---

23. Eidesstattliche Erklärung Dr. G. Klopfer, IMT Dok. 656, Dok.-Bd. VI, Fall 8; zitiert nach U. Walendy, aaO. (Anm. 8), S. 27.
24. Weizsäcker Exh. 273; Dok.-Bd. 5, Plädoyer H. Becker, Fall 11. Zu Canaris vgl. eidliche Aussage seiner Ehefrau, zitiert nach U. Walendy, aaO. (Anm. 8), S. 28 f.
25. Fall 11 der KV-Prozesse, Protokoll H. Lammers, S. 21470–73; zitiert nach U. Walendy, aaO. (Anm. 8), S. 29 f.
26. Aussage Dr. Bühler am 23. 4. 46, IMT Band XII, S. 79, zitiert nach U. Walendy, aaO. (Anm. 8), S. 21.
27. Staatsanwaltschaft beim Landgericht Nürnberg, Az. 4 Js 15929/60.

E. von Weizsäcker wurde im Wilhelmstraßen-Prozeß zu 7 Jahren Haft verurteilt, und zwar wiederum nicht wegen der ohnehin nicht belegten Teilnahme an der Wannsee-Konferenz, sondern wegen seiner Mitwirkung bei ›Deportationen‹. Er wurde bekanntlich vorzeitig entlassen und starb bald danach.
Die Teilnahme von O. Hoffmann an der Konferenz wurde vom Gericht beim Volkstums-Prozeß des Militärgerichts I im Fall 8 zwar geprüft, im Urteil aber nicht erwähnt.
Neumann wurde nach seiner Entlassung aus dem automatic arrest von einer deutschen Spruchkammer als Minderbelasteter eingestuft.
Selbst beim Jerusalemer Prozeß gegen Eichmann spielte seine Teilnahme an der Konferenz nicht die geringste Rolle. Lediglich als angeblicher Protokollführer oder -schreiber wurde er gehört, verurteilt wurde er wegen anderer Straftaten. Keiner der übrigen, hier nicht eigens erwähnten angeblichen Teilnehmer wurde je wegen Kriegsverbrechen angeklagt oder verurteilt.

4.4. Wirkung in der Öffentlichkeit

Auch für die öffentliche Verurteilung der Wehrmacht, der Waffen-SS, der ›Nazis‹ und schließlich des ganzen deutschen Volkes spielte die Wannsee-Konferenz lange Zeit keine Rolle. Zum Beweis deutscher Untaten hörte man in den fünfziger Jahren viel von Lampenschirmen aus Menschenhaut, Schrumpfköpfen, Gaskammern in Dachau, Seife aus Judenleichen, von der ›Hexe von Buchenwald‹ Ilse Koch und von Katyn. Das Wannsee-Protokoll lebte in der Holocaust-Literatur und nicht im öffentlichen Bewußtsein. Das änderte sich erst allmählich und gipfelte dann in dem Bestreben interessierter Kreise, der Villa am Großen Wannsee und der Konferenz durch die Schaffung einer Gedenkstätte Publizität zu geben.
Inzwischen ist bei deutschen Gerichten auch für das Wannsee-Protokoll fast der Zustand der *Offenkundigkeit* erreicht worden. Es ist zwar nicht strafbar, die Konferenz oder das Protokoll zu ›relativieren‹, zu ›bagatellisieren‹, zu bezweifeln oder die Echtheit zu bestreiten, aber es ist vor Gericht inzwischen zwecklos geworden, sich mit E. Lachout auf die These zu stützen, daß »gefälschte Urkunden für Historiker der Beweis sind, daß das Gegenteil [hier keine Endlösung der Judenfrage im Sinne der gezielten Massentötung] der Fälschungsaussage wahr ist.«(aaO., Anm.12), auch wenn man sich bei dieser These auf die für Historiker bindende Urkundenlehre stützen könnte[28].
Die stete Wiederholung der These von der Wannsee-Konferenz als Akt der Planung des Völkermords an den Juden, wie sie seit Jahren nun von den meisten Medien ins Bewußtsein und – was noch viel schlimmer ist – ins Unterbewußtsein der Menschen injiziert wird, hat heute dazu geführt, daß sie als unumstößliche Wahrheit empfunden wird.
In jüngster Zeit allerdings mehren sich die Dementis derer, die früher im Wannsee-Protokoll einen, wenn nicht den wichtigsten Beweis für die Behauptung sahen für den ›Führerbefehl zur Vernichtung der europäischen Juden‹. So wies Anfang 1992 der angesehenste israelische Holocaust-Forscher J. Bauer die Bedeutung der Wannsee-Versammlung zurück, die man kaum als Konferenz bezeichnen könne. Er bezeichnete die Behauptung, dort sei die Vernichtung der Juden beschlossen worden, als albern, da ›Wannsee‹ nichts als eine Stufe im sich entfaltenden Massenmordvorgang war.(aaO., Anm. 21) Der Kommentar Bauers deckt sich mit den Interpretationen seitens mehrerer deutscher Historiker, die sich seither ebenfalls trauten, von der alten Position bezüglich der Wannsee-Konferenz abzurücken. So berichtet K. Pätzhold (siehe Bauer, ebenda):

> *»Die vorurteilsfreie Kenntnisnahme des Besprechungsprotokolles überzeugt davon, daß die Versammelten nichts beschlossen, was als gedanklicher oder befehlsmäßiger Ausgangspunkt des Verbrechens gewertet werden könnte. – Dennoch scheint die Erkenntnis um sich zu greifen, daß die Entscheidung, die Juden Europas umzubringen,* [. . .] *schon vor der Wannseekonferenz gefallen und die grausige Tat bereits ins Werk gesetzt war, bevor sich die SS-Generale sowie die Staatssekretäre am 20. Januar 1942 zu ihrer Konferenz versammelten.«*

28. Zur Urkundenlehre vgl. K. Fuchs, H. Raab, *Wörterbuch zur Geschichte,* Band 2, dtv, München [9]1993.

Bei beiden Autoren heißt das in aller Kürze: Das Wannsee-Protokoll beweist zwar nichts, aber was es beweisen sollte, stimmt trotzdem:

> *»Ob authentisch oder nicht authentisch* [also: ob wahr oder verfälscht] [. . .] *vorgestellt, der Holocaust wurde zu einem bestimmten Symbol unserer* [wessen?] *Kultur.« (Bauer, ebenda)*

Und wenn wir keine Beweise haben, dann stimmt es eben ohne Beweise.

5. Zusammenfassung und Wertung

5.1. Dokumentenbeweise für den planmäßigen Völkermord?

Zum Beweis der Behauptung, im Zweiten Weltkrieg seien, durch deutsche Dienststellen befohlen, Millionen Juden in Vernichtungslagern planmäßig ermordet worden, wurden zwei und nur zwei zeitgenössische Papiere vorgelegt: Der *Franke-Gricksch-Bericht* und *Das Besprechungsprotokoll* (›Wannsee-Protokoll‹). Der Franke-Gricksch-Bricht wurde jüngst von dem kanadischen Wissenschaftler B. A. Renk als Fälschung entlarvt.[29] Es handelt sich um eine besonders plumpe Fälschung, die daher heute kaum mehr von den Historikern zitiert wird.

5.2. Die Wannsee-Besprechung

Daß im Januar 1942 in der Villa ›Am Großen Wannsee‹ eine Besprechung hoher Beamter und Parteiführer stattgefunden hat, ist wahrscheinlich richtig, wenn auch das genaue Datum unsicher ist. Von dieser Besprechung liegt kein anderer Beleg vor als eben das ›Protokoll‹ und sein(e) Begleitbrief(e). Es gibt keine Eintragung in ein Besucherbuch, in einen Terminkalender oder eine andere Art von Nebenbeleg.

Die Einladungen nennen dreizehn Geladene. Nach dem ›Protokoll‹ sind jedoch achtzehn Personen erschienen. Ob die Besprechung sich auf die Judenfrage bezog, ist nicht sicher, aber wahrscheinlich. Was dort tatsächlich besprochen wurde, ist unbekannt.

5.3. Das Protokoll

Ein rechtsgültiges Protokoll über die Besprechung existiert nicht. Das 1947 erstmals von Kempner vorgelegte und das im Auswärtigen Amt deponierte und mehrfach kopierte »Besprechungsprotokoll«, dessen Fundumstände unbekannt sind, ist nicht nur nach der bis heute unwidersprochenen Analyse durch die fünf hier zitierten Autoren, sondern auch nach dem Urteil vieler früherer und späterer Forscher eine Fälschung in dem Sinne, daß der Text dieses Papiers Jahre nach der behaupteten Besprechung von einer nicht beteiligten Person erfunden wurde.

Zu deutsch:	Fälschung,
englisch:	Fabrication,
französisch:	Falsification,
spanisch:	Falsificacion,

5.4. Die Behauptungen

Die von den Medien, von führenden Politikern aller Bonner Parteien und von den Holocaust-Fachleuten immer wieder behaupteten Kernpunkte des in der Wannsee-Villa Besprochenen sind in dem gefälschten Protokoll überhaupt nicht zu finden. Im einzelnen: Die gängigen Ansichten über das Protokoll und die häufigsten Behauptungen lauten:

29. B. A. Renk, »The Franke-Gricksch ›Resettlement-Action Report‹: Anatomy of a Falsification«, in *The Journal of Historical Review* 11(3) (1991) 261–279.

1. Hitler habe an der Besprechung teilgenommen, so die Auffassung von S. Wiesenthal.[30] Es gibt dafür keinen Beleg.
2. Ernst von Weizsäcker habe das Protokoll gegengezeichnet. Das hat Reitlinger behauptet.[31] Eine solche Fassung ist nie gezeigt worden.
3. Eichmann habe das Protokoll geführt, also auch geschrieben oder doch diktiert. Das behauptet Kempner.[32] Es gibt keinen Beleg dafür.
4. In Tausenden von Zeitungsartikeln, Büchern, Schulbüchern, Radiosendungen, Gedenkreden und Fernsehsendungen wurde behauptet, auf der Wannsee-Konferenz sei der Massenmord an den Juden beschlossen worden oder doch zumindest auf Befehl Adolf Hitlers der Plan zur Ausführung dieses Befehls erarbeitet worden. Auch seien die Tötungsmethoden erörtert und die Errichtung von Vernichtungslagern beschlossen worden. Das steht nicht im Protokoll und wird mittlerweile von führenden Holocaust-Historikern widerrufen (siehe Jäckel, aaO., Anm.21), auch wenn Eichmann in seinem Schauprozeß in Jerusalem entsprechende Aussagen getätigt hat.[33]
5. Bundeskanzler H. Kohl sagte anläßlich des Jahrestages 1987, diese Konferenz sei »eine mit bürokratischer Perfektion eingeleitete Ausrottung der Juden im deutschen Einflußgebiet« gewesen. Ein Blick in den Text des ›Protokolls‹ hätte Herrn Kohl gezeigt, daß hier keine bürokratische Perfektion, sondern höchstens dilettantisches Geschwafel zu finden ist.

Was tatsächlich im ›Protokoll‹ steht, kann im Anhang nachgelesen werden.

6. Die Wannsee-Gedenkstätte

Am fünfzigsten Jahrestag der ›Wannsee-Konferenz‹, am 20. 1. 1992, wurde die Gedenkstätte ›Haus der Wannsee-Konferenz‹ in Berlin am Großen Wannsee 56/58 eröffnet, als »Ort der Täter«. Bundeskanzler H. Kohl rief aus diesem Anlaß zum Gedenken an die »unzähligen Opfer des nationalsozialistischen Rassenwahns« auf. Bundestagspräsidentin R. Süßmuth hielt die Gedenkrede. Anwesend waren unter anderen der Oberbürgermeister von Berlin, E. Diepgen, und der Vorsitzende des Zentralrates der Juden in Deutschland, H. Galinski. Als Trägerverein der Gedenkstätte wurde 1990 der Verein ›Erinnern für die Zukunft‹ gegründet, dessen Personalkosten aus Steuergeldern bezahlt werden[34]. Gründungsmitglieder dieses Vereins sind: der Bund, das Land Berlin, der Zentralrat der Juden in Deutschland, die Jüdische Gemeinde zu Berlin, das Bistum Berlin, die Evangelische Kirche in Berlin-Brandenburg, das Deutsche Historische Museum und der Bund der Verfolgten des Naziregimes.
Dem Verein ›Erinnern für die Zukunft‹, dem Bistum Berlin sowie der Evangelischen Kirche in Berlin-Brandenburg wurde das Gutachten des *Huttenbriefes* (siehe Ney, aaO., Anm.10) im August 1992 auf deren Anforderung zugeleitet.
Für das Bistum Berlin antwortete erstens der Vorsitzende der Deutschen Bischofskonferenz: »Die Vorgäng um die Wannsee-Konferenz sind wissenschaftlich ausführlich untersucht. Wir beabsichtigen nicht, Ihrer These von der Fälschung der entsprechenden Dokumente weiter nachzugehen.«[35]
Zweitens antwortete das Bistum Berlin selbst: »Meines Erachtens gibt es nicht den geringsten Zweifel an der Authentizität des Originalprotokolls der Wannsee-Konferenz, das im Bonner Auswärtigen Amt liegt [. . .] Detailfragen vermag ich selbst nicht hinreichend zu beurteilen, [. . .] weil mir die von Ihnen verwendeten Dokumente nicht zugänglich sind. gez. Knauft, Ordinariatsrat.«[36]

30. S. Wiesenthal, *Doch die Mörder leben noch,* Droemer Knaur, München 1967, S. 40.
31. G. Reitlinger, *Die Endlösung,* Colloquium Verlag, Berlin 1953, S. 106.
32. Vgl. W. Derfrank, aaO. (Anm. 4), S. 1, sowie R. M. W. Kempner, aaO. (Anm. 5).
33. Vgl. P. Longerich, *Die Ermordung der europäischen Juden,* Piper, München ^{2}1990, S. 92 ff.
34. Geschäftsführer: Dr. Klausa, Leiter der Gedenkstätte: Dr. Schönberner und Dr. Tuchel.
35. Schreiben des Sekretärs der Deutschen Bischofskonferenz an den Verfasser, Bonn 2. 6. 1992, Az. IL/le, gez Dr. Ilgner.
36. Schreiben des Bistums Berlin, Bischhöfliches Ordinariat Rundfunk- und Fernseharbeit, an den Verfasser vom 14. 10. 1992, Az. Kn/De, gez. Wolfgang Knauft, Ordinariatsrat.

Die Evangelische Kirche in Berlin-Brandenburg antwortete nicht.
Dr. Klausa, der auch Leiter der Abteilung ›Gedenkstätten für die Opfer des Nationalsozialismus‹ beim Senat von Berlin ist, antwortete fernmündlich: »Diese Expertise wird von unseren Fachleuten nicht interessant genug befunden, um sich damit zu befassen. Die Einwände der Experten gegen die Echtheit des Protokolls sind widerlegt. So etwas kommt immer wieder von ganz rechts außen.«
Es ist schon verwunderlich, wie man die Qualität einer Expertise beurteilen will, bevor man sich mit ihr befaßt hat. Außerdem ist es eine glatte Falschaussage, wenn behauptet wird, die Einwände der Experten seien bereits widerlegt. Eine freie Erörterung zwischen den zumeist verbeamteten Vertretern der Holocaust-Auffassung und den hier zusammengefaßten Experten hat bis heute nicht stattgefunden:
U. Walendy erhielt keine sachliche Entgegnung; J.P. Ney wartet noch immer auf eine sachbezogene Reaktion; H. Tiedemann wurde keiner Antwort gewürdigt; I. Weckert erhielt ebenfalls keine Erwiderung; H. Wahls harrt noch heute einer Stellungnahme.
In der Villa Am Großen Wannsee 56/58 geht der Betrieb jedoch unbeirrt weiter. Schulklassen werden durch die zum Museum gestalteten Räume geführt und hören die Geschichte vom Befehl Hitlers, vom Plan zum Massenmord in Vernichtungslagern und von den nach Abschluß der Konferenz den Teilnehmern gereichten Getränken. Auch ausländische Gruppen werden regelmäßig durch das Museum geführt. Bei den Gedenkfeiern an allen Stätten deutscher Kollektivscham werden unbeirrt unwahre Behauptungen in alle Welt verkündet, die sich auch dann nicht mit den Einzelheiten des Protokolls belegen ließen, wenn es echt wäre.
So wird im Lande Schillers und des Großen Königs Gedankenfreiheit gepflegt.

7. Urkundenfälschung und Falschbeurkundung

Urkundenfälschung ist nach *Brockhaus* (aaO., Anm. 1) die Herstellung einer unechten Urkunde, das heißt einer Urkunde mit falschem Aussteller, die Verfälschung einer echten Urkunde sowie der Gebrauch einer unechten oder verfälschten Urkunde, wenn diese Handlungen zur Täuschung im Rechtsverkehr begangen werden (§ 267 StGB).
Mittelbare Falschbeurkundung begeht, wer bewirkt, daß rechtserhebliche Erklärungen, Verhandlungen oder Tatsachen in öffentlichen Büchern oder Registern als gegeben oder geschehen beurkundet werden, während sie überhaupt nicht oder in anderer Weise oder von einer anderen Person abgegeben oder geschehen sind (§ 271 StGB). Urkundenfälschung ist mit Freiheitsstrafe bis zu fünf Jahren oder Geldstrafe, die mittelbare Falschbeurkundung mit Freiheitsstrafe bis zu einem Jahr oder Geldstrafe, bei Bereicherungs- oder Schädigungsabsicht mit Freiheitsstrafe bis zu fünf Jahren belegt (§ 272 StGB). Bei Falschbeurkundung durch Amtsträger tritt Freiheitsstrafe bis zu fünf Jahren oder Geldstrafe ein (§ 348 StGB). Ferner droht das StGB Freiheits- und Geldstrafen an bei Gebrauch falscher Beurkundungen der in § 271 StGB bezeichneten Art (§ 273 StGB), bei Urkundenvernichtung oder -unterdrückung (§ 274 StGB)...

Anhang: Abdruck des Wannsee-Protokolls

Geheime Reichssache!

30 Ausfertigungen
16.Ausfertigung

Besprechungsprotokoll.

I. An der am 20.1.1942 in Berlin, Am Großen Wannsee Nr. 56/58, stattgefundenen Besprechung über die Endlösung der Judenfrage nahmen teil:

Gauleiter Dr. Meyer und Reichsamtsleiter Dr. Leibbrandt	Reichsministerium für die besetzten Ostgebiete
Staatssekretär Dr. Stuckart	Reichsministerium des Innern
Staatssekretär Neumann	Beauftragter für den Vierjahresplan
Staatssekretär Dr. Freisler	Reichsjustizministerium
Staatssekretär Dr. Bühler	Amt des Generalgouverneurs
Unterstaatssekretär Luther	Auswärtiges Amt
SS-Oberführer Klopfer	Partei-Kanzlei
Ministerialdirektor Kritzinger	Reichskanzlei

D. III. 29. g. Rs.

- 2 -

SS-Gruppenführer Hofmann	Rasse- und Siedlungshauptamt
SS-Gruppenführer Müller SS-Obersturmbannführer Eichmann	Reichssicherheitshauptamt
SS-Oberführer Dr. Schöngarth Befehlshaber der Sicherheitspolizei und des SD im Generalgouvernement	Sicherheitspolizei und SD
SS-Sturmbannführer Dr. Lange Kommandeur der Sicherheitspolizei und des SD für den Generalbezirk Lettland, als Vertreter des Befehlshabers der Sicherheitspolizei und des SD für das Reichskommissariat Ostland.	Sicherheitspolizei und SD

II. Chef der Sicherheitspolizei und des SD, SS-Obergruppenführer H e y d r i c h , teilte eingangs seine Bestellung zum Beauftragten für die Vorbereitung der Endlösung der europäischen Judenfrage durch den Reichsmarschall mit und wies darauf hin, daß zu dieser Besprechung geladen wurde, um Klarheit in grundsätzlichen Fragen zu schaffen. Der Wunsch des Reichsmarschalls, ihm einen Entwurf über die organisatorischen, sachlichen und materiellen Belange im Hinblick auf die Endlösung der europäischen Judenfrage zu übersenden, erfordert die vorherige gemeinsame Behandlung aller an diesen Fragen unmittelbar beteiligten Zentralinstanzen im Hinblick auf die Parallelisierung der Linienführung.

Die Federführung bei der Bearbeitung der Endlösung der Judenfrage liege ohne Rücksicht auf geographische Grenzen zentral beim Reichsführer-SS und Chef der Deutschen Polizei (Chef der Sicherheitspolizei und des SD).

Der Chef der Sicherheitspolizei und des SD gab sodann einen kurzen Rückblick über den bisher geführten Kampf gegen diesen Gegner. Die wesentlichsten Momente bilden

a/ die Zurückdrängung der Juden aus den einzelnen Lebensgebieten des deutschen Volkes,

b/ die Zurückdrängung der Juden aus dem Lebensraum des deutschen Volkes.

Im Vollzug dieser Bestrebungen wurde als einzige vorläufige Lösungsmöglichkeit die Beschleunigung der Auswanderung der Juden aus dem Reichsgebiet verstärkt und planmäßig in Angriff genommen.

Auf Anordnung des Reichsmarschalls wurde im Januar 1939 eine Reichszentrale für jüdische Auswanderung errichtet, mit deren Leitung der Chef der Sicherheitspolizei und des SD betraut wurde. Sie hatte insbesondere die Aufgabe

a/ alle Maßnahmen zur Vorbereitung einer verstärkten Auswanderung der Juden zu treffen,

b/ den Auswanderungsstrom zu lenken,

c/ die Durchführung der Auswanderung im Einzelfall zu beschleunigen.

Das Aufgabenziel war, auf legale Weise den deutschen Lebensraum von Juden zu säubern.

Über die Nachteile, die eine solche Auswanderungsforcierung mit sich brachte, waren sich alle Stellen im klaren. Sie mußten jedoch angesichts des Fehlens anderer Lösungsmöglichkeiten vorerst in Kauf genommen werden.

Die Auswanderungsarbeiten waren in der Folgezeit nicht nur ein deutsches Problem, sondern auch ein Problem, mit dem sich die Behörden der Ziel- bzw. Einwandererländer zu befassen hatten. Die finanziellen Schwierigkeiten, wie Erhöhung der Vorzeige- und Landungsgelder seitens der verschiedenen ausländischen Regierungen, fehlende Schiffsplätze, laufend verschärfte Einwanderungsbeschränkungen oder -sperren, erschwerten die Auswanderungsbestrebungen außerordentlich. Trotz dieser Schwierigkeiten wurden seit der Machtübernahme bis zum Stichtag 31.10.1941 insgesamt rund 537.000 Juden zur Auswanderung gebracht. Davon

vom 30.1.1933	aus dem Altreich	rd. 360.000
vom 15.3.1938	aus der Ostmark	rd. 147.000
vom 15.3.1939	aus dem Protektorat Böhmen und Mähren	rd. 30.000

Die Finanzierung der Auswanderung erfolgte durch die Juden bzw. jüdisch-politischen Organisationen selbst. Um den Verbleib der verproletarisierten Juden zu vermeiden, wurde nach dem Grundsatz verfahren, daß die vermögenden Juden die Abwanderung der vermögenslosen Juden zu finanzieren haben; hier wurde, je nach Vermögen gestaffelt, eine entsprechende Umlage bzw. Auswandererabgabe vorgeschrieben, die zur Bestreitung der finanziellen Obliegenheiten im Zuge der Abwanderung vermögensloser Juden verwandt wurde.

Neben dem Reichsmark-Aufkommen sind Devisen für Vorzeige- und Landungsgelder erforderlich gewesen. Um den deutschen Devisenschatz zu schonen, wurden die jüdischen Finanzinstitutionen des Auslandes durch die jüdischen Organisationen des Inlandes verhalten, für die Beitreibung entsprechender Devisenaufkommen Sorge zu tragen. Hier wurden durch diese ausländischen Juden im Schenkungswege bis zum 30.10.1941 insgesamt rund 9.500.000 Dollar zur Verfügung gestellt.

Inzwischen hat der Reichsführer-SS und Chef der Deutschen Polizei im Hinblick auf die Gefahren einer Auswanderung im Kriege und im Hinblick auf die Möglichkeiten des Ostens die Auswanderung von Juden verboten.

III. Anstelle der Auswanderung ist nunmehr als weitere Lösungsmöglichkeit nach entsprechender vorheriger Genehmigung durch den Führer die Evakuierung der Juden nach dem Osten getreten.

Diese Aktionen sind jedoch lediglich als Ausweichmöglichkeiten anzusprechen, doch werden hier bereits jene praktischen Erfahrungen gesammelt, die im Hinblick auf die kommende Endlösung der Judenfrage von wichtiger Bedeutung sind.

Im Zuge dieser Endlösung der europäischen Judenfrage kommen rund 11 Millionen Juden in Betracht, die sich wie folgt auf die einzelnen Länder verteilen:

L a n d		Zahl
A. Altreich		131.800
Ostmark		43.700
Ostgebiete		420.000
Generalgouvernement		2.284.000
Bialystok		400.000
Protektorat Böhmen und Mähren		74.200
Estland - judenfrei -		
Lettland		3.500
Litauen		34.000
Belgien		43.000
Dänemark		5.600
Frankreich / Besetztes Gebiet		165.000
Unbesetztes Gebiet		700.000
Griechenland		69.600
Niederlande		160.800
Norwegen		1.300
B. Bulgarien		48.000
England		330.000
Finnland		2.300
Irland		4.000
Italien einschl. Sardinien		58.000
Albanien		200
Kroatien		40.000
Portugal		3.000
Rumänien einschl. Bessarabien		342.000
Schweden		8.000
Schweiz		18.000
Serbien		10.000
Slowakei		88.000
Spanien		6.000
Türkei (europ. Teil)		55.500
Ungarn		742.800
UdSSR		5.000.000
Ukraine	2.994.684	
Weißrußland ausschl. Bialystok	446.484	
Zusammen: über		11.000.000

– 7 –

Bei den angegebenen Judenzahlen der verschiedenen ausländischen Staaten handelt es sich jedoch nur um Glaubensjuden, da die Begriffsbestimmungen der Juden nach rassischen Grundsätzen teilweise dort noch fehlen. Die Behandlung des Problems in den einzelnen Ländern wird im Hinblick auf die allgemeine Haltung und Auffassung auf gewisse Schwierigkeiten stoßen, besonders in Ungarn und Rumänien. So kann sich z.B. heute noch in Rumänien der Jude gegen Geld entsprechende Dokumente, die ihm eine fremde Staatsangehörigkeit amtlich bescheinigen, beschaffen.

Der Einfluß der Juden auf alle Gebiete in der UdSSR ist bekannt. Im europäischen Gebiet leben etwa 5 Millionen, im asiatischen Raum knapp 1/4 Million Juden.

Die berufsständische Aufgliederung der im europäischen Gebiet der UdSSR ansässigen Juden war etwa folgende:

In der Landwirtschaft	9,1 %
als städtische Arbeiter	14,8 %
im Handel	20,0 %
als Staatsarbeiter angestellt	23,4 %
in den pivaten Berufen – Heilkunde, Presse, Theater, usw.	32,7 %

Unter entsprechender Leitung sollen nun im Zuge der Endlösung die Juden in geeigneter Weise im Osten zum Arbeitseinsatz kommen. In großen Arbeitskolonnen, unter Trennung der Geschlechter, werden die arbeitsfähigen Juden straßenbauend in diese Gebiete geführt, wobei zweifellos ein Großteil durch natürliche Verminderung ausfallen wird.

– 8 –

Der allfällig endlich verbleibende Restbestand wird, da es sich bei diesem zweifellos um den widerstandsfähigsten Teil handelt, entsprechend behandelt werden müssen, da dieser, eine natürliche Auslese darstellend, bei Freilassung als Keimzelle eines neuen jüdischen Aufbaues anzusprechen ist. (Siehe die Erfahrung der Geschichte.)

Im Zuge der praktischen Durchführung der Endlösung wird Europa vom Westen nach Osten durchgekämmt. Das Reichsgebiet einschließlich Protektorat Böhmen und Mähren wird, allein schon aus Gründen der Wohnungsfrage und sonstigen sozial-politischen Notwendigkeiten, vorweggenommen werden müssen.

Die evakuierten Juden werden zunächst Zug um Zug in sogenannte Durchgangsghettos verbracht, um von dort aus weiter nach dem Osten transportiert zu werden.

Wichtige Voraussetzung, so führte SS-Obergruppenführer H e y d r i c h weiter aus, für die Durchführung der Evakuierung überhaupt, ist die genaue Festlegung des in Betracht kommenden Personenkreises.

Es ist beabsichtigt, Juden im Alter von über 65 Jahren nicht zu evakuieren, sondern sie einem Altersghetto – vorgesehen ist Theresienstadt – zu überstellen.

Neben diesen Altersklassen – von den am 31.10.1941 sich im Altreich und der Ostmark befindlichen etwa 280.000 Juden sind etwa 30 % über 65 Jahre alt – finden in den jüdischen Altersghettos weiterhin die schwerkriegsbeschädigten Juden und Juden mit Kriegsauszeichnungen (EK 1) Aufnahme. Mit dieser

- 9 -

zweckmäßigen Lösung werden mit einem Schlag die vielen Interventionen ausgeschaltet.

Der Beginn der einzelnen größeren Evakuierungsaktionen wird weitgehend von der militärischen Entwicklung abhängig sein. Bezüglich der Behandlung der Endlösung in den von uns besetzten und beeinflußten europäischen Gebieten wurde vorgeschlagen, daß die in Betracht kommenden Sachbearbeiter des Auswärtigen Amtes sich mit dem zuständigen Referenten der Sicherheitspolizei und des SD besprechen.

In der Slowakei und Kroatien ist die Angelegenheit nicht mehr allzu schwer, da die wesentlichsten Kernfragen in dieser Hinsicht dort bereits einer Lösung zugeführt wurden. In Rumänien hat die Regierung inzwischen ebenfalls einen Judenbeauftragten eingesetzt. Zur Regelung der Frage in Ungarn ist es erforderlich, in Zeitkürze einen Berater für Judenfragen der Ungarischen Regierung aufzuoktroyieren.

Hinsichtlich der Aufnahme der Vorbereitungen zur Regelung des Problems in Italien hält SS-Obergruppenführer H e y d r i c h eine Verbindung Polizei-Chef in diesen Belangen für angebracht.

Im besetzten und unbesetzten Frankreich wird die Erfassung der Juden zur Evakuierung aller Wahrscheinlichkeit nach ohne große Schwierigkeiten vor sich gehen können.

Unterstaatssekretär L u t h e r teilte hierzu mit, daß bei tiefgehender Behandlung dieses Problems in einigen Ländern, so in den nordischen Staaten, Schwierigkeiten auftauchen werden, und es sich daher empfiehlt, diese Länder vorerst noch zu-

- 10 -

rückzustellen. In Anbetracht der hier in Frage kommenden geringen Judenzahlen bildet diese Zurückstellung ohnedies keine wesentliche Einschränkung.

Dafür sieht das Auswärtige Amt für den Südosten und Westen Europas keine großen Schwierigkeiten.

SS-Gruppenführer H o f m a n n beabsichtigt, einen Sachbearbeiter des Rasse- und Siedlungshauptamtes zur allgemeinen Orientierung dann nach Ungarn mitsenden zu wollen, wenn seitens des Chefs der Sicherheitspolizei und des SD die Angelegenheit dort in Angriff genommen wird. Es wurde festgelegt, diesen Sachbearbeiter des Rasse- und Siedlungshauptamtes, der nicht aktiv werden soll, vorübergehend offiziell als Gehilfen zum Polizei-Attaché abzustellen.

IV. Im Zuge der Endlösungsvorhaben sollen die Nürnberger Gesetze gewissermaßen die Grundlage bilden, wobei Voraussetzung für die restlose Bereinigung des Problems auch die Lösung der Mischehen- und Mischlingsfragen ist.

Chef der Sicherheitspolizei und des SD erörtert im Hinblick auf ein Schreiben des Chefs der Reichskanzlei zunächst theoretisch die nachstehenden Punkte:

1) Behandlung der Mischlinge 1. Grades.

Mischlinge 1. Grades sind im Hinblick auf die Endlösung der Judenfrage den Juden gleichgestellt.

- 11 -

Von dieser Behandlung werden ausgenommen:

a) Mischlinge 1. Grades verheiratet mit Deutschblütigen, aus deren Ehe Kinder (Mischlinge 2. Grades) hervorgegangen sind. Diese Mischlinge 2. Grades sind im wesentlichen den Deutschen gleichgestellt.

b) Mischlinge 1. Grades, für die von den höchsten Instanzen der Partei und des Staates bisher auf irgendwelche Lebensgebieten Ausnahmegenehmigungen erteilt worden sind.
Jeder Einzelfall muß überprüft werden, wobei nicht ausgeschlossen wird, daß die Entscheidung nochmals zu Ungunsten des Mischlings ausfällt.

Voraussetzungen einer Ausnahmebewilligung müssen stets grundsätzliche Verdienste des in Frage stehenden Mischlings <u>selbst</u> sein. (Nicht Verdienste des deutschblütigen Eltern- oder Eheteiles.)

Der von der Evakuierung auszunehmende Mischling 1. Grades wird – um jede Nachkommenschaft zu verhindern und das Mischlingsproblem endgültig zu bereinigen – sterilisiert. Die Sterilisierung erfolgt freiwillig. Sie ist aber Voraussetzung des Verbleibens im Reich. Der sterilisierte ''Mischling'' ist in der Folgezeit von allen einengenden Bestimmungen, denen er bislang unterworfen ist, befreit.

2) <u>Behandlung der Mischlinge 2. Grades.</u>

Die Mischlinge 2. Grades werden grundsätzlich den Deutschblütigen zugeschlagen, <u>mit Ausnahme folgender Fälle,</u> in denen die Mischlinge 2. Grades den Juden gleichgestellt werden:

--

a) Herkunft des Mischlings 2. Grades aus einer Bastardehe (beide Teile Mischlinge).

b) Rassisch besonders ungünstiges Erscheinungsbild des Mischlings 2. Grades, das ihn schon äußerlich zu den Juden rechnet.

c) Besonders schlechte polizeiliche und politische Beurteilung des Mischlings 2. Grades, die erkennen läßt, daß er sich wie ein Jude fühlt und benimmt.

Auch in diesen Fällen sollen aber dann Ausnahmen nicht gemacht werden, wenn der Mischling 2. Grades deutschblütig verheiratet ist.

3) <u>Ehen zwischen Volljuden und Deutschblütigen.</u>

Von Einzelfall zu Einzelfall muß hier entschieden werden, ob der jüdische Teil evakuiert wird, oder ob er unter Berücksichtigung auf die Auswirkungen einer solchen Maßnahme auf die deutschen Verwandten dieser Mischehe einem Altersghetto überstellt wird.

4) <u>Ehen zwischen Mischlingen 1. Grades und Deutschblütigen.</u>

a) Ohne Kinder.

Sind aus der Ehe keine Kinder hervorgegangen, wird der Mischling 1. Grades evakuiert bzw. einem Altersghetto überstellt. (Gleiche Behandlung wie bei Ehen zwischen Volljuden und Deutschblütigen, Punkt 3.)

- 13 -

b) Mit Kindern.

Sind Kinder aus der Ehe hervorgegangen (Mischlinge 2. Grades), werden sie, wenn sie den Juden gleichgestellt werden, zusammen mit dem Mischling 1. Grades evakuiert bzw. einem Ghetto überstellt. Soweit diese Kinder Deutschen gleichgestellt werden (Regelfälle), sind sie von der Evakuierung auszunehmen und damit auch der Mischling 1. Grades.

5) Ehen zwischen Mischlingen 1. Grades und Mischlingen 1. Grades oder Juden.

Bei diesen Ehen (einschließlich der Kinder) werden alle Teile wie Juden behandelt und daher evakuiert bzw. einem Altersghetto überstellt.

6) Ehen zwischen Mischlingen 1. Grades und Mischlingen 2. Grades.

Beide Eheteile werden ohne Rücksicht darauf, ob Kinder vorhanden sind oder nicht, evakuiert bzw. einem Altersghetto überstellt, da etwaige Kinder rassenmäßig in der Regel einen stärkeren jüdischen Bluteinschlag aufweisen, als die jüdischen Mischlinge 2. Grades.

SS-Gruppenführer H o f m a n n steht auf dem Standpunkt, daß von der Sterilisierung weitgehend Gebrauch gemacht werden muß; zumal der Mischling vor die Wahl gestellt, ob er evakuiert oder sterilisiert werden soll, sich lieber der Sterilisierung unterziehen würde.

Staatssekretär Dr. S t u c k a r t stellt fest, daß die praktische Durchführung der eben mitgeteilten Lösungsmöglichkeiten zur Bereinigung der Mischehen- und Mischlingsfragen in dieser Form eine unendliche Verwaltungsarbeit mit sich bringen würde. Um zum anderen auf alle Fälle auch den biologischen Tatsachen Rechnung zu tragen, schlug Staatssekretär Dr. S t u c k a r t vor, zur Zwangssterilisierung zu schreiten.

Zur Vereinfachung des Mischehenproblems müßten ferner Möglichkeiten überlegt werden mit dem Ziel, daß der Gesetzgeber etwa sagt: ''Diese Ehen sind geschieden".

Bezüglich der Frage der Auswirkung der Judenevakuierung auf das Wirtschaftsleben erklärte Staatssekretär N e u m a n n , daß die in kriegswichtigen Betrieben im Arbeitseinsatz stehenden Juden derzeit, solange noch kein Ersatz zur Verfügung steht, nicht evakuiert werden könnten.

SS-Obergruppenführer H e y d r i c h wies darauf hin, daß diese Juden nach den von ihm genehmigten Richtlinien zur Durchführung der derzeit laufenden Evakuierungsaktionen ohnedies nicht evakuiert würden.

Staatssekretär Dr. B ü h l e r stellte fest, daß das Generalgouvernement es begrüßen würde, wenn mit der Endlösung dieser Frage im Generalgouvernement begonnen würde, weil einmal hier das Transportproblem keine übergeordnete Rolle spielt

- 15 -

und arbeitseinsatzmäßige Gründe den Lauf dieser Aktion nicht behindern würden. Juden müßten so schnell wie möglich aus dem Gebiet des Generalgouvernements entfernt werden, weil gerade hier der Jude als Seuchenträger eine eminente Gefahr bedeutet und er zum anderen durch fortgesetzten Schleichhandel die wirtschaftliche Struktur des Landes dauernd in Unordnung bringt. Von den in Frage kommenden etwa 2 ½ Millionen Juden sei überdies die Mehrzahl der Fälle arbeitsunfähig.

Staatssekretär Dr. B ü h l e r stellt weiterhin fest, daß die Lösung der Judenfrage im Generalgouvernement federführend beim Chef der Sicherheitspolizei und des SD liegt und seine Arbeiten durch die Behörden des Generalgouvernements unterstützt würden. Er hätte nur eine Bitte, die Judenfrage in diesem Gebiet so schnell wie möglich zu lösen.

Abschließend wurden die verschiedenen Arten der Lösungsmöglichkeiten besprochen, wobei sowohl seitens des Gauleiters Dr. M e y e r als auch seitens des Staatssekretärs Dr. B ü h l e r der Standpunkt vertreten wurde, gewisse vorbereitende Arbeiten im Zuge der Endlösung gleich in den betreffenden Gebieten selbst durchzuführen, wobei jedoch eine Beunruhigung der Bevölkerung vermieden werden müsse.

Mit der Bitte des Chefs der Sicherheitspolizei und des SD an die Besprechungsteilnehmer, ihm bei der Durchführung der Lösungsarbeiten entsprechende Unterstützung zu gewähren, wurde die Besprechung geschlossen.

Anhang: Begleitschreiben

Auswärtiges Amt
D. III 29. g. Rs.
Eing. 2. MRZ.1942
Anl. (fach) Dopp. d. Eing.

165

Der Chef der Sicherheitspolizei und des SD

IV B 4 - 1456/41 gRs.(1344)

Geheime Reichssache!

An den
Herrn Unterstaatssekretär L u t h e r
im Auswärtigen Amt

B e r l i n W 8
Wilhelmstr. 74/76

Lieber Parteigenosse Luther!

Als Anlage übersende ich das Protokoll über die am 20.1.1942 stattgefundene Absprache. Da nunmehr erfreulicherweise die Grundlinie hinsichtlich der praktischen Durchführung der Endlösung der Judenfrage festgelegt ist und seitens der hieran beteiligten Stellen völlige Übereinstimmung herrscht, darf ich Sie bitten, Ihren Sachbearbeiter zwecks Fertigstellung der vom Reichsmarschall gewünschten Vorlage, in der die organisatorischen, technischen und materiellen Voraussetzungen zur praktischen Inangriffnahme der Lösungsarbeiten aufgezeigt werden sollen, zu den hierfür notwendigen Detailbesprechungen abzustellen.

Die erste Besprechung dieser Art beabsichtige ich am 6. März 1942, 10.30 Uhr, in Berlin, Kurfürstenstrasse 116, abhalten zu lassen. Ich darf Sie bitten, Ihren Sachbearbeiter zu veranlassen, sich dieserhalb mit meinem zuständigen Referenten, dem SS-Obersturmbannführer E i c h m a n n, ins Benehmen zu setzen.

H e i l H i t l e r !

Ihr

K210399 372023

1 Anlage!

Auswärtiges Amt
D III 29. g. Rs.
Eing. 2. MRZ 1942
Anl. (fach) Dopp. f. Eing.

Der Chef
der Sicherheitspolizei und des SD

IV B 4 - 1456 41 gRs. (1344)

Geheime Reichssache!

An den
Herrn Unterstaatssekretär L u t h e r
im Auswärtigen Amt

B e r l i n W 8
Wilhelmstr. 74/76

Lieber Parteigenosse Luther!

Als Anlage übersende ich das Protokoll über die am 20.1.1942 stattgefundene Absprache. Da nunmehr erfreulicherweise die Grundlinie hinsichtlich der praktischen Durchführung der Endlösung der Judenfrage festgelegt ist und seitens der hieran beteiligten Stellen völlige Übereinstimmung herrscht, darf ich Sie bitten, Ihren Sachbearbeiter zwecks Fertigstellung der vom Reichsmarschall gewünschten Vorlage, in der die organisatorischen, technischen und materiellen Voraussetzungen zur praktischen Inangriffnahme der Lösungsarbeiten aufgezeigt werden sollen, zu den hierfür notwendigen Detailbesprechungen abzustellen.

Die erste Besprechung dieser Art beabsichtige ich am 6. März 1942, 10.30 Uhr, in Berlin, Kurfürstenstrasse 116, abhalten zu lassen. Ich darf Sie bitten, Ihren Sachbearbeiter zu veranlassen, sich dieserhalb mit meinem zuständigen Referenten, dem SS-Obersturmbannführer E i c h m a n n , ins Benehmen zu setzen.

H e i l H i t l e r !
Ihr

1 Anlage!

Die Gaswagen – Kritische Würdigung der Beweislage

INGRID WECKERT

1. Problem und Forschungsstand

Zu den Anklagen, die gegen das nationalsozialistische Deutschland erhoben werden, gehört auch die Behauptung, es seien in den Jahren 1941 und 1942 sogenannte Gaswagen benutzt worden, deren Auspuffgase in das Innere des geschlossenen Aufbaus geleitet wurden, wodurch die darin eingeschlossenen Opfer den Tod fanden. ›Gaswagen‹ seien einerseits in den Euthanasie-Anstalten (Heilanstalten für Geisteskranke) verwendet worden, andererseits bei den Einsatzkommandos hinter der russischen Front und vor allen Dingen im KL Kulmhof.

In der einschlägigen Literatur tauchen ›Gaswagen‹ in zahlreichen Publikationen auf, aber nirgendwo wird ihr Vorhandengewesensein geprüft bzw. auch nur in Frage gestellt. Den Stand der Forschung hat zuletzt Mathias Beer in einem Artikel in den *Vierteljahrsheften für Zeitgeschichte* dargestellt (VfZ 3/1987). Wir werden uns auf diese Zusammenfassung gelegentlich beziehen. Leider fehlt uns hier der Platz, detailliert auf die allgemeine Argumentation einzugehen. Wir können nur die Punkte herausgreifen, die unserer Ansicht nach der Hinterfragung bedürfen. Der Zweck dieser Untersuchung ist, die Beweislage im Fall ›Gaswagen‹ kritisch zu prüfen.

Es gibt kein Dokument, aus dem ersichtlich wäre, daß man im Dritten Reich irgendwann von ›Gaswagen‹ gesprochen hätte. Der Ausdruck stammt aus der Nachkriegszeit. Die zum Nachweis der ›Gaswagen‹ dienen sollenden Dokumente sprechen von ›Sonderwagen‹, ›Sonderfahrzeugen‹, ›Spezialwagen‹ oder ›S-Wagen‹. Allein der Ausdruck ›Sonderwagen‹ oder ›Spezialwagen‹ gab bei den Zeitgeschichtsforschern zu der Vermutung Anlaß, es müsse sich hier um ein spezielles, wahrscheinlich geheimgehaltenes Fahrzeug gehandelt haben. Beer schreibt: »Die Verbindung mit dem Tarnwort Sonderbehandlung, d. h. Töten, [. . .] liegt auf der Hand« (S. 403, Anm. 5).

Das ist jedoch nur offensichtlich für diejenigen, die das Vorhandensein von ›Gaswagen‹ allein aus der These folgern, daß im Dritten Reich mißliebige Personen, vor allem Juden, massenweise ermordet wurden. Damit ist die Tatsache, die bewiesen werden soll, als Beweisgrundlage bereits vorausgesetzt. Tatsächlich besaß die deutsche Wehrmacht hundert verschiedene Typen von ›Sonder-Kraftfahrzeugen‹, die unter den Nummern ›Sd. Kfz 1 bis 100‹ liefen. (W. Oswald, S. 435; vgl. die ausführliche Liste aller Sonder-Kraftfahrzeuge in seinem Sachbuch.) Jedes Fahrzeug, das eine spezielle Ausrüstung zu einem besonderen Zweck benötigte, war ein ›Sonder-Kraftfahrzeug‹. Dazu gehörten z. B. die Lkw-Typen ›Maultier‹ (Fahrzeuge, deren Hinterräder durch Kettenräder ersetzt waren), Zugkraftwagen für Kanonen und Flakgeschütze, aber auch Gassprühkraftwagen und Entgiftungswagen für die ›Nebeltruppen‹, Einheiten, die auf den Gaskrieg spezialisiert waren, die aber zum Glück nicht eingesetzt zu werden brauchten, da im Zweiten Weltkrieg keine Gasgranaten verwendet wurden. Ihre Herstellung und Ausrüstung war nicht geheimer als die anderer Fahrzeuge der Wehrmacht. Den Ausdruck ›Sonderkraftfahrzeug‹ automatisch mit Mordaktionen gegen Juden in Verbindung zu bringen zeugt von einer groben Unkenntnis des Sachverhalts.

Darüber hinaus gab es auch die Bezeichnung ›S-Wagen‹. Beer ist der Meinung, das ›S‹ sei »die Abkürzung von spezial bzw. sonder«. (S. 403). Das stimmt jedoch nicht. Es bedeutete ›Standard‹ und bezog sich auf die Kennzeichnung des Antriebs. »Als S-Typen wurden die jeweiligen Standardausführungen bezeichnet, während die ansonsten baugleichen A-Typen Allrad-Antrieb besaßen.« (Oswald, S. 177). Auch das ›S‹ ist also keine Kennzeichnung bestimmter Fahrzeuge, die allein der Tötung der Insassen dienen sollten.

Zur Unterstützung der ›Gaswagen‹-These werden vor allem zwei Dokumente aus der Zeit des Dritten Reiches herangezogen: ein Dokument, das beim Nürnberger Prozeß (IMT) unter der Nummer PS-501 vorgelegt wurde – es handelt sich um einen Brief vom 16. Mai 1942 – und ein Dokument aus dem Bundesarchiv (BA) Koblenz mit der Nummer R 58/871 – ein Vermerk des Reichssicherheitshauptamtes (RSHA) vom 5. Juni 1942.
Außer diesen Dokumenten gibt es nur noch Aussagen von Angeklagten und Zeugen in NS-Prozessen, die die ›Gaswagen‹ gesehen oder von ihnen gehört haben wollen, und Feststellungen aus Anklageschriften und Urteilen.
An dieser Stelle möchten wir noch einmal Mathias Beer zitieren:

»Allerdings ist es dem Historiker nicht erlaubt, Gerichtsurteile unüberprüft zu übernehmen, da Justiz und Geschichtswissenschaft von unterschiedlichen Zielsetzungen geleitet werden. Für ihn sind in erster Linie die Zeugenaussagen von Belang, weil sie helfen, Quellenlücken, zu schließen. Aber Zeugenaussagen können wegen ihrer Eigenart nur dann gleichrangig, d. h. wie Dokumente, behandelt und von der historischen Forschung nutzbringend ausgewertet werden, wenn bestimmte Grundsätze beachtet werden. Die Grundvoraussetzung ist, die Verbindung von Aussagen und quellenkritich überprüften Dokumenten möglichst nicht aufzugeben.« (S. 404).

Mit anderen Worten: eine Zeugenaussage sollte möglichst durch Dokumente belegt werden können, die einer kritischen Überprüfung standgehalten haben. Das trifft vor allem für solche Zeugenaussagen zu, deren Inhalt schon dadurch fragwürdig ist, weil er anderen gleichrangigen Zeugenaussagen widerspricht. Und wir werden sehen, daß wir es im Falle der ›Gaswagen‹ nur mit solchen fragwürdigen Zeugenaussagen zu tun haben.
Ein Fahrzeug, das eindeutig als ›Gaswagen‹ gedient haben kann, wurde bis heute nirgendwo gefunden. Das Museum Jad Waschem in Jerusalem und das Auschwitz-Museum übersandten der Autorin auf Anfrage jeweils das gleiche Foto mit der Frontansicht eines Lkw vom Typ Magirus-Deutz. Man kann darauf nicht einmal erkennen, ob es ein von deutschen Stellen benutztes Fahrzeug war, da das Nummernschild abmontiert ist. Eine Nachfrage beantwortete das Institut Jad Waschem mit der Feststellung, es gäbe kein anderes Foto eines ›Gaswagens‹. Falls der Autorin ein anderes bekannt sei, wäre das Institut für dessen Übersendung dankbar.

2. Entstehung der Gaswagen-Überlieferung

2.1. ›Mordwagen‹ in der UdSSR

Beer stellte folgende These auf:

»Unter Gaswagen ist ein besonderes Produkt des Dritten Reiches zu verstehen, nämlich ein Lastkraftwagen, auf dessen Fahrgestell ein luftdicht abgeschlossener Kastenaufbau montiert war, in dem durch das Einleiten von Auspuffgasen Menschen getötet wurden.« (S. 403)

Diese Behauptung ist anfechtbar. ›Gaswagen‹, wenn es sie denn gab, waren kein »Produkt des Dritten Reiches«. Von »Todeswagen« spricht der sowjetische Dissident Pjotr Grigorenko in seinen *Erinnerungen*. Dort gibt er wieder, was ein ehemaliger Freund, Wassilij Iwanowitsch Tesslja, ihm berichtet hat. Dieser Wassilij Iwanowitsch war Ende der dreißiger Jahre Häftling im Gefängnis von Omsk und beobachtete dort von seiner Zelle aus folgendes: Ein sowjetischer Gefangenentransporter, ein sogenannter »Schwarzer Rabe«, kam auf den Hof des Gefängnisses gefahren. Eine Gruppe Gefangener mußte einsteigen, der Wagen fuhr ab und kehrte nach ca. einer Viertelstunde zurück. »Die Wärter öffneten die Tür: Sie spie schwarze Rauchschwaden und leblose Körper aus, die einer über den anderen zu Boden fielen.« (S. 275 f.)[1]
Der Quellenwert dieser Geschichte vom Hörensagen mag nicht sonderlich hoch sein – obwohl Nolte sie als »Aussage« wertet (S. 476, Anm. 31). Die Behauptung an sich hat aber jüngst eine überraschen-

1. Vgl. dazu Walendy, S. 35 f.; dort auch das komplette Zitat.

de Unterstützung gefunden.[2] In den USA wurde im Frühjahr 1993 eine vierteilige Fernsehsendung ausgestrahlt, die sich mit der Sowjetunion befaßte. Der Titel lautete »Monster. A Portrait of Stalin in Blood«. In der zweiten Folge der Serie, untertitelt »Stalins Secret Police«, wird der ehemalige KGB-Offizier Alexander Michailow zitiert, mit der Bemerkung, Gaslastwagen seien schon vor dem Krieg in Moskau von einem gewissen Isai Davidovich Berg erfunden und durch den KGB eingesetzt worden. Falls diese Erklärung stimmt, sind die ›Gaswagen‹ also eine sowjetische, und keine deutsche Erfindung. Dazu paßt die Tatsache, daß von ›Todeswagen‹ oder ›Mordwagen‹ zuerst auf sowjetischer Seite gesprochen wurde.

Ein erster Prozeß, in dem von ›Mordwagen‹ die Rede war, fand während des Krieges, vom 14. bis 17. Juli 1943, in Krasnodar/UdSSR statt. Die *Prawda* brachte vom 15.–19. Juli einen Prozeßbericht, der anschließend unter dem Titel *The Trial* in englischer Sprache veröffentlicht wurde. Elf Ukrainer waren wegen ihrer Tätigkeit für die deutschen Truppen des Landesverrats angeklagt. Acht von ihnen wurden zum Tode, drei zu je zwanzig Jahren Straflager verurteilt.

Wie es zu jener Zeit in der UdSSR üblich war, bestätigten die Angeklagten alles, was man von ihnen hören wollte, u. a., daß das Sonderkommando 10a der Einsatzgruppe D unter SS-Sturmbannführer Kurt Christmann ab Herbst 1942 sowjetische Gefangene in ›Mordwagen‹ durch Auspuffgase des Dieselmotors getötet habe (*Trial*, S. 2 f.). Sowjetische Zeugen bestätigten den Einsatz von ›Mordwagen‹ zur Beseitigung von Geisteskranken (S. 4 ff.). Der Kern aller Aussagen lautete, daß die Abgase der überaus giftigen Dieselmotore den Tod der in den Wagen Eingeschlossenen herbeigeführt haben. Da diese Behauptung nicht stimmen kann – über den Kohlenmonoxidgehalt und damit die Giftigkeit bzw. Ungiftigkeit von Dieselmotoren vgl. den Beitrag von Fritz Berg –, kann die Glaubwürdigkeit der übrigen Aussagen mit Recht angezweifelt werden.

Einen Monat später, am 14. August 1943, veröffentlichte die sowjetische Botschaft in Washington eine Erklärung »Über Verbrechen der deutsch-faschistischen Besatzungstruppen im Raum Stavropol« (*Soviet War Documents,* S. 171). Der Inhalt ist ganz klar antideutsche Greuelpropaganda. Unter anderem wird die Aussage eines deutschen Kriegsgefangenen mit Namen Fenichel zitiert, der das Vorhandensein von ›Mordwagen‹ bestätigt und die Fahrzeuge beschreibt. Über die Person dieses Fenichel und über die Umstände, unter denen seine Aussage zustandekam, enthält das Statement keinerlei Angaben. Man kann diesen Erklärungen füglich keinerlei faktischen Wert beimessen. Aber gerade sie wurden im Nürnberger Prozeß als unumstößlicher Beweis für die »Tatsache der Massentötungen im Gaswagen« herangezogen (*IMT* VII, S. 628). Der Name des deutschen Kriegsgefangenen wurde dort mit »E. M. Fenchel« angegeben.

Vom 15. bis 17. Dezember 1943 fand ein weiterer Prozeß in der UdSSR statt, diesmal in Charkow. Angeklagt waren drei deutsche Kriegsgefangene und ein ukrainischer Hilfsarbeiter, der als Fahrer beim Sonderkommando in Charkow eingesetzt war. Alle vier wurden zum Tode durch Erhängen verurteilt, das Urteil wurde am 18. Dezember 1943 vollstreckt. Der englische Prozeßbericht erschien in dem Band *The People's Verdict.* Auch in diesem Prozeß tauchte die Behauptung auf, die deutschen Truppen hätten Lastwagen mit Dieselmotoren zur Vernichtung der sowjetischen Bevölkerung eingesetzt. Und auch diesmal bestätigten die Angeklagten alle Verbrechen, die ihnen zur Last gelegt wurden.

Über den Prozeß schrieb der russisch-jüdische Schriftsteller Arthur Koestler in *Der Yogi und der Kommissar*:

> *»Die Methode grober Simplifizierung in der sowjetischen Inlandspropaganda führte zu der Tradition, daß der Angeklagte in einem politischen Prozeß munter und freiwillig seine angeblichen Verbrechen zugeben mußte, und als einmal diese Tradition geschaffen war, gab es kein Zurück mehr. Daher auch die sonderbare Erscheinung, daß im Charkower Prozeß der deutschen Kriegsverbrecher im Jahre 1943 die angeklag-*

2. Nachfolgende Information verdanken wir dem amerikanischen Mitarbeiter dieses Bandes, Fritz Berg. An dieser Stelle sei ihm auch für die Vermittlung zahlreicher Dokumente gedankt, die er oft erst aufgespürt hat, bzw. die ihm, als Amerikaner, leichter zugänglich waren als uns Deutschen.

ten deutschen Offiziere dazu gebracht wurden, sich wie Charaktere von Dostojewski zu benehmen. [...] *Auf den ausländischen Beobachter machte der Charkower Prozeß (der gefilmt und in London öffentlich vorgeführt wurde) denselben unwirklichen Eindruck, wie die Moskauer Schauprozesse, da die Angeklagten ihre Ausführungen in hochtrabenden Phrasen, die sie offensichtlich auswendig gelernt hatten, vortrugen und manchmal in die falsche Rolle des Staatsanwaltes verfielen, um dann wieder zum alten Punkt zurückzukommen.«* (S. 259 f.)

Zum Wert und zur Praxis der sowjetischen Prozesse äußerte sich Jahrzehnte später Adalbert Rückerl, damals leitender Oberstaatsanwalt der Zentralen Stelle der Landesjustizverwaltungen in Ludwigsburg:

»Hinsichtlich des Umfangs der von sowjetischen Gerichten gegen Deutsche geführten Strafprozesse liegen zuverlässige Informationen nicht vor. Mit Sicherheit darf jedoch davon ausgegangen werden, daß die Zahl der Verurteilten um ein Vielfaches höher liegt, als die Zahl der von Gerichten der westlichen Besatzungsmächte verurteilten Personen zusammengenommen.
Der erste Prozeß fand bereits mitten im Kriege vom 15. bis 18. Dezember 1943 in Charkow statt. Ein Hauptmann des deutschen Heeres, ein SS-Untersturmführer beim SD, ein Obergefreiter der Geheimen Feldpolizei des Heeres und ein beim SD beschäftigter russischer Kraftfahrer wurden in einem Schauprozeß zum Tode durch den Strang verurteilt und einen Tag später auf dem Roten Platz in Charkow öffentlich erhängt.« (Rückerl, *NS-Verbrechen,* S. 99 f.)

In bezug auf das Zustandekommen der Schuldbekenntnisse in sowjetischen Militärgerichtsverfahren zitiert Rückerl an gleicher Stelle aus einem Bericht des Justizministers an den Präsidenten des Deutschen Bundestages vom 26. Februar 1965:

»Dort wurden durch Hunger und zum Teil auch durch Folterungen ›Geständnisse‹ herbeigeführt, die den Verfahren vor den sowjetischen Militärgerichten zugrunde gelegt wurden [...]*«*

Die Richtigkeit dieser Beurteilung sowjetischer Militärgerichtsverfahren ist seit langem bekannt und wird heute durch Aussagen russischer Militärs und Dokumentenfunde aus Moskau bestätigt. Daher widerspräche es jeder vernünftigen Denkweise, die Aussagen in den sowjetischen Prozessen des Jahres 1943 als Beweise für das Vorhandensein von ›Gaswagen‹ anzunehmen.

Was mag der Anlaß gewesen sein, daß gerade im Jahre 1943 den Sowjets daran gelegen war, den Deutschen solche Verbrechen in die Schuhe zu schieben? Im Frühjahr 1943 entdeckten deutsche Truppen die Massengräber im Wald von Katyn und veranlaßten eine internationale Untersuchung. Diese ergab unzweifelhaft die Schuld der Sowjets. Ein Bericht darüber wurde im Sommer 1943 veröffentlicht (*Amtliches Material zum Massenmord von Katyn*), im Ausland allerdings der Öffentlichkeit nicht zugänglich gemacht. Die Sowjets, die nicht vorauswissen konnten, wie die internationale Reaktion auf ihr Massaker an den polnischen Offizieren sein würde, wollten ›vorsorglich‹ eine Waffe in der Hand haben, um auch den Deutschen Greueltaten vorwerfen zu können. So wurden die ›Gaswagen‹, die es möglicherweise im Gebrauch des NKWD tatsächlich gab, den Deutschen unterschoben und, um echt zu wirken, mit den typisch deutschen Dieselmotoren versehen. Den Erfindern der Legende war offensichtlich nicht klar, daß sie damit ihre Waffe entschärften, weil ein einfaches Einleiten von Auspuffgasen eines Dieselmotors in das Innere eines Wagens keine tödliche Wirkung auf die Insassen hat. (Vgl. dazu die Ausführungen von Fritz Berg.)

2.2. ›Gaswagen‹ im Nürnberger Prozeß

2.2.1. Russische Anklagen

Im Nürnberger Prozeß hörte die Öffentlichkeit zum ersten Mal etwas von ›Gaswagen‹, allerdings nicht von den sowjetischen, sondern von angeblichen deutschen. Die Sowjets brachten ihre bereits bekannte Anschuldigung gegen die deutschen Truppen vor, und ihr Chefankläger Rudenko argumentierte:

»Mit absoluter Sicherheit wurde die Tatsache der Massentötungen in Gaswagen erst im Bericht der außerordentlichen staatlichen Kommission über die Greueltaten der deutsch-faschistischen Eindringlinge im Bezirk Stavropol festgestellt.« (*IMT* VII, S. 528).

Anschließend zitierte er die angebliche Aussage des »Kriegsgefangenen E. M. Fenchel«. Warum gerade ihn? Warum nicht die Aussagen aus den Prozessen von Krasnodar und Charkow? Vielleicht, weil man diese anhand der veröffentlichten Prozeßberichte und der Filmaufnahmen hätte einer kritischen Würdigung unterziehen können, während der »Kriegsgefangene E. M. Fenchel« keinerlei Anhaltspunkte für eine Nachprüfung bot? Wie auch immer – die Wiederholung der Anschuldigung macht sie nicht glaubwürdiger.

In der veröffentlichten Materialsammlung des Nürnberger Prozesses sind zwar die Verhandlungsprotokolle vollständig, die dazugehörigen Akten aber nur in Auswahl veröffentlicht worden. Man mag mit Fug und Recht annehmen, daß viele der Dokumente einer kritischen Prüfung durch spätere Historiker nicht standgehalten hätten. Dieser Eindruck entsteht jedenfalls, wenn man immer wieder entdekken muß, daß gerade besonders frag-würdige, also einer Nachprüfung bedürftige Dokumente sich in der Materialsammlung nicht anfinden. Auch die zuständigen Archive (Bundesarchiv Koblenz, Nürnberger Stadtarchiv, National Archives Washington) können in diesen Fällen nicht weiterhelfen. Was nicht in den IMT-Bänden veröffentlicht wurde, ist offensichtlich verschwunden oder jedenfalls der Öffentlichkeit nicht zugänglich. Zu diesen ›verschwundenen‹ Dokumenten gehören auch alle russischen Papiere, die die Sowjets als Belege für ihre ›Gaswagen‹-Behauptungen in Nürnberg vorgelegt haben. Es gibt in den IMT-Bänden keinerlei dokumentarische Beweise für die sowjetischen Anklagen.

2.2.2. Amerikanisches Beweismaterial

Die Amerikaner präsentierten schriftliche Beweise. Als erstes das Dokument PS-501, eine Sammlung von Schriftstücken, bestehend aus einem Brief und mehreren Vermerken bzw. Fernschreiben, von dem später allein der Brief als »Beweis für Gaswagen« benutzt wurde. (*IMT* XXVI, S. 102–110).

Zweitens legten sie eine »Eidesstattliche Erklärung« vor, in der der Briefempfänger aus Dokument PS-501 am 19. 10. 1945 bestätigt, daß er diesen Brief drei Jahre zuvor erhalten habe. (PS-2348, *IMT* XXX, S. 256 ff.).

Drittens wurde eine »Eidesstattliche Erklärung« von Otto Ohlendorf vom 5. 11. 1945 präsentiert, in der dieser vom Einsatz der »Totenwagen« spricht. (*IMT* XXXI, S. 39 ff.).

Und viertens gab es noch eine »Eidesstattliche Erklärung« von Hans Marsalek, datiert vom 8. 4. 1946, über die Aussage von Franz Ziereis, Kommandant des KL Mauthausen, vom 22. 5. 1945. (PS-3870, XXXIII, S. 279–286). Darin »bestätigte« dieser, daß zwischen den KL Mauthausen und Gusen »ein besonders konstruiertes Auto verkehrt habe, in dem waehrend der Fahrt Haeftlinge vergast wurden«. (S. 281). Diese eidesstattliche Erklärung war falsch, wie man aus einer neueren Veröffentlichung von Hans Marsalek schließen kann. In der zweiten Auflage seiner *Geschichte des Konzentrationslagers Mauthausen* berichtigt er stillschweigend seine früheren Angaben. Zum Tod von Ziereis schreibt er folgendes: »Am 23. 5. 1945 wurde Ziereis in seiner Jagdhütte am Phyrn (Oberösterreich) von amerikanischen Soldaten ausgeforscht und bei einem Fluchtversuch durch zwei Schüsse verletzt. Infolge dieser Verletzung ist Ziereis am 25. 5. 1945 im 131. Amerikanischen Evakuierungsspital Gusen gestorben.« (S. 200, Anm. 15). Von einer Vernehmung des Ziereis durch ihn, Marsalek, – die nach seiner eidesstattlichen Erklärung zudem in der Nacht vom 22. zum 23. Mai, also noch vor der Entdekkung von Ziereis durch amerikanische Soldaten, stattgefunden haben soll – weiß er jetzt nichts mehr. Als Korrektur seines Affidavits vom 8. 4. 1946 kann auch der Hinweis im Vorwort zur 2. Auflage gelten, in dem er zur Neuauflage erklärt: »Weiters sind alle nicht belegbaren Aussagen [. . .] ausgelassen worden.« Das ist ein Beispiel für die Unverfrorenheit und Skrupellosigkeit, mit der damals Schuldbekenntnisse fabriziert wurden.

Zum Problem des im Nürnberger Prozeß vorgelegten Beweismaterials möchten wir an folgende Tatsachen erinnern: Angeklagte, Verteidiger und Zeugen sahen sich während des Prozesses mit Tausen-

den von Dokumenten konfrontiert, zu denen sie augenblicklich Stellung nehmen mußten. Nur in wenigen Fällen ließen sich die davon Betroffenen nicht durch den Gerichtshof einschüchtern. Der Vorsitzende drängte sie unaufhörlich, sofort mit ›Ja‹ oder ›Nein‹ zu antworten. Die Folge war, daß viele Angeklagte und Zeugen resignierten und die einfachste Antwort gaben, in der Regel eine Bestätigung der Richtigkeit des ihnen vorgelegten Dokumentes. Zu Gesicht bekamen sie die Beweismittel in der Regel nicht (vgl. Maser, *Nürnberg*, »Das Beweismaterial«, S. 163 ff.).
Den schon vor Beginn des Prozesses verhörten Zeugen erging es ähnlich. Auch ohne daß man es jedesmal aussprach, wußten sie, daß sie nur die Wahl hatten, entweder als Zeuge der Anklage zu fungieren oder in einem folgenden Prozeß die Rolle des Angeklagten zu übernehmen. Für die Zeugen, deren Standhaftigkeit im Falle der Befragung durch die Verteidigung bzw. im Kreuzverhör fraglich war, und das waren die allermeisten, erfanden die Alliierten das Affidavit.
Das Affidavit war das Ergebnis einer Vernehmung, wurde von den vernehmenden Offizieren formuliert und den Zeugen zur Unterschrift vorgelegt. Es enthielt notwendigerweise nur die halbe Wahrheit, da – wie ein Verteidiger betonte – »ein Affidavit ja nur [. . .] wiedergibt, was als Antwort protokolliert worden ist. Gerade aber aus den nicht beantworteten Fragen lassen sich sehr oft die erforderlichen Rückschlüsse für die Verwendbarkeit einer Zeugenaussage ziehen«. (*IMT* II, S. 288). Wir können noch hinzufügen, daß die im Sinne der Anklage negativen Zeugenaussagen gar nicht erst in das Affidavit aufgenommen wurden. Der Vorsitzende, von den Verteidigern wiederholt auf die Fragwürdigkeit der Affidavits hingewiesen, antwortete kurz und bündig:

> *»Der Gerichtshof ist an Beweismittel nicht gebunden. Er soll in weitem Ausmaß ein schnelles und nicht formelles Verfahren anwenden und jedes Beweismittel, das ihm Beweiswert zu haben scheint, zulassen.«* (*IMT* II, S. 288).

Das sind inzwischen allseits bekannte Tatsachen. Daher kann man es nur als dilettantisch bezeichnen, wenn heute noch Historiker den IMT-Dokumenten auch dann einen Beweiswert zumessen, wenn deren Aussagen nicht durch anderes Material bestätigt werden können.

2.3. ›Gaswagen‹ in NS-Prozessen

Während es nur einige wenige dokumentarische Belege für das Vorhandensein von ›Gaswagen‹ gibt, haben wir zahlreiche Aussagen von Angeklagten und Zeugen in NS-Prozessen, die bestätigen, daß es ›Gaswagen‹ gegeben habe und in ihnen Menschen umgebracht worden sind. Vor allem in den sechziger und siebziger Jahren fanden Prozesse statt, in denen es unter anderem auch um den Einsatz von ›Gaswagen‹ ging. Die Beweisführung in der Literatur stützt sich dementsprechend vorwiegend auf diese Aussagen.
Wir werden uns im vierten Kapitel näher mit dem Inhalt dieser Zeugenaussagen befassen. Hier soll es zunächst um die Frage der Beweiskraft solcher Aussagen gehen.
Das grundsätzliche Problem von Gerichtsaussagen und ihr Verhältnis zur objektiven Wahrheit ist nicht neu. Wir hatten bereits M. Beer zu dieser Frage zitiert. Mit seiner Skepsis, die historische Wahrheit in Gerichtsprotokollen zu finden, steht er nicht allein. Zumindest seit dem Nürnberger Prozeß wurde immer wieder die Frage aufgeworfen, ob aus Gerichtsverfahren historische Erkenntnisse gewonnen werden können. So schreibt z. B. Wilhelm Raimund Beyer:

> *»Die vom Gericht ermittelte ›Wahrheit‹ darf nicht mit der Geschichtswahrheit gleichgestellt werden. Während des Nürnberger Hauptkriegsverbrecherprozesses (IMT) und der Nachfolgeprozesse, insbesondere im Umkreis des Juristenprozesses, wurde am Rande der Verfahren im Gespräch mit Verteidigern und vor allem Presseberichterstattern nach leidenschaftlichen Diskussionen der Grundsatz aufgestellt: Prozeßwahrheit ist nicht Geschichtswahrheit* [. . .] *Jeder Angeklagte hat später kaum ein Interesse daran, den tatsächlichen, sogenannten objektiven Tatverlauf zu schildern, selbst wenn er dazu in der Lage wäre.«* (Beyer, S. 180).

Dasselbe gilt natürlich auch für Zeugenaussagen, selbst wenn sie beeidet wurden. Prof. Dr. Martin Broszat, ehemaliger Direktor des Instituts für Zeitgeschichte, München, sprach in diesem Zusammenhang von »tatsächlich unrichtigen oder übertreibenden [. . .] Aussagen von ehemaligen Häftlingen oder Zeugen«. (Broszat, S. 5)

Die amerikanische Holocaust-Expertin Lucy Dawidowicz unterstützt diese Feststellung:

> *»In den Bibliotheken und Archiven der ganzen Welt existieren Tausende von Schilderungen, die Überlebende von ihren Erlebnissen gegeben haben. Deren Qualität und Brauchbarkeit hängen weitgehend vom Gedächtnis des Informanten, seiner Fähigkeit, Ereignisse richtig zu deuten, seine Einsicht in die Zusammenhänge und natürlich seiner Wahrheitsliebe ab.* [. . .] *Die niedergeschriebenen Zeugnisse, die ich untersucht habe, waren voller Fehler in bezug auf Daten, Namen und Orte, und in vielen Fällen handelte es sich um grundsätzliche Mißverständnisse der eigentlichen Geschehnisse.«* (Dawidowicz, S. 176 f., Hervorhebung durch I.W.)

Man muß durchaus nicht davon ausgehen, daß die Zeugen absichtlich gelogen oder Tatsachen entstellt haben. Aber welche Objektivität kann man erwarten, wenn das Geschehen schon Jahre zurückliegt und die zu bezeugenden Ereignisse sich in Situationen zugetragen haben, die von Not, Angst und Schrecken geprägt waren? Kann man in diesen Fällen überhaupt mit objektiven, wahrheitsgemäßen Aussagen rechnen?

Zeugenaussagen basieren grundsätzlich auf subjektiven Eindrücken. Darüber hinaus haben sie oft nicht überprüfte Gerüchte zum Inhalt. In vielen Fällen wurden Erinnerungslücken auch erst durch spätere Schilderungen durch Dritte oder durch die Medien (Zeitungen, Bücher, Funk und Fernsehen) ergänzt, die gutgläubig akzeptiert wurden, ohne von den Zeugen auf ihren Wahrheitsgehalt geprüft worden zu sein.

Die Glaubwürdigkeit von Zeugenaussagen ist ein in der Justiz allgemein bekanntes Problem und betrifft nicht nur die NS-Strafprozesse.

Es bleibt also bei der bereits zu Anfang dieser Untersuchung getroffenen Feststellung, daß Zeugenaussagen und Gerichtsurteile zu hinterfragen sind und ihnen ein Beweiswert nur dann zugesprochen werden kann, wenn andere Beweismittel die objektve Richtigkeit ihrer Darstellung bestätigen.

3. Kritische Untersuchung wichtiger Dokumente

3.1. Nürnberger Dokument PS-501

Das Paradestück der Dokumentenmappe PS-501 ist der Brief von Becker an Rauff vom 16. Mai 1942. Nur dieses Schreiben allein wird in der Regel als Dokument PS-501 bezeichnet (Faksimile-Abdruck siehe Anhang).

Die Herkunft dieses Dokuments ist unbekannt (Vermerk auf dem Begleitschreiben des Hauptanklagevertreters). Das allein genügt, um seine Herkunft aus deutschen Beständen auszuschließen. Nach einer eidesstattlichen Erklärung des Leiters der Dokumentenabteilung im Büro des Hauptanklagevertreters der Vereinigten Staaten, die zu Beginn des Nürnberger Prozesses verlesen wurde (PS-001a, *IMT* XXV, S. 2–7), wurde *alles* erbeutete Material, das zur Anklage gegen Deutschland dienen konnte, bei der Auffindung genauestens registriert, mit Angabe des Ortes und der Umstände, wie und wo es gefunden worden war. Ein Dokument ohne solche Kennzeichnung bzw. mit dem Vermerk »Quelle und Herkunft unbekannt« hat nicht den geringsten Beweiswert. Wenn ein gleich fragwürdiges Papier von der Verteidigung vorgelegt worden wäre, hätte das Gericht es sofort zurückgewiesen.

Von diesem angeblichen Brief gibt es anscheinend kein Original. Aus den National Archives in Washington erhielten wir, mit dem Vermerk, es handle sich um die Kopie des Originals, die Fotokopie eines Dokuments, das höchstens die fehlerhafte Abschrift einer deutschen Vorlage sein kann (nachfolgend ›Fotokopie‹ genannt, vgl. den Text im Anhang).

Tatsächlich besitzt das Nationalarchiv in Washington noch ein anderes ›Original‹, von dem man uns jedoch keine Kopie zusandte. Die erste Seite dieses ›Originals‹ hing einmal in einem Schaukasten des Nationalarchivs aus, wo es von einem Besucher fotografiert wurde. Diese Fotografie liegt uns vor (nachfolgend ›Fotografie‹ genannt).

Doch auch dieses Dokument kann kein Originalbrief sein. Aus der auf der Fotografie deutlich erkennbaren Papierbeschaffenheit ist zu ersehen, daß es sich um Durchschlagpapier handelt. Aber dieser Durchschlag enthält handschriftliche Vermerke und Stempel mit Eintragungen, so als sei es der Briefbogen, der beim Empfänger eingegangen ist. Da an die Empfänger immer Originalbriefbögen und nicht die Durchschläge versandt wurden, kann es sich hier nur um eine Manipulation handeln. Dienststempel aller Art wurden von den Alliierten zu Tausenden erbeutet, genug, um alle gewünschten Papiere damit zu bedecken. Wie Mitarbeiter des Instituts für Zeitgeschichte, München, einmal der Autorin gegenüber in einem persönlichen Gespräch äußerten, sind Dienststempel und Kopfbögen manchmal geradezu ein Hinweis auf eine mögliche Fälschung.
Im übrigen unterscheidet sich die Fotografie von der uns zugesandten Fotokopie im Schriftbild: Der Text der Fotografie ist eineinhalbzeilig geschrieben, in der Anschrift wurde die SS-Rune verwendet. Auf der Fotokopie ist der Text einzeilig geschrieben. Die SS-Rune in der Anschrift ist durch ein maschinenschriftliches ›SS‹ ersetzt, bei der Unterschrift, »SS-Untersturmführer«, wurde eine SS-Rune handschriftlich eingefügt.
Daß die uns zugesandte Fotokopie nicht die Kopie eines deutschen Originalbriefs sein kann, wie man in Washington behauptet, darauf weisen schon die zahlreichen Tippfehler hin. Als überzeugendes Beispiel mag ein Satz auf Seite 2 gelten: »Ausserdem ordenete ich an, bei den Vergasungen allen Manner vom Wagen moglichst fernzuhalten, damit sie durch evt. ausstromende Gase gesundheitlich nicht geshadigt werden.«
Über die beiden o's in »moglichst« und »ausstromende« wurden handschriftlich Umlautpunkte eingetragen.
Der Brief ist nicht unterzeichnet, sondern trägt nur den mit der Maschine geschriebenen Namen »Bekker«.
Vor der (fehlenden) Briefunterschrift der Fotokopie steht: »(Sgd)«. Das ist die englische Abkürzung für ›signed‹ = ›unterschrieben‹ und die Übersetzung für das in deutschen Briefen übliche ›gez.‹ = ›gezeichnet‹.
Es ist also gar keine Frage, daß die vorliegende Kopie nicht von einem deutschen Originaldokument stammt, sondern von einer Vorlage, die von einer englisch-sprechenden Person gefertigt wurde. Sie ist jedoch nicht als ›Abschrift‹ gekennzeichnet, sondern wird im Gegenteil als Original ausgegeben.
Es handelt sich bei diesem Beweisstück um ein Dokument unbekannter Herkunft. Ein Originaldokument wurde bisher nicht vorgelegt. Die Fotokopie, die als »vom Original stammend« ausgegeben wird, ist im günstigsten Fall die einer fehlerhaften Abschrift einer dubiosen Vorlage. Beweiskraft kann man daher dem Nürnberger Dokument PS-501 nicht zusprechen.

3.2. Affidavits

Zum allgemeinen Problem der Nürnberger Affidavits vergleiche das unter 2.2.2. Gesagte.

3.2.1. Nürnberger Dokument PS-2348, Affidavit Rauff

Am 19. 10. 1945 legte Walther Rauff vor der amerikanischen Anklagebehörde eine eidesstattliche Erklärung ab (PS-2348, *IMT* XXX, S. 256 ff.), in der er folgendes darlegte (Schreibweise wie im Original. Die Anmerkungsziffern stammen von der Autorin und beziehen sich auf die nachfolgenden Ausführungen):

> *»Ich bezeuge hiermit die Echtheit des einliegenden Briefes der von Dr. Becker(Leutnant) am 16. Mai 1942 geschrieben und von mir am 29. Mai 1942 empfangen wurde.*[1] *Ich habe am 18. Oktober 1945 am Rande dieses Briefes vermerkt, dass er echt ist.*
> *Ich kenne nicht die Anzahl der im Betrieb befindlichen Mordwagen und kann nicht einmal die ungefaehre Zahl angeben. Die Wagen wurden von den SAUER Werken angefertigt, die sich, glaube ich, in Berlin befinden.*[2] *Auch andere Firmen haben diese Wagen gebaut. Soviel ich weiss, sind diese Wagen nur in*

Russland gebraucht worden. Soweit ich sagen kann, wurden diese Wagen wahrscheinlich im Jahre 1941 verwandt, und es ist meine persoenliche Ansicht, dass sie bis zum Kriegsende angewandt worden sind.[3]
Ich persoenlich kenne nicht die Anzahl der in den Mordwagen umgebrachten Personen.
Ich moechte feststellen, dass Dr. Becker den Brief an mich geschrieben hat, weil ich der Leiter der Abteilung war, die folgendes unter sich hatte: 1. Munition, 2. Fernsprecher, 3. Telegramme, 4. Rundfunk, 5. Saemtliche Lastkraftwagen. Diese Gruppe war als II.D.R. bekannt.[4]
Nach Empfang dieses Schreibens uebermittelte ich es einem Hauptmann Pradl zwecks Einleitung geeigneter Massnahmen. Hauptmann Pradl und ich besprachen diesen Brief und ich glaube Pradl Anweisungen gegeben zu haben, die in dem Schreiben erwaehnten technischen Beanstandungen beseitigen zu lassen. Ich habe Dr. Becker nur ein oder zweimal gesehen, und ich hatte nicht mit seiner Berufung zu dieser Stellung zu tun. Ich war niemals zugegen, wenn diese Mordwagen sich tatsächlich in Betrieb befanden und Leute in ihnen umgebracht wurden, jedoch habe ich einen solchen Wagen als Muster gesehen, und hatte mich fuer ihn nur aus technischen Gesichtspunkten heraus interessiert.[5]
Ich war Leiter dieser technischen Abteilung von Februar 1940 bis Maerz 1940. Vom Mai 1940 bis Mai 1941 war ich in der Deutschen Kriegsmarine. Vom September 1941 bis Mai 1942 befand ich mich in Prag. Von da ab leitete ich die Abteilung wieder von Mai 1942 bis Juni 1942.[6]
Ich moechte darauf hinweisen, dass mein besonderes Interesse an diesen Mordwagen sich auf den unteren Teil erstreckte, wo sich der Motor befand.[7]
Ich erwaehne hier, dass mein unmittelbarer Vorgesetzter eine Persoenlichkeit ministeriellen Ranges war namens Standartenfuehrer Siegert. Er war der Leiter des RSHA, und gab mir den Auftrag, die Fahrgestelle der Mordwagen zu liefern. Soweit ich mich erinnern kann, habe ich nur 5 oder 6 geliefert.[8]
Der unmittelbare Vorgesetzte des Standartenfuehrers SIEGERT war Obergruppenführer Reinhardt Heydrich, Leiter des SD.«

Anmerkungen zu PS-2348

In dieser eidesstattlichen Erklärung gehen Dichtung und Wahrheit kunterbunt durcheinander. Der Text wurde, wie üblich, von einem der amerikanischen Vernehmungsoffiziere niedergeschrieben. Es ist ersichtlich, daß Rauff kein Interesse daran hatte, darin enthaltene Fehler zu verbessern (z. B. die Schreibweise des Namens Pradel). Herr Rauff hat die eidesstattliche Erklärung offensichtlich unter Druck abgegeben, um sich vor weiteren Verfolgungen zu schützen. Anschließend hat er Deutschland verlassen und ist nach Chile ausgewandert, wo er bis zu seinem Tod, am 14. Mai 1984, blieb.

[1] Um die »Bestätigung der Echtheit« des Briefes hatten sich die Amerikaner offensichtlich bemüht, weil das Dokument, wie wir bereits sahen, als »Quelle und Herkunft unbekannt« ausgewiesen worden war. Rauff bestätigte, was man ihm vorlegte.

[2] Wenn sich Rauff tatsächlich um die Beschaffung dieser Wagen bemüht hätte, wären ihm wohl doch noch der Name der Firma »Saurer« sowie ihr Sitz in Wien in Erinnerung geblieben.

[3] Nach der Darstellung bei Kogon wurde der Plan, solche ›Gaswagen‹ zu konstruieren, erst im Herbst 1941 gefaßt. (S. 82). Die Darstellung Rauffs widerspricht also dieser These. Der Einsatz der ›Gaswagen‹ bis Kriegsende wird sonst nirgendwo behauptet.

[4] Nach einem »Geschäftsverteilungsplan des Reichssicherheitshauptamtes«, Stand am 1. 1. 1941, der in den IMT-Dokumenten abgedruckt ist (L-185, *IMT* XXXVIII, S. 1–23), war Rauff Gruppenleiter der Gruppe II D, Technische Angelegenheiten. Eine Gruppe II.D.R., die er erwähnt, gab es im RSHA nicht. Die Gruppe II D umfaßte folgende Sachgebiete: Funkwesen, Foto- und Filmwesen, Fernschreib- und Fernsprechwesen, Kraftfahrwesen der Sicherheitspolizei, Kraftfahrwesen des SD, Waffenwesen, Flugwesen, Bewirtschaftung der technischen Fonds der Sicherheitspolizei und des SD. Als Gruppenleiter hätte ihm die typische Terminologie geläufig sein müssen. »Munition«, »Fernsprecher«, »Telegramme«, »Rundfunk« und »saemtliche Lastkraftwagen« anstatt ›Waffenwesen‹, ›Funk- und Fernsprechwesen‹ sowie ›Kraftfahrwesen‹ waren im Amtsgebrauch ungewohnte Ausdrücke.

[5] Rauff wußte sicher, daß der Name seines Mitarbeiters Pradel lautete. Er übermittelte den Brief Pradel zur Einleitung geeigneter Maßnahmen – was soll das heißen? Becker forderte ja keinerlei

Maßnahmen, im Gegenteil, er hatte alles bestens im Griff. Auch die Bemerkung, er habe Pradel Anweisung gegeben, die technischen Beanstandungen beseitigen zu lassen, ergibt keinen Sinn, da von irgendwelchen technischen Mängeln in dem Brief keine Rede ist. Was zu ändern war, hatte Becker, nach seinem Schreiben, bereits geändert. Dabei handelte es sich nicht um einen technischen Mangel, sondern um die ›falsche‹ Handhabung des Gashebels – was immer damit gemeint gewesen sein soll. (Zur Unsinnigkeit der Behauptung, der CO-Gehalt eines Dieselmotors könne durch Verstellen irgendwelcher Hebel reguliert werden, vgl. die Arbeit von F. P. Berg in diesem Band.) Rauff bezieht sich hier auf einen imaginären Briefinhalt. Das erweckt den Eindruck, als habe er den Brief, den er bestätigt, gar nicht gelesen. Jedenfalls kam es ihm nicht darauf an, das ihm vorgelegte Affidavit mit den Tatsachen in Übereinstimmung zu bringen.

[6] Rauff gibt an, im Laufe seiner gesamten Dienstzeit beim RSHA insgesamt nur zweimal je einen oder zwei Monat/e Leiter der technischen Abteilung gewesen zu sein: von Februar bis März 1940 und von Mai bis Juni 1942. Die Rolle, die ihm bei der Beschaffung der ›Gaswagen‹ zugeschrieben wird, kann er demnach gar nicht gespielt haben. Nach der den Holocaust vertretenden Literatur hätte sich Rauff ab Herbst 1941 um die Beschaffung der ›Gaswagen‹ bemüht, also zu einer Zeit, in der er gar nicht in Berlin anwesend war.[3]

[7] Die seltsame Ausdrucksweise »der untere Teil, wo sich der Motor befand« ist ebenfalls ein Indiz dafür, daß der Text so nicht von Rauff verfaßt wurde. Der Motor befindet sich außerdem auch bei diesen Lkws grundsätzlich vorne.

[8] Nach dem bereits erwähnten »Geschäftsverteilungsplan des RSHA« war SS-Standartenführer Siegert nicht der Vorgesetzte Rauffs, sondern ebenfalls Gruppenführer im RSHA, also eher ein Kollege Rauffs. Der Chef des RSHA war Heydrich.

Die zahlreichen nachweisbaren Ungenauigkeiten in diesem Affidavit nehmen ihm jeden Beweiswert. Damit ist Rauffs Bestätigung der Echtheit des Dokuments PS-501, die damit angestrebt wurde, genau so unsicher wie der übrige Inhalt der Erklärung.

3.2.2. Nürnberger Dokument PS-2620, Affidavit Ohlendorf

Das zweite Affidavit, das die amerikanische Anklagebehörde in Nürnberg vorlegte, stammte von Otto Ohlendorf, Chef des SD und Leiter der Einsatzgruppe D. Auch diese Erklärung wurde offensichtlich von einem der amerikanischen Vernehmungsoffiziere niedergeschrieben und Ohlendorf zur Unterschrift vorgelegt. Er bestätigt darin, daß seiner Einsatzgruppe aus Berlin »Totenwagen« geschickt worden seien, in denen Frauen und Kinder getötet wurden, indem man das Gas »andrehte«. Das Affidavit stammt vom 5. November 1945. (*IMT* XXXI, 41, PS-2620 mit Anmerkungen.)

Bei seiner Befragung als Zeuge während des Prozesses (*IMT* IV, S. 344–393) gab er an, daß ab Frühjahr 1942 seiner Einsatzgruppe ein Sonderkommando unter Dr. Becker zugeteilt worden sei, das ›Gaswagen‹ einsetzte, um darin jüdische Frauen und Kinder und sowjetische politische Kommissare zu töten. Die Tötungszeit dauerte zehn bis fünfzehn Minuten. Technische Einzelheiten dieser ›Gaswagen‹ seien ihm unbekannt. (*IMT* IV, S. 356 ff., 367 f.)

Auch Ohlendorf wurde der Brief von Becker an Rauff (PS-501) gezeigt und er meinte, daß er wohl »richtig« sein könne, da er »in etwa seinen [Ohlendorfs] Erfahrungen« entspräche.

Zwei Dinge widersprechen dieser Darstellung.

3. Vgl. dazu die ausführliche Darstellung in Kogon, *NS-Massentötungen durch Giftgas,* S. 82f., die auf die von Rauff behaupteten Tatsachen keine Rücksicht nimmt. Aus seiner Personalakte (Kopien der Unterlagen aus dem Berlin Document Center bei der Autorin) ergibt sich, daß sein ursprünglicher Beruf »Seeoffizier« war. Er hatte die Marine Ende 1937 aus persönlichen Gründen verlassen und war anschließend zum RSHA übergewechselt. Im Mai 1940 hat er sich aber wieder zur Marine beurlauben lassen und verließ sie nach einem Jahr als Korvettenkapitän. Von Herbst 1941 bis Mai 1942 war er, wie er angibt, nach Prag abgeordnet. Ab Juni 1942 war er im SD-Einsatz in Nordafrika und später in Italien, bis zum Zusammenbruch der italienischen Front.

1. In dem Brief erweckt der Schreiber (Becker) den Eindruck, als sei er auf einer Inspektionsreise zu den einzelnen Einsatzgruppen unterwegs, und zwar von Süden (Gruppe D) nach Norden (auf dem Weg zur Gruppe B). Diese Tätigkeit verträgt sich aber nicht mit der von Ohlendorf angegebenen. Danach war Becker der Chef eines Sonderkommandos, das der Einsatzgruppe D zugeordnet gewesen war.
2. In dem Brief erwähnt der Schreiber ausdrücklich Wagen vom Typ Saurer, die ausschließlich Dieselmotore hatten und sich deswegen nicht für Tötungsaktionen durch Auspuffgase eigneten. Der Schreiber bemängelt aber nicht dies, sondern nur, daß sie »bei Regenwetter vollkommen« festlägen. Es bleibt ein ungelöstes Rätsel, wie man in solchen Lastkraftwagen, die zur Tötung von Menschen denkbar ungeeignet waren, gleichwohl jüdische Frauen und Kinder ermorden konnte.

Das Affidavit Ohlendorfs und seine Zeugenaussage widersprechen in entscheidenden Punkten den Tatsachen und können daher keinesfalls als Beweise für Aktionen angesehen werden, die technisch unmöglich sind.

3.3. Koblenzer Dokument R 58/871

Ebenso wie das Nürnberger Dokument PS-501 besteht auch die Akte R 58/871 aus mehreren Schriftstücken. Es sind insgesamt acht Dokumente, die wir der Übersicht halber in drei Gruppen einteilen:

1. Schreiben des RSHA an das Kriminaltechnische Institut, Berlin, vom 26. März 1942 (R 58/871 fol. 7)
2. Briefwechsel des RSHA und der Firma Gaubschat, Fahrzeugwerke GmbH, Berlin, vom 27. April 1942 bis 24. September 1942, inklusive Aktennotizen und Vermerken (R 58/871 fol. 4–6, 8–14)
3. Vermerk des RSHA (Betr.: Technische Abänderungen) vom 5. Juni 1942 (R 58/871 fol. 1–3)

Das unter Punkt 1 aufgeführte Schreiben steht isoliert da und braucht in diesem Zusammenhang von uns nicht berücksichtigt zu werden.
Der unter Punkt 2 zusammengefaßte Briefwechsel zwischen dem RSHA und der Firma Gaubschat umfaßt sechs Schreiben und handelt von Lkws, deren Fahrgestelle von der Firma Saurer, Wien, an Gaubschat, Berlin, geliefert wurden und die von Gaubschat für das RSHA mit einem Aufbau versehen werden sollten.
Der unter Punkt 3 genannte »Vermerk« gilt als Beweisdokument für das Vorhandensein von ›Gaswagen‹.

3.3.1. Korrespondenz RSHA–Gaubschat

Aus dem unter Punkt 2 aufgeführten Briefwechsel zwischen dem RSHA und Gaubschat läßt sich folgender Vorgang rekonstruieren:
Im April 1942 wird im Reichssicherheitshauptamt erwogen, nicht näher beschriebene ›Sonderfahrzeuge‹ mit einer Schnellentladevorrichtung auszustatten. Die dazugehörigen Fahrgestelle wurden von der Firma Saurer, Wien, an Gaubschat geliefert, wo die Aufbauten gefertigt werden sollten. Die von der Firma Saurer gebauten Lkw hatten üblicherweise Dieselmotore. Von einer eventuellen Sonderanfertigung mit Benzinmotoren wird in dem Schriftwechsel nichts erwähnt. Man muß also davon ausgehen, daß auch diese ›Sonderfahrzeuge‹ Dieselmotore hatten.
Über die Einrichtung der Schnellentladevorrichtung und weitere Konstruktionswünsche wurden verschiedentlich Besprechungen zwischen den Mitarbeitern des RSHA und der Firma Gaubschat geführt. Das Ergebnis dieser Besprechungen wurde in einem Schreiben des RSHA vom 23. Juni 1942 an die Firma Gaubschat festgehalten. Im einzelnen wurden folgende Arbeiten in Auftrag gegeben:

1. Verkleinerung des Kastenaufbaues um 80 cm;
2. Verlängerung der hinteren und vorderen Radkästen, damit ein durchgehender Aufsatz für den Rost an beiden Seiteninnenwänden geschaffen wird;

3. Verkleinerung der einzelnen Roste auf 70 cm;
4. Verkleidung der Türpfosten mit dadurch erwirkter Verjüngung des Kasteninneren an der Tür;
5. Anbringung von offenen Schlitzen an der Rückwand über den Türen anstelle der vorher vorhanden gewesenen Öffnungen in den Türen;
6. Änderung einer Abflußöffnung im Kastenboden;
7. Stärkerer Schutz für die Innenlampen.

Gaubschat bestätigte den Auftrag mit zwei weiteren Schreiben vom 18. und 24. September 1942. Diese Korrespondenz vom 27. April bis 24. September 1942 bildet eine logische Kette von Vorgängen. Alle Schreiben des RSHA tragen das gleiche Geschäftszeichen: II D 3 a (9) Nr. 668/42–121. Die Briefe des RSHA sind auf weißem Briefpapier ohne gedruckten Briefkopf geschrieben, ohne besondere Kennzeichnung, etwa eine Geheimhaltung betreffend. Der Text ist jeweils auf Vorder- und Rückseite eines Blattes geschrieben, gezählt wurden jedoch nur die Blätter, nicht die Seiten. Die Firma Gaubschat verwandte ihre Kopfbogen.

3.3.2. »Vermerk des RSHA« vom 5. Juni 1942

Diese an und für sich völlig uninteressante Angelegenheit bildet den Hintergrund für den Vermerk des RSHA vom 5. Juni 1942, den wir unter Nr. 3 in der Mappe R 58/871 aufgeführt haben (Faksimile-Abdruck im Anhang). Hierbei handelt es sich – neben dem Nürnberger Dokument PS-501 – um das zweite Dokument, das zum Beweis der ›Gaswagen‹-Theorie vorgelegt wird. Andere Dokumente zu dieser Problematik gibt es aus der Zeit des Dritten Reiches nicht.
Die Fahrzeuge, von denen im Briefwechsel RSHA–Gaubschat die Rede ist, sollen nämlich als ›Gaswagen‹ gedient haben. Diese Deutung läßt sich allerdings aus den oben angeführten Schreiben nicht entnehmen. Diese bezeugen im Gegenteil, daß, was immer die Ladung für diese Sonderfahrzeuge gewesen sein mag, es sich auf keinen Fall um Menchen gehandelt haben kann. Wir werden darauf noch weiter unten eingehen. Auch die Tatsache, daß die Saurer-Fahrzeuge grundsätzlich Dieselmotore hatten, widerspricht der Behauptung, sie seien als ›Gaswagen‹ eingesetzt gewesen.
In dem »Vermerk« jedoch ist ganz klar von »Vergasen« die Rede, und dieses Dokument belegt daher bis heute unangefochten die ›Gaswagen‹-These.

3.3.2.1. Unterschiede in der äußeren Form

Der »Vermerk« erweckt den Eindruck, als gehöre er in die Folge der Korrespondenz RSHA–Gaubschat. Er ist vom 5. Juni 1942 datiert, also vor dem Brief des RSHA vom 23. Juni, in dem sich die Auflistung der Konstruktionsänderungen befindet.
Es gibt jedoch einige ins Auge fallende Unterschiede:
1. Das Geschäftszeichen des »Vermerks« lautet: II D 3 a (9) Nr. 214/42 g.Rs., – das der anderen Schreiben war: II D 3 a (9) Nr. 668/42–121.
2. Der »Vermerk« trägt den Stempel »Geheime Reichssache«. Keines der anderen Schreiben war als ›geheim‹ gekennzeichnet.
3. Unter dem Datum steht: »Einzigste Ausfertigung«. Hierzu ist zu bemerken: Den Superlativ ›einzigste‹ gibt es im deutschen nicht; ›einzig‹ bleibt ›einzig‹ und kann nicht gesteigert werden. Tatsächlich gibt es jedoch von diesem Brief, der nur in einer einzigen Ausfertigung vorhanden sein soll, zumindest drei verschiedene Ausfertigungen, die sich durch Unterstreichungen im Text und durch handschriftliche Anmerkungen voneinander unterscheiden: ein ›Original‹ im Bundesarchiv Koblenz; ein weiteres ›Original‹, das den Herausgebern von *NS-Massentötungen durch Giftgas* als Vorlage für ihren Faksimile-Abdruck diente (S. 333–337); und ein drittes ›Original‹, dessen Faksimile Rückerl in seinem Buch *NS-Prozesse* veröffentlichte (S. 209–213).
Auch die mit dem Bundesarchiv darüber geführte Korrespondenz der Autorin konnte keine Klarheit schaffen, da das Bundesarchiv darauf besteht, das einzige vorhandene Original dieses »Ver-

merks« zu besitzen. Der dortige Sachbearbeiter war baß erstaunt, als er von ihr auf die Unterschiede aufmerksam gemacht wurde.

4. Die Schreiben und Vermerke des RSHA wurden jeweils auf Vorder- und Rückseite eines Bogens geschrieben, gezählt wurden jedoch nur die Blätter, nicht die Seiten. Der Vermerk vom 5. Juni 1942 ist ebenfalls auf Vorder- und Rückseite geschrieben worden, paginiert wurde aber jede Seite. Das deutet zumindest auf eine andere Schreibkraft hin.

3.3.2.2. Inhalt des »Vermerks« und Vergleich mit dem Brief des RSHA vom 23. Juni 1942

Im »Betreff« steht: »Technische Abänderungen an den im Betrieb eingesetzten und an den sich in Herstellung befindlichen Spezialwagen«. Schon dieser Betreff unterscheidet ihn von den übrigen Schreiben in dieser Angelegenheit. Davon, daß Gaubschat auch bereits in Betrieb befindliche Lkw umbauen soll, steht in der Korrespondenz nichts. Auch werden die Fahrzeuge vom RSHA nicht ›Spezialwagen‹, sondern, wie es üblich war, »Sonderfahrzeuge« genannt.
Sprachlich geradezu unmöglich ist der Textanfang dieses Vermerks. Er beginnt mit dem Satz :

> *»Seit Dezember 1941 wurden beispielsweise mit 3 eingesetzten Wagen 97 000 verarbeitet, ohne daß Mängel an den Fahrzeugen auftraten.«*

Ein Schriftstück mit »beispielsweise« zu beginnen ist unsinnig. Das Wort ›beispielsweise‹ hat nur Sinn, wenn vorher irgend etwas geschildert oder behauptet wurde, wofür nun ein Beispiel angeführt werden soll. Das »beispielsweise« kann sich in diesem Fall auch nicht auf den Betreff beziehen. Im Betreff wird von notwendigen technischen Abänderungen gesprochen, der Text stellt jedoch einleitend fest, daß bisher keine Mängel an den Fahrzeugen auftraten. Und das ist ja nicht gerade ein Beispiel für die Notwendigkeit der geforderten technischen Änderungen.
Worum es sich bei den 97 000, die »verarbeitet« wurden, handelt, ist aus dem Text nicht zu entnehmen.
Bei näherer Betrachtung des Vermerks vom 5. Juni und einem Vergleich mit dem Schreiben des RSHA vom 23. Juni 1942 stellt sich heraus, daß der Vermerk eine Art Plagiat des Briefes vom 23. Juni ist. Beide Schreiben sind in 7 Punkte untergliedert, die die Änderungswünsche des RSHA betreffen. In dem Vermerk werden diese Wünsche nun in einer Art interpretiert, die auf Ermordung von Menschen durch Auspuffgase schließen läßt.
Wir behaupten, daß der »Vermerk« vom 5. Juni eine Fälschung ist. Er wurde von seinen Verfassern erst nach dem Brief vom 23. Juni geschrieben, aber vordatiert. Die einzelnen Punkte wurden umgeschrieben und durch Zusätze derart ergänzt, daß eine Mordabsicht daraus ersichtlich wird. Beweis für diese Fälschung ist u. a. die Tatsache, daß in dem »Vermerk« vom 5. Juni unter Punkt 2 auf eine Besprechung des RSHA mit der Firma Gaubschat Bezug genommen wird, die nach dem Schreiben vom 23. 6. 1942 erst am 16. Juni stattfand, also 11 Tage nach (!) der angeblichen Erstellung des »Vermerks« vom 5. Juni!
Zum weiteren Beweis unserer Behauptung stellen wir anschließend die jeweiligen korrespondierenden Punkte aus dem Brief vom 23. Juni und dem Vermerk vom 5. Juni nebeneinander. Alle Erläuterungen des Vermerks, die auf ›Vergasung‹ bzw. Beladung mit Menschen schließen lassen und in dem Schreiben vom 23. Juni nicht vorkommen, sind von der Autorin fett gesetzt.

BRIEF VOM 23. JUNI 1942	»VERMERK« VOM 5. JUNI 1942
»1. Der Kastenaufbau ist in seiner Länge um 800 m/m zu verkürzen.[. . .] *Der Einwand, daß durch die Verkürzung eine ungünstige Gewichtsverteilung herbeigeführt würde, wird hiermit zur Kenntnis genommen.* [Aus dem vorhergehenden Text ist zu ersehen, daß dieser Einwand von Gaubschat bei einem mündlichen Gespräch am 16. 6. 1942 vorgebracht wurde.] *Etwaige hieraus entstehende Nachteile werden gegenüber der Firma Gaubschat nicht beanstandet werden.«*	*»2. Eine Verkleinerung der Ladefläche erscheint notwendig. Sie wird erreicht durch Verkürzung des Aufbaus um ca. 1 m. Vorstehende Schwierigkeit ist nicht, wie bisher, dadurch abzustellen, daß man die Stückzahl bei der Beschikkung vermindert.* ***Bei einer Verminderung der Stückzahl wird nämlich eine längere Betriebsdauer notwendig, weil die freien Räume auch mit CO angefüllt werden müssen.*** [. . .] *In einer Besprechung mit der Herstellerfirma wurde von dieser Seite darauf hingewiesen, daß eine Verkürzung des Kastenaufbaus eine ungünstige Gewichtsverlagerung nach sich zieht. Tatsächlich findet aber ungewollt ein Ausgleich in der Gewichtsverteilung dadurch* [sic!] *statt, daß des Ladegut beim Betrieb in dem Streben nach der hinteren Tür immer vorwiegend dort liegt.«*
»5. Die durch Schieber verdeckten Öffnungen an den hinteren Türen fallen fort und sind durch offene Schlitze von 100 x 10 mm in der oberen Rückwand (nicht Tür) zu ersetzen. Sie sind außen mit leicht beweglichen Scharnierblechklappen zu verdekken.«	*»1.* ***Um ein schnelles Einströmen des CO unter Vermeidung von Überdrucken zu ermöglichen,*** *sind an der oberen Rückwand zwei offene Schlitze von 10 x 1 cm lichter Weite anzubringen. Dieselben sind außen mit leicht beweglichen Scharnierblechklappen zu versehen,* ***damit ein Ausgleich des evtl. eintretenden Überdruckes selbsttätig erfolgt.«***
»6. Die im rechten vorderen Kastenboden befindliche Abflußöffnung mit Verschluß fällt fort, dafür wird eine ca. 200 mm Durchmesser große Abflußöffnung im Kastenboden eingeschnitten. Diese Öffnung ist mit einem starken und dicht schließenden Scharnierdeckel zu versehen, der von außen fest und sicher geöffnet werden kann.«	*»4. Um eine handliche Säuberung des Fahrzeuges vornehmen zu können* [hinter dieser Formulierung steht unausgesprochen die Behauptung, daß die vergasten Menschen stark mit Exkrementen und Unrat bedeckt waren und den Wagen entsprechend verschmutzt hatten], *ist der Boden in der Mitte mit einer dicht verschließbaren Abflußöffnung zu versehen. Der Abflußdeckel mit etwa 200 bis 300 mm Durchmesser erhält einen Syphonkrümmer,* ***so daß dünne Flüssigkeit auch während des Betriebes ablaufen kann.«*** [Auch das ist ein Hinweis auf Ausscheidungen der sterbenden Menschen]

»7. Die Innenlampen sind mit einem hochgewölbten und stärkeren als bisher verwandten Gitter zu schützen.«	*»6. Die Beleuchtungskörper sind stärker als bisher gegen Zerstörungen zu sichern. Das Eisengitterwerk ist so hoch gewölbt über den Lampen anzubringen, daß eine Beschädigung der Lampenfenster nicht mehr möglich ist. Aus der Praxis wurde vorgeschlagen, die Lampen entfallen zu lassen, da sie angeblich nie gebraucht werden.* ***Es wurde aber in Erfahrung gebracht, daß beim Schließen der hinteren Tür und somit bei eintretender Dunkelheit immer ein starkes Drängen der Ladung nach der Tür erfolgte. Dieses ist darauf zurückzuführen, daß die Ladung bei eintretender Dunkelheit sich nach dem Licht drängt.*** [Ein völlig unsinniger Satz. An der Tür ist es nicht heller als im übrigen Teil das Wagens.] ***Ferner wurde festgestellt, daß der auftretende Lärm wohl mit Bezug auf die Unheimlichkeit des Dunkels immer dann einsetzt, wenn sich die Türen schließen. Es ist deshalb zweckmäßig, daß die Beleuchtung vor und während der ersten Minuten des Betriebes eingeschaltet wird.«***

Der Brief vom 23. Juni hatte sieben Punkte. Auch der Vermerk vom 5. Juni ist in 7 Punkte gegliedert, aber nicht alle entsprechen inhaltlich wenigstens teilweise einem der Punkte des Briefes. Einige Änderungswünsche des RSHA vom 23. Juni eigneten sich offensichtlich nicht für die Vergasungstheorie, und so wurden sie fortgelassen. Dafür fügte man zwei Ergänzungen ein.
So heißt es im Vermerk vom 5. Juni, Punkt 3:

> *»Die Verbindungsschläuche zwischen Auspuff und Wagen rosten des öfteren durch, da sie im Innern durch anfallende Flüssigkeiten zerfressen werden. Um dieses zu vermeiden, ist der Einfüllstutzen nunmehr so zu verlegen, daß eine Einführung von oben nach unten erfolgt. Dadurch wird ein Einfließen von Flüssigkeiten vermieden.«*

Hier werden Verbindungsschläuche für Auspuffgase in den Text eingebracht, von denen im Originalschreiben nicht die Rede war.
Eine weitere Ergänzung findet sich im Vermerk unter Punkt 7, in dem von der Notwendigkeit eines ausfahrbaren Rostes gesprochen wird. Hier heißt es, da »die mit der Ausführung beauftragte Firma [. . .] diese Ausführungsart [. . .] z.Zt. für undurchführbar« hält, soll »die Ausführung bei einer anderen Firma« angeregt werden. Das ist für den Kenner des Vorgangs völlig neu und widerspricht der in den anderen Schreiben wiederholt geäußerten Dringlichkeit des Auftrags. Außerdem bestätigen interne Notizen der Mitarbeiter des RSHA auf der Rückseite des Gaubschat-Briefes vom 14. 5. 42, daß das RSHA von der Forderung eines ausfahrbaren Rostes Abstand nimmt und mit der »Herstellung wie bisher« einverstanden ist. Von einer anderen Firma, die eingeschaltet werden soll, ist nicht die Rede.

3.3.2.3. ›Sonderfahrzeuge‹ für Personentransporte?

Wozu das RSHA diese ›Sonderfahrzeuge‹ gebrauchen wollte, läßt sich aus der Korrespondenz nicht erschließen. Hingegen läßt sich mit hundertprozentiger Sicherheit sagen, wozu diese Fahrzeuge *nicht* zu gebrauchen waren: nämlich für Personentransporte jeglicher Art.
Aus der Korrespondenz und den dazugehörigen Aktennotizen des RSHA lassen sich einige Rückschlüsse auf die Beschaffenheit der Kastenausbauten dieser ›Sonderfahrzeuge‹ ziehen.
In dem Aktenvermerk des RSHA vom 27. April 1942 werden die verschiedenen Möglichkeiten einer Schnellentladevorrichtung geprüft: a) Kippvorrichtung des Kastenaufbaus; b) Kippbarmachung des Bodenrostes; c) aus- und einfahrbarer Rost.

Die Innenhöhe der Aufbauten wird mit 170 cm angegeben. Durch die geplante Höherlegung des Rostes auf die Radkappen gehen von dieser Höhe 7,5 cm verloren, sie beträgt dann also nur noch 162,5 cm. Das ist für Personentransporte im Stehen völlig unzureichend.
Unter b), Kippbarmachung des Bodenrostes, wird von einem anzustrebenden »fließenden Rutschen« des Ladegutes gesprochen, das erst bei einer Schrägstellung des Bodens von 30 bis 35 Grad möglich sei. Die Ladelast erfordere aber mindestens *einen Meter Spielraum* zwischen Boden und Decke, weil sie sonst eingepreßt würde. Dieser Spielraum sei nur bei einem Steigungswinkel von 10 Grad zu erreichen, was für ein »fließendes Rutschen« des Ladegutes nicht ausreiche. Auch hier wird deutlich, daß die ›Ladelast‹ keine Menschen sein können, da man diese nicht auf einen Meter zusammenpressen kann.
»Damit das Ladegut nicht über den letzten Rost zur Führerhaus-Rückwand fällt«, soll der Rost »mit einem angewinkelten Gitterwerk« von 30 bis 40 cm Höhe versehen werden. Ein solches Gitter wäre viel zu niedrig, um eng zusammengepreßt stehende Menschen davon abzuhalten, an die Führerhaus-Rückwand zu fallen.
Die Konstruktionsvorschläge des RSHA befassen sich mit einer zügigen Entladung der ›Sonderfahrzeuge‹. Aber gerade das soll – nach Darstellung bei Kogon u. a., *NS-Massentötungen durch Giftgas* – für die ›Gaswagen‹-Mörder überhaupt kein Problem gewesen sein. Einige Zitate aus diesem Werk mögen das belegen.
So wird behauptet, jeweils 50 bis 80 Personen seien in die ›Gaswagen‹ hineingepreßt worden (S. 84, 89, 91, 96, 104 u. 196), »Die Opfer wurden in den Wagen gepfercht« (S. 105). »Wir schoben sie in gewaltsamer Weise in die Vergasungsfahrzeuge«, diese »wurden zur Gänze mit Leuten gefüllt« (S. 91). Die Fahrzeuge wurden jeweils »voll beladen, so daß beim Öffnen der Tür die Leichen gleich herausfielen« (S. 90). – Zu der Anzahl von 50–80 Personen sollte man bedenken, daß bei einer Nutzlast von 4,5 Tonnen nur 60 Personen geladen werden können.
»Dann wurde der Wagen geöffnet. Einige Leichen fielen heraus, die anderen wurden von den Häftlingen ausgeladen« (S. 84). »Die Türen wurden geöffnet und die Leichen in die Grube geworfen« (S. 105). »Die hintere Tür des Wagens wurde geöffnet und die Leichen von anderen [. . .] Juden herausgeschafft, soweit sie nicht beim Öffnen der Tür herausgepurzelt waren« (S. 93) »Beim Öffnen der Türen kam zuerst ein Qualm heraus und dann ein Knäuel verkrampfter Menschen« (S. 93).
Offensichtlich gab es aber auch schon ›Gaswagen‹ mit einer Kippvorrichtung: »Der Gaswagen fuhr dann rückwärts bis zum Rand des Massengrabes, die hintere Tür wurde geöffnet, und der Aufbau wurde nach hinten gekippt. Dadurch fielen die Opfer in das Grab« (S. 106).
Eines wird aus diesen Zeugenaussagen klar: Die ›Gaswagen‹ können mit den ›Sonderfahrzeugen‹ des RSHA nicht identisch sein. Letztere hätten sich weder für Personentransporte (zu geringe Höhe des Laderaumes) noch zum Ermorden der Insassen durch Auspuffgase (sie hatten Dieselmotore) geeignet.

4. Zeugenaussagen

Die kritische Prüfung der beiden Hauptbelastungsdokumente im Falle der ›Gaswagen‹ hat für deren Zuverlässigkeit wenig Positives ergeben. Jetzt bleiben uns nur noch die Zeugenaussagen, deren Untersuchung möglicherweise doch noch überzeugende Hinweise liefern kann.
Wir wollen hier nicht noch einmal die allgemein zu beachtenden Vorbehalte gegenüber Zeugenaussagen wiederholen und verweisen dafür auf das unter 2.3. Gesagte. Hinzu kommt jedoch ein weiteres schwerwiegendes Problem. Zeugenaussagen sind in der Regel Teile von gerichtlichen oder vorgerichtlichen Untersuchungen, und deren Akten sind in Deutschland für die freie historische Forschung gesperrt. Die Aussagen sind uns daher in ihrer ursprünglichen Form, d.h. im Zusammenhang der Gesamtdarstellung der Zeugen, nicht zugänglich. Wir kennen nur die kurzen Auszüge daraus, die zitiert werden. Daß es dabei zu Fehlinterpretationen kommen kann, liegt auf der Hand. Jeder Autor

hat nur ein Interesse an dem Thema, das ihn gerade beschäftigt, und wird seine Quellen entsprechend auswählen. Wir können also nur aus bereits von anderen Autoren ausgewählten Zeugenaussagen zitieren, ohne den jeweiligen Zusammenhang feststellen zu können. Wir werden uns daher vorwiegend auf Tatsachenbeschreibungen beschränken.

Die große Anzahl der Zeugenaussagen, die von ›Gaswagen‹ handeln, könnte vielleicht schon als Hinweis auf deren tatsächliche Existenz aufgefaßt werden und ist für uns ein Anlaß, alle Aussagen besonders sorgfältig zu prüfen.

4.1. Russische ›Mordwagen‹

Die russischen ›Mordwagen‹ wurden uns durch die gleichgeschalteten Aussagen in den Prozessen von Krasnodar und Charkow bekannt. (*People's Verdict,* S. 8 f., 49, 50, 65, 69, 77f., 85, 89 f.)[4]

Die Angeklagten und Zeugen beschrieben die ›Mordwagen‹ fast übereinstimmend wie folgt:

- dunkelgrauer kastenförmiger Lkw
- ein großer, zweiachsiger Lkw
- 5 oder 7 t
- Dieselmotor
- ein 6-Zylinder Motor
- innen ausgeschlagen mit Zinkeisen
- hinten eine Doppeltür, hermetisch schließend
- mit Gummiverkleidung an den Türen
- auf dem Boden ein (Holz-)Gitter
- darunter eine – mehrere – Röhre/n, mit dem Auspuff verbunden
- sieht aus wie ein gewöhnlicher Gefängniswagen/Lieferwagen
- der Wagen faßt ca. 60-70 Personen
- man nennt ihn »Mordwagen«, »Todeswagen«, »Schwarzer Rabe«.

Die fast gleichlautenden Beschreibungen, die eigentlich ein Beweis für die Richtigkeit der Angaben sein könnten, sind möglicherweise in diesem Fall eine Folge sowjetischer Verhörmethoden und daher nicht beweiskräftig. Darauf lassen jedenfalls die Dieselmotoren schließen, deren Vorhandensein von allen Zeugen betont wurde und die die behauptete Mordart unmöglich erscheinen lassen.

Eine Nachprüfung der Angaben ist schlechterdings unmöglich. Trotzdem sind einige dieser Beschreibungen auch in deutsche Gerichtsurteile aufgenommen worden.

4.2. ›Gaswagen‹ in NS-Prozessen

4.2.1. Unterschiedliche ›Gaswagen‹-Typen

Nach der Darstellung, die in der von Kogon u. a. herausgegebenen Dokumentation *NS-Massentötungen durch Giftgas* enthalten ist (81ff.), wurden als ›Gaswagen‹ jene Sonderfahrzeuge des RSHA eingesetzt, die die Firma Gaubschat mit Spezialaufbauten versehen sollte. Die Unhaltbarkeit dieser Behauptung haben wir bereits im vorigen Kapitel bewiesen.

Zeugen sprechen jedoch nicht nur von Saurer-›Gaswagen‹, und auch da nicht nur von einem Modell, sondern auch noch von anderen ›Gaswagen‹-Typen.

Der Saurer-›Gaswagen‹ muß – unabhängig davon, daß es beidemal ein 5-Tonner gewesen sein soll – in zwei unterschiedlichen Größen vorhanden gewesen sein, einmal mit einem Fassungsvermögen von 50 Personen (Kogon, S. 84), ein andermal von 80 Personen (S. 98). Tatsächlich hatte der Saurer-Lkw 4,5 Tonnen Nutzlast. Über die zulässige Personenzahl vgl. Kapitel 3.

4. Vgl. dazu auch die Beschreibung bei Grigorenko, S. 275, und den Bericht in *Moskau News* Nr. 7, Juli 1990, zitiert in U. Walendy, *System*, S. 21; ebenso Ball, S. 9 u. 13, der die »Schwarzen Raben« für den Einsatz der Sowjets in Katyn erwähnt.

Ein anderer ›Gaswagen‹-Typ soll ein amerikanischer Lkw der Firma Diamond gewesen sein, ein 3-Tonner, ebenfalls in zwei verschiedenen Größen: Fassungsvermögen 25–30 Personen (S. 84) und 50 Personen (S. 98).
Weitere Lkw-Typen, die als ›Gaswagen‹ identifiziert wurden, waren: ein »mittelschwerer Renault« (Kogon, S. 114), ein Magirus-Deutz (Fleming, Bildteil); und schließlich ein Opel-Blitz (Beer, S. 414). Eine Zeugin sah ein »Riesenauto«, in dem 100 Personen stehen konnten (Kogon, S. 108).
Und dann gab es noch eine »Art Möbelwagen«, der an beiden Seiten die Aufschrift »Kaisers-Kaffee-Geschäft« getragen habe (Kogon, S. 63). Allerdings fiel diese Aufschrift zwei weiteren Zeugen, die das gleiche Fahrzeug gesehen haben wollen, nicht auf (Klee, S. 107). Auch das Aussehen dieser Spezialfahrzeuge wird unterschiedlich beschrieben. Einmal war es ein »großes, mit Blechplatten beschlagenes, fensterloses Fahrzeug mit einer großen Eisentür an der hinteren Seite. [. . .] Unter dem Wagen war ein Behälter montiert, von dem Leitungen in das Innere des Wagens führten« (Kogon, S. 64). Ein anderer Zeuge hingegen behauptet, es habe sich um einen »Anstalts-Traktor mit einem großen hermetisch abgeschlossenen Anhänger aus Stahl« gehandelt (Klee, S. 107).

4.2.2. Beschreibung der ›Gaswagen‹

Werden Wagentypen und -größe schon unterschiedlich beschrieben, so erst recht die Einzelheiten der Ausstattung. Vor allem bei Kogon finden wir ein buntes Sammelsurium einander widersprechender Aussagen:
Die Aufbauten waren »fensterlos« (S. 64, 96), hatten ein »Guckloch oder Scheibe«, durch die ein Außenstehender hineinsehen konnte (S. 84), hatten ein Fenster oder Guckloch, durch das man »vom Führerhaus in den Wagen sehen konnte« (S. 115), sie hatten »aufgemalte Fensterattrappen« (S. 102).
Über die Tür/Türen der ›Gaswagen‹ gibt es folgende Zeugenaussagen: An der Rückseite der Wagen war eine große Tür angebracht (Kogon, S. 64, 85, 95, 96, 104); es gab zwei Türen bzw. eine Flügeltür (S. 88, 91, 93, 99, 102, 105, 114, 125, 126). Diese Tür war »hermetisch verschließbar« (S. 63, 88, 91, 105); sie wurde »eingeklinkt« (S. 85), »verriegelt« (S. 95), mit einem Vorhängeschloß verschlossen, dessen Schlüssel im Fahrerhaus hing (S. 126, 127); sie wurde durch »drei Schrauben oben, in der Mitte und unten« festgeschraubt (Klee, S. 107).
Wenn man bedenkt, daß es sich bei den ›Gaswagen‹-Aufbauten um einen Standardtyp gehandelt haben soll, erstaunt diese Vielfalt der Ausstattung. Zudem treffen die unterschiedlichen Angaben oft auf ein und denselben Wagen zu, den verschiedene Zeugen gesehen haben wollen.
Über eines haben allerdings fast alle Zeugen geschwiegen: über die Vorrichtung, die eine Vergasung der Insassen bewerkstelligen sollte. Gerade für die typische Einrichtung der ›Gaswagen‹, auf die es uns ankommt, ergeben die Zeugenaussagen absolut nichts.
Ein Sonderkapitel sind die Behauptungen, daß bei der Tötung von Geisteskranken (Euthanasie) ebenso wie im Lager Kulmhof/Chelmno ›Gaswagen‹ eingesetzt wurden. Für diese Anschuldigungen gibt es kein schriftliches Beweismaterial, sondern lediglich Zeugenbehauptungen. Es fehlt uns hier der Platz, auf diese gesondert einzugehen. Aber auch diese Aussagen sind nicht von größerer Glaubwürdigkeit als die übrigen.
Am Ende sind wir nicht klüger als zuvor. Auch die Zeugenaussagen ergeben keinen stichhaltigen Beweis für das Vorhandensein und den Einsatz von ›Gaswagen‹ zum Zwecke der Ermordung seiner Insassen.

4.3. »Das eigentliche Problem sind die Zeugenaussagen«

Die Autorin besuchte vor einigen Jahren das Institut Jad Waschem in Jerusalem, um sich dort über Einzelheiten des Vernichtungslagers Treblinka zu informieren. Zu ihrer Überraschung erklärte ihr die zuständige israelische Sachbearbeiterin am 10./11. 7. 1985:

»Wir wissen schon längst, daß es ein Vernichtungslager Treblinka nie gegeben hat. Israelische Wissenschaftler, Historiker und Geologen haben die von den Zeugen beschriebenen Stätten wiederholt ausführlich untersucht und keinen einzigen Beweis für ein Vernichtungslager gefunden. Solch ein Lager und die Vorgänge dort hätten Spuren hinterlassen müssen, die auffindbar wären. Aber es gibt keine solchen Spuren. Das eigentliche Problem von Treblinka sind die Zeugenaussagen.«

Diese Feststellung trifft auch für die ›Gaswagen‹ zu. Es wäre unrealistisch anzunehmen, daß alle Leute, die angeblich ›Gaswagen‹ gesehen haben, willentlich und wissentlich gelogen bzw. Meineide geschworen haben. Sie müssen irgendwelche Lastkraftwagen gesehen haben, die ihnen – aus welchen Gründen auch immer – ungewöhnlich oder gefährlich vorgekommen sind.

Die einfachste Erklärung mag sein, daß Leute per Lkw von einem Ort an einen anderen gebracht wurden. Die Zeugen sahen lediglich Leute in ein Auto einsteigen und nicht mehr zurückkommen. Die Idee einer Verbindung zwischen dieser Tatsache und ›Gaswagen‹ mag ihnen erst in der Nachkriegszeit gekommen sein.

Wie wir schon anfangs hörten, gab es den Begriff ›Gaswagen‹ für Mordwagen im Dritten Reich nicht. Aber es gab verschiedene Sonderfahrzeuge, die als ›Gaswagen‹, ›Vergasungswagen‹, ›Gasgeneratorwagen‹ bezeichnet wurden. Über die letzteren hat F. P. Berg in seinem Beitrag ausführlich referiert.

Wir glauben, daß vor allen Dingen ein anderes Sonderfahrzeug die Phantasie der Zeugen beschäftigt haben mag. Vor allem in polnischen und russischen Gebieten hinter der Front sahen sich die deutschen Truppen mit dem Problem der Flecktyphusgefahr konfrontiert. Dieselbe Gefahr bestand aber auch in den Lagern und Gettos. Dagegen anzukämpfen war eine ihrer vordringlichsten Aufgaben. Davon gibt eine ausführliche Literatur der damaligen Zeit Zeugnis.[5]

Als mobile Entseuchungsstationen kamen vielfältig Vergasungswagen, kurz auch Gaswagen genannt, zum Einsatz. Der Ausdruck Vergasungswagen resultierte aus dem Verfahren: die Läuse, Hauptüberträger des Typhus-Erregers, wurden durch Blausäurevergasung vernichtet. Es gab auch andere Entseuchungsverfahren, aber die Blausäurevergasung wurde als die zweckmäßigste empfohlen. Zu den Entseuchungswagen für Kleidung kamen noch Desinfektionsstationen zur Behandlung der Menschen. Als Notbehelf wurden gelegentlich auch Möbelwagen für diese Zwecke umgerüstet und eingesetzt,[6] und solche behaupten einige Zeugen ja auch gesehen und für ›Gaswagen‹ gehalten zu haben.

In diesem Zusammenhang ist auch interessant, daß einige Zeugen von »aufgemalten Fensterattrappen« sprachen. Das erinnert an die »Fensterläden« aus dem Nürnberger Dokument PS-501. »Fensterläden« befanden sich aber tatsächlich am »Bekleidungs-Entgiftungs-Kraftwagen«, Sd. Kfz. 93 (Oswald, S. 210), der normalerweise den Nebeltruppen zur Verfügung stand. Auch das war kein Gerät zum ›Vergasen‹ von Menschen, sondern zum Entseuchen von durch Giftgas verseuchter Kleidung.

Es ist auch nicht auszuschließen, daß die Sonderfahrzeuge des RSHA zu Desinfektionszwecken gedient haben. Jedenfalls bestätigte ein SS-Obergruppenführer im April 1942, vom RSHA einen »Entlausungswagen« bekommen zu haben. (zit. bei Kogon, S. 107).

Derartige Fahrzeuge können, zusammen mit Gerüchten, die bekanntlich in abgeschlossenen Gebieten wie Gettos und Lagern wild wuchern, durchaus die Grundlage für Spekulationen gebildet haben. Ein übriges mögen die Nachkriegsgeschichten getan haben, die Wissenslücken der Zeugen mit unkontrollierten Nachrichten auffüllten.

Eine Lösung des Problems der Zeugenaussagen können wir so wenig anbieten wie die Sachbearbeiter des Instituts Jad Waschem. Hier Klarheit zu schaffen wäre die Aufgabe einer freien, unbehinderten Forschung.

5. Vgl. die Literaturliste unter den folgenden Namen: Gassner; Kayser; Konrich; Mrugowsky; Pappenheim; Peters; Peters/Rasch; Puntigam; Puntigam/Breymesser/Bernfus; Puntigam/Pichler; Ruppert; Walbaum; Weidner; Wohlrab; Wüstinger.
6. Peters/Rasch, »Blausäure«, S. 94: »Festgehalten zu werden verdient lediglich der Versuch, Möbelwagen dort in den Dienst der Entlausung zu stellen, wo schnell auf behelfsmäßige Weise eine Begasungsmöglichkeit beschafft werden muß.«

5. Zusammenfassung

Unsere kritische Würdigung der Beweislage im Fall der ›Gaswagen‹ hat folgendes ergeben: ›Mordwagen‹, in denen die Insassen durch Einleiten der Auspuffgase vergiftet wurden, tauchten nach Angaben sowjetischer Offiziere schon in den dreißiger Jahren in der Sowjetunion auf. Im Jahr 1943 behaupteten die Sowjets, deutsche Truppen hätten solche ›Mordwagen‹ benutzt, um Tausende unschuldiger Sowjetbürger umzubringen. In den Schuldbehauptungen war ausschließlich von Lastkraftwagen mit Dieselmotoren die Rede, deren Auspuffgase nachweislich nicht genug Kohlenmonoxid enthalten, um eine tödliche Wirkung auszuüben. Aufgrund dieser Anschuldigungen wurden widerrechtlich sowohl Ukrainer als auch deutsche Kriegsgefangene hingerichtet.

Im Nürnberger Prozeß wiederholten die Sowjets ihre Anschuldigungen und wurden darin von den amerikanischen Anklägern unterstützt, die schriftliche Dokumente vorlegten: neben Affidavits das Dokument PS-501 – eines der beiden Schriftstücke, auf das sich bis heute die ›Gaswagen‹-These stützt. Sowohl die Affidavits wie auch PS-501 wurden von uns als nicht beweiskräftig eingestuft. In den siebziger Jahren tauchte plötzlich ein weiteres Dokument aus dem Koblenzer Bundesarchiv auf, R 58/871, das ebenfalls das Vorhandensein von ›Gaswagen‹ belegen sollte. Dieses Schriftstück konnte von uns eindeutig als Fälschung entlarvt werden.

In den sechziger und siebziger Jahren fanden zahlreiche NS-Prozesse statt, in denen die ›Gaswagen‹-These durch in sich widersprüchliche und teilweise unsinnige Zeugenaussagen untermauert werden sollte. In diesem Zusammenhang haben wir das Problem der Zeugenaussagen anhand neutraler Beurteilungen dargestellt und kamen zu der Schlußfolgerung, daß Zeugenaussagen, um glaubwürdig zu sein, durch beweisbare Tatsachen oder Dokumente, die einer kritischen Überprüfung standgehalten haben, belegt werden müssen. Das ist beim Problem der ›Gaswagen‹ in keinem einzigen Fall möglich gewesen.

Insgesamt kann den vorgelegten Beweismitteln keine Beweiskraft zugesprochen werden, so daß die Behauptung, Deutsche hätten durch ›Gaswagen‹ Tausende von Menschen umgebracht, als Gerücht einzustufen ist.

6. Literatur

Amtliches Material zum Massenmord von Katyn. Im Auftrag des Auswärtigen Amtes aufgrund urkundlichen Beweismaterials zsgest. und bearb., Berlin 1943

Ball, John C., *Air Photo Evidence. Auschwitz, Treblinka, Majdanek, Sobibor, Bergen Belsen, Belzec, Babi Yar, Katyn Forest. World War II photos of alleged mass murder camps*, Ball Recource Service Ltd., Delta, B.C., Canada 1992

Beer, Mathias, »Die Entwicklung der Gaswagen beim Mord an den Juden«, *Vierteljahrshefte für Zeitgeschichte* 35(3) (1987), S. 403–417

Beyer, Wilhelm Raimund (Hg.), *Rückkehr unerwünscht,* dtv, München 1980

Broszat, Martin, »Zur Kritik der Publizistik des antisemitischen Rechtsextremismus«, *Aus Politik und Zeitgeschichte* B19 (1976)

Dawidowicz, Lucy, *The Holocaust and the Historians,* University Press, Havard 1981

Fleming, Gerald, *Hitler und die Endlösung,* Limes, Wiesbaden 1982

Frank, Reinhard, *Lastkraftwagen der Wehrmacht,* Podzun-Pallas, Friedberg 1992

Gassner, Ludwig, »Verkehrshygiene und Schädlingsbekämpfung«, *Gesundheits-Ingenieur* 66(15) (1943), S. 174 ff.

Grigorenko, Piotr, *Erinnerungen*, Bertelsmann, München 1981

Hilberg, Raul, *Die Vernichtung der europäischen Juden,* Olle & Wolter, Berlin 1982

IMT – Der Prozeß gegen die Hauptkriegsverbrecher vor dem Internationalen Miltärgerichtshof Nürnberg 14. November 1945–1. Oktober 1946, Nürnberg 1947 (fotomechanischer Nachdruck: Delphin, München 1984)

Kayser, H., »Ärztliche Erfahrungen bei der Planung, dem Bau und Betrieb von Durchgangslagern für ausländische Arbeitskräfte«, *Arbeitseinsatz und Arbeitslosenhilfe* 24(21) (1943), S. 127 ff.

Klee, Ernst, *›Euthanasie‹ im SS-Staat,* Fischer, Frankfurt/Main 1983

Koestler, Arthur, *Der Yogi und der Kommissar,* Bechtle, Esslingen 1950

Kogon, Eugen, Hermann Langbein, Adalbert Rückerl u.a. (Hg.), *NS-Massentötungen durch Giftgas,* Fischer, Frankfurt/Main 1983

Konrich, Friedrich, »Über die Sanierungsanstalten der deutschen Kriegsgefangenenlager«, *Gesundheits-Ingenieur* 64(29) (1941), S. 399–404

Marsalek, Hans, *Die Geschichte des Konzentrationslagers Mauthausen,* Österreichische Lagergemeinschaft Mauthausen, Wien [2]1980

Maser, Werner, *Nürnberg, Tribunal der Sieger,* Droemer Knaur, München 1979

Mrugowsky, J., »Die Seuchenlage im europäischen Teil der UdSSR«, *Zeitschrift für Seuchenabwehr, Wohnungshygiene und Schädlingsbekämpfung* 34(12) (1942), S. 115

Nolte, Ernst, *Streitpunkte,* Propyläen, Berlin 1993, S. 476, dortige Anmerkung 31.

Oswald, Werner, *Kraftfahrzeuge und Panzer der Reichswehr, Wehrmacht und Bundeswehr,* Motorbuch, Stuttgart [13]1990

Pappenheim, Erich, »Fehler beim Bau von Entlausungsanstalten«, *Gesundheits-Ingenieur* 66(16) (1943), S. 183 f.

The People's Verdict, Hutchinson & Co., London 1944

Peters, Gerhard, *Die hochwirksamen Gase und Dämpfe in der Schädlingsbekämpfung,* F. Enke, Stuttgart 1942

Peters, Gerhard/W. Rasch, »Die Blausäure als Entlausungsmittel in Begasungskammern«, *Der praktische Desinfektor* 33(9) (1941), S. 93–96

Poliakov, Leon, *Harvest of Hate,* Holocaust Library, New York 1979

Puntigam, Franz, »Hygienische Gesichtspunkte bei der Auswahl des Platzes für ein zu errichtendes Durchgangslager mit Entlausungseinrichtungen für ausländische Arbeitskräfte«, *Arbeitseinsatz und Arbeitslosenhilfe* 6(3) (1942), S. 27 f.

Puntigam, Franz/Hermann Breymesser/Erich Bernfus, *Blausäuregaskammern zur Fleckfieberabwehr,* Sonderveröffentlichung des Reichsarbeitsblattes, Berlin 1943

Puntigam, Franz/Hans Pichler, »Raumlösungen von Entlausungsanstalten«, *Gesundheits-Ingenieur* 67(6) (1944). S. 139–145

Rückerl, Adalbert (Hg.), *NS-Prozesse,* C.F. Müller, Karlsruhe [2]1972

Rückerl, Adalbert (Hg.), *NS-Verbrechen vor Gericht,* C.F. Müller, Heidelberg [2]1984 (Die 1. Aufl. erschien unter dem Titel *Die Strafverfolgung von NS-Verbrechen,* C.F. Müller, Heidelberg 1979)

Ruppert, Joseph, »Die Seucheninsel Polen« in: Jost Walbaum (Hg.), *Kampf der Seuchen! Deutscher Ärzte-Einsatz im Osten,* »Deutscher Osten«, Krakau 1941

Soviet War Documents, Information Bulletin, Embassy of the Union of Soviet Socialist Republics, Washington, D.C., Special Supplement, Dezember 1943

The Trial in the Case of the Atrocities Committed by the German Fascist Invaders and their Accomplices in Krasnodar and Krasnodar Territory, July 14 to 17, 1943, Foreign Languages Publishing House (Verlag für fremdsprachige Literatur), Moskau 1943.

Walendy, Udo, »Das verbrecherische System« (*Historische Tatsachen Nr. 48*), Verlag für Volkstum und Zeitgeschichtsforschung, Vlotho 1991

Weidner, Herbert, »Die Organisation der Läusebekämpfung im Hauptkommissariat Baranowitsch, Weißruthenien«, *Der praktische Desinfektor* 34(4) (1942). S. 35

Wohlrab, R., »Flecktyphusbekämpfung im Generalgouvernement«, *Münchner Medizinische Wochenschrift* 89 (1942), S. 483–488

Wüstinger, Emil, »Vermehrter Einsatz von Blausäure-Entlausungskammern«, *Gesundheits-Ingenieur* 67(7) (1944), S. 179 f.

7. Anhang

7.1. Das Nürnberger Dokument PS-501

Feldpostnummer 32 704 Kiew, den 16.5.42

B.Nr. 110/42

GEHEIME REICHSSACHE!

RIG 778

An
SS-Obersturmbannführer Rauff
in Berlin
Prinz-Albrecht-Str. 8

Die Überholung der Wagen bei der Gruppe D und C ist beendet. Wärhedn die Wagen der ersten Serie auch bei nicht allzu schlechter Wetterlage eingesetzt werden können, liegen die wagen der zweiten Serie (Saurer) bei Regenwetter vollkommen fest. Wenn es z. B. nur eine halbe Stunde geregnet hat, kann der Wagen nicht eingesetzt werden, weil er glatt wegrutscht. Benutzbar ist er nur bei ganz trockenem Wetter. Es tritt nur die Frage auf, ob man den wagen nur am Orte der Exekution im Stand benutzen kann. Erstens muss der Wagen an diesen Ort gebracht werden, was nur bei guter wetterlage möglich ist. Der Ort der Exekution befindet sich aber meistens 10-15 km abseits der Verkehrswege und is durch seine Lage schon schwer zugänglich, bei feuchtem oder nassen Wetter überhaupt nicht. Fährt oder führt man die zu Exekutierenden an diesen Ort, so merken sie sofort was los ist und werden unruhig, was nach Möglichkeit vermieden werden soll. Es bleibt nur der eine Weg übrig, sie am Sammelorte einzuladen und dann hinauszufahren.

Die wagen der Gruppe D habe ich als Wohnwagen tarnen lassen, indem ich an den kleinen wagen auf jeder Seite einen an der grosse wagen auf jeder Seite zwei Fensterle den anbringen liess, wie man sie oft an den Bauernhäusern auf dem Lande sieht. Die Wagen waren so bekannt geworden, dass nicht nur die Behörden sondern auch die Zivilbevölkerung den Wagen als "Todeswagen" bezeichneten, sobald eines dieser Fahrzeuge auftauchte. Nach meiner Meinung kann er auch getarnt nicht auf die Dauer verheimlicht werden.

Der Saurerwagen, den ich von Simferopol nach Taganrog überführte, hatte unterwegs Bremsschaden. Beim S.K. in Mariupol wurde festgestellt, dass die Manchete der kombinierte Öl-Luftdruckbremse an mehreren Stellen gebrochen war. Durch Überredung und Bestechung beim H.K.P. gelang es eine Form drehen zu lassen, nach der zwei Mancheten gegossen wurden. Als ich einige Tage später nach Stalino und Gorlowka kam, beklagten sich die Fahrer der Wagen über denselben Schaden. Nach Rücksprache mit den Kommandeuren dieser Kommandos begab ich mich nochmals nach Mariupol um weitere Mancheten auch für diese Wagen anfertigen zu lassen. Auf Vereinbarung werden für diesen Wagen zwei Mancheten gegossen, sechs Mancheten bleiben als Reserve in Mariupol für die Gruppe D und 6 Mancheten werden an SS-Untersturmführer E R N S T für die Wagen der Gruppe C nach Kiew gesandt. Für die Gruppen B und A könnten die Mancheten von Berlin aus beschafft werden, weil der Transport von Mariupol nach dem Norden zu umschtändich ist und zu lange dauern würde. Kleinere Schäden an den Wagen werden von Fachleuten der Kommandos bzw. der Gruppen in eigener Werkstatt ausgeführt.

Durch das unebene Gelände und die kaum zu beschreibenden Wege- und Strassenverhältnisse lockern sich im Laufe der Zeit die Abdichtungen und Nietstellen. Ich wurde gefragt, ob in solchen Fällen der Wagen zur Reparatur nach Berlin überführt werden soll.

Eine Überführung nach Berlin käme viel zu teuer und würde zu viel Betriebsstoff erfordern. Um diese Ausgaben zu sparen gabe ich die Anordnung, kleinere undichte Stellen selbst zu löten und wenn das nicht mehr zu machen wäre , sofort Berlin durch Funk zu benachrichtigen, dass der Wagen Pol. Nr. ..... ausgeffallen sei./ Ausserdem ordenete ich an, bei den Vergasungen allen Manner vom Wagen möglichst fernzuhalten, damit sie durch evtl. ausströmende Gase gesundlheitlich nicht geshädigt werden. Bei dieser Gelegenheit möchte ich auf folgendes aufmersam machen: Verschiedene Kommandos lassen nach der Vergasung durch die eigenen Manner ausladen. Die Kommandeure der betreffenden S.K. habe ich darauf aufmerksam gemacht, welch ungeheure seelische und gesundheitlich Schaden diese Arbeit auf die Manner, wenn auch nicht sofort, so doch spatér haben kann. Die Manner beklagten sich bei mir über Kopfschmerzen, die nach jeder Ausladung auftreten. Trotz-dem will man von dieser Anordnung nich abgehen, weil man befürchtet, daß die für die arbeit herangezogenen Häftlinge einen günstigen Augenblick zur Flucht benutzen könnten. Um die Manner vor diesen Schaden zu bewahren bitte ich, dementsprechende Anordnungen herauszugeben.

Die Vergasung wird durchweg nicht richtig vorgenommen. Um die Aktion möglichst schnell zu beenden, geben die Fahrer durchweg Vollgas. Durch diese Massnahme erleiden die zu Exekutierenden den Erstickungstod und nicht wie vorgesehen, den Einschläferungstod. Meine Anleitungen haben nun ergeben, dass bei richtiger Einstellung der Hebel der Tod schneller eintritt und die Häftlinge friedlich einschlafen, Verzerrte Gesichter und Ausscheidungen wie sie seither gesehn wurden, Konnten nicht mehr bemerkt werden.

Im Laufe des heutigen Tages erfolgt meine Weiterreise nach der Gruppe B, wo mich weitere Nachrichten erreichen können.

(Sgd) B e c k e r

SS-Untersturmführer

7.2. Das Koblenzer Dokument R 58/871

II D 3 a (9) Nr. 214/42 g.Rs.

Berlin, den 5 Juni 1942

Einzigste Ausfertigung.

Geheime Reichssache

1

I. Vermerk:

Betrifft: Technische Abänderungen an den im Betrieb eingesetzten und an den sich in Herstellung befindlichen Spezialwagen.

Seit Dezember 1941 wurden beispielsweise mit 3 eingesetzten Wagen 97 000 verarbeitet, ohne daß Mängel an den Fahrzeugen auftraten. Die bekannte Explosion in Kulmhof ist als Einzelfall zu bewerten. Ihre Ursache ist auf einen Bedienungsfehler zurückzuführen. Zur Vermeidung von derartigen Unfällen ergingen an die betroffenen Dienststellen besondere Anweisungen. Die Anweisungen wurden so gehalten, daß der Sicherheitsgrad erheblich heraufgesetzt wurde.

Die sonstigen bisher gemachten Erfahrungen lassen folgende technische Abänderungen zweckmäßig erscheinen:

1.) Um ein schnelles Einströmen des CO unter Vermeidung von Überdrucken zu ermöglichen, sind an der oberen Rückwand zwei offene Schlitze von 10 x 1 cm lichter Weite anzubringen. Dieselben sind außen mit leicht beweglichen Scharnierblechklappen zu versehen, damit ein Ausgleich des evtl. eintretenden Überdruckes selbsttätig erfolgt.

2.) Die Beschickung der Wagen beträgt normalerweise 9 - 10 pro m^2. Bei den großräumigen Saurer-Spezialwagen ist eine Ausnutzung in dieser Form nicht möglich, weil dadurch zwar

keine

keine Überlastung eintritt, jedoch die Geländegängigkeit sehr herabgemindert wird. Eine Verkleinerung der Ladefläche erscheint notwendig. Sie wird erreicht durch Verkürzung des Aufbaues um ca. 1 m. Vorstehende Schwierigkeit ist nicht, wie bisher, dadurch abzustellen, daß man die Stückzahl bei der Beschickung vermindert. Bei einer Verminderung der Stückzahl wird nämlich eine längere Betriebsdauer notwendig, weil die freien Räume auch mit CO angefüllt werden müssen. Dagegen reicht bei einer verkleinerten Ladefläche und vollständig ausgefülltem Laderaum eine erheblich kürzere Betriebsdauer aus, weil freie Räume fehlen.

In einer Besprechung mit der Herstellerfirma wurde von dieser Seite darauf hingewiesen, daß eine Verkürzung des Kastenaufbaues eine ungünstige Gewichtsverlagerung nach sich zieht. Es wurde betont, daß eine Überlastung der Vorderachse eintritt. Tatsächlich findet aber ungewollt ein Ausgleich in der Gewichtsverteilung dadruch statt, daß das Ladegut beim Betrieb in dem Streben nach der hinteren Tür immer vorwiegend dort liegt. Hierdurch tritt eine zusätzliche Belastung der Vorderachse nicht ein.

3.) Die Verbindungsschläuche zwischen Auspuff und Wagen rosten des öfteren durch, da sie im Innern durch anfallende Flüssigkeiten zerfressen werden. Um dieses zu vermeiden, ist der Einfüllstutzen nunmehr so zu verlegen, daß eine Einführung von oben nach unten erfolgt. Dadurch wird ein Einfliessen von Flüssigkeiten vermieden.

4.)

2

4.) Um eine handliche Säuberung des Fahrzeuges vornehmen zu können, ist der Boden in der Mitte mit einer dicht verschließbaren Abflußöffnung zu versehen. Der Abflußdeckel mit etwa 200 bis 300 mm Ø erhält einen Syphonkrümmer, sodaß dünne Flüssigkeit auch während des Betriebes ablaufen kann. Zur Vermeidung von Verstopfungen ist der Krümmer oben mit einem Sieb zu versehen. Dicker Schmutz kann bei der Reinigung des Wagens durch die große Abflußöffnung fortgespült werden. Der Boden des Fahrzeuges ist zur Abflußöffnung leicht zu neigen. Hierdurch soll erreicht werden, daß alle Flüssigkeiten unmittelbar zur Mitte abfliessen. Ein Eindringen der Flüssigkeiten in die Röhren wird somit weitgehendst unterbunden.

5.) Die bisher angebrachten Beobachtungsfenster können entfallen, da sie praktisch nie benutzt werden. Bei der Fertigung weiterer Fahrzeuge wird durch den Fortfall der Fenster mit Bezug auf die schwierige Anbringung und dichte Abschließung derselben erhebliche Arbeitszeit eingespart.

6.) Die Beleuchtungskörper sind stärker als bisher gegen Zerstörungen zu sichern. Das Eisengitterwerk ist so hoch gewölbt über den Lampen anzubringen, daß eine Beschädigung der Lampenfenster nicht mehr möglich ist. Aus der Praxis wurde vorgeschlagen, die Lampen entfallen zu lassen, da sie angeblich nie gebraucht werden. Es wurde aber in Erfahrung gebracht, daß beim Schließen der hinteren Tür und somit bei eintretender Dunkelheit immer ein starkes

Drängen

- 4 -

Drängen der Ladung nach der Tür erfolgte. Dieses ist darauf zurückzuführen, daß die Ladung bei eintretender Dunkelheit sich nach dem Licht drängt. Es erschwert das Einklinken der Tür. Ferner wurde festgestellt, daß der auftretende Lärm wohl mit Bezug auf die Unheimlichkeit des Dunkels immer dann einsetzt, wenn sich die Türen schließen. Es ist deshalb zweckmäßig, daß die Beleuchtung vor und während der ersten Minuten des Betriebes eingeschaltet wird. Auch ist die Beleuchtung bei Nachtbetrieb und beim Reinigen des Wageninnern von Vorteil.

7.) Um eine schnelle und leichte Entladung des Fahrzeuges zu erreichen, ist ein ausfahrbarer Rost anzubringen. Er ist auf kleinen Rädern in U-Eisen-Schienen zu führen. Das Aus- und Einfahren hat mit einer unter dem Wagen angebrachten Drahtseilzugwinde zu geschehen. Die mit der Anbringung beauftragte Firma hält diese Ausführungsart wegen Kräfte- und Materialmangel z.Zt. für undurchführbar. Die Ausführung ist bei einer anderen Firma anzuregen.

Vorstehende technische Abänderungen sind an den im Betrieb befindlichen Fahrzeugen nur dann nachträglich auszuführen, wenn jeweils ein Fahrzeug einer anderen größeren Reparatur unterzogen werden muß. An den in Auftrag gegebenen 10 Saurer-Fahrgestellen sind die vorstehenden Abänderungen so weit als möglich zu berücksichtigen. Da die Herstellerfirma gelegentlich einer Rücksprache betonte, daß konstruktive Abänderungen z.Zt. nicht oder nur für kleinste Abänderungen möglich sind, ist bei einer anderen Firma der Versuch zu unternehmen, mindestens

eines

3

eines dieser 10 Fahrzeuge mit allen Neuerungen und Abänderungen, die sich bisher aus der Praxis ergaben, auszustatten. Ich schlage vor, die Firma in Hohenmauth mit der Einzelausführung zu beauftragen.

Nach den Umständen ist bei diesem Fahrzeug mit einer späteren Fertigstellung zu rechnen. Es ist dann nicht nur als Muster-, sondern auch als Reserve-Fahrzeug bereitzuhalten bzw. einzusetzen. Bei Bewährung sind die übrigen Fahrzeuge nacheinander aus dem Betrieb zu ziehen und dem Musterfahrzeug entsprechend umzubauen.

II. Gruppenleiter II D
ꝟ-Obersturmbannführer R a u f f

mit der Bitte um Kenntnisnahme und Entscheidung vorgelegt.

R 10/6

I.A.
Just

Sü 4/6.
wa

Bild-›Dokumente‹ zur NS-Judenverfolgung?

Udo Walendy

1. Einleitung

Bereits im Ersten Weltkrieg spielte das Bild als Verleumder des Feindes in der alliierten Kriegspropaganda eine zentrale Rolle, wie es F. Avenarius anhand vieler Beispiele aufgezeigt hat.[1] Zwar war die Retuschiertechnik seinerzeit sehr primitiv, und daher waren die Fälschungen für den kritischen Zeitgenossen leicht zu durchschauen, aber in der aufgeheizten Situation des Ersten Weltkrieges waren solche kritischen Geister in der Minderzahl und vor allem unerwünscht. Heute wundert man sich, daß selbst einfache, als solche zu erkennende Zeichnungen und Karikaturen von den damaligen Zeitgenossen für bare Münze genommen wurden. Doch haben wir Anlaß zu solchem Hochmut?

A. Jaubert hat gezeigt, daß besonders diktatorische Systeme zur Manipulation von Fotos oder zur Herstellung gestellter bzw. totalgefälschter Aufnahmen neigen.[2] Allerdings widmet sich Jaubert zum überwiegenden Teil nur der Selbstdarstellung der Herrschenden durch manipulierte und geschönte Bilder, wohingegen gerade die interessante Frage der Propaganda während der Kriegszeit bei ihm größtenteils ausgespart bleibt – und leider auch die Propaganda der demokratischen Systeme, die – allen voran Großbritannien – selten größere Skrupel beim Fälschen hatten als Diktaturen.

Ein Beispiel Jauberts ist es wert, hier näher betrachtet zu werden. Auf S. 78 zeigt er ein Bild, daß die Beschimpfung englischer Kriegsgefangener in Frankreich durch die französische Zivilbevölkerung während der deutschen Besetzung im Zweiten Weltkrieg zeigt. Jaubert interpretiert dies als ein von den deutschen Besatzungstruppen gestelltes Bild. Einen Beweis dafür führt er allerdings nicht an. Da die Alliierten auch auf französische Städte massive Luftangriffe führten, bei denen große Opferzahlen unter der Zivilbevölkerung zu verzeichnen waren,[3] ist es immerhin nicht undenkbar, daß es zu Beschimpfungen alliierter Kriegsgefangener durch Franzosen gekommen ist, vor allem in Anbetracht der Tatsache, daß ein nicht unerheblicher Teil der französischen Bevölkerung teils aus Opportunimus, teils aus Überzeugung mit den Deutschen kollaborierte. Sowohl die alliierten Bombardements als auch die damalige Kollaboration mit den Deutschen aber sind Tabus der heutigen französischen Gesellschaft. Ist also das von Jaubert gezeigte Foto gestellt, oder ist seine Interpretation falsch, da nach seiner Meinung nicht sein kann, was nicht sein darf?

2. Zur Technik der Bildfälschung und ihrer Aufdeckung

Wir unterscheiden nachfolgend drei Arten der Bildfälschung:

1. Echte und unverfälschte Bilder werden falsch untertitelt. Es handelt sich dabei also nicht eigentlich um eine Bildfälschung, sondern nur um die falsche Angabe dessen, was dort angeblich abgebildet ist. Dies ist allerdings seit je eine der wirksamsten Mittel der Irreführung, da das Bild selber ja echt ist und die falsche Betitelung häufig nur entdeckt werden kann, wenn anhand zuverlässiger Quellen nachgewiesen werden kann, was auf dem Bild tatsächlich dargestellt ist. In einigen Fällen jedoch kann man auch anhand von Details des Bildinhaltes selbst beweisen, daß der unterstelllte Gesamtinhalt falsch ist, so zum Beispiel, wenn abgebildete Örtlichkeiten, Personen oder Gegenstände nicht mit dem unterstellten Ereignis in Deckung zu bringen sind.

---

1. F. Avenarius, *Das Bild als Verleumder,* Callwey, München 1916; ders., *Das Bild als Narr,* ebenda 1918; vgl. U. Walendy, *Historische Tatsachen* Nr. 22: »Alliierte Kriegspropaganda 1914–1919«, Verlag für Volkstum und Zeitgeschichtsforschung, Vlotho, nachfolgend als *HT*, 1984.
2. A. Jaubert, *Fotos, die lügen,* Athenäum, Frankfurt/Main 1989.
3. Vgl. z. B. die Einleitung zu A. Grosser, *Ermordung der Menschheit,* Hanser, München 1990, S. 9.

2. Echte Bilder werden gezielt verändert. Hierzu gehört erstens, daß man nur gewisse Ausschnitte eines Bildes wählt, um solche Teile zu entfernen, die die unterstellte falsche Aussage des Bildes widerlegen würden. Zweitens gehört hierzu die Einmontierung eines echten – veränderten oder unveränderten – Bildteils in einen anderen Teil, der wiederum echt oder unecht sein kann, womit der Gesamteindruck des Bildes verändert wird. Die Veränderung des echten Bildteils beschränkt sich dann meistens auf veränderte Gesichter oder Unkenntlichmachung unerwünschter Bildpartien. Dies geschah bis Ende der siebziger/Anfang der achtziger Jahre von Hand, indem man große Abzüge eines Bildes malerisch veränderte oder ergänzte. Solche Fälschungen sind für das geschulte Auge meist leicht zu entdecken, da Schattenwürfe, perspektivische Verzerrungen und naturnahe Darstellung selten exakt glücken. Es gibt jedoch auch Fälle, in denen die Veränderungen nahezu genial glücken oder solche, bei denen diese Veränderungen durch bewußt unscharfes Abfotografieren des manipulierten Abzuges schwer nachweisbar werden.
   Durch die fortgeschrittene Rechnertechnologie können Bilddokumente heute nahezu unbegrenzt manipuliert werden, ohne daß man irgendwelche Veränderungen nachweisen könnte. Heutige Rechnersysteme können an vorhandenen Fotos, die in den Rechner eingeladen (gescannt) werden, sowohl Schattenwürfe sowie perspektivische Verzerrungen als auch natürliche Farb- und Formgebung perfekt manipulieren. Somit haben Bilddokumente heutzutage keinen Beweiswert mehr. Sollte also ein Bild über strittige zeitgeschichtliche Themen heute zum ersten Mal veröffentlicht werden, so muß man es rigoros als Beweis ablehnen. Erst der Nachweis, daß das Material des zugehörigen Negativs bzw. Diapositivs aus der angegebenen Vor-Computer-Zeit stammt, macht das Bild wieder zu einem zeitgeschichtlichen Dokument.
3. Die Totalfälschung. Besteht ein angebliches Bilddokument aus einer abfotografierten Zeichnung oder wurde es aus Komponenten anderer Bilder zusammengesetzt, so hat man es mit einer Totalfälschung zu tun, wobei der Übergang zwischen manipulierten Bildern und Totalfälschungen naturgemäß fließend ist. Die Aufdeckung solcher Fälschungen kann wie bei den retuschierten Bildern sowohl durch Aufdeckung von Widersprüchen in Schattenwurf, Perpektive, Form- und Farbgebung sowie Strichführung als auch durch Nachweis der unmöglichen Kombination von Personen, Gegenständen und Örtlichkeiten gelingen.
   Dank der modernen Rechnertechnologie gilt für die Beweiskraft neuerer Bilddokumente das unter 2. Ausgeführte entsprechend.

3. Bild-›Dokumente‹ über die Judenverfolgung des Dritten Reiches

Kann man angesichts der in diesem Band an vielen Stellen aufgedeckten zweifelhaften Umstände, unter denen Zeugenaussagen, Geständnisse, eidesstattliche Erklärungen, aber auch Dokumente jeder Art über die NS-Judenverfolgung zustande kamen und kommen, kritiklos davon ausgehen, daß alle uns in den letzten Jahren präsentierten Bild-›Dokumente‹ über die NS-Judenverfolgung echt sind? Oder sollte man nicht allenthalben Vorsicht walten lassen und jedes dieser Bilder einer kritischen Untersuchung unterziehen?

Tatsächlich gibt es bisher nur eine Monographie, die sich mit den tatsächlichen oder vermeintlichen Bilddokumenten der NS-Judenverfolgung befaßt.[4] A. Jaubert[2] befaßt sich nicht mit dieser Thematik, da er es möglicherweise für politisch nicht opportun hält. G. Frey[5] reißt das Thema an, widmet ihm jedoch meiner Auffassung nach nicht die Aufmerksamkeit, die es verdienen würde. Ansonsten besteht die Diskussion der etablierten Historikerschaft über die Authentizität solcher Bilddokumente nur in Polemik und Strafanzeigen gegen Zweifler und Kritiker.

---

4. U. Walendy, *Bild-›Dokumente‹ für die Geschichtsschreibung?,* Verlag für Volkstum und Zeitgeschichtsforschung, Vlotho 1973; vgl. auch ders., *Europa in Flammen,* Band II, ebenda 1967, Bildanhang, und U. Walendy, *The Journal of Historical Review (JHR)* 1(1) (1980) 59–67.
5. G. Frey (Hg.), *Vorsicht Fälschung,* FZ-Verlag, München 1991, S. 246–267.

Dies ist deshalb so erschreckend, da das Bilddokument im Zeitalter der Illustrierten und des Fernsehens auf die Bevölkerung eine enorme pädagogische Wirkung hat und somit Bildfälschungen eine kaum zu unterschätzende propagandistische, ja volksverhetzende Wirkung haben. Dies trifft bezüglich der NS-Judenverfolgung besonders zu, da wir es hier mit einem Thema zu tun haben, bei dem der überwiegende Teil unseres Volkes mittlerweile eine Art Betroffenheitsritual eingeübt hat, das jede kritische Auseinandersetzung mit dem vorgelegten Beweismaterial fast unmöglich macht.
Nachfolgend sollen einige Bilder, die immer wieder als Beweisstücke für gewisse tatsächliche oder vermutete Vorkommnisse der NS-Judenverfolgung vorgebracht werden, vorgestellt und einer kritischen Analyse unterzogen werden. Diese Darstellung kann wegen der begrenzten Seitenzahl weder bezüglich der Anzahl der zu analysierenden Bilder noch bezüglich des Umfangs jeder einzelnen Analyse vollständig sein. Eine umfassende Kritik der bekannten Bild-›Dokumente‹ zu diesem Thema, die über meine bisherigen Arbeiten hinausgeht,[6] muß erst noch erstellt werden.

3.1. Falsch betitelte Bilder

Der Nachweis, daß ein Bild tatsächlich das ihm unterstellte Ereignis darstellt, ist vielfach schwierig. In der Regel stehen einem dafür nur Zeugenaussagen zur Verfügung, und zwar einerseits die des Fotografen und andererseits die derjenigen, die das Ereignis selber miterlebt haben und möglicherweise auf dem Foto abgebildet sind. Daneben helfen einem die auf dem Foto gezeigten Örtlichkeiten bei der Feststellung des Aufnahmeortes und evt. auch der Aufnahmezeit. Die Abbildung bekannter Persönlichkeiten, deren Teilnahme am Ereignis überprüfbar ist, kann eine Identifizierung wesentlich erleichtern. Sind auf einem Bild dagegen nur solche Personen abgebildet, deren Identität nicht feststellbar ist, und zeigt auch der Hintergrund der Aufnahme keine charakteristischen Eigenheiten, die eine räumliche und eventuell auch zeitliche Fixierung der Aufnahme ermöglichen, so ist man auf Gedeih und Verderb auf die Aussage des Fotografen angewiesen. Ist sogar dieser unbekannt und nur die Berufung auf Zeugen vom Hörensagen möglich, so sind die Fotos als historische Dokumente annähernd wertlos, da nun jeder über dessen vermeintlichen Inhalt unüberprüfbar behaupten kann, was er will.
Tatsächlich sind für alle nachfolgend gezeigten Bilder sowohl die dargestellten Personen als auch die angeblichen Ersteller völlig anonym. Dies ist ein Faktum, daß auf annähernd alle angeblichen Bild-›Dokumente‹ zum Judenmord zutrifft. Eigentlich sollte das schon Grund genug sein, die Bilder beiseite zu legen. Aber sehen wir uns dennoch einige Exemplare an.
Unser *erstes Bild* zeigt angeblich eine Sammlung medizinischer Muster, die von den amerikanischen Truppen bei der Befreiung des Lagers Buchenwald gefunden worden sein sollen. Es soll sich hierbei um Körperteile verstorbener Häftlinge handeln. Für besondere Furore sorgten dabei angeblich aus tätowierter Menschenhaut bestehende Lampenschirme, Bucheinbände, Lesezeichen sowie zwei Schrumpfköpfe. Diese Beweismittel dienten neben der generellen Anklage in Nürnberg vor allem als Beweismittel in den Prozessen gegen Ilse Koch, die Frau des ehemaligen Lagerkommandanten des KZ Buchenwald. Sie soll lebende Häftlinge im Lager nach ihren Tätowierungen ausgesucht und zur Tötung bestimmt haben, um schließlich aus den Häuten Gebrauchsgegenstände herstellen zu lassen. A. L. Smith hat in seiner ausführlichen Studie festgestellt, daß

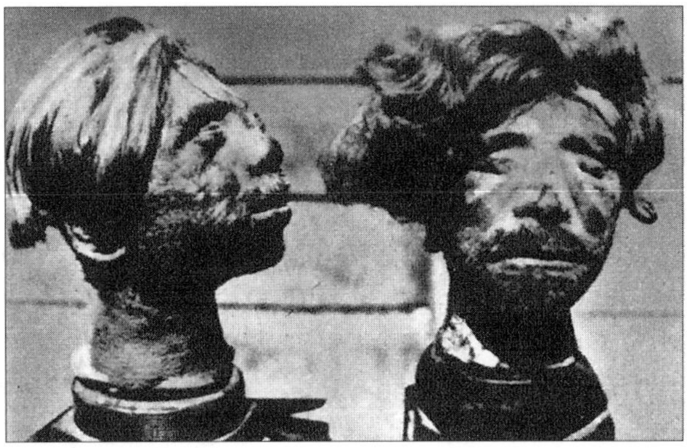

Abbildung 1: Sogenannte Schrumpfköpfe, aus R. Neumann, ›Hitler – Aufstieg und Untergang des Dritten Reichs‹, Oldenbourg, München 1961, S. 183.

6. Neben den Arbeiten in aaO. (Anm. 4) wär hierfür auch auf die vielen Einzelbeispiele zurückzugreifen, die im Sammelwerk *Historische Tatsachen,* Verlag für Volkstum und Zeitgeschichtsforschung, Vlotho 1975–1994, immer wieder veröffentlicht wurden.

Abbildung 3: Jenes in der US-Zeitschrift ›Life‹ vom 21. Mai 1945 reproduzierte Foto mit den »Leichen von nahezu 3.000 Sklavenarbeitern bei Nordhausen«.

Abbildung 2: Angeblich Opfer eines Gemetzels des Bataillons ›Nachtigall‹. Aus H. Bergschicker, ›Der zweite Weltkrieg‹, Deutscher Militärverlag, Berlin 1968.

die durch eine US-Untersuchung als Menschenhaut identifizierten Gegenstände nach ihrer Versendung zum Internationalen Militärtribunal (IMT) nach Nürnberg spurlos verschwanden.[7] Laut Aussage des US-Generals Clay sollen die angeblichen Menschenhaut-Lampenschirme aus Ziegenhaut gewesen sein.[8] Alle sonstigen später aufgefundenen Gegenstände waren entweder aus Kunst- bzw. Tierleder, aus Stoffen oder Pappe. Die später vor einem deutschen Gericht erhobenen Anschuldigungen gegen Frau Koch ruhten lediglich auf den unglaubwürdigen Aussagen jener Berufszeugen der Dachauer Prozesse, wie sie M. Köhler im vorliegenden Band bereits charakterisiert hat. Frau Koch, zuvor von den Amerikanern in Dachau zu lebenslanger Haft verurteilt und schließlich begnadigt, wurde in der damals herrschenden Atmosphäre von Hysterie, »Propaganda und Massensuggestion«[9] von einem deutschen Gericht in Augsburg wiederum zu lebenslanger Haft verurteilt und beging später Selbstmord. Die zwei gleichzeitig präsentierten Schrumpfköpfe erwiesen sich als südamerikanischer Provenienz mit einer Inventarnummer eines deutschen anthropologischen Museums.
Smith meint, es habe im KZ Buchenwald einen Medizinstudenten der Universität Jena gegeben, der seine Dissertation über den Zusammenhang von Hauttätowierungen und Kriminalität angefertigt habe. In diesem Zusammenhang sei es möglicherweise zur Verwendung tätowierter Haut, allerdings bereits gestorbener Häftlinge gekommen.[10] Da die Verwendung von Körperteilen Verstorbener für die medizinische Forschung und Lehre bei Einverständnis der Verstorbenen oder ihrer Angehörigen nichts Außergewöhnliches noch Verwerfliches ist, wäre zu klären, ob und in welchem Rahmen diese Hautentnahme geschah. Auf jeden Fall sind die den aufgefundenen Beweismitteln unterschobenen Geschichten von vorne bis hinten erlogen.
Abbildung 2 soll nach Bergschicker die Opfer eines Gemetzels des ukrainischen Nationalisten-Bataillons Nachtigall zeigen, dessen politischer Offizier angeblich Theodor Oberländer war.[11] Kurt Ziesel wies in seinem Buch *Der Rote Rufmord* nach, daß diese gegen den damaligen Bundesminister gerich-

7. A. L. Smith, *Die ›Hexe von Buchenwald‹*, Böhlau, Köln 1983, S. 103, 138, 153, 164; vgl. U. Walendy, *HT* Nr. 43, 1990, S. 15 ff.; G. Frey, aaO. (Anm. 5), S. 200 ff., 211; A. Mohler, *Der Nasenring*, Heitz & Höffkes, Essen 1989, S. 133 ff.
8. A. L. Smith, aaO. (Anm. 7), S. 227.
9. Ebenda, S. 138.
10. Ebenda, S. 127 f.
11. H. Bergschicker, *Der Zweite Weltkrieg*, Deutscher Militärverlag, Berlin (Ost) 1963, S. 150.

tete Kampagne auf einer falschen Bilduntertitelung beruhte.[12] Das Bild zeigt tatsächlich Opfer des sowjetischen NKWD, der vor dem Rückzug der Roten Armee 1941 Regimegegner massenweise liquidierte. Dieser Fall ist kein Einzelbeispiel. Gerne werden irgendwelche Leichenansammlungen ohne Beweise irgendeinem vermeintlichen Missetäter untergeschoben, und da die Deutschen diesbezüglich gutgläubig und zu voreilenden Schuldeingeständnissen bereit gemacht worden sind, erwischt es sie am häufigsten. Ein ähnliches Beispiel zeigt *Abbildung 3,* abgebildet unter anderem in der amerikanischen Zeitschrift *Life* vom 21. 5. 1945. Danach stellt dies eine Ansammlung toter Sklavenarbeiter des KZ Nordhausen dar. Das Blatt suggeriert durch seinen Kommentar, daß diese Häftlinge durch Hunger, Überarbeitung und Schläge gestorben seien. Tatsächlich jedoch hat unter anderen M. Broszat festgestellt, daß diese toten KZ-Häftlinge Opfer eines alliierten Luftangriffes waren.[13]
Abbildung 4 soll angeblich Massenmord-Opfer von Auschwitz zeigen.[14] Tatsächlich jedoch handelt es sich hierbei um Typhus-Opfer des KZ Bergen-Belsen. Bis heute kennt man keine ähnlichen Aufnahmen des KZ Auschwitz oder anderer Orte angeblicher Massenvernichtung. Es geschieht daher wahrscheinlich in Ermangelung anderer Bilder immer wieder, daß die Hunger-, Typhus- und sonstigen Opfer von Mangelversorgung und unhygienischen Zuständen in den Lagern des Dritten Reiches gegen Kriegsende als Opfer eines vorsätzlichen Massenmordes hingestellt werden. Tatsächlich machten die auf den unbefangenen westalliierten Zuschauer infernalisch wirkenden Zustände der westlichen Lager am Kriegsende den Eindruck, als wären in diesen Lagern Massentötungen mit Vorsatz vorgefallen, so daß die entsprechenden ersten alliierten Meldungen verständlich erscheinen. Tatsächlich wurden diese Bedingungen jedoch durch äußere Umstände bewirkt, so zum Beispiel durch die von Himmler zu dieser Zeit sicherlich unsinnigerweise befohlene Evakuierung frontnaher Lager ins Landesinnere,[15] die damit verbundene völlige Überbelegung der verbliebenen Lager und die zusammenbrechende sanitäre, medizinische und Nahrungsmittelversorgung der Lager infolge des völligen Zusammenbruchs der Infrastruktur des zu Tode gebombten Dritten Reiches. Norbert Frei führt dementsprechend zur Reaktion der Westalliierten bei ihrer Ankunft in den KZs aus:[16]

Abbildung 4: Aufnahme von Typhustoten die nach der englischen Besetzung des KZs Bergen-Belsen gemacht wurde und die in verschiedenen Zeitschriften, etwa ›Quick‹ im Jahre 1979, wiedergegeben wurde.

»Der Schock über die Entdeckungen führte nicht selten zu faktisch falschen Schlußfolgerungen, die sich zum Teil als recht zählebig erweisen sollten. Paradoxerweise konnten aber auch daraus historisch-politisch richtige Einsichten erwachsen.«

Wahrscheinlich versteht er unter den historisch richtigen Schlußfolgerungen jene im Westen falschen Vernichtungsunterstellungen, die sich bezüglich der vermeintlichen Vernichtungslager im Osten als richtig erwiesen haben sollen. Die politisch richtigen Schlußfolgerungen dürften sich schließlich auf die volkspädagogisch erwünschten Wirkungen der falschen Betitelung solcher Aufnahmen beziehen.[17]

12. K. Ziesel, *Der rote Rufmord,* Schlichtenmayer, Tübingen 1961, S. 78ff.; vgl. U. Walendy, aaO. (Anm. 4), S. 3 ff.
13. M. Broszat, *Studien zur Geschichte der Konzentrationslager,* Schriftenreihe der Vierteljahrshefte für Zeitgeschichte Nr. 21, Stuttgart 1970, S. 194 f.; vgl. U. Walendy, *HT* Nr. 34, 1988, S. 37.
14. So die *Quick* im Jahre 1979, nach G. Frey, aaO. (Anm. 5), S. 259, der kein genaues Datum angibt.
15. Vgl. dazu Vgl. A. Rückerl, *NS-Prozesse,* C.F. Müller, Karlsruhe [2]1972, S. 122 ff.
16. Vgl. dazu N. Frei, *Vierteljahrshefte für Zeitgeschichte (VfZ),* 35 (1987) 385–401, hier 400
17. Zwei weitere falsche Bildbetitelungen: M. Weber, »The Warshaw Ghetto Boy«, *JHR* 14(2) (1994) 6 f.; »Inaccurate Time Magazine Photo Caption Defames Ukrainians«, *JHR* 14(2) (1994) 8.

3.2. Verfälschte Bilder

Bild 5a wurde inzwischen mehrfach als Beweis für unmenschliche Judendeportationen in Ghettos und Vernichtungslager[18] publiziert und auch im Deutschen Fernsehen als solches gezeigt.[19] Was dieses Bild jedoch tatsächlich darstellt, kann man bei der Bildstelle der Bundesbahndirektion Hamburg erfahren. Danach handelt es sich um einen im Hamburger Bahnhof stehenden, mit deutschen Flüchtlingen vollbesetzten Leergüterzug für das Ruhrgebiet im Jahr 1946. Im Hamburger Hauptbahnhof schließlich hängt das unretuschierte Originalbild, Bild 5b.[20] Dort erkennt man links im Bild Doppeldecker-Personenwaggons auf dem Weg nach Lübeck und rechts Gebäudeteile des Hauptbahnhofs. Beide Indizien hätten es ermöglicht, den Hamburger Hauptbahnhof als Aufnahmeort zu identifizieren, beides wurde in der Fälschung retuschiert bzw. herausgeschnitten. Mit dieser Feststellung soll durchaus nicht behauptet werden, daß es keine Deportationen von Juden in Ghettos und Konzentrationslagern gegeben hat, und auch nicht, daß diese Transporte nur in komfortablen Personenzügen erfolgten, auch wenn dies besonders in der Anfangsphase der Deportationen durchaus der Fall war. Die Aufdeckung dieser Fälschung soll nur zur Skepsis gegen vermeintliche Bilddokumente auffordern.

Abbildung 5a: Retuschiertes Bild mit der Überschrift »Transporte in Ghettos und Vernichtungslager«, in H. Eschwege, *Kennzeichen J,* Berlin 1981

Abbildung 5b: Das Orginalbild der Bundesbahndirektion Hamburg mit der Überschrift: »Güterzüge mit Flüchtlingen 1946. Vollbesetzter Leerzug für das Ruhrgebiet. Im Hintergrund Doppelstockwagen nach Lübeck.«

18. H. Eschwege (Hg.), *Kennzeichen ›J‹,* Deutscher Verlag der Wissenschaften, Berlin (Ost) 1981, S. 185; vgl. S. 173.
19. *Der Tod ist ein Meister aus Deutschland,* Teil 3, 2. 5. 1990; vgl. E. Gauss, *Vorlesungen über Zeitgeschichte,* Grabert, Tübingen 1993, S. 144 f.
20. So auch veröffentlicht in *Hamburger Abendblatt,* 21. 10. 1981, S. 4; vgl. G. Frey, aaO. (Anm. 5), S. 258; U. Walendy, *HT* Nr. 13, 1982, S. 16.

Die *Bildergruppe 6* bedarf eigentlich keines weiteren Kommentars.[21] Sie soll, je nach Version verschieden, den Münchener Juden Dr. S(p)iegel (oder auch A. Schwartz) zeigen, der 1933 bei der Polizei Schutz suchen wollte, jedoch von dieser mit einem Plakat versehen und der Schuhe, Strümpfe und Beinkleider beraubt, durch die Innenstadt getrieben worden sei. Andere Quellen geben an, dies sei eine Szene aus der Reichskristallnacht, also vom 9. 11. 1938 (seit wann ist es nachts hell?). Trotz intensiver Forschung gelang es bisher nicht, die volle Identität dieses Menschen zu lüften. Zwar gelang es herauszubekommen, daß im Jahre 1979 ein Jude namens Dr. Michael Siegel, Inhaber des Bundesverdienstkreuzes, in seinem ständigen Wohnsitz in Peru verstorben ist, doch ein Konterfeit wurde bis heute von niemandem der Öffentlichkeit zugänglich gemacht.[22]

Die dem Bild zugrunde liegenden Fotos sind offensichtlich weitgehend retuschiert worden, was nicht nur an der ständig wechselnden Beschriftung des Plakates erkennbar ist, sondern auch an dem unwirklich erscheinenden, unscharfen Unterleib des Herrn S(p)iegel/Schwartz.

Interessant ist eine Karikatur, die der einen Bilder-Gruppe verblüffend ähnlich sieht und bereits im Jahre 1935 veröffentlicht wurde, dort aber nicht als auf einem echten Bild basierend deklariert wurde, *Abbildung 7*.[23] Im Gegensatz dazu wurden die in Abbildungsgruppe 6 gezeigten Bilder erst nach dem Krieg nach und nach veröffentlicht. Damit stellt sich die interessante Frage: War die Karikatur zuerst da oder das Bild? Handelt es sich also möglicherweise um eine Komplettfälschung? Man darf spekulieren. . .

Abbildung 8 soll dem *Spiegel* zufolge einen KZ-Wächter mit seinen Opfern im KZ Buchenwald zeigen. Die Häftlinge sollen an den Händen zusammengebunden an Bäumen hängen.[24] Hierzu kann ich nur jeden zum Selbstversuch raten: Hängen Sie sich in einer Turnhalle mit den Händen nach hinten an eine Sprossenwand und versuchen Sie, die Beine dabei angewinkelt zu halten. Ich beglückwünsche Sie zu Ihrer wohltrainierten Bauchmuskulatur, wenn Sie dies länger als eine Minute aushalten. Übrigens scheinen die Bindfäden, mit denen die vermeintlichen Häftlinge an die Bäume gebunden sind, unerklärbar haltbar zu sein. Stricke jedenfalls können es nicht sein, denn die wären so dick, daß man sie sähe. Dies scheint also eine Fotomontage zu sein, wenn nicht gar ein komplett gefälschtes Bild, also ein Gemälde.

Abbildungsgruppe 6
Abbildung 7: Karikatur aus dem französischen Machwerk *Israël souviens-toi! Think of it, Israel, Israel denke daran,* herausgegeben von E. Varlin und 1935 in Paris erschienen.

21. Bezüglich der vielen einzelnen Quellennachweise vgl. U. Walendy, aaO. (Anm. 4), S. 68; ders., *HT* Nr. 34, 1988, S. 38 ff., ders., *HT* Nr. 38, 1989, S. 31 ff.
22. Ebenda, S. 31 ff.
23. E. Varlin, *Israel denke daran!,* E. Varlin Edition, Paris 1935; vgl. U. Walendy, *HT* Nr. 34, 1988, S. 38.
24. *Der Spiegel* Nr. 40, 10.10.1966, S. 101; vgl. Eschwege, aaO. (Anm. 18), S. 266.

Abbildung 8 (a,b): Das linke Bild erschien im *Spiegel* (42/1966) mit der Überschrift »Im SS-Staat das perfekte Sklavensystem«; rechts eine ›Variante‹ mit der Überschrift »SS-Sadisten ›verordnen‹ das ›Baumhängen‹«, erschienen in H. Eschwege, aaO. (Anm. 18), S. 266.

Abbildung 9 (a, b, c) hat Anfang 1994 einen aktuellen Bezug erhalten, als sich ein Mädchen in Halle selber ein Hakenkreuz aufmalte und damit die Medien, die Staatsanwaltschaft und die ganze linke Bewältigungschickeria an der Nase herumführte und zu großen Straßendemonstrationen gegen die ›Rechtsradikalen‹ veranlaßte.[25] Ihre Idee war nicht neu, wie man leicht anhand der immer wieder wechselnden Judenkreuze auf der Stirn der drei anonymen Juden erkennt, abgebildet vor einem völlig neutralen Hintergrund.[26] Montage oder Gemälde?

Abbildung 9 (a): Mit der Überschrift »SS-Männer schnitten Juden Sterne in die Haut« erschien dieses Bild in *Faschismus, Getto, Massenmord,* herausgegeben vom Jüdischen Historischen Institut Warschau, Frankfurt/Main 1960, S. 42.

Abbildung 9 (b,c): links: Ausschnitt, erschienen bei R. Neumann, *Hitler – Aufstieg und Untergang des Dritten Reichs* (aaO., Anm.25); man merke, daß die ›Sterne‹ woanders sitzen; rechts: das gleiche Bild bei T. Kotarbinski, *Meczenstwo walka, zaglada zydow w Plsce 1939–1945,* Warschau 1960, Bild Nr. 38

25. Vgl. *Welt am Sonntag,* 16. 1. 1994, S. 1.
26. Abbildung a): R. Neumann, *Hitler – Aufstieg und Untergang des Dritten Reiches,* Desch, München 1961, S. 151; Abb. b): Jüdisches Historisches Institut Warschau, *Faschismus, Getto, Massenmord,* Röderberg, Frankfurt/Main 1960, S. 42; R. Neumann, H. Koppel, *The Pictorial History of the Third Reich,* Bantam Books, New York 1962, S. 148; Abb. c): T. Kotarbinski, *Meczenstwo walka, zaglada zydow W Polsce 1939–1945,* Warschau 1960, Bild Nr. 38; vgl. U. Walendy, aaO. (Anm. 4), S. 28 f.

Abbildung 10 soll nach R. Schnabel lebende neben toten Häftlingen im KZ Mauthausen zeigen.[27] *Abbildung 11* ist ein echtes Foto mit einem dem linken Bildteil von Abb. 10 analogen Motiv. Es stellt sich sonnende kranke Häftlinge im Russenlager des KZ Mauthausen dar.[28] Die Häftlinge können in beiden Bildern annähernd komplett zur Deckung gebracht werden. Auffällig an Abb. 10 ist zunächst seine gegenüber dem Original merkliche Unschärfe, was eine Fälschung schwerer erkennbar macht. Sodann erkennt man leicht, daß die im Hintergrund links befindliche Baracke völlig neu gemalt wurde, ebenso wie der ganze rechte Bildteil hinzugemalt wurde. So hat zum Beispiel die Baracke rechts ein schiefes Fenster und einen falschen Schattenwurf.

Abb. 10: aus R. Schnabel *Macht ohne Moral*

Abb. 11: aus V. Berdych *Mauthausen*

Die *Abbildung 12* soll angeblich Freiluftverbrennungen von Opfern der Massenvergasungen im Krematorium V in Birkenau darstellen, aufgenommen aus einem Fenster des Krematoriums V.[29] Tatsächlich entspricht der im Hintergrund befindliche Zaun und der Verlauf des Waldes annähernd den Gegebenheiten, wie sie damals waren. Einer der heute zugänglichen Luftaufnahmen kann an der entsprechenden Stelle auch eine leichte Rauchentwicklung entnommen werden.[30] Es ist also möglich, daß die Grundlage dieses Bildes ein echtes Foto ist. Einige Details der Abbildung 12 machen uns jedoch skeptisch. So zum Beispiel die links hinten stehende, nur schematisch erkennbare Gestalt, die sich auf einen Stock stützt. Da alle anderen Gestalten auf diesem Bild von der Sonne hell erleuchtet sind, ist diese Dunkelheit und Konturlosigkeit nicht zu erklären. Auch die Form der angeblichen Leichen darf uns skeptisch machen, besonders die in *Abbildung 13* vergrößerte. Wahrscheinlich wurde hier also der erwünschten Wahrheit auf die Sprünge geholfen, indem man bei einem Feuer durch Hinzufügen von Leichen und Arbeitern eine Kremierungsszene inszeniert hat. Aber selbst wenn das Bild echt wäre: Wären dies dann Opfer einer Vergasung oder einer Typhus-Epidemie?

27. R. Schnabel, *Macht ohne Moral,* Röderberg, Frankfurt/Main 1957, S. 332.
28. V. Berdych, *Mauthausen,* Nase Vojsko, Prag 1959, Bildanhang Nr. 50; vgl. U. Walendy, aaO. (Anm. 4), S. 36 f.
29. Internationale Föderation der Widerstandskämpfer (Hg.), *Die SS-Henker und ihre Opfer,* Selbstverlag, Wien 1965, S. 17; J.-C. Pressac, *Auschwitz: Technique and Operation of the Gaschambers,* Beate Klarsfeld Foundation, New York 1989, S. 422, 424; ders. *Les Crématoires d'Auschwitz – la Machinerie du meurtre de masse,* Éditions de CNRS, Paris 1993, Doc. 57;G. Schoenberner, *Der gelbe Stern,* Rütten und Loening, Hamburg 1960, S. 162.
30. Aufnahme vom 31. 5. 1994, Ref. No. RG 373 Can D 1508, exp 3055.

Abbildung 13: Eine Vergrößerung von Abbildung 12, in G. Schoenberner, aaO. (Anm.29), S.162. Der linke Arm des über die vermeintlichen Leichen steigenden Mannes ist viel zu lang und scheint außerdem zwei Ellenbögen zu haben. Die sehr unscharf abgebildeten am Boden liegenden Körper weisen zudem eine unmögliche Anatomie auf.

Abbildung 12: Bei Pressac, auch in der deutschen Ausgabe, *Die Krematorien von Auschwitz,* Piper, München 1994, als Dokument 57 enthalten.

Die *Abbildungsgruppe 14* (a,b,c) soll die Erschießung polnischer Juden an einem offenen Grab dokumentieren.[31] Der schießende Soldat besitzt mal eine Brille, mal keine, mal weiße Ränder am Kragenspiegel, mal nicht. Er wirkt wie ausgeschnitten und eingeklebt: Helle Ränder an der Uniform, kein Schattenwurf. Auch die Männer im Hintergrund wirken beim Übergang zum Hintergrund wie ausgeschnitten. Man versuche zudem, die Beine den einzelnen Männern zuzuordnen. Wahrscheinlich handelt es sich hierbei um eine Fotomontage, mit Sicherheit aber um eine Fälschung mit gemalten Szenen.

31. Abbildung a): R. Schnabel, aaO. (Anm. 27), S. 397; Abb. b): H.-A. Jacobsen u. H. Dollinger (Hg.) *Der Zweite Weltkrieg in Bildern und Dokumenten,* Band I, Desch, München 1962, S. 100; *Der Spiegel* Nr. 51/1966, S. 86; Abb. c): M. Dor, R. Fedemann, *Das Gesicht unseres Jahrhunderts,* Econ, Düsseldorf 1960, S. 168; vgl. U. Walendy, aaO. (Anm. 4), S. 40 ff.

3.3. Totalgefälschte Bilder

Die *Abbildungsgruppe 15* soll nackte Häftlinge in einer Schlange vor den Gaskammern von Treblinka zeigen.[32] Nur Kinder und durch Massensuggestion narkotisierte Erwachsene können dieses zudem in der dritten Version durch Hinzufügen einer Frau geänderte Gemälde nicht von einem echten Bild unterscheiden.

Abbildung 15a: Aus Jüdisches Historisches Institut Warschau, *Faschismus – Getto – Massenmord* (S. 334), mit der Überschrift »Frauen mit Kindern unmittelbar vor der Exekution«.

Abbildung 15b: Aus Gerhard Schoenberger, *Der gelbe Stern*, Hamburg 1960 – mit dem Legendentext: »Der Fotograf der Frauen in Treblinka, die, mit ihren Kindern auf dem Arm, in die Gaskammern gehen, ist nicht bekannt.«

Abbildung 15c: aus S. Einstein, *Eichmann – Chefbuchhalter des Todes,* Frankfurt/M. 1961, S. 202

32. Abb. a): Jüdisches Historisches Institut Warschau, aaO. (Anm. 26), S. 334; Abb. b): G. Schoenberner, aaO. (Anm. 29), S. 163; Abb. c) S. Einstein, *Eichmann – Chefbuchhalter des Todes,* Röderberg, Frankfurt/Main 1961, S. 202; A. Donat (Hg.), *The Death Camp Treblinka,* Holocaust Library, New York 1979, S. 260 f.; vgl. U. Walendy, aaO. (Anm. 4), S. 14 ff.

Das gleiche gilt für die *Abbildungsgruppe 16,* die nackte Häftlinge vor einer Massenexekution in Lettland zeigen soll.[33]

Abbildungsgruppe 16: Links aus G. Schoenberner, *Der gelbe Stern,* mit der Legende »Massenexekution in Lijepaja«; rechts aus S. Einstein, *Eichmann – Chefbuchhalter des Todes.*

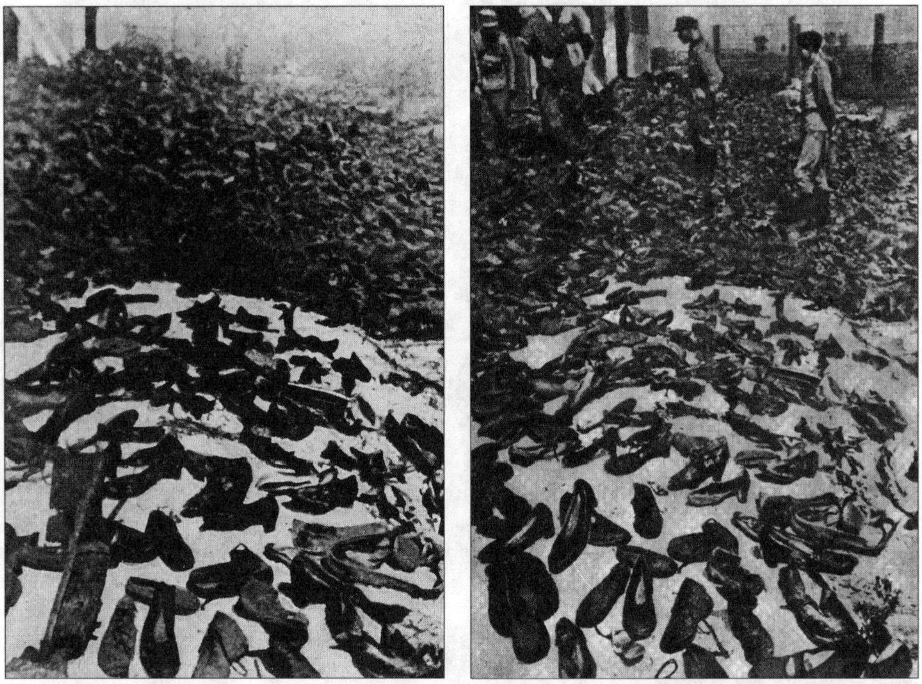

Abbildungsgruppe 17: links aus R. Schnabel, *Macht ohne Moral* mit der Legende »Tausende von Schuhen ermordeter Häftlinge in Auschwitz«; rechts aus

Abbildungsgruppe 17 zeigt angeblich Schuhberge der in Auschwitz oder Majdanek – je nach Publizist – ermordeten Häftlinge.[34] Der unscharfe Hintergrund und die unrealistisch gemalt wirkenden Schuhe dieser, was die Schuhe anbelangt, gleichen, ansonsten aber sehr unterschiedlichen Bilder, läßt auch hier die Vermutung aufkommen, daß es sich schlicht um ein Gemälde handelt.

Häufig werden dem Publikum irgendwelche Berge von Schuhen, Brillen, Rasierpinseln, Eheringen oder ähnliches als Beweis für die Vernichtung der Juden präsentiert. Logisch betrachtet ist dieser Beweis ebenso schlüssig wie die Behauptung, das Vorhandensein von Bergen von Altkleidern, die jährlich in Deutschland z. B. vom Roten Kreuz gesammelt werden, sei Beweis, daß das Rote Kreuz bei jeder Sammlung das deutsche Volk vernichte. Tatsächlich ist heute kaum mehr in Erinnerung, daß im Dritten Reich besonders in der Kriegszeit aus chronischem Rohstoffman-

33. Abb. a): S. Einstein, aaO. (Anm. 32), S. 200; Abb. b): *Der Spiegel* Nr. 53/1966, S. 48; G. Schoenberner, aaO. (Anm. 32), S. 97; vgl. U. Walendy, aaO. (Anm. 4), S. 18 ff.
34. Abb. a): R. Schnabel, aaO. (Anm. 27), S. 244; Abb. b): C. Simonov, *The Lublin Extermination Camp,* Foreign Languages Publication House, Moskau 1944, S. 12; vgl. U. Walendy, aaO. (Anm. 4), S. 70 f.

gel annähernd alles gesammelt und wiederverwertet wurde. Wer garantiert uns also, daß ausnahmsweise einmal auftauchende echte Aufnahmen nicht einfach die Sammelergebnisse solcher Aktionen zeigen?[35] Vielleicht wurden sie auch einfach nur von den Alliierten gesammelt, um ebensolche Propagandaaufnahmen anzufertigen.[36]
Diese auf jeden Fall gänzlich ungeeigneten ›Beweismittel‹ sind besonders tragisch, da seltsamerweise besonders solche Ansammlungen von Gegenständen auf den normalen Zuschauer überzeugend wirken und für eine betroffene Grundstimmung sorgen, wie der Film *Todesmühlen* zeigte, der der deutschen Bevölkerung nach dem Krieg gezeigt wurde und entsprechende Passagen enthielt.[37]

3.4. Filme

Dieser Film wurde von den Amerikanern kurz nach Kriegsende sowohl der deutschen Zivilbevölkerungen als auch den nach vielen Hunderttausenden zählenden deutschen Kriegsgefangenen vorgeführt. Er stellte angeblich die Greuel der KZs dar und sollte zur Umerziehung des deutschen Volkes beitragen. Allerdings gab es seinerzeit durchaus Widerspruch gegen die Authentizität des Films. So berichtet Chamberlin von gelegentlichen Unruhen bei der Vorführung des Filmes, wobei der dort aufkeimende Widerspruch allerdings vom sich betroffen fühlenden Publikum z.T. gewalttätig unterdrückt wurde.[37] Zeitgenössischen Berichten zufolge wurde die Kritik dadurch hervorgerufen, daß den wahrscheinlich authentischen Bildern und Filmsequenzen der Zustände deutscher Konzentrationslager bei Kriegsende Szenen hinzugefügt wurden, die Leichenberge aus ausgebombten deutschen Städten bzw. ausgemergelte deutsche Internierte in den Lagern des ›automatic arrest‹ zeigten – von den Besatzern allerdings ausgegeben als KZ-Opfer.[38] Da Chamberlin von Problemen der Besatzungsbehörden bei der Beschaffung ausreichenden Filmmaterials zur Erstellung des Filmes zu berichten weiß,[39] erscheint es durchaus plausibel, daß man zu dieser ›Notlösung‹ gegriffen hat. Leider sind diese Vorwürfe nie dokumentarisch niedergelegt und belegt worden, so daß deren heutige Nachprüfung schwer fallen muß, vor allem, da die allein kompetente Erlebnisgeneration langsam ausstirbt.
Eine inzwischen erwiesene Komplett-Filmfälschung wurde von den Amerikanern während des IMT vorgeführt. Es handelte sich dabei um die filmische Aufnahme der angeblichen Entdeckung von Goldzähnen ermordeter Juden in der Reichsbank in Frankfurt.[40] Während der Verhandlungen und im Laufe späterer Ermittlungen stellte sich jedoch heraus, daß die Amerikaner diese Szene von Anfang bis Ende gestellt hatten.[41] Woher das angebliche Zahngold kam und wo es verblieben ist, ist ähnlich rätselhaft wie das Schicksal der vermeintlich im KZ Buchenwald gefundenen Menschenhäute.
Diffiziler ist dagegen der Film, den die Amerikaner ebenfalls während des IMT vorführten, und der ähnlich wie der Streifen *Todesmühlen* die vermeintlichen Greuel der KZs zeigen sollte. Neben der falschen Behauptung, im Duschraum des KZ Dachau seien Häftlinge vergast worden, wurden hier die berühmten Schrumpfköpfe und vermeintlichen Menschenhautrequisiten gezeigt sowie viele an Typhus und Unterernährung gestorbene Häftlinge, allerdings mit fehlleitenden Kommentaren.

---

35. Vgl. U. Walendy, *HT* Nr. 31, 1987, S. 33.
36. E. Gauss, aaO. (Anm. 19), S. 21, stellt die Hypothese auf, daß die im Museum Auschwitz gezeigten Schuhe nicht von Häftlingen, sondern von der umliegenden Bevölkerung stammen, die diese nach dem Krieg dort ablieferte.
37. B. S. Chamberlin, »Todesmühlen. Ein Versuch zur Massen-›Umerziehung‹ im besetzten Deutschland 1945-1946«, *Vierteljahrshefte für Zeitgeschichte,* 29 (1981) 420–436, hier S. 432.
38. *Die Unabhängigen Nachrichten,* Nr. 11 (1986), S. 11, berichteten, daß die Alliierten deutsche Aufnahmen von Leichenbergen des alliierten Terrorangriffs auf Dresden in ihrem Film *Todesmühlen* verarbeiteten, und zwar als vermeintlichen Beweis für die Massenmorde in den KZs.
39. B. S. Chamberlin, aaO. (Anm. 37), S. 425 f.
40. *Der Prozeß gegen die Hauptkriegsverbrecher vor dem Internationalen Miltärgerichtshof Nürnberg,* Nürnberg 1947, Band XIII, S. 186 ff.
41. Vgl. H. Springer, *Das Schwert auf der Waage,* Vowinckel, Heidelberg 1953, S. 178 f.; P. Kleist, *Aufbruch und Sturz der Dritten Reiches,* Schütz, Göttingen 1968, S. 346; U. Walendy, *HT* Nr. 43, 1990, S. 12 ff.

Eindeutig mit gefälschten Szenen versehen ist auch der Film, den die Sowjets von der Befreiung des Lagers Auschwitz drehten und erst Mitte der achtziger Jahre veröffentlichten. So wird dort z. B. der Kopf eines Häftlings gezeigt, dessen Rumpf auf einem Scheiterhaufen verbrannt worden sein soll, während der Kopf mit entsetzten Augen in die Kamera schaut. Wäre der Rumpf tatsächlich vom Feuer verzehrt worden, so hätte der Kopf unmöglich die volle Haartracht behalten können, und auch die Augen wären infolge der Hitze zumindest eingetrübt worden, wenn nicht sogar geplatzt.

Seltsam erscheint mir in diesem Zusammenhang, daß der Westen Filme der Sowjetunion über angebliche Greuel der Amerikaner in Korea oder Vietnam nie ohne eine vorherige kritische Analyse als wahr akzeptieren würde, wohingegen dieser und ähnliche, das Dritte Reich belastende Filme völlig unkritisch als Unterrichtsmaterial in den Schulen eingesetzt werden.

Von ganz anderer Kategorie sind die Spielfilme in der Machart von *Holocaust, Shoah* und *Schindlers Liste,* denen naturgemäß keinerlei Beweiswert zukommt, die jedoch einen ungeheuren psychologischen Einfluß auf die Massen haben.[42] Obwohl das Urteil der Historiker über den Film *Holocaust* auch auf die anderen Filme zutrifft, daß sie nämlich historisch unhaltbar sind, begrüßt man sie dennoch aufgrund ihrer willkommenen ›volkspädagogischen Wirkung‹.[43]

An einem Beispiel soll die historische Unhaltbarkeit solcher Filme demonstriert wer-

Abbildung 18: Szene aus dem Film *Schindlers Liste*

Abbildungen 19 + 20: Richtigstellung durch John Ball anhand der US-Luftaufnahmen aus dem Jahre 1944.

42. Zu Holocaust vgl. T. Ernst, *Aus Politik und Zeitgeschichte,* 31(34) (1981) 3–22, und P. Malina, *Zeitgeschichte* (Wien) *(ZG)*, 7 (1979/80) 169–191; zu Shoah G. Botz, *ZG*, 14 (1986/87) 259–265; R. Faurisson, *JHR* 8(1) (1988) 85–92.

43. Vgl. M. Broszat, *VfZ*, 27 (1979) 285–298; P. Dusek, *ZG* 6 (1978/79) 266–273.

den. *Abbildung 18* zeigt eine Szene aus *Schindlers Liste*, in der der Lagerkommandant Göth vom Balkon seines Hauses wahllos in die Häftlingsmenge des Lagers Plaszow schießt. Luftaufnahmen aus damaliger Zeit kann man jedoch entnehmen, daß das Haus des Kommandanten am Fuß einer Anhöhe, das Lager selbst jedoch auf dieser Anhöhe lag, *Abbildung 19.*[44] Die im Film dargestellte Szene, die eine Anordnung von Kommandantenhaus und Lager analog *Abbildung20* erfordert hätte, war also schon aus rein geographischen Gründen unmöglich.

Daß der Film *Schindlers Liste,* basierend auf einem frei erfundenen Roman,[45] absichtlich in schwarz-weiß und mit unruhiger Kameraführung gedreht wurde, um dem Zuschauer damit fälschlich den Eindruck eines Dokumentarfilmes zu vermitteln, wird offen zugegeben[46] und zeigt die Intention der Filmemacher und derjenigen, die nicht nur in Deutschland und Österreich ganze Schulen geschlossen in diesen Kinofilm führen.

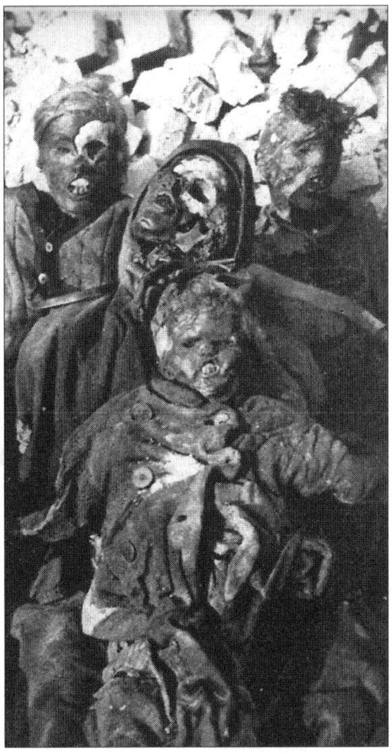

4. Statt einer Schlußfolgerung: Einige weniger bekannte echte Bilder

Abbildungsgruppe 21 zeigt Opfer des Holocaust der deutschen Zivilbevölkerung in den von den Alliierten bewußt bombardierten Wohnvierteln deutscher Städte.[47] Insgesamt dürften durch die alliierten Terrorbombardements in Deutschland etwa 1 Million Deutsche auf diese Art gestorben sein.[48] Diese Bilder unterscheiden sich drastisch von den ausgemergelten Hunger- und Typhusopfern deutscher KZs.

Abbildungsgruppe 21 (a,b,c): Deutsche Zivilopfer der alliierten Bombenangriffe. Abgeworfene Bombenlast: 2 767 000 t.

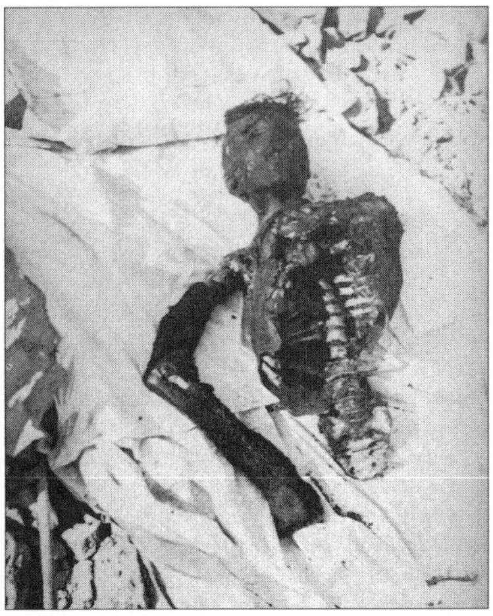

44. Nach Luftaufnahmen National Archives, Wash., D.C. Nos.: DT RL 751, Krakau, 3. 5. 1944; TuGx 895 A SK, exp. 382 f., Oktober 1944; zitiert nach J.C. Ball, *Schindlers Liste – bloßgestellt als Lügen und Haß,* Samisdat Publishers, Toronto 1994.
45. T. Keneally, *Schindlers Ark,* Touchstone, New York 1982. Im Impressum heißt es: »This book is a fiction. Names, characters, places and incidents are either products of the author's imagination or are used fictitiously. Any resemblance to actual events or locales or persons, living or dead, is entirely coincidental.«
46. *Film & TV Kameramann,* Nr. 2/1994, S. 24 ff., bes. Aussage des Chefkameramanns J. Kaminski, S. 27.
47. Morale Division, U.S. Strategic Bombing Survey, Medical Branch Report, *The Effect of Bombing on Health and Medical Care in Germany,* War Department, Washington 1945, S. 17, 21, 23, dankenswerter Weise erhalten von F. P. Berg.
48. Vgl. D. Irving, *Und Deutschlands Städte starben nicht,* Weltbild Verlag, Augsburg 1989, hier S. 373.

Luftbild-Beweise

JOHN CLIVE BALL

1. Einleitung

In den dreißiger Jahren entwickelten deutsche Wissenschaftler und Ingenieure die Luftbildfotographie zu einer hochstehenden Technologie, deren Standard erst im Laufe des Zweiten Weltkrieges von den Alliierten erreicht werden konnte. Während der Zweiten Weltkrieges fertigten deutsche Luftaufklärer Millionen von Bildern sowohl der umkämpften Gebiete als auch der Gebiete in Feindesland an. Nach dem Krieg fielen diese Bilder den Amerikanern in die Hände, die sie seitdem in ihrer National Archives Air Photo Library in Alexandria, Virginia, aufbewahren. Auch die Sowjets, die Briten und die Amerikaner fertigten ab Ende 1943 über Deutschland und den deutsch besetzten Gebieten Bilder an. In diesem Beitrag sollen einige dieser Bilder auf die Frage hin untersucht werden, ob sie nähere Aussagen über die bezeugten Vorgänge machen können, die sich im Zusammenhang mit der ›Endlösung der Judenfrage‹ an einigen Stätten zugetragen haben sollen.

2. Technik der Luftbildinterpretation

Die Möglichkeit, ein Luftbild korrekt zu interpretieren, hängt neben der Sachkenntnis des Interpretierers von der Auflösung des Bildes und von seiner Schärfe ab, also von der Qualität der Kameras, der Filme und der Aufnahmetechnik (z. B. Kompensation der Bewegungen des Flugzeuges). Vor allem die Stereotechnik hat zu einer großen Verbesserung der Interpretation geführt. Hierbei werden kurz hintereinander zwei Bilder desselben Gebietes aufgenommen. Durch die Fortbewegung des Flugzeuges hat sich der Aufnahmewinkel in dieser kurzen Zeit geändert. Betrachtet man anschließend beide Bilder mittels eines Stereosichtgerätes mit jedem Auge getrennt, so erscheint ein dreidimensionales Bild, das die leichte Unterscheidung zwischen erhobenen und flachen Gegenständen am Boden ermöglicht.[1]

3. Luftbildarchäologie

Bereits 1938 wurde die Luftbildarchäologie eingesetzt, um mittelalterliche, antike oder sogar steinzeitliche Siedlungsstätten ausfindig zu machen.[2] Maßgebend für die Entdeckung alter, untergegangener Siedlungen ist die Tatsache, daß sich die zumeist unterirdischen Überreste dieser Siedlungen durch eine leichte Veränderung der Topographie oder auch des Pflanzenbewuchses der Erdoberfläche bemerkbar machen. Diese kleinen Unterschiede können aus großer Höhe sehr deutlich sichtbar gemacht werden. Liegen größere Erdbewegungen mit Eingriffen in den Pflanzenbewuchs und die Qualität des Bodens dagegen erst einige Monate zurück, so sind diese Veränderungen auf Luftbildaufnahmen sehr leicht zu erkennen, selbst wenn man diese Eingriffe unmittelbar am Boden nicht mehr erkennen sollte.

---

1. Die in diesem Beitrag wiedergegebenen Bilder erlitten durch die drucktechnische Reproduktion leider zum Teil erhebliche Qualitätsverluste, so daß auf diesen nicht mehr alle Details erkennbar sind, die man ohne Probleme den Originalen entnehmen kann.
2. Vgl. O. G. S. Crawford, »Luftbildaufnahmen von archäologischen Bodendenkmälern in England«, in: *Luftbild und Luftbildmessung,* Nr. 16, Hansa Luftbild, Berlin 1938, S. 9-18; siehe auch: J. Dassié, *Manuel d'archéologie aérienne,* Editions Technique, Paris 1978; L. Deuel, *Flug ins Gestern – Das Abenteuer der Luftbildarchäologie,* C.H. Beck, München ²1977.

4. Massengräber

4.1. Hamburg – Katyn – Bergen-Belsen[3]

Die alliierte Bombardierung Hamburgs Ende Juli 1943 – von den Briten ›Aktion Gomorrha‹ genannt – forderte schätzungsweise über 100 000 Opfer, von denen etwa 40 000 im Stadtteil Ohlsdorf in vier kreuzförmig angeordneten Massengräbern zu je 10 000 Leichen begraben wurden.[4] Die Gräber sind jeweils 130 m lang, 16 m breit und etwa 3,5 m tief.

Im Frühjahr 1940 erschossen die Sowjets in einem Wald bei Katyn und an anderen Orten in Ostpolen etwa 25 000 polnische Offiziere und Intellektuelle und begruben sie in einer Anzahl von Massengräbern.[5] 1943 wurden einige davon von den Deutschen entdeckt und von einer internationalen Kommission untersucht. Diese aufgefundenen Gräber mit über 4 100 Leichen bedeckten zusammen eine Fläche von 96 m × 6 m bei einer Tiefe von ungefähr 3,5 m.

Anfang 1945 legten die Briten in der Nähe des ehemaligen Konzentrationslagers Bergen-Belsen vier Massengräber an für die ungezählten Typhus-Opfer des gegen Kriegsende völlig überfüllten Lagers.[6] Diese Gräber hatten Maße von je etwa 20 m × 7 m × 3,5 m und enthielten je etwa 1 000 Leichen. Damit wurden in den hier behandelten Gräbern auf einem Volumen von 1 m^3 etwa 1 bis 2,5 Tote beerdigt. Maximal möglich wären unter realistischen Bedingungen etwa 8 Leichen pro m^3, wobei der obere Höhenmeter des Grabes lediglich aus der abdeckenden Erdschicht besteht, was bei einer Grabtiefe von 3,5 m somit eine maximal mögliche Bruttodichte von etwa 6 Toten pro m3 ergibt. Somit erweist sich, daß die in Katyn, Hamburg und Bergen-Belsen angelegten Massengräber ihr Volumen nicht maximal ausnutzten.

Wenn man den Platzbedarf für Massengräber abschätzen will, so muß man bedenken, daß der Erdaushub durch die Auflockerung des Erdreiches mehr Volumen benötigt, als dem der Gräber entspricht. Zudem läßt er sich nur bis zu einem bestimmten Böschungswinkel aufhäufen. Nimmt man als Zwischenraum zwischen zwei langgestreckten Gräbern von 15 m Breite 15 m zur Aufnahme des Aushubs an, also 15 + 15 = 30 m Breitenbedarf pro Grab (eine sicherlich viel zu vorsichtige Schätzung), so ergibt sich bei einer Grabungstiefe von etwa 3,5 m und einer Bruttodichte von 6 Toten pro m^3 für eine bestimmte Leichenzahl der in Tabelle 1 angegebene Mindestflächenbedarf von Massengräbern.

Tabelle 1: Flächenbedarf für Massengräber

Leichenzahl	Flächenbedarf	
1 000	10 m × (5 + 5) m	= 100 m^2
10 000	50 m × (10 + 10) m	= 1 000 m^2
25 000	83 m × (15 + 15) m	= 2 500 m^2
100 000	4 × 83 m × (15 + 15) m	= 10 000 m^2
1 000 000	16 × 210 m × (15 + 15) m	= 100 000 m^2 = 0,1 km^2

3. Die dazugehörigen Luftbilder sind meinem Gutachten zu entnehmen: J.C. Ball, *Air Photo Evidence,* Ball Recource Services Ltd., Suite 160–7231, 120th Street, CAN-Delta, B.C., V4C 6 P5, 1992.
4. M. Caiden, *The Night Hamburg Died,* Ballatine Books, New York; M. Middlebrook, *The Battle of Hamburg,* McMillan, London; D. Irving, *Und Deutschlands Städte starben nicht,* Schweizer Verlagshaus, Zürich 1967.
5. F. Kadell, *Die Katyn-Lüge,* Herbig, München 1991; J. Lauck, *Katyn Killings: In the Record,* Kingston Press, 1974; A. Paul, *Katyn, The Untold Story of Stalin's Polish Massacre,* Charles Scribner's Sons, New York 1989; W. Anders, T*he Crimes of Katyn, Facts and Documents,* Polish Cultural Foundation, London 1965.
6. S. Bloch, *Holocaust and Rebirth: Surviving Bergen Belsen,* Holocaust Library, New York 1972.

4.2. Massengräber in sogenannten Vernichtungslagern

4.2.1. Treblinka

Abbildung 1 (siehe nächste Seite) zeigt ein Luftbild des Lagers Treblinka B vom 15. 5. 1944.[7] Hier sollen nach der üblichen Literatur in der Zeit zwischen Mitte 1942 und Herbst 1943 700 000 bis 1,2 Millionen Menschen umgebracht, in der südöstlichen Ecke des Lagers begraben, später wieder ausgegraben und verbrannt worden sein.[8] Ende 1943 wurde das Lager aufgelöst.
Aus diesem und weiteren Bildern[3] erkennt man folgende Tatsachen:

- Das umliegende Land wurde bis unmittelbar zur Lagergrenze bewirtschaftet.
- Dank der flachen, unbewaldeten Landschaft konnte man sowohl von den Äckern als auch von der nordöstlich verlaufenden Straße und vom nur 1 km entfernten Dorf Wolka Okranglik in das Lager Einblick erhalten.
- Der von den Zeugen beschriebene Platz der Massengräber im Südosten des Lagers ist kleiner als 10 000 m². Folglich könnten dort nicht mehr als 100 000 Leichen vergraben worden sein. Massengräber für etwa 1 000 000 Leichen hätten einen Platzbedarf, der ungefähr so groß gewesen wäre wie die Fläche des gesamten Lagers (etwa 100 000 m²).

Abbildung 2 (siehe nächste Seite) zeigt eine Luftaufnahme vom November 1944.[9] Hier ist der Platz relativ gleichmäßig durch Vegetation bewachsen (Gras, Unkräuter). Man erkennt darauf:

- Mit Ausnahme der nördlichsten Bereiche fehlt jede Spur von Fundamentresten von Gebäuden. Selbst wenn man diese entfernt hätte, würde an diesen Stellen die Vegetation schlechter wachsen. Die bezeugten massiv betonierten Gaskammergebäude waren an diesen Stellen nicht vorhanden. Höchstens provisorische Baracken ohne Stein- bzw. Betonfundamente können hier gestanden haben.
- Groß angelegte Erdbewegungen und Massenkremierungen im Südosten des Lagers hätten dazu geführt, daß dort die Vegetation durch die Zerstörung des Mutterbodens bzw. seine Vermischung mit tieferen Erdschichten wesentlich schlechter gewachsen wäre als im restlichen Teil des Lagers. Da dies nicht der Fall ist, können Erdbewegungen und Kremierungen für diesen Lagerteil ausgeschlossen werden. Gleiches gilt für die umliegenden landwirtschaftlich genutzten Flächen.
- Auf der Lagerfläche wurden, entgegen den Zeugenaussagen, keine Bäume oder Büsche zu Tarnzwecken gepflanzt.

4.2.2. Belzec, Sobibor, Majdanek[10]

Ähnlich dem Lager Treblinka war das Lager Belzec von einer nahe gelegenen Eisenbahnlinie und Straße leicht einsehbar. Der Ort Belzec lag etwa 1,5 km nördlich des Lagers, das an einem Hang in den Wald hineingebaut wurde. Der Lagerteil, in dem sich laut Zeugen Massengräber von etwa 600 000 Leichen und deren spätere Verbrennungsstellen befunden haben sollen, hat nach den Luftbildern aus dem Jahr 1944[11], also nach der Lagerauflösung, eine Fläche von etwa 7 000 m². Dort konnten nicht mehr als 70 000 Opfer beerdigt werden – vorausgesetzt, daß in dem felsigen Boden überhaupt Grabungen von 3,5 m Tiefe möglich waren. Hinweise auf Fundamente ehemaliger Gebäude sind ebenso

7. Ref. No. GX 120 F 932 SK, exp. 125.
8. Vgl. dazu den Beitrag von A. Neumaier im Buch; daneben: U. Walendy, »Der Fall Treblinka«, *Historische Tatsachen* Nr. 44, Verlag für Volkstum und Zeitgeschichtsforschung, Vlotho 1990.
9. Genaues Datum nicht bekannt, Ref. No. GX 12225 SG, exp. 259.
10. Zu diesen Lagern vgl.: Y. Arad, *Belzec, Sobibor, Treblinka: The Operation Reinhard Death Camps,* University Press, Indiana 1987; E. Kogon, H. Langbein, A. Rückerl u.a. (Hg.), *Natioalsozialistische Massentötungen durch Giftgas,* Fischer, Frankfurt/Main 1983; E. Jäckel, P. Longerich, J.H. Schoeps (Hg.), *Enzyclopädie des Holocaust,* Argon, Berlin 1993. Aus Platzgründen wurden diese drei Lager hier nur kurz behandelt. Nähere Einzelheiten siehe bei J.C. Ball, aaO. (Anm. 3).
11. Ref. No. GX 8095 33 SK, exp. 155.

Abbildung 2: Luftbild des Lagers Treblinka B vom November 1944

Abbildung 1: Luftbild des Lagers Treblinka B vom 15. 5. 1944

wenig zu entdecken wie Spuren von groß angelegten Erdbewegungen oder Massenkremierungen. Auch an anderer Stelle der Umgebung finden sich keine Spuren größerer Erdbewegungen.
In Sobibor sollen von den insgesamt 150 000 Opfern 100 000 nach ihrer Tötung begraben worden sein, bevor sie später exhumiert und zusammen mit den restlichen Opfern verbrannt worden sein sollen. Die Luftaufnahme aus dem Jahr 1944[12], wiederum nach der Auflösung des Lagers, zeigt dasselbe mit einer Grundfläche von etwa 50 000 m^2. Für die Beerdigung der Opfer hätte man etwa 10 000 m^2, also rund 1/5 der gesamten Lagerfläche benötigt. Die Luftaufnahme zeigt allerdings auf dem Lagergebiet ungestörte Bodenverhältnisse. Hinweise auf ehemalige Gebäudefundamente, große Erdbewegungen oder Brandstätten sind nicht vorhanden.
Das Lager Majdanek liegt am Rande der Großstadt Lublin. Ebenso wie in Treblinka wurden die umliegenden Felder bis an die Lagergrenze bebaut. Die angeblichen Gaskammern und das Krematorium lagen außerhalb des Lagers, frei einsehbar und zugänglich für Tausende Bewohner der Vororte der Großstadt Lublin.

4.3. Babi Jar

Nach der Besetzung der Stadt Kiew durch deutsche Truppen sollen die Juden dieser Stadt nach Babi Jar, einem Tal am nordwestlichen Rand der Stadt nahe des jüdischen Friedhofes, gebracht worden sein. Zeugenaussagen entsprechend seien sie dort erschossen, in das Tal hinabgestürzt und beerdigt worden – nach einigen Aussagen wurde das Tal auch gesprengt und die Leichen unter den Trümmern begraben.
Im Spätsommer 1943, als die Front wieder zurückwich, wurden die Leichen angeblich exhumiert und auf riesigen Scheiterhaufen bzw. in Gruben verbrannt. Diese Aktionen sollen am 28. 9. 1943, als der Raum Kiew bereits zur Hauptkampfzone gehörte, beendigt worden sein.[13]
Abbildung 3 zeigt das Tal von Babi Jar auf einer Luftwaffenaufnahme vom 26. 9. 1943.[14] Der Teil des Tales nahe des jüdischen Friedhofes, in dem die Massaker angeblich geschahen, ist in Abbildung 4 vergrößert dargestellt. Man erkennt ein friedlich daliegendes Tal. Weder die Topographie noch die Vegetation ist durch menschliche Eingriffe gestört. Es gibt keine Anfahrtwege von Menschen- oder Brennstofftransporten, keine Brennstofflager, keine Grabungen, keine Feuerstellen, keine Rauchentwicklung.
Es kann mit Sicherheit geschlossen werden, daß kein Teil des Tales Babi Jar in den Kriegsjahren bis zur sowjetischen Wiederbesetzung größeren topographischen Veränderungen unterworfen war. Auch die Vegetation dieses Tales wurde nicht gestört[15]. Damit können sich an diesen Orten keine Massengräber befunden haben, und auch die bezeugten Massenkremierungen haben zu dieser Zeit nicht stattgefunden.

5. Massenvernichtung in Auschwitz-Birkenau

5.1. Manipulationen an Luftbildern von Auschwitz-Birkenau

Im Gegensatz zu den deutschen Bildern der Lager im Osten Polens stammen die Aufnahmen von Auschwitz (Abbildung 5 ff.) von den Amerikanern. Erst nach der Landung alliierter Truppen in Italien

12. Ref. No. GX 191 F 910 SK, exp. 122.
13. Vgl. dazu den Beitrag von H. Tiedemann in diesem Buch.
14. Ref. No. GX 3938 SG, exp. 104 u. 105.
15. Für diese Feststellung können weitere Luftbilder herangezogen werden, die das Tal vor dem Krieg und nach der sowjetischen Wiederbesetzung zeigen: Die Vegetation des Tales ist gewachsen, ansonsten aber hat sich nichts verändert (17. 5. 1939: GX 988 – exp. 48, 49; 18.4.1944: GX 4793 SK – exp. 39, 40). Aus Platzgründen wurde hier darauf verzichtet und ein Bild ausgewählt, das die Zeit während der bezeugten Massenexhumierung und -kremierung zeigt.

Abbildung 3: Luftwaffenaufnahme vom Tal von Babi Jar, entstanden am 26. 9. 1943

Abbildung 4: Ausschnittsvergrößerung der Luftwaffenaufnahme vom Tal von Babi Jar am 26. 9. 1943. Der Ausschnitt zeigt den Teil des Tales in der Nähe des jüdischen Friedhofs.

Abbildung 5: Das Konzentrationslager Auschwitz-Birkenau. Die amerikanische Luftaufnahme entstand am 31. Mai 1944. Ref. No. RG 373 Can D 1508, exp. 3055

im Herbst 1943 war es ihnen möglich, das oberschlesische Industrierevier zu bombardieren. Aufklärungsflüge der Alliierten dorthin begannen daher erst im Winter 1943/44. Die entsprechenden Aufnahmen wurden allerdings erst Ende der siebziger Jahre vom amerikanischen Geheimdienst CIA den National Archives übergeben und somit der Öffentlichkeit zugänglich gemacht. Es war ebenfalls der CIA, der 1979 die ersten Aufnahmen des Lagers Auschwitz-Birkenau veröffentlichte.[16]

Die Amerikaner haben von dem oberschlesischen Industrierevier viele Aufnahmeserien von zum Teil hervorragender Qualität angefertigt. Der Lagerkomplex Auschwitz-Birkenau ist leider nur auf etwa einem halben Dutzend Aufnahmen abgebildet. Diese sind alle von mittlerer oder minderer Qualität. Eine qualitativ hervorragende Aufnahmeserie vom 26. Juni 1944 bricht unmittelbar vor dem Lager ab. Es ist möglich, daß die Kameras unmittelbar nach Überfliegen des Hauptziels, nämlich der Kunstgummifabrik in Monowitz, abgeschaltet wurden. Es erscheint aber wahrscheinlicher, daß diese Aufnahmen von hervorragender Detailauflösung entfernt wurden, bevor sie von der Öffentlichkeit eingesehen werden konnten. Die Begründung für diese Vermutung werden wir nachfolgend kennenlernen.

Interessant ist zunächst die Feststellung, daß auch in Birkenau die Äcker bis unmittelbar an die Lagergrenze bewirtschaftet wurden, was eine versuchte Geheimhaltung der Vorgänge darin unmöglich gemacht hätte. Ich möchte hier das Augenmerk vor allem auf zwei Bilder des Lagers Birkenau vom 25. August 1944 richten.[17] Sie wurden in einem Abstand von 3,5 Sekunden angefertigt. Dies ermöglicht eine dreidimensionale Untersuchung mittels eines Stereosichtgerätes. Zunächst soll hier aber das erste der beiden Bilder untersucht werden. Abbildung 6 ist eine Vergrößerung des Ausschnittes um die Krematorien II und III. Abbildung 7 ist eine Schemazeichnung dieser Aufnahme. Die Flecken auf den

16. D. Brugnioni, R. Poirier, *The Holocaust Revisited: A Retrospective Analysis of Auschwitz-Birkenau Extermination Complex,* Central Intelligent Agency, Washington 1979; vgl. W. Stäglich, *Deutschland in Geschichte und Gegenwart* 27(3) (1979) 10–14.
17. Ref. No. RG 373 Can F 5367, exp 3185 u. 3186.

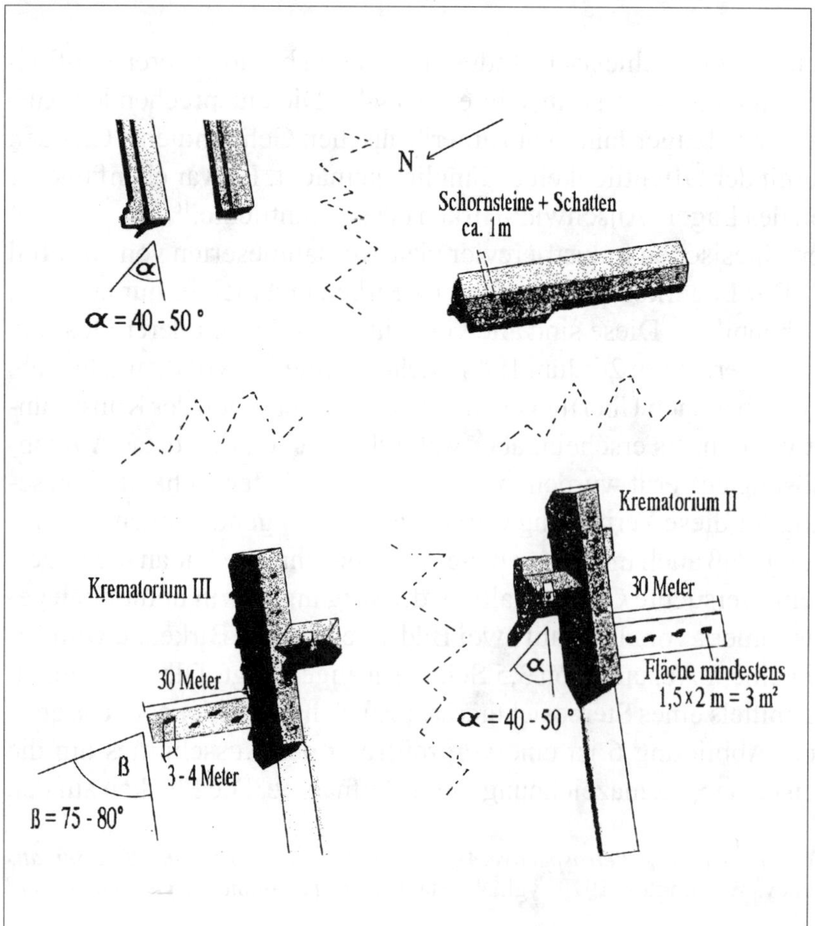

Abbildung 6: Das Konzentrationslager Auschwitz-Birkenau vom 25. 8. 1944. Ausschnittsvergrößerung der Krematorien II und III.

Abbildung 7: Schemazeichnung der obigen Luftaufnahme. Man erkennt leicht, daß die Flecken auf den Leichenkellern I keine Stutzen sein können: zu große, unregelmäßige Flecken mit für Schatten falscher Ausrichtung.

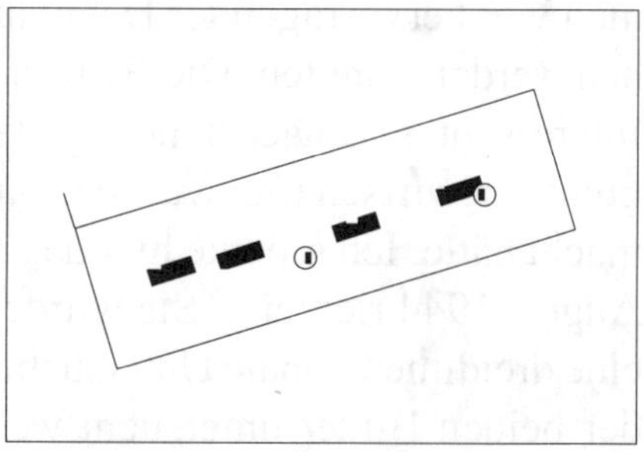

Abbildung 8: Schemazeichnung der Lage und Größe der Flecken auf der Decke des Leichenkellers I (›Gaskammer‹) von Krematorium II und der Lage der zwei einzig auffindbaren Löcher (eingekreist).

Dächern der Leichenkeller I beider Krematorien wurden von der CIA als Zyklon B-Einwurfstutzen mit ihren Schatten identifiziert.[16] Auch ohne 3D-Sicht erkennt man, daß diese Flecken auf den Dächern keine Einwurfstutzen sein können:

- Die Ausrichtung der Flecken stimmt nicht mit der Richtung des Schattens des Krematoriumskamins überein;
- auf einem Bild vom 13. September 1944 behalten die Flecken des Krematoriums III ihre Richtung und Form bei, obwohl sich der Sonnenstand geändert hat;[18]
- auf demselben Bild fehlen die Flecken auf dem Leichenkeller I von Krematorium II;
- die Schattenlänge entspräche einer Einwurfschachtgröße von 3 bis 4 Metern über dem Dach und einer Breite von 1,5 Metern, also großen Kaminen, nicht aber den bezeugten etwa 50 cm hohen Stutzen;
- diese unregelmäßigen Flecken können nicht durch lotrechte, gerade Stutzen hervorgerufen werden.

Abbildung 8, einem vergrößerten Ausschnitt der Schemazeichnung in Abb. 7, kann man die Diskrepanz entnehmen, die zwischen den tatsächlich in der Decke des Leichenkellers 1 von Krema II vorhandenen Löchern und den von den Fälschern hineingemalten Flecken besteht. Die Lage und Größe der mit einem Kreis markierten echten Löcher hat nichts mit denen der Farbflecken gemeinsam.

Der die beiden Krematorien II und III umgebende dunkle Strich soll nach CIA-Angaben eine Mauer oder eine Hecke zur Tarnung vor neugierigen Blicken gewesen sein und als Schutz vor Fluchtversuchen gedient haben. Aus einer Unzahl von originalen Bodenaufnahmen des Lagers wissen wir aber, daß die Krematorien lediglich durch einen Maschendrahtzaun vom übrigen Lager abgetrennt waren, der auf einer Luftaufnahme nicht sichtbar wäre.[19] Auf einer Aufnahme vom 31. Mai 1944 sind diese dunklen Striche um die Krematorien II und III nur teilweise angebracht worden.[20] Analoges gilt für die nur in der Aufnahme vom 13. September 1944 eingezeichneten Striche um die Krematorien IV und V.

Bei einer 3D-Betrachtung erkennt man, daß es sich weder bei der angeblichen Umzäunung noch bei den Flecken auf den Leichenkellern um Erhebungen handelt. Auch die für vermeintlich so schmale Objekte zu kräftige Schwärzung ihrer angeblichen Schatten beweist, daß es sich hier um Retuschierungen handelt.

Abbildung 9 ist ein weiterer vergrößerter Ausschnitt aus Abbildung 6. Hierin wurden einige Flecken hinzugefügt, die nach Auskunft des CIA Häftlingsgruppen darstellen sollen. Hierbei

Abbildung 9: Eine Häftlingsguppe marschiert über ein Barackendach – die Fälscher haben sich vermalt und dadurch verraten.

18. Ref. No. RG 373 Can B 8413, exp. 6V2, J.C. Ball, aaO. (Anm. 3), S. 65.
19. Vgl z. B. J.C. Ball, ebenda, S. 45, 63; S. Klarsfeld, *The Auschwitz Album,* Beate Klarsfeld Foundation, New York 1980; auch heute noch ist dieser Zaun teilweise erhalten: J.-C. Pressac, *Auschwitz, Technique and Operation of the Gaschambers,* Beate Klarsfeld Foundation, New York 1989.
20. Ref. No. RG 373 Can D 1508, exp. 3055, J.C. Ball, aaO. (Anm. 3), S. 52, 64.

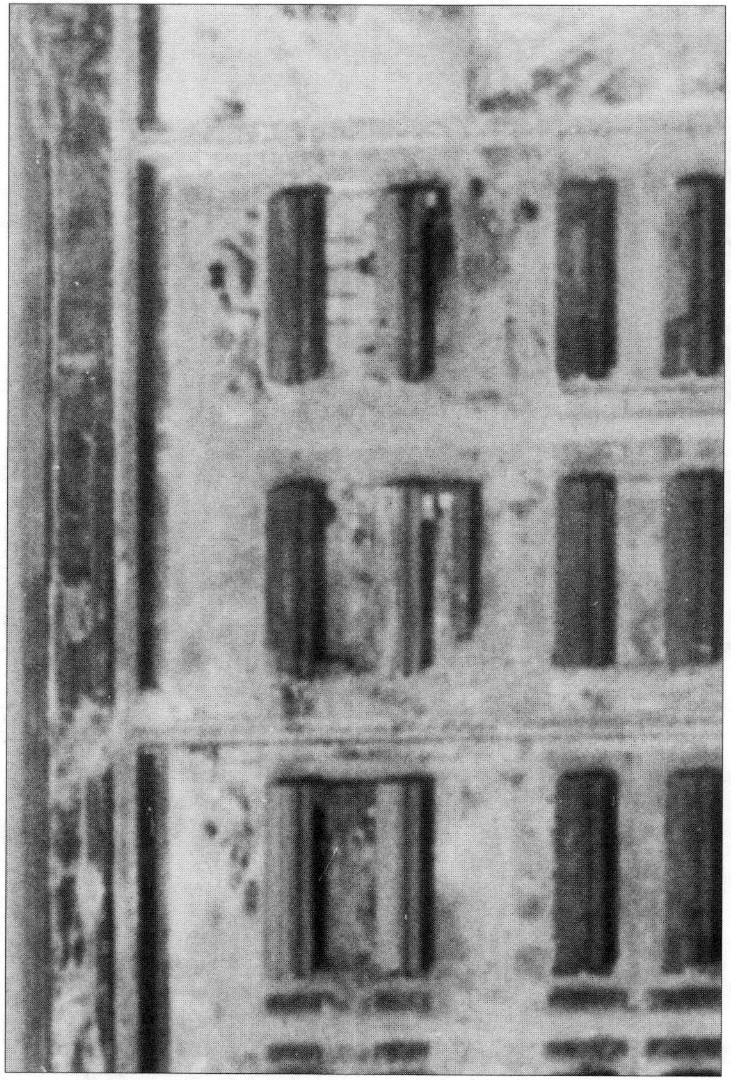

Abbildung 10: Zum Vergleich zur Abbildung 9: Ein Foto vom September 1944 ohne Dachkletterer.

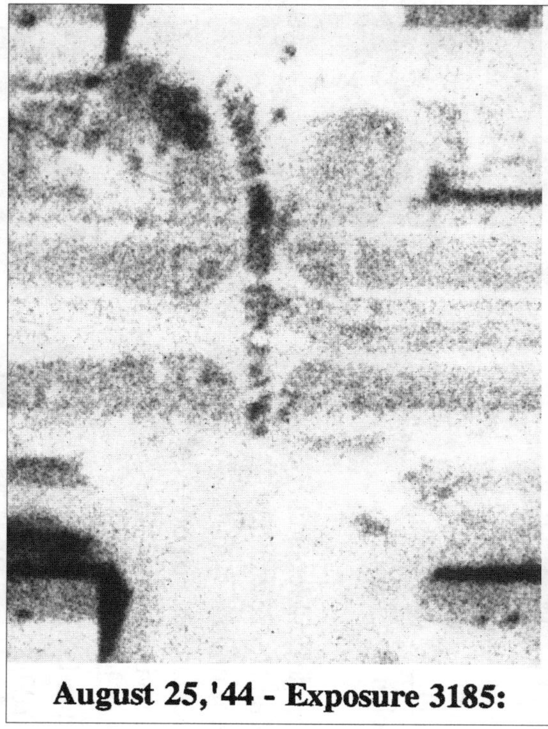

Abbildung 11: Angeblich eine Häftlingskolonne auf dem Weg zur Gaskammer.

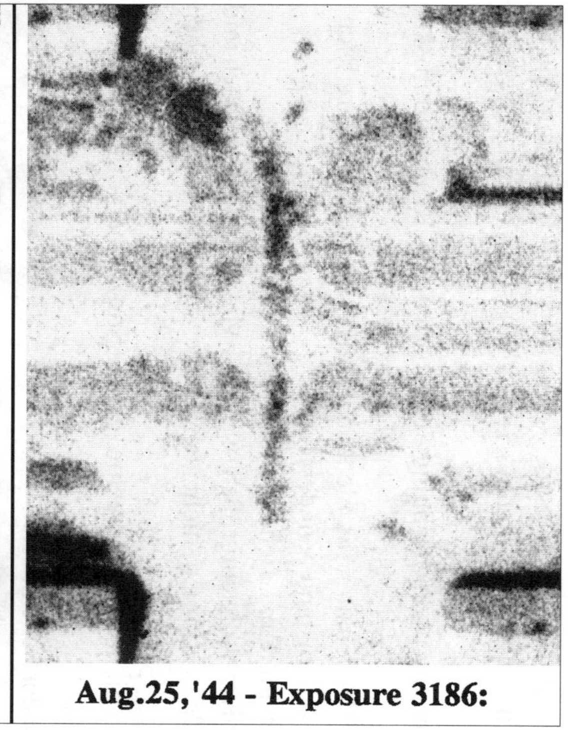

Abbildung 12: Drei Sekunden später: Die Häftlige müßten laufen, um in so kurzer Zeit diese Strecke zurückzulegen.

Abbildung 13: Man erkennt deutlich die Zick-Zack-Strichführung des Retuscheurs: ein weiterer Beweis für eine Fälschung der Aufnahme.

ist zu bedenken, daß eine Häftlingsgruppe kein massiver Block ist, der dunklere Schatten werfen könnte als beispielsweise die daneben befindliche Baracke. Es scheint also wahrscheinlich, daß man hier nachgeholfen hat. Bewiesen wird diese Vermutung durch die Tatsache, daß ein Teil dieser Häftlingsgruppen offensichtlich über das Dach einer Baracke marschiert, ein unmöglicher Vorgang. Deutlich wird dies durch die Aufnahme vom 13. September, Abbildung 10, auf der die Baracke ebenfalls gut zu erkennen ist, diesmal aber ohne ›darüber marschierende‹ Häftlinge.
Die Abbildungen 11 und 12 zeigen Ausschnittsvergrößerungen der beiden oben erwähnten, kurz nacheinander geschossenen Bilder vom 25. August 1944. Nach CIA-Interpretation handelt es sich auch hierbei um eine auf dem Marsch in die Gaskammern befindliche Häftlingsgruppe. Zunächst ist anzumerken, daß sich die Häftlingsgruppe innerhalb der zwischen den Aufnahmen liegenden 3,5 Sekunden um 12 Meter vorwärts bewegt hat, was einer Geschwindigkeit von 12 km/h, also einem Lauf, entspricht. Daß ein solcher flotter Lauf von Zivilisten in einer vorgegebenen Formation bewältigt werden kann, ist zunächst einmal äußerst unwahrscheinlich. Interessant aber ist vor allem die Art, in der diese Häftlingsgruppe sich bewegt, Abbildung 13: Sie läuft in Form einer Zick-Zack-Bewegung – entsprechend der Stiftführung eines ungeschickten Retuscheurs.
Nach Feststellung dieser Tatbestände wurde ich im National Archive vorstellig und bat, daß man mir doch bitte die Originale aushändigen möge, da die mir als angebliche Originale überlassenen Bilder offensichtlich manipuliert seien. Tatsächlich erhielt ich daraufhin Luftbilder, von denen man mir versprach, dies seien die Originale. Und in der Tat hatten diese eine bessere Qualität als die zuerst ausgehändigten Negative: Die Hand der Fälscher war an den gleichen Stellen durch die größere Schärfe wesentlich besser zu erkennen. Als ich dies den Archiv-Mitarbeitern mitteilte, erklärte man mir, daß dies die Negative seien, die die National Archives 1979 vom CIA erhalten haben, und man habe immer geglaubt, diese seien in dem Zustand, wie man sie 1944 aus den Flugzeugen geholt habe. Man teilte mir mit, daß ich die erste Person der Öffentlichkeit gewesen sei, die diese Negative gesehen habe. Nun würden diese Negative wieder für immer im Archiv verschwinden und nur auf Nachfrage von Regierungsstellen wie des CIA herausgegeben werden.
Angesichts der Primitivität der Fälschungen auf diesen Luftbildern ist nicht damit zu rechnen, daß sie von regierungsamtlicher Seite, auch nicht von dem CIA selber, angefertigt wurden. Diese Stellen hätten aufgrund ihrer hochqualifizierten Mitarbeiter und der verfügbaren Technologien für einwandfreie, zumindest aber sehr schwer nachweisbare Fälschungen gesorgt.

5.2. Massengräber und Massenverbrennungen

Unmittelbar nördlich des Lagers Birkenau, in der Nähe des vermuteten Standortes des sogenannten Bunkers I, erkennt man auf den Luftaufnahmen rechteckige Flecken, die möglicherweise von alten, zugeschütteten Massengräben herrühren (Abbildung 14).[21] Ihre gesamte Fläche beträgt etwa 3 600 m^2. Westlich des Lagers erkennt man ebenfalls Rechtecke, die sich gegenüber ihrer Umgebung durch eine hellere Färbung abheben (in Summe etwa 450 m^2), vgl. Abbildung 15.
Geht man davon aus, daß es sich bei den nördlich des Lagers gelegenen Flecken um Massengräber handelt, daß diese eine angenomme Grabungstiefe von 3 m besaßen sowie eine Erddeckschicht von 1 m und daß Massengräber ein Fassungsvermögen von maximal 8 Leichen pro m^3 besitzen,[22] so ergibt sich daraus eine Maximalzahl von etwa 55 000 Leichen, die darin Platz finden konnten.
Bis Anfang 1943 besaß der Lagerkomplex Auschwitz-Birkenau nur das alte Krematorium im Stammlager Auschwitz, so daß in dieser Zeit wahrscheinlich nicht alle Toten eingeäschert werden konnten, sondern in Massengräbern bestattet wurden. D. Czech berichtet, daß etwa ab Mitte September 1942 die in Birkenau befindlichen Massengräber geöffnet und geleert wurden, um eine Verseuchung des

21. Ausschnitte aus Luftbild, aaO. (Anm.20).
22. Vgl. hierzu den Beitrag von A. Neumaier im vorliegenden Band.

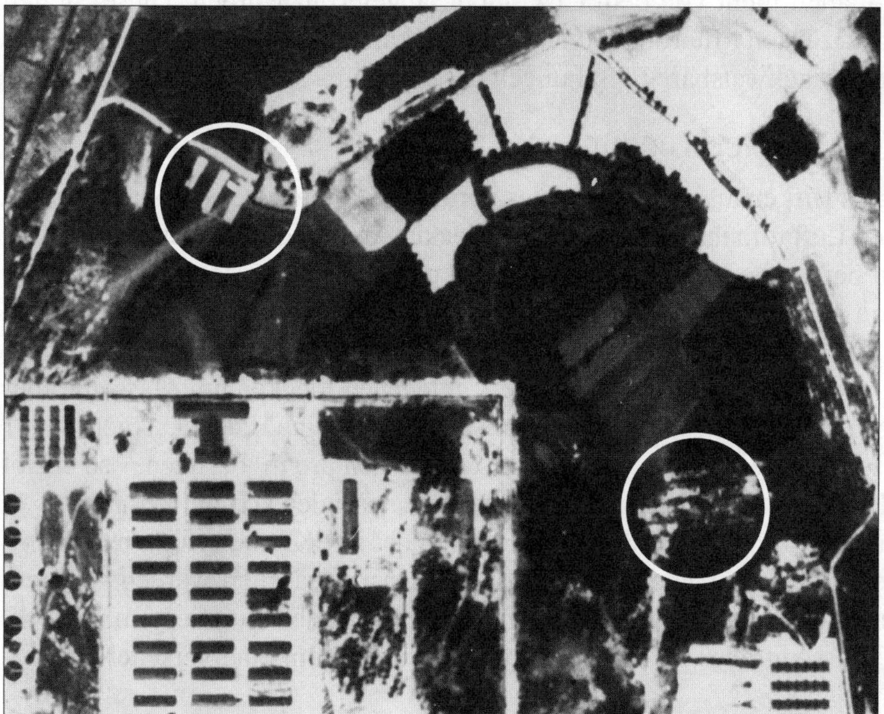

Abbildungen 14 + 15:
Mögliche Stellen alter Massengräber von Thyphus-Opfern in Auschwitz

Grundwasser zu verhindern.[23] In der Zeit von November 1941 bis September 1942 sind im Lager Birkenau etwa 45 000 Häftlinge zumeist an Typhus gestorben.[24] Anhand der nachgewiesenen Kokslieferungen kann ermittelt werden, daß das Krematorium des Stammlagers mit den in diesem Zeitraum gelieferten 349,1 Tonnen Koks maximal 11 400 Leichen einäschern konnte,[25] wovon wiederum nicht alle aus dem Lager Birkenau kamen, sondern auch aus dem Stammlager selber. Somit muß man damit rechnen, daß in Birkenau etwa 40 000 Leichname zwischen November 1941 und September 1942 in Massengräbern bestattet wurden. Diese Zahl stimmt recht gut mit den von uns ermittelten Zahlen des maximalen Fassungsvermögens der auf Luftbildern erkennbaren Umrisse vermutlicher ehemaliger Massengräber überein.[26]

Wenn die Angaben Czechs über die Öffnung der Massengräber im September 1942 stimmen, scheint es durchaus plausibel, daß es in Birkenau ab dieser Zeit bis zur Inbetriebnahme der neuen Krematorien im Frühjahr/Sommer 1943 tatsächlich zu offenen Scheiterhaufenkremierungen alter, schon teilweise zerfallener Leichname gekommen ist. Diese wahrscheinlich von Häftlingen durchgeführten Arbeiten könnten die Grundlage bilden für wesentlich weitergehende und stark ausgeschmückte Zeugenaussagen über immerwährende, riesige Massenverbrennungen auf Scheiterhaufen und in tiefen Gruben. Diese Zeugenaussagen plazieren die offenen Kremierungen zumeist in Gruben hinter dem Krematorium V und westlich des Lagers auf eine Wiese in der Nähe des Bunkers II[27], eines angeblich zu einer Gaskammer umfunktionierten ehemaligen Bauernhauses. Dabei soll das Lager durch die intensive Rauchentwicklung in dunkle Wolken gehüllt gewesen sein.[28] Besonders zur Zeit der angeblichen Vernichtung der ungarischen Juden und der Juden des Ghettos Lodz von Mai bis August 1944 sollen Feuer in den Verbrennungsgruben Tag und Nacht gebrannt haben.[29] Lediglich auf der Aufnahme vom 31. Mai 1944 sieht man hinter dem Krematorium V kleinere Rauchschwaden aufsteigen.[30] An allen anderen Stellen und auf allen anderen Aufnahmen ist dagegen nichts Vergleichbares zu erkennen: weder starke Rauchentwicklungen aus den Schornsteinkaminen noch aus der Umgebung des Bunkers II oder anderswo. Einzig von Bränden durch die in den umliegenden Industrien eingeschlagenen alliierten Bomben wehen auf dem Foto vom 13. September 1944 einige größere Rauchwolken herüber. Die These von Prof. G. Jagschitz, nach der die Alliierten vielleicht Filter benutzt hätten, die den Rauch auflösten[31], geht vollkommen fehl. Man kann Rauch nicht durch optische Filter auflösen, sondern höchstens Filme verwenden, die in einem bestimmten Spektralbereich elektromagnetischer Strahlung empfindlich sind, der vom Rauch nicht absorbiert wird. Dazu bedarf es aber einer homogenen, definierten Zusammensetzung des Rauches und einer hochentwickelten Technologie seitens der Alliierten

23. D. Czech, *Kalendarium der Ereignisse des Konzentrationslagers Auschwitz-Birkenau 1939–1945,* Rowohlt, Reinbek 1989, S. 144, 305 f., 346 f.
24. Vgl. dazu J.-C. Pressac, *Les Crématoires d'Auschwitz, La Machinerie du meurtre de masse,* CNRS Éditions, Paris 1993, S. 144 ff.
25. Vgl. dazu den Beitrag von C. Mattogno und F. Deana in diesem Band.
26. Die polnische Firma HYDRO KOP hat vor einiger Zeit in Birkenau Bohrungen an den Stellen vorgenommen, an denen nach Zeugenaussagen Massengräber und/oder Verbrennungsgruben waren. Wenige Teile des auf diesen Bohrungen basierenden Gutachtens hat U. Walendy, *Historische Tatsachen* Nr. 60, Verlag für Volkstum und Zeitgeschichtsforschung, Vlotho 1993, veröffentlicht. Danach fand man stellenweise Spuren verkohlten Holzes sowei Knochen und Haare. Für eine korrekte Interpretation müßte aber das ganze Gutachten vorliegen. Außerdem fehlt bei den vorliegenden Fragmenten des Gutachtens eine exakte Ortsangabe der Bohrungsstellen.
27. Daneben soll es noch ein weiteres Bauernhaus (Bunker I) gegeben haben, ohne daß seine genaue Lokalisierung bekannt wäre. Auf Luftaufnahmen ist davon jedenfalls nichts zu sehen, so daß es hier unbehandelt bleibt. Es soll jedoch da gelegen haben, wo man die oben behandelten Spuren möglicher Massengräber erkennt.
28. Vgl. neben E. Jäckel u.a. und E. Kogon u.a., aaO. (Anm. 10), auch: D. Czech, aaO. (Anm. 24) allgemein.
29. Vgl. J. S. Conway, »Der Holocaust in Ungarn. Neue Kontroversen und Überlegungen«, *Vierteljahrshefte für Zeitgeschichte,* 32 (1984) 179–212; J. Wulf, »Lodz. Das letzte Ghetto auf polnischem Boden«, *Aus Politik und Zeitgeschichte,* 10(42) (1960) 675–694; vgl. auch F. Piper, *Die Zahl der Opfer von Auschwitz,* Verlag Staatiches Museum Oswiecim, Auschwitz 1993, S. 52, 69, 119 ff.
30. 31. 5. 1944, aaO. (Anm. 20).
31. Protokoll des Gutachtens von Prof. G. Jagschitz, 3.–5. Verhandlungstag der Strafsache G. Honsik, 29. u. 30. 4., 4. 5. 1992, Az. 20e Vr 14184 und Hv 5720/90, Landesgericht Wien, S. 478 des Protokolls.

zu damaliger Zeit. Beides war nicht gegeben. Die Luftaufnahmen der Alliierten wurden mit ganz normalen Schwarzweißfilmen angefertigt. Wenn auf den Bildern keine Rauchwolken vorhanden sind, so gab es die dazugehörigen Verbrennungen nicht. Angesichts fehlender Gruben, Scheiterhaufen, Brennstofflager und Leichenberge ist es zudem belanglos, ob der Rauch sichtbar war oder nicht, zumal nichts da war, was ihn hätte erzeugen können. Filter zur Unsichtbarmachung von Brennstofflagern, Verbrennungsgruben, Leichenbergen usw. harren auch heute noch der Entwicklung.

6. Schlußfolgerungen

Hamburg, Katyn, Bergen-Belsen	Treblinka
Die Massengräber von Hamburg, Katyn und Bergen-Belsen geben uns einen Eindruck davon, wie groß der Flächenbedarf von Massengräbern ist. Danach benötigen 10 000 Leichen mindestens 4 000 m^2	Massengräber für die angeblich 700 000 bis 1,2 Millionen Opfer dieses Lagers hätten 40 mal mehr Platz benötigt als nach Zeugenangaben zur Verfügung stand. Der Boden des Lagers zeigt keine Spuren von ehemaligen Fundamenten, großen Massengräbern und Verbrennungsgruben.
Sobibor, Belzec, Majdanek	**Babi Jar**
Wie im Fall Treblinka so wäre auch in Majdanek und in Belzec eine Geheimhaltung des Massenmordes wegen der Nähe zu Siedlungen, Verkehrswegen und der Bewirtschaftung der Äcker bis an die Lagerzäune unmöglich gewesen. Anzeichen von Massengräbern und Verbrennungsgruben sind in keinem der Fälle zu erkennen.	Das Tal Babi Jar hat sich bis zum Kriegsende in seiner Topographie und bezüglich der Vegetation nicht merklich verändert. Menschliche Eingriffe zur deutschen Besatzungszeit sind nicht nachweisbar. Zur Zeit der bezeugten Massenverbrennungen gab es dort keine menschliche Aktivitäten.

Auschwitz-Birkenau

Auf den wenigen bis heute bekannten Aufnahmen des Lagers Auschwitz-Birkenau vom Dezember 1943 bis Februar 1945 gibt es keine Anzeichen von Brennstofflagern, Rauch aus Schornsteinen oder offenen Feuern, Verbrennungsgruben oder Scheiterhaufen. Die Aufnahmen wurden manipuliert: Zyklon B-Einwurfstutzen, Häftlingsgruppen und Krematoriumseinfriedungen wurden einretouchiert. Einige qualitativ hervorragende Aufnahmen werden wahrscheinlich, sofern sie noch existieren, der Öffentlichkeit vorenthalten. Man muß davon ausgehen, daß eine tatsächliche Massenvernichtung den Luftbildauswertern nicht verborgen geblieben wäre. Dies hätte zur Folge gehabt, daß das Lager bombardiert worden wäre. Dies geschah aber wohlweislich nicht.[32]

Fazit

Es gibt bis heute keine Luftbildbeweise, die die These vom Massenmord an den Juden an irgendeiner Stelle des im Zweiten Weltkrieg deutsch besetzten Europa stützen. Die Analyse der Luftbilder widerlegt außerdem die These, die Nazis hätten zu irgendeiner Zeit im Sinn gehabt, die Vorgänge in den angeblichen Vernichtungslagern geheimzuhalten. Die Luftbilder legen dagegen häufig unbestechlich Zeugnis dafür ab, daß es einige der bezeugten Vorgänge nicht gegeben hat, wie die Vernichtung der ungarischen Juden oder die Massenerschießungen in Babi Jar. Es bleibt zu hoffen, daß die Freigabe sowjetischer Luftbilder aus der Zeit während des Betriebes der Lager weitere Aufklärung bringt. Daß die Bilder bisher nicht veröffentlicht wurden, mag bereits für sich sprechen. Daß die in westlicher Hand befindlichen Aufnahmen zu deutschen Lasten verfälscht und zuerst von dem CIA veröffentlicht wurden, mag ebenfalls für sich sprechen.

32. Vgl. auch: J. Konieczny, *The Soviets, but not the Western Alliies, should have bombed the Auschwitz Camp*, Polish Historical Society, Stamford CT 1993

Die ›Gaskammern‹ von Auschwitz und Majdanek

GERMAR RUDOLF UND ERNST GAUSS

1. Einleitung

Bis zur Vorlage des *Leuchter-Reports*[1] gab es keine naturwissenschaftlichen Untersuchungen größeren Ausmaßes über die ›Gaskammern‹ von Auschwitz und Majdanek, was in Anbetracht der Bedeutung des Themas erstaunlich ist. Selbst im großen Frankfurter Auschwitz-Prozeß Mitte der 60er Jahre wurden ausschließlich historische Sachverständigengutachten eingeholt, und noch nicht einmal die Verteidigung kam auf die Idee, bezüglich der teilweise ja noch heute existenten Tatwaffen ein Gutachten anzufordern. Wenn das Gericht in seinem Urteil ausspricht, daß ihm »fast alle in einem normalen Mordprozeß zur Verfügung stehenden Erkenntnismöglichkeiten« fehlten, u. a. »die Leichen der Opfer, Obduktionsprotokolle, Gutachten von Sachverständigen über die Ursache des Todes und die Todesstunde, ... Spuren der Täter, Mordwaffen usw.«[2], so kann man nach eingehender Prüfung des Prozeßverlaufes nur feststellen, daß dieses Gericht und alle zuvor wie danach mit dem Thema beschäftigten Gerichte nicht die geringste Anstrengung unternommen haben, eben solche Spuren zu finden und Sachverständige zu beauftragen. Genauso verhielt es sich im großen Düsseldorfer Majdanek-Prozeß Ende der 70er Jahre.[3]

Erst der Deutsch-Kanadier E. Zündel, in Kanada angeklagt wegen Verbreitung wissentlich falscher Tatsachen über den Holocaust,[4] beauftragte 1988, also 45 Jahre nach der Tat(!), auf Initiative von R. Faurisson den amerikanischen Gaskammerspezialisten Leuchter, über die Spuren der vermeintlichen Tatwaffen ein Gutachten anzufertigen. In diesem in Eile erstellten Gutachten glaubt Leuchter zu dem Schluß kommen zu können, daß die »angeblichen« ›Gaskammern‹ der untersuchten Anlagen nicht als solche hätten verwendet werden können. So haben unter anderem die Analysen von Gemäuerproben aus den vermeintlichen ›Gaskammern‹ ergeben, daß diese keine Überreste des Giftgases Blausäure aus dem Präparat Zyklon B enthalten, während die Wände der Sachentlausungsgebäude, in denen mit Zyklon B Häftlingskleidung entlaust wurde, große Rückstandsmengen enthalten.

Verständlicherweise hat dieses Gutachten zu erheblicher Aufregung geführt, die sich in diversen Veröffentlichungen niederschlug[5–19]. Das im Frühjahr 1992 erstmals erstellte und mehrmals erweiterte und *korrigierte* Rudolf-Gutachten, das sich auf Anregung durch das Leuchter-Gutachten ausführlich

1. F. A. Leuchter, *An Engineering Report on the alleged Execution Gas Chambers at Auschwitz, Birkenau and Majdanek, Poland,* Samisdat Publishers Ltd., Toronto 1988, 195 pp.; dt.: ders., *Der erste Leuchter-Report,* ebenda, 1988; britische Ausgabe: ders., *The Leuchter Report,* Focal Point Publications, London 1989, 67 pp.
2. Urteil des Frankfurter Auschwitz-Prozesses, Az: 50/4 Ks 2/63; vgl. I. Sagel-Grande, H. H. Fuchs, C. F. Rüter (Hg.), *Justiz und NS-Verbrechen,* Band XXI, University Press, Amsterdam 1979, S. 434.
3. Landgericht Düsseldorf, Az. 8 Ks 1/75.
4. Zu den Prozessen vgl. R. Faurisson, *Journal of Historical Review (JHR)* 8(4) (1988) 417–431. Das Gesetz, aufgrund dessen E. Zündel angeklagt wurde, wurde im Frühjahr 1993 vom kanadischen Obersten Gerichtshof gestrichen, da es gegen die Menschenrechte verstößt. Begründung: Niemand außer dem Angeklagten selber könne wissen, ob der Angeklagte wissentlich die Unwahrheit sagt (also lügt bzw. leugnet). Das Recht auf Irrtum müsse jedem zugestanden werden. Dieses aus dem Mittelalter stammende Gesetz würde die Fähigkeit zum Gedankenlesen beim Gericht erfordern und sei ein Gummiparagraph, mit dem die Freiheit der Meinungsäußerung ernsthaft gefährdet werde. Nachträgliche Strafanträge gegen Zündel aufgrund anderer Gesetzte lehnte das Gericht ab. E. Zündel ist damit von allen Vorwürfen freigesprochen worden.
5. F. Finke, *Deutschland in Geschichte und Gegenwart (DGG)* 37(3) (1989) 1–4.
6. J.-C. Pressac, *Jour J,* 12. Dezember 1988, S. I–X; auch in S. Z. Shapiro (Hg.), Truth Prevails: *Demolishing Holocaust Denial: The End of the Leuchter Report,* Beate Klarsfeld Foundation, New York 1990.
7. J.-C. Pressac, *Auschwitz: Technique and Operation of the Gas Chambers,* Beate-Klarsfeld-Foundation, New York 1989.

mit bautechnischen und chemischen Fragen der angeblichen ›Gaskammern‹ in Auschwitz befaßt, soll hier auf seinen wesentlichen Kern zusammengefaßt dargestellt und ergänzt werden. Ferner werden in einem sich anschließenden Kapitel einige Ausführungen zu den vermeintlichen Gaskammern des Konzentrationslagers Majdanek gemacht, die ebenfalls Untersuchungsgegenstand des Leuchter-Gutachtens waren. Außen vor bleibt hier eine Darstellung der laufenden Diskussion um die Interpretation der zur Gaskammerfrage in Auschwitz bisher aufgefundenen Dokumente. Der näher Interessierte sei hierfür auf die Literatur verwiesen.[20]

2. Konstruktionsweise der Begasungsanlagen in Auschwitz

2.1. Der Lagerkomplex Auschwitz

Nach Pressac[7] sind die Anlagen des Lagers Auschwitz I/Stammlager ursprünglich Teile einer Kaserne der K.u.K.-Monarchie (später Polens) gewesen, die nach dem Krieg gegen Polen in ein Konzentrationslager umgewandelt wurden. Das Lager Auschwitz II/Birkenau wurde nach Beginn des Rußlandfeldzuges neu erbaut als Kriegsgefangenenlager der Waffen-SS zur Aufnahme russischer Kriegsgefangener. Später diente es zunehmend der Aufnahme von Juden, die hierher aus allen deutsch besetzten Teilen Europas deportiert wurden. Die Aufnahme großer Menschenmengen brachte in allen Lagern schwere gesundheitliche Probleme mit sich. Die Lager besaßen daher alle umfangreiche Desinfektions- und Entlausungseinrichtungen. Als Begasungsmittel zur Schädlingsbekämpfung (Läuse, Wanzen, Flöhe, Käfer usw.) diente seit Ende des Ersten Weltkrieges allgemein das Produkt Zyklon B (Blausäure auf Kieselgur adsorbiert). Im Lager Birkenau gab es unter anderem in den Bauwerken 5a und 5b in den Bauabschnitten 1a/b je einen Trakt, in dem ein Raum als Blausäure-Sachentlausungs-

8. H. Auerbach, Institut für Zeitgeschichte, Schreiben an Bundesprüfstelle, München, 30. 10. 1989; ders., November 1989, jeweils erschienen in: U. Walendy, *Historische Tatsachen (HT)* Nr. 42, Verlag für Volkstum und Zeitgeschichtsforschung, Vlotho 1990, S. 32 und 34.
9. J. Markiewicz, W. Gubala, J. Labedz, B. Trzcinska, *Gutachten*, Prof. Dr. Jan Sehn Institut für Gerichtsgutachten, Abteilung für Gerichtstoxikologie, Krakau, 24. September 1990, ohne Entnahmeprotokoll veröffentlicht in: *DGG* 39(2) (1991) 18f.
10. W. Wegner in: U. Backes, E. Jesse, R. Zitelmann (Hg.), *Die Schatten der Vergangenheit,* Propyläen, Frankfurt/ Main 1990, S. 450 ff.
11. Kritiken an Jean-Claude Pressac, aaO. (Anm. 7), erfolgten von: M. Weber, *JHR* 10(2) (1990) 231-237; C. Mattogno, *JHR* 10(4) (1990) 461–485; R. Faurisson, *Revue d'Histoire Révisionniste* 3 (1990) 65–154; engl.:, *JHR* 11(1) (1991) 25–66; *JHR*, 11(2) (1991) 133–175; E. Aynat, *JHR* 11(2) (1991) 177–206; A. R. Butz, *JHR* 13(3) (1993) 23–37; W. Häberle, *DGG* 39(2) (1991) 9–13; W. Schuster, ebenda, 13–17, U. Walendy, *HT* Nr. 50, Verlag für Volkstum und Zeitgeschichtsforschung, Vlotho 1991; ders., *HT* Nr. 52, ebenda 1992; ders., *HT* Nr. 60, ebenda 1993.
12. J. Bailer in: Dokumentationszentrum des österreichischen Widerstandes, Bundesministerium für Unterricht und Kultur (Hg.), *Amoklauf gegen die Wirklichkeit,* Wien 1991, S. 47–52.
13. G. Wellers, *Dachauer Hefte* 7(7) (1991) 230.
14. M. Weber, *JHR* 12(4) (1992–93) 421 ff.; P. Grubach, ebenda, 445 ff.
15. E. Gauss, *DGG* 41(2) (1993) 16; ders., *Vorlesungen über Zeitgeschichte,* Grabert, Tübingen 1993.
16. R. Kammerer, A. Solms, *Das Rudolf-Gutachten,* Cromwell, London 1993.
17. Meist polemische Behandlungen revisionistischer Argumente seitens der etablierten Zunft sind neben S. Z. Shapiro (Hg.), aaO. (Anm. 5), erschienen: D. Lipstadt, *Denying the Holocaust: The Growing Assault on Truth and Memory,* Free Press, New York 1993; K. S. Stern, *Holocaust Denial*, American Jewish Committee, New York 1993; A. M. Schwartz, *Hitler's Apologists: The Antisemitic Propaganda of Holocaust ›Revisionism‹,* The Anti-Defamation-League, New York 1993; vgl. zu den letzten drei Titeln: T. J. O'Keefe, *JHR* 13(6) (1993) 28–36.
18. J.-C. Pressac, *Les Crématoires d'Auschwitz, la Machinerie du meurtre de masse,* CNRS, Paris 1993; dt.: *Die Krematorien von Auschwitz. Die Technik des Massenmordes,* Piper, München 1994.
19. Kritik an Pressac, aaO. (Anm. 18): A.N.E.C., R. Faurisson, S. Thion, P. Costa, *Nouvelle Vision* 31 (1993) 11–79; vgl. R. Faurisson, *JHR* 14(1) (1994) 23f.; R. Faurisson, *Réponse à Jean-Claude Pressac,* R.H.R., Boîte Postale 122, 92704 Colombes Cedex, 1994; M. Köhler, *Erwiderung an Jean-Claude Pressac*, Neue Visionen Schweiz, Postfach, 8116 Würenlos 1994.
20. Vgl. J.-C. Pressac, aaO. (Anm. 7 u.18), M. Köhler, aaO. (Anm. 19), sowie den Beitrag von C. Mattogno und F. Deana im vorliegenden Band.

kammer benutzt wurde.
Die Geschichtsschreibung geht in der Regel heute davon aus, daß die großen Kremierungsanlagen in den Lagern nicht nur ihrer anfangs geplanten Funktion dienten, nämlich der Beseitigung der Opfer von Seuchen, die trotz intensiver Desinfektionsmaßnahmen häufig auftraten. Später sollen diese Anlagen vielmehr zur Massenvernichtung u.a. der Juden mißbraucht worden sein. Dazu sollen in einigen Räumen der jeweiligen Kremierungsanlagen nach wenigen baulichen Veränderungen mittels Zyklon B Menschen umgebracht (›vergast‹) worden sein.
Es soll nach Zeugenaussagen damals im Stammlager Auschwitz I eine ›Gaskammer‹ im Krematorium I gegeben haben. Im ungefähr 2 bis 3 km davon entfernten Lager Birkenau oder Auschwitz II soll es danach 4 weitere ›Gaskammern‹ in den Krematorien II bis V, sowie zwei außerhalb des eigentlichen Lagers gelegene, zu Vergasungszwecken umgebaute Bauernhäuser gegeben haben.
Im folgenden werden die einzelnen Anlagen vorgestellt und charakterisiert.

2.2. Sachentlausungskammern

Räume, in denen mit Zyklon B Sachentlausung betrieben wurde, befinden sich noch heute unversehrt in den Bauwerken 5a und 5b im Bauabschnitt B1a bzw. b, jeweils im West- bzw. Osttrakt, die in den Plänen als Gaskammern, der damals für Sachentlausungsräumlichkeiten üblichen Bezeichnung, ausgewiesen sind.[21] Diese mit Schleusen ausgestatteten Entlausungsräume besaßen im Giebel zwei kreisrunde, ungefähr 50 cm im Durchmesser große Öffnungen mit je einem Abluft- und Zuluftventilator. Das Dach hatte drei Entlüftungskamine, zur Betriebszeit waren in diesen Räumen drei Öfen montiert.[22] Die Einrichtung mit einer Heizung und Lüftung muß als Mindestforderung für die Verwendung als Gaskammer zur Entlausung von Sachgegenständen angesehen werden.

2.3. ›Gaskammer‹ im Stammlager Auschwitz I

Zu der ›Gaskammer‹ zur Menschenvernichtung im Krematorium des Stammlagers gibt es nach Pressac keine materiellen oder dokumentarischen Beweise, jedoch viele Zeugenaussagen.[23] Diese zeichnen sich laut Pressac durch vielfältige Widersprüche, technische Unmöglichkeiten und allgemeine Unglaubhaftigkeiten aus.[24] In seinem neuesten Werk geht Pressac davon aus, daß diese Gaskammer nur von Januar bis April 1942 benutzt wurde, und er bezeichnet die Zeugenaussagen, die von längeren Benutzungszeiten sprechen, als Übertreibungen.[25]
Bei der Betrachtung dieses Krematoriums wollen wir uns auf die Zyklon B-Einfüllöcher und die Lüftungslöcher der ›Gaskammer‹ konzentrieren.[26] Abbildung 1 zeigt den Grundriß des Gebäudes zu Beginn des Krieges, geplant und gebaut als normales Krematorium mit einer Leichenhalle.[27] Später soll die Leichenhalle zu einer ›Gaskammer‹ umfunktioniert worden sein. Zum Einbringen des Zyklon B für Menschenvergasungen sollen damals nachträglich 3 bis 4 Luken durch das Dach geschlagen worden sein sowie 1 bis 2 zusätzliche Luken zum Einbau von starken Ventilatoren.[28] Im Herbst 1944 ist das Krematorium in einen Luftschutzbunker umgewandelt worden.[29] Die Zyklon B-Einwurflöcher sollen aber schon Ende April/Anfang Mai 1942 verschlossen worden sein.[30]

21. Pläne der Bauwerke 5a/b: J.-C. Pressac, aaO. (Anm. 7), S. 55-8; Außenaufnahmen S. 59 f. Bauwerk 5a wurde im Laufe des Jahres 1943 zu einer Heißluftentlausung umgebaut. Vgl. E. Gauss, *Vorlesungen*, aaO. (Anm. 15), S. 124 f.
22. J.-C. Pressac, aaO. (Anm. 7), S. 53.
23. Ebenda, S. 123.
24. Ebenda, S. 126–128; ders., aaO. (Anm. 18), S. 2.
25. Ebenda, S. 34 f.
26. Zuerst behandelt von D. Felderer, *JHR* 1(3) (1980) 255–266.
27. J.-C. Pressac, aaO. (Anm. 7), S. 151 ff.
28. Ebenda, S. 131 f.
29. Ebenda, S. 156.
30. J.-C. Pressac, aaO. (Anm. 18), S. 39.

Abbildung 2 zeigt den Grundriß des Krematoriums im heutigen Zustand.[31] Nach dem Krieg soll das Dach mit Dachpappe neu gedeckt worden sein, wodurch die Spuren der Zyklon B-Löcher der ›Gaskammer‹ verdeckt worden sein sollen. Die heute sichtbaren Einfülluken sind nach dem Krieg durch das polnische Auschwitz-Museum eingebaut worden, und zwar laut Pressac nicht an der ursprünglichen Stelle, sondern in einer Anordnung, wie sie für die heute zu betrachtende Touristenattraktion nützlich erschien.[32]

Die Decke, Außenmauern und Pfeiler sowie das Fundament des Gebäudes sind im ursprünglichen Zustand. Wären in der Stahlbetondecke Öffnungen zum Einbau von Einwurfstutzen und Lüftungsanlagen vorhanden gewesen, so müßten an der von innen unverputzten Decke an entsprechender Stelle Verletzungen der Betonstruktur sichtbar sein, da diese nicht rückgängig gemacht werden können, ohne bleibend sichtbare Spuren zu hinterlassen.

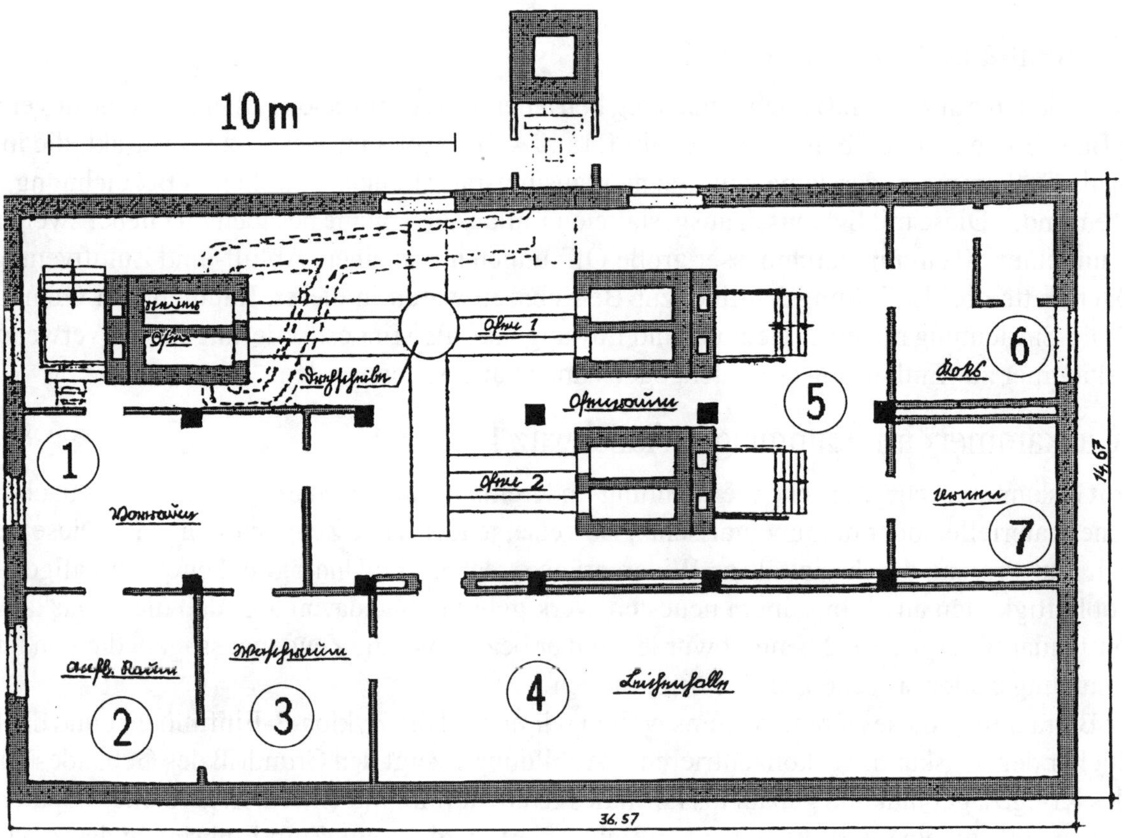

Abbildung 1: Grundriß des Krematoriums I im Lager Auschwitz I/Stammlager im ursprünglichen Planungszustand. Die Leichenhalle soll später angeblich als ›Gaskammer‹ benutzt worden sein.

1: Vorraum, 2: Aufbahrungsraum, 3: Waschraum, 4: Leichenhalle (›Gaskammer‹), 5: Ofenraum, 6: Koks, 7: Urnen

An einer Stelle der Decke erkennt man deutlich Auflösungserscheinungen der Decke durch eintretendes Wasser. Mit Putz versucht man hier vergeblich, diesen Korrosionsprozeß aufzuhalten. Daneben gibt es zwei weitere Stellen in der Nähe der Außenwand in der Mitte des Raumes, an denen die Decke verputzt ist. Ob diese Stellen ehemalige Löcher verdecken oder ob es sich ebenfalls um Reparaturstellen handelt, müßte erst noch untersucht werden. Auf jeden Fall handelt es sich nicht um gleichmäßig

31. J.-C. Pressac, aaO. (Anm. 7}, S. 159.
32. Ebenda, S. 133; ders., aaO. (Anm. 18), S. 34.

im Raum verteilte Einfüllöffnungen. Solche Durchbrüche gab es also an anderer Stelle als an den nach Kriegsende hinzugefügten nicht.

Könnte sich also das Auschwitz-Museum geirrt haben, und doch die alten Öffnungen für den Neubau der Löcher verwendet haben? Der vormalige Direktor des Museums hat sich jüngst dahingehend geäußert.[33] Wir wollen seine geänderte Meinung nachfolgend überprüfen. Die heute sichtbaren Betondurchbrüche sind weder verputzt, noch sind die Überreste der abgeschnittenen Bewehrungseisen korrekt entfernt worden. Die Löcher sind behelfsmäßig mit Holz verschalt und mit Teer abgedichtet. Eine solch unsaubere Arbeit entspricht weder der beim Umgang mit Giftgas gebotenen Sorgsamkeit noch deutscher Baufacharbeit. Hätte die SS seinerzeit diese Betondurchbrüche angefertigt, so sollte neben einer sachgemäßen Entfernung der Bewehrungseisen zudem eine gleichmäßige Verteilung der 4 Stutzen in der Decke der ursprünglichen (!) Leichenhalle zwecks gleichmäßiger Verteilung des Zyklons im

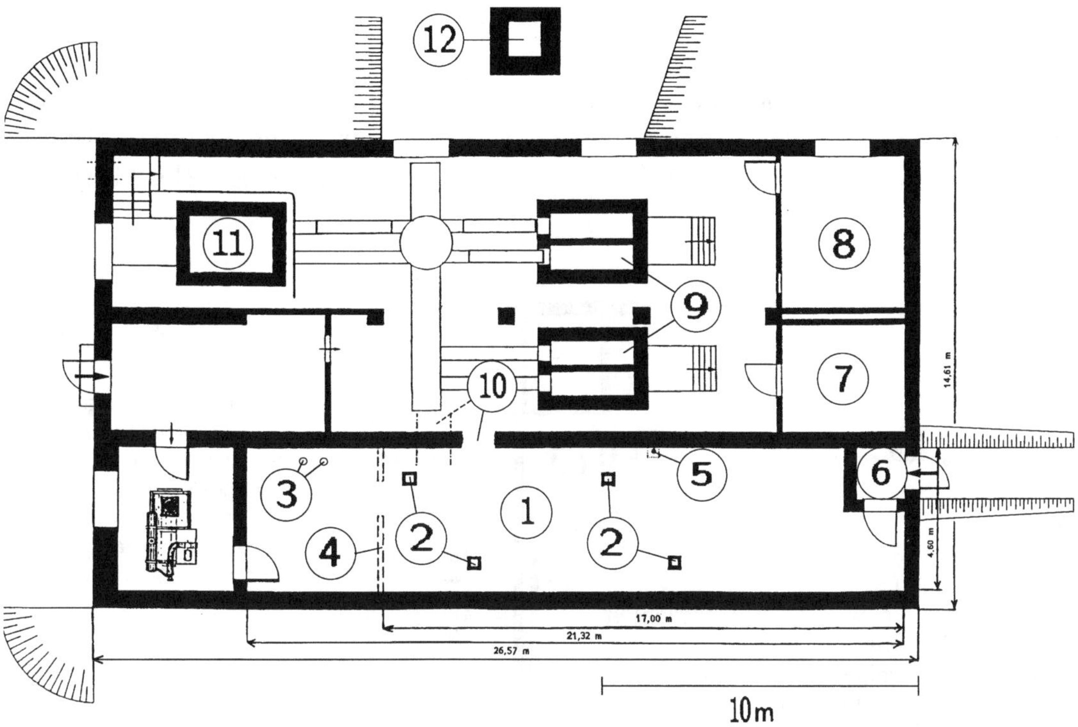

Abbildung 2: Grundriß des Krematoriums I im Lager Auschwitz I/Stammlager heute, nach den nachträglichen Manipulationen:

1: Gaskammer; 2: Zyklon B-Einwurfattrappen; 3: Abflußrohre WCs; 4. ehem. Trennwand Leichenhalle – Waschraum; 5: Lüftungskamin des Luftschutzraumes; 6: Luftschutzschleuse, heute als Opfereingang bezeichnet; 7: Urnen; 8. Koks; 9. rekonstruierte Öfen; 10. neu durchbrochener Durchgang zum Ofenraum; gestrichelt: alter Durchgang; 11. Überreste des alten Ofens; 12. Kamin-Attrappe.

Raum angenommen werden. Die heutigen Stutzen sind aber nur dann gleichmäßig an der Raumdecke verteilt, wenn man den erst nach dem Krieg (!) in diesen Raum einbezogenen Waschraum als Bestandteil der Leichenhalle (›Gaskammer‹) betrachtet (vgl. Abb. 2). Die Anordnung der Einwurfstutzen ergibt also nur dann einen Sinn, wenn sie speziell für den heutigen Zustand als falsch dimensionierte ›museale Rekonstruktionen‹[32], also nach dem Krieg erzeugt wurden.

33. F. Piper in einem Interview mit D. Cole, B. Smith, Visalia, CA 1992; vgl. *JHR* 14(2) (1993) 11 ff.

Pressac führt in seinem neuen Werk an, daß in der Leichenhalle von Krematorium I im März 1941 eine provisorische Lüftungsanlage eingebaut worden sei, die nie durch eine definitive ersetzt wurde und deren Eigenschaften unbekannt seien.[34] Pressac zieht hier die Aussage Pery Broads zu Rate,[35] die er in seinem ersten Werk als unglaubwürdig abqualifiziert hatte[36] und die zudem von einem in der Betondecke eingelassenen Ventilator erzählt. Dieser hätte jedoch ebenso wie die Zyklon B-Einwurfstutzen Spuren in der Decke hinterlassen müssen. Es ist aber auch möglich, daß das Lüftungsrohr durch Wanddurchbrüche in den Ofenraum und von dort weiter z. B. zum Kamin gelegt wurde. Da die Trennwand zwischen Ofenraum und Leichenhalle jedoch beim Umbau zum Luftschutzraum massiv neu errichtet wurde, kann man solche Spuren heute nicht mehr feststellen.
Aus all diesen Argumenten kann gefolgert werden, daß es zur angeblichen Verwendungszeit der Räumlichkeiten als ›Gaskammern‹ aller Wahrscheinlichkeit nach keine Durchbrüche zum Einwurf von Zyklon B gab.

2.4 ›Gaskammern‹ im Lager Birkenau

2.4.1. Die Krematorien II und III

Von Größe, Ausstattung und Konstruktionsweise sind diese Krematorien durchaus mit anderen damals im Reich gebauten Anlagen sowie mit heutigen vergleichbar.[37] Eine detaillierte Untersuchung konstruktiver Einzelheiten des angeblich als ›Gaskammer‹ benutzten Leichenkellers I erfolgte bereits

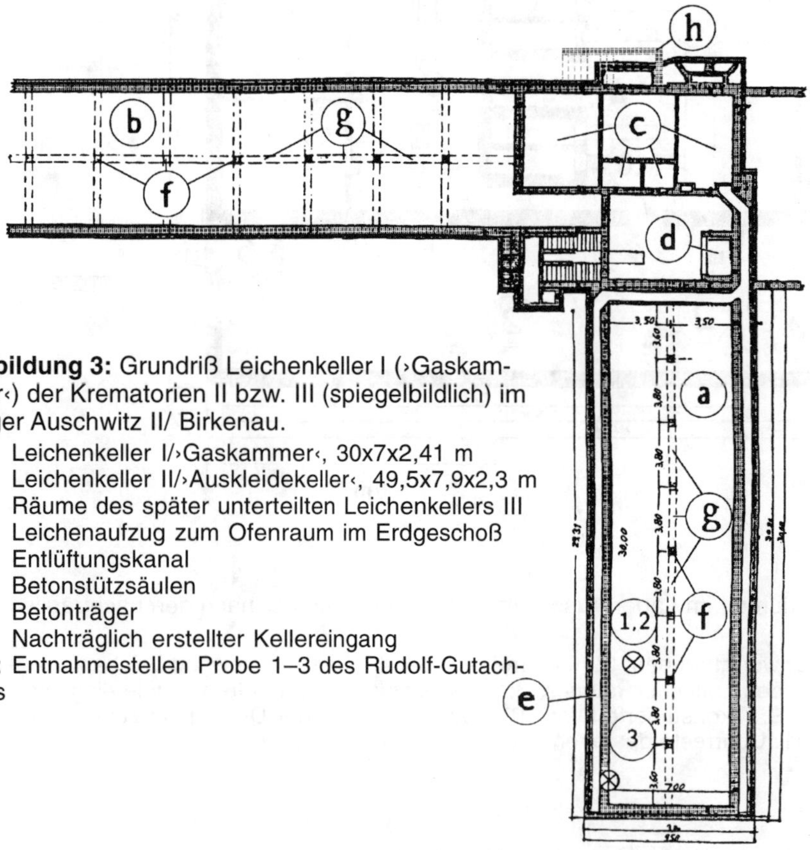

Abbildung 3: Grundriß Leichenkeller I (›Gaskammer‹) der Krematorien II bzw. III (spiegelbildlich) im Lager Auschwitz II/ Birkenau.

a: Leichenkeller I/›Gaskammer‹, 30x7x2,41 m
b: Leichenkeller II/›Auskleidekeller‹, 49,5x7,9x2,3 m
c: Räume des später unterteilten Leichenkellers III
d: Leichenaufzug zum Ofenraum im Erdgeschoß
e: Entlüftungskanal
f: Betonstützsäulen
g: Betonträger
h: Nachträglich erstellter Kellereingang
1-3: Entnahmestellen Probe 1–3 des Rudolf-Gutachtens

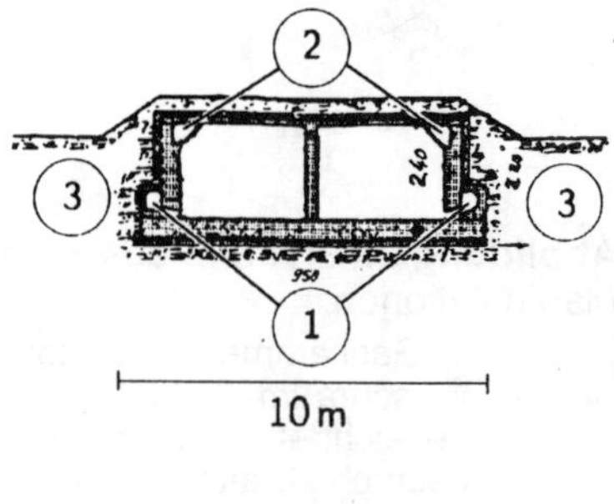

Abbildung 4: Querschnitt Leichenkeller I (›Gaskammer‹) der Krematorien II bzw. III (spiegelbildlich) im Lager Auschwitz II/ Birkenau.

1: Entlüftungskanal
2: Belüftungskanal
3: Erdreich

34. J.-C. Pressac, aaO. (Anm. 18), S. 18, 60 f.
35. Ebenda, S. 18. Der Broad-Bericht ist z. B. abgedruckt in B. Naumann, *Auschwitz*, Athenäum, Frankfurt/Main 1968, S. 200 ff.
36. J.-C. Pressac, aaO. (Anm. 7), S. 126 ff.
37. Zum Vergleich sei auf die Konstruktionsweise moderner Krematorien hingewiesen: H.-K. Boehlke, *Friedhofsbauten*, Callwey Verlag, München 1974, S. 117; E. Neufert, *Bauentwurfslehre*, Ullstein Fachverlag, Frankfurt 1962, S. 423 f.

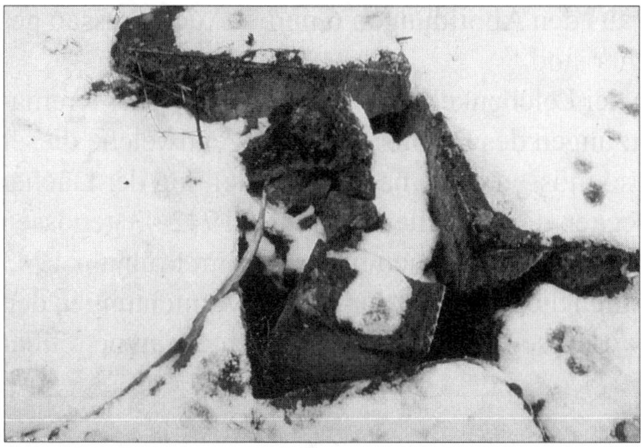

Abbildung 5: Sauber gearbeitetes Lüftungsloch in der Decke des Ofenraumes zum Obergeschoß, Krematorium III. Man beachte die durch die Sprengung entstandene Zerstörung.

Abbildung 6: Angebliches Zyklon B-Einwurfloch in der Decke des Leichenkellers I (›Gaskammer‹) vom Krematorium II, Einstieg zum noch heute begehbaren Teil des Kellers.

woanders.[7,15,16,18,38] Hier wollen wir uns wiederum auf die Zyklon B-Einwurfstutzen bzw. -löcher dieses mit einer Lüftungsanlage, aber ohne Heizung versehenen Kellerraumes konzentrieren.

Der Abbildung 3 ist der Grundriß des Leichenkellers I (›Gaskammer‹) des Krematoriums II und spiegelbildlich entsprechend des Krematoriums III zu entnehmen; Abbildung 4 zeigt den Querschnitt.[39] Zum Einbringen des Zyklon B sollen auch hier laut Zeugen drei bis vier Luken in der Decke vorhanden gewesen sein.[40]

Bezüglich der Beweiskraft der alliierten Luftaufnahmen sei auf den Beitrag von J.C. Ball in diesem Band verwiesen. Nach dessen Lektüre dürfte der Verdacht nahe liegen, daß es entweder keine Einwurfluken auf den Dächern gegeben hat oder daß diese so klein waren, daß sie auf den Luftbildern nicht zu sehen sind, so daß man meinte, zum Retuschierstift greifen zu müssen, um die Luftaufnahmen entsprechend zu verfälschen.

Die Decken der Leichenkeller I (›Gaskammern‹) beider Krematorien sind heute zerbrochen und eingestürzt. Anzeichen von Geschoßeinschlägen sind nicht zu erkennen. Man geht davon aus, daß diese Räume gesprengt wurden.[41] Die Decke des Leichenkellers I (›Gaskammer‹) des Krematoriums II ist noch einigermaßen zusammenhängend erhalten und ruht partiell noch auf den Betonpfeilern. Große Teile des im Inneren des Kellers zugänglichen Mauerwerks und der Betondecke sind im ursprünglichen Zustand, geschützt vor Wind und Wetter. Es sind weder Erosions- noch Korrosionserscheinungen sichtbar.

Pressac zeigt in seinem Buch Abbildungen der Lüftungsrohrdurchführungen durch die Decke des Leichenkellers II von Krematorium II sowie durch die Betondecken des Ofenraumes von Krematorium III.[42] Abbildung 5 zeigt eine der fünf Ofenraumöffnungen. Im Gegensatz zu diesen sauber gearbeiteten Löchern handelt es sich bei den zwei einzigen im Dach des Leichenkellers I (›Gaskammer‹) von Krema II auffindbaren, angeblichen Zyklon B-Einwurflöchern eindeutig um nachträglich durch die

38. Siehe dazu auch die Kritik Lüftls am Jagschitz-Gutachten im Beitrag von W. Rademacher in diesem Buch.
39. J.-C. Pressac, aaO. (Anm. 7), S. 319–329. Pläne zu den Krematorien II und III.
40. Am plastischsten dazu die Aussage vom Ingenieur Schultze der Firma Topf & Söhne in einem KGB-Verhör, vgl. G. Feming in *New York Times,* 18. Juli 1993, E19; *Der Spiegel,* 40/1993.
41. Seltsamerweise findet man im Kellergeschoß des Krematoriums II, im Vorraum zu den Leichenkellern, eine Menge teilweise verschütteter Gartenwerkzeuge (Schaufeln, Spaten usw.). Man sollte annehmen, daß die Deutschen bei einer ordnungsgemäßen Räumung des Gebäudes mit anschließender Sprengung diese Geräte sichergestellt hätten.
42. J.-C. Pressac, aaO. (Anm. 7), S. 365 f.

Stahlbetondecke gemeißelte Öffnungen, ersichtlich aus den Abbildungen 6 und 7. Auch Pressac gesteht ein, daß dies die einzigen heute sichtbaren Löcher sind.[43]
Sämtliche heute sichtbaren Öffnungen in den Decken der Leichenkeller I (›Gaskammern‹) der Krematorien II und III sind nachträglich entstandene Verletzungen des Betons. Sollten irgendwelche dieser Löcher als Zyklon B-Einwurflöcher gedient haben, so müssen diese nach Fertigstellung der Dächer nachträglich durchgebrochen worden sein. Da die Decken dieser Keller im Winter 1942/43 gegossen wurden,[44] können eventuelle Löcher in den Dächern beider Krematorien frühestens im Frühjahr 1943 durchgebrochen worden sein. Zu diesem Zeitpunkt sollen die Aktionen zur Massenvernichtung in den Anlagen des Krematoriums II schon im Gange gewesen sein. Dies entspräche einer unvorstellbar stümperhaften Schildbürgerplanung.

Abbildung 7: Angebliches Zyklon B-Einwurfloch in der Decke des Leichenkellers I (›Gaskammer‹) vom Krematorium II. Es ist deutlich sichtbar, daß es nicht von den Bewehrungseisen des Stahlbetons befreit wurde. Diese wurden einfach nach hinten umgebogen.

Wenn Felsen zu-fallen

ZUFALL

Es gibt *Zufälle*, die haben etwas mit *Fallen* zu tun. Fallen im Sinne von Stürzen. Im Fall von Josef Prana-Kvasny wurde daraus auch eine *Falle*, in der ein glückseliger *Zufall* ihn vor dem Tod bewahrte. Unsere heutigen wahren *Zufalls*-Geschichten handeln von Felsstürzen, bei denen Menschen durch glückliche Fügungen gerettet wurden.

Josef Prana, speziell in Wien durch seine Leibwächterschule bekannt geworden, aber auch als Komponist (dem Papst schickte er eine Hymne, auch beim Songcontest-Bewerb machte er oft mit), hielt sich im September 1982 im lateinamerikanischen Costa Rica auf. Er besitzt dort eine rund 350.000 Quadratmeter große Insel namens Bejuco. Und weil er sich schon gut im Lande auskannte, wollte er zwei Männern bei der Suche nach einem geeigneten Grundstück behilflich sein. Einer war der Österreicher Friedrich Zimmermann. Ein Wiener, Kurt Kyba, Jahrgang 1958, lieh Prana und den anderen einen kleinen Suzuki-Jeep. Kyba selbst nahm an der Immobilien-Tour nicht teil.
„Wir fuhren von Cartago Richtung Golfito", schildert Prana. „Unterwegs machten wir in einer

Bilder: Scherer, SNS

Ein Felsriese demolierte das Haus der Familie Zangerl, vermutlich wird es nie mehr bewohnt werden

Hang ist dort etwa fünfzig bis siebzig Meter hoch, und am Fuße führt eine Asphaltstraße vorbei. Unterhalb der Straße, niveaumäßig rund drei bis vier Meter tiefer, liegt das Einfamilienhaus der Familie Cermenek. Pößnitz

che mit dem Backen beschäftigt waren. Plötzlich überkam das Kind ein Drang, es radelte aus dem Garagenbereich und eilte ein paar Stufen hinauf ins Klo des Hauses.
In dem Moment machte sich rund zweihundert Meter weiter der 10 Tonnen schwere Felsen selbständig. Machtlos und paralysiert mußten die Arbeiter mit ansehen, wie der Riesenstein hinabkollerte,

dann vorbei an einem Marterl, das die Familie Cermenek Jahre vorher errichtet hatte, auf den Garagenrohbau zu.
Mit ungebremster Wucht zertrümmerte er die straßenseitige Garagenmauer. Wo kurz vorher der kleine Mario gespielt hatte, lag jetzt ein Schutthaufen.

Abbildung 8: Effekt der Kerbwirkung an einspringenden Ecken bei Gewalteinwirkung. Der einzige Riß durch die Wand geht naturgemäß von der Ecke des Fensters aus.[45]

Eine nachträglich, unter Verletzung des Betons und der Bewehrungseisenstruktur durchgebrochene Öffnung im Dach eines der betrachteten Leichenkeller I (›Gaskammer‹) hätte bei der Sprengung derselben unweigerlich dazu geführt, daß die dabei entstehenden Brüche und Risse der Decke bevorzugt durch diese Löcher verlaufen. Die Erklärung dafür liegt darin, daß die Sprengung eine außergewöhnliche Gewalteinwirkung ist und die Rißbildung dann bevorzugt von Schwachstellen ausgeht, denn die Spannungsspitzen erreichen im Bereich einspringender Ecken sehr große Werte (Kerbwirkung). Besonders solche Löcher, die durch ihren nachträglichen Einbau die Struktur des Betons schon verletzt haben, stellen daher nicht nur Sollbruchstellen, sondern sogar Mußreißstellen dar. Zur Verdeutlichung sei auf die Abbildungen 5 und 8 verwiesen. Obwohl in Abbildung 5 der Explosionsdruck im ebenerdigen Ofenraum nach allen Seiten ausweichen konnte und die Decke zum Dachgeschoß fast vollständig intakt blieb, wurden drei der fünf sauber in die Betondecke eingegossenen und armierten Ofenraumlüftungslöcher völlig zerstört. Bei zwei weiteren Löchern entstanden an den Ecken deutlich sichtbare Risse, sichtbar auf den bei Pressac abgebildeten Fotos.[42] Abbildung 8 schließlich zeigt die Folgen eines Felsschlages auf eine Hauswand mit Fenster. Der einzige Riß in der Wand geht von der Ecke des Fensters aus.

43. Ebenda, S. 354. In seinem neuen Buch, aaO. (Anm. 18), übergeht Pressac die Problematik der Zyklon B-Einwurfstutzen und der dazu unerläßlichen, aber eben fehlenden Löcher in der Betondecke bezeichnenderweise völlig.
44. J.-C. Pressac, aaO. (Anm. 7), S. 338 f. In seinem neuen Buch, aaO. (Anm. 18), zeigt Pressac eine große Außenaufnahme der Decke des Leichenkellers I vom Krematorium II im Winter 1943 (Dokument 27) – ohne jede Spur eines Einwurfloches.
45. *Kurier*, 30. 8. 1992, S. 20: »Wenn Felsen fallen«.

In den Leichenkellern der Krematorien II und III konnte der Explosionsdruck nur nach oben ausweichen, wodurch deren Decken viel stärker zerstört wurden als die Decke des Ofenraumes oder als die Wand des vom Felsschlag getroffenen Hauses. Die angeblichen Zyklon B-Einwurflöcher im Dach des Leichenkellers I (›Gaskammer‹) von Krematorium II zeichnen sich aber durch ihre relative Unversehrtheit aus, sämtliche Risse und Brüche der Decke liegen um das in Abbildung 7 gezeigte Loch herum. Man erkennt vor Ort die willkürliche Anordnung der Öffnungen an Stellen, an denen die Decke des Leichenkellers unverletzt ist! Wie J.C. Ball im selben Band zeigt, haben diese Löcher außerdem weder von der Größe noch von der Lage etwas mit den Flecken auf den Luftaufnahmen zu tun, was sogar Pressac erkannt hat.[46]

Abbildung 9: Innenaufnahme aus der Ruine des Leichenkellers I (›Gaskammer‹) vom Krematorium II. Der Pfeil weist auf die Entnahmestelle der Probe 3 des Rudolf-Gutachtens hin. Man beachte: Nicht die geringste Spur einer Blaufärbung ist sichtbar.

Abbildung 10: Der Innenraum des Entlausungstraktes im Nordwestteil des Bauwerkes 5a. Im Hintergrund und rechts die intensiv durch Eisenblau gefärbte Außenmauer, links die nachträglich eingebaute weiße Wand, frei von Blausäurerückständen.

Abbildung 11: Die Außenmauer des Blausäure-Entlausungstraktes des Bauwerkes 5b, intensiv blau gefärbt durch Blausäure, die mit der Zeit durch die Wand drang und mit Eisen den Farbstoff bildete, unbeeindruckt von 50 Jahren Witterungseinflüssen.

Abbildung 12: Der Innenraum einer angeblichen Menschengaskammer von Majdanek mit Fenster (Raum A, vgl. Abschnitt 7)! Wie in Abbildung 10, so sind auch die Wände durch den aus Blausäure entstehenden Farbstoff Eisenblau verfärbt.[47]

46. J.-C. Pressac, aaO. (Anm. 7), S. 436.
47. Dieses Foto erhielten wir dankenswerterweise von Carlo Mattogno zur Verfügung gestellt.

In der in Abbildung 7 gezeigten Öffnung wurden zudem die Bewehrungseisen nur einmal durchtrennt und umgebogen. Sie besitzen heute noch die volle Länge. Man könnte sie wieder umbiegen und mit den ebenfalls sichtbaren Stummeln, links im Bild (mit Schnee bedeckt), zusammenschweißen. Auch am Rand des Loches in Abbildung 6 stehen noch Reste der Bewehrungseisen. In derart roh durchgebrochene, unverputzte Löcher, aus denen die Bewehrungseisen nicht entfernt worden sind, hätten niemals irgendwelche Gaseinführungsapparaturen stabil eingebaut, geschweige denn nach außen abgedichtet werden können. Damit wäre die gesamte Umgebung inklusive der vermeintlichen Täter durch massiv austretendes Giftgas gefährdet worden. Die vermeintlichen Opfer hätten außerdem nur mit Gewalt daran gehindert werden können, durch diese Löcher zu entkommen oder sogar das Giftgaspräparat hinauszuwerfen, da diese Löcher nicht verschließbar waren. Diese Löcher können also niemals als Einwurfluken gedient haben, sie wurden nie vollendet.
Abschließend kann mit Sicherheit gesagt werden, daß die angeblichen Einwurflöcher erst nach der Sprengung der Gebäude, also nach dem Rückzug der Deutschen, hergestellt wurden.[48]

2.4.2. Die Krematorien IV und V

Über diese Anlagen[49] gibt es nur wenige Dokumente und widersprüchliche, teilweise unglaubhafte Zeugenaussagen.[50] Nach Pressac sollen darin neben den zwei westlichen beheizbaren unbezeichneten Räumen auch deren Vorräume als ›Gaskammern‹ gedient haben. Eine Entlüftungsanlage für diese Räume ist bis zum Mai 1944 nicht nachgewiesen. Pressac geht daher bis zu diesem Zeitpunkt von einer Lüftung durch natürlichen Zug aus. Erst im Mai 1944, mit dem angeblichen Beginn der Vernichtung der ungarischen Juden, soll im Krematorium IV, nicht jedoch im Krematorium V, eine Entlüftungsanlage eingebaut worden sein.[51] Pressac gibt hierfür ohne Quellenverweis eine Konstruktionszeichnung an. Danach würde die Lüftung in einem zusätzlichen Kamin von Krematorium IV enden. Dieser ist jedoch auf den Luftaufnahmen vom Mai, Juni und September 1944 nicht zu sehen.[52] Kurioserweise haben zudem die als ›Gaskammern‹ interpretierten Räume neben dem Koks- und dem Arztraum im Gegensatz zu allen anderen Räumen der beiden Krematorien keine Lüftungskamine. Pressac stellt selber fest, daß die fehlende Lüftung der Kammern zu einer Begasung des gesamten Gebäudes geführt hätte, so daß die Arbeit für viele Stunden hätte eingestellt werden müssen.[53] Ferner führt er aus, daß der Vergasungsvorgang in diesen Räumen selber wegen deren technischen Unzulänglichkeiten lächerlich gewesen sein muß und einer Zirkusnummer geglichen habe.[54]
Leider muß man sich mit solchen bezeugten Geschichten auseinandersetzen und dabei versuchen, ernsthaft zu bleiben.

2.4.3. Die Bauernhäuser I und II

Die angeblich westlich bis nordwestlich des Lagers Birkenau gelegenen umgebauten Bauernhäuser nebst Auskleidebaracken sind der Lage und Konstruktion nach nicht genau bestimmt.[55] Pressac spricht

48. Zur Zeit wird für angestrebte Konservierungsarbeiten an den Gebäuden des Konzentrationslagers Auschwitz Geld gesammelt: »Neue Inschrift im KZ Auschwitz, 60 Millionen für die Erhaltung«, *Allgemeine Jüdische Wochenzeitung,* 11. 6. 1992, S. 1. Sollten diese Arbeiten tatsächlich durchgeführt werden, so würde dies einer Beweismittelvernichtung gleichkommen, bevor jemals umfangreiche internationale forensische Untersuchungen vor Ort stattgefunden hätten.
49. Grundrißpläne dieser Anlagen siehe in E. Gauss, *Vorlesungen*, aaO. (Anm. 15), S. 120.
50. J.-C. Pressac, aaO. (Anm. 7), S. 379 ff, Abschnitt über die Krematorien IV und V.
51. J.-C. Pressac, aaO. (Anm. 18), S. 89 f.
52. J.C. Ball, *Air Photo Evidence,* Ball Recource Service Ltd., Delta, B.C., Canada 1992, S. 69 ff.
53. J.-C. Pressac, aaO. (Anm. 18), S. 67, 89.
54. J.-C. Pressac, aaO. (Anm. 7), S. 386.
55. Angebliche Grundmauerreste des Bauernhauses II sind die einzigen heute auffindbaren Spuren, J.-C. Pressac, aaO. (Anm. 7), S: 176.

hier von widersprüchlichen Zeugenaussagen.[56] Das als Bauernhaus II bezeichnete Gebäude ist auf Luftaufnahmen zeitweise vorhanden, vom Bauernhaus I fehlt jede Spur.[57] Da die bezüglich dieser Räume bezeugten Vergasungen denen der Krematorien IV und V ähneln (seitliche Einwurfklappen, keine Lüftung, hier aber keine Heizung), gilt das unter 2.3.2. Ausgeführte hier noch drastischer. In seinem neuen Buch setzt Pressac sogar noch einen drauf: Er weist nach,[58] daß die Lagerleitung seit 1941 anhand eines Fachaufsatzes von G. Peters[59] über die fortgeschrittene Entlausungstechnik mit Zyklon B im Bilde war. Er interpretiert die Kenntnisnahme dieses Artikels durch die Lagerleitung ohne Beleg(!) dahin, daß man in dem neu einzurichtenden Bunker II diese neuartige Technik zur Menschentötung einzurichten gewillt gewesen sei. Schließlich habe man aber nach Pressacs Meinung davon Abstand genommen, da die zuständigen Firmen angeblich Lieferengpässe hatten, und habe im Bunker II wie auch im Bunker I ohne jede Lüftung und Heizung gearbeitet.
Man muß sich das auf der Zunge zergehen lassen: In voller Kenntnis der anwendbaren fortschrittlichen Technik soll die Lagerleitung nicht nur in Bunker I und II, sondern später auch in sämtlichen anderen Krematorien mit Holzhammermethoden Menschen vergast haben, während gleichzeitig für die Errichtung Hunderter fortschrittlicher Entlausungsanlagen überall im Dritten Reich und im Kriegsgebiet, ja sogar in Auschwitz-Birkenau in der neuen Zentralsauna keine nennenswerten Lieferengpässe bestanden.

2.5. Bautechnische Schlußfolgerungen

Tabelle 1: Ausrüstung und Eignung von Begasungskammern

Begasungskammer	Giftgaszuführung	Heizung	Lüftung	Eignung als Entlausungs-kammer	Eignung als Exekutionskammer
Entlausungskammern	○	•	•	•	○
Krematorium I	×	×	○	○	×
Krematorium II u. III	×	×	•	○	×
Krematorium IV u. V	•	•	×	×	×
Bauernhaus I u. II	○	×	×	×	×

• = vorhanden; ○ = möglicherweise vorhanden; × = nicht vorhanden

Selbst die primitivsten provisorischen Entlausungseinrichtungen – ob in der Anfangszeit des Lagers Auschwitz oder anderswo – waren immer mit einem Lüftungsventilator und einer Heizung ausgestattet, wobei letzteres zwar förderlich, aber nicht unbedingt erforderlich ist (näheres siehe in Abschnitt 4.1.). Jeder Raum jedoch, der keine Entlüftungsanlage besaß, braucht auch nicht ernsthaft als Raum zur Begasung mit Giftgasen – sei es zum Töten von Läusen oder von Menschen – in Betracht gezogen zu werden. Ferner muß es bei Menschengaskammern eine Möglichkeit geben, das Giftgaspräparat von außen zuzuführen, was bei Sachentlausungsanlagen nicht unbedingt erforderlich, jedoch auch nützlich ist. Festzuhalten ist also, daß eine Anlage, die entweder keine Giftgaszuführung von außen besaß oder aber keine Möglichkeit zur Lüftung, nicht ernsthaft als Menschengaskammer in Betracht gezogen werden kann. Betrachtet man die hier behandelten Räume summarisch, so ergibt sich das in Tabelle 1 aufgeführte Bild.

56. Ebenda, S. 161 ff.
57. Siehe Beitrag von J.C. Ball in diesem Buch.
58. J.-C. Pressac, aaO. (Anm. 18), S. 41 f.
59. G. Peters, E. Wüstinger, »Entlausung mit Zyklon Blausäure in Kreislauf-Begasungsanlagen«, *Zeitschrift für hygienische Zoologie und Schädlingsbekämpfung,* 10/11 (1941).

Nicht berücksichtigt wurde hier unter anderem, daß hypothetische Menschengaskammern ausbruchsicher sein müßten und daß ihre Lüftung genügend leistungsfähig sein müßte.
Obwohl man sich über die Ausrüstung der Räume der Krematorien IV und V sowie der Bauernhäuser in der Literatur weitgehend einig ist, sind sie doch aufgrund mangelnder Dokumente und Sachbeweise in gewissem Umfang spekulativ. Der neue Fund Pressacs bezüglich der angeblichen Ausrüstung des Krematoriums IV mit einer Entlüftungsanlage unbekannter Eigenschaft betrifft nur den Zeitraum nach Mai 1944 und erscheint uns ebenso spekulativ.
Glücklicherweise ist gerade jene vermeintliche Gaskammer annähernd unversehrt erhalten, in der während des Dritten Reiches angeblich die meisten Menschen durch Giftgas getötet wurden: Leichenkeller I des Krematoriums II. Dieser Keller besaß zur Betriebszeit entgegen allen Zeugenaussagen mit bautechnischer Sicherheit keine Zyklon B-Einwurföffnungen in seiner Decke. Wenn dem so ist, kann dieser Raum nicht wie bezeugt als Ort des Massenmordes mit Giftgas benutzt worden sein.
Bevor die Frage nicht gelöst ist, wie das Giftgaspräparat in diese vermeintliche Gaskammer gelangte, sind alle weiteren Spekulationen über die Art und Weise des Mordes und seine möglichen chemischen Spuren akademische Fingerübungen ohne realen Hintergrund. Daher könnte die Untersuchung über Auschwitz hier enden. Es werden jedoch nachfolgend auch zu den von Leuchter aufgeworfenen chemischen Fragen einige Ausführungen gemacht.

3. Zyklon B und seine Folgen

3.1. Giftgas Blausäure

Blausäure blockiert die Sauerstoffzufuhr der Körperzellen, wodurch die für die Zelle lebenswichtigen Oxidationsprozesse unterbunden werden.[60] Durch die hohe Empfindlichkeit des Hirns bezüglich Sauerstoffunterversorgung fällt ein Vergiftungsopfer bei Inhalation hoher Blausäurekonzentrationen in Ohnmacht, bevor es in der Muskulatur zu Krämpfen kommt. Dies ist der Grund für die Anwendung der schmerzlosen Blausäure-Exekutionen in einigen Staaten der USA. Tödlich gilt allgemein eine Dosis von 1 mg Blausäure pro kg Körpergewicht. Nicht tödliche Mengen an Blausäure werden im Körper rasch unschädlich gemacht, Nachfolgeschäden gibt es nicht. Als Leichenbefund gilt allgemein u.a. die hellrote Färbung des Blutes wie der Totenflecken.[61]
Allgemein rät man, bei Umgang mit Blausäure darauf zu achten, daß man nicht schwitzt, da besonders feuchte Haut Blausäure aufnimmt. Hier werden Konzentrationen ab 0,6 Vol.% gesundheitsschädlich, bei 1 Vol.% kann nach einigen Minuten ernste Lebensgefahr bestehen.[62]
Der Tabelle 2 kann man entnehmen, welcher Blausäuregehalt der Luft für den Menschen schnell tödlich ist. Naturgemäß handelt es sich hier nicht um die Ergebnisse von Versuchen am Menschen, sondern um Hochrechnungen, bei denen aus Sicherheitsgründen die untere Risikoschwelle angesetzt wurde. Nachfolgend soll dies nachvollzogen werden. Zur Tötung eines beleibten Menschen mit 100 kg Körpermasse muß dieser ca. 100 mg Blausäure aufnehmen. Die Ruheatmung eines Menschen beträgt etwa 15 Liter Luft pro Minute.[63] Bei einem Blausäuregehalt von 0,02% (ca. 0,24 mg pro Liter) muß das Opfer etwa 416 Liter einatmen, bevor es die tödliche Menge an Blausäure aufgenommen hat. Bei 15 Litern pro Minute dauert dies eine knappe halbe Stunde. Wenn es sich um eine robuste Natur

60. Genauer: das Cyanid. Um den Leser nicht mit Fachtermini zu überfordern, wird nachfolgend, wenn irgend möglich, das Wort Blausäure gewählt. Der Fachmann möge es verzeihen.
61. W. Wirth, C. Gloxhuber, *Toxikologie*, Georg Thieme Verlag, Stuttgart 1985, S. 159 f; W. Forth, D. Henschler, W. Rummel, *Allgemeine und spezielle Pharmakologie und Toxikologie,* Wissenschaftsverlag, Mannheim ^{5}1987, S. 751 f.; S. Moeschlin, *Klinik und Therapie der Vergiftung,* Georg Thieme Verlag, Stuttgart 1986, S. 300; H.-H. Wellhöner, *Allgemeine und systematische Pharmakologie und Toxikologie,* Springer Verlag, Berlin 1988, S. 445 f.
62. F. Flury, F. Zernik, *Schädliche Gase, Dämpfe, Nebel, Rauch- und Staubarten,* Berlin 1931, S. 405.
63. Robert F. Schmidt, *Biomaschine Mensch,* Piper, München 1979, S. 124.

handelt, kann er selbst diesen Zeitraum noch überleben. Setzt man dagegen einen empfindlichen Menschen von 50 kg Körpergewicht an, der durch körperliche Anstrengung oder Aufregung eine beschleunigte Atmung von 40 Litern pro Minute hat, so hat er seine tödlichen 208 Liter Luft innerhalb von 5 Minuten eingeatmet. Man erkennt aus diesen Rechenbeispielen, daß die Angaben in Sicherheitsanweisungen immer darauf ausgerichtet sind, auch die kleinsten und schwächsten Menschen unter den ungünstigsten Umständen vor Schäden zu bewahren. Die in dieser Literatur gemachten Angaben ›sofort‹ und ›schnell tödlich‹ sind außerdem so unbestimmt, daß sie uns nicht befriedigen können.

Tabelle 2: Schnell tödlich wirkende Blausäurekonzentrationen in der Luft[64]

Quelle	Konzentration	Wirkung
DuPont, *Hydrogen Cyanid*[65]	0,03 %	schnell tödlich
F. Flury, F. Zernik,	0,02 %	tödlich bei 5 bis 10 Min. Einatmung
Schädliche Gase[66]	0,027 %	sofort tödlich

Ganz anders sehen unsere Grenzwerte aus, wenn wir fordern, daß auch der robusteste unter den vorstellbaren Opfern nach wenigen Minuten tot sein muß.[67] Die dafür nötige Konzentration liegt naturgemäß um ein Vielfaches über den in Tabelle 2 angegebenen Werten. Sie wäre nur durch Reihenuntersuchungen festzustellen, was sich naturgemäß beim Menschen verbietet. Die einzigen uns hier zur Verfügung stehenden Daten sind einerseits jene, die bei den in den USA stattgefundenen Exekutionen mit Blausäure gesammelt wurden. Der dafür zuständige Experte F.A. Leuchter berichtet, daß dort die Opfer bei Konzentrationen von 0,32% je nach Konstitution des Opfers innerhalb 4 bis 10 Minuten klinisch tot sind, also bei der zehnfachen Konzentration, die nach Tabelle 2 sofort tödlich sein kann.[68] Aus Vergiftungsunfällen weiß man, daß auch mit hohen Überdosen Vergiftete erst nach einer erstaunlich langen Phase der Bewußtlosigkeit und des sich anschließenden Atemstillstandes tot sind.[69]

3.2. Fumigant Zyklon B

Insekten und besonders deren Eier reagieren wesentlich unempfindlicher auf Blausäure. Sie müssen zumeist mehrere Stunden mit recht hohen Konzentrationen (0,3 bis 2%) begast werden, bevor ein Tötungserfolg sichergestellt werden kann. Das von der in Frankfurt/Main ansässigen Firma DEGESCH produzierte und lizensierte Präparat ›Zyklon B‹ spielte bis zum Ende des Zweiten Weltkrieges eine außerordentlich wichtige Rolle bei der Bekämpfung von Insekten und Nagern in Lebensmittellagern, Großraumtransportmitteln (Züge, Schiffe), öffentlichen Gebäuden, Kasernen, Kriegsgefangenenlagern, Konzentrationslagern und natürlich allgemein bei der Hygiene und Seuchenbekämpfung in vielen Ländern der Erde.[70] Das angeblich zur Menschenvergasung verwendete Zyklon B bestand aus 5

64. Vgl. auch M. Daunderer, *Klinische Toxikologie,* 30. Erg.-Lfg. 10/87, ecomed, Landsberg 1987, S. 4ff.
65. DuPont, *Hydrogen Cyanid,* Wilmington, Delaware 7/83, S. 5 f.
66. F. Flury, F. Zernik, aaO. (Anm. 62), S. 453 f.
67. Unter Toxikologen bekannt als lethale Dosis für 100% aller Opfer, LD_{100}.
68. F. A. Leuchter, Boston, FAX an H. Herrmann vom 20. 4. 1992 sowie mündliche Mitteilung von Herrn Leuchter.
69. M. Daunderer, aaO. (Anm. 64), S. 15.
70. Vgl. neben Peters, aaO. (Anm. 59) auch F. Puntigam, H. Breymesser, E. Bernfus, *Blausäuregaskammern zur Fleckfieberabwehr,* Sonderveröffentlichung des Reichsarbeitsblattes, Berlin 1943, S. 35 ff; O. Hecht, »Blausäuredurchgasungen zur Schädlingsbekämpfung«, *Die Naturwissenschaften* 16(2) (1928) 17–23; G. Peters, *Blausäure zur Schädlingsbekämpfung,* Ferdinand Enke Verlag, Stuttgart 1933; G. Peters, W. Ganter, »Zur Frage der Abtötung des Kornkäfers mit Blausäure«, *Zeitschrift für angewandte Entomologie* 21(4) (1935) 547–559; F. E. Haag, *Lagerhygiene, Taschenbuch des Truppenarztes,* Band VI, F. Lehmanns Verlag, München 1943; W. Dötzer, »Entkeimung, Entwesung und Entseuchung«, in: J. Mrugowsky (Hg.), *Arbeitsanweisungen für Klinik und Laboratorium des Hygiene-Institutes der Waffen-SS,* Heft 3, Urban & Schwarzenberg, Berlin 1944; F. Puntigam, »Die Durchgangslager der Arbeitseinsatzverwaltung als Einrichtungen der Gesundheitsvorsorge«, *Gesundheitsingenieur* 67(2) (1944) 47–56; O. von Schjerning, *Handbuch der ärztlichen Erfahrungen im Weltkrieg 1914/1918,* Band VII *Hygiene,* J. A. Barth Verlag, Leipzig 1922, besonders S. 266 ff: »Sanierungsanstalten an der Reichs-

bis 10 mm großen, mit Blausäure getränkten Klümpchen aus Diatomeenerde (Kieselgur).[71] Die Verdunstung des Giftgases vom Träger erfolgt recht langsam. Die Verdampfungscharakteristik der Blausäure vom Trägermaterial kann man von der Detia Freyberg GmbH erfahren, einer Nachfolgegesellschaft der DEGESCH, die bis Kriegsende der Hauptlieferant für Blausäure-Produkte war.[71] Da die Gasfreisetzung von Temperatur und Luftbewegung abhängig ist, gibt die Detia Freyberg GmbH nur eine Faustregel an. Danach gibt der Träger bei einer Temperatur von mehr als 20°C und gleichmäßiger Verteilung des Präparates innerhalb von 120 Minuten 80 bis 90 % der Blausäure ab, siehe Grafik1.

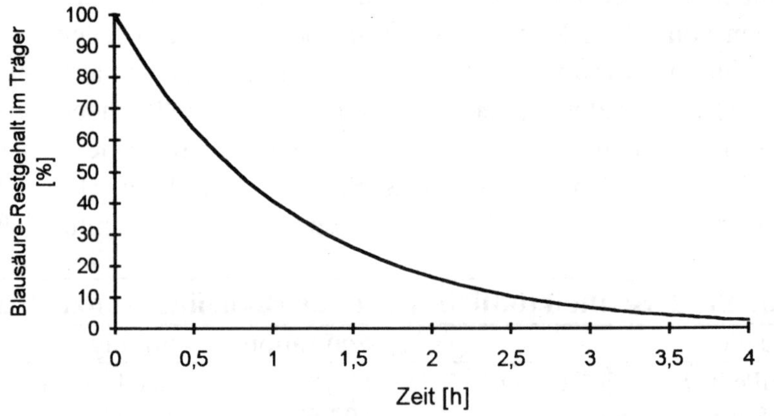

Grafik 1: Verdampfungsgeschwindigkeit von Blausäure vom Trägermaterial des Zyklon B bei mehr als 20°C und feiner Verteilung des Präparates, nach Detia Freyberg GmbH.[72]

Bei niedrigeren Temperaturen verlangsamt sich dieser Vorgang entsprechend dem fallenden Dampfdruck der Blausäure. Danach ist bei 20°C mit 50% Blausäure-Abgabe nach 40 bis 45 Minuten zu rechnen. Für spätere Feststellungen ist es hier notwendig festzuhalten, daß während der ersten fünf, wahrscheinlich sogar zehn Minuten der Präparatauslegung bei einer Temperatur von 20°C maximal 10% der Blausäure den Trägerstoff verlassen haben.

3.3. Blausäurerückstände

3.3.1. Die Bildung

Wenn die Blausäure des Zyklon B nur durch Anhaftung am Gemäuer gebunden worden wäre, wären heute dank der Flüchtigkeit der Blausäure (Siedepunkt: 25,7°C) keine Blausäurerückstände mehr im Mauerwerk der Gebäudereste zu finden. Der einfache Blick in die Sachentlausungskammern der Gebäude Bauwerk 5a und 5b des Lagers Birkenau (Abb. 10 und 11) zeigt dem Chemiker aber sofort, daß er es mit einem bekannten Stoff zu tun hat: mit Eisenblau[73] oder Berlinerblau bzw. Turnbullsblau, einer äußerst stabilen Verbindung der Blausäure mit Eisen (Eisencyanid[74]).

grenze«; R. Wohlrab, »Flecktyphusbekämpfung im Generalgouvernement«, *Münchner Medizinische Wochenschrift* 89(22) (1942) 483–488; W. Hagen, »Krieg, Hunger und Pestilenz in Warschau 1939-1943«, *Gesundheitswesen und Desinfektion* 65(8) (1973) 115–127; ebenda, 65(9) (1973) 129–143; G. Peters, *Die hochwirksamen Gase und Dämpfe in der Schädlingsbekämpfung*, F. Enke Verlag, Stuttgart 1942; DEGESCH, *Acht Vorträge aus dem Arbeitsgebiet der DEGESCH,* 1942, S. 47; Dokument NI-9098 im Nürnberger Prozeß, Eigenschaftstabelle der von der DEGESCH verwendeten gasförmigen Insektizide/Rottizide; H. Kruse, *Leitfaden für die Ausbildung in der Desinfektion und Schädlingsbekämpfung,* Muster-Schmidt, Göttingen 1948; H. Kliewe, *Leitfaden der Entseuchung und Entwesung,* F. Enke Verlag, Stuttgart 1951; neuere Behandlung des Themas: F. P. Berg, »The German Delousing Chambers«, *JHR* 7(1) (1986) 73–94; ders., »Typhus and the Jews«, *JHR* 8(4) (1988) 433–481; R. C. Lang, »Zur Frage der Fleckfieberepidemien im Zweiten Weltkrieg«, *DGG* 36(2,3) (1988) 7–10, 8–13.

71. Siehe Abbildungen in J.-C. Pressac, aaO. (Anm. 7), S. 17, und F. A. Leuchter, aaO. (Anm. 1), S. 148, jeweils aus Produktinformationen der DEGESCH (Deutsche Gesellschaft für Schädlingsbekämpfung) sowie: A. Moog, W. Kapp, Schreiben der Detia Freyberg GmbH an den Autor, Laudenbach 11. 9. 1991.
72. Ebenda, sowie Schreiben der Firma ARED GmbH an G. Rudolf, Linz, Az. 1991-12-30/Mag.AS-hj.
73. Eisenblau ist der DIN-Name für Eisencyanid-Blaupigmente verschiedener Zusammensetzungen, die daneben bekannt sind unter den Namen: Berlinerblau, Turnbullsblau, Preußisch Blau, Vossen Blau®, Milori Blau, Pariser Blau, Französisch Blau, China Blau, Bronze Blau, Stahl Blau, Tinten Blau u.a.m.
74. Cyanide (CN^--Verbindungen) sind Salze der Blausäure (Cyansäure, Hydrogencyanid) HCN. Hier exakt: Eisen(III)-Hexacyanoferrat(II).

Eisen ist ein Element, das praktisch überall in der Natur, zumeist als Eisenoxid (›Rost‹), vorkommt. So enthält zum Beispiel der für Beton und Mörtel verwendete Sand in der Regel bis zu 4%, Portland-Zement zwischen 2 und 5% Eisen.[75] Allgemein ist das Eisen in Form von Rost dafür verantwortlich, daß Bau- und Werkstoffe (Beton, Mörtel, Putz, aber auch Lehm und Ton) einen ockerfarbenen bis roten Ton bekommen.
Wie bildet sich nun der Farbstoff Eisenblau? Zunächst muß sich die Blausäure im Mauerwerk anreichern. Günstig hierfür ist vor allem eine kühle und damit feuchte Wand, da sich Blausäure bevorzugt in Wasser löst. So haben zum Beispiel kühle Kellerwände (10°C) mit einem ca. zehnfachen Wassergehalt[75] gegenüber warmen, trockenen Räumen (20°C) auch eine etwa um den Faktor zehn erhöhte Tendenz zur Anreicherung von Blausäure.[76]
Für die weiteren Schritte der chemischen Umsetzung zum Eisenblau ist eine feuchte Wand ebenso von überragender Wichtigkeit, hinter der die weiteren Aspekte zurücktreten.[77]

3.3.2. Die Haltbarkeit

Eisenblau wird in der Literatur immer wieder als äußerst hartnäckiger Farbstoff beschrieben. Er ist nicht wasserlöslich,[78] widerstandsfähig gegen Sauren Regen[79] und erstaunlich resistent gegen Sonnenlicht.[80] Andere Verbindungen der Blausäure wandeln sich unter Bewitterung sogar bevorzugt in Eisenblau um.
Anhand von drei Beispielen kann man die Umweltresistenz von Eisenblau verdeutlichen. Zuerst sei auf die durch Eisenblau blau gefärbten Außenwände der Entlausungsgebäude in Birkenau hingewiesen, die trotz 50 Jahren widrigster Bedingungen des oberschlesischen Industriereviers nichts von ihrer Färbung verloren haben (Abb. 10). Hier mag man einwenden, daß die löslichen Verbindungen der Blausäure, die sich im Inneren der Mauern befinden, durch ihr langsames Wandern zur Außenseite dafür sorgen, daß eventuelle Erosionsverluste ausgeglichen werden, was eine Langzeitstabilität nur vortäuscht. Ein in den fünfziger Jahren gestarteter Langzeitversuch zur Bestimmung der Umweltresistenz von Anstrichfarben hat hier jedoch für Klarheit gesorgt. Bei diesem Versuch wurde neben vielen anderen Farben auch Eisenblau und Eisenocker, also Eisenoxid (›Rost‹), getestet, indem man sie ohne Schutzschicht auf eine Aluminiumplatte nur oberflächlich (!) auftrug. Nach über 20 Jahren Exposition an der Luft eines westlichen Industrievorortes von London zeigten zwei Farbstoffe die geringsten, nämlich kaum merkliche Veränderungen: Eisenblau und Eisenocker.[81] Selbst auf der Erde verstreutes Eisenblau bleibt über viele Dekaden stabil und ortsfest, wie Untersuchungen in vor Jahrzehnten stillgelegten Gaswerken gezeigt haben. Dort wurde das bei der Stadtgasproduktion anfallende Eisenblau teilweise zur Unkrautbekämpfung eingesetzt und ist noch heute annähernd unvermindert nachweis-

75. Siehe dazu z. B. in K. Wesche, *Baustoffe für tragende Bauteile,* 2 Bde. Bauverlag, Wiesbaden 1977, besonders Bd. 1, S. 37, und Bd. 2, S. 51 f.
76. L. Schwarz, W. Deckert, *Zeitschrift für Hygiene und Infektionskrankheiten* 107 (1927) 798–813; ebenda, 109 (1929) 201–212.
77. Die Diskussion des geringfügigen Einflusses weiterer Eigenschaften des Mauerwerks auf die Cyanidanreicherung und die Umsetzungsgeschwindigkeit möchten wir dem Leser ersparen und dafür auf Gauss, aaO. (Anm. 15), und Rudolf, aaO. (Anm. 16) verweisen.
78. In der Literatur findet man oft nur den wenig befriedigenden Vermerk ›unlöslich‹. Siehe dazu die Ausführungen im Gutachten, R. Kammerer, A. Solms, aaO. (Anm. 16), 45 ff.
79. Eisenblau gilt als säureresistenter Farbstoff, vgl. z. B. J. A. Sistino, in: *Pigment Handbook,* Vol. 1, Wiley and Sons, New York 1974, S. 401-407; merkliche Zersetzung tritt erst unterhalb pH 1 auf. Der pH-Wert von Eisenblauaufschlämmungen beträgt z.B. etwa 4–5: H. Ferch, H. Schäfer, *Schriftenreihe Pigmente Nr. 77,* Degussa AG, Frankfurt 1990.
80. *Ullmanns Encyklopädie der technischen Chemie,* Band 13, Urban und Schwarzenberg, München ³1962, S. 794; ebenda, Band 18, Verlag Chemie, Weinheim 1979, S. 623 ff.; L. Müller-Focken, *Farbe und Lack* 84 (1987) 489–492.
81. J. M. Kape, E.C. Mills, *Transactions of the Institute of Metal Finishing* 35 (1958) 353–384; ebenda, 59 (1981), 35–39.

bar.[82] Ist also Eisenblau auf und im Inneren (!) einer Wand entstanden, so muß mit einer Langzeitstabilität gerechnet werden, die ähnlich der des Eisenoxids ist, aus dem es hervorgegangen ist.
Haben sich also in einem Mauerwerk merkliche Mengen an Blausäuresalzen angereichert und hatten diese durch ein feuchtes Milieu die Möglichkeit, sich zum Eisenblau umzuwandeln, so ist nach 50 Jahren nicht mit einer merklichen Verringerung des Blausäuregehaltes zu rechnen.
Bezeichnend für den Auseinandersetzungsstil der Medien ist die am 29. 3. 1993 in fast allen größeren Tageszeitungen erschienene und teilweise sogar in den Radionachrichten verkündete *dpa*-Meldung, daß nach Expertenmeinungen die hier untersuchten Blausäuresalze lediglich eine Lebensdauer von wenigen Monaten hätten.[83] Auf Nachfragen bei dem für die Meldung verantwortlichen *dpa*-Büro Stuttgart stellte sich heraus, daß der zuständige Redakteur Albert Meinecke diese Expertenmeinung frei erfunden hatte. Sogar die *dpa* schreckt also nicht vor Fälschungen zurück.[84]

4. Begasungen

4.1. Sachentlausungen[70]

Anfänglich wurden für die Sachentlausung einfache Räume provisorisch umgebaut, indem man Fenster und Türen möglichst gasdicht machte, für eine gute Heizung des Raumes sorgte sowie eine Lüftungsmöglichkeit vorsah. Das Zyklon B wurde von Arbeitern mit Schutzmaske gleichmäßig am Boden des mit dem Entlausungsgut versehenen Raumes verteilt, ähnlich der Prozedur bei Begasungen normaler Räume zur Ungezieferbekämpfung.
Später ging man zum Bau spezieller Anlagen über, die mit leistungsfähigen Heizungs-, Lüftungs- und Umluftsystemen (sog. ›Kreislaufverfahren‹) versehen waren. Sie hatten ein relativ kleines Volumen zur Vermeidung von Totraum, also zur Einsparung des teuren Schädlingsbekämpfungsmittels.
Die Anwendungskonzentrationen lagen je nach Anlage und Ungezieferart zwischen 0,5 bis 2% Blausäure, die Anwendungszeit variierte von unter 2 Stunden bis zu 10 Stunden und mehr.
Die Entlausungskammern der Bauwerke 5a und 5b in Birkenau waren zwar speziell für Entlausungen errichtet worden (Entlüftungsanlage, Heizungen, Lüftungskamine), waren jedoch durch ihre Größe nur sehr aufwendig zu betreiben. Sie hatten eine Grundfläche von ungefähr 130 m^2 und einen Rauminhalt von mindestens 400 m^3. Eine Nutzung des gesamten Raumes als Entlausungskammer setzt den Einsatz einer Zyklon B-Menge mit mindestens 4 bis 5 kg (10 g pro m^3) Blausäure-Gehalt[85] voraus. Damit sind zum Beispiel bei einer Begasung täglich allein durch diese Anlagen jährlich rund 3,6 Tonnen Zyklon B verbraucht worden, entsprechend knapp 50 % der gesamten Zyklon B-Lieferungen an das Lager Auschwitz im Jahre 1942, bei einer Gesamtlieferung von 7,5 Tonnen.[86]
Zieht man in Betracht, daß es in Birkenau neben diesen Gebäuden weitere Blausäure-Entlausungsanlagen verschiedener Größen gab[87] sowie daß ab und zu Häftlingsbaracken mit diesem Insektizid begast wurden,[88] erkennt man, daß die an das Lager Auschwitz gelieferten Zyklon B-Mengen mit normalen Entlausungsaktionen erklärt werden können, was auch allgemein akzeptiert ist. So geht Pressac

82. D. Maier, K. Czurda, G. Gudehus, *Das Gas- und Wasserfach, Gas · Erdgas* 130 (1989) 474–484.
83. Vgl. *Süddeutsche Zeitung, Die Welt, Stuttgarter Zeitung, Südwest Presse,* jeweils vom 29. 3. 1994.
84. Vgl. hierzu W. Schlesiger, *Der Fall Rudolf,* Cromwell, 20, Madeira Place, Brighton/Sussex BN2 1TN, 1994; G. Rudolf, *DGG* 42(2) (1994) 25 f.
85. Die Massenangaben beziehen sich immer auf den HCN-Nettogehalt des Präparates.
86. Office of Chief of Counsel for War Crimes, hier eidesstattliche Erklärung von A. Zaun, Hamburg 24. 10. 1945, Document No. NI-11 396, zitiert nach U. Walendy, *Auschwitz im IG-Farben-Prozeß,* Verlag für Volkstum und Zeitgeschichtsforschung, Vlotho 1981, S. 62.
87. Nach J.-C. Pressac, aaO. (Anm. 7), S. 550, waren es im Lager insgesamt 25 Kammern, in denen mittels Zyklon B Sachentlausung betrieben wurde, allerdings wohl nicht schon im Jahre 1942.
88. Die Berichte über solche Begasungen durch Zeugen und entsprechende Dokumente sind zahlreich, etwa der Befehl des Lagerkommandanten Höß vom 12. 8. 1942 bezüglich Unfällen bei Barackenbegasungen, J.-C. Pressac, ebenda, S. 201.

davon aus, daß 95 bis 98% sämtlicher Zyklon B-Lieferungen an das Lager für den ursprünglichen Zweck, die Kleidungs- und Raumentlausung, verwendet wurden,[89] wobei er sich auf die Feststellungen des Nürnberger Tribunals berufen kann.[90] Tatsächlich lagen die Zyklon B-Lieferungen an das Lager Auschwitz relativ zu den dortigen Menschenmengen nicht höher als die an solche Konzentrationslager, in denen nachweislich keine Vernichtung stattfand. Offensichtlich war die jährliche Liefermenge für Auschwitz sogar zu gering, da die Fleckfieber-Seuchen nie ganz unterbunden werden konnten. Aus diesen Überlegungen ergibt sich, daß die Entlausungskammern der Bauwerke 5a und 5b nicht häufiger als einmal täglich benutzt worden sein können.

4.2. Menschenvergasungen

4.2.1. Zeugenaussagen

Pressac selbst urteilt an etlichen Stellen sehr kritisch, was die Zuverlässigkeit und Glaubhaftigkeit von Zeugenaussagen anbelangt.[91] Er versucht, die Unwahrheiten, Unmöglichkeiten und Übertreibungen der Aussagen zu erklären, und korrigiert sie in vielen Fällen. Zum Beispiel setzt Pressac die Opferzahlen pro Vergasungsvorgang wesentlich niedriger an als die Zeugen, die für die Krematorien II und III häufig von mehreren tausend Opfern pro Vorgang berichten.[92] Da seit dem Frühjahr 1990 die Opferzahl von Auschwitz offiziell von 4 auf etwa 1 Mio. gesenkt wurde,[93] hat Pressac die Angaben der Zeugen auf die neuen Zahlen hin manipuliert, gestützt vor allem auf ein Werk von D. Czech.[94] Im folgenden sind für die einzelnen Anlagen die Verfahren der vermuteten Menschenvergasungen beschrieben, wie sie Pressac nach Korrektur der Zeugenaussagen meint rekonstruieren zu können:

Krematorium I:

Auskleiden von 500 bis 700 Opfer im Freien; Begehen der ›Gaskammer‹ (Leichenhalle) durch den Ofenraum; Einfüllen von Zyklon B durch Stutzen; nach dem Tode der Opfer (rund 5 min.) Einschalten der Ventilatoren; nach 15 bis 20 min. Lüftung Öffnen der Tür zum Ofenraum, Räumen der Kammer zum Teil ohne Atemfilter, Kremieren der Opfer.[95] Gemäß Pressac nur wenige Vergasungen, insgesamt weniger als 10 000 Opfer.[96]

Krematorien II/III:

Auskleiden von 800 bis 1 200 Opfer im Leichenkeller II; Gang in den Leichenkeller I (›Gaskammer‹); Einfüllen von Zyklon B durch Stutzen; nach dem Tode der Opfer (5 min.) Einschalten der Lüftung; nach ungefähr 20 min. Öffnen der Türen; Abspritzen der mit Blut, Auswurf, Kot verschmutzten Leichen; Abtransport der Leichen meist ohne Atemschutz; Kremierung im Erdgeschoß.[97] Rund 400 000 Opfer für Krematorium II (das heißt durchschnittlich eine Vergasung pro Tag), 350 000 für Krematorium III nach Pressac.[98]

---

89. Ebenda, S. 15, 188.
90. Office of Chief of Counsel for War Crimes, Britisches Militärgericht, Verfahren gegen B. Tesch et al., Hamburg 1.–8. 3. 1946, Document No. NI-12 207, zitiert nach: U. Walendy, aaO. (Anm. 86), S. 83.
91. J.-C. Pressac, aaO. (Anm. 7), S. 124 f., 162, 174, 177, 181, 229, 239, 379 f., 459–502; kompakter in ders., aaO. (Anm. 18); vgl. dazu die Kritiken von M. Köhler, aaO. (Anm. 19) und ANEC, aaO. (Anm. 19).
92. 2 000 nach C. S. Bendel, 3 000 nach M. Nyiszli, siehe J.-C. Pressac, aaO. (Anm. 7), S. 469 ff.
93. Siehe dazu u. a.: *Jüdische Allgemeine Wochenzeitung,* 26. 7. 1990; *Hamburger Abendblatt,* 25. 7. 1990; *Hannoversche Allgemeine Zeitung,* 18. 7. 1990; *Der Spiegel,* 30/91, 111; *Süddeutsche Zeitung,* 21. 9. 1990; *Die Tageszeitung,* 18. und 19. 7. 1990; *Vorarlberger Nachrichten,* 22. und 29. 8. 1990.
94. D. Czech, *Kalendarium der Ereignisse im Konzentrationslager Auschwitz-Birkenau 1939–1945,* Rowohlt, Reinbek 1989.
95. J.-C. Pressac, aaO. (Anm. 7), S. 125.
96. Ebenda, S. 131 f., ders., aaO. (Anm. 18), S. 34 f.
97. J.-C. Pressac, aaO. (Anm. 7), S. 253.
98. Ebenda, S. 183. Da er in seinem neuesten Werk von lediglich etwa 500 000 Gaskammertoten ausgeht, aaO. (Anm. 18), deutsche Ausgabe, S. 202, wären die entsprechenden Zahlen für die einzelnen Anlagen weiter zu reduzieren.

Krematorium IV/V:
Auskleiden von einigen hundert Opfern bei gutem Wetter im Freien, sonst in der Leichenhalle; Gang in die ›Gaskammer‹; Einwurf von Zyklon B durch Luken von der Leiter aus; nach 15 bis 20 min. Öffnen der Türen; Leichenabtransport in die Leichenhalle bzw. nach draußen zu den Verbrennungsgräben hinter Krematorium V teils mit, teils ohne Gasmasken. Nach Pressac nur schwer kalkulierbare Opferzahl, wahrscheinlich je ungefähr 100 000.[99] Ähnliches gilt für die Bauernhäuser I und II.

Pressac erwähnt des öfteren eine Anwendungskonzentration von 12 g pro m^3 oder 1 Vol.% Blausäure. Er beruft sich dabei auf viele Zeugenaussagen, denen zufolge vier bis sechs 1 kg-Dosen Zyklon B in die ›Gaskammern‹ (Leichenkeller) der Krematorien II und III gegeben worden sein sollen, was in der Tat einer Konzentration von 1 Vol.% entspricht.[100]
Als weitere indirekte und sicherste Quelle zur Feststellung der angewendeten Blausäuremengen sind die bezeugten, angeblichen Exekutionszeiten heranzuziehen. Diese liegen durchweg im Bereich weniger Minuten,[101] wobei man sich fragen darf, woher die Zeugen dies wissen wollen. Nach herkömmlicher Darstellung sollen nämlich die Türen zu den Gaskammern höchstens ein Guckloch besessen haben, durch das SS-Ärzte den Vorgang angeblich überwacht haben. Somit wären solche Zeugen die einzigen, die nicht vom Hörensagen leben. Prof. G. Jagschitz zitiert in seinem 1992 erstellten Gutachten einen solchen kompetenten Zeugen.[102] Der von ihm angeführte Arzt des Lagers Auschwitz Dr. Horst Fischer, der selber regelmäßig die Aufsicht bei ›Gaskammerexekutionen‹ gehabt haben will, berichtet in Übereinstimmung mit der überwiegenden Mehrzahl aller anderen Zeugen von Tötungszeiten von 2 bis 3 Minuten. Auch der ehemalige Lagerkommandant R. Höß spricht von 3 bis in Ausnahmen 15 Minuten.[103] Diese relativ schnelle Exekution setzt die Anwendung entsprechend großer Zyklon B-Mengen voraus. Die ungefähre Menge soll nachfolgend bestimmt werden.

4.2.2. Kritik der Zeugendarstellungen

Um die Realitätsnähe der amtlichen Zeugenaussagen und anderer Darstellungen bezüglich der vermeintlichen Vergasungsvorgänge beurteilen zu können, muß man folgende Größen berücksichtigen:

1. Ist der bezeugte Vergasungsvorgang technisch möglich und wenn, unter welchen Bedingungen?
2. Wie groß war der Zeitbedarf der Lüftung der mit Menschen gefüllten Räumlichkeiten? Oder: Waren die bezeugten Aufräumungsarbeiten in den Kammern möglich?

---

99. J.-C. Pressac, aaO. (Anm. 7), S. 384–390.

100. Ebenda, S. 16, 18, 253; ders., aaO. (Anm. 18), S. 71; vgl. auch J. Buszko (Hg.), *Auschwitz, Nazi Extermination Camp,* Interpress Publishers, Warschau ²1985, S. 118, der von 6 bis 12 kg spricht.

101. Eine Aufzählung vieler Aussagen dazu ist zu finden bei E. Gauss, *Vorlesungen*, aaO. (Anm. 15), S. 221, 295 f., wonach mit Zeiten unter 10 min. gerechnet werden kann. Siehe daneben: die Aussage von C. Vaillant-Couturier, *Der Prozeß gegen die Hauptkriegsverbrecher vor dem Internationalen Militärgerichtshof Nürnberg (IMT),* Band VI, S. 242 (5 bis 7 Minuten); M. Nyiszli in: G. Schoenberner (Hg.), *Wir haben es gesehen,* Fourier, Wiesbaden 1981, S. 250 (5 min.); C. S. Bendel in: H. Langbein, *Menschen in Auschwitz,* Europaverlag, Wien 1987, S. 221 (Ende der Opferschreie nach 2 min.); P. Broad in: B. Naumann, aaO. (Anm. 35), S. 217 (4 min.), nach 10–15 min. Türöffnung: A. Rückerl, *NS-Verbrechen vor Gericht,* C.F. Müller, Heidelberg, ²1984, S. 58 f.; K. Hölbinger in: H. Langbein, *Der Auschwitz-Prozeß,* Europäische Verlagsanstalt, Frankfurt/Main 1965, S. 73 (1 min.): R. Böck, ebenda, S. 74 (Nach Türschluß 10 min. schreiende Opfer, anschließend Türöffnung); H. Stark, ebenda, S. 439 (10–15 min. schreiende Opfer); F. Müller, ebenda, S. 463 (8–10 min.); E. Pyš, ebenda, S. 748 (nach einige Minuten Anschalten des Ventilators); K. Lill, ebenda, S. 750 (ein paar Sekunden nach Zyklon B-Einwurf ein Schrei, ein paar Minuten danach quoll Qualm aus dem Schornstein).

102. Protokoll des Gutachtens von Prof. Dr. G. Jagschitz, 3.–5. Verhandlungstag der Strafsache Honsik, 29. 4., 30. 4., 4. 5. 1992, Az. 20e Vr 14184 und Hv 5720/90, Landesgericht Wien; über die Glaubhaftigkeit dieser Aussage siehe bei W. Rademacher in diesem Buch.

103. Dokument 3868-PS, *IMT*-Band XXXII, S. 275ff., zitiert nach L. Rosenthal, *›Endlösung der Judenfrage‹", Massenmord oder ›Gaskammerlüge‹?,* Verlag Darmstädter Blätter, Darmstadt 1979.

4.2.2.1. Vergiftung oder Erstickung?

Geht man von einer Exekutionszeit aus, die ungefähr der in amerikanischen Gaskammern entspricht (4 bis 10 min. bei etwa 0,3 Vol.% Blausäure pro m^3), so muß zumindest am Ende der Hinrichtung, also nach 10 Minuten im hintersten Winkel der Kammer eine Konzentration von ca. 0,3 Vol.% (3,6g/m^3) geherrscht haben. Dies entspricht bei 413 m^3 in den Leichenkellern I der Krematorien II und III[104] einer Blausäuremenge von etwa 1,5 kg. Da das Trägermaterial nach 5 bis 10 Minuten erst 10% der Blausäure abgegeben hat, mußte für eine Tötung, die in wenigen Minuten erfolgt, die zehnfache Menge, also mindestens 15 kg Zyklon B, eingesetzt werden. Dies gilt freilich nur unter der Voraussetzung, daß die freigesetzte Blausäure die Opfer sofort erreicht, was in überfüllten, großen Kellern nicht erwartet werden kann. Somit ist festzuhalten, daß für die bezeugten Vergasungsvorgänge Zyklon B-Mengen von mindestens 20 kg pro Vergasung hätten eingesetzt werden müssen. Die bezeugten Mengen von 5 bis 12 kg entsprechen also höchstens dem notwendigen Minimum.

Rudolf hat anhand ausführlicher Berechnungen gezeigt, daß die in der Gaskammer eingeschlossenen Menschen innerhalb von 5 bis 10 Minuten, die sie nach Giftgaszugabe angeblich noch lebten, unmöglich mehr als einmal das freie Luftvolumen der Kammer (400 m^3) hätten einatmen können.[105] Daraus ergibt sich, daß der Giftgasgehalt durch die Atmung der Menschen nicht merklich unter 50 % des hypothetischen maximalen Anfangswertes hätte herabgesetzt werden können. Da das Zyklon B aber nach den ersten 5 bis 10 Minuten nach Auslegung, also nach dem Tod der Opfer, noch 90% seines ursprünglichen Gehaltes abgibt, wird der Giftgasgehalt ständig ansteigen. Daraus ergibt sich, daß die Opfer unter den bezeugten Randbedingungen nur einen geringen Bruchteil des eingesetzten Giftes hätten aufnehmen können.

Die stellenweise vertretene These, daß die Opfer alles Giftgas in sich aufgenommen hätten,[106] setzt voraus, daß nur sehr geringe Mengen Giftgas eingesetzt wurden, so daß die Menschen während der ganzen Gasabgabedauer des Präparats (2 Stunden) wie lebende Filter gewirkt hätten. Sie hätten daher nicht an diesen geringen Dosen sterben dürfen, was Konzentrationen unter 0,01 Vol.% voraussetzt, also den Einsatz von unter 500 g Zyklon B. Allerdings hat Rudolf zu Recht darauf hingewiesen, daß die vermeintlichen Opfer in der gasdichten Kammer wahrscheinlich bereits nach einer Stunde auch ohne jeden Giftgaseinsatz erstickt wären,[105] so daß selbst unter diesen Bedingungen die restlose Aufnahme der Blausäure durch die Opfer an der langsamen Gasabgabe des Präparates Zyklon B gescheitert wäre. Somit widerspricht diese These nicht nur den Aussagen bezüglich Anwendungsmenge und Exekutionsdauer, sondern wäre zudem technisch völlig sinnlos, da man sich bei solchen Erstickungstötungen die Zugabe des teuren und wertvollen Zyklon B sicher hätte sparen können.

4.2.2.2. Lüftungsgeschwindigkeit der ›Gaskammern‹

Ein Gedankenexperiment mag einen etwas komplizierten mathematischen Zusammenhang erläutern: Vor einem Kandidaten steht ein Eimer mit 100 blauen Kugeln. Bei jedem Hineingreifen legt er nun eine rote Kugel hinein, mischt kurz den Inhalt und holt blind eine beliebige Kugel heraus. Wie oft muß er hineingreifen, bis nur noch 50 blaue Kugeln im Eimer sind? Eine kleine Hilfe: Vorausgesetzt, er hat schon die Hälfte aller blauen durch rote Kugeln ersetzt. Wie hoch ist die Wahrscheinlichkeit, daß er beim blinden Herausholen eine rote statt eine blaue Kugel herausnimmt, also vergeblich gehandelt hat?

Ein solches Problem stellt sich bei der Lüftung eines Raumes, wenn sich Alt- und Frischgas vermengen. Dies führt dazu, daß man wesentlich länger braucht, um einen Raum erfolgreich zu lüften, als

104. 30m×7m×2,3m (Raumvolumen) – 1 000×0,070m^3 (Opfervolumen).
105. R. Kammerer, A. Solms, aaO. (Anm. 16), S. 68 f.
106. J. Bailer, aaO. (Anm. 12); G. Wellers, aaO. (Anm. 13), sowie M. Dragan und H.G. von Schnering, persönliche Mitteilungen.

man gemeinhin annimmt. So erreicht man im oben geschilderten Fall erst nach durchschnittlich 70 Austauschgriffen, daß die Hälfte der blauen Kugeln durch rote ersetzt ist.
Wie Rechnungen gezeigt haben, konnten die lediglich für normale Leichenkeller konzipierten Lüftungsanlagen der angeblichen Gaskammern der Krematorien II und III in Birkenau in einer Stunde höchstens 6 bis 8 Luftwechsel durchführen.[107] Wegen der schlechten Lüftungsführung (Einlaß direkt über Auslaß) und dem mit Leichen vollgestopften Raum hätte selbst bei Abwesenheit des über Stunden noch ausgasenden Zyklon B eine halbe Stunde niemals ausgereicht, um für ungefährliche Blausäurekonzentrationen nach einer Begasung zu sorgen. Die Aussagen von erfolgreichen Lüftungen nach 20 bis 30 Minuten in den Leichenkellern I der Krematorien II und III sind also unglaubhaft.
Erst recht gilt dies für die Krematorien IV und V sowie die ominösen Bauernhäuser, die nur durch eine oder zwei Türen zu lüften gewesen wären. Da sie ebenso mit Leichen vollgestopft gewesen sein sollen und das Zyklon B zwischen diesen gelegen haben soll, ist mit Lüftungszeiten von mindestens einem Tag zu rechnen, wie es für Raumentlausungen vorgeschrieben ist.[108] Aus normalen Räumen kann man zudem das Zyklon B entfernen, sie besitzen außerdem in der Regel Fenster zur Lüftung und sind nicht mit Leichen angefüllt. Zeugenaussagen von Arbeiten in diesen ›Gaskammern‹ ohne Gasmasken unmittelbar oder kurz nach der Exekution sind äußerst unglaubhaft. Selbst mit Gasmaske wäre das Leichenschleppen eine schwere schweißtreibende(!) Arbeit und in diesen mit Blausäure geschwängerten Räumen wegen der Vergiftungsgefahr durch die Haut mit entsprechenden Risiken behaftet gewesen.

4.2.3. Beurteilung der Zeugenaussagen

Wir wollen hier von der Problematik der Zyklon B-Einwurflöcher, die nachweislich in den Decken der Leichenkeller I der Krematorien II und III nicht vorhanden waren, absehen und so tun, als seien sie vorhanden gewesen.
Die von den Zeugen beschriebene Geschwindigkeit der Exekutionen wäre mit Zyklon B unter den gegebenen technischen Voraussetzungen in ihren extremen Werten (»wenige Augenblicke«, »sofort«) unter keinen Umständen und in »wenigen Minuten« nur bei dem völlig unsinnigen, weil teuren, riskanten und umständlichen Einsatz horrender Zyklon B-Mengen möglich gewesen. Dabei wären die Kammerwände über große Zeiträume hohen Blausäurekonzentrationen ausgesetzt gewesen.
Das angebliche Begehen der ›Gaskammern‹ ohne Schutzmaßnahmen, das schwere Arbeiten in ihnen, zum Teil mit bloßem Oberkörper und bei gleichzeitigem Essen und Rauchen, bei gleichzeitiger Bezeugung großer Einsatzmengen an Giftgas, überführt diese Zeugen der falschen Aussage.
Ebenso falsch sind die Zeitangaben zur Lüftungsdauer der Leichenkeller I (›Gaskammer‹) der Krematorien II und III, da fälschlich von der Vorstellung ausgegangen wird, daß durch einen einmaligen Luftwechsel alles Giftgas verschwunden sei. Durch die verzögerte Verminderung der Blausäure-Restkonzentration hat man es vielmehr mit einer im Realfall um den Faktor größer als 10 (Zirkulationsbehinderung durch Leichen, Luftkurzschluß, Zyklon B-Nachgasung) längeren Lüftungszeit zu tun, als sie von den Zeugen berichtet wird. Allein das Problem der noch Stunden nachgasenden Zyklon B-

107. Nach der Dokumentenlage besaßen die Leichenkeller I der Krematorien II und III (etwa 480 m³) eine Lüftungsanlage für 4 800 m³ Luft pro Stunde bei 40 cm WS. Nach W. Zwerenz, unveröffentlichte Arbeiten, Landshut 1991, und gleichlautenden Ergebnissen von W. Lüftl war die zu überwindende Druckdifferenz jedoch deutlich höher als 40 cm WS. J.-C. Pressac, aaO. (Anm. 18), S. 38, gibt übrigens an, es sei eine wesentlich stärkere Lüftung von 8 000 m³/h installiert worden. Dafür gibt es jedoch nach Mitteilung von C. Mattogno keinen Beleg, denn Pressacs Quelle gibt auch hier die alte Leistung von 4 800 m³/h an.

108. *Entseuchungs- und Entwesungsvorschrift für die Wehrmacht,* H. Dv. 194, M. Dv. Nr. 277, L. Dv. 416, Reichsdruckerei, Berlin 1939; *Richtlinien für die Anwendung von Blausäure (Zyklon) zur Ungeziefervertilgung (Entwesung), Gesundheitsanstalt des Protektorats Böhmen und Mähren,* Prag o.J.; Dokument No. NI-9912 (1) im Nürnberger Prozeß; *Technische Regeln für Gefahrstoffe,* TRGS 512, Begasungen, BArbBl. Nr. 10/1989, 72, in: Kühn, Brett, *Merkblätter Gefährlicher Arbeitsstoffe,* ecomed, Landsberg 1990.

Reste, die es mindestens zwei Stunden lang nach Exekutionsbeginn unmöglich gemacht hätten, die Kammern selbst mit Lüftung zu begehen, überführen aber auch hier die Zeugen, falsche Aussagen getätigt zu haben.
Die schon nach den Worten Pressacs unlogischen und lächerlichen, vor allem für die Sonderkommandos aber lebensgefährlichen Vergasungsszenarien der ›Gaskammern‹ der Krematorien IV und V wie entsprechend der Bauernhäuser I und II, die doch als Massenmordinstrumente geplant und gebaut worden sein müßten, wenn es die geplanten und zur Bauzeit im Gange befindlichen Massenvergasungen in der behaupteten Form gegeben haben soll, zwingen den naturwissenschaftlich und technisch denkenden Menschen zu dem Schluß, daß man damals unbedingt den teuersten, aufwendigsten, gefährlichsten und problematischsten Weg suchte, Menschen massenhaft umzubringen. Kohlenmonoxidreiches Prozeßgas zum Vergiften oder Stickstoff in Druckflaschen zum Ersticken hätten die nur wenige Kilometer entfernten Kohleveredelungswerke BUNA der I.G.-Farbenindustrie AG leicht und billig liefern können. Aber ausgerechnet in Auschwitz soll man das teure, rare und unhandliche Zyklon B verwendet haben, das zur Seuchenbekämpfung überall dringend benötigt wurde. In den anderen angeblichen Vernichtungslagern fernab der BUNA-Werke aber soll man Kohlenmonoxid zur Menschentötung verwendet haben, erzeugt angeblich durch Dieselmotoren erbeuteter russischer Panzer, deren Abgase im Niederlastbetrieb jedoch lediglich nichttödliche Mengen an Kohlenmonoxid enthalten.[109]
Man muß sich vergegenwärtigen, daß es in der Nähe der angeblichen ›Menschengaskammern‹ in Auschwitz hervorragend funktionierende Entlausungsanlagen gab, mit Schleusen, Heizungen, großen Ventilatoren usw., die alle früher als die angeblichen ›Menschengaskammern‹ erbaut worden waren. Daneben war die Technologie zur raschen Begasung von Material zur Bauzeit der angeblichen ›Menschengaskammern‹ weit fortgeschritten, die Produktion entsprechender Anlagen lief in großem Umfang. Aus der täglichen Entwesungspraxis wird man zudem den Unterschied bezüglich des Zeitaufwandes und des Materialbedarfs an Zyklon B zwischen einer Begasung mit und ohne Kreislaufverfahren gekannt haben. Die Verwendung eines zumindest ähnlichen technischen Standards für die vermeintlichen Menschenvergasungsanlagen müßte daher vorausgesetzt werden, ist jedoch nachweislich nicht annähernd gegeben gewesen.
Es hätte nahegelegen, wenn man aus propagandistischen Gründen Anlagen wie die Sachentlausungskammern der Bauwerke 5a und 5b als Menschenvergasungsräume präsentieren würde. Dies wurde jedoch weder versucht, noch gibt es für eine solche Verwendung der Räumlichkeiten Zeugenaussagen. Außerdem gehen sowohl die in den Plänen eingezeichneten Türen des Entlausungsraumes des Bauwerkes 5b als auch die heute darin befindlichen nach innen auf, was bei Massenvergasungen das Entfernen der vor den Türen liegenden Leichen unmöglich gemacht hätte. Diese Räume wurden also mit Sicherheit nie als ›Menschengaskammern‹ verwendet.
Hier sei kurz auf die weitverbreitete Vorstellung eingegangen, daß das Giftgas in den vermutlichen ›Menschengaskammern‹ durch Duschköpfe einströmte, zumal es auch einige derartige Zeugenaussagen gibt. Beim Produkt ›Zyklon B‹ ist der Wirkstoff Blausäure auf dem festen Trägerstoff Kieselgur adsorbiert und wird nur allmählich freigesetzt. Da es sich hier weder um eine Flüssigkeit noch um ein unter Druck stehendes Gas handelt, hätte die Blausäure aus diesem Produkt niemals durch enge Wasserleitungen und Duschköpfe hindurchgeleitet werden können. Eventuelle Duschen oder Duschattrappen hätten also nur der Täuschung der Opfer dienen können, niemals aber der Einleitung des Giftgases. Darüber ist man sich bei allem Streit allgemein einig.

5. Bewertung chemischer Analysen

5.1. Die Materialproben

Bevor man in Auschwitz aus den ›Gaskammern‹ Materialproben entnimmt, sollte man überprüfen, ob

109. Siehe den Beitrag von F. P. Berg im Buch.

das Material überhaupt originaler Herkunft ist und welche Geschichte es seit Ende des Krieges hatte. Die heute sichtbaren Fundamente und Grundmauern der Krematorien IV und V wurden nach dem Krieg durch die Museumsverwaltung errichtet.[110] Da die Herkunft des dafür verwendeten Materials nicht genau bekannt ist, hat eine Probennahme hier keinen Sinn. Jedoch gibt es den unwahrscheinlichen Glücksfall, daß die ›Gaskammer‹ (Leichenkeller I) des Krematoriums II in weiten Teilen erhalten geblieben ist. Hier ist nicht nur das Material (abgesehen von den Deckenlöchern) unbestritten originaler und unmanipulierter Herkunft, sondern es liegt über weite Bereiche vor der Witterung geschützt unter der Decke. Weiterhin soll nach Pressac dieser Raum der zentrale Ort des Massenmordes schlechthin gewesen sein. Hier sollen die meisten Vergasungen stattgefunden haben. Hier ist also nicht nur wegen der Originalität und Geschichte des Materials eine Probennahme sinnvoll, sondern auch wegen der zu erwartenden Ergebnisse. Wenn mit Eisenblauspuren in ›Menschengaskammern‹ zu rechnen ist, dann hier. Es hat inzwischen drei erwähnenswerte Probennahmen gegeben:[111] Leuchter[1], Rudolf[16] und Ball.[112] Bezüglich genauerer Details von Entnahme und Charakterisierung siehe dort.

5.2. Die Analysenergebnisse

In Tab. 3 sind die wichtigsten Ergebnisse der Analysen von Materialproben auf Cyanidgehalt (Cyanide = Verbindungen der Blausäure) aufgeführt. Der erste Teil der Tabelle enthält Proben aus vermeintlichen ›Gaskammern‹. Der zweite Teil der Tabelle enthält Proben aus Entlausungskammern. Der dritte enthält Analysenergebnisse von Proben, die weder mit ›Gaskammern‹ noch mit Entlausungskammern zu verbinden sind. Hierzu gehören eigentlich auch alle Proben aus den rekonstruierten Fundamenten bzw. Grundmauern der Krematorien IV und V sowie der Bauernhäuser, deren Material unbekannter Herkunft ist. Anhand von Kontrollproben hat Rudolf nachgewiesen, daß aufgrund der Materialart Analysenwerte unter 10 mg/kg nicht zuverlässig und daher als nullwertig anzusehen sind.[113] Somit läßt sich schlußfolgern, daß man in den angeblichen ›Gaskammern‹ ähnlich viele Überreste der Blausäure findet wie in jedem beliebigen Gebäude, nämlich keine interpretationsfähigen Rückstände. Im Gegensatz dazu liegen die Werte aus den Entlausungsbaracken im Bereich zwischen 1 000 und 10 000 mg/kg, womit ca 0,1 bis 1% der Wände aus Cyaniden bestehen. Diese Analysenergebnisse werden vom Direktor des Auschwitzmuseums nicht nur nicht in Zweifel gezogen, sondern ausdrücklich für richtig gehalten.[33] Da die Ergebnisse nicht mehr angezweifelt werden, möchten wir allgemein dazu auffordern, jede weitere wilde Probenentnahme zu unterlassen, damit diese Anlagen nicht das Schicksal der Berliner Mauer teilen.

5.3. Interpretation der Ergebnisse

Angesichts dieser deutlichen Ergebnisse und der Tatsache, daß sie nicht mit Auflösungsprozessen des langzeitstabilen Eisenblaus zu erklären sind, stellt sich die Frage nach der richtigen Interpretation der Ergebnisse.

Der erste Erklärungsversuch der Vertreter der herrschenden Meinung war die Erwägung der Möglichkeit, daß vielleicht mit einem anderen Giftgas gemordet wurde. Da man dann alle Zeugenaussagen hätte über Bord werfen müssen, unterließ man diese Erklärungsversuche.

110. Neben den Ausführungen von J. Markiewicz u.a., aaO. (Anm. 9), vgl. auch J.-C. Pressac, aaO. (Anm. 7), S. 390.
111. Die Ergebnisse des Krakauer Gutachtens, aaO. (Anm. 9), ignorieren wir hier bewußt, da sie durch eine falsche Analysenmethode und durch falsche Größenangaben nicht verwertbar sind, selbst wenn sie den anderen Analysenergebnissen nicht widersprechen; siehe dazu im Gutachten, aaO. (Anm. 16), S. 82 f., mehr.
112. J.C. Ball, *The Ball Report,* Ball Resource Service Ltd., Delta, B.C., Canada 1993.
113. R. Kammerer, A. Solms, aaO. (Anm. 16), S. 86 f.

Tabelle3: Cyanidkonzentrationen im Mauerwerk von ›Gaskammern‹ bzw. Entlausungskammern von Auschwitz und Birkenau.

Konzentrationsangaben in mg Cyanid (CN^-) pro kg Baumaterial (Ziegel, Mörtel, Beton, Verputz)

Nr.	Entnahmeort	Probennehmer	c[CN^-]
1–7	Krematorium II, Leichenkeller I (›Gaskammer‹)	Leuchter	0,0
8	Krematorium III, Leichenkeller I (›Gaskammer‹)	Leuchter	1,9
9	Krematorium III, Leichenkeller I (›Gaskammer‹)	Leuchter	6,7
10,11	Krematorium III, Leichenkeller I (›Gaskammer‹)	Leuchter	0,0
13,14	Krematorium IV, Grundmauerreste	Leuchter	0,0
15	Krematorium IV, Grundmauerreste	Leuchter	2,3
16	Krematorium IV, Grundmauerreste	Leuchter	1,4
17–19	Krematorium IV, Grundmauerreste	Leuchter	0,0
20	Krematorium IV, Grundmauerreste	Leuchter	1,4
21	Krematorium V, Grundmauerreste	Leuchter	4,4
22	Krematorium V, Grundmauerreste	Leuchter	1,7
23,24	Krematorium V, Grundmauerreste	Leuchter	0,0
25	Krematorium I, Leichenhalle (›Gaskammer‹)	Leuchter	3,8
26	Krematorium I, Leichenhalle (›Gaskammer‹)	Leuchter	1,3
27	Krematorium I, Leichenhalle (›Gaskammer‹')	Leuchter	1,4
29	Krematorium I, Leichenhalle (›Gaskammer‹)	Leuchter	7,9
30	Krematorium I, Leichenhalle (›Gaskammer‹)	Leuchter	1,1
31	Krematorium I, Leichenhalle (›Gaskammer‹)	Leuchter	0,0
1	Krematorium II, Leichenkeller I (›Gaskammer‹)	Rudolf	7,2
2	Krematorium II, Leichenkeller I (›Gaskammer‹)	Rudolf	0,6
3	Krematorium II, Leichenkeller I (›Gaskammer‹)	Rudolf	6,7/0,0
3	Krematorium II, Leichenkeller I (›Gaskammer‹)	Ball	0,4
4	Krematorium III, Leichenkeller I (›Gaskammer‹)	Ball	1,2
5	Weißes Bauernhaus, Fundamentreste	Ball	0,07
6	Krematorium V, Grundmauerreste	Ball	0,1
32	Entlausungsraum B1a BW 5a, Innenseite	Leuchter	1.050,0
9	Entlausungsraum B1a BW 5a, Innenseite	Rudolf	11.000,0
11	Entlausungsraum B1a BW 5a, Innenseite	Rudolf	2.640,0/1.430,0
12	Entlausungsraum B1a BW 5a, Innenseite	Rudolf	2.900,0
13	Entlausungsraum B1a BW 5a, Innenseite	Rudolf	3.000,0
14	Entlausungsraum B1a BW 5a, Außenseite	Rudolf	1.035,0
15a	Entlausungsraum B1a BW 5a, Außenseite	Rudolf	1.560,0
15c	Entlausungsraum B1a BW 5a, Außenseite	Rudolf	2.400,0
16	Entlausungsraum B1b BW 5b, Außernseite	Rudolf	10.000,0
17	Entlausungsraum B1b BW 5b, Innenseite	Rudolf	13.500,0
18	Entlausungsraum B1b BW 5a, Holz von Türpfosten	Rudolf	7.150,0
19a	Entlausungsraum B1b BW 5b, Innenseite	Rudolf	1.860,0
19b	Entlausungsraum B1b BW 5b, Innenseite	Rudolf	3.880,0
20	Entlausungsraum B1b BW 5a, Innenseite	Rudolf	7.850,0
22	Entlausungsraum B1b BW 5a, Innenseite	Rudolf	4.530,0
1	Entlausungsraum B1b BW 5b, Außen- und Innenseite	Ball	3.170,0
2	Entlausungsraum B1b BW 5a, Außen- und Innenseite	Ball	2.780,0
28	Krematorium I, Waschraum	Leuchter	1,3
5	Häftlingsbaracke	Rudolf	0,6
6	Häftlingsbaracke	Rudolf	<0,1
7	Häftlingsbaracke	Rudolf	0,3
8	Häftlingsbaracke	Rudolf	2,7/0,0
23	Häftlingsbaracke	Rudolf	0,3
24	Häftlingsbaracke	Rudolf	0,1

Cyanidwerte unterhalb 10 mg/kg sind unsicher, Proben mit Werten unter 1-2 mg gelten als cyanidfrei.

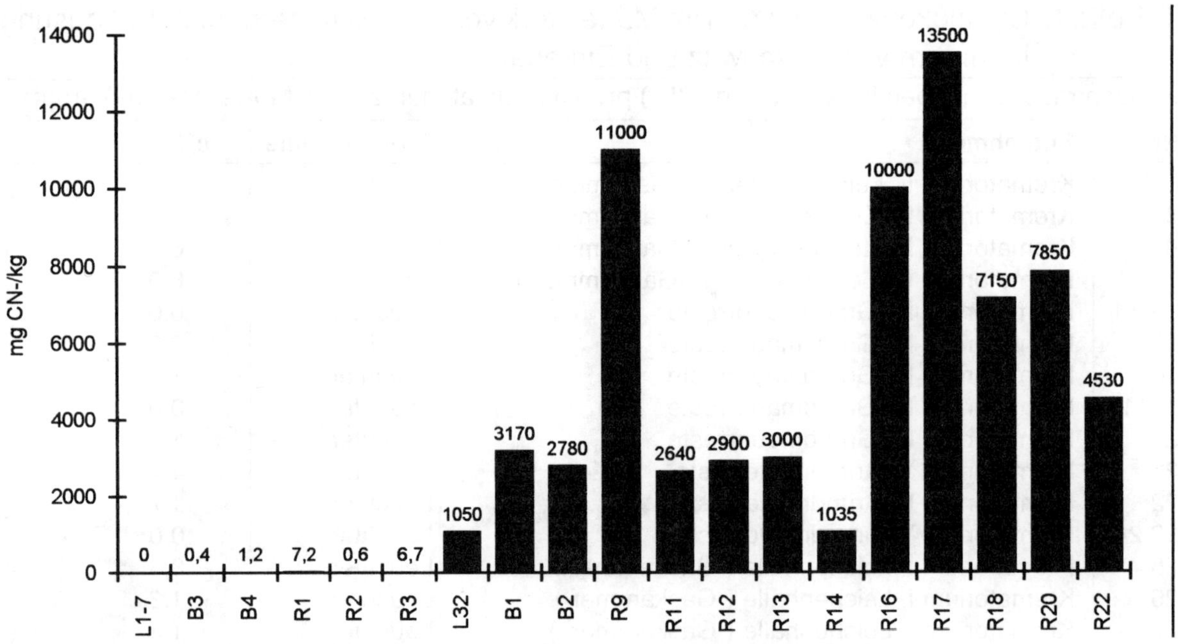

Grafik2: Cyanid-Analysenergebnisse von Materialproben aus ›Gaskammern‹ und Entlausungskammern in Auschwitz. Probennummern siehe Tabelle 3: L=Leuchter, B=Ball, R=Rudolf.

Bailer hat die Behauptung aufgestellt, daß sich in Mauern durch einfache Blausäurebegasungen überhaupt kein Eisenblau bilden könne,[12] was hinlänglich widerlegt ist.[114] Er erklärt die blauen Wände der Entlausungskammern mit Anstrichfarbe, die während oder nach dem Krieg aufgetragen wurde. Allerdings kann er mit diesem zweiten Fluchtversuch nicht erklären,

- warum die Blaufärbung auf den Innenseiten der Wände des Entlausungsgebäudes 5a und auf den Ziegelsteinen der Außenwänden (!) beider Gebäude unregelmäßig fleckig auftritt (es sei denn, die Anstreicher haben Innen- wie Außenwände mit Farbbeuteln, Pinseln und Quasten beworfen, anstatt zu streichen);
- warum die nach der Aufgabe des Bauwerkes 5a als Blausäureentlausungsanlage eingebauten Innenwände weiß und frei von Blausäureverbindungen sind (es sei denn, man wollte diese Wände nicht dem bunten Gekleckse der anderen Wände angleichen);
- warum die gänzlich im Inneren des Gebäudes gelegene südliche Trennwand des Bauwerkes 5a trotz nur fahlblauer Farbe hohe Cyanidwerte hat, der Putz des Bauwerkes 5b bei gleichen Cyanidwerten sogar gänzlich weiß ist (es sei denn, man hat nicht mit Eisenblau angestrichen, sondern mit Cyanweiß – was noch zu erfinden wäre);
- warum die Wände der Entlausungskammer des Bauwerkes 5b in tieferen (!) Regionen grünlich blau und gesättigt mit Blausäureverbindungen sind (es sei denn, man hat aus unerklärlichen Gründen den Mauermörtel vor seiner Verwendung blau gefärbt);

Tatsache ist, daß die Wände der Entlausungsgebäude durch und durch mit Blausäureverbindungen gesättigt sind und daß nur ein Teil davon als Eisenblau sichtbar wird, und zwar bevorzugt dort, wo es feucht ist.

Der dritte Erklärungsversuch war etwas komplizierter. Menschen sind, wie bereits erwähnt, gegenüber Blausäure empfindlicher als Insekten. Nun lautet die These der herrschenden Holocaust-Meinung, daß die Menschenvergasungen mit nur sehr wenig Blausäure durchgeführt worden seien und daß sie entschieden kürzer gedauert hätten als die Sachentlausungen, die sich vielfach über Stunden

114. E. Gauss, *Vorlesungen,* aaO. (Anm. 15}, S. 290 ff.

hinzogen.[115] Diese beiden Faktoren – geringe Blausäurekonzentration und kürzere Begasung – hätten dazu geführt, daß sich keine Rückstände hätten bilden können.[8,10,12] Dieses Argument kann man anhand einer Überschlagsrechnung überprüfen:

- Zunächst ist, wie oben ausgeführt, festzustellen, daß sowohl die bezeugten Menschenvergasungen im Krematorium II als auch die Sachentlausungen in den Bauwerken 5a/b durchschnittlich einmal täglich stattfanden und der Betriebszeitraum ähnlich lang war (für Bauwerk 5a und Krematorium II etwa 1½ Jahre).
- Die nicht heizbaren Keller (›Gaskammern‹) der Krematorien II und III hatten im Gegensatz zu den geheizten Entlausungsräumen im Erdgeschoß feuchte Wände. Ihre Tendenz zur Anreicherung von Blausäure war, wie oben gezeigt, etwa zehnmal so groß wie die der trockenen Entlausungskammerwände.
- Um die Unterschiede der Cyanidwerte zwischen ›Gaskammer‹ und Entlausungskammer (Faktor 100 bis 1 000) erklären zu können, muß das Produkt der Faktoren Konzentration und Begasungszeit im Fall der Menschenvergasungen also mindestens um den Faktor 1000 bis 10 000 niedriger gelegen haben, um die höhere Blausäureaufnahme des feuchten Kellergemäuers auszugleichen. Wenn also für die Menschenvergasungen nur ein Zehntel der bei Entlausungen üblichen Blausäuremenge eingesetzt wäre, müßte zudem die Dauer des Vorganges ein Hundertstel bis ein Tausendstel der Entlausungsdauer betragen haben. Bei einer Entlausungszeit von großzügig 12 Stunden ergeben sich hieraus 0,7 bis 7 Minuten für die Menschentötung. Nach dieser Zeit hätte sich zudem in der Kammer kein Giftgas mehr befinden dürfen, sie müßte also erfolgreich gelüftet worden sein.

Es erübrigt sich hierzu jeder Kommentar, wenn man sich in Erinnerung ruft, was wir uns oben über die bezeugten Anwendungsmengen (ähnlich der bei Entlausungen) und über die Probleme bei der Lüftung erarbeitet haben, die Stunden, wenn nicht Tage gedauert hätte. Auf diese Weise sind die Analysenwerte also nicht zu erklären.

G. Wellers hat schließlich als erster die These aufgestellt, daß die Opfer durch ihre Atmung alle Blausäure aufgenommen hätten[13]. Diese These haben wir bereits im Abschnitt 4.2.2.1. eindeutig widerlegt.

Ein weiterer Erklärungsversuch setzt bei den Zeugenaussagen an, die davon berichten, daß die Leichen nach der Vergasung mit einem Wasserschlauch abgespritzt worden wären.[116] Es wäre demnach möglich, daß dabei auch die Wände abgespritzt und somit von der Blausäure gereinigt worden wären. Dazu stellen wir hier fest:

- Bis zur erfolgreichen Lüftung der Kammer vergeht mindestens eine Stunde.
- Nach den Zeugenaussagen dauerte das Ausräumen der Leichen weitere Stunden.
- Damit hätte die Blausäure besonders im hinteren Teil der Kammer viele Stunden lang ungehindert ins Mauerwerk eindiffundieren können.
- Das Abspritzen hätte nur oberflächlich anhaftende Blausäure fortgespült. Für eine Tiefenwirkung wäre ein oxidierender Zusatz nötig gewesen.
- Bei diesem Szenario wäre mit einem Konzentrationsgradient in der Kammer mit, von der Tür aus gesehen, von vorne nach hinten und vom Boden zur Decke steigendem Cyanidgehalt zu rechnen.
- Der Cyanidgehalt an oder in unmittelbarer Nähe zur Decke im hintersten Winkel der Kammer müßte ungeschmälert sein.

Die letzten beiden Punkte sind aber nachweislich nicht gegeben. Man findet nirgendwo signifikante Cyanidmengen! Außerdem ist zu bedenken, daß durch das zusätzliche Anfeuchten der Kammerwände

115. A. Breitwieser, Leiter der Häftlingsbekleidungskammer in Auschwitz, berichtet von 24-stündigen Begasungen in Anlagen auf dem Gelände des deutschen Ausrüstungswerkes, H. Langbein, *Der Auschwitz-Prozeß*, Europäische Verlagsanstalt, Frankfurt/Main 1965, S. 786

116. Aussage M. Nyiszli, aaO. (Anm. 101), S. 251; H. Langbein, aaO. (Anm. 101), S. 93; F. Müller, *Sonderbehandlung*, Steinhausen, München 1979, S. 185.

die Blausäureaufnahme bei nachfolgenden Vergasungen dramatisch erhöht und die Umsetzung zum stabilen Eisenblau stark beschleunigt worden wäre. Es wäre Irrsinn gewesen, in solch nassen, kalten Kellern mit ungekachelten Böden und Wänden Blausäurebegasungen durchzuführen.

Als letzter, uns bekannter Ausweg wird angeführt, daß die heutige Ruine der damaligen vermeintlichen Gaskammer über lange Zeit, besonders im Frühjahr, völlig im Grundwasser stehe, wodurch die Cyanide in den ersten Jahren nach dem Krieg völlig ausgewaschen worden seien. Dazu ist festzuhalten:

- Die korrosiven Fähigkeiten fließender Gewässer auf die Bestandteile in Betonmauerwerken werden gemeinhin stark überschätzt. Zwar wird das Mauerwerk mit der Zeit zerstört, jedoch verändert es seine Zusammensetzung kaum.[117] Selbst leicht lösliche Bestandteile bleiben über Jahrzehnte erhalten. Schmerzlich wird dies jedem Hausbesitzer bewußt, der einmal versucht hat, einen vermeintlich löslichen Flecken von seiner Hauswand zu entfernen.
- Bei dem Grundwasser im Leichenkeller in Birkenau würde es sich aber um ein stehendes Gewässer handeln, so daß die Auswaschung dadurch nur sehr gering wäre.
- Durch das bis heute funktionierende Entwässerungssystem des Lagers Birkenau steigt der Grundwasserpegel in der Ruine des Krematoriums II jedoch nie über 1 Meter unter Grund an, da sich in der Nähe relativ tiefe Entwässerungsgräbern befinden.
- Tatsächlich steigt das Grundwasser im Leichenkeller I des Krematoriums II selbst zur Schneeschmelze nicht über den am Boden liegenden Schutt an. Die oberen Bereiche der Wände und die Decke selbst stehen also nie unter Wasser.

Somit kann diese These nicht erklären, warum man auch an diesen, immer außerhalb des Grundwassers befindlichen Stellen keine Cyanide findet.

5.4. Grenzen der chemischen Methode

Die neueste Entwicklung der offiziellen Lehrmeinung geht dahin, die Randbedingungen für die Menschenvergasungen zu verändern, auch wenn dies im eklatanten Widerspruch zu den Zeugenaussagen oder den technischen Gegebenheiten steht.

Waren bis vor wenigen Jahren die Aussagen noch die Regel, die von täglichen, ja ununterbrochenen Vergasungen sprachen,[118] so geht man heute durch die drastische Opferzahlenreduktion auf etwa 500 000 Gaskammeropfer[98] von wesentlich weniger Menschenvergasungen pro Gaskammer aus – mittlerweile sind schon Zahlen von nur wenigen zehntausend Opfern pro Gaskammer im Umlauf.[119]

Weiterhin gibt es die oben gezeigten Tendenzen, die angeblich angewendete Blausäuremenge entgegen den Zeugenaussagen stark zu reduzieren.

Doch es gibt auch physikalische Randbedingungen, die die Interpretation der Analysenergebnisse beeinflussen können. So gibt die Patentschrift für Zyklon B aus dem Jahre 1926 an, daß das Präparat innerhalb von 10 Minuten praktisch alle Blausäure abgibt.[120] Dies hätte den Einsatz geringerer Mengen Zyklon erlaubt und die Lüftung der Kammern beschleunigt.[121]

117. Vgl. hierzu unter anderem die Untersuchungen von H. A. El-Sayed, *Cement and Concrete Research* 11 (1981) 351–362.
118. So z. B. die Aussage von M. Buki im Frankfurter Auschwitz-Prozeß, H. Langbein, aaO. (Anm. 101), S. 96.
119. Persönliche Mitteilung I. Semyda, Greenwich, CT.
120. Patentschrift Nr. 438818 (D 41941 IV/451, 27. 12. 1926), dankenswerterweise von C. Mattogno zur Verfügung gestellt. Dies widerspricht allerdings nicht nur sämtlichen Herstellerangaben, vgl. Detia, aaO. (Anm. 72), sondern auch den Ausführungen des Zyklon B-Spezialisten der DEGESCH, G. Peters, *Blausäure zur Schädlingsbekämpfung,* F. Enke, Stuttgart 1933, S. 64 f., der von 30 Min. zur Freisetzung von 50% der Blausäure spricht. Möglicherweise hatte das damals patentierte Produkt andere Eigenschaften als das in den vierziger Jahren produzierte. Außerdem: Man zeige uns ein Patent, in dem die volle Wahrheit steht! Letzte Sicherheit erbringt hier nur das noch ausstehende Experiment.
121. Einen ähnlichen Effekt hätte die stellenweise geäußerte Auffassung, das Zyklon B-Präparat sei in Netzen in die Gaskammern der Krematorien II und III herabgelassen worden, so daß es nach der Tötung der Opfer rasch

Schließlich führt Mattogno an, daß auch die Entlausungskammern eventuell nach jeder Entlausungsaktion mit Wasser ausgespritzt wurden, wodurch diese Räume ähnlich feucht gewesen wären wie die Leichenkeller der Krematorien II und III.[122] Da dies unweigerlich ein abnehmendes Cyanid-Konzentrationsprofil in den Wänden vom feuchten Boden zur trockenen Decke zur Folge hätte, ließe sich diese These überprüfen.
Unter Berücksichtigung all dieser Randbedingungen würde man irgendwann zu einem Punkt gelangen, an dem die Kontaktzeit der Blausäure mit den kühl-feuchten Wänden der Leichenkeller I von Krematorium II und III tatsächlich so kurz war, daß eine sichere Vorhersage der zu erwartenden Analysenergebnisse nicht mehr möglich ist.
Durch solch ein Vorgehen seitens der etablierten Historikerschaft erklärt man zwar die Zeugenaussagen bezüglich der Opferzahl und der Hinrichtungsbedingungen für unglaubhaft, und man ignoriert, daß es in den Krematorien II und III gar keine Löcher gab, durch die das Zyklon B hätte herabgelassen werden können. Aber was stören die meisten Historiker schon Argumente – anscheinend haben jene ihre feststehende Meinung.

6. Schlußfolgerungen für Auschwitz

Die Untersuchung der bautechnischen Gegebenheiten der Räumlichkeiten, die für die bezeugten Massenvergasungen verwendet worden sein sollen, ergab, daß die vermuteten Hauptvergasungsräume von Auschwitz, die Leichenhalle des Krematoriums im Stammlager und die Leichenkeller I (›Gaskammern‹) der Krematorien II und III, keine Vorrichtung zur Einführung des Giftgaspräparates hatten. Die heute sichtbaren Löcher in den Decken wurden nach dem Kriege durchgebrochen. Sollte diese Feststellung nicht widerlegt werden, so ist allein dadurch jede Massenvergasung nach bezeugtem Muster unmöglich gewesen.
Die Untersuchung über die Bildung und Langzeitstabilität von Blausäurerückständen im Mauerwerk der bezeichneten Anlagen (›Gaskammern‹ und Sachentlausungskammern) sowie die Interpretation der Analysenergebnisse von Gesteinsproben aus diesen Anlagen in Auschwitz ergaben:

1. Die zum Eisenblau abreagierende Blausäure im Mauerwerk besitzt eine viele Jahrhunderte währende Langzeitstabilität. Es zerfällt in ähnlichen Zeiträumen wie das Mauerwerk selber. Cyanidrückstände müßten daher noch heute in fast unverminderter Menge nachweisbar sein, ungeachtet der Witterungseinflüsse. Beweis dafür sind u. a. die noch heute äußerlich blauen, stark cyanidhaltigen Außenwände der Entlausungstrakte BW 5a/b in Birkenau.
2. Unter den tatsächlich möglichen Umständen bei den *bezeugten massenhaften* Menschenvergasungen mit Blausäure müßten in den fraglichen Räumen Cyanidrückstände in ähnlicher Größenordnung zu finden sein, wie sie in den Sachentlausungsanlagen zu finden sind, einschließlich der sich daraus ergebenden blauen Wandfärbung.
3. In den angeblichen ›Gaskammern‹ sind jedoch nur ähnlich unsignifikante Cyanidrückstände zu finden wie in jedem beliebigem Gebäude.

Der unserer Überzeugung nach einzige Schluß, der alle Phänomene erklären kann, kann daher nur lauten: In den besagten Räumlichkeiten kann es keine Massenvergasungen mit Zyklon B unter den bezeugten Umständen gegeben haben.

herausgeholt werden konnte. Diese These scheitert allerdings an der Nichtexistenz der Zyklon B-Einwurflöcher und wird daher hier ignoriert.

122. Persönliche Mitteilung C. Mattogno, basierend auf der Tatsache, daß in den Entlausungskammern des Bauwerks 5b ein Wasserhahn und Abwasserrinnen vorhanden sind.

7. Die Gaskammern von Majdanek

7.1. Konstruktive und angebliche operative Gegebenheiten

Auch über die vermeintlichen Gaskammern des Konzentrationslagers Lublin-Majdanek hat F. A. Leuchter Ausführungen gemacht.[1] Abbildung 13 gibt einen Grundrißplan des Bad- und Desinfektionsgebäudes II dieses Lagers wieder,[123] wie sie vom Düsseldorfer Schwurgericht während des Majdanek-Prozesses akzeptiert wurde.[124] Drei zur Menschentötung bestimmte Gaskammern sollen sich in dem rechts gelegenen Teil des Gebäudes befunden haben sowie eine weitere neben dem Baderaum, im Plan mit A bezeichnet. Eine weitere Gaskammer soll sich im Krematorium befunden haben. Wir wollen uns nachfolgend auf jene im Bad- und Desinfektionsgebäude II beschränken.

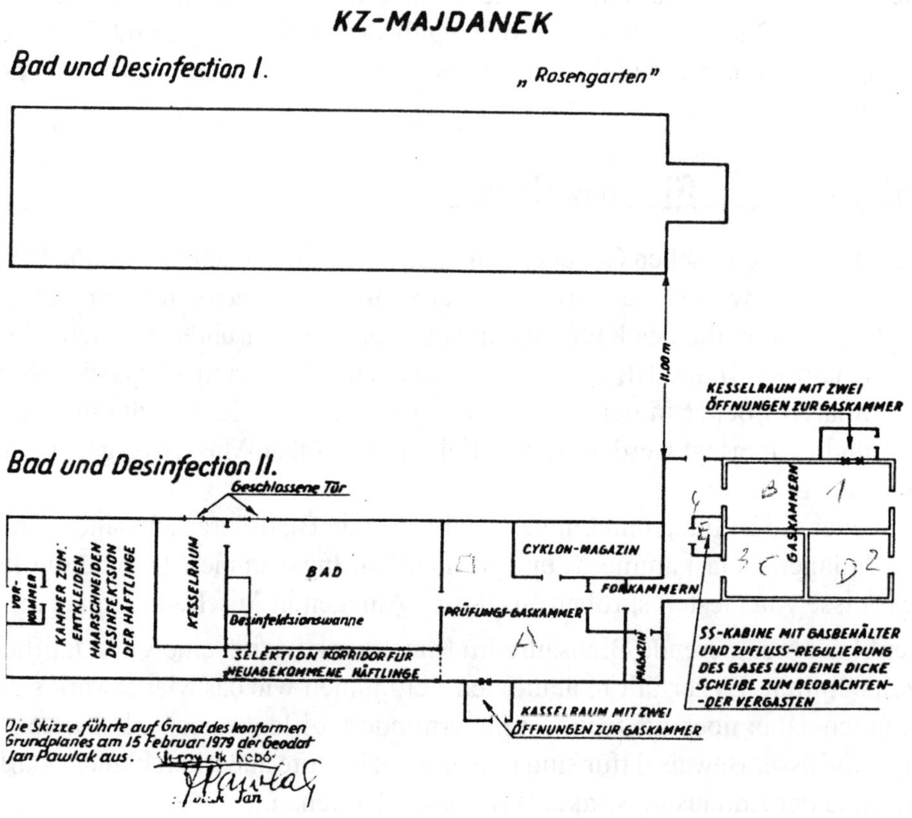

Abbildung 13: Grundriß des Bad- und Desinfektionsgebäudes II des Konzentrationslagers Lublin-Majdanek.

Es handelt sich hierbei um Ziegelsteinbauten mit einer Betondecke in einer Raumhöhe von ca. 2 m. Von Raum E aus gehen Metalleitungen mit Öffnungen in die Räume B und C sowie eine grob vergitterte Öffnung (etwa 25 cm × 15 cm) zu Raum C. Raum A besitzt an abgelegener Stelle ein mit Holz verschaltes Loch in der Decke, Raum B hat zwei Deckenlöcher, Raum C und D je ein Deckenloch. An den Außenwänden der Räume A und B befindet sich je ein Kesselraum, in dem Heißluft (120°C) erzeugt und in die Kammern geblasen wurde. Nach Marszalek wurden diese Räumlichkeiten offiziell als Entlausungsanlagen errichtet.[125]

123. Nach Z. Pawlak, *»Ich habe überlebt. . .«,* Hoffmann und Campe, Hamburg 1979, S. 268.

124. AaO. (Anm. 3); vgl. H. Lichtenstein, *Majdanek, Reportage eines Prozesses,* Europäische Verlagsanstalt, Frankfurt/M.1979; vgl. J.G. Burg, *Zionnazi Zensur in der BRD,* Ederer, München 1980. Das Landgericht Berlin hatte in einem Verfahren um das Lager Sobibor 1950 festgestellt, daß es in Majdanek keine Vergasungsanlage gab (Az. PKs 3/50); vgl. C.F. Rüter, *Justiz und NS-Verbrechen,* University Press, Amsterdam 1971, S. 547.

125. J. Marszalek, *Majdanek, Geschichte und Wirklichkeit des Vernichtungslagers,* Rowohlt, Reinbek 1982, S. 39; daß die Anlagen auch für nichts anderes verwendet wurden, bezeugte eine der Angeklagten im Majdanek-Prozeß und zog sich so den Zorn des Richters zu: I. Müller-Münch, *Die Frauen von Majdanek,* Rowohlt, Reinbek 1982, 107 f.

Marszalek gibt die allgemeine Auffassung wieder, daß von einer Druckflasche in Raum E aus durch die Leitungen Kohlenmonoxid (CO) zur Menschenvergasung in die Räume B und C geleitet worden sei. Durch die Öffnungen der Decke soll Zyklon B zur Menschentötung eingeworfen worden sein. Die Heißluft aus den Kesselräumen soll dabei selber schon den Tod der Opfer bewirkt und zudem die Wirkungsweise der Blausäure beschleunigt haben.[126] Nach Zeugenangaben soll das an das Lager Lublin gelieferte Zyklon B (etwa 7,7 t[127]) vollständig zur Menschenvernichtung verwendet worden sein,[128] wobei der Vernichtungsvorgang selber dem im Auschwitz geglichen haben soll. Die Opferzahl von Majdanek schwankt zwischen 2 Millionen und unter hunderttausend.[129]

7.2. Kritik der Darstellungen

- Es erscheint unglaubwürdig, daß ein Raum, in dem Menschen gegen ihren Willen umgebracht werden sollen, ein Fenster enthält (Raum A). Dieses wäre von den Opfern zerschlagen worden.
- Die Deckenlöcher der Räume B bis D sind erkennbar nachträglich mit Gewalt durchgebrochen worden, ohne daß die Bewehrungseisen entfernt wurden (vgl. Abbildung 14).
- Das Deckenloch in Raum A ist aus zwei Gründen nachweislich nach dem Krieg eingebaut worden: Die durch den Durchbruch entstandenen Verletzungen des Betons wurden verputzt. Im Gegensatz zum Beton, der sichtbar durch Cyanidanreicherung fleckig-blau gefärbt ist, ist der Verputz weiß, Abbildung 15. Zudem zeigt das Holz der Verschalung keine Spuren von Eisenblau, während der hölzerne Rahmen des Fenster in Raum C stellenweise fleckig-blau ist. Außerdem hätte man zur Menschentötung das Loch etwa in Raummitte angebracht, nicht aber in einem Winkel.
- Selbst wenn diese Löcher zu Kriegszeiten vorhanden gewesen wären, so wären sie nicht abzudichten gewesen. Austretendes Giftgas hätte die Menschen in der Umgebung gefährdet.
- Bei Einleitung von CO-Giftgas aus Raum E in den Raum C wäre das Giftgas durch die unverschlossene Öffnung, Abbildung 16, in Raum E getreten und hätte den Bediener der Gasflasche gefährdet.
- Die im Raum E aufgestellte angeblich originale Kohlenmonoxid-Druckflasche trägt wie jede Druckflasche eine Prägung: CO_2 – ungefährliches Kohlendioxid. Es handelt sich hierbei also um einen Schwindel.
- Kohlenmonoxidgas aus Druckflaschen ist sehr teuer. Nach Informationen der Firma Messer Griesheim hat Flaschen-CO (DM 250.- für 6 kg CO) heute etwa den hundertfachen Preis von Leitungsgas. Damals war die Diskrepanz möglicherweise noch größer, da Stadtgas relativ zu heute preiswerter und die Druckgasherstellung teurer war. Zwar kann man sich einzelne Tötungen mit CO aus Druckgasflaschen vorstellen, für Massentötungen hätte man aber wohl auf Abgase von Ottomotoren oder auf Generatorgas zurückgegriffen.[130]
- J. Marszalek berichtet von dem erfolglosen Versuch der Stadtverwaltung Lublins, die Lagerleitung von Majdanek daran zu hindern, daß das KZ an die Lubliner Stadtgasversorgung angeschlossen wurde.[131] Somit stand dem Lager also das hochgiftige, kohlenmonoxidreiche Stadtgas

126. J. Marszalek, aaO. (Anm. 125), S. 39 f.
127. VVN – Bund der Antifaschisten, *Konzentrationslager der Waffen-SS Majdanek,* Selbstverlag, Frankfurt/Main o.J., S. 5; J. Marszalek, aaO. (Anm. 125), S. 148.
128. Neben VVN, aaO. (Anm. 127), auch H. Lichtenstein, aaO. (Anm. 124), S. 67.
129. Vgl. VVN, aaO. (Anm. 127). E. Kogon gibt in seinem Buch *Der SS-Staat,* Europäische Verlagsanstalt, Stuttgart 1959, 1,5 bis 2 Mio. an, J. Marszalek, aaO. (Anm. 125), S. 149, gibt 360 000 an, A. Rückerl, aaO. (Anm. 101), S. 52, spricht von 250 000; R. Henkys, *Die NS-Gewaltverbrechen,* Kreuz, Stuttgart 1964, S. 111, erwähnt 200 000; W. Benz in *Dimension des Völkermords,* Oldenbourg, München 1991, S. 17, spricht von 60 000 bis 80 000 jüdischen Opfern.
130. Vgl. hierzu die Ausführungen von F. P. Berg in diesem Band.
131. J. Marszalek, aaO. (Anm. 125), S. 35.

zu einem Preis von wenigen Pfennig pro Kubikmeter zur Verfügung. Unter diesen Umständen sind Massenvergasungen mit teurem Flaschen-CO unglaubwürdig.

- Die Installation von Heißluftkesseln, die angeblich Heißuft von 120°C in die Kammern bliesen, deutet darauf hin, daß es sich bei den Räumen A und B um Heißluftentlausungskammern gehandelt hat.[132] Niemand würde in eine Menschentötungskammer CO-Leitungen für den CO-Mord und Heißluftgebläse für den Heißluftmord und zusätzlich Zyklon B-Einwurflöcher für den Blausäuremord einbauen, um mit diesen drei Methoden die Menschen gleich dreierlei Tode sterben zu lassen.

Abbildung 14: Eines der angeblich von den Deutschen durch die Decken der vermeintlichen Gaskammern geschlagenen Löcher zum Einwurf von Zyklon B (hier Raum C). Die primitive Ausführung erinnert an Auschwitz.[47]

Abbildung 15: Ähnlich wie in Abbildung 14 wurde dieses Loch ebenso nachträglich durch die Decke gemeißelt (Raum A). Dank des Eisenblau-freien weißen Verputzes erkennt man hier die Fälschung leicht.[47]

Abbildung 16: Lediglich vergittertes Verbindungsloch zwischen Raum E und C. Wäre wie bezeugt von Raum E aus CO-Giftgas in Raum C eingeleitet worden, so hätte sich der Bediener der CO-Flasche selbst gefährdet.[47]

Abbildung 17: Auch im Krematorium von Majdanek soll es eine Blausäure-Gaskammer gegeben haben. Als Beweis gilt das hier gezeigte Zyklon B-Einwurfloch – polnische Machart nach 1945. Eisenblauspuren finden sich in diesem Raum allerdings nicht.[47]

- Es gab früher durchaus einige Entlausungsmethoden, bei denen das Giftgas aus Druckflaschen zugeführt wurde (z.B. SO_2[133]). Bei solchen Verfahren würde zudem ein Fenster in der Entlausungskammer nicht gestört haben.

132. Daneben kann die Anlage auch zur Entlüftung bei Blausäurebegasungen angewendet worden sein.
133. Vgl. G. Peters, *Die hochwirksamen Gase und Dämpfe in der Schädlingsbekämpfung,* F. Enke Verlag, Stuttgart 1942

- Als letztes ergibt sich die Frage, wie die großen Cyanidvorkommen in den Wänden der Räume A und B zu erklären sind, die sich durch die uns schon von den Birkenauer Entlausungskammern bekannte blaue Wandverfärbung auch optisch bemerkbar machen, Abbildung 12. Es gibt zwei Möglichkeiten, sie zu erklären:

a) Die Rückstände entstanden durch die wenigen Menschenvergasungen mit Zyklon B, die heute für diese Kammern angenommen werden. Wenn dem so ist, so wären die in Auschwitz fehlenden Rückstände nur damit zu erklären, daß dort eben nicht vergast wurde. Alle Aussagen, die von Menschenvergasungen in diesen Räumen in Auschwitz berichten, wären also falsch. Daraus ergibt sich die Frage, warum dann die gleichlautenden Aussagen bezüglich Majdanek wahr sein sollen.

b) Die Rückstände entstanden durch Entlausungsbegasungen mit Zyklon B. Es handelt sich also bei diesen Räumen nicht um Menschengaskammern, sondern um Entlausungskammern. Somit hätten die Zeugen bezüglich Majdanek die Unwahrheit gesagt. Dann stellt sich uns die Frage, warum die Zeugen im Falle Auschwitz die Wahrheit gesagt haben sollen.

8. Schlußfolgerungen für Majdanek und Auschwitz

Wenn die Menschengaskammern von Majdanek existiert haben, so können sie nicht in Auschwitz existiert haben, denn das Eisenblau, das man in Majdanek findet, fehlt in Auschwitz. Wenn es aber in Auschwitz keine Menschengaskammern gab, alle Aussagen darüber also falsch sind, wer oder was beweist dann die Menschengaskammern von Majdanek?
Und umgekehrt:
Wenn die Menschengaskammern in Auschwitz existiert haben, so können sie nicht in Majdanek existiert haben, denn das Eisenblau, das man in Majdanek findet, ließe sich dann nur durch Entlausungskammern erklären. Wenn es aber in Majdanek keine Menschengaskammern gab, alle Aussagen darüber also falsch sind, wer oder was beweist dann die Menschengaskammern von Auschwitz?
Nicht nur die technische und toxikologische Unmöglichkeit sowie die chemischen und bautechnischen Beweise legen uns nahe, daß die Zeugen weder über Auschwitz noch über Majdanek die Wahrheit gesagt haben. Auch die Logik zeigt, daß sich die Zeugen in ihren widersprüchlichen Aussagen anscheinend rettungslos verheddert haben. Es sieht also so aus, als würden die sich widersprechenden Befunde von Auschwitz und Majdanek die Zeugengeschichten über die Menschenvergasungen letztendlich selbst ad absurdum führen.

[illegible] Majdanek [illegible] zu [illegible] [illegible]

*

Die Krematoriumsöfen von Auschwitz-Birkenau

CARLO MATTOGNO UND FRANCO DEANA

0. Einleitung

Wenn während des Zweiten Weltkriegs im Lager Auschwitz-Birkenau eine ungeheuerliche Ausrottung von vielen hunderttausend Menschen in Gaskammern stattgefunden hat und wenn die Leichen der Opfer in den Einäscherungsanlagen jenes Lagers verbrannt worden sind, dann ist die Tatwaffe nicht nur die Gaskammer, sondern auch der Verbrennungsofen.

Die ›Augenzeugen‹ wollten uns einreden, die Krematoriumsöfen von Auschwitz-Birkenau seien von den Naturgesetzen unabhängige, teuflische Werkzeuge gewesen[1] und nicht gewöhnliche, sämtlichen für derartige Installationen gültigen chemisch-physikalischen und wärmetechnischen Gesetzen unterworfene Einäscherungsanlagen. Die Historiker entschlossen sich, den Zeugen blindlings zu vertrauen, und ließen sich deshalb zu völlig abwegigen Aussagen hinreißen.[2]

Jean-Claude Pressac ist, abgesehen von den Revisionisten, der einzige Forscher, der von der technischen Seite her an das geschichtliche Problem der Leichenverbrennung in Auschwitz-Birkenau herangetreten ist. In seiner Arbeit *Auschwitz: Technique and Operation of the Gas Chambers*[3] kommt er zu den folgenden Schlußfolgerungen:

- Die drei Doppelmuffel-Einäscherungsöfen im Krematorium I des Stammlagers Auschwitz hatten eine Kapazität von 340 Einäscherungen binnen 24 Stunden.[4]
- Die fünf Dreimuffel-Einäscherungsöfen der Krematorien II und III von Birkenau wiesen eine Maximalkapazität von je zwischen 1000 und 1500 Einäscherungen in 24 Stunden auf,[5] doch ihre Normalkapazität belief sich auf je 1000 bis 1100 Leichen in 24 Stunden.[6]
- Die zwei Achtmuffel-Einäscherungsöfen der Krematorien IV und V hatten eine Verbrennungskapazität von je 500 Leichen in 24 Stunden.[7]

Für Pressac betrug die Gesamtkapazität der Krematorien von Auschwitz I und Auschwitz-Birkenau demnach 3 540 Einäscherungen täglich. Diese Ziffer entbehrt technisch gesehen jeder Grundlage.[8]

---

1. Wir begnügen uns mit einem einzigen, stellvertretenden Beispiel: Der Augenzeuge Dr. Miklos Nyiszli gibt die tägliche Einäscherungskapazität der Krematorien von Birkenau mit 20 000 an! M. Nyiszli, *Boncolóorvósa voltam az Auschwitz-i krematóriumban,* Világ 1946, S. 38.
2. Franciszek Piper, Historiker des Auschwitz-Museums, behauptete noch im Jahre 1992, die »faktische Kapazität« der vier Birkenauer Krematorien habe »bis zu 8 000 Leichen täglich« betragen. Dabei stützte er sich auf den Augenzeugenbericht des Alter Feinsilber alias Stanislaw Jankowski alias Kaskowiak alias Alter Szmul Fajnzylberg: F. Piper, *Auschwitz. Wieviele Juden, Polen, Zigeuner. . . wurden umgebracht,* Universitas, Krakau 1992, S. 211.
3. Jean-Claude Pressac, *Auschwitz: Technique and Operation of the Gas Chambers,* The Beate Klarsfeld Foundation, New York 1989.
4. J.-C. Pressac, ebenda, S. 131, 158, 244.
5. J.-C. Pressac, ebenda, S. 179, 475.
6. J.-C. Pressac, ebenda, S. 244.
7. J.-C. Pressac, ebenda, S. 244, 384.
8. Werner Wegner hat diesem Problem bedeutend mehr Sorgfalt gewidmet als Pressac, doch die Ergebnisse seiner Studie, die in sehr summarischer Form veröffentlicht worden ist, sind technisch gesehen noch weniger fundiert als jene des französischen Amateurhistorikers. Wegner schreibt, in den Birkenauer Krematorien habe man in einer Muffel binnen einer halben Stunde drei Leichen verbrennen können, was einer Kapazität von 6 624 Leichen pro 24 Stunden entsprochen hätte: W. Wegner, »Keine Vergasungen in Auschwitz? Zur Kritik des Leuchter-Gutachtens«, in: U. Backes, E. Jesse, R. Zitelmann (Hg.), *Schatten der Vergangenheit. Impulse zur Historisierung des Nationalsozialismus,* Ullstein-Propyläen, Frankfurt/M.–Berlin 1990, S. 460.

Bei den Revisionisten hat sich speziell Fred A. Leuchter in seinem berühmten Report[9] der Frage nach den Leichenverbrennungen angenommen. Indem er sich hauptsächlich auf die Aussagen von Ivan Lagacé, dem Leiter und Operator des Krematoriums von Bow Valley im kanadischen Calgary[10], stützte, kam Leuchter auf eine faktische Gesamtverbrennungskapazität der Krematorien von Auschwitz I und Birkenau von 156 Leichen pro Tag. Diese Zahl liegt weit unter der tatsächlich möglichen.
Pressac und Leuchter gelangen zu Schlußfolgerungen, die einander diametral entgegengesetzt, aber gleichermaßen unfundiert sind, weil es über die grundsätzliche Frage der Einäscherungsöfen von Auschwitz und Birkenau noch keine seriöse wissenschaftliche Arbeit gibt, weder seitens der orthodoxen Historiker noch seitens der Revisionisten. Wir haben die Absicht, diese empfindliche Lücke zu schließen.
Die hier vorgelegte Studie stellt die Kurzfassung einer sehr viel umfangreicheren Arbeit dar, die auf jahrelanger intensiver Forschung fußt. Dabei hat uns der tragischerweise 1991 verstorbene Dipl.-Ing. H.O.N., Danzig, unschätzbare Hilfe geleistet.[11]

1. Die neuzeitliche Kremierung

1.1. Die Technologie der Krematoriumsöfen bis zum Ersten Weltkrieg

Schon über tausend Jahre vor Homer wurde die Einäscherung von Leichen in Europa praktiziert.[12] Dieser Brauch wurde bis zum Jahre 785 n. Chr. fortgesetzt, als er von Karl dem Großen im Dekret von Paderborn bei Todesstrafe untersagt wurde.[13] In den darauffolgenden Jahrhunderten verschwand die Feuerbestattung im christlichen Europa vollständig.
Die Idee der Kremierung fand während der Französischen Revolution wieder Anklang, doch erst in der zweiten Hälfte des 19. Jahrhunderts setzte sie sich allmählich durch.[14] Ernsthaft eingesetzt hat die Bewegung zugunsten der Feuerbestattung erst im Jahre 1849, als der Philologe Jakob Grimm an der Akademie der Wissenschaften zu Berlin einen denkwürdigen Vortrag »über das Verbrennen der Leichen« hielt.[15] Der Gedanke wurde sogleich von eifrigen Pionieren aufgegriffen und begeistert propagiert.[16] Die erste Leicheneinäscherung in einem Krematoriumsofen fand in Europa am 9. Oktober 1874 in einem von F. Siemens provisorisch entworfenen Ofen in Dresden statt. Nach einigen Feuerbestattungen wurden diese experimentellen Kremierungen von der sächsischen Regierung verboten.[17]

9. Fred A. Leuchter, *An Engineering Report on the Alleged Gas Chambers at Auschwitz, Birkenau and Majdanek, Poland,* Samisdat Publishers Ltd., Toronto 1988.
10. Barbara Kulaszka (Hg.), *Did Six Million Really Die? Report on the Evidence in the Canadian »False News« Trial of Ernst Zündel –1988,* Samisdat Publishers Ltd., Toronto 1992, S. 267.
11. Unser Hauptwerk besteht aus zwei Bänden: 1) *Auschwitz: Die Einäscherungsöfen;* 2) *Auschwitz: Die Gaskammern.* Es befindet sich zur Zeit (Juni 1994) beim Verlag Edizioni di Ar, Italien, im Druck. Verteiler: Libreria Ar, via F. La Francesca 26, 84100 Salerno/Italien.
12. Carl Schuchhardt, »Die Anfänge der Leichenverbrennung«, in: *Sitzungsberichte der Preußischen Akademie der Wissenschaften. Philosophisch-Historische Klasse,* 1920, S. 8.
13. Max Pauly, *Die Feuerbestattung,* Verlagsbuchhandlung von J.J. Weber, Leipizig 1904, S. 8.
14. B. Reber, »Un crématoire du temps de la révolution française«, in: *Société de crémation de Genève,* Bulletin VIII, Imprimerie Centrale, Genève 1908, S. 26–29.
15. Der Vortrag, der den Titel »Über das Verbrennen von Leichen« trug, wurde im gleichen Jahr veröffentlicht.
16. Zu den Anfängen der modernen Kremierung vergleiche man zusätzlich zu den bereits genannen Werken auch: F. Küchenmeister, *Über Leichenverbrennung,* Vortrag gehalten am 8. April 1874 zum Besten des Neustädter Gymnasial-Stipendienfonds, Verlag von Ferdinand Enke, Erlangen 1874; P. de Pietra Santa, *La crémation des morts en France et à l'étranger,* Librairie J.-B. Baillière et Fils, Paris 1874; ders., *Modern Cremation,* Publication de la Société Française d'Hygiène. Au bureau de la Société, Paris 1889; Rudolph Müller, »Über Leichenverbrennung«, Sonderdruck aus: *Medizinische Jahrbücher,* Bd. 199, Heft 1, Wien 1883: Henry Tompson, *Die moderne Leichenverbrennung,* Fischers Medizinische Buchhandlung, Berlin 1899; K. Weigt, *Almanach der Feuerbestattung,* Selbstverlag des Verfassers, Hannover 1909.
17. M. Pauly, aaO. (Anm. 13), S. 18.

Das erste europäische Krematorium wurde 1875 in Mailand errichtet, ein Jahr nach der rechtlichen Anerkennung dieser Bestattungsart.[18]
Diese ersten Kremierungsapparate in den 70er Jahren des vorigen Jahrhunderts arbeiteten noch sehr unzuverlässig und kostspielig, so daß sie in der Regel nach wenigen Kremierungen wieder abgebaut wurden. Bei der anfangs zumeist verwendeten indirekten Feuerung, bei der lediglich erhitzte Luft, jedoch keine Flammgase die Leiche erreichten, dauerte die Einäscherung einer Leiche zumeist 5 bis 6 Stunden.[19] Schnell setzten sich jedoch modernere Öfen durch, die für die Einäscherung mit direkter Kremierung nurmehr eine bis zwei Stunden benötigten. Bei diesen Öfen wurde der Leichnam unmittelbar den Flammen ausgesetzt, welche entweder durch die Verbrennung des Brennstoffs oder durch die Verbrennung der im Gasgenerator produzierten Brenngase erzeugt wurden. Es gab freilich auch Öfen, die die Grundsätze der direkten Kremierung durch die Flammen und der indirekten Kremierung durch erhitzte Luft vereinigten.
Ein von Friedrich Siemens erdachtes Prinzip führte den Vorgang der gänzlich indirekten Verbrennung durch erhitzte Luft ein; es dominierte in Deutschland bis 1924 unangefochten. Diese neue Prozedur bestand darin, daß die Kremierung mittels in einem Regenerator oder Rekuperator auf 1000 °C erhitzter Luft vollzogen wurde.[20] Eine Kremierung dauerte darin im Schnitt 135 Minuten; für die erste Einäscherung waren 1500 kg Braunkohle erforderlich, für die nachfolgenden von 250 bis 33 kg schrittweise abnehmend.[21]
Der schwedische Klingenstierna-Ofen stellte eine entscheidende Verbesserung des Siemens-Ofens dar. Er wies eine Hauptfeuerung und eine Hilfsfeuerung auf, die in erster Linie zur Nachverbrennung der Rauchgase diente; die Verbrennungsluft wurde in einem aus Metallröhren bestehenden Rekuperator erhitzt (Wärmetauscher vom Ofengas zum Verbrennungsgas); die Leiche wurde in den Verbrennungsraum auf einem kleinen Karren eingeführt, der während der ganzen Kremierungsdauer dort blieb. In Deutschland wurde dieses System von E. Dorovius perfektioniert und von der Firma Gebrüder Beck in Offenbach erbaut. Die ersten Modelle – in den Krematorien von Heidelberg (1891) und Jena (1898) installiert – hatten noch den Leicheneinführungskarren, doch bereits im Modell von 1899 (Krematorium von Offenbach) wurde der Karren abgeschafft, und der Verbrennungsraum wurde mit einem Rost aus Schamotteroststäben ersetzt, unter dem zwei trichterförmig geneigte Flächen angebracht wurden, welche die Asche in den Aschenraum leiteten.[22] Nach und nach wurde dieser Rekuperatorentypus durch einen mit Schamottemauerwerk ersetzt, und der Ofen erhielt die typische Struktur der deutschen Kremierungsöfen mit koksbeheiztem Gasgenerator.

---

18. G. Pini, *La crémation en Italie et à l'étranger de 1774 jusqu'à nos jours,* Ulrich Hoepli Editeur Libraire, Milano 1885, S. 16, 30, 130 f. Eine äußerst genaue Schilderung der Anlage liefern uns Wegmann-Ercolani in ihrem kleinen Werk *Über Leichenverbrennung als rationellste Bestattungsart,* Cäsar Schmidt, Zürich 1874, S. 30–33.
19. G. Pini, aaO. (Anm. 18), S. 132. Die folgenden Informationen entstammen, wenn nicht ausdrücklich anders vermerkt, dieser Quelle (S. 128–171). – Man vergleiche auch: Malachia de Cristoforis, *Etude pratique sur la crémation,* Imprimerie Treves Frères, Milano 1890, S. 36–136; P. de Pietra Santa, M. de Nansouty, »La crémation«, in: *Le génie civil,* Nr. 8–12, 1881; Luigi Maccone, *Storia documentata sulla cremazione presso i popoli antichi e moderni con speciale riferimento alla igiene,* Istituto Italiano d'Arti grafiche, Bergamo 1932, S. 102–124; Fritz Schumacher, *Die Feuerbestattung,* J.M. Gebhardt's Verlag. Leipzig 1939, S. 18–32.
20. F. Küchenmeister, *Die Feuerbestattung. Unter allen zur Zeit ausführbaren Bestattungsarten die beste Sanitätspolizei des Bodens und der sicherste Cordon gegen Epidemien,* Verlag von Ferdinand Enke, Stuttgart 1875, S. 70 f..
21. Wilhelm Heepke, *Die Leichenverbrennungsanstalten (die Krematorien),* Verlag von Carl Marhold, Halle a.S. 1905, S. 20. Dieses Werk enthält eine sehr detaillierte Beschreibung der Siemens-, Klingenstierna- und Schneider-Öfen, mit außerordentlich präzisen Zeichnungen (S. 41–58). Zu diesen Öfen siehe zusätzlich zu dem in der Anmerkung angeführten Werk auch: Karl von Engerth, *Fortschritte der Feuerbestattung in Deutschland. Vortrag gehalten in der Hauptversammlung des Vereins der Freunde der Feuerbestattung »Die Flamme« in Wien am 19. Februar 1892,* Verlag von Moritz Perles, Wien 1892; ders., *Die Feuerbestattung,* Selbstverlag des Verfassers, Wien 1897; Hermann Ortloff, *Gleichberechtigung der Feuer- und Erdbestattung,* Felix Dietrich, Leipzig 1907. Im Anhang: Das Verbrennungssystem Richard Schneider, vorm. Dresden, jetzt Berlin, S. 60–73.
22. W. Heepke, aaO. (Anm. 21), S. 45–55.

Der Ofen war zweistöckig: Gasgenerator und Rekuperator befanden sich im Keller, der Verbrennungsraum lag im ersten Stock. Die Verbrennungsprodukte der Leiche gelangten in den Aschenraum, die gasförmigen Teile davon von da aus in die Seitenkanäle des Rekuperators und durch diese abwärts in den Rauchkanal, von wo aus sie in den Schornstein aufstiegen. Der Rekuperator bestand aus einer feuerfesten Masse, durch welche drei Kanäle liefen: durch die Seitenkanäle liefen die Ofengase in absteigender Richtung, wobei sie einen Teil ihrer Hitze an das Schamottemauerwerk abgaben und es so erhitzten; durch den mittleren Kanal stieg die Frischluft zu der Leiche auf, wobei sie sich erhitzte. Die Frischluft gelangte durch eine im unteren Teil des Ofens gelegene Öffnung in den Rekuperator. Die Überreste der Leiche fielen durch die Schamotteroststäbe auf die Aschenschräge, wo man sie mit einem Schabeeisen in eine Pfanne brachte, welche dann durch die Luke des Aschenraums entnommen wurde.[23] Die erste Kremierung erforderte ca. 325 kg Koks, inklusive des für die Vorwärmung des Ofens benötigten, die darauffolgende 175–150 kg. Eine Kremierung dauerte zwei Stunden.[24]
Dieser Typus repräsentierte in seiner grundsätzlichen Struktur jenes Modell des Krematoriumsofens mit koksbeheiztem Gaserzeuger, aus dem sich alle bis zu den dreißiger Jahren in Deutschland gebauten Öfen dieses Typs entwickelt haben.[25]

1.2. Die technischen Fortschritte und Entwicklungen der Zwischenkriegszeit

Nach dem Ersten Weltkrieg und dem Versailler Diktatfrieden, der Deutschland zur Abtretung kohlenreicher Gebiete sowie zu Kohlenlieferungen an die Siegermächte nötigte, sah sich das Land gezwungen, die ihm verbliebenen Kohlenvorräte so vollständig wie möglich zu nutzen. Aus diesen Gründen bemühte sich die deutsche Industrie, alle Einrichtungen, welche Kohle und Kohleprodukte verbrauchten, wärmetechnisch so umzugestalten, daß ein größtmöglicher Ertrag erreicht wurde.
Die Notwendigkeit eines haushälterischen Umgangs mit Kohle drängte sich auch auf dem Gebiet der Krematoriumsöfen auf. Infolgedessen wurde 1924 ein preußisches Gesetz vom 14. September 1911 abgeändert, das bisher aus ästhetischen Gründen lediglich die vollkommen indirekte, somit aber auch zeit- und brennstoffaufwendige Verbrennung der Leiche erlaubte.[26] Begleitet wurde die Debatte um diese Änderung von zum Teil heftigem Streit unter den Kremierungsfachleuten über die Frage, welche der beiden Methoden die wirtschaftlichere sei.[27] Diese Frage konnte nur mit wissenschaftlichen Kremierungsexperimenten gelöst werden. Die bedeutsamsten Experimente dieser Periode wurden zwischen 1926 und 1927 im Krematorium von Dessau von Ingenieur Richard Kessler durchgeführt, der darüber eine ausführliche wissenschaftliche Abhandlung verfaßte.[28] Den Ergebnissen dieser Versuche werden wir uns im folgenden zuwenden.

---

23. E. Beutinger, *Handbuch der Feuerbestattung,* Carl Scholtze Verlag, Leipzig 1911, S. 107–110. Dieses Werk widmet den Krematoriumsöfen ein ausgesprochen interessantes Kapitel mit genauen technischen Zeichnungen (S. 94–127). Die folgenden Informationen entstammen dieser Quelle. Die Angaben hinsichtlich des Brennstoffverbrauchs und der Dauer der Kremierung sind Heepke, aaO. (Anm. 21) entnommen (Tabelle auf S. 20).
24. W. Heepke, ebenda, S. 20.
25. Robert Nagel, *Wege und Ziele der modernen Feuerbestattung,* Verlag Wilhelm Ruppmann, Stuttgart 1922, S. 37 f.; E. Beutinger, aaO. (Anm. 23), S. 117–121.
26. Ing. H. Kori, »Bau und Betrieb von Krematorien. 1. Neue Wege und Ziele«, *Die Wärmewirtschaft,* Nr. 8, 1924, S. 115–119; ders., »Bau und Betrieb von Krematorien. 2. Gutachten der Arbeitsgemeinschaft für Brennstoffersparnis«, *Die Wärmewirtschaft,* Nr. 8, 1924, S. 119 f.
27. Amtliches, »Bau und Betrieb der Krematorien«, *Die Wärmewirtschaft,* Nr. 7, 1925, S. 107 f.; »Bau und Betrieb der Krematorien. Erwiderung auf den Einspruch des Verbandes der Preußischen Feuerbestattungsvereine vom 9. Oktober 1925 gegen den Erlaß des Herrn Ministers des Innern – II T 2 015 – vom 24. Oktober 1924«, *Die Wärmewirtschaft,* Nr. 1, 1926, S. 9–12; Amtliches, »Betr. Ofenanlage in Krematorien«, *Die Wärmewirtschaft,* Nr. 3, 1927, S. 51; Oberingenieur H. Tilly, »Über die Wirtschaftlichkeit von Anlagen zur Einäscherung menschlicher Leichen«, *Die Wärmewirtschaft,* Nr. 9, 1926, S. 143 ff.; Oberingenieur A. Peters, »Die Wirtschaftlichkeit von Anlagen zur Einäscherung menschlicher Leichen«, *Die Wärmewirtschaft,* Nr. 11, 1926, S. 176 ff.
28. Richard Kessler, »Rationelle Wärmewirtschaft in den Krematorien nach Maßgabe der Versuche im Dessauer Krematorium«, *Die Wärmewirtschaft,* Nr. 8–11, 1927. In abgekürzter Form: »Rationelle Wärme-Wirtschaft in

Die Konstruktionsweise der neuen Öfen berücksichtigte die von Ingenieur R. Kessler bei seinen Versuchen entdeckten entscheidenden Faktoren für eine optimale Nutzung der Verbrennungswärme, und als Folge davon stieg der Wirkungsgrad der Öfen erheblich. Von den wichtigsten technischen Innovationen jener Periode sind zu erwähnen: die Reduktion der horizontalen Sektion des Gasgenerators; effizientere Rekuperatoren; Installierung eines Nachverbrennungsrostes; ein Luftzuführungssystem zur Ermöglichung einer rationelleren Nachverbrennung; die Installation passender Meßgeräte.[29]
Zu Beginn der dreißiger Jahre hatten die koksbeheizten Öfen mit Gasgenerator den Höhepunkt der technischen Perfektion erreicht, doch gleichzeitig begann ihr unerbittlicher Niedergang, da sie von bedeutend ökonomischeren Heizungssystemen, vor allem solchen mit Gas und Strom, nach und nach verdrängt wurden. Die bestehenden Koksöfen wurden von nun an entweder abgerissen[30] oder zur Anpassung an die Gasheizung umstrukturiert.[31] Die neuen Heizungssysteme bedingten zusätzliche Studien über die Struktur der Öfen sowie über das Phänomen der Kremierung, die in bedeutsamen technischen Artikeln ihren Widerhall fanden.[32]
Obschon das erste deutsche Krematorium schon 1878 errichtet worden war, wurde die Kremierung erst im Jahre 1911 rechtlich zugelassen, und es dauerte bis in die dreißiger Jahre, ehe eine organische Gesetzgebung zu dieser Frage erschien. Das erste wirkliche und vollständige »Gesetz über die Feuerbestattung« wurde am 15. Mai 1934 verabschiedet. Wenig später folgten spezifische Verordnungen über die Krematoriumsöfen und über den Kremierungsprozeß.[33]
Von der Eröffnung des ersten Krematoriums bis zum Beginn des Zweiten Weltkriegs stieg die Zahl der Feuerbestattungen in Deutschland geradezu schwindelerregend an, wie aus der folgenden Tabelle ersichtlich ist:[34]

Krematorien unter besonderer Berücksichtigung der Leuchtgasfeuerung«, *V. Jahrbuch des Verbandes der Feuerbestattungs-Vereine Deutscher Sprache 1930,* Königsberg 1930. Erwähnenswert sind auch die Experimente, die Ingenieur Hans Keller 1927 im Krematorium von Biel, Schweiz, mit einem Ofen mit koksbeheiztem Gasgenerator durchführte: Hans Keller, »Mitteilungen über Versuche am Ofen des Krematoriums in Biel«, in: *Bieler Feuerbestattungs-Genossenschaft in Biel* (Schweiz) (Hg.), Jahres-Bericht pro 1927–28. Vgl. auch: ders., »Versuche an einem Feuerbestattungsofen«, Sonderabdruck aus der Zeitschrift *Archiv für Wärmewirtschaft und Dampfkesselwesen,* 10. Jg., Heft 6, 1929.

29. Friedrich Hellwig, »Vom Bau und Betrieb der Krematorien«, *Gesundheits-Ingenieur,* 54. Jg., Heft 24, 1931, S. 372; Oberingenieur Peters, »Winke für den Betrieb von Einäscherungsanlagen«, *Zentralblatt für Feuerbestattung,* 2. Jg., 1930, Nr. 4, S. 56 f..
30. Beispielsweise wurde der alte Koksofen des Krematoriums von Dortmund 1937/38 demontiert und durch zwei neue Öfen des Systems Volckmann-Ludwig ersetzt: Hermann Kämper, »Der Umbau der Leichenverbrennungsöfen und die Einrichtung von Leichenkühlräumen auf dem Hauptfriedhof der Stadt Dortmund«, *Gesundheits-Ingenieur,* 64. Jg., 1941, Heft 12, S. 171–176.
31. Dr. Ing. Repky, »Der Umbau koksgefeuerter Krematoriumsöfen auf Leuchtgasbeheizung«, *Gesundheits-Ingenieur,* 55. Jg., 1932, Nr. 42, S. 506–509.
32. Von den wichtigsten technischen Artikeln führen wir folgende an: Friedrich Hellwig, aaO. (Anm. 29), in abgekürzter Form: »Vom Bau und Betrieb der Krematorien«, *Zentralblatt für Feuerbestattung,* 4. Jg.,1932, Nr. 1, S. 8–14; Paul Schläpfer, »Über den Bau und den Betrieb von Kremationsöfen«, Separatdruck aus dem *Jahresbericht des Verbandes Schweizerischer Feuerbestattungsvereine,* Zürich 1937; ders., »Betrachtungen über den Betrieb von Einäscherungsöfen«, *Schweizerischer Verein von Gas- und Wasserfachmännern, Monatsbulletin,* XVIII. Jg., Zürich, Nr. 7, Juli 1938; Richard Kessler, »Entwicklung und Zukunftswege der Einäscherungstechnik«, *Zentralblatt für Feuerbestattung,* 3. Jg., 1931, Nr. 6, S. 83–89; ders., »Die wärmewirtschaftliche Ausnutzung der Abgase bei Einäscherungsöfen«, *Zentralblatt für Feuerbestattung,* 5. Jg., 1935, Nr. 2, S. 21–26; Viktor Quehl, »Feuerbestattung und Einäscherungsöfen«, *Gesundheits-Ingenieur,* 59. Jg., Nr. 38, 1936, S. 559 ff..
33. »Betriebsordnung für Feuerbestattungsanlagen« vom 5. November 1935 sowie die »Verordnung zur Durchführung des Feuerbestattungsgesetzes« vom 10. August 1938, abgedruckt in: Fritz Schumacher, aaO. (Anm. 19), S. 116–121; *Veröffentlichungen des Großdeutschen Verbandes der Feuerbestattungsvereine* Nr. 5, Selbstverlag des Verbandes, Königsberg i. Pr. 1932. Diese Normen wurden auch von der Zeitschrift *Zentralblatt für Feuerbestattung,* 5. Jahrgang, Nr. 6, 1933, S. 87–92, veröffentlicht; *Richtlinien für den Bau und Betrieb von Öfen zur Einäscherung menschlicher Leichen, aufgestellt vom Großdeutschen Verbande der Feuerbestattungsvereine e.V.,* Verlag der Verlagsabteilung des Großdeutschen Verbandes der Feuerbestattungsvereine e.V., Berlin 1937
34. *Die Feuerbestattung,* XI. Jg., 1939, S. 8 f.

Periode	Anzahl Krematorien	Anzahl Kremierungen	Jährliche Kremierungen
1878–1887	1	496	50
1888–1897	2	2 192	219
1898–1907	15	12 382	1 238
1908–1917	51	88 687	8 869
1918–1927	81	283 976	28 398
1928–1937	118	628 600	62 860

1938 wurden in 120 Krematorien 84 634 Kremierungen vorgenommen,[35] 1939: 102 112, 1940: 108 130, 1941: 107 103 und 1942: 114 184.[36]

1.3. Die Firma J.A. Topf & Söhne, Erfurt

Auf dem Gebiet der Kremierungsöfen begann die Firma J.A. Topf und Söhne aus Erfurt ihre Aktivitäten zu Beginn des Ersten Weltkriegs und war dabei namentlich ab dem Beginn der zwanziger Jahre erfolgreich.[37] Ihre Anfangsmodelle führten einige Innovationen ein, insbesondere ein System der Muffelheizung von außen.[38] Dies verhinderte das Eindringen der Verbrennungsprodukte in die Muffel, wodurch eine vollkommen indirekte Kremierung gewährleistet wurde.

Dieser Einäscherungsofen besteht aus dem Koks-Generator, der für sich abgeschlossenen Einäscherungskammer (Muffel), dem darunter angeordneten Kanalsystem (Rekuperator), welches zur Vorwärmung der für die Einäscherung erforderlichen Luft dient, und der Umleitung der Kohlenmonoxidgase um die Muffel.[39]

Die sich im Koks-Generator entwickelnden Koks- oder Holzgase steigen hoch, dringen in den Rekuperator und entweichen durch den Rauchkanal in den Schornstein, wobei sie auf dem ganzen Wege dem Schamottemauerwerk die Wärme abgeben und so den Ofen bis zur Rotglut (1000 °C) hochheizen. Nach dem Hochheizen wird vor dem Einschub des Sarges im Generatorhals der Schamotteschieber geschlossen, so daß die Gase ihren Weg um die Muffel herum nehmen und so die Muffel von außen glühend erhalten. Es können somit keine Gase mehr in die Muffel hineingelangen. Die zur Einäscherung benötigte Luft arbeitet sich im Rekuperator im Gegenstrom zur Abgasrichtung in den Kanälen empor und tritt hochgradig erhitzt oben in die Muffel ein.

Die gesättigte Verbrennungsluft wird kurz vor dem Austritt aus der Muffel im Rekuperator mit vorgewärmter Luft vermischt, wodurch ein vollständig rauch- und geruchloser Betrieb entsteht. Die Dauer einer Einäscherung beträgt rund 60–75 Minuten, je nach der Körpergröße.

Der Topfsche Ofen vereint beide Feuerbestattungsarten, das heißt indirekte als auch direkte Einäscherung. Außerdem sind sowohl alle modernen Gesichtspunkte als auch die der Feuerungstechnik mit berücksichtigt worden. Leichte Bedienung und Übersichtlichkeit, geringer Brennstoffverbrauch, schnellste Einäscherung, rauch- und geruchloser Betrieb sind die Vorzüge des Ofens.

Der Kokskonsum für das Anheizen des Ofens und die erste Kremierung war von Krematorium zu Krematorium verschieden und schwankte zwischen 160 und 260 kg.[40]

35. Ebenda, XII. Jg., 1940, S. 14.
36. Ebenda, XVI. Jg., 1944, S. 17.
37. *Phoenix. Blätter für fakultative Feuerbestattung und verwandte Gebiete,* Wien, Nr. 10, 1915, S. 296; ebenda, Nr. 4, 1916, S. 97ff.
38. Kaiserliches Patentamt. Patentschrift Nr. 218581. Klasse 24 d. Ausgegeben den 8. Februar 1910. Max J. Kergel in Beuthen, O.-S. *Leichenverbrennungsofen mit Rekuperator.* Patentiert im Deutschen Reiche vom 4. Oktober 1908 ab.
39. Balduin Reichenwallner, *Tod und Bestattung,* Katakomben-Verlag/Balduin Reichenwallner, München 1926, S. 28 f.
40. *Öfen für Krematorien System Topf. J.A. Topf & Söhne Erfurt. Maschinenfabrik und feuerungstechnisches Bauge-schäft,* 1926 publizierte Werbeschrift.

In den zwanziger Jahren wurde die Firma J.A. Topf & Söhne die kommerziell bedeutendste Ofenbaufirma Deutschlands. Von 1922 bis 1927 wurden von 24 in den deutschen Krematorien installierten Öfen nicht weniger als 18 von der Firma Topf errichtet.[41] Anfang der dreißiger Jahre wurde die kommerzielle Vorherrschaft von Topf konsolidiert.[42] Topf & Söhne hatten nun ein sehr fortschrittliches technisches Niveau erreicht. Ihnen kommt das Verdienst zu, 1927 in Dresden den ersten einwandfrei funktionierenden gasbeheizten Krematoriumsofen Deutschlands wie auch den ersten elektrischen Krematoriumsofen des Landes – er wurde 1933 in Erfurt in Betrieb genommen – errichtet zu haben. Ferner zeichnete die Firma auch für wegweisende kremierungstechnologische Verbesserungen wie den Nachverbrennungsrost und den drehbaren Rost verantwortlich. Obwohl die elektrischen Topf-Öfen in Deutschland konkurrenzlos dastanden, wurde die Vorherrschaft der Firma in jenen Jahren ernstlich durch den neukonzipierten Gasofen des Systems Volckmann-Ludwig bedroht.[43] Die Firma Topf reagierte auf die Konkurrenz seitens des neuen Ofens auf technischem Feld mit der Projektierung des Gasofens Modell 1934.[44] Auf der propagandistischen Ebene reagierte die Firma Topf mit einer herben, von Ingenieur Kurt Prüfer – dem künftigen Entwerfer der Drei- und Achtmuffelöfen von Birkenau – entfesselten Polemik in Form eines höchst aggressiven Artikels,[45] dessen Kritik von R. Kessler jedoch zurückgewiesen wurde.[46]

1.4. Der Koksverbrauch eines Einäscherungsofens mit koksbeheiztem Generator

Der Brennstoffverbrauch eines Einäscherungsofens hängt wesentlich von seiner Bauart, dem Einäscherungsvorgang, der Frequenz der Einäscherungen, der Beschaffenheit der Leichen und dem Ofenbetrieb ab. Deshalb ist es sinnlos, vom Verbrauch eines Krematoriumsofen zu reden, ohne wenigstens die folgenden drei Faktoren in Betracht zu ziehen: Konstruktionssystem des Ofens, Vorgehen bei der Kremierung (direkt oder indirekt) und Häufigkeit der Kremierungen.

---

41. *IV. Jahrbuch des Verbandes der Feuerungsbestattungs-Vereine Deutscher Sprache 1928,* Herausgegeben zum 22. Verbandstage am 4. bis 8. Juli in Bremen vom Verbandsvorstande, Königsberg Pr. 1928, S. 84.
42. F. Hellwig, aaO. (Anm. 29), S. 370.
43. Zu den elektrischen Topf-Öfen siehe: Konrad Weiss, »Der erste deutsche elektrisch beheizte Einäscherungsofen im Krematorium Erfurt«, *Gesundheits-Ingenieur,* 57. Jg., Nr. 37, 15. September 1934, S. 453–457; »Elektrisch betriebener Topf-Einäscherungsofen D.R.P. angem.«, *Zentralblatt für Feuerbestattung,* 7. Jg, Nr. 6, 1935, S. 88 ff.; Konrad Weiss, »Die Entwicklung des elektrisch beheizten Einäscherungsofens im Krematorium Erfurt«, *Gesundheits-Ingenieur,* 60. Jg., Nr. 11, 1937, S. 159–162; Fritz Schumacher, aaO. (Anm. 19), S. 28 ff.; Rudolf Jakobskötter, »Die Entwicklung der elektrischen Einäscherung bis zu dem neuen elektrisch beheizten Heißlufteinäscherungsofen in Erfurt«, *Gesundheits-Ingenieur,* 64. Jg., Nr. 43, 1941, S. 579–587.

    Der erste europäische Krematoriumsofen mit elektrischer Heizung wurde am 31. August 1933 in Biel/Schweiz in Betrieb genommen, vgl. Hans Keller, »Der elektrische Einäscherungsofen im Krematorium Biel«, in: Bieler Feuerbestattungs-Genossenschaft in Biel (Hg.), *Jahresbericht pro 1933,* Biel 1934; ders., *Der elektrische Ofen im Krematorium Biel,* Graphische Anstalt Schühler A.G., Biel 1935. Dieser experimentelle Ofen wurde von der Firma BBC Brown Boveri, welche in Deutschland keinen großen Absatzmarkt besaß, nach und nach perfektioniert, vgl. G. Keller, *Die Elektrizität im Dienste der Feuerbestattung,* Aktiengesellschaft Brown, Boveri & Cie, Baden (Schweiz), Sonderabdruck aus den Brown Boveri Mitteilungen Nr. 6/7, 1942.

    Zum Volckmann-Ludwig-Ofen siehe: Dipl. Ing. Volckmann, »Ein neues Einäscherungsverfahren«, *Zentralblatt für Feuerbestattung,* 3. Jg., 1931, Nr. 4; ders., »Der neue Einäscherungsofen System Volckmann-Ludwig«, *Zentralblatt für Feuerbestattung,* 3. Jg., 1931, Nr. 4; ders., »Das Volckmann-Ludwig-Verfahren und die Kesslerschen Richtlinien«, *Zentralblatt für Feuerbestattung,* 6. Jg., 1934, Nr. 8; H. Wolfer, »Der neue ›Volckmann-Ludwig‹-Einäscherungsofen im Stuttgarter Krematorium«, *Gesundheits-Ingenieur,* 55. Jg., 1932, Nr. 13.
44. Hugo Etzbach, *Der technische Vorgang bei einer Feuerbestattung,* Druck Johannes Friese, Köln 1935, S. 3 ff. Zum Topf-Ofen mit Gas siehe auch: F. Schumacher, aaO. (Anm. 19), S. 25 ff.
45. Kurt Prüfer, »›Ein neues Einäscherungsverfahren‹. Eine Entgegnung«, *Die Flamme,* 40. Jg., 1931, S. 5 f.; vgl. auch zur Polemik im Firmenbriefverkehr: Staatsarchiv Weimar, 2/555a.
46. Richard Kessler, »Der neue Einäscherungsofen System Volckmann-Ludwig«, *Zentralblatt für Feuerbestattung,* 3. Jg., 1931, Nr. 3.

Die Prozedur der indirekten Verbrennung ist weitaus aufwendiger als jenes der direkten, erfordert es doch die Erhitzung der gesamten feuerfesten Masse des Rekuperators auf 1000 °C. Die Frequenz der Kremierungen beeinflußt den Verbrauch sehr erheblich, weil bei den ersten Kremierungen das Schamottemauerwerk des Ofens den Hauptteil der erzeugten Hitze absorbiert. Aus diesem Grund kommt man mit dem geringsten Bedarf aus, wenn sich der Ofen bei Betriebstemperatur in thermischem Gleichgewicht befindet.

Die Wärmebilanz eines Einäscherungsofens mit koksbeheiztem Generator ist ein Problem, das sehr schwer theoretisch gelöst werden kann, weil in der Praxis veränderliche Faktoren eine Rolle spielen, die nicht theoretisch vorherbestimmt werden können und an die der Ofenbetrieb von Fall zu Fall angepaßt werden muß.

In den zwanziger Jahren wurde das Problem von Forschern wie Fichtl[47] und Tilly[48] diskutiert, aber der wichtigste Beitrag zu seiner Lösung ist der Artikel von Wilhelm Heepke *Die neuzeitlichen Leicheneinäscherungsöfen mit Koksfeuerung, deren Wärmebilanz und Brennstoffverbrauch.*[49]

Die von Heepke durchgeführten Berechnungen ergeben, daß der Kokskonsum eines Ofens von mittlerer Größe im thermischen Gleichgewicht 30 kg Koks (plus ein Holzsarg von 40 kg Gewicht) beträgt. Diese Wärmebilanz enthält jedoch Irrtümer in ihrem Ansatz sowie auch in der Berechnung, die an diesen Schlußfolgerungen zweifeln lassen. Berichtigt man diese Irrtümer, so ergibt sich ein Koksverbrauch von 20,5 kg. Dieses Ergebnis verträgt sich gut mit denen der durchgeführten Experimente.

Beim Versuch mit Koksfeuerung, ausgeführt von R. Kessler am 5. Januar 1927, ergab sich der folgende Verbrauch an Brennmaterial:

○ Gesamtverbrauch:	436,0 kg Koks
○ Vorheizung des Ofens:	200,0 kg Koks
○ 8 aufeinanderfolgende Einäscherungen:	236,0 kg Koks
○ Verbrauch für eine Einäscherung einschließlich Vorheizung:	54,5 kg Koks
○ Verbrauch für eine Einäscherung ohne Vorheizung des Ofens:	29,5 kg Koks

Der auf die 8 Einäscherungen ohne Vorheizung des Ofens bezügliche Koksverbrauch beinhaltet noch die Wärme, die im Schamottemauerwerk des Ofens bis zum Erreichen des thermischen Gleichgewichts absorbiert wird. Eine Berechnung, welche auf dem durch Strahlung und Leitung erlittenen Wärmeverlust beruht, zeigt, daß der Koksverbrauch für jene Kremierung mit einem im thermischen Gleichgewicht befindlichen Ofen ca. 20 kg beträgt.

Dies bestätigt den Wert dieser Berechnungsmethode, die daher auch für die Berechnung der Wärmebilanz der Einäscherungsöfen von Auschwitz-Birkenau angewandt werden kann.

1.5. Die Dauer des Einäscherungsprozesses mit koksbeheiztem Generator

Der Einäscherungsprozeß ist ein physikalisch-chemischer Vorgang, der eine nicht unterschreitbare Mindestdauer beansprucht.[50] Sie hängt im wesentlichen von der chemischen Zusammensetzung des Leichnams ab. Von großer Bedeutung ist seine Eiweißstruktur, wie man in den siebziger Jahren mit besonderen, in England durchgeführten Experimenten bestätigt hat. Infolge seines relativ hohen Stick-

47. Ing. Fichtl, »Rationelle Wärmewirtschaft in den Krematorien«, *Die Wärme. Zeitschrift für Dampfkessel und Maschinenbetrieb,* 17. Jg., 1924, Nr. 34, S. 394–397.
48. H. Tilly, »Luftüberschuß und Brennstoffverbrauch bei der Einäscherung menschlicher Leichen«, *Die Wärmewirtschaft,* 3. Jg., Heft 2, 1926, S. 190 f.; ders., »Versuch einer rechnungsmäßigen Erfassung der Vorgänge der Einäscherung menschlicher Leichen«, *Die Wärmewirtschaft,* 3. Jg., 1926, Heft 8, S. 134 ff.; ders., aaO. (Anm. 27); ders., »Über die Einäscherung menschlicher Leichen«, *Die Wärmewirtschaft,* 4. Jg., 1927, Heft 2, S. 19–25.
49. *Feuerungstechnik,* XXXI. Jg., 1933, Heft 8, S. 109 ff., Heft 9, S. 123–128. Es handelt sich um eine vertiefte Version der Studie zum thermischen Gleichgewicht, die Ing. Heepke in seinem bereits erwähnten Buch, aaO. (Anm. 21), S. 60–63, präsentiert hatte.
50. Man vergleiche dazu: Hans Kraupner, Franz Puls, *Die chemischen Vorgänge bei einer Einäscherung,* Sonderdruck aus: *Städtehygiene* 8/1970, Ülzen.

stoffgehalts, seiner hohen Entzündungstemperatur und der chemischen Umwandlungen, welche die Proteine bei hohen Temperaturen eingehen, besteht eine hochgradige Resistenz gegen Verbrennung, welche zusätzlich durch die Tatsache verstärkt wird, daß die Eiweißsubstanz sozusagen in Körperflüssigkeit eingetaucht ist und nicht früher verbrennen kann, als diese verdunstet ist. Mit anderen Worten: eine Einäscherung, die unter optimalen Bedingungen durchgeführt wird, kann nicht kürzer dauern als die natürliche Zeit, die für den Ablauf des Prozesses notwendig ist. Umgekehrt nimmt die Dauer der Einäscherung natürlich zu, je mehr man sich von der optimalen Bedingung entfernt, sei es durch eine unaufmerksame Bedienung des Ofens, sei es durch ein ungeeignetes Ofenkonstruktionssystem.

Ehe wir die Frage nach der Dauer des Einäscherungsprozesses aufwerfen, müssen wir klarstellen, was wir eigentlich darunter verstehen. Ganz allgemein kann man sagen, daß eine Einäscherung einwandfrei abgeschlossen ist, wenn man die Asche des Leichnams dem Ofen entnommen hat. In einem nicht mit Nachverbrennungsrost ausgerüsteten Ofen läßt sich die Einäscherungszeit als die Zeit definieren, welche zwischen der Einführung des Sargs in die Muffel und dem Überführen der glühenden Asche von der Aschenschräge in den Aschenbehälter vergeht, in dem sie nach und nach völlig zusammenfällt. In einem mit Nachverbrennungsrost ausgestatteten Ofen wie den Generatoröfen Beck und Topf und den Gasöfen Volckmann-Ludwig der dreißiger Jahre bezeichnet man als Abschluß des Einäscherungsvorgangs jenen Zeitpunkt, an dem die glühende Asche von der Aschenschräge entfernt oder von der Muffelsohle in den Nachverbrennungsrost geschafft wird.

Obgleich es den von R. Kessler 1932 aufgestellten ethischen Normen widersprach, pflegte man in einigen Krematorien den nächsten Leichnam in die Muffel einzuschieben, während noch die Reste des ersten in der Aschenschräge brannten, so daß sich im selben Ofen gleichzeitig zwei Leichen befanden, wenn auch in verschiedenen Phasen des Einäscherungsprozesses. Dieses Vorgehen war bei Öfen wie jenem des Typs Volckmann-Ludwig von Stuttgart üblich, die mit einem Absperrschieber im Aschenraum ausgerüstet waren.

Wie wir schon angedeutet haben, wurden in den siebziger Jahren in England wissenschaftliche Versuche vorgenommen, um festzustellen, welche Faktoren den Einäscherungsprozeß beeinflussen. Die Ergebnisse wurden auf der Jahrestagung der Cremation Society of Great Britain im Juli 1975 bekanntgegeben. Die Experimente wurden in zwei Serien von Untersuchungen aufgegliedert: eine einleitende im Krematorium Breakspear von Ruislip sowie die Hauptserie im Krematorium Chanterlands von Hull. Die erste Gruppe von Untersuchungsleitern wählte die Faktoren aus, die ihrer Ansicht nach die Dauer des Kremierungsprozesses beeinflussen würden. Der Einfluß technischer Faktoren wurde gleichgeschaltet, indem man für alle Experimente den gleichen Gasofen (Dowson & Mason Twin Reflux Cremator) und den gleichen Heizer einsetzte.[51]

Auf Grundlage dieser Untersuchungen ergab sich, daß die wirklich ausschlaggebenden Faktoren der Kremierungsdauer die Höchsttemperatur des Ofens sowie das Geschlecht des Verstorbenen sind. Die Ergebnisse des Experiments wurden von Statistikern graphisch dargestellt. Einer der Untersucher, Dr. E.W. Jones, kommentiert sie wie folgt:[51]

> *»Anhand dieser Graphik konnte uns der Statistiker mitteilen – und es erschien uns recht interessant –, daß es einen Maximal- oder besser gesagt Minimalpunkt der Verbrennungszeit gibt, den man unter keinen Umständen unterschreiten kann, und unser Statistiker definierte diesen als eine thermische Barriere, die aufgrund der Beschaffenheit des menschlichen Gewebes nicht unter 63 Minuten liegen kann. Nun gibt es Leute, welche die Mindestzeit mit 60, 59 oder 58 Minuten angeben; dies ist das untere Ende der Skala, und die Optimaltemperatur dieser thermischen Barriere beträgt 800 bis 900 °C.«*

Die Graphik zeigt, daß die Dauer, welche der »thermischen Barriere« am nächsten kommt, bei einer Temperatur von 800 °C bei 60 Minuten liegt. Erhöht man die Temperatur auf 1 000 °C, so verlängert sich die Dauer der Einäscherung auf 67 Minuten, und bei 1 100 °C sinkt sie wieder auf 65 Minuten.

51. »Factors which affect the process of cremation«, Third Session by Dr. E.W.Jones, assisted by Mr. R.G. Williamson, aus: *Annual cremation conference report,* Cremation Society of Great Britain, 1975, S. 81.

Bei höheren Temperaturen, die nicht untersucht wurden, dürfte sich die Dauer weiter verkürzen, und bei extrem hohen Temperaturen sinkt sie wahrscheinlich unter die thermische Barriere. Dr. Jones erklärt dazu, daß man, wenn man auf diese Weise die Dauer der Einäscherung auf 20 oder gar 15 Minuten verkürzen möchte, einen mit einer Verbrennungstemperatur von 2000 °C arbeitenden Ofen konstruieren müßte.[51]

In Wirklichkeit muß der Kremierungsprozeß zwischen recht präzisen thermischen Grenzen ablaufen. Bei Temperaturen von über 1100 bis 1200 °C beobachtet man das Phänomen der Sinterung, d.h. die Knochen des Leichnams und die Ofenschamotte beginnen zu erweichen und miteinander zu verschmelzen, und bei Temperaturen von unter 700 bis 600 °C wird die Leiche lediglich verkohlt.[52] Dr. Jones berichtet dann über eine für uns besonders interessante Beobachtung:[51]

> *»Unser Statistikerkollege hat einiges an Arbeit geleistet; er untersuchte die Statistiken bezüglich der Krematorien in Deutschland während des letzten Krieges, und es ergab sich, daß die Behörden damals mit einem ähnlichen Problem zu ringen hatten – sie stießen auf eine thermische Barriere. Es gelang ihnen nicht, einen Ofen zu entwerfen, der die reine Einäscherungszeit auf die erwünschte Grenze reduzierte. So begannen wir zu untersuchen, weswegen es diese mit dem menschlichen Gewebe verknüpfte thermische Barriere gibt.«*

Wie man feststellen konnte, rührt dieser Faktor daher, daß die Proteine des menschlichen Körpers, wenn man sie auf 800 bis 900 °C erhitzt, einer chemischen Umwandlung unterzogen werden. Sie gehen Dissoziationen und Verbindungen ein, »die nur als eine harte Kruste beschrieben werden können«.[51]

In den Einäscherungsöfen mit koksbeheiztem Generator war die Dauer des Verbrennungsprozesses selbstverständlich länger. Die Angaben über die Dauer des Kremierungsprozesses, die man in der Literatur jener Zeit findet, sind durchaus nicht hieb- und stichfest; in erster Linie, weil beinahe niemals ausdrücklich festgelegt wird, was man unter der »Dauer« der Kremierung versteht, in zweiter Linie, weil man damit rechnen muß, daß die Daten aus Gründen der Konkurrenz oder Propaganda verzerrt wurden.

Als objektiven, nicht anzuzweifelnden Ausgangspunkt nehmen wir deshalb von den technischen Meßgeräten in den Öfen gelieferte Daten. Besonders wichtig ist von diesem Standpunkt aus das Diagramm zu den von R. Kessler am 5. Januar 1927 mit Koks durchgeführten Kremierungen. Hier kann man mit Fug und Recht behaupten, die Einäscherungen seien unter für einen Ofen mit Gasgenerator optimalen Bedingungen durchgeführt worden, und zwar aus folgenden Gründen:

- Das Konstruktionssystem des Ofens war hervorragend;
- Kessler hatte alle Vorkehrungen getroffen, um den Ofen wärmetechnisch ideal vorzubereiten;
- es wurden die notwendigen technischen Instrumente eingesetzt, um den Kremierungsprozeß in jeder Phase zu verfolgen;
- die Bedienung des Ofens verlief unter der kundigen Aufsicht eines Spezialisten und Ingenieurs besonders tadellos.

Danach betrug die durchschnittliche Einäscherungszeit eine Stunde und 11 Minuten, die kürzeste betrug 1 Stunde. Die mittlere Verbrennungstemperatur in der Muffel belief sich auf ca. 870 °C. Wir werden später nochmals darauf zurückkommen. Es ist in diesem Zusammenhang wichtig hervorzuheben, daß sich Ingenieur Kessler des direkten Einäscherungssystems bediente. Zum Vergleich weisen wir auf eine andere Serie von acht Kremierungen hin, die Kessler im gleichen Ofen, aber diesmal mit Briketten, durchführte. Die durchschnittliche Verbrennungsdauer betrug diesmal 1 Stunde 26 Minuten. Zwei Wochen später hatte dasselbe Experiment mit Gasheizung des Ofens eine mittlere Dauer von 1 Stunde 12 Minuten für jede der acht Kremierungen ergeben.[53]

52. R. Kessler, aaO. (Anm. 28), Heft 8, S. 140; P. Schläpfer, »Betrachtungen über den Betrieb von Einäscherungsöfen«, aaO. (Anm. 32), S. 151.
53. R. Kessler, aaO. (Anm. 28), Heft 9, S. 150 f. und 156 f.

2. Die Topf-Einäscherungsanlagen von Auschwitz-Birkenau

Vom Ende der dreißiger Jahre an begannen die Firma Topf sowie andere Unternehmen, insbesondere die Firma H. Kori in Berlin und die Didier-Werke (ebenfalls Berlin), Kremierungsöfen für die Konzentrationslager zu entwerfen, die einfacher gebaut waren als die zivilen. Die Firma Topf entwickelte sechs Projekte für Kremierungsöfen dieses Typs, doch von Belang sind für uns lediglich die in den Krematorien von Auschwitz-Birkenau installierten Modelle.

2.1. Der koksbeheizte Topf-Doppelmuffel-Einäscherungsofen

Soweit uns bekannt ist, hat die Firma Topf vier Öfen dieses Typs errichtet, von denen drei im Krematorium I, dem alten Krema des Stammlagers Auschwitz, und der vierte im Krematorium von Mauthausen eingebaut wurden.

Mit der Errichtung des ersten Ofens von Auschwitz wurde anfang Juli 1940 begonnen. Aus einem Brief der Verwaltung von Auschwitz vom 16. September 1940 geht hervor, daß der Ofen »seit Wochen bereits in Tätigkeit« war.[54] Daher kann man annehmen, daß dieser Ofen gegen Ende Juli 1940 in Betrieb genommen worden ist. Laut J.-C. Pressac wurde er zwischen dem 28. Juni und dem 5. Juli 1940 errichtet, und die erste Kremierung fand am 15. August statt.[55]

Der Kostenvoranschlag für den zweiten Ofen trägt das Datum des 13. Novembers 1940. Die Firma Topf lieferte die einzelnen Bestandteile des Ofens am 20. und 21. Dezember 1940 und am 17. und 21. Januar 1941 nach Auschwitz,[56] so daß er vermutlich im Februar 1941 errichtet worden sein dürfte. J.-C. Pressac behauptet, dieser Ofen sei zwischen dem 20. Januar und dem 22. Februar 1942 erbaut worden.[57]

Der Bau des Fundaments des dritten Ofens begann am 19. November 1941 und wurde am 3. Dezember beendet;[58] darauf wurden die Arbeiten wegen Mangels an feuerfestem Material eingestellt. Die diesezügliche Rechnung der Firma Topf trägt das Datum des 16. Dezembers 1941,[59] wurde aber erst am 22. Mai 1942 abgeschickt, wie aus dem darauf befindlichen Stempel hervorgeht. Deswegen ist dieser Ofen fraglos im Juni 1942 errichtet worden.

Der Ofen von Mauthausen wurde bei der Firma Topf am 16. Oktober 1941 bestellt, aber die SS-Neubauleitung zögerte lange, bevor sie ihn aufstellen ließ. Die Bestandteile des Ofens wurden zwischen dem 6. Februar 1942 und dem 12. Januar 1943 nach Mauthausen versandt,[60] aber der Entschluß, ihn aufzustellen, wurde Ende 1944 gefaßt.[61] Der Ofen wurde im Januar/Februar 1945 errichtet. Dies erklärt die Tatsache, daß er relativ gut erhalten ist.

Die zwei Topf-Doppelmuffel-Einäscherungsöfen, die sich derzeit im Krematorium von Auschwitz befinden, sind in der Nachkriegszeit rekonstruiert worden, aber auf eher ungeschickte Art, wobei die von der SS abmontierten Originalteile der Öfen Verwendung fanden. Die Untersuchung dieser Rekonstruktionen ist daher völlig wertlos, will man den Bau und die Funktion dieses Ofentyps verstehen. Unsere Beschreibung basiert deshalb zur Gänze auf der Untersuchung des Ofens von Mauthausen und

54. Danuta Czech, *Kalendarium der Ereignisse des Konzentrationslagers Auschwitz-Birkenau 1939–1945,* Rowohlt, Reinbek 1989, S. 39; vgl. *Archivum Panstwowego Muzeum w Oswiecimu (APMO),* D-Z/Bau, Nr. inw. 1967, S. 19.
55. J.-C. Pressac, *Les Crématoires d'Auschwitz. La Machinerie du meurtre de masse,* CNRS Editions, Paris 1993, S. 12 f.
56. *APMO,* D-Z/Bau, Nr. inw. 1967, S. 33 f., 36, 70, 130 f..
57. J.-C. Pressac, aaO. (Anm. 55), S. 18.
58. D. Czech, aaO. (Anm. 54), S. 144, 149.
59. *APMO,* D-Z/Bau, Nr. inw, 1967, S. 130 f.
60. Brief der SS-Bauleitung KL Gusen an die Firma Topf vom 24. Oktober 1942. Brief der Firma Topf an die SS-Bauleitung KL Gusen vom 16. Januar 1943. Bundesarchiv Koblenz, NS 4 Ma/54.
61. Brief der Firma Topf an die SS-Bauleitung KL Mauthausen vom 20. Dezember 1944. Bundesarchiv Koblenz, NS 4 Ma/54.

auf den Dokumenten, die uns bezüglich der Öfen von Auschwitz und jenes von Mauthausen – sie alle entsprachen demselben Modell – zugänglich sind.[62]

Die Bestandteile des Ofens von Mauthausen sind auch in der Lieferungsliste der Firma Topf vom 12. Januar 1943 aufgeführt.[63] Die Bauweise des Doppelmuffel-Einäscherungsofens ist in der Zeichnung Topf D 57253 abgebildet, die vom 10. Juni 1940 stammt und sich auf den ersten in Auschwitz errichteten Ofen bezieht. Der Ofen ist solid gemauert und mit einer Reihe von schmiedeeisernen Verankerungseisen verschlossen. Die Ausmaße des Ofens von Mauthausen sind praktisch identisch mit jenen der Zeichnung D 57253, die den Maßen der Verankerungseisen entsprechen, welche auf der Lieferungsliste der Firma Topf vom 17. Januar 1941 bezüglich des zweiten Ofens von Auschwitz angeführt sind. Der Ofen ist mit zwei Einäscherungskammern oder Muffeln ausgestattet.[64] Der Betrieb dieses Ofens wird in der »Betriebsvorschrift des koksbeheizten Topf-Doppelmuffel-Einäscherungsofens« erklärt.[65]

Das Krematorium von Auschwitz war ursprünglich entsprechend der Zeichnung Topf D 50042 vom 25. September 1941 angelegt, die für die Aufstellung des dritten Ofens angefertigt wurde.[66] Jeder Ofen war mit einer eigenen Druckluftanlage ausgestattet; diese bestand aus einem Druckluftgebläse, das durch einen direkt gekuppelten 1,5 PS-Drehstrom-Motor und eine entsprechende Rohrleitung betrieben wurde. Der Schornstein hatte ursprünglich eine quadratische Fläche von 500 × 500 mm. Die Saugzug-Anlage, die eine Leistung von ca. 4 000 m³/h Rauchgas hatte, bestand aus einem Saugzug-Gebläse, betrieben von einem direkt gekuppelten 3-PS-Drehstrom-Motor, mit einer Drehklappe, die den Saugraum vom Druckraum trennte. Die Funktion dieser Anlage wird in der entsprechenden Betriebsvorschrift der Firma Topf beschrieben.[67]

Das System der Beschickung der Öfen besteht aus der Leichenführungsvorrichtung. Diese umfaßt einen Sargeinführungswagen, der auf besonderen Laufschienen eingeschoben wird, und einen Verschiebwagen, der oberhalb davon läuft.

Am 19. Juli 1943 wurde das Krematorium ausrangiert,[68] und die Öfen wurden daraufhin abgebaut. Nach dem Ende des Zweiten Weltkriegs haben die Polen die Öfen eins und zwei wiederaufgebaut und dazu die von der SS abmontierten Originalteile benutzt, von denen sich viele noch im ehemaligen Koksmagazin befanden. Bei der Rekonstruktion der Öfen wurde ausgesprochen geschlampt, so daß sie in der heutigen Bauart funktionsunfähig wären.

2.2. Der koksbeheizte Topf-Dreimuffel-Einäscherungsofen

Dieser Ofen, ebenso wie der Achtmuffel-Ofen, wurde in den letzten Monaten des Jahres 1941 von Ingenieur Prüfer entworfen. Am 22. Oktober 1941 bestellte die Zentralbauleitung von Auschwitz bei der Firma Topf fünf Stück Topf-Dreimuffelöfen mit Druckluftanlage für das neue Krematorium, das die Zentralbauleitung im Stammlager zu errichten plante. Diese Öfen wurden einer nach dem anderen im Krematorium II von Birkenau installiert. Die endgültige Rechnung dafür trägt das Datum des 27.

62. Brief der Firma Topf an die SS-Bauleitung KL Mauthausen vom 23. November 1940 und 16. Oktober 1941. Bundesarchiv Koblenz, NS 4 Ma/54. Der Brief vom 16. Oktober 1941 spricht ausdrücklich von der Lieferung eines »Doppelmuffeleinäscherungsofens – Modell Auschwitz«.
63. Versandanzeige der Firma Topf vom 12. Januar 1943. Bundesarchiv Koblenz, NS Ma/54.
64. Bezüglich konstruktiver Details vgl. unser Hauptwerk, aaO. (Anm. 11) sowie: J.A. Topf & Söhne Erfurt. Koksbeheizter Einäscherungsofen u. Fundamentplan. D 57253. 10.6. 1949. Betr.: SS-Neubauleitung K.L. Auschwitz. Bundesarchiv Koblenz, NS Ma/54; Aufstellung der Materialien zu einem Topf-Doppelmuffel-Einäscherungsofen vom 23. Januar 1943. Bundesarchiv Koblenz, NS 4 Ma/54; Rechnung Nr. D 41/107 vom 5. Februar 1941. Bundesarchiv Koblenz, NS 4 Ma/54.
65. Betriebsvorschrift des koksbeheizten Topf-Doppelmuffel-Einäscherungsofens. 26. September 1941. *APMO,* BW 11/1, S. 3.
66. *APMO*, Neg. Nr. 20818/1.
67. Betriebsvorschrift über die »Topf«-Saugzuganlage. 26. September 1941. *APMO*, BW 11/1, S. 2.
68. D. Czech, aaO. (Anm. 54), S. 549.

Januar 1943. Der Preis eines einzelnen Ofens betrug 6 378 RM.[69] Die fünf Dreimuffel-Einäscherungsöfen für das Krematorium III wurden von der Zentralbauleitung zuerst am 25. September 1942 telefonisch bestellt, dann am 30. September per Einschreibebrief.[70] Am 28. Oktober sandte die Firma Topf an die Zentralbauleitung die Zeichnung D 59394 für die Errichtung der Öfen in den Krematorien II und III. Diese Zeichnung ist verlorengegangen.[71] Die endgültige Rechnung betreffend die fünf Dreimuffel-Einäscherungsöfen des Krematoriums III von Birkenau trägt das Datum des 27. Mai 1943. Der Preis eines Ofens belief sich auf 7 830 RM.[72]

Die ersten beiden von der Firma Topf gelieferten Dreimuffelöfen gingen im KL Buchenwald in Betrieb, und zwar am 23. August und am 3. Oktober 1942.[73]

Die folgende Beschreibung des Topf-Dreimuffel-Einäscherungsofens basiert auf direkten Untersuchungen der Öfen von Buchenwald und auf den verfügbaren Dokumenten. Drei Photographien aus SS-Quellen bestätigen,[74] daß die in den Krematorien II und III von Birkenau eingerichteten Dreimuffelöfen vom gleichen Modell waren wie jene von Buchenwald; einer von diesen konnte aber auch mit Heizöl geheizt werden.

Was die Bauweise betrifft, besteht der Dreimuffelofen aus einem Ofen mit zwei Muffeln mit je einem Koksgasgenerator unter Hinzufügung einer dritten, zentralen Muffel und anderen technischen Modifikationen, die wir woanders erklärt haben.[11]

Der Ofen ist in eine solide Mauerstruktur mit Armaturen von Schmiedeeisen und Gußeisen eingeschlossen. Das Gewicht des feuerfesten Mauerwerks jedes Ofens betrug ca. 10 400 kg.[75] Wenn man bedenkt, daß das feuerfeste Mauerwerk des Doppelmuffel-Einäscherungsofens Modell Auschwitz ca. 10 000 kg wog, ergibt sich eindeutig, daß der Dreimuffelofen eine ökonomische Anlage war, wie man auch aus dem wesentlich geringeren Preis ableiten kann. Der dritte Doppelmuffelofen von Auschwitz kostete 7 332 RM, einschließlich einer Druckluftanlage und einer Leicheneinführungsvorrichtung mit den entsprechenden Schienen. Die Öfen des Krematoriums II von Birkenau kosteten je 6 378 RM, inklusive einer Druckluftanlage. In Anbetracht der Tatsache, daß für zwei Leicheneinführungsvorrichtungen und die Gleise für fünf Öfen 1 780 RM bezahlt wurden, kostete ein Dreimuffelofen bei gleichem Zubehör tatsächlich weniger als ein Zweimuffelofen. Der Einheitspreis der Öfen für das Krematorium III war hingegen etwas höher, nämlich 7 380 RM (ohne den Einführungswagen), aber immer noch viel günstiger.

Die Krematorien II und III von Birkenau verfügten über einen großen Ofenraum von 30 × 11,24 m Ausmaß. Die fünf Dreimuffel-Einäscherungsöfen waren entlang der Längsachse gelegen. An den Ofenraum schloß sich ein Krematoriumsfügel von 10 × 12 m Größe an, der von einer Trennwand in zwei Teile untergliedert wurde. Der kleinere Teil, zu dem man vom Ofenraum gelangte, war seinerseits wieder in drei Räume unterteilt: zwei Motorräume und ein Raum für eine der drei Saugzuganlagen, mit denen das Krematorium ausgestattet war. Der andere Teil enthielt den Schornstein, die anderen zwei Saugzuganlagen und einen Müllverbrennungsofen, weswegen dieser Raum den Namen Müllverbrennungsofen trug.[76] Die Rauchgase der Öfen wurden mittels einer Saugzuganlage, die in einem anliegenden Raum untergebracht war, angesaugt und mit hoher Geschwindigkeit in den Schornstein

69. Brief von Kurt Prüfer an Ludwig und Ernst Topf vom 6. Dezember 1941. *APMO*, BW 30/46, S. 6; Rechnung Nr. 69 vom 27. Januar 1943. *APMO*, D-Z/Bau, Nr. inw. 1967, S. 258 f..
70. Brief der Firma Topf an die Zentralbauleitung KL Auschwitz vom 30. September 1942. *APMO*, D-Z/Bau, Nr. inw. 1967, S. 114.
71. Brief der Firma Topf an die Zentralbauleitung KL Auschwitz vom 28. Oktober 1942. *APMO*, BW 30/34, S. 96.
72. Rechnung Nr. 728 vom 27 . Mai 1943. *APMO*, D-Z/Bau, Nr. inw. 1967, S. 241.
73. J.-C. Pressac, *Les Crématoires d'Auschwitz,* aaO. (Anm. 55), S. 39.
74. *APMO*, Nr. Mikrofilm 287, 290 und 291.
75. Rechnung Nr. 60 vom 27. Januar 1943. *APMO*, D-Z/Bau, Nr. inw. 1967, S. 259.
76. Plan des neuen Krematoriums von Auschwitz (und künftigen Krematoriums II/III von Birkenau). Zeichnung der Bauleitung von Auschwitz Nr. 933 vom 19. Januar 1942. *APMO*, Nr. neg. 20957 und 20818/4.

geblasen.[77] Im März 1943 erlitten die drei Saugzuggebläse des Krematoriums II ernste Schäden und wurden abmontiert. Als Folge davon wurden die für das Krematorium III vorgesehenen Anlagen nicht installiert.

Im Krematorium III wurde im Gegensatz zum Krematorium II die Gleisanlage zur Beschickung der Öfen nicht eingebaut, vielmehr wurden die Leicheneinführungsvorrichtungen durch Tragen ersetzt.[78] Eine solche Trage – man verwendete sie auch für die Topf-Doppelmuffel-Einäscherungsöfen von Mauthausen und für die Kori-Einäscherungsöfen in anderen Konzentrationslagern – besteht aus zwei parallel verlaufenden Metallrohren von 3 cm Durchmesser und etwa 350 cm Länge. An ihrer – in die Muffel einzuführenden – Vorderseite ist ein 190 cm langes und 38 cm breites, leicht konkaves Metallblech aufgelötet. Die zwei Rohre der Trage sind im gleichen Abstand wie die Führungsrollen an der Ofentür angeschweißt, so daß sie leicht auf ihnen gleiten können. Im März 1943 wurde die Einführung dieses Systems auch für das Krematorium II beschlossen.[79]

Die Bedienung des koksbeheizten Dreimuffelofens ist in der entsprechenden »Betriebsvorschrift des koksbeheizten Topf-Dreimuffel-Einäscherungsofens« der Firma Topf erklärt,[80] welche sich auf jene des Doppelmuffel-Einäscherungsofens stützt. Der einzige wesentliche Unterschied betrifft die Wärmebelastung der Muffeln, die nicht über 1000 °C (im Doppelmuffelofen: 1100 °C) erhitzt werden sollen. Dies geht auf die geringere Masse feuerfesten Mauerwerkes einer Muffel dieses Ofentyps (ca. 2 100 kg) im Verhältnis zu dem des Doppelmuffelofens (ca. 3 000 kg) und wahrscheinlich auch auf die Verwendung minderwertiger Materialien zurück.

In Deutschland war die Kremierung in den Konzentrationslagern zu Beginn des Zweiten Weltkriegs durch den »Erlaß über die Durchführung von Einäscherungen im Krematorium des Konzentrationslagers Sachsenhausen« geregelt worden, der am 28. Februar 1940 von Himmler ausgegangen war.[81] Dieser Erlaß entsprach vollkommen den gesetzlichen Bestimmungen, die für die zivilen Krematorien in Kraft waren.[82] Man weiß nicht, ob diese gesetzlichen Vorschriften später modifiziert oder aufgehoben worden sind und/oder ob für in den besetzten Ostgebieten befindliche Konzentrationslager andere Gesetze galten als im Altreich. Es ist jedenfalls sicher, daß die Topf-Doppel- und Dreimuffel-Einäscherungsöfen nach denselben Normen geplant wurden wie die zivilen Öfen. In den Topf-Kostenanschlägen dieser Öfen wurden auch Sargeinführungswagen oder Sargeinführungsvorrichtungen aufgeführt, was beweist, daß die Einäscherung mit dem Sarg vorgesehen war. Dies wird durch die entsprechenden Betriebsvorschriften bestätigt, in denen empfohlen wird, das Druckluftgebläse sofort nach der Einführung der Leichen in die Muffeln in Gang zu sezen und für ca. 20 Minuten in Betrieb zu lassen. Diese Empfehlung ist ganz auf den Fall zugeschnitten, daß die Leichen mit dem Sarg in den Ofen eingebracht werden, weil die schnelle und intensive Verbrennung des Sarges eine große Luftmenge erfordert. Im Falle einer Einäscherung ohne Sarg ist dies hingegen sinnlos, weil die Zufuhr einer großen Menge kalter Luft in der Phase der Wasserverdunstung der Leichen – ein Prozeß, der dem Ofen eine große Menge Wärme entzieht – den Einäscherungsprozeß nur behindert hätte.

Den Betriebsvorschriften ist auch zu entnehmen, daß die Öfen für die Einäscherung von jeweils einer Leiche in einer Muffel konzipiert waren, da die Leichen ihnen zufolge nacheinander eingeführt werden mußten.

---

77. *APMO*, Nr. neg. 518 und 520; vgl.: Vorausrechnung der Firma Topf vom 18. Dezember 1941. Jede Saugzuganlage kostete 3 016 RM. *APMO*, D-Z/Bau, Nr. inw. 1967, S. 97.
78. Brief der Firma Topf an die Zentralbauleitung KL Auschwitz vom 30. September 1942. *APMO*, D-Z/Bau, Nr. inw. 1967, S. 114.
79. Aktenvermerk vom 25. März 1943. *APMO,* BW 30/33, S. 8.
80. Betriebsvorschrift des koksbeheizten Topf-Dreimuffel-Einäscherungsofens. Dieses Dokument wurde zum ersten Mal in Dr. Miklos Nyiszlis, *Médecin à Auschwitz. Souvenirs d'un médecin déporté, traduit et adapté du hongrois par Tibère Kremer,* Julliard, Paris 1961 (außertextliches Dokument) veröffentlicht; vgl.: *APMO*, BW 30/34, S. 56.
81. Bundesarchiv Koblenz, NS 3/425.
82. Der Text stammt von F. Schumacher, aaO. (Anm. 19), S. 116–120.

2.3. Der koksbeheizte Topf-Achtmuffel-Einäscherungsofen

Dieser Ofen, dessen Bauart wahrscheinlich in der verlorengegangenen Zeichnung D 59478 der Firma Topf dargestellt wurde,[83] war eine – vermutlich von Ende 1941 stammende – Planung Ingenieur Prüfers. Jedenfalls ist er nach dem Dreimuffelofens konzipiert worden, dessen Zeichnung eine niedrigere Nummer, D 59394, trug.

Am 4. Dezember 1941 bestellte das Hauptamt Haushalt und Bauten in Berlin bei der Firma Topf »4 Stück Doppel-Topf-4 Muffeleinäscherungsöfen« für Mogilew in Rußland, wo sich das Kriegsgefangenendurchgangslager 185 befand.[84] Die Bestellung wurde am 9. Dezember bestätigt, aber nach Mogilew wurde – am 30. Dezember – nur der halbe Ofen (4 Muffeln) geschickt, und der Restteil blieb vorläufig im Lager der Firma Topf. Entsprechend dem Vorschlag, den Ingenieur Prüfer anläßlich seines Besuches in Auschwitz am 19. August 1942 unterbreitet hatte, ordnete das WVHA am 26. August an, daß zwei Öfen der Bestellung für Mogilew nach Auschwitz gesandt werden sollten. Die Zentralbauleitung wartete jedoch zweieinhalb Monate, bevor sie von der Firma Topf ein Angebot für dieses Ofenmodell anforderte. Die Firma Topf sandte dann den entsprechenden Kostenanschlag am 16. November. Der Gesamtpreis von 55 200 RM, 13 800 für jeden Ofen, enthielt einen sechsprozentigen Zuschlag, weil die Firma die Zeichnungen oft abändern und neue Modelle für die Armaturen der Öfen entwerfen mußte.[84]

Die Grundrisse des Krematoriums IV (und spiegelbildlich dazu des Krematoriums V) von Birkenau, die das Fundament und den Vertikalschnitt des »Achtmuffeleinäscherungsofens« zeigen, die 1945 von den Polen aufgenommenen Photographien der Ruinen des Krematoriums V sowie die direkte Besichtigung dieser Ruinen gestatten es uns, den Aufbau dieses Ofenmodells mit ausreichender Genauigkeit zu rekonstruieren.[85]

Der koksbeheizte Topf-Achtmuffel-Einäscherungsofen besteht aus acht Öfen mit je einer Muffel, wie sie in der Zeichnung 58173 der Firma Topf dargestellt sind. Je vier Öfen bilden zusammen zwei Gruppen. Jede Gruppe besteht aus zwei Ofenpaaren, die spiegelbildlich aufgestellt sind, so daß jedes Paar die beiden Hinterwände sowie die zwei zentralen Wände der Muffel gemeinsam hat. Die beiden Ofengruppen sind durch vier Generatoren miteinander verbunden und nach demselben System paarweise zusammengestellt, so daß sie einen einzigen Ofen mit acht Muffeln bilden, der in der diesbezüglichen Rechnung wegen seiner Größe (die Fläche der Basis beträgt ca. 32 m^2) »Großraumeinäscherungsofen« genannt wird.

Der Ofen ist in eine solide Mauerstruktur eingeschlossen, die eine Reihe von Verankerungseisen aufweist. Diese sind auf den polnischen Photographien von 1945 deutlich sichtbar und noch heute in den Ruinen dieses Krematoriums vorhanden.

Die Feuerungsroste waren auch zur Verbrennung von Holz vorgesehen, wie man der Rechnung der Firma Topf vom 5. April 1943 entnehmen kann, die von einer »Holzfeuerung« spricht. Die Vorrichtung zur Einführung der Leichen bestand aus einer Leichentrage wie der in den Krematorien II und III verwendeten; sie war auf zwei Rollen vereinfachter Bauart mit Bolzen am Ankereisen unter dem Muffelabsperrschieber angebracht.

Der Ofen war wahrscheinlich nicht mit Druckluftanlagen ausgestattet, denn diese werden in der Rechnung vom 5. April 1943 nicht erwähnt. Die Schornsteine waren ohne Saugzuganlagen vorgesehen. Das Grundelement des Topf-Achtmuffel-Einäscherungsofens bestand aus zwei Muffeln und einem

83. *APMO*, D-Z/Bau, Nr. inw. 1967, S. 11.
84. *APMO*, D-Z/Bau, Nr. inw. 1967, S. 203 f.
85. Vgl. hierzu: Rechnung Nr. 380 vom 5. April 1943. *APMO*, aaO. (Anm. 84), S. 202; Plan des Krematoriums IV (und V) von Birkenau. Zeichnung der Bauleitung Nr. 1678 vom 14. August 1942. *APMO*, Nr. neg. 20946/6; Plan des Krematoriums IV (und V) der Bauleitung Nr. 2036 vom 11. Januar 1943. *APMO*, Nr. neg. 6234; APMO, Nr. neg.fot. 620, 14283, 21334/81, 21334/82, 21334/83, 21334/141; J.A. Topf & Söhne Erfurt. Zeichnung D 58173 vom 6. Januar 1941. Einmuffel-Einäscherungsofen. SS-Neubauleitung K.L. Mauthausen. Bundesarchiv Koblenz, NS 4 Ma/54.

Generator. Das Abzugsystem der Rauchgase entsprach jenem des »Einmuffel-Einäscherungsofens«, der in der Topf-Zeichnung D 58173 abgebildet ist.

2.4. Die Krematoriumsöfen der Firma H. Kori in Berlin

Die Berliner Firma H. Kori war die Hauptkonkurrentin der Firma Topf bei der Lieferung von Krematoriumsöfen an die deutschen Konzentrationslager. Ihre – mit Koks oder Heizöl betriebenen – Öfen wurden u. a. in Dachau, Mauthausen, Majdanek, Stutthof bei Danzig (nicht zu verwechseln mit dem elsäßischen Lager Struthof/Natzweiler), Ravensbrück und Neuengamme installiert.
Zwar spielen diese Öfen für die Untersuchung der Krematorien in den Lagern Auschwitz und Birkenau keine direkte Rolle. Da wir später allerdings einige Daten von Kori-Öfen verwenden werden, um mit ihrer Hilfe auf gewisse Eigenschaften auch der Birkenauer Öfen rückzuschließen, haben wir auch diese Öfen einer näheren Untersuchung unterzogen. Da diese Ausführungen hier zu weit führen würden, sei hier nur auf die entsprechenden Ausführungen verwiesen.[86]

3. Der Koksverbrauch der Topf-Einäscherungsöfen von Auschwitz-Birkenau

3.1. Wärmebilanz der Topf-Doppelmuffel-Einäscherungsöfen von Auschwitz-Birkenau

Um das thermische Gleichgewicht der Topf-Öfen von Auschwitz-Birkenau hinreichend genau bestimmen zu können, kann man die Berechnungsmethode des Ingenieurs W. Heepke hinsichtlich des Topf-Zweimuffelofens anwenden, denn dieses Modell war von seiner Struktur her den zivilen Öfen am ähnlichsten. Da diese Berechnungsmethode relativ kompliziert ist, wollen wir unsere Leser nicht unnötig strapazieren und verweisen stattdessen auf unsere anderweitig detailliert niedergelegten Berechnungen.[11]
Am Ende dieser Berechnung erhält man diejenige Menge Koks, die im Idealfall nötig ist, um den Doppelmuffelofen mit der Beladung von 2 Normalleichen (70 kg) 60 Minuten lang bei einer Temperatur von 800 °C zu halten. Dies entspricht somit der Menge Koks, die im Idealfall zur Einäscherung der beiden Normalleichname nötig ist. Sie beträgt hier pro Leichnam 22,7 kg.
Für zwei hagere Leichen mit einem angenommenen Gewicht von 54,5 kg und 25% Protein- sowie 37,5 % Fettverlust ergibt sich ein Bedarf von 25,3 kg Koks pro Leiche; für zwei völlig abgezehrte Leichen (im Konzentrationslagerjargon ›Muselmänner‹ genannt) mit 39 kg Gewicht und 50% Protein- sowie 75% Fettverlust ein Koksbedarf von 27,8 kg pro Leiche.

3.2. Der Koksverbrauch im Topf-Dreimuffel-Einäscherungsofen von Gusen

Diese Ergebnisse werden durch die praktische Erfahrung voll und ganz bestätigt. Es liegt ein Dokument bezüglich des – mit einem Topf-Doppelmuffel-Einäscherungsofen ausgestatteten – Krematoriums von Gusen vor, das die Zahl der eingeäscherten Leichen und den täglichen Koksverbrauch für 28 Tage erfaßt, und zwar vom 26. September bis zum 12. November 1941.
Zunächst wollen wir den Versuch unternehmen, den durchschnittlichen Koksverbrauch pro Leiche aus der täglichen Zahl der Einäscherungen abzuleiten. In der Zeit vom 26. September bis zum 15. Oktober

86. Neben unseren Ausführungen in unserem Hauptwerk, aaO. (Anm. 11) vgl. folgende Dokumente: Brief der Didier-Werke vom 25. August 1943 an Herrn Boriwoje Palitsch, Belgrad, betreffs SS-Einäscherungsanlage in Belgrad. USSR-64; Brief der Firma H. Kori vom 18. Mai 1943 an Dipl. Ing. Waller vom Amt CIII des SS-WVHA, betreffs Lieferung eines oder zweier Kori-Krematoriumsöfen. Archiv des Kuratoriums für Sühnemal KZ Dachau, 5732; Einäscherungs-Anlage für Kriegsgefangenen-Lager Lublin. Entwurf der Firma H. Kori J. Nr. 9122. Archiv des Kuratoriums für Sühnemal KZ Dachau, 659/41; Brief der Firma H. Kori vom 23. Oktober 1941 an den SS-Sturmbannführer Lenzer, Lublin. Archivum Panstwowego Muzeum na Majdanku, sygn. VI-9a, Band 1; Brief der Firma H. Kori an die Kommandantur des Kriegsgefangenenlagers der Waffen-SS und Polizei Lublin. Archivum Panstwowego Muzeum na Majdanku, sygn. VI-9a, Band 1; *APMO*, ZO, sygn. Dpr-20/61a, S. 76.

1941, einem Zeitraum von 20 Tagen also, wurden 193 Einäscherungen vorgenommen, wobei der Ofen 11 Tage lang in Betrieb war. Insgesamt ist der Ofen 9 Tage nicht in Betrieb gewesen und hat sich während dieser Zeit abgekühlt. Der durchschnittliche Koksverbrauch pro Leiche ist dementsprechend besonders hoch: ca. 47,5 kg.
In der Zeit vom 26. bis 30. Oktober, also binnen eines Zeitraums von 5 Tagen, wurden 129 Einäscherungen durchgeführt, im Durchschnitt 26 pro Tag. Der Ofen war jeden Tag in Betrieb; daher war der durchschnittliche Koksverbrauch geringer und betrug ca. 37,2 kg pro Leiche.
In der Zeit vom 31. Oktober bis zum 12. November 1941, also innerhalb von 13 Tagen, wurden 677 Einäscherungen vorgenommen, durchschnittlich 52 pro Tag. Der Ofen war ständig im thermischen Gleichgewicht, weshalb der durchschnittliche Koksverbrauch auf einen Minimalwert von ca. 30,5 kg pro Leichnam zurückging. In dieser Zeitspanne war der geringste durchschnittliche Koksverbrauch am 3. November zu verzeichnen. An jenem Tag wurden bei einem Verbrauch von durchschnittlich 27,1 kg Koks 42 Leichen eingeäschert. Der größte durchschnittliche Koksverbrauch – 35,7 kg pro Leiche – wurde am 6. November registriert.
Diese Zahlen lassen sich mit Sicherheit auch auf die Topf-Doppelmuffel-Einäscherungsöfen von Auschwitz übertragen. Angenommen, die 677 in besagtem Dokument erwähnten Leichen waren alle abgezehrt (›Muselmänner‹) – was zweifellos unwahrscheinlich ist –, dann betrug der durchschnittliche Koksverbrauch für eine Leiche $22{,}7/27{,}8 \times 30{,}5$ kg $\simeq$ 25 kg, während man für einen Leichnam mit mittelgradiger Abmagerung folgenden durchschnittlichen Koksverbrauch verzeichnet: $25{,}3/27{,}8 \times 30{,}5$ kg $\simeq$ 28 kg.
Folglich benötigte der Topf-Doppelmuffel-Einäscherungsofen, Modell Auschwitz, im Dauerbetrieb für die Kremierung einer Leiche im Schnitt folgende Koksmengen:

- Normale Leiche: 25 kg Koks
- Mittelgradig abgemagerte Leiche: 28 kg Koks
- Ausgemergelte Leiche (›Muselmann‹): 30,5 kg Koks

Diese Zahlen basieren auf der Voraussetzung, daß der Ofen neunzehn Stunden pro Tag in Betrieb war (eine Stunde für Anfeuerung und Vorheizung sowie 18 Stunden für die Einäscherung). Die Wiederherstellung des thermischen Gleichgewichts, das heißt die Wiedergewinnung des in der fünfstündigen Ruhepause verlorenen Wärme, bedingt eine ca. dreiprozentige Erhöhung des Verbrauchs. Anders gesagt, könnte der Ofen ununterbrochen 24 Stunden pro Tag in Betrieb sein, so läge der Koksverbrauch um 3% niedriger.

3.3. Wärmebilanz für die Topf-Dreimuffel- und Achtmuffel-Einäscherungsöfen

In dem Brief, den Ing. Kurt Prüfer am 15. November 1942 an die Firmeninhaber Ludwig und Ernst-Wolfgang Topf schrieb, bestätigte er, daß die von ihm geplanten und im Krematorium Buchenwald errichteten Dreimuffelöfen einen seine Voraussagen um ein Drittel übertreffenden Wirkungsgrad besaßen.[87] Dieser Irrtum kam vielleicht daher, daß Prüfer die Drei- und Achtmuffelöfen »in seiner Freizeit« geplant hatte, wie er selbst in einem Brief vom 6. Dezember 1941 an den Firmeneigentümer schrieb.[88] Wahrscheinlich drängt sich folgende Erklärung auf: Als Prüfer drei Muffeln in einem Ofen von ca. 43 m^2 Größe installierte, ging er bei seinen Kalkulationen hinsichtlich der durch geringere Verluste durch Wärmeleitung und -strahlung pro Muffel ermöglichten Wärmeersparnis von den Werten für den Doppelmuffelofen aus. Dieser wies eine Oberfläche von ca. 32 m^2 auf (16 m^2 pro Muffel). Prüfer hatte gegenüber dem Zweimuffelofen einen nur unwesentlich geringeren Koksverbrauch kalkuliert, da ihm die Reduktion der Kosten wichtiger war als jene des Brennstoffverbrauchs.
In der Tat kostete der zweite Doppelmuffelofen, der im Krematorium von Auschwitz aufgestellt wurde, 7 753 RM (3 876,5 RM pro Muffel), während der Preis für den Dreimuffelofen im Krematorium III

87. *APMO*, BW 30/46, S. 18.
88. Ebenda, BW 30/46, S. 6.

7 830 RM (2 610 RM pro Muffel) betrug. Der Achtmuffelofen kostete 13 800 RM oder nur 1 700 RM pro Muffel.

Prüfer hatte daher einen anderen wirtschaftlichen Vorteil dieser Öfen außer acht gelassen: Die Möglichkeit der Benutzung der in den Rauchgasen enthaltenen reinen, warmen Luft als Verbrennungsluft. Im Dreimuffelofen gaben die beiden seitlichen Muffeln, die wie ein Doppelmuffelofen funktionierten, an die zentrale Muffel Rauchgase von hoher Temperatur ab, die reine Luft in genügend großer Quantität enthielten, um eine Leiche einzuäschern. Die Verbrennung des Leichnams führte der zentralen Muffel eine Wärmemenge zu, welche die Wärmeverluste dieser Muffel aufhob, so daß der Koksverbrauch des Dreimuffelofens annähernd dem des Doppelmuffelofens entsprach, aber die Einäscherung dreier statt bloß zweier Leichen ermöglichte. Daher war sein Wirkungsgrad tatsächlich um ein Drittel besser als die des Doppelmuffelofens.

Der Koksverbrauch des Dreimuffelofens ist also folgender:

- Normale Leiche: 25,0 kg × 2/3 = 16,7 kg Koks
- Mittelgradig abgemagerte Leiche: 28,0 kg × 2/3 = ca. 18,7 kg Koks
- Ausgemergelte Leiche: 30,5 kg × 2/3 = 20,3 kg Koks

Diese Zahlen gelten nur, wenn der Ofen optimal bedient wird. Mit dieser Präzisierung wollen wir folgendes ausdrücken:

Der Ausstoß von Rauchgasen aus den Seitenmuffeln in die mittlere Muffeln zog – neben dem bereits genannten Vorteil – auch den Nachteil nach sich, daß das Volumen der diese Muffel durchziehenden Rauchgase mehr als das Doppelte dessen betrug, was eine einzelne Muffel des Zweimuffelofens durchzog, so daß sich auch ihre Geschwindigkeit verdoppelte. Wenn die Durchtrittsgeschwindigkeit einer brennbaren Gasmischung durch eine Verbrennungskammer größer ist als die Entzündungsgeschwindigkeit der Gasmischung, dann entzündet sie sich nicht in der Kammer. Wenn die Zündtemperatur erhalten bleibt, dann entzündet sie sich außerhalb der Kammer, ansonsten verläßt sie die Anlage unverbrannt.

Um das Eintreten von unverbrannten Gasen in die Atmosphäre zu verhindern, haben moderne Verbrennungsanlagen entsprechende Nachverbrennungskammern für die Nachverbrennung der Rauchgase. Als Beispiel kann man hier auf die Verbrennungsanlagen für städtischen Müll hinweisen. In diesen Anlagen müssen die Rauchgase mindestens zwei Sekunden in der Nachverbrennungskammer bleiben.[89] Für die neuesten elektrischen Einäscherungsöfen der Firma B.B.C. Brown Boveri AG ist eine Verweildauer von 1,3 bis 2,3 Sekunden in den zuvor auf 800 °C erhitzten Nachverbrennungskanälen vorgesehen.[90] Deshalb kann man als Mindestzeit in der Verbrennungskammer eine Verweildauer der Rauchgase von 1,3 Sekunden annehmen.

Die Rechnung zeigt, daß die durchschnittliche Verweilzeit der Rauchgase in jeder Muffel des Zweimuffelofens für eine nomale Leiche und eine Kremierungsdauer von 60 Minuten 1,32 Sekunden betrug, während sie in der zentralen Muffel des Dreimuffelofens nur bei 0,68 Sekunden lag. Dies bedeutet, daß die Heizgase, die sich bei der Auflösung der in der zentralen Muffel liegenden Leiche bildeten, nicht die Zeit hatten, in der Einäscherungskammer zu verbrennen und ihr deshalb unverbrannt entwichen. Diese verlorene Wärme mußte vom Gasgenerator geliefert werden, so daß der Kokskonsum, wenn man die Kremierung in einer Stunde bewerkstelligen wollte, für jede Leiche um ca. 15% zunahm. Um die Verbrennung der Heizgase im Ofen zu gewährleisten, wäre es notwendig gewesen, das Volumen der zentralen Muffel von 1,5 auf mehr als 2,20 m^3 zu vergrößern oder den Einäscherungsprozeß von 60 auf mehr als 115 Minuten zu verlängern.

Ein ähnlicher Nachteil war bereits beim ersten elektrischen Topf-Ofen zu Tage getreten, der im Krematorium von Erfurt installiert wurden. Dort waren

89. *Manuale dell'ingegnere* (Handbuch des Ingenieurs) Nuovo Colombo, 82. Auflage, S. E734–741.
90. Ing. B. Rammer, *BBC Elektro-Kremationsöfen im Dienste der Feuerbestattung*. BBC Brown Boveri (Erläuterungsbericht).

»bei der hohen Saugzugstärke von 12–24 mm H_2O die Rauchgasgeschwindigkeiten hoch und die Zeit für den Weg der Rauchgase von der Muffel bis zum Fuchs also recht gering. Diese Zeit reichte nicht aus, damit die Kohlenstoffteilchen ausbrennen konnten«.[91]

Um die Geschwindigkeit der Rauchgase zu vermindern, wurde das Volumen der Verbrennungskammer erweitert, indem man oben im Verbrennungskammergewölbe eine Brennkammer einrichtete.[92] Auch der für den Friedhofabraum vorgesehene Verbrennungsofen, der Ende der dreißiger Jahre in den Friedhöfen von Frankfurt oberhalb des Verbrennungsraums installiert wurde, wies eine Nachverbrennungskammer für die Nachverbrennung der Rauchgase auf.[93]

Der Achtmuffelofen bestand aus vier unverbundenen Muffelpaaren, wobei aber die beiden Muffeln eines jeden Paares untereinander verbunden waren. Die von der ersten Muffel an die zweite abgegebenen Rauchgase enthielten eine gewisse Menge reiner, warmer Luft, die ausreichte, die Leiche in der zweiten Muffel einzuäschern; der Wärmeüberschuß der ersten Muffel konnte die Wärmeverluste der zweiten kompensieren. Folglich war der Koksverbrauch eines Muffelpaares ungefähr gleich groß wie der einer Muffel in einem Doppelmuffelofen, was heißt, daß eine Muffel annähernd halb so viel Koks verbrauchte wie die des Doppelmuffelofens.

Für den Koksbedarf des Achtmuffelofens ergibt sich demnach folgendes Bild:

- Normale Leiche: 25/2 = 12,50 kg Koks
- Mittelgradig abgemagerte Leiche: 28/2 = 14,00 kg Koks
- Ausgemergelte Leiche: 30,5/2 = 15,25 kg Koks

Der Vergleich mit Verbrennungsöfen zur Vernichtung von Tierkadavern zeigt, daß der Koksbedarf für den Achtmuffelofen theoretisch dem Minimalverbrauch entspricht. Diese Verbrennungsöfen waren Sammelöfen und fußten auf dem Prinzip der striktesten Wirtschaftlichkeit. Sie waren daher die wirksamsten Anlagen zur Einäscherung von organischer Substanz und hatten bei gleich schwerem Einäscherungsgegenstand einen geringeren Koksverbrauch als Krematorien für Menschenleichen.

Der bedeutendste deutsche Konstrukteur solcher Anlagen in der Vorkriegszeit war der Ingenieur H. Kori, dessen Firma Ende 1892 im Schlachthof von Nürnberg die erste Verbrennungsanlage zur Beseitigung von Tierkadavern errichtet hatte. 1924 hatte die Firma Kori bereits 260 Öfen dieses Typs gebaut, wobei die Technik der Anlagen immer mehr vervollkommnet wurde. Nach den Angaben des Konstrukteurs wurden im Verlauf von 10 bis 12 Stunden in diesen Verbrennungsöfen ca. 1200 kg organischer Substanz mit einem durchschnittlichen Koksverbrauch von 20 bis 30% des Gewichts der Kadaver eingeäschert.[94] Für eine 70 kg schwere Menschenleiche entspräche dies einem Minimalverbrauch von 14 kg Koks.

4. Die Dauer der Einäscherung in den Topf-Öfen von Auschwitz-Birkenau

4.1. Die Dokumente

Über die sehr strittige Frage der Kapazität (Anzahl der Einäscherungen) der Topf-Einäscherungsöfen gibt es drei Dokumente, die allerdings recht widersprüchliche Daten liefern.

In dem Brief, den die Firma Topf am 1. November 1940 an die SS-Neubauleitung des KL Mauthausen schickte, war der Kostenanschlag für einen »koksbeheizten Topf-Doppelmuffel-Einäscherungsofen

91. K. Weiss, »Der erste deutsche elektrisch beheizte Einäscherungsofen im Krematorium Erfurt«, aaO. (Anm. 43), S. 454 f..
92. K. Weiss, ebenda, S. 455.
93. Ferdinand Heinemann, »Ein neuer Verbrennungsofen für Friedhofabraum«, *Gesundheits-Ingenieur,* 63. Jg., Heft 16, 1940, S. 189 f.
94. H. Kori, aaO. (Anm. 26), S. 115

mit Druckluftanlage« und dazu für eine »Topf-Zugverstärkungs-Anlage« enthalten.[95] Man liest dort wörtlich:[96]

> *»Unser Herr Prüfer hatte Ihnen bereits mitgeteilt, daß in dem vorher angebotenen Ofen stündlich zwei Leichen zur Einäscherung kommen können.«*

Da es sich um den Ofen mit Doppelmuffel, Modell Auschwitz, handelt, bedeutet dieser Hinweis Prüfers, daß pro Muffel und Stunde eine Leiche eingeäschert werden konnte. Die theoretische Kapazität des Ofens belief sich also auf 48 Leichen in 24 Stunden.

Am 14. Juli 1941 teilte die Firma Topf auf spezifische Nachfrage der SS-Neubauleitung des KL Mauthausen folgendes mit:[97]

> *»In dem koksbeheizten Topf-Doppelmuffel-Einäscherungsofen können in ca. 10 Stunden 39 bis 36 Leichen zur Einäscherung gelangen.«*

Auf der Grundlage dieser Angaben dauerte eine Einäscherung in einer Muffel 33–40 Minuten, und die theoretische Kapazität des Ofens betrug 72–86 Leichen in 24 Stunden.

Das dritte Dokument ist ein Brief, der am 28. Juni 1943 vom Leiter der Zentralbauleitung Auschwitz, dem SS-Sturmbannführer Bischoff, an den Amtsgruppenchef D des WVHA, SS-Brigadeführer Kammler, gesandt wurde. In diesem Schreiben werden die folgenden 24-Stunden-Kapazitäten der Krematorien von Auschwitz-Birkenau erwähnt:[98]

○ altes Krematorium I:	340 Personen
○ Krematorium II:	1 440 Personen
○ Krematorium III:	1 440 Personen
○ Krematorium IV:	768 Personen
○ Krematorium V:	768 Personen
Summe:	4 756 Personen

Nach diesem Dokument betrug die Einäscherungsdauer beim Zweimuffelofen ca. 25 Minuten und bei den Drei- und Achtmuffelöfen 15 Minuten.

Um zu beurteilen, wieweit die aus den drei Dokumenten hervorgehenden Daten technisch fundiert sind, und um die Mindestdauer des Einäscherungsprozesses in den Topf-Öfen von Auschwitz einschätzen zu können, werden wir zwei objektive Prüfungskriterien benutzen, die beide auf praktischen Erfahrungen basieren: Es sind dies die Ergebnisse der Einäscherungsversuche mit Koks, die Ingenieur R. Kessler am 5. Januar 1927 durchgeführt hat, und die Liste der Einäscherungen im Krematorium von Gusen, einem Nebenlager des KL Mauthausen.

4.2. Die praktischen Erfahrungen

Wie wir im Abschnitt 1.5. angedeutet haben, hängt die Dauer des Einäscherungsprozesses einer Leiche im wesentlichen von der Struktur und der chemischen Zusammensetzung des menschlichen Körpers ab, in nicht unwesentlichem Grade aber auch von der Bauweise und der Bedienung des Einäscherungsofens.

Da die Einäscherungsöfen von Auschwitz-Birkenau mit Koks beheizt wurden, kann man zum Verständnis des Einäscherungsprozesses als Vergleichspunkt den Versuch mit Koksheizung nehmen, den Ing. Richard Kessler am 5. Januar 1927 im Krematorium von Dessau durchgeführt hat. Selbstver-

95. Topf-Kosten-Anschlag für KL Mauthausen vom 1. November 1940. Bundesarchiv Koblenz, NS 4 Ma/54.
96. Brief der Firma Topf an die SS-Neubauleitung KL Mauthausen vom 1. November 1940. Bundesarchiv Koblenz NS 4 Ma/54.
97. Brief der Firma Topf an die SS-Neubauleitung KL Mauthausen vom 14. Juli 1941. Staatsarchiv Weimar, LK 4651.
98. Brief der Zentralbauleitung KL Auschwitz an das SS-Wirtschaftsverwaltungshauptamt vom 28. Juni 1943. *APMO*, BW 30/42, S. 3.

ständlich muß man für eine realistische Beurteilung sowohl die strukturellen Unterschiede zwischen dem von Kessler benutzten Ofen des Systems Gebrüder Beck und dem Topf-Dreimuffel-Einäscherungsofen des Modells Auschwitz beachten als auch die unterschiedliche Verwendungsweise.
So mußte Kessler – sei es aus gesetzlichen Gründen, sei es berufsethischen Normen folgend – warten, bis die glühende Leichenasche keine Flammen mehr entwickelte, bevor er sie in den Aschenbehälter beförderte. Bei der Topf-Einäscherungsöfen von Auschwitz-Birkenau hingegen wurde, wie die entsprechenden Betriebsvorschriften erklären, der nächstfolgende Leichnam in die Muffel gebracht, sobald die Reste des ersten durch den Muffelrost in die Aschenkammer gefallen sind, wo der Prozeß der Einäscherung dann zum Abschluß kam. Daher lag bei den Topf-Öfen der Abschlußpunkt der Haupteinäscherung in dem Moment, wo die Reste der ersten Leiche durch die Roststäbe in die Nachverbrennungskammer fielen, wo sie für weitere 20 Minuten weiterbrannten. Dies geht aus den Betriebsvorschriften der Firma Topf hervor.
Ins Gewicht fällt zudem, daß die Einäscherungen von Kessler mit dem Sarge vorgenommen wurden, während man in Auschwitz die Leichen nackt in die Muffel einbrachte. Der Sarg hat einen negativen Einfluß auf die Dauer der Einäscherung, weil er für einige Minuten, ehe er aufgrund der Hitze birst, in gewisser Weise wie ein thermischer Schild für die Leiche wirkt, was die Verdampfung des Leichenwassers verlangsamt. Andererseits ergibt sich ein positiver Einfluß daraus, daß der brennende Sarg die Temperatur in der Muffel erhöht und so die Verdampfung des Wassers in der Leiche beschleunigt. Außerdem wird ein Teil der Wärme, die bei der Verbrennung des Sargs entsteht, im Schamotte-Mauerwerk gespeichert und neuerlich abgegeben, wenn die wärmetechnischen Bedingungen der Muffel es erfordern. Man kann daher annehmen, daß diese beiden Vorgänge sich gegenseitig aufheben.
Zweitens war der von Kessler verwendete Ofen System Gebrüder Beck mit allen Meßinstrumenten ausgerüstet, um den Einäscherungsprozeß in allen seinen Phasen zu verfolgen, und die Kremierungen wurden mit besonderer Aufmerksamkeit und unter der Beobachtung eines erfahrenen Ingenieurs durchgeführt, so daß man hier von einer optimalen Ofenbedienung sprechen kann, wohingegen in Auschwitz angelernte Hilfsarbeiter des Sonderkommandos diese Tätigkeit ausübten.
Die mittlere Dauer vom Einschub der Leiche bis zum Erreichen der Maximalhitze betrug bei Kessler 55 Minuten. Zum Zeitpunkt der Maximalhitze lag die Leiche noch in der Muffel, wie sich in der Zunahme der in der Muffel herrschenden Temperatur auf fast 900 °C zeigt. Daher war die Dauer des Verbrennungsprozesses in der Muffel bis zu dem Augenblick, in dem die Leichenreste durch die Roststäbe in den Aschenraum fielen, notwendigerweise länger als 55 Minuten.
Bei den acht am 12. Januar 1927 mit Briketts durchgeführten Kremierungen wurde die Höchsttemperatur der Leichenverbrennung im Schnitt nach 62 Minuten erreicht.
Wenn man diese Fakten in Betracht zieht, war die Dauer des Einäscherungsprozesses im Topf-Doppelmuffel-Einäscherungsofen wahrscheinlich jene, die von Ing. Prüfer in seinem Brief vom 1. November 1940 angegeben wurde, nämlich eine Stunde.
Wie kommt es nun, daß im Brief der Firma Topf vom 14. Juli 1941 eine Einäscherungsdauer von 33 bis 40 Minuten angegeben wurde? Der Grund lag im beschleunigten Betrieb des Ofens, der mit Hilfe einer Saugzuganlage erreicht wurde. Daß man mit dieser Einrichtung die Einäscherungsdauer tatsächlich verkürzen konnte, ist durch die Versuche bezeugt, die man 1939 mit einem Topf-Ofen durchgeführt hat, allerdings einem gasgeheizten, und zwar im Krematorium von Gera.[99] Bei den Koksöfen hatte der Saugzug eine noch größere Auswirkung, wobei allerdings der Koksverbrauch um bis zu 50% zunahm.[100] Bestätigt wird dies durch die Aufzeichnungen des Krematoriums des KL Gusen, das mit einer Saugzuganlage ausgestattet war und eine mittlere Verbrennungsdauer von etwa 40 Minuten erreichen konnte.

99. H. Stenger, »Ergebnisse mit einem gasbeheizten Einäscherungsofen neuer Bauart«, *Gesundheits-Ingenieur*, 62. Jg., Heft 2, S. 17 f.
100. Vgl. dazu die tiefergehenden Ausführungen in unserem Hauptwerk, aaO. (Anm. 11).

Bei den am 5. Januar 1927 von Ingenieur Kessler durchgeführten Einäscherungsversuchen wurde die geringste Dauer der Hauptverbrennung in der Muffel – 40 Minuten – bei den beiden letzten Kremierungen beobachtet. In modernen Einäscherungsöfen dauert die Hauptverbrennung 30 bis 40 Minuten.[101]

Schließlich beträgt die Mindestdauer der Hauptverbrennung einer nackt in die Verbrennungskammer eingebrachten Leiche unter optimalen Bedingungen – was bedeutet, daß die Verbrennungskammer laufend auf einer Temperatur von mindestens 800 °C gehalten wird – ca. eine halbe Stunde. Bei niedrigeren Temperaturen dauert der Prozeß länger.

Betrachten wir nun den Topf-Brief vom 14. Juli 1941, so scheint die Auffassung vertretbar, daß die Einäscherung von 30 Leichen in etwa 10 Stunden (= 40 Minuten pro Kremierung) das Höchste ist, was in der Praxis mit Hilfe der Saugzuganlage erreicht werden kann. Die Verbrennung von 36 Leichen in ca. 10 Stunden (33 Minuten per Einäscherung) stellt die theoretische Höchstkapazität der Anlage dar, die nur kurzfristig und unter außergewöhnlich günstigen Bedingungen erreichbar ist.

Nach den Betriebsvorschriften der Firma Topf für den Doppel- und Dreimuffel-Einäscherungsofen dauerte die Nachverbrennung der Leichenreste im Aschenraum ca. 20 Minuten. Wenn man zu dieser Dauer noch die der Hauptverbrennung in der Muffel – 40 Minuten – hinzuzählt, ergibt sich eine Gesamtdauer des Einäscherungsprozesses von 60 Minuten, was den Grenzwert darstellt, das, was Dr. Jones die »thermal barrier« nennt, also die kürzestmögliche Einäscherungsdauer.

In den Drei- und Achtmuffel-Einäscherungsöfen der Krematorien von Birkenau, die keinerlei Saugzuganlagen aufwiesen, betrug die mittlere Dauer der Hauptverbrennung hingegen 60 Minuten plus zusätzliche 20 Minuten Nachverbrennung im Aschenraum.

Die Doppelmuffel-Einäscherungsöfen des Krematoriums von Auschwitz waren ursprünglich wohl mit einer Saugzuganlage ausgestattet wie jene von Gusen (die allerdings sechs Muffeln statt nur zwei bediente), doch war ihre Kapazität deutlich geringer, wie man folgenden Quellen entnehmen kann:

- Zwei Briefen der SS-Neubauleitung Auschwitz vom 22. November 1940[102] – zu jenem Zeitpunkt gab es im erwähnten Krematorium nur einen einzigen Topf-Ofen mit zwei Muffeln – sowie vom 8. Januar 1941;[103] aus beiden Schreiben geht hervor, daß der Ofen für die Einäscherung von 20 bis 30 Leichen täglich nicht ausreichte.
- Den Aufschriften auf den Deckeln zweier – bei Pressac abgebildeter[104] – Urnen, die zeigen, daß die Leiche des Häftlings Szczesni Wrobel, der am 19. Oktober 1940 verschieden war, vier Tage später eingeäschert wurde und daß der am 28. März 1941 verstorbenen Karl Witalski erst fünf Tage später kremiert werden konnte.
- Den fortwährenden Arbeiten, die erforderlich waren, um wenigstens ein Mindestmaß an Effizienz zu gewährleisten.

Aus diesen Gründen kann man annehmen, daß die drei Doppelmuffel-Einäscherungsöfen des Krematoriums von Auschwitz zur Verbrennung eines Leichnams nicht weniger als 60 Minuten brauchten.

Ganz offensichtlich passen die Ergebnisse dieses Abschnitts in keiner Weise zu den im Brief vom 28. Juni 1943 vorkommenden Daten. Dort ist, wie erinnerlich, davon die Rede, daß eine Kremierung in den Zweimuffelöfen 25 und in den Drei- sowie den Achtmuffelöfen 15 Minuten gedauert habe. Diese Angaben sind wärmetechnisch ein Ding der Unmöglichkeit. Wenden wir uns nun der Frage zu, ob es in den Topf-Öfen von Auschwitz-Birkenau möglich war, mehrere Leichen zugleich in derselben Muffel zu verbrennen.

---

101. »Factors which affect the process of cremation«, aaO. (Anm. 51), S. 83.
102. *APMO*, aaO. (Anm. 84), S. 65.
103. Ebenda, S. 63.
104. J.-C. Pressac, *Auschwitz...*, aaO. (Anm. 3), S. 133.

4.3. Die gleichzeitige Einäscherung mehrerer Leichen in einer Muffel

Bei einem Einäscherungsofen mit koksbeheiztem Generator ist die kritische Phase des Einäscherungsprozesses, die sogar seinen regulären Ablauf gefährden kann, jene der Verdampfung des Wassergehalts der Leiche. Der Verdampfungsprozeß – und der gleichzeitige Prozeß der Vergasung der organischen Substanz der Leiche – absorbiert viel Wärme und führt zu einer starken Temperatursenkung in der Muffel, trotz der Wärmezufuhr durch die Verbrennung des Sarges und der Heizgase, die vom Generator kommen.

Die Temperatur der Muffel darf nicht unter 700–600 °C absinken, sonst ist die Folge eine Verkokung der Leiche. Da die Luft einen geringen Wärmevektor darstellt, sinkt die Temperatur in der Muffel bei jedem noch so kleinen Wärmeentzug sehr schnell.[105]

Weil in den Krematorien II und III die größte Zahl von Leichen zur Einäscherung gelangt ist, wollen wir das dort installierte Modell, nämlich den Topf-Dreimuffelofen, zum Gegenstand unserer Untersuchung über die Möglichkeit der gleichzeitigen Einäscherung mehrerer Leichen in einer Muffel machen.

Da die Einäscherungen mit natürlichem Zug abliefen, werden wir den Ablauf einer Einäscherung mit einer Beladung von zwei normalen Leichen pro Muffel untersuchen, der sich unter normalen Bedingungen abspielt. Wir gehen also von einer Dauer von 60 Minuten bis zum Erreichen der Höchsttemperatur bei der Hauptverbrennung und einer Verdampfungsdauer von 30 Minuten aus. Die theoretische Höchstkapazität des Ofens ist 144 Leichen in 24 Stunden, jene eines der beiden Krematorien 720 Leichen.

Die notwendige Voraussetzung für einen normalen Ablauf der Einäscherung ist, daß die Temperatur nicht unter 600 °C absinkt; anderenfalls kommt es, wie erwähnt, zu einer Verkokung der Leiche. Es wird daher eine Anfangstemperatur von 800 °C angenommen, die während der Verdampfung schnell absinkt und sich bei 600 °C stabilisiert.

Die Berechnung zeigt, daß die in 30 min aufgrund der Verdampfung des Leichenwassers verlorene Wärme etwa 237 000 Kcal beträgt, während die gleichzeitig zur Verfügung stehende Wärme bei rund 115 000 Kcal liegt. Somit ergibt sich ein Defizit von ungefähr 40 700 Kcal pro Muffel. Die bei 600 °C von den Wänden jeder Muffel abgegebene Wärme beläuft sich auf ca. 900 Kcal minütlich; bliebe dieser Wärmezustrom konstant, würden die Wände jeder Muffel innerhalb 30 Minuten rund 27 600 Kcal absondern, und es verbliebe noch ein Wärmedefizit von 13 000 Kcal. In der Praxis betrüge die von den Wänden der Muffeln ausgehende Wärme aber lediglich rund 70 Kcal pro Minute, was heißt, daß sich das thermische Gleichgewicht bei wesentlich unter 600 °C einpendeln würde; folglich wäre es nicht möglich, eine vom Standpunkt des Brennstoffverbrauchs sowie des Zeitbedarfs aus gesehen ökonomisch sinnvolle Kremierung durchzuführen. Dies gilt selbstverständlich in erhöhtem Maße für die gleichzeitige Verbrennung von drei oder gar mehr Leichen pro Muffel.

Die praktischen Erfahrungen der Einäscherungen in Gusen bestätigen diese Überlegungen voll und ganz. Vom 31. Oktober bis zum 12. November 1941 arbeitete der Topf-Doppelmuffel-Einäscherungsofen mit verstärktem Betrieb und äscherte 677 Leichen ein, wobei der durchschnittliche Koksverbrauch 30,5 kg für jede Einäscherung betrug und die mittlere Kremierungszeit bei ca. 40 Minuten lag. Diese Einäscherungen wurden unter der Aufsicht des Installateurs der Firma Topf, August Willing, durchgeführt, der bis zum 9. November in Gusen blieb.[106]

Gerade zu jener Zeit bestanden alle Voraussetzungen für eine gleichzeitige Einäscherung von zwei oder mehr Leichen in einer Muffel, nämlich das Vorhandensein einer großen Zahl von Leichnamen

105. H. Keller, »Mitteilungen über Versuche am Ofen des Krematoriums in Biel«, aaO. (Anm. 28), S. 24 f.; ders., »Versuche an einem Feuerbestattungsofen«, aaO. (Anm. 28), S. 21; Ing. Fichtl, »Rationelle Wärmewirtschaft in Krematorien«, aaO. (Anm. 47), S. 396; P. Schläpfer, »Betrachtungen über den Betrieb von Einäscherungsöfen«, aaO. (Anm. 32), S. 151.

106. J.A. Topf & Söhne, Bescheinigungen über gegen besondere Berechnungen geleistete Tagelohn-Arbeiten, für die Bauleitung der Waffen-SS und Polizei Mauthausen (9.10. bis 8.11.1941). Bundesarchiv Koblenz, NS 4 Ma/54.

sowie die Anwesenheit eines unbestrittenen Fachmanns für den Einäscherungsofen. Unter diesen Bedingungen hätte man zweifellos jeweils zwei oder mehr Leichen zugleich verbrannt, wenn man dadurch eine größere Kapazität hätte erzielen können.
Aber die Analyse der Liste von Einäscherungen und Koksverbrauch zeigt, daß dies, selbst wenn man es tatsächlich getan hat, keinerlei Vorteil mit sich brachte. Beispielsweise wurden am 8. und 9. November 72 Leichen in rund 1470 Minuten eingeäschert, wobei insgesamt 2 100 kg Koks verbraucht wurden, das heißt im Schnitt 29,1 kg pro Leichnam. Dies bedeutet, daß in jeder Muffel (76: 2 =) 36 kg Einbringungen von jeweils einer Leiche erfolgt sind, deren Verbrennung jeweils ca. 41 Minuten dauerte.
Nehmen wir nun als Hypothese an, daß in jede Muffel zwei Leichen eingebracht wurden. In diesem Fall erfolgten (72/4 =) 18 Einbringungen in jede Muffel, und die Dauer der Einäscherung für jede Ladung von zwei Leichen belief sich auf ca. 82 Minuten. Der Koksverbrauch für vier Leichen beträgt (2 100/18 =) 116,66 kg, das heißt (166,66/4 =) 29, 1 kg für jede Leiche. Die gleiche Überlegung gilt für alle anderen Einäscherungstage.
Wenn daher zwei Leichen in jeder Muffel eingeäschert worden wären, hätten sich sowohl die Dauer wie auch der Koksverbrauch für jeden Durchgang verdoppelt, das heißt, das Gesamtergebnis wäre unverändert geblieben.

4.4. Die Betriebskapazität der Einäscherungsöfen von Auschwitz-Birkenau

Ziehen wir nun noch die sich aufdrängenden Schlußfolgerungen über die Kapazität der Topf-Einäscherungsöfen von Auschwitz-Birkenau.
Man muß zunächst beachten, daß die koksbeheizten Generatoröfen nicht 24 Stunden ununterbrochen in Betrieb sein können, weil sich dann Koksschlacken bilden, am Feuerungsrost festkleben und dadurch den Zufluß von Verbrennungsluft behindern. Die Betriebsvorschriften der Firma Topf schrieben daher für die Doppel- und Dreimuffelöfen vor:[80]

> *»Jeden Abend muß der Generatorrost von den Koksschlacken befreit und die Asche herausgenommen werden.«*

Für die Reinigung der Feuerungsroste der Öfen von Birkenau kann man eine Betriebsunterbrechung von vier Stunden annehmen. Die Reinigung der Feuerungsroste konnte tatsächlich nur durchgeführt werden, nachdem der in den Generatoren enthaltene Koks vollständig abgebrannt war, was unter Umständen recht lange dauerte.[107] Schließlich mußte man nach der Reinigung die Feuerungen wieder anzünden und warten, bis der Koks voll entflammt war, um einen neuen Zyklus von Einäscherungen zu beginnen.[108]
Die tatsächliche Höchstkapazität der Topf-Einäscherungsöfen von Auschwitz-Birkenau in 24 Stunden sah daher bei einer Kapazität von einer Leiche pro Stunde und 20 Stunden Betrieb wie folgt aus:

Krematorium	Muffelzahl	Kapazität	Kapazität mit Kindern, vgl. 4.5.
Krematorium I	6	120 Leichen/Tag	144 Leichen/Tag
Krematorium II	15	300 Leichen/Tag	360 Leichen/Tag
Krematorium III	15	300 Leichen/Tag	360 Leichen/Tag
Krematorium IV	8	160 Leichen/Tag	192 Leichen/Tag
Krematorium V	8	160 Leichen/Tag	192 Leichen/Tag
Insgesamt	52	1040 Leichen/Tag	1248 Leichen/Tag

107. Ugo Bordoni, *Trattato generale teorico pratico dell'arte dell'ingegnere civile, industriale ed architetto* (Allgemeine theoretische und praktische Abhandlung über das Handwerk des Zivil-, Industrie- und Architekturingenieurs) Casa Editrice Dottor Francesco Vallardi, Mailand, ohne Jahresangabe, S. 41.
108. Brief der Firma H. Kori vom 23. Oktober 1941 an SS-Sturmbannführer Lenzer, Archivum Panstwowego Muzeum na Majdanku, sygn. VI 9a, Band 1, S. 2.

4.5. Die Betriebskapazität der Einäscherungsöfen von Auschwitz-Birkenau unter Annahme der Realität der behaupteten Massenvergasungen

Wenn wir von der Realität der behaupteten Massenvergasungen in Auschwitz-Birkenau ausgehen, so hätten sich unter den Leichen eine gewisse Anzahl von Kinderleichen befunden, was gleichbedeutend mit einer höheren Kapazität der Krematoriumsöfen und einem geringeren Brennstoffbedarf gewesen wäre, da man zwei oder sogar mehr Kinder in einer Muffel hätte verbrennen können. Es gilt nun herauszufinden, wie hoch der Prozentsatz an Kinder- und Jugendlichenleichen gewesen wäre und um wieviel Prozent die Betriebskapazität der Krematoriumsöfen dann gestiegen wäre.

Von den 70 870 nach Auschwitz deportierten Juden aus Frankreich, von denen man jeweils das Alter kennt, wird von 43 310 behauptet, sie seien nach der Selektion vergast worden. Von diesen waren 10 147 Kinder und Jugendliche bis zu 17 Jahren.[109] Wir gehen zunächst von der Hypothese aus, alle Kinder und Jugendlichen unter 17 Jahren seien vergast worden. Dies entspräche 23,98% der behaupteten Vergasten. Wenn man die größere Fortpflanzungsfreudigkeit der Ostjuden in Betracht zieht,[110] so kann man einen durchschnittlichen Anteil an »vergasten« Kindern und Jugendlichen von 33% annehmen. Jeder dritte der hypothetischen Vergasten hätte also dieser Alterskategorie angehört. Die erwähnten 10 147 Kinder und Jugendlichen verteilten sich auf folgende Altersgruppen:

Altersklassse	Anteil	Gewicht[111]
unter 6 Jahren	1 893 = 4,47%	13,5
von 7 bis 12 Jahren	4 129 = 9,76%	26
von 13 bis 17 Jahren	4 125 = 9,75 %	53

Das Durchschnittsgewicht der Kinder und Jugendlichen kann demnach mit etwa 35 kg angesetzt werden. Da die Zahl der Angehörigen dieser Alterskategorie ein Drittel der Zahl der Erwachsenen betrug, entsprach das Gewicht von 4 Erwachsenen und 2 Kindern/Jugendlichen dem von 5 Erwachsenen zu 70 kg; folglich stieg die Kapazität der Öfen um den Faktor 1,2. Die unter Annahme der Massenvergasungen erfolgte Erhöhung der täglichen Kapazität der Krematorien von Auschwitz/Birkenau ist der letzten Spalte im vorigen Abschnitt zu entnehmen. In diesem Fall wäre der Koksbedarf der Krematorien um 1/6 gesunken und hätte noch ca. 13,6 kg pro Leiche betragen.

Die Untersuchung der thermischen Bilanz und der Kapazität der Krematoriumsöfen von Auschwitz-Birkenau gestattet uns ein definitives Urteil über den Brief vom 28. Juni 1943:

- Die Verbrennung von 4 756 Leichen täglich (etwa 3,8 mal mehr als die theoretisch mögliche Höchstkapazität) ist eine wärmetechnische Unmöglichkeit;
- Der durchschnittliche Kokskonsum pro Kremierung von (16 200/4 756 =) 3,4 kg (ca. viermal weniger als der Minimalbedarf) ist wärmetechnisch gleichermaßen unmöglich.

Folglich ist dieses Dokument eine Fälschung.

5. Die Zahl der Einäscherungen in den Öfen von Auschwitz-Birkenau

5.1. Die Sterbebücher

Die Kremierungsregister der Krematorien von Auschwitz-Birkenau sind verschollen, so daß die Ermittlung der genauen Zahl von Eingeäscherten – und damit jene der im Lager Verstorbenen – nicht möglich ist.

109. Beate und Serge Klarsfeld (Hg.), *Le mémorial de la déportation des Juifs de France,* Paris 1978.
110. Léon Poliakov, Josef Wulf, *Das Dritte Reich und die Juden. Dokumente und Aufsätze,* Arani Verlags-GmbH, Berlin-Grunewald 1955, S. 231.
111. G. Ferrari, *Guida all'educazione alimentare* (Führer zur Ernährungserziehung), Band 2, Sovene Editoriale, Rom 1960, S. 143.

Die erhaltenen Toten- oder Sterbebücher liefern unvollständige Informationen über die Zahl der im Lager unterschiedlich registrierten Häftlinge. Sie bieten folgendes Bild:

- Das Totenbuch[112] der sowjetischen Kriegsgefangenen umfaßt die Periode vom 7. Oktober 1941 bis zum 28. Februar 1942 und enthält 8 320 Einträge über Sterbefälle.
- Das Leichenhallenbuch[113] der Leichenhalle des Blocks 28 im Stammlager; es umfaßt die Zeitspanne vom 7. Oktober 1941 bis zum 31. August 1943 und verzeichnet 22 902 Sterbefälle.
- Die Sterbebücher enthalten die Todeszertifikate der in Auschwitz-Birkenau verstorbenen registrierten Gefangenen inklusive der im Leichenhallenbuch verzeichneten, nicht aber die des Totenbuchs. Von ihnen sind, mit einigen Lücken, 46 Bände erhalten, welche die Zeit vom 4. August 1941 bis zum 31. Dezember 1943 umfassen.[114] Jeder Band umfaßt 1500 Seiten, die aber fast nie vollständig benutzt worden sind. Die Zertifikate sind mit fortlaufender Numerierung versehen und beginnen für jedes Jahr mit der Nummer 1. In den 46 Bänden sind 67 283 Todesfälle verzeichnet (1941: 2 988; 1942: 36 796; 1943: 27 499).[115] In dieser Serie fehlen 13 Bände: einer für 1941, sechs für 1942 und ebenfalls sechs für 1943. Jeder Band konnte maximal 1 500 Todeszertifikate enthalten. Dies bedeutet freilich nicht, daß wir für das Jahr 1942 sowie für 1943 die genaue Zahl der Todesfälle nicht kennen. Das letzte Todeszertifikat für 1942 trägt die Nummer 45 616, das letzte für 1943 die Nummer 36 991. Was das Jahr 1941 anbelangt, so bezieht sich der fehlende Band auf die Periode vom 23. November bis zum 31. Dezember. Da die mittlere Sterblichkeit im November etwa 45 pro Tag betrug und im Dezember 673 Häftlinge starben,[116] kann man mit großer Wahrscheinlichkeit annehmen, daß in diesem Sterbebuch rund 1 030 Todeszertifikate enthalten waren. Die in den Sterbebüchern registrierten Todesfälle ergeben demnach folgendes Bild:

  1941: 4 018; 1942: 45 616; 1943: 36 991; **SUMME:** 86 625

Wenn wir die 8 320 im Totenbuch aufgelisteten Sterbefälle (sowjetische Kriegsgefangene) dazuzählen, ergibt sich für die Zeit vom 4. August 1941 bis zum 31. Dezember 1943 eine Gesamtzahl von 94 945 Toten. Im Jahre 1940 starben wahrscheinlich rund 1 900 Gefangene,[117] und vom Januar bis zum August 1941 ungefähr 6300.[118] Somit kann man für den Zeitraum von der Gründung des Lagers bis zum 31. Januar 1943 eine Gesamtzahl von etwa 103 000 Toten annehmen.

In den Sterbebüchern sind zum allergrößten Teil die Namen verstorbener männlicher und nur in geringem Ausmaß solche verstorbener weiblicher Häftlinge verzeichnet. Diese wurden vermutlich getrennt registriert, wobei der Grund ihrer Inhaftierung vermerkt war. Man kann mit Gewißheit davon ausgehen, daß die Sterblichkeitsrate im Frauenlager noch weit höher war als im Männerlager, und es ist höchst wahrscheinlich, daß diese Todesfälle in anderen Registern verzeichnet wurden. Dies ergibt sich unter anderem aus der Tatsache, daß gemäß einem Dokument des SS-WVHA vom 30. September 1943 im August desselben Jahres in Auschwitz-Birkenau 1 441 männliche und 938 weibliche Häftlinge starben, insgesamt also 2 380 Personen.[119] Das die Zeit vom 29. Juli bis zum 29. August abdeckende Sterbebuch Nr. 18 enthält aber lediglich 1 494 Namen Verstorbener, das heißt praktisch nur die

112. *APMO*, sygn. D-AuI-5/1.
113. Ebenda, sygn. D-AuI -5/3.
114. Franciszek Piper, *Estimating the Number of the Deportees to and Victims of the Auschwitz-Birkenau Camp,* Yad Vashem Studies, XXI, Jerusalem 1991, S. 90.
115. *APMO*, j 502-4.
116. D. Czech, aaO. (Anm. 54}, S. 159.
117. Ebenda, S. 68.
118. Diese Zahl erhält man, indem man von der Gesamtziffer der Ende Januar 1942 registrierten Häftlinge die der Gestorbenen (welche aus den Sterbebüchern 1–3 von 1941 sowie aus dem Leichenhallenbuch hervorgeht) und zusätzlich noch die der freigelassenen oder in andere Lager überstellten Häftlinge abzieht.
119. PS-1469 (Brief des Chefs des SS-WVHA SS-Obergruppenführer Pohl an den Reichsführer-SS vom 30. September 1943 betreffend Todesfälle in Konzentrationslagern).

Toten des Männerlagers. Da alle Lager dazu verpflichtet waren, sämtliche Sterbefälle säuberlich zu registrieren und die monatlichen Todesziffern dem SS-WVHA zu melden, besteht kein Zweifel daran, daß die 938 gestorbenen weiblichen Gefangenen durchwegs, oder größtenteils, in anderen Registern verzeichnet wurden. Die Zahl der Todesfälle im Frauenlager kann nur für das Jahr 1943 leidlich genau beziffert werden: sie belief sich auf etwa 19 000.[120] Für 1942 liegen keine zuverlässigen Daten vor, doch jedenfalls war die Sterbequote erschreckend hoch, denn von den zwischen dem 26. März und dem 31. Dezember registrierten weiblichen Häftlingen befanden sich am 1. Januar 1943 nur noch 5 367 im Lager.[121] Von den 932 im Jahre 1942 aus politischen Gründen internierten Jüdinnen waren bis zum Ende des Jahres 720 gestorben,[122] also 77%. In den ersten drei Monaten des Jahres 1944 betrug die Gesamtsterblichkeit des Lagers etwa 10% des Durchschnittsbestandes.[123] Das heißt, daß nicht unter 20 000 Gefangene gestorben sein können.[124] Aus diesen Ziffern resultiert eine Gesamtzahl von etwa 142 000 Toten. Für die anschließende Zeit bis zur Befreiung des Lagers Ende Januar 1945 liegen keine zuverlässigen Unterlagen vor. Eine vorsichtige Schätzung ergibt insgesamt etwa 160 000 bis 170 000 verstorbene registrierte Häftlinge.

Weil die uns zur Verfügung stehenden Dokumente eben nur die Zahl der Todesfälle unter den registrierten Häftlingen umfassen, gestatten uns diese Dokumente allein noch keine sicheren Schätzungen über die Gesamtzahl der Toten, denn die Vertreter des Ausrottungshypothese gehen ja davon aus, daß die Vergasten nie registriert worden sind. Die Ausrottungsthese setzt voraus, daß auch die Leichen der Vergasten verbrannt wurden. Deswegen müssen wir nun untersuchen, ob die Einäscherungsanlagen von Auschwitz-Birkenau dazu in der Lage gewesen wären, die Leichen sämtlicher Opfer – der nachgewiesenen, eines natürlichen Todes gestorbenen, sowie der hypothetischen, in den Gaskammern ermordeten – zu kremieren. Zunächst gilt es, die Zahl der unter Annahme der Ausrottungsthese in Auschwitz-Birkenau Verbrannten ausfindig zu machen.

5.2. Die Zahl der Einäscherungen nach Jean-Claude Pressac

In seinem Opus *Auschwitz: Technique and Operation of the Gas Chambers* (ATO) liefert J.-C. Pressac folgende Zahlen von in Auschwitz und Birkenau verbrannten Leichen:

Kremierungsort	Anzahl	Referenz
Krematorium I	10 000 Kremierte	125
Krematorium II	400 000 Kremierte	126
Krematorium III	350 000 Kremierte	126
Krematorium IV	6 000 Kremierte	127
Krematorium V	15 000 Kremierte	127
Verbrennungsgräben	157 000 Kremierte	127,128
Summe:	938.000	

Diese Zahlen beziehen sich ausschließlich auf die vermeintlichen Vergasten und schließen die von Pressac nicht berücksichtigten, eines natürlichen Todes gestorbenen Häftlinge nicht mit ein.

120. *APMO*, Ruch Oporu, t. II, sygn. RO/85, S. 62, 62 a.
121. Ebenda, sygn. D-AuI-3a/370a.
122. NO-5194, S. 12.
123. Hermann Langbein, *Menschen in Auschwitz*, Europaverlag. Wien 1987, S. 12.
124. An 31. Dezember 1943 betrug die Stärke des Lagers Auschwitz/Birkenau 85 298 Häftlinge.
125. J.-C. Pressac, *Auschwitz...*, aaO. (Anm. 3), S. 132.
126. Ebenda, S. 183.
127. Ebenda, S. 236.
128. Ebenda, S. 162.

In seinem Buch *Les Crématoires d'Auschwitz. La Machinerie de meurtre de masse* verringert Pressac die Zahl der angeblichen Vergasten auf 630 000, wodurch er wie mit einem Zaubertrick nicht weniger als 308 000 Vergaste verschwinden läßt. In der im April 1994 unter dem Titel *Die Krematorien von Auschwitz* bei Piper erschienenen deutschen Übersetzung wird die Zahl der »Vergasten« mit einem neuen Zaubertrick nochmals kräftig reduziert, nämlich auf 470 000 bis 550 000 (S. 202). Nunmehr sind also etwa 400 000 Vergaste gegenüber dem ersten Buch spurlos verschwunden.
Die Gesamtzahl der Opfer schrumpft im französischen Original auf 775 000 oder aufgerundet auf 800 000,[129] in der deutschen Übersetzung auf 631 000 bis 711 000 (S. 202). Auch die Zahl der anno 1942 im Freien eingeäscherten Leichen wird von Pressac in seinem zweiten Opus von 107 000 auf 50 000 verringert;[130] für 1944 liefert er diesmal keine Ziffer, so daß wir an der alten von 50 000 festhalten. Dementsprechend sind von den 630 000 Gaskammeropfern nach Pressac etwa 100 000 unter freiem Himmel und 530 000 in den Krematorien verbrannt worden. Fast alle diese Opfer sollen in Birkenau ermordet und kremiert worden sein, denn im Stammlager Auschwitz gab es, folgen wir Pressac, »sehr wenige« (»très peu«) Vergasungen.[131]
Ehe wir die Glaubwürdigkeit dieser Behauptungen prüfen, müssen wir eine Vorbemerkung vorausschicken. J.-C. Pressac kommt auf die Zahl von 630 000 Vergasten, indem er sich auf die Schlußfolgerungen F. Pipers,[132] des Leiters des Auschwitz-Museums, stützt, an denen er jedoch einige gewichtige Änderungen vornimmt. Wir können zeigen, daß diese Änderungen zum Teil auf Rechenfehlern und teilweise auf falschen Annahmen Pressacs beruhen. Diese werden durch den Umstand hervorgerufen worden sein, daß Pressac ständig bemüht ist, die Opferzahlen von Auschwitz an seine aus der Phantasie hergeleiteten Krematoriumskapazitäten anzupassen. Aus Platzgründen verzichten wir hier auf eine nähere Beweisführung unserer Behauptung und arbeiten fortan mit Pressacs Zahlen weiter.

5.3. Der Betrieb der Krematorien von Birkenau.

In der folgenden Tabelle stellen wir zunächst dar, von wann bis wann die Krematorien von Birkenau existiert haben:

	ZEITRAUM DES BESTEHENS	TAGE
Krematorium II	vom 15. März 1943 bis zum 27. November 1944	624
Krematorium III	vom 25. Juni 1943 bis zum 27. November 1944	522
Krematorium IV	vom 22. März 1943 bis zum 7. Oktober 1944	566
Krematorium V	vom 4. April 1943 bis zum 18. Januar 1945	656

Krematorien II und III: Zusammen 1 145 Tage; Krematorien IV und V: Zusammen 1 222 Tage.

Doch waren die Topf-Krematoriumsöfen von Birkenau ständig von Defekten betroffen, die ihre Aktivität häufig und bisweilen für lange Zeit unterbrachen. Im Jahre 1943 funktionierte das Krematorium II vom 15. bis zum 24. März und vom 18. Juli bis zum 31. Dezember.[133] Das Krematorium III war vom 25. Juni bis zum 31. Dezember in Betrieb, das Krematorium IV vom 22. März bis zum 10. Mai.[134] Was

129. J.-C. Pressac, *Les Crématoires d'Auschwitz,* aaO. (Anm. 55), S. 148.
130. Ebenda, S. 58.
131. Ebenda, S. 34.
132. F. Piper, *Estimating...,* aaO. (Anm. 114), S. 99.
133. Die erwähnten Zahlen sind nur annähernd richtig. Am 24. März 1943 war das Krematorium II schon beschädigt (a); am 17. Juli desselben Jahres standen die Reparaturen noch »vor der Vollendung«(b).
    a) Aktenvermerk vom 17. März 1943. *APMO*, BW 30/7/34, S. 54.
    b) Brief der Zentralbauleitung Auschwitz an die Firma Topf vom 17. Juli 1943. *APMO*, BW 30/34, S. 17.
134. Auch dieses Datum stimmt nur annähernd. Im Achtmuffelofen des Krematoriums IV tauchten bereits am 3. April Risse auf (a); das Telegramm der Bauleitung an die Firma Topf vom 14. Mai 1943 forderte »wärmetechnische Berechnungen für Schornsteine der Krem. II und IV« an (b). Dies heißt, daß vor diesem Datum auch der Schornstein des Krema IV ernstlich beschädigt war.
    a) *APMO*, BW 30/34, S. 42.
    b) *APMO*, BW 30/34, S. 4l.

das Krematorium V betrifft, so war es sehr wahrscheinlich zumindest bis zum Betriebsbeginn des Krematorium III in Betrieb, das heißt weniger als drei Monate, vom 4. April bis zum 24. Juni.[135] Somit ergibt sich folgendes Bild von Betrieb und Stillstand der vier Krematorien von Birkenau im Jahr 1943:

	Zeitraum	Bestehen	Betrieb	Stillstand
		(in Tagen)		
Krematorium II	15.3.–31.12.	292	177	115
Krematorium III	25.6.–31.12.	190	190	–
Krematorium IV	22.3.–31.12.	285	50	235
Krematorium V	4.4.–31.12.	272	82	190
Summe:		1 039	499	540

Vom 21. Oktober 1943 bis zum 27. Januar 1944, also während eines Zeitraums von 98 Tagen, blieben zudem wahrscheinlich einige Öfen der Krematorien II und III wegen der Reparatur von 20 Ofentüren außer Betrieb.[136]

Für 1944 sind die uns zur Verfügung stehenden Daten unvollständiger. Am 3. April wurde ein Auftrag zur »Instandsetzung von 20 Ofentüren« für die Öfen der Krematorien II und III erteilt. Die Reparatur wurde am 17. Oktober abgeschlossen, also nach 196 Tagen.[137] Zwischen dem 20. Juni und dem 20. Juli wurden weitere »zwei große und fünf kleine Ofentüren« repariert.[138] Anno 1943 hatte das Krematorium IV irreparable Schäden erlitten, und auch das Krematorium V war ernsthaft beschädigt worden. Anfang Juni 1944 unternahm man den Versuch, sie instand zu setzen, wie aus dem vom 1. Juni datierenden Auftrag zur »Instandsetzung von 30 Ofentüren« dieser beiden Krematorien hervorgeht.[137] Am 6. Juni waren die Reparaturarbeiten beendet, und am gleichen Tag wurde ein weiterer Auftrag für »anfallende Reparaturen« in den Krematorien II bis V erteilt. Am 6. September waren die Arbeiten abgeschlossen.[137] Folgen wir Pressac, so wurde das Krematorium IV aber von Ende Mai 1944 an als Schlafsaal für die dem Sonderkommando angehörenden Gefangenen gebraucht.[139] Man kann also annehmen, daß das Krematorium IV im Jahre 1944 überhaupt gar nie in Betrieb war, während das Krematorium V von Anfang Juni bis zum 18. Januar 1945 – also während 230 Tagen – funktionierte. Die Betriebszeit der Krematoriumsöfen von Birkenau für 1944 und Januar 1945 läßt sich also in der folgenden Tabelle darstellen, welche allerdings das oben erwähnte Ausfallen einzelner Öfen nicht berücksichtigt:

	Zeitraum	Tage	Betrieb	Stillstand
Krematorium II	1.1.–27.11.44	332	332	–
Krematorium III	1.1.–27.11.44	332	332	–
Krematorium IV	–	–	–	–
Krematorium V	1.1.44–18.1.45	384	227	157

135. Pressac behauptet, das Krematorium IV sei ab September 1943 nicht mehr benutzt worden (a), führt aber zur Stützung dieser Aussage keinerlei Dokument an. Laut R. Höß mußte das Krematorium »wiederholt stillgelegt werden, da nach kurzer Verbrennungsdauer von vier bis sechs Wochen die Öfen oder der Schornstein ausgebrannt waren« (b).
a) J.-C. Pressac, *Les Crématoires d'Auschwitz,* aaO. (Anm. 55), S. 81.
b) M. Broszat (Hg.), *Kommandant in Auschwitz. Autobiographische Aufzeichnungen des Rudolf Höss,* Deutscher Taschenbuch Verlag, München 1981, S. 165.

136. *APMO*, Dpr.-Hd/11a, S. 95 (Höß-Prozeß).

137. Ebenda, S. 96.

138. D. Czech, aaO. (Anm. 54), S. 789.

139. J.-C. Pressac, *Auschwitz...,* aaO. (Anm. 3), S. 389.

Die Inaktivität einzelner Öfen in den Kremas II und III, die sich aus den notwendigen Reparaturen von Ofentüren ergab, entspricht insgesamt ca. 60 inaktiven Tagen. Auf diese Zahl gelangen wir wie folgt:

- Ein Dreimuffelofen hatte 10 Ofentüren.
- 20 Ofentüren waren während 294 Tagen und weitere 7 Türen während 30 Tagen in Reparatur, was 10 während 600 Tagen unbrauchbaren Ofentüren entspricht.
- In den beiden Krematorien gab es zusammen 10 Öfen.

Nun können wir die Gesamtzahl der Tage berechnen, an denen die Birkenauer Krematorien in Betrieb waren:

	BETRIEBSTAGE		BETRIEBSTAGE
Krematorium II	509	Krematorium IV	50
Krematorium III	522 – 60 = 462	Krematorium V	309
Krematorium II & III	971	Krematorium IV & V	359

Nach dem Kalendarium von Auschwitz der Danuta Czech fand die letzte Vergasung am 30. Oktober 1944 statt. Demnach hätte man in den Krematorien II und III während (971 – 28 – 28 =) 915 Tagen Menschen ermorden können, in den Krematorien IV und V während (359 – 80 =) 279 Tagen.
Zwischen Mitte März 1943 und dem 18. Januar 1945 wurden in den Krematorien von Birkenau die Leichen von wenigstens 75 000 registrierten Häftlingen eingeäschert. Wenn man einen proportionalen Anteil der Krematorien entsprechend ihren Betriebstagen und der täglich zur Verfügung stehenden Zahl von Muffeln der vier Krematorien annimmt, wurden rund 85% der 75 000 Leichen (d. h. etwa 63 750 Leichen) in den Krematorien II und III und die restlichen 15% (d. h. ungefähr 11 250 Leichen) in den Krematorien IV und V verbrannt. Dies entspricht etwa 212 Tagen mit höchstmöglicher Betriebszeit (20 Stunden täglich) für die Krematorien II und III und ca. 70 Tagen für die Krematorien IV und V. Hätten die Krematorien also während ihrer ganzen Betriebszeit ununterbrochen funktioniert, so hätten sie an zusätzlichen Leichen maximal bewältigen können:

Krematorien II/III	(915 – 212) Tage × 360 Leichen/Tag =	253 080 Leichen
Krematorien IV/V	(279 – 70) Tage × 192 Leichen/Tag =	40 128 Leichen

In der Summe hätten also nicht mehr als 293 208 Leichen von Vergasten verbrannt werden können, also nur wenig mehr als die Hälfte der von Pressac angegebenen Zahl.
Folglich war die Kremierung aller Leichen der vermeintlichen Vergasten, die laut Pressac in den Krematorien von Birkenau eingeäschert worden sein sollen, schon in Anbetracht der dafür zur Verfügung stehenden Zeitspanne technisch unmöglich.

5.4. Die Haltbarkeit der Schamotte der Einäscherungsöfen von Auschwitz-Birkenau

Infolge der Wärmebelastung, der es unterworfen ist, unterliegt das feuerfeste Mauerwerk eines Einäscherungsofens einer unvermeidbaren Abnützung, die schließlich die Funktionsfähigkeit der Anlage ernstlich gefährdet. Bei den zivilen Einäscherungsöfen betrug die Lebensdauer des feuerfesten Mauerwerks bei den Bausystemen und den normalerweise in den dreißiger Jahren verwendeten Baumaterialen ca. 2 000 Einäscherungen, aber der Firma Topf war es gelungen, ihre Haltbarkeit bis auf 3 000 Einäscherungen zu verlängern.[140]
Bei den Topf-Einäscherungsöfen für die Konzentrationslager war das Problem des Verschleißes des feuerfesten Mauerwerks größer, sowohl wegen der geringeren Masse als auch wegen der geringeren Qualität des feuerfesten Mauerwerks, wegen der größeren Beanspruchung der Anlage sowie schließlich wegen der Verwendung von ungeübten oder von einer feindlichen Einstellung zu ihrer Arbeit geprägten Gefangenen als Bedienungspersonal.

140. R. Jakobskötter, »Die Entwicklung der elektrischen Einäscherung...«, aaO. (Anm. 43), S. 583.

Wie sehr diese Faktoren mitspielten, zeigte sich im Fall des Topf-Doppelmuffel-Einäscherungsofens von Gusen. Dieser Ofen ging am 29. Januar 1941 in Betrieb,[141] war aber nach acht Monaten bereits beschädigt. Am 24. September forderte die SS-Bauleitung des KL Mauthausen von der Firma Topf die »sofortige Entsendung eines Ihrer Ofen-Spezialisten zur Reparatur des Krematoriums-Ofens im AL Gusen«.[142] Die Firma Topf veranlaßte die Entsendung des Monteurs August Willing, der den Ofen bereits errichtet hatte. Willing kam am 11. Oktober nach Gusen, und am darauffolgenden Tag machte er sich an die Arbeit. Aus den entsprechenden »Bescheinigungen über besondere Berechnung geleisteter Tagelohn-Arbeiten« geht hervor, daß die Arbeiten vom 12. Oktober bis zum 9. November 1941 durchgeführt worden sind. In der Woche vom 16. bis zum 22. Oktober tauschte er in 68 Arbeitsstunden das feuerfeste Mauerwerks des Ofens aus (»Ofen-Abbruch und in(n)en neu aufgebaut«). In der Woche darauf, vervollständigte er in 52 Arbeitsstunden die Auskleidung des äußeren Ofenmauerwerks und führte eine Probe-Einäscherung durch. Willing blieb bis zum 9. November in Gusen, um den Ofen richtig einzustellen und die Bedienung zu überwachen.[143]

Vom Februar bis zum Oktober 1941 starben binnen eines Zeitraums von 273 Tagen im Lager Gusen 3 179 Häftling;[144] dies heißt, daß in jeder Muffel ca. 1 600 Einäscherungen vorgenommen worden sind. Somit ist die durchschnittliche Haltbarkeit des feuerfesten Mauerwerks einer Muffel für ca. 2 000 Kremierungen bestätigt. Aber auch unter der Annahme, daß die Öfen bis an die Grenze ihrer Leistungsfähigkeit ausgenützt worden wären, konnte die Haltbarkeit des feuerfesten Mauerwerks 3 000 Einäscherungen nicht übersteigen.

Die 46 Muffeln der Einäscherungsöfen von Birkenau hätten daher ein Maximum von (46 ×3 000 =) 138 000 Leichen einäschern können. Darauf hätte man sie abreißen müssen, um das feuerfeste Mauerwerk der Muffeln zu ersetzen.

Hätte Pressac mit seiner Annahme recht, daß in diesen Öfen neben den nachweislich eingeäscherten rund 100 000 registrierten, eines natürlichen Todes verstorbenen Häftlingen zusätzlich noch 530 000 Vergaste verbrannt wurden, so hätte man das Mauerwerk der Muffeln (630 000/138 000 =) ca. fünfmal ersetzen müssen. Dies hätte allein für die Krematorien II und III 320 000 kg feuerfestes Material erfordert – ohne die unvermeidbare Schädigung der feuerfesten inneren Auskleidung der Generatoren zu berücksichtigen –, und es wäre dazu eine Arbeitszeit von etwa 9 000 Stunden angefallen, wenn wir die von Willing in Gusen benötigte Zeit als Grundlage nehmen.

Diese Arbeiten hätten eine Unmenge von Dokumenten nach sich gezogen, doch in der umfangreichen Korrespondenz zwischen der Firma Topf und der Bauleitung ist nicht die Spur einer solchen Korrespondenz zu finden. Es gibt nicht einmal Andeutungen oder Hinweise auf eine solche Mammutarbeit – mit einer einzigen Ausnahme: ein Brief der Firma Topf an die Bauleitung vom 9. Dezember 1941, aus dem zu entnehmen ist, daß die Bauleitung bei Topf »einen Waggon mit Schamottmaterial« bestellt hatte. Diese Materialien die »zum Neubau eines Ofens« reichten, dienten »als Ersatzmaterialien für Reparaturarbeiten«.[145]

Die 6 Muffeln von Auschwitz I konnten – unter Berücksichtigung der Wiederherstellung des feuerfesten Mauerwerks von 2 Muffeln – 24 000 Leichen einäschern.

Aus dem Gesagten läßt sich schließen, daß die Öfen von Auschwitz I und Birkenau zusammen ca. (138 000 + 24 000 =) 162 000 Leichen verbrennen konnten. Diese Zahl entspricht recht genau derje-

141. Dieses Datum geht aus der Liste der Kokslieferungen an das Krematorium von Gusen hervor. Öffentliches Denkmal und Museum Mauthausen. Archiv, B 12/31, S. 352.

142. Brief der SS-Bauleitung KL Mauthausen an die Firma Topf vom 24. September 1941. Bundesarchiv Koblenz, NS 4 Ma/54.

143. J.A. Topf & Söhne, Bescheinigung über gegen besondere Berechnung geleistete Tagelohn-Arbeiten, 12. Oktober–9. November 1941. Bundesarchiv Koblenz, NS 4 Ma/54.

144. Hans Marsalek, *Die Geschichte des Konzentrationslagers Mauthausen. Dokumentation,* Österreichische Lagergemeinschaft Mauthausen, Wien 1980, S. 156.

145. *APMO*, BW 11/1, S. 4.

nigen der nachweislich verstorbenen registrierten Häftlinge. Die Verbrennung der vermeintlichen Vergasten war also technisch eine Unmöglichkeit.

5.5. Die Zahl der Einäscherungen für 1943: Die Vorausschätzung der SS

Der Aktenvermerk vom 17. März 1943, verfaßt von der Krematoriumsverwaltung »nach Angaben der Firma Topf und Söhne«,[146] erläutert die Schätzung des Koksverbrauchs für die vier Krematorien von Birkenau und damit unausgesprochen für die Zahl der einzuäschernden Leichen.

Da der Aktenvermerk einen Tagesbetrieb von 12 Stunden voraussieht, kann man die Zahl der Leichen auf der Basis des Koksverbrauchs errechnen.

Die 5 600 kg Koks, die für die Krematorien II und III vorgesehen sind, entsprechen der Einäscherung von (5 600/20,3) = 276 ausgemergelten Leichen. Die 2 240 für die Krematorien IV und V vorgesehenen kg Koks entsprechen hingegen der Einäscherung von (2 240/15,15 =) 146 Leichen, was insgesamt 422 Leichen ergibt. Da jedoch ein Arbeitstag von 12 Stunden angenommen wird und die Öfen in den restlichen 12 Stunden stillstehen und somit abkühlen werden, schließt der im Aktenvermerk angegebene Bedarf auch den Koksbedarf mit ein, der erforderlich ist, um die Öfen wieder in Wärmebetrieb zu bringen.

Der Ofen von Gusen verbrannte vom 26. bis zum 30. Oktober 1941 129 Leichen, wobei für jede Kremierung im Schnitt 37,2 kg Koks benötigt wurden und der Ofen täglich 9 Stunden in Betrieb war. Bei einer täglichen Betriebszeit von 12 Stunden wären etwa 35 kg Koks pro Einäscherung erforderlich gewesen, was für den Dreimuffelofen ca. 23,3 kg und für den Achtmuffelofen 17,5 kg entspricht. Somit hätten die Krematorien II und III ungefähr 240 Leichen und die Krematorien IV und V insgesamt 130 Leichen – zusammen also rund 370 – einäschern können.

Deshalb bedeutet die Vorausschätzung des Aktenvermerks, daß man mit täglich durchschnittlich 370 einzuäschernden ausgemergelten Erwachsenenleichen rechnete.

Der erwähnte Aktenvermerk stammt, wie schon erwähnt, vom 17. März 1943. Es existiert davon eine erste, mit falschen Berechnungen versehene Version, die das Datum des 12. März trägt.[147] Der Vermerk spiegelt also die Sterblichkeitsrate in Auschwitz-Birkenau im März 1943 wieder. Aus den Sterbebüchern von 1943 ergibt sich, daß vom 17. Februar bis zum 18. März 7 362 Häftlinge starben, im Durchschnitt 245 am Tag. Im Frauenlager starben im März 1943 2 189 weibliche Häftlinge, also 73 am Tag. Somit summiert sich die tägliche durchschnittliche Sterbequote auf ca. 320 Gefangene.

Diese Sterberate umfaßt jedoch auch das Stammlager Auschwitz, wo drei Topf-Doppelmuffel-Einäscherungsöfen bestanden. Sie dienten zur Verbrennung der Leichen im Stammlager und werden in dem betreffenden Aktenvermerk nicht erwähnt. Vom 1. bis zum 17. März sind im Stammlager 447 Häftlinge gestorben,[148] das heißt durchschnittlich 26 pro Tag. Dementsprechend lag die tägliche Durchschnittssterberate in Birkenau bei etwa 290. Diese Zahl liegt bei ca. 80% der dem Aktenvermerk offenkundig zugrunde gelegten Schätzung, was bedeutet, daß letztere von der reellen Mortalität plus einer Sicherheitsspanne von 20% ausging. Diese Spanne entspricht täglich 80 Leichen. Dem Kalendarium von D. Czech zufolge sollen aber im März 1943 in Birkenau insgesamt 24 150 Menschen vergast worden sein, also im Schnitt ca. 780 täglich. Am 20. März kam in Auschwitz der erste Transport mit griechischen Juden an. Bis zum 28. Juni trafen weitere 13 Transporte mit insgesamt 34 923 Deportierten ein, von denen 26 453 vergast worden sein sollen. Folgen wir dem Kalendarium, so wurden im April 20 444 Menschen (im Schnitt ca. 680 täglich) vergast.

Hätte es diese behaupteten Vergasungen gegeben, so wäre die durchschnittliche Todesrate des Lagers Birkenau auf rund 1 070 pro Tag gestiegen.

146. Ebenda, BW 30/7/34 S, 54.
147. Ebenda, BW 30/7/34, S. 68.
148. Leichenhallenbuch. *APMO*, sygn. D-AuI/5.

Dies beweist, daß sich die Vorausschätzung des Aktenvermerks ausschließlich auf die einzuäschernden Leichen registrierter Häftlinge bezogen und daß die SS keine Kremierung von Vergasten voraussah.

5.6. Die Zahl der im Jahre 1943 Eingeäscherten: Der Koksverbrauch

Im Archiv des Museums von Auschwitz sind Hunderte von Bescheinigungen erhalten, welche die Kokslieferungen an die Krematorien dokumentieren.[149] Die auf jeder Bescheinigung angegebenen Mengen wurden für jeden Monat von einem Museumsangestellten aufgezeichnet. Uns liegt eine Liste der Kokslieferungen vor, welche die Zeitspanne vom 16. Februar 1942 bis zum 25. Oktober 1943 umfaßt.[150]

J.-C. Pressac hat aufgrund einer Kalkulation aufgezeigt, daß diese Lieferungen vollständig sind.[151] Sie ergeben für das Jahr 1943 folgendes Bild:

Monat	Koks [to]	Monat	Koks [to]
März	144,5	Juli	67
April	60	August	71
Mai	91	September	61
Juni	61	Oktober	82

Außerdem wurden in den Monaten September und Oktober insgesamt 96 m^3 Holz geliefert.

Das Krematorium II wurde gegen Mitte März in Betrieb genommen, das Krematorium IV am 22. März.

In Auschwitz-Birkenau starben vom 15. bis zum 31. März 1943 im Männerlager ca. 3 900 Insassen (davon 886 im Stammlager), im Frauenlager ca. 1 200. Dazu kommen noch ca. 358 vom 1. bis zum 14. März 1943 im Stammlager Verstorbene. Demnach kamen insgesamt etwa 5 500 Internierte um, von denen 1 250 in Auschwitz und die restlichen 4.250 in Birkenau kremiert worden sind.

Wenn wir einen maximalen Verbrauch für magere Leichen annehmen, so ergibt sich ein Gesamtkoksverbrauch von:

1 250 × 30,5 = 38 125 kg für das Krematorium I;
4 250 × 18,5[152] = 78 625 kg für die Krematorien II und IV.

Gesamtverbrauch: 116 750 kg, aufgerundet 117 000 kg.

Es bleiben somit (144 500 – 117 000 =) 27 500 kg. Die Trockenheizung wurde größtenteils mit Holz betrieben, und erst am Schluß wurden kleine Mengen Koks verwendet.[153] Der dritte Topf-Einäscherungsofen mit elektrischer Heizung des Krematoriums von Erfurt wurde mit der Verwendung von 750 kg Holz ausgetrocknet.[154] Für die Hochheizung von fünf Dreimuffelofen des Krematoriums III waren ca. 2 100 kg Koks erforderlich und für den Achtmuffelofen des Krematoriums IV etwa 900 kg, zusammen also rund 3 000 kg. Wenn man für die letzte Phase des Trocknungsprozesses noch maximal 15% dazuschlägt, gelangt man auf einen Totalverbrauch von ca. 3 500 kg.

Da die Gesamtzahl der eingeäscherten Leichen etwa 5 500 betrug, liegt der durchschnittliche Koksverbrauch pro Leichnam bei rund 26,3 kg.

149. Bescheinigung. *APMO*, segregator 22a, sygn. D-AuI-4, Nr. 12025-12031.
150. *APMO*, D-AuI-4, segregator 22,22a.
151. J.-C. Pressac, *Auschwitz...,* aaO. (Anm. 3), S. 224.
152. ((20,3 × 15) + (15,25 × 8))/23 = 18,5 kg (mittlerer Verbrauch der Krematorien II bis V).
153. E. Beutinger, aaO. (Anm. 23), S. 127.
154. K. Weiss, »Die Entwicklung des elektrisch beheizten Einäscherungsofens im Krematorium Erfurt«, aaO. (Anm. 43), S. 585.

Untersuchen wir nun die Hypothese von den Massenvergasungen.
Nach dem Kalendarium von Auschwitz wurden vom 15. bis zum 31. März 1943 13 826 Menschen vergast. Da, wie J. C. Pressac bestätigt, bei Betriebsbeginn des Krematoriums II die »Verbrennungsgruben« nicht mehr benutzt wurden,[155] hätten die an die Krematorien gelieferten 144 500 kg in diesem Fall zur Einäscherung von 19 300 Leichen ausreichen müssen. Für eine Leiche hätten dann 7,5 kg Koks genügt, was wärmetechnisch unmöglich ist.
Die Sache erscheint noch unmöglicher, wenn man sich folgendes vor Augen hält: Da wenigstens 120 500 kg Koks zur Einäscherung der verstorbenen registrierten Häftlinge benötigt wurden, hätten die restlichen verfügbaren 26 000 kg dann für die Kremierung der Vergasten ausreichen müssen, und für jeden von diesen hätten (26 000/13 800 =) ca. 1,9 kg genügen müssen!
Die Schlußfolgerung fällt uns nun leicht: Der Koksverbrauch der Krematorien von Auschwitz-Birkenau im März 1943 beweist, daß nur die Leichen der verstorbenen registrierten Häftlinge eingeäschert werden konnten und folglich keine Massenmorde stattgefunden haben können.
Vom 1. April bis zum 25. Oktober 1943 sind in den Sterbebüchern ca. 14 050 Todesfälle verzeichnet. In derselben Periode verstarben etwa 7 800 weibliche Gefangene,[156] so daß die Gesamtzahl der Toten ungefähr 21 850 betrug.
Die Kokslieferungen für diesen Zeitraum belaufen sich auf 497 Tonnen; das heißt, daß zur Einäscherung eines Leichnams im Durchschnitt 22,7 kg Koks anfielen.
Die 96 m³ Holz, die im September und Oktober geliefert wurden, entsprechen ungefähr 43 Tonnen. Wenn wir den Heizwert eines Kilos Holz dem eines halben Kilos Koks gleichsetzen, dann entsprechen 43 Tonnen Holz rund 21,5 Tonnen Koks. Unter Berücksichtigung dieses Verhältnisses können wir den Heizwert der gelieferten Koks- und Holzmenge dem von rund (497 + 21,5 =) 518,5 Tonnen Koks gleichsetzen. Damit entfallen auf einen Leichnam 23,5 kg, eine mit dem Wert für März (26,5 kg) vergleichbare Zahl. Da die 96 m³ Holz in den Monaten September und Oktober geliefert wurden, als nur die Krematorien II und III in Betrieb waren, haben diese mit dem Holz (21 500/20,3 =) ca. 1 060 Leichen eingeäschert.
In den 208 Tagen vom 1. April bis zum 25. Oktober waren die Krematorien während folgender Zeiträume in Betrieb und haben die folgende Anzahl von als Sterbefälle registrierten Häftlingsleichen eingeäschert:

Zeitraum	Tage	Krematorien	Sterbefälle	Summe Sterbefälle
1.4.–24.6.43	85	I, IV/V	1 956, 9 094	11 050
25.6.–17.7. 43	23	I, III	206, 2 094	2 300
18.7.–25.10.43	100	II/III	8 500	8 500
Summe	208			≃21 850

Somit ergibt sich, unter Annahme der entsprechenden Werte für abgemagerte Leichen, ungefähr folgender Koksverbrauch:

	Kremierungen	Koks/Leiche [kg]	Summe Koks [kg]
Krematorium I	2 162	30,5	65 941
Krematorien II/III	10 594	20,3	215 058,2
Krematorien IV/V	9 094	15,25	138 683,5
Summe	21 850		≃420 000

155. J.-C. Pressac, *Auschwitz...*, aaO. (Anm. 3), S. 171.
156. *APMO*, Ruch Oporu, t. II, sygn. RO/85, S. 62,62a (Zahl auf der Grundlage des Dokuments PS-1469 sowie anderer Urkunden berichtigt).

Dies ist der theoretische Mindestverbrauch, der von der Hypothese ausgeht, daß die Muffeln jeweils 19 von 24 Stunden in Betrieb waren. Da jedoch im Schnitt 24 Muffeln täglich zur Verfügung standen, und da die durchschnittliche tägliche Sterberate bei etwa 105 lag, hätten sie nur ca. vier Stunden pro Tag gebrannt, und der dadurch erhöhte Koksverbrauch pro Kremierung wäre dem tatsächlich gelieferten noch näher gekommen. Es ist auch möglich, daß nicht alle Leichen ausgemergelt waren, und dies hätte eine zusätzliche Annäherung an die real gelieferte Koksmenge bedeutet.
Wenden wir uns nun den behaupteten Massenvergasungen zu. Nach dem Kalendarium von Auschwitz wurden im zur Debatte stehenden Zeitraum des Jahres 1943 folgende Zahlen von Menschen in den Gaskammern ermordet:

MONAT	OPFERZAHL	MONAT	OPFERZAHL
April	20 444	August	42 564
Mai	13 512	September	8 143
Juni	7 158	Oktober	10 707
Juli	440	SUMME	102 968

Träfen diese Behauptungen zu, dann wären im angegebenen Zeitraum mit 497 + 21,5 Tonnen Koks (102 968 + 21 850 =) 124 818 – oder abgerundet 124 800 – Personen eingeäschert worden. Der Koksverbrauch pro Leiche hätte dann (518 500/124 800 =) ca. 4,1 kg betragen. Dies ist eindeutig unmöglich.
J.-C. Pressac schreibt, daß vom April bis zum Oktober 1943 in den Öfen von Birkenau 165 000 bis 215 000 Leichen eingeäschert wurden, womit der Verbrauch für jede Leiche 3 bzw. 2,3 kg betragen hätte.
Da der zur Kremierung der 21 850 Leichen verstorbener registrierter Häftlinge erforderliche Mindestkoksbedarf 420 000 betrug, hätten die Leichname der angeblichen 102 968 Vergasten mit den verbliebenen 98 500 kg Koks verbrannt werden müssen. Damit hätten für jede Leiche 0,95 kg Koks zur Verfügung gestanden!
Andererseits hätten diese 98 500 kg Koks, wenn man davon die 4 200 für die anfängliche Hochheizung der Öfen in den Krematorien II und III benötigten Kilogramm abzieht, theoretisch die Verbrennung von ca. 6 800 Leichen von in diesen Krematorien Vergasten ermöglicht.
Aus dem Gesagten ergibt sich eine eindeutige Schlußfolgerung: Die Kokslieferungen vom März bis zum Oktober 1943 erbringen unbestreitbar den Beweis dafür, daß in den Krematorien lediglich die Leichen der eines natürlichen Todes verstorbenen Häftlinge eingeäschert werden konnten. Folglich gab es in der Zeitspanne von März bis Oktober 1943 in Auschwitz-Birkenau keine Massenmorde!

5.7. Die Zahl der im Jahre 1944 Eingeäscherten: Der Koksverbrauch

Den Angaben David Irvings zufolge sind in den Archiven von Moskau Dokumente über die Kokslieferungen an die Krematorien von Auschwitz-Birkenau aufbewahrt, welche folgende Mengen an geliefertem Koks bezeugen:[157]

KREMATORIEN	ZEITRAUM	KOKS [TO]
I	1.11.1940 bis 28.2.1941	41,6
	1.3.1941 bis 31.10.1941	166,4
	1.11.1941 bis 31.1.1942	93,6
	16.2.1942 bis 28.2.1943	395,5
I – V	15.3.1943 bis 31.10.1943	568
II – III	1.1.1944 bis 27.11.1944	923
	SUMME	2 188,1

157. D. Irving, *Action Report,* Dezember 1993.

Diese Ziffern veranlassen uns zu folgenden Bemerkungen:

1. Die Lieferungen für die Periode vom 16. Februar 1942 bis zum 28. Februar 1943 (395,5 Tonnen) für das Krematorium I entsprechen haargenau der aus den Dokumenten im Auschwitz-Museum hervorgehenden Zahl. Diese Dokumente setzen präzis am 16. Februar 1942 ein.
2. Die Lieferungen für die Zeitspanne vom 15. März bis zum 31. Oktober 1943 (568 Tonnen) für die Krematorien I bis V sind um 39 Tonnen geringer als die in den Dokumenten des Auschwitz-Museums genannte Zahl von 607 Tonnen.
3. Die Lieferungen für den Zeitraum vom 1. Januar 1944 bis zum 27. November 1944 für die Krematorien II und III betrugen 923 Tonnen Koks. Das Krematorium II trat übrigens erst Mitte März 1943 in Betrieb. Aus diesem Grund erfolgte eine getrennte Aufstellung dieser Lieferungen offenkundig seit dem 1. Januar 1944.
4. Letzteres scheint durch die folgende Beobachtung erhärtet: die durchschnittlichen Monatslieferungen für die Periode vom 15. März bis zum 31. Oktober 1943 (7,5 Monate) beliefen sich auf (607/7,5 =) ca. 81 Tonnen; jene für die Zeitspanne vom 1. Januar bis zum 27. November 1944 (elf Monate) betrugen (923/11 =) ca. 84 Tonnen. Die Lieferungen für 1944 können also als vollständig betrachtet werden und umfassen mit hoher Wahrscheinlichkeit auch jene an das Krematorium V.
5. Genau wie 1943 wurde die Koksheizung vermutlich durch Holzheizung ergänzt.

   Wenn wir die Betriebstage der Krematorien II, III und V sowie die Zahl der im Jahre 1944 pro Tag verfügbaren Muffeln berücksichtigen, ergibt sich zur Einäscherung eines abgezehrten Leichnams ein Durchschnittsverbrauch von 20 kg. Somit entsprachen die gelieferten 923 Tonnen Koks einer maximalen Kremierungszahl von (923 000/20 =) 46 150.

   Nimmt man realistischerweise für den Zeitraum von März bis Oktober 1944 denselben durchschnittlichen Koksverbrauch per Kremierung an, nämlich ca. 24,2 kg, resultiert daraus eine Zahl von (923.000/24,4 =) ca. 37.828 Einäscherungen. Diese Hypothese stimmt gut mit der Schätzung über die Zahl der zwischen Januar und Dezember 1944 in Auschwitz-Birkenau verstorbenen registrierten Häftlinge überein; sie soll laut J.-C. Pressac 36.000 betragen haben.[158] Es ist allerdings nicht auszuschließen, daß einige tausend Leichen mittels Holzheizung der Öfen verbrannt wurden.

Wenden wir uns nun der Hypothese von den Massenmorden zu.

Vom 1. Januar bis zum 30. Oktober 1944 sah die Anzahl des Betriebstage der Krematorien unter Berücksichtigung der wegen der Reparaturen von Ofentüren nötigen Unterbrechungen wie folgt aus: Krematorien II und III: 563; Krematorium IV: 146. Laut dem Kalendarium der D. Czech wurden vom 1. Januar bis zum 30. Oktober wenigstens 522.000 Menschen vergast.[159] Die zeitliche Verteilung dieser Vergasungen soll wie folgt ausgesehen haben:

Periode	Vergaste
1.1. – 30.4.1944	ca. 27 000
1.5. – 30.10.1944	ca. 436 000

In der Zeitspanne vom 1. Mai bis zum 30. Oktober 1944 betrug die Zahl der Betriebstage der Krematorien II und III 331 und die des Krematoriums V 146. Während dieser Zeit wurden mindestens 17 000 Leichen registrierter Gefangener verbrannt. Proportional zu den Betriebstagen und den täglich zur Verfügung stehenden Muffeln verteilten sich diese Kremierungen wie folgt: Krematorien II und III: 13 600 (80%); Krematorium V: 3 400 (20%). Dies entspricht (13 600/300 =) 45 Tagen mit Höchst-

158. J.-C. Pressac, *Les Crématoires d'Auschwitz,* aaO. (Anm. 55), S. 146.
159. Diese Zahl umfaßt 341 500 ungarische Juden, also ca. 82% der aus jenem Land Deportierten (vgl. Kap. VI, 51) und 49 200 Juden aus Lodz, was ebenfalls 82% der von dort nach Auschwitz Gebrachten entspricht.
Für die aus Lodz Deportierten haben wir die mittlere der von F. Piper genannten Zahlen gewählt (*Estimating...*, aaO. – Anm. 114 – S. 100). Laut dem Kalendarium der D. Czech, aaO. (Anm. 54), wurde ein Teil jener Deportierten unregistriert ins Durchgangslager eingewiesen.

betrieb (20 Stunden) für die Krematorien II und III sowie (3 400/146 =) 21 Tagen für das Krematorium V. Dementsprechend hätten für die Leichen der angeblichen Vergasten für die Krematorien II und III 331 - 45 = 286 Betriebstage, für das Krematorium V 146 - 21 = 125 Betriebstage zur Verfügung gestanden, was der Einäscherung von: 286 × 360 = 102 960 bzw. 125 × 192 = 24 000, in Summe also 126 960 Leichen Vergaster entsprochen hätte. Demnach hätten die ›Verbrennungsgruben‹ 395 000 Leichen schaffen müssen.

Unter Annahme eines mittleren Koksverbrauchs von 13,2 kg (mit einer Verringerung um 1/6 wegen des Vorhandenseins von Kinder- und Jugendlichenleichen) hätte die Kremierung dieser 126 960 Leichen ungefähr 1 676 Tonnen zusätzlich zu den 903 gelieferten Tonnen verfügbares Koks bedurft. Also war die Einäscherung der angeblichen Vergasungstoten auch im Jahre 1944 unmöglich.

Wir müssen uns nun noch der Frage zuwenden, ob die ungeheure Zahl von in den Krematorien nicht verbrennbaren Leichen der behaupteten Vergasten in Birkenau in ›Verbrennungsgruben‹ eingeäschert werden konnte, wie es die Augenzeugen behaupten.

6. Die ›Verbrennungsgruben‹ von Birkenau

6.1. Der Kronzeuge Filip Müller

Der wichtigste Kronzeuge für diese Art der Leichenbeseitigung ist Filip Müller, der von fünf im nördlichen Hof des Krematoriums V gelegenen Gruben spricht. Seine Beschreibung ist recht langatmig; wir geben die wesentlichsten Punkte hier wieder:[160]

> *»Die zwei Gruben, die ausgehoben worden waren, hatten eine Länge von 40 bis 50 Metern, waren etwa 8 Meter breit und 2 Meter tief. Die große Vernichtungsstätte war aber noch lange nicht einsatzbereit. Nachdem die grobe Arbeit getan worden war, ging es an die Ausführung der von Moll ersonnenen Details, die eine Vernichtungsphantasie von schauerlicher Erfindungskraft offenbarte.*
>
> *Zusammen mit seinem Helfer Eckart stieg der Mordingenieur in eine der Gruben hinunter und markierte auf dem Grund einen 25 bis 30 cm breiten Streifen, der in Längsrichtung mitten hindurchlief. Hier sollte durch Ausstechen der Erde ein von der Mitte nach beiden Seiten hin leicht abschüssiger Kanal entstehen, damit das Fett der Leichen, wenn sie in der Grube brannten, in zwei Auffangbehälter abfließen konnte, die auf beiden Seiten am Ende des Kanals ausgehoben werden sollten.«*

Nach Ausführung dieser Arbeit steigt Moll in die Grube, um mit einem Wassereimer das Gefälle des Kanals nachzuprüfen. Dieses erweist sich als unzureichend. Es wird deswegen erhöht, und beim nächsten Versuch fließt das Wasser den Kanal entlang und rinnt in den an dessen Ende angebrachten Behälter.[161] Weiter berichtet Müller:[162]

> *»Bei Morgengrauen war in zwei Gruben, in denen vielleicht 2 500 Leichen aufeinandergeschichtet worden waren, das Feuer entfacht worden. Zwei Stunden später konnte man die Toten schon nicht mehr erkennen. In den weißglühenden Flammen lagen unzählige verkohlte, ausgedörrte Rümpfe nebeneinander. Ihre schwarz-phosphoreszierende Farbe ließ erkennen, daß der Einäscherungsprozeß sich schon in einem fortgeschrittenen Stadium befand. Das Feuer mußte jetzt immer wieder von außen in Gang gehalten werden, weil der Scheiterhaufen, der anfangs etwa einen halben Meter über den Rand der Grube herausgeragt hatte, inzwischen unter dieses Niveau zusammengefallen war.*
>
> *Während in den Öfen der Krematorien mit Hilfe der Ventilatoren eine dauerhafte Gluthitze erhalten werden konnte, wenn die Leichen richtig Feuer gefangen hatten, brannte das Feuer in den Gruben nur so lange, als die Luft zwischen den Leichen zirkulieren konnte. Da der Leichenhaufen immer mehr in sich zusammensackte und von außen keine Luft mehr bekam, mußten wir Heizer die brennende Masse in der Grube ständig mit Öl, Methanol und Menschenfett begießen, das sich in den Auffangbehältern an den*

160. Filip Müller, *Sonderbehandlung. Drei Jahre in den Krematorien und Gaskammern von Auschwitz,* Verlag Steinhausen, München 1979, S. 207 f.
161. Ebenda, S. 210.
162. Ebenda, S. 217 ff.

beiden Stirnseiten der Grube reichlich angesammelt hatte und dort am Sieden war. Mit langen Rundeisen, die am unteren Ende wie der Griff eines Spazierstocks gebogen waren, wurde das brutzelnde Fett mit Eimern herausgeschöpft, die wir mit dicken Fäustlingen anfaßten. Wenn das Fett an allen möglichen Stellen in die Grube geschüttet wurde, schlugen Stichflammen unter heftigem Zischen und Prasseln in die Höhe. Unaufhörlich entstieg der Grube dichter Rauch und Qualm. Die Luft stank nach Öl, Fett, Benzol und verbranntem Fleisch [. . .]
Die Aufgabe von etwa 25 weiteren Leichenträgern bestand darin, die Leichen in den Gruben in drei Schichten auf das Brennmaterial zu stapeln. Rund 15 Heizer mußten das Brennmaterial in die Gruben einlegen, das Feuer entfachen und unterhalten, indem sie ständig zwischen den Rümpfen herumstocherten und sie mit Öl, Methanol und Menschenfett begossen. Das Aschenkommando zählte ungefähr 35 Mann. Ein Teil von ihnen mußte die Asche aus den Gruben schaufeln und zum Aschendepot transportieren. Die anderen waren damit beschäftigt, sie durch Zerstampfen zu pulverisieren [. . .]
In der dritten Grube, wo man gerade einen neuen Scheiterhaufen auftürmte, wurden alte Eisenbahnschwellen übereinandergeschichtet und dann mit einer Lage von dürren Tannenzweigen bedeckt. Darauf legten die Leichenträger ungefähr 400 Tote in vier Reihen nebeneinander, mit dem Gesicht nach oben. Die nächste Schicht setzte sich wieder aus Brennmaterial zusammen, das, wie schon zuvor, mit Tannenreisig abgedeckt wurde. Dann kam eine neue Lage mit etwa 400 Leichen, die wieder in vier Reihen nebeneinandergelegt wurden. Nachdem diese ›Arbeitsgänge‹ noch einmal wiederholt worden waren, lagen schließlich rund 1 200 Leichen in drei Schichten übereinander. Die Heizer hatten währenddessen Lumpen, Lappen und andere Stoffetzen, die mit Öl und Methanol getränkt worden waren und das Feuer in Gang bringen sollten, an vielen Stellen zwischen das Brennmaterial gesteckt.«

Der Kremierungsprozeß dauerte fünf bis sechs Stunden:[163]

»In den beiden anderen Gruben war es [d.h. das Feuer] *inzwischen erloschen. Die Einäscherung der Leichen hatte fünf bis sechs Stunden gedauert. Was übriggeblieben war, füllte noch knapp ein Drittel der Grube aus.«*

6.2. Der Verbrennungsprozeß in einer Verbrennungsgrube

Die von Filip Müller geschilderte Verbrennungseinrichtung und der damit einhergehende Prozeß der Leichenbeseitigung sind wärmetechnisch unmöglich. Um die Leichen in den von ihm beschriebenen Gruben zu verbrennen, müßten sie nämlich abwechselnd mit Holz dicht gestapelt werden. Da ein solcher Stapel von unten keine und, wegen der Konvektion der Glut und behindert durch die dichte Stapelung, von oben nur wenig zur Verbrennung notwendige Zugluft erhält, kann eine solche Anordnung höchstens vor sich hinglimmen. Wer behauptet, eine derart gefüllte Verbrennungsgrube könne wärmetechnisch effizient funktionieren, sagt damit im Grunde nichts anderes, als daß z.B. ein Krematoriumsofen mit Koksgasgenerator ohne jegliche Öffnung zur Zuführung von primärer Verbrennungsluft für den Rost ganz normal funktionieren könnte.
Die Erfahrung zeigt, daß die Einäscherung eines Leichnams nur in einem Krematoriumsofen mit genügender Luftzufuhr vollständig erreichbar ist. Bezüglich einer näheren Studie des hier angeschnittenen Themas vgl. Anm 11.

6.3. Die Vorrichtung zum Abschöpfen des Menschenfetts

Der Brennpunkt von Tierfetten liegt bei 184 °C.[164] Das heißt, daß bei Gegenwart eines Feuers oder von Glut tierische Fette, zu denen man auch Menschenfett zählt, ab 184 °C brennen. Brennendes Holz würde also unweigerlich das aus den Leichen austretende Fett anzünden. Dieser Effekt ist jedem bekannt, von dessen Steak schon einmal Fett in die Grillkohle getropft ist: Schnell steht der ganze Grill lichterloh in Flammen. Die von Filip Müller beschriebene Vorrichtung ist also schlicht und einfach hanebüchener Unfug und würde jedes Abschöpfen des Menschenfetts verunmöglichen.[165]

163. Ebenda, S. 221.
164. J. H. Perry, *Chemical Engineer's Handbook,* Wilmington, Delaware 1949, S. 1584.
165. Nähere Ausführungen dazu sind in unserem Hauptwerk, aaO. (Anm. 11), zu finden.

6.1. Tatsächlich abgelaufene offene Verbrennungen

John C. Ball zeigt in diesem Band, daß die alliierten Luftaufnahmen von Auschwitz keine Spur von Massenverbrennungen in Gruben zeigen. Über die oben angeführten Gründe hinaus haben wir an anderer Stelle weitere Argumente aufgezählt, die die bezeugten Massenverbrennungen in offenen Gruben unmöglich erscheinen lassen.[11]

Dies heißt allerdings keineswegs, daß in Birkenau überhaupt keine Verbrennungen unter freiem Himmel – auf Scheiterhaufen oder in rudimentären offenen Öfen – durchgeführt worden wären.

Man kann mit Gewißheit davon ausgehen, daß Ende 1941, als die Sterblichkeitsrate in Auschwitz beängstigende Ausmaße annahm, viele Leichen nach Birkenau geschafft und dort in Massengräbern beigesetzt worden sind. Dem Leichenhallenbuch und dem Totenbuch zufolge starben im November 1941 1 358 Häftlinge und 3 726 sowjetische Kriegsgefangene, insgesamt also 5 084 Menschen, im Schnitt 169 täglich. Zum damaligen Zeitpunkt gab es im Krematorium des Stammlagers lediglich zwei Öfen, deren Maximalkapazität zusammen 84 Leichen täglich betrug und die zudem noch Schäden erlitten hatten.[166] Auch die Kokslieferungen an das Krematorium bezeugen, daß nur ein Teil der verstorbenen Häftlinge kremiert werden konnte. Vom 1. November 1941 bis zum 31. Januar 1942 erhielt das Krematorium 93,6 Tonnen Koks, was allerhöchstens für 3 000 Leichen ausreichte, aber in der gleichen Periode starben insgesamt 9 355 Häftlinge. In den darauffolgenden Monaten schaffte das Krematorium mit Mühe und Not die Einäscherung der im Stammlager gestorbenen Personen. Am 1. März 1942 wurden die sowjetischen Kriegsgefangenen nach Birkenau gebracht.[167] Am 6. August wurden auch die Häftlinge des Frauenlagers dorthin übergesiedelt, das am 26. März eröffnet worden war.[168] Im Zeitraum vom 1. März 1942 bis zum 28. Februar 1943 starben im Stammlager 14 515 männliche Gefangene, die im Leichenhallenbuch registriert sind, sowie ein paar tausend weibliche Häftlinge, doch wurden während dieser Zeitspanne bloß 373,5 Tonnen Koks ans Krematorium geliefert, die höchstens zur Verbrennung von ca. 12 200 Leichen ausreichten. Alle Leichen der in Birkenau verstorbenen Häftlinge wurden in Massengräbern beigesetzt.

In den darauffolgenden Monaten stieg die Sterblichkeit wegen der grauenhaften Fleckfieberepidemie stark an, die im Juli 1942 in akuter Form ausgebrochen war. Als Folge der Seuche verordnete Lagerleiter Rudolf Höß am 23. Juli 1942 eine »vollständige Lagersperre«.[169]

In den Massengräbern wurden also auch viele tausend Leichen von Typhusopfern bestattet, was die sanitäre Lage in Birkenau noch katastrophaler machte. Man glaubt Pery Broad gerne, wenn er – allerdings unter propagandistischer Ausschmückung – schreibt, das Leichengift der Begrabenen habe das Grundwasser der gesamten Zone verseucht, was zu einem großen Fischsterben in den Teichen der Umgebung von Birkenau geführt habe, vor allem in Harmense.[170] In der Tat war die Verpestung nicht nur des Grundwassers, sondern auch der Erde und der Luft durch Leichengifte[171] am Ende des letzten Jahrhunderts eines der Hauptargumente, welches die Befürworter der Kremation ins Feld führten.[172]

---

166. Der Brief der Firma Topf an die Bauleitung Auschwitz vom 9. Dezember 1941 erwähnt »eine Reparatur an den beiden koksbeheizten Doppelmuffel-Einäscherungs-Öfen«, die bereits durchgeführt worden war. *APMO*, BW 11/1, S.4.
167. D. Czech, aaO. (Anm. 54), S. 179.
168. Ebenda, S. 189 und 26.
169. *APMO*, Standortbefehl. t.l. Standortbefehl Nr. 19/42, sygn. D-AuI-l, S. 17.
170. P. Broad, »Erinnerungen«, in: *Auschwitz in den Augen der SS.* Krajowa Agencja Wydawnictwa. Katowice 1981, S. 165 f. Broad stellt die anachronistische Behauptung auf, die Massengräber seien nach der Entdeckung der Gräber von Katyn (Februar 1943) geöffnet worden.
171. Die – in Bologna von Prof. Selmi entdeckten – Ptomaine sind giftige Leichenalkaloide, die sich in verwesenden Leichen bilden.
172. »Das Grundwasser ist noch mehr als Erde und Luft geeignet, die Verwesungsprodukte zu verbreiten; es ist um so gefährlicher, als die unterirdischen Wasserläufe Veränderungen erfahren können, von denen man an der Oberfläche nichts bemerkt.« – »Die Gefahren des Erdgrabes erhöhen sich bei den Leichen der an ansteckenden Krankheiten Verstorbenen.« M. Pauly, aaO. (Anm. 13), S. 24 f.

Die SS-Leute in Auschwitz begegneten dieser schrecklichen sanitären Situation langfristig durch die Planung der vier Krematorien von Birkenau (von denen eines, das spätere Krematorium II, bereits im Oktober 1941 geplant worden war, allerdings für das Stammlager) sowie durch die effiziente Installation von Desinfektions- und Entlausungsanlagen (der Zentralsauna), kurzfristig durch die Ausgrabung und Verbrennung der Leichen.

Der Entschluß zum Bau der Krematorien von Birkenau wurde am 19. August 1942 gefällt,[173] zu einem Zeitpunkt, an dem aufgrund der Typhusseuche im Schnitt 270 Häftlinge pro Tag starben, und dies bei einer mittleren Lagerstärke von (im August 1942) rund 22 000 männlichen und 10 000 weiblichen Insassen. Anläßlich seiner Inspektion des Lagers am 17. und 18. Juli 1942 hatte Himmler befohlen, die ursprünglich auf 125 000 angesetzte Kapazität des Kriegsgefangenenlagers Birkenau auf 200 000 zu erhöhen. Es ist unter diesen Umständen klar, daß die Kapazität der Krematorien von Birkenau (für welche der Aktenvermerk vom 17. März 1943 eine tägliche Betriebsdauer von 12 Stunden vorsah), nämlich 550 Leichen täglich, im Hinblick auf eventuelle künftige Epidemien bei einer um das Drei- oder Vierfache höheren Lagerstärke keinesfalls übertrieben war.

Über die Öffnung der Massengräber und die Verbrennung der zunächst darin bestatteten Leichen weiß man wenig. Am 17. September 1942 verfaßte SS-Untersturmführer Walter Dejaco, der zusammen mit seinem Kollegen Hössler den Lagerkommandanten Rudolf Höß nach Litzmannstadt (Lodz) begleitet hatte, einen »Reisebericht«, in welchem er erwähnte, der Zweck der Fahrt sei die »Besichtigung der Sonderanlage und Besprechung mit SS-Standartenführer Blobel über die Ausführung einer derartigen Anlage« gewesen. Diese »Sonderanlage« war fast sicher eine Vorrichtung zur Verbrennung von Leichen unter freiem Himmel. Dejaco berichtet ferner, die »unter Sonderauftrag Staf. Blobel« bei den Ostdeutschen Baustoffwerken in Posen bestellten Baumaterialien hätten sofort nach Auschwitz geliefert werden müssen; zudem habe die Firma Schriever und Co. in Hannover eine »Kugelmühle für Substanzen« liefern müssen.[174] Dies war höchstwahrscheinlich ein Apparat zur Zermahlung von Verbrennungsüberresten.

Dem Kalendarium der Danuta Czech zufolge begann die Verbrennung der ausgegrabenen Leichen am 21. September,[175] was durchaus glaubhaft erscheint, und endete im November. Man weiß nicht, auf welche Art diese Leichen verbrannt worden sind; möglicherweise in Vorrichtungen wie der von J.-C. Pressac geschilderten,[176] vermutlich aber eher in weniger rudimentären, jedenfalls gewiß nicht in ›Verbrennungsgruben‹. Die Massengräber lagen fast sicher südöstlich des »provisorischen Erdbeckens«, ca. 200 Meter westlich des künftigen Sektors B III von Birkenau, denn die Luftaufnahmen von 1944, namentlich jene vom 31. Mai, zeigen in jener Zone die Spuren vierer parallel laufender, mächtiger Gruben. (Vgl. dazu den Beitrag von J.C. Ball im vorliegenden Buch.)

Auch die Mehrzahl der zwischen dem 23. September 1942 und der Eröffnung der Krematorien gestorbenen Häftlinge wurden unter freiem Himmel eingeäschert.

Sollte man im Umkreis des früheren Lagers Birkenau Spuren der Masseneinäscherung von Menschen finden, so bedeutet dies aber keineswegs, daß es dort zu Massenmorden gekommen ist, und das »Hydrokop«-Gutachten[177] entbehrt jeglicher Beweiskraft.

173. J.-C. Pressac, *Les Crématoires d'Auschwitz,* aaO. (Anm. 55), S. 49.
174. NO-4467.
175. D. Czech, aaO. (Anm. 54), S. 305.
176. J.-C. Pressac, *Les Crématoires d'Auschwitz,* aaO. (Anm. 55), S. 58.
177. Udo Walendy, *Historische Tatsachen* Nr. 60, Verlag für Volkstum und Zeitgeschichtsforschung, Vlotho 1993, S. 7–10.

Die Diesel-Gaskammern: Mythos im Mythos

FRIEDRICH PAUL BERG

1. Einleitung[1]

In jedem Strafverfahren gegen einen noch so gewöhnlichen Mörder kann man eine Fülle von Informationen über die Tatwaffe erwarten. Man würde also erwarten, daß gerade die alliierten und bundesdeutschen Nachkriegsprozesse bei einem Mord, der so einzigartig und bestialisch spektakulär war wie der oft beschriebene Massenmord von Millionen von Juden in Gaskammern, eine möglichst intensive und genaue Dokumentation dieser ungewöhnlichen Mordwaffe angefertigt haben.

Aber obwohl es eine umfangreiche Literatur gibt, die sich teilweise auf diese Gerichtsverfahren bezieht und viele ›Augenzeugenberichte‹ und ›Dokumente‹ umfaßt, gibt es bezüglich einer Beschreibung der technischen Randbedingungen der angeblichen Vernichtung nur gelegentliche, zumeist kurze und vage Beschreibungen.

Rund 50 Jahre sind seit Ende des Zweiten Weltkrieges verstrichen. Die Holocaust-Verfechter hatten mehr als genügend Zeit und Gelegenheit, die Dokumente, angebliche Örtlichkeiten des Massenmordes sowie die Zeugenaussagen in den größten Prozessen der Menschheitsgeschichte zu untersuchen. Während dieser ganzen Zeit waren sie emsig tätig, doch sie haben nur wenig zu Tage gefördert. Abgesehen von kleinen Einzelheiten aus den sogenannten ›Geständnissen‹ und ›Augenzeugenaussagen‹ haben sie praktisch nahezu nichts gefunden. Diese Informationslücke bezüglich der technischen Umstände des angeblichen Ausrottungsvorganges sollte Anlaß zu schwerstem Mißtrauen geben.

Diese Informationslücken sind schlimm genug; weitaus schlimmer ist die Tatsache, daß die kleinen Einzelheiten, die man findet, schlicht einem absurden, unglaubhaften Wirrwarr gleichen. Man muß die beschriebene Massenmord-Methodik als ›zerfahren‹, ›verrückt‹ oder einfach ›sonderbar‹ charakterisieren und kommt um den Schluß nicht herum, daß die Leute, die die Holocaust-Geschichten in der einen oder anderen Weise wiederholen, nicht recht wissen, wovon sie reden oder schreiben. Die Aussagen der sogenannten Augenzeugen sind besonders seltsam. Der ›Gerstein-Bericht‹, der bei den Holocaust-Spezialisten lange Zeit allgemein anerkannt war, ist wahrscheinlich das beste Beispiel solcher Zeugnisse. Aber andere ›Berichte‹ oder ›Geständnisse‹ sind zumeist genauso schlecht oder noch schlechter.

Die Absurditäten der verschiedenen angegebenen Vernichtungsmethoden beweisen nicht aus sich selbst heraus, daß der Holocaust nicht stattfand. Diese Absurditäten sollten aber zumindest vernünftige Menschen dazu bewegen, zuerst weitere Beweise zu erbeten, bevor sie solch ungeheuerliche Geschichten glauben. Die Tatsache, daß andere Beweise ebenso fehlen, wie zum Beispiel Dokumente, die die Tötung der Juden mit Gas befehlen, oder Sachbeweise, wie funktionsfähige Gaskammern, sollte für jeden offenbaren, daß irgend etwas an der Sache nicht stimmt. Die Gaskammern von Treblinka, Belzec und Sobibor wurden angeblich allesamt vor Kriegsende zerstört, diejenigen in Auschwitz und Majdanek sowie in den Lagern im Altreich sind gewöhnliche Räume (Leichenkeller, Brausebäder, Entlausungskammern), die heute anders etikettiert werden.[2]

Schreckliche, aber bequem ungenaue Augenzeugenaussagen von Massenmorden auszuhecken ist sehr einfach. Es ist auch sehr einfach, solche Geschichten über eine besiegte Feindnation nach einem bruta-

1. Bei diesem Beitrag handelt es sich um eine überarbeitete und erweiterte Fassung von F. P. Bergs Artikel »The Diesel Gas Chambers – Myth within a myth«, *The Journal of Historical Review (JHR)* 5(1) (1984) 15–46.
2. Vgl. dazu die Ausführungen in den Beiträgen von E. Gauss (Einführung) und G. Rudolf/E.Gauss im Buch.

len Krieg glaubhaft zu machen, während dessen die massive Medienmacht der Sieger den Feind erfolgreich als durch und durch verkommen und böse darstellt. Andererseits ist es absolut nicht einfach zu erklären, wie man mit Diesel-Abgasen Massenmorde begehen kann.

2. Die Position der Exterminationisten

Tabelle 1 stammt aus R. Hilbergs *The Destruction of the European Jews* aus dem Jahre 1961. Sie faßt die Ansichten praktisch aller allgemein akzeptierten ›Konsens‹-Holocaust-Schriftsteller der letzten 20 Jahre zusammen. Die aufgeführten Lager sind die einzigen, die man heute als ›Vernichtungslager‹ gelten läßt, wobei den Lagern Auschwitz und Lublin (Majdanek) eine kombinierte Funktion von Arbeits- und Vernichtungslager zugekommen sein soll.

Tabelle 1: Charakteristika der Todeslager nach R. Hilberg[3]

Lager	Ort	Aufsicht	Tötungsmethode	Opferzahl*
Kulmhof (Chelmno)	Wartheland	Höhere SS- und Polizeiführer (Koppe)	Gaswagen (CO)	150.000
Belzec	Bezirk Lublin	SS- und Polizeiführer (Globocnik)	Gaskammern (CO)	600.000
Sobibor	Bezirk Lublin	SS- und Polizeiführer (Globocnik)	Gaskammern (CO)	200.000 – 250.000[4]
Lublin (Majdanek)	Bezirk Lublin	Wirtschafts- und Verwaltungshauptamt (WVHA)	Gaskammern (CO, HCN) Erschießungen	50.000 – 200.000[4]
Treblinka	Bezirk Warschau	SS- und Polizeiführer	Gaskammern (CO)	750.000 500.000[4]–1,2 Mio.[5]
Auschwitz	Oberschlesien	WVHA	Gaskammern (HCN)	eine Million[6]

* Hier wurden aktuellere Zahlen hinzugefügt, vgl. jeweilige Anmerkung.

Die vierte Spalte von links zeigt, daß in fast allen Lagern Kohlenmonoxid (CO) als Tötungsmittel angenommen wird, in Majdanek daneben Blausäure (HCN), während in Auschwitz angeblich nur Blausäure zur Tötung verwendet wurde. Aus den fünf Lagern, in denen angeblich Kohlenmonoxid angewendet wurde, ragen drei, nämlich Treblinka, Belzec und Sobibor hervor. In diesen drei Lagern soll die überwiegende Mehrzahl der CO-Opfer umgekommen sein. Dort soll das CO durch Dieselmotoren erzeugt worden sein. Die Anzahl der in Kulmhof (Chelmno) oder Majdanek angeblich ermordeten Juden ist, verglichen mit der in Treblinka, Belzec und Sobibor, relativ klein.

Aufgrund dieser heute zumeist akzeptierten Opferzahlen kann man sagen, daß *weit mehr als die Hälfte aller jüdischen Opfer der deutschen Gaskammern durch Diesel-Abgase ermordet worden sein soll.* Mit anderen Worten: Die Diesel-Gaskammern sind bezüglich der Opferzahlen die wichtigsten Gaskammern.

In Deutschland sollen außerdem mindestens einige Monate während der Jahre 1939 und 1940 Dieselmotoren angewendet worden sein, um innerhalb des Euthanasie-Programmes Schwachsinnige oder unheilbar Kranke zu töten. Die Erfahrungen, die durch die Anwendung von Dieselmotoren zur Euthanasie gewonnen worden seien, sollen später durch die in diesem Programm involvierten Leute, wie

3. R. Hilberg, *The Destruction of the European Jews,* Quadrangle Books, Chicago 1961, S. 572; deutsch erschienen unter *Die Vernichtung der europäischen Juden,* Olle & Wolter, Berlin 1982, S. 604.
4. Aktualisiert nach Mitteilung des Instituts für Zeitgeschichte.
5. Maximale Angabe von W. Benz, *Dimension des Völkermords,* Oldenbourg, München 1991, S. 495.
6. Je nach Quelle zwischen 9 Mio. und 470 000. Momentan ist die Zahl von 1 Mio. Gaskammertoten offizielle Meinung; vgl. den Beitrag von G. Rudolf im Buch.

Reichsamtsleiter Viktor Brack und Kriminalkommissar Christian Wirth, benutzt worden sein, um in Treblinka, Belzec und Sobibor (Ostpolen) Juden zu ermorden. Nach Hilberg soll angeblich Wirth die ›Kohlenmonoxid-Gaskammern‹ für das Euthanasie-Programm konstruiert haben, und zwar auf Befehl von Brack, der in diesem Programm direkt eingebunden war. Brack beorderte Wirth im Frühling 1942 nach Lublin, wo dieser mit seiner Mannschaft unter primitiven Bedingungen sofort begonnen habe, Gaskammern zu bauen, in die Kohlenmonoxid aus Dieselmotoren geleitet wurde.[7]

In der Fernsehserie *Holocaust,* die im wesentlichen eine Dramatisierung der allgemein akzeptierten Holocaust-Geschichte war, bezog man sich einige Male auf die Verwendung von Dieselmotoren für den Massenmord. In einer Szene erklärt Dr. Bruno Tesch, der in Wirklichkeit ein hochqualifizierter Chemiker war und nach dem Krieg von den Alliierten gehängt wurde,[8] dem fiktiven SS-Offizier Eric Dorf, der das Vernichtungsprogramm verwaltete, daß der Vorteil von Zyklon B gegenüber Kohlenmonoxid darin liege, daß Zyklon B »die Maschinerie nicht behindere – und daß es dabei keine Anlage gäbe, die versagen könne«. In einer anderen Szene versucht Rudolf Höß, Kommandant von Auschwitz, einen Dieselmotor zu starten, als Eric Dorf ihm erklärt, daß man den Diesel nicht mehr benötige, da er nun eine andere Substanz bestellt habe, nämlich Zyklon B.

3. Das Gerstein-Geständnis

Im allgemeinen ist das Geständnis des Kurt Gerstein immer noch ein wichtiger Eckstein der Holocaust-Überlieferung. Gerstein war Obersturmführer in der SS und ein Diplom-Bergbauingenieur. Als er sich den Franzosen ergab, schrieb er in deren Gefangenschaft ein Geständnis, datiert auf den 26. April 1945. Bis vor einiger Zeit wurde er von einigen Israelis und jüdischen Schriftstellern zu einer Art ›rechtschaffenem Nichtjuden‹ hochstilisiert, der zumindest versucht habe, die Welt in Anbetracht des Vernichtungsprogramms der Nazis zu alarmieren. Wie H. Roques feststellte,[9] sind bis heute 6 unterschiedliche Fassungen des Gerstein-Geständnisses gefunden worden, die von verschiedenen Forschern z. T. stark entstellt und verstümmelt veröffentlicht wurden.[10] Da zudem die Aussagen Gersteins stellenweise phantastisch bis unmöglich sind und er in einem französischen Gefängnis angeblich Selbstmord beging, nachdem er sich den Franzosen erfolglos als Denunziant angeboten hatte, rückt man heute immer mehr davon ab, ihn als Kronzeugen zu erwähnen. Dennoch sind seine Aussagen die einzigen, die wenigstens über einige technische Details der angeblichen Dieselvergasungen Auskunft geben.

Der folgende Text ist einer der beiden vorhandenen deutschen Fassungen entnommen, die nach Roques zwar nicht von Gerstein selber stammt, die hier aber genommen wird, um die Schaffung einer siebten Fassung durch die Übersetzung der französischen Originalversion zu vermeiden.[11] Sie entspricht inhaltlich aber weitgehend der französischen Originalfassung:

> *»Die Kammern füllen sich. Gut vollpacken – so hat es der Hauptmann Wirth befohlen. Die Menschen stehen einander auf den Füßen, 700 bis 800 auf 25 Quadratmetern, in 45 Kubikmetern! Die SS zwängt sie physisch zusammen, soweit es überhaupt geht. – Die Türen schließen sich* [. . .]
> *Jetzt endlich verstehe ich auch, warum die ganze Einrichtung ›Heckenholt-Stiftung‹ heißt. Heckenholt ist der Chauffeur des Dieselmotors, ein kleiner Techniker, gleichzeitig der Erbauer der Anlage. Mit diesen Dieselauspuffgasen sollen die Menschen zu Tode gebracht werden. Aber der Diesel funktioniert nicht! Der Hauptmann Wirth kommt. Man sieht, es ist ihm peinlich, daß das gerade heute passieren muß, wo ich hier*

7. R. Hilberg, aaO. (Anm. 3, dt.), S. 592.
8. William B. Lindsey, »Zyklon B, Auschwitz, and the Trial of Dr. Bruno Tesch«, *JHR* 4(3) (1983) 261–303.
9. A. Chelain, *Faut-il fusiller Henri Roques?,* Ogmios Diffusion, Paris 1986; H. Roques, *Die ›Geständnisse‹ des Kurt Gerstein,* Druffel, Leoni 1986; vgl. D. Felderer, *JHR* 1(1) (1980) 69–80; ders. *JHR* 1(2) (1980) 169–172; C. Mattogno, *Il rapporto Gerstein – Anatomia di un falso,* Sentinella d'Italia, Monfalcone 1985.
10. Als Beispiel für grobe Entstellungen sei hier Leon Poliakovs, *Bréviaire de la Haine,* Calman-Levy, Paris 1951, S. 220 ff. genannt (engl.: *Harvest of Hate,* Holocaust Library, Schocken Books, New York 1979, S. 195)
11. Fassung T3, H. Roques, aaO. (Anm. 9, dt.), S. 72 f.

bin. Jawohl, ich sehe alles! Und ich warte. Meine Stoppuhr hat alles brav registriert. 50 Minuten, 70 Minuten – der Diesel springt nicht an! Die Menschen warten in ihren Gaskammern. Vergeblich. Man hört sie weinen, schluchzen. ›Wie in der Synagoge‹, bemerkt der Professor Pfannenstiel, das Ohr an der Holztür.[12] *Der Hauptmann Wirth schlägt mit seiner Reitpeitsche dem Ukrainer, der dem Unterscharführer Heckenholt beim Diesel helfen soll, 12, 13mal ins Gesicht. Nach 2 Stunden 49 Minuten – die Stoppuhr hat es wohl registriert – springt der Diesel an. Bis zu diesem Augenblick leben die Menschen in diesen 4 Kammern, viermal 750 Menschen in viermal 45 Kubikmetern! – Von neuem verstreichen 25 Minuten. Richtig, viele sind jetzt tot. Man sieht das durch das kleine Fensterchen, in dem das elektrische Licht die Kammer einen Augenblick beleuchtet. Nach* [. . .] *32 Minuten ist alles tot!*
Von der anderen Seite öffnen Männer vom Arbeitskommando die Holztüren. Man hat ihnen – selbst Juden – die Freiheit versprochen und einen gewissen Promillesatz von allen gefundenen Werten für ihren schrecklichen Dienst. Wie Basaltsäulen stehen die Toten aufrecht aneinandergepreßt in den Kammern. Es wäre auch kein Platz, hinzufallen oder auch nur sich vornüber zu neigen. Selbst im Tode noch kennt man die Familien. Sie drücken sich, im Tode verkrampft, noch die Hände, so daß man Mühe hat, sie auseinander zu reißen, um die Kammer für die nächste Charge freizumachen. Man wirft die Leichen – [im Original: blau angelaufen (bleu),[13]] *naß von Schweiß und Urin, kotbeschmutzt, Menstruationsblut an den Beinen, heraus. Kinder fliegen durch die Luft* [. . .]«

Wir wollen hier einmal davon absehen, daß man niemals 700 bis 800 Menschen auf einer Fläche von 25 m^2 unterbringen kann, also 28 bis 32 Menschen pro m^2.[14]
Es war kein Guckloch, durch das Prof. Pfannenstiel angeblich in die Gaskammer schaute – es war ein Fenster. Und es war ein Fenster in einer Holztür – nicht etwa eine gasdichte Stahltür, wie man vermuten würde. Zumindest in einer Gaskammer gab es anscheinend an zwei Seiten Holztüren. Uns wird erzählt, daß die zukünftigen Opfer nach fast drei Stunden noch am Leben waren, bevor der Diesel endlich ansprang. Es gab also viele Luftlöcher in der Gaskammer, da die Juden ansonsten auch ohne den Diesel erstickt wären.
Es wird nirgends erwähnt, daß die zukünftigen Opfer einen Ausbruchsversuch gewagt hätten. Holztüren mit Glasfenstern darin hätten einem gemeinsamen Ausbruchsversuch wohl nicht den nötigen Widerstand entgegensetzen können. Sicher hätte Prof. Pfannenstiel, dessen Augen am Fenster klebten, gemerkt, wenn einige der Leute versucht hätten auszubrechen. Aber immerhin sollen die Opfer soviel Geistesgegenwart besessen haben, Familiengruppen zu bilden und sich die Hände zu halten.
Dr. W. Pfannenstiel, Professor für Medizin in Marburg, wurde anscheinend nach Belzec und in andere Lager als medizinischer Berater geschickt, um die Gesundheitsfürsorge in den Lagern zu verbessern. Nach dem Krieg wurde er immer wieder bezüglich seines Besuches mit Gerstein in Belzec verhört und in zwei Fällen angeklagt, jedoch nicht verurteilt. In seinen Aussagen bestritt er zwar nie direkt die Darstellungen Gersteins. In einem privaten Brief bezeichnete er aber den Gerstein-Bericht als eine »höchst unglaubwürdige Kolportage, in dem die ›Dichtung‹ die Wahrheit bei weitem überwiegt«.[15] Er schrieb aber auch, daß er sich wegen der Verfolgungen und Verleumdungen, denen er ausgesetzt war, zu der Sache in der Öffentlichkeit nicht weiter äußern möchte. Wenn er also bei den Vernehmungen den ›Gerstein-Bericht‹ anerkannt hat, dann möglicherweise nicht, weil dieser stimmte,[16] sondern um sich selbst Scherereien zu ersparen.

12. Dieser Satz fehlt in der Fassung von H. Rothfels (Hg.), »Augenzeugenberichte zu den Massenvergasungen«, *Vierteljahrszeitschrift für Zeitgeschichte* 1 (1953) 177–194. Er ersetzte ihn durch die Anmerkung: »Hier folgt eine rein persönliche Notiz.«
13. Fassung T2, H. Roques, aaO. (Anm. 9, dt.), S. 57.
14. Dicht gedrängt sind 10 Menschen pro Quadratmeter das Maximum, vgl. E. Neufert, *Bauentwurfslehre,* Vieweg, Wiesbaden 1992, S. 27; vgl. U. Walendy, *Historische Tatsachen* Nr. 29, Verlag für Volkstum und Zeitgeschichtsforschung, Vlotho 1985, S. 12: 46 Personen passen auf die Ladefläche eine LKW von 4,44 m^2, nach *Quick*, 25. 4. 1985.
15. Brief Pfannenstiels an Paul Rassinier vom 3. 8. 1963, abgedruckt in: W. Stäglich, U. Walendy, »NS-Bewältigung«, *Historische Tatsachen* Nr. 5, *Historical Review Press,* Southam (GB), 1979, S. 20.
16. So die These von E. Nolte in *Streitpunkte*, Propyläen, Berlin 1993, S. 309 f.

Wenden wir uns dem zuletzt zitierten Satz im französischen Original zu, nach dem die Opfer blau gewesen sein sollen. Hier haben wir es bezüglich der Theorie vom Massenmord mit CO mit einem Fehler zu tun, da Opfer von CO-Vergiftungen nicht blau sind, sondern ganz im Gegenteil kirschrot oder rosa.[17] Dies wird in toxikologischen Handbüchern klar herausgestellt und ist auch allen Ärzten und dem klinischen Personal bekannt. CO-Vergiftungen sind heutzutage wegen der Kraftfahrzeuge nichts Ungewöhnliches. Ihre Summe übersteigt die Summe aller Vergiftungsunfälle durch andere Gase. Man muß dem ›Gerstein-Bericht‹ zugute halten, daß er keine Aussage darüber macht, ob das CO die tödliche Komponente des Dieselabgases war. Es sind die Exterminationisten, also die Leute, die die Holocaust-Geschichten aufrechterhalten wollen, die wiederholt angeben, daß der Tod wegen des Kohlenmonoxids im Dieselabgas eintrat. Daß in den sogenannten ›Zeugenaussagen‹ vor westdeutschen Gerichten immer wieder auf die ›bläulichen‹ Körper Bezug genommen wird, zeigt lediglich, daß viele dieser Aussagen nur Kopien anderer Aussagen sind. Und daß solche Aussagen schließlich von westdeutschen Gerichten, die sich auf den Holocaust spezialisiert hatten und deshalb den Gelehrten des Holocaust ohne große Hinterfragung glaubten, akzeptiert wurden, zeigt uns die bemitleidenswerte Untauglichkeit dieser Gerichte und der etablierten Geschichtswissenschaft bezüglich dieser Angelegenheit im allgemeinen.

Wenn die Körper tatsächlich ›bläulich‹ erschienen, so erfolgte der Tod sicher nicht durch CO. Ein ›bläulicher‹ Anschein könnte ein Anzeichen für einen Erstickungstod sein, z. B. durch Sauerstoffmangel. In diesem Beitrag werden wir diese Möglichkeit untersuchen. Wir werden erkennen, daß in einer Dieselgaskammer ein Tod durch Sauerstoffmangel, obwohl ziemlich unwahrscheinlich, dennoch wahrscheinlicher ist als ein solcher durch CO.

Nach Leon Poliakov, einem jüdisch-französischen Historiker jener Sorte, die intensiv die Holocaustgeschichte stützen, »gibt es zu dieser Beschreibung [von Gerstein], die sowohl für Treblinka, Sobibor als auch Belzec gültig ist, nur wenig hinzuzufügen. Die Einrichtungen der letztgenannten Lager waren überwiegend in der gleichen Weise konstruiert und verwendeten ebenfalls Kohlenmonoxid aus Abgasen von Dieselmotoren als tödliches Gas«. Nach Poliakov sollen mehr als anderthalb Millionen Menschen mit Dieselabgasen getötet worden sein.[18]

4. Giftwirkung von Kohlenmonoxid

Um die Diesel-Gaskammer-Geschichten zu untersuchen, muß man sich zwei Fragen stellen:

- Wieviel Kohlenmonoxid braucht man, um einen Menschen in einer halben Stunde zu töten?
- Können Dieselabgase überhaupt soviel Kohlenmonoxid enthalten?

CO-Vergiftungen wurden seit 1920 eingehend untersucht, um die Lüftungsanforderungen von Kraftfahrzeugtunnel zu untersuchen, in der Gegend der Metropole New York z. B. besonders für solche wie den Holland-Tunnel. Seit den frühen vierziger Jahren wird auf der Grundlage der Arbeiten von Y. Henderson und J. S. Haldane allgemein angenommen, daß man eine mittlere Konzentration von 0,4% und darüber, wie in der letzten Zeile von Tabelle 2 angegeben, benötigt, um Menschen bei einer

17. Zur Toxikologie von CO siehe u. a.: W. Forth, D. Henschler, W. Rummel, K. Starke, *Allgemeine und spezielle Pharmakologie und Toxikologie,* Wissenschaftsverlag, Mannheim [6]1992, S. 756 ff.; S. Kaye, *Handbook of Emergency Toxicology,* C.C. Thomas, Springfield [4]1980, S. 187 f.; C. J. Polson, R. N. Tattersall, *Clinical Toxicology,* Lippincott, Philadelphia 1969, S. 604–621.

18. L. Poliakov, *Harvest of Hate,* aaO. (Anm. 10), S. 196. Weitere beispielhafte und zentrale Quellen, die von der Verwendung von Dieselmotoren sprechen sind: W. Grossmann, *Die Hölle von Treblinka,* Verlag für fremdsprachige Literatur, Moskau 1947, Tod in 10–20 Minuten durch Panzermotor, zum Teil auch durch Vakuum und Dampf; Eliahu Rosenberg, *Tatsachenbericht*, Jewish Historical Documentation, 24. 12. 1947, S. 4: Massenmord mit Dieselmotorabgasen in 20 min; World Jewish Congress u.a. (Hg.), *The Black Book, The Nazi Crime Against the Jewish People,* New York 1946; Reprint Nexus Press, New York 1981: Mindestens 3 Mio. Tote in Treblinka, Kohlenmonoxid aus Panzermotoren, z.T. auch Mord durch Vakuum und Dampf.

kontinuierlichen Exposition in ›weniger‹ als einer Stunde zu töten.[19] Konzentrationen von 0,15% bis 0,20% werden als gefährlich bezeichnet. Dies bedeutet, daß einige Menschen bei diesen Konzentrationen nach Expositionen länger als eine Stunde sterben können, besonders wenn sie zum Beispiel unter Herzschwäche leiden. Aber um in einer Gaskammer einen Massenmord zu begehen, benötigt man eine Giftgas-Konzentration, mit der man nicht nur einen Teil der Menschen töten kann, sondern eine so hohe, um alle zu töten.

Tabelle 2: Giftwirkung von Kohlenmonoxid[20]

Teile Kohlenmonoxid pro Million Teile Luft [ppm]	Kohlenmonoxid-Anteil [% CO]	Physiologische Wirkung
100	0,01	Erlaubte Konzentration für mehrere Stunden Einwirkung
400 bis 500	0,04 – 0,05	Führt bei einer Exposition bis zu einer Stunde zu keinen merklichenSymptomen
600 bis 700	0,06 – 0,07	Merkliche Effekte nach einer Stunde
1 000 bis 1 200	0,10 – 0,12	Unwohlsein, aber nicht gefährlich nach einer Stunde
1 500 bis 2 000	0,15 – 0,20	Gefährliche Konzentration nach einer Stunde Exposition
4 000 und darüber	0,4 und mehr	Tödlich in weniger als einer Stunde

Die ungenaue Angabe von Henderson bezüglich der Tötung in ›weniger‹ als einer Stunde ist unglücklich. Der Grund dafür ist, daß Henderson und seine Mitarbeiter zwar die Wirkungen nichttödlicher Konzentrationen in einem Labor ausgiebig untersuchen konnten, die tödlichen Konzentrationen dagegen naturgemäß nicht in gleicher Weise. Die tödlichen Wirkungen und die entsprechenden CO-Anteile wurden auf der Grundlage sorgfältiger Extrapolationen von Carboxyhämoglobin-Pegeln nichttödlicher Versuche an Menschen über längere Zeiträume sowie anhand einiger tödlicher Tierversuche festgestellt. Obwohl die Versuchsergebnisse der tödlichen Wirkungen nicht so genau sind, wie man sie sich wünscht, reichen sie dennoch aus, um einige wichtige Schlußfolgerungen bezüglich der Diesel-Gaskammern zu ziehen.

Den Exterminationisten zufolge soll die widerliche Tat immer nach einer halben Stunde abgeschlossen gewesen sein.[21] Um festzustellen, wieviel CO benötigt würde, um in einer halben statt in einer ganzen Stunde zu töten, kann man die weithin akzeptierte Daumenregel, auch ›Hendersons Regel‹ genannt, anwenden:

$$\%CO \times \text{Expositionszeit} = \text{Konstante der Giftwirkung.}$$

Mit anderen Worten: Für jede Giftwirkung verhält sich die Giftgaskonzentration umgekehrt proportional zur Expositionszeit. Das heißt, daß man für eine Tötung in einer halben Stunde eine doppelt so hohe Konzentration benötigt wie bei einer ganzen Stunde. Wenden wir diese Regel auf die ›0,4% und mehr‹ an, die für eine Tötung in ›weniger als einer Stunde‹ benötigt werden, so erhalten wir als Konzentration 0,8% und mehr, um in weniger als einer halben Stunde zu töten.[22]

Wenden wir diese Regel auf die 0,15% bis 0,20% an, die ›gefährlich‹ sind für eine Exposition von einer Stunde, so erhalten wir einen CO-Anteil von 0,3% bis 0,4%, der bei einer Exposition von einer halben Stunde gefährlich ist.

19. W. Baker, M. Mossman, *Effects of Exposure to Toxic Gases,* Matheson Gas Products, East Rutherford 1970, S. 12.
20. Y. Henderson, H. W. Haggard, *Noxious Gases,* Reinhold Publishing, New York 1943, S. 168.
21. Laut den Zeugenaussagen in: E. Kogon, H. Langbein, A. Rückerl und andere (Hg.), *Nationalsozialistische Massentötungen durch Giftgas,* Fischer Taschenbuchverlag, Frankfurt/Main 1986, S. 159 (E. Fuchs, 10 min.), 167 (K.A. Schluch, 5–7 min.), 174 (K. Gerstein, 18 min.), 181 (A. Goldfarb, 20–25 min.) soll der Vorgang teilweise sogar wesentlich kürzer gedauert haben.
22. F. E. Camps, *Medical and Scientific Investigations in the Christie Case,* Medical Publication Ltd., London 1953, S. 170.

Dies alles bedeutet, daß man für jede Art von funktionstüchtiger CO-Gaskammer eine mittlere Konzentration von mindestens 0,4% CO braucht. Wahrscheinlich liegt dieser Wert aber näher bei 0,8%. Wir sollten also 0,4% bis 0,8% als eine Marke im Kopf behalten, auf die wir uns im folgenden schnell beziehen können.
Ein wichtiger Umstand ist immer die Angabe der mittleren Konzentration über die ganze Zeit der Exposition und nicht einer bestimmten Giftmenge in kg oder Kubikmeter. Unser Problem dadurch zu lösen, daß wir anstatt einer Konzentration eine zu produzierende Giftmenge bestimmen, ist unmöglich. Die wenigen dafür notwendigen Informationen, die wir zum Beispiel durch den ›Gerstein-Bericht‹ über die eigentliche Größe der Gaskammern haben, sind so unglaublich, daß wir damit gar nicht erst beginnen wollen.

Die Grafik 1 gibt die Symptome der Expositionen verschiedener, niedriger CO-Konzentrationen als Funktion der Einwirkungszeit an. Der höchste untersuchte CO-Pegel lag bei 600 ppm (parts per million = Teile pro Million Bezugteile). Dies entspricht 0,06%. Die Grafik zeigt, daß man nach einer Einwirkzeit von einer Stunde bei einer durchschnittlichen Konzentration von 600 ppm CO Kopfschmerzen bekommt, die allerdings nicht heftig sind. Auch nach 100 Stunden Exposition wäre Be-

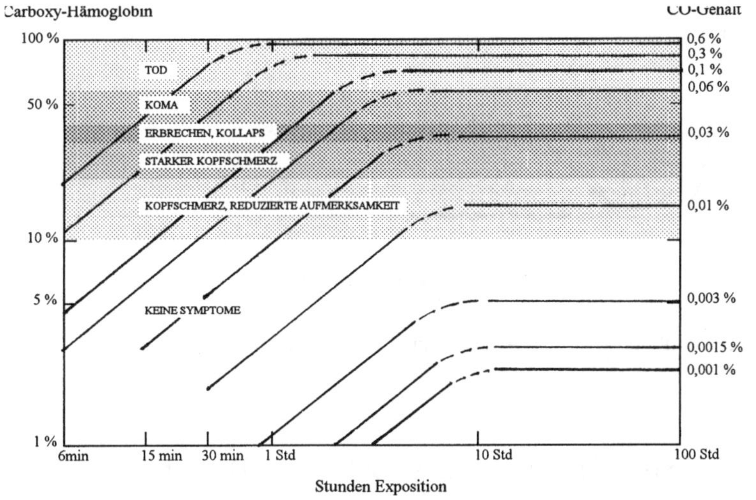

Grafik 1: Giftwirkungen geringer Kohlenmonoxid-Mengen[23]. Die Werte für CO-Gehalte >0,06 % wurden vom Autor extrapoliert.

wußtlosigkeit das schlimmste, was einem widerfahren würde, aber kein Tod. Nach nur einer halben Stunde Exposition von 600 ppm würde man überhaupt keine Symptome feststellen, noch nicht einmal leichte Kopfschmerzen. Wir werden uns ›0,06%‹ ebenfalls als eine weitere Marke merken, auf die wir zurückkommen werden.

5. Der Dieselmotor

5.1. Einleitung

Obwohl Informationen über den Motortyp bei den Untersuchungen zu jedem normalen Mord als wesentlich betrachtet würden, ist es leider zu viel erwartet, bei der Behandlung des Holocaust solche

23. P. S. Myers, »Automobile Emissions – A Study in Environmental Benefits versus Technological Costs«, *Society of Automotive Engineers Transactions* 79 (1970), Section 1, paper 700182, S. 662.

Details zu erwarten. Die häufigsten Angaben beziehen sich auf Dieselmotoren sowjetischer Panzer.[24] Um genauere Informationen zu erhalten, muß man die allgemeinere und schwierigere Frage untersuchen, ob irgendein Dieselmotor, der jemals gebaut wurde, eine solch abscheuliche Tat ausführen konnte oder nicht.

Wenn Gerstein ausgeführt hätte, daß das Kohlenmonoxid durch Benzinmotoren erzeugt wurde, so wäre seine Aussage glaubhafter. Benzinmotoren können in der Tat recht einfach und ohne jede Vorwarnung töten, da ihre Abgase annähernd geruchlos sind. Obwohl Dieselmotoren zumindest für die meisten Menschen ähnlich aussehen wie Benziner, sind sie dennoch recht unterschiedlich. Jeder Bergbau-Ingenieur oder Bergbau-Inspektor wäre sicherlich in der Lage gewesen, diese beiden Motortypen ohne Probleme zu unterscheiden. Vor allem schon deshalb, da das Geräusch eines Dieselmotors so charakteristisch ist, daß ihn fast jeder mit ein wenig Erfahrung auch mit geschlossenen Augen erkennen kann.

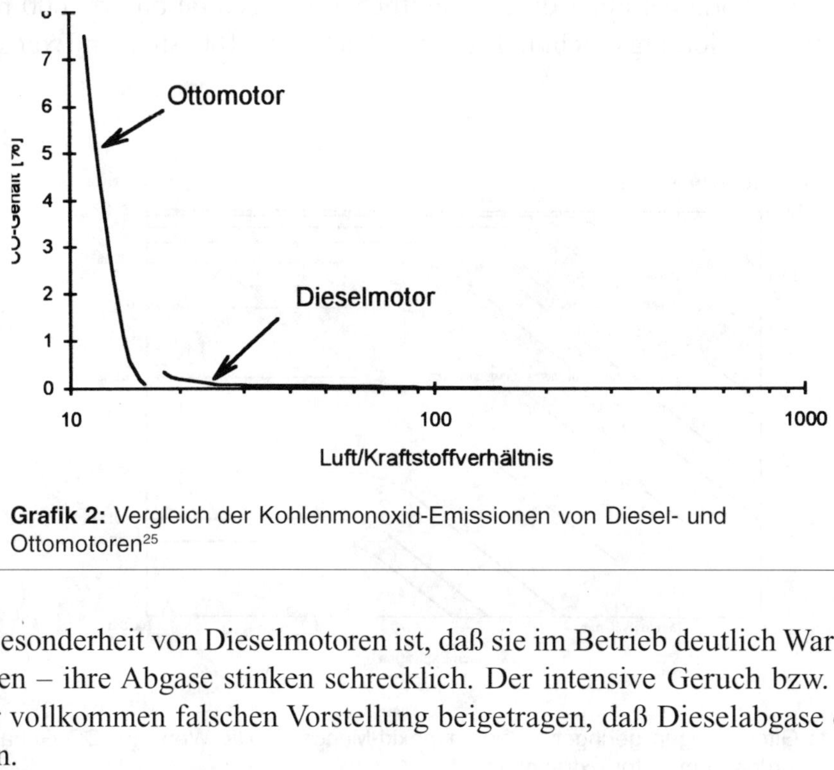

Grafik 2: Vergleich der Kohlenmonoxid-Emissionen von Diesel- und Ottomotoren[25]

Eine weitere Besonderheit von Dieselmotoren ist, daß sie im Betrieb deutlich Warnung bei ihrer Anwesenheit geben – ihre Abgase stinken schrecklich. Der intensive Geruch bzw. Gestank hat ohne Zweifel zu der vollkommen falschen Vorstellung beigetragen, daß Dieselabgase deshalb besonders gefährlich seien.

Obwohl Dieselabgase nicht gänzlich harmlos sind, so sind sie doch mit die harmlosesten Abgase, wenn man von einigen, auf lange Sicht gesehen krebserzeugenden Bestandteilen absieht, die allerdings für eine für den Massenmord arbeitende Gaskammer vollkommen irrelevant sind. Dieselabgas-Emissionen lagen immer unterhalb den von der US-Umweltschutzbehörde festgelegten Grenzwerten, ohne

24. Die Sowjets verwendeten sowohl Benzin (in den Typen BT, T 28, T35) als auch seit Mitte der dreißiger Jahre Dieselmotoren (in den Typen T34, KW Ia, KW II) in ihren Panzern, wobei der schwere Dieselmotor des T 34, Typ ›W2‹, ein V12 Zyl. Diesel (ungeteilte Kammer) mit 550 PS, 38,86 Liter Hubraum und einer max. Drehzahl von 1900 U/min war, vgl. Augustin, *Motortechnische Zeitschrift,* 5(4/5) (1943) 130–139; ebenda, 5(6/7) (1943) 207–213; ebenda, 6(1/2) (1944) 40; und: H. Scheibert, *Der russische Kampfwagen T-34 und seine Abarten,* Podzun-Pallas-Verlag, Friedberg 1988. Stellenweise liest man auch von U-Boot-Dieseln: Jochen von Lang, *Eichmann interrogated,* Farrar, Strauß & Giroux, New York 1983, S. 75 (dt.: *Das Eichmann-Protokoll,* Berlin 1982, S. 72), der ein russisches Unterseeboot erwähnt; siehe auch Hannah Arendt, *Eichmann in Jerusalem,* Reclam-Verlag, Leipzig 1990, S. 181, die eine Aussage Eichmanns während des Prozesses zitiert.

25. David F. Merrion, »Effect of Design Revisions on Two Stroke Cycle Diesel Engine Exhaust«, *Society of Automotive Engineers Transactions,* 77 (1968), paper 680422, S. 1535.

daß die Motoren dazu verändert werden mußten oder eine Sonderausstattung erhielten.[26] Dieselmotoren haben schon immer weniger als 1% CO erzeugt, dem aktuellen Standard für Verbrennungsmotoren. Benzinmotoren konnten diesen Standard nach vielen Jahren intensiver Forschung nur durch Konstruktionsveränderungen und Sonderausstattungen (Katalysator) erreichen.
Grafik 2 vergleicht die Kohlenmonoxid-Emissionen von Diesel- und Benzinmotoren, auch Ottomotoren genannt. Natürlich wäre die logische Wahl zwischen den beiden Typen als CO-Quelle immer auf den Benzinmotor gefallen. Otto- oder Benzinmotoren können leicht 7% CO abgeben, aber ein Dieselmotor kann niemals auch nur annähernd 1% liefern.
CO-Emissionen von Verbrennungsmotoren werden in der Regel als Funktion des Luft-/Kraftstoff-Verhältnisses bzw. der dazu reziproken Funktion des Kraftstoff-/Luft-Verhältnisses aufgetragen. Es ist von der Automobilindustrie wie von Umweltfachleuten allgemein akzeptiert, daß der Kohlenmonoxidanteil des Dieselabgases von diesem Verhältnis abhängt und nicht von anderen Faktoren wie etwa der Drehzahl.[27]
Ein Luft-/Kraftstoff-Verhältnis von 100 z. B. bedeutet, daß für jedes Gramm Kraftstoff, das im Motor verbrannt wird, 100 Gramm Luft durch den Motor geführt werden. Davon können allerdings höchstens 15 Gramm mit dem Kraftstoff auf irgendeine Weise chemisch reagieren, unabhängig vom Luft-/Kraftstoffverhältnis oder vom Motortyp. Das heißt, daß bei einem Luft-/Kraftstoff-Verhältnis von 100 immer 85 Gramm der Luft nicht reagieren. Diese 85 Gramm Überschußluft werden aus dem Motor herausgeblasen, ohne daß sie einer chemischen Veränderung unterliegen. Bezüglich dieser Überschußluft ist der Dieselmotor daher nichts anderes als eine ungewöhnliche Art von Gebläse oder Kompressor.
Benzinmotoren arbeiten grundsätzlich mit einem Luftdefizit. Als Folge dieses Mangels kann die Verbrennung in einem Ottomotor niemals vollständig sein; relativ zum Kohlendioxidanteil (CO_2) wird immer eine recht große Menge Kohlenmonoxid erzeugt.
Dieselmotoren arbeiten immer mit einem Luftüberschuß. Im Leerlauf arbeitet der Diesel mit einem Luft-/Kraftstoffverhältnis von bis zu 200:1. Bei Vollast geht das Luft-/Kraftstoffverhältnis nur bis auf 18:1 zurück. Wegen der großen Luftmenge verbrennt der Kraftstoff fast vollständig, so daß im Vergleich zum Benziner wesentlich weniger CO ensteht. Zudem wird die geringe vom Dieselmotor erzeugte CO-Menge durch die Überschußluft verdünnt.
Sobald man die Unterschiede zwischen Diesel- und Benzinmotor erkannt hat, wird es offensichtlich, daß bei einer vernünftigen Entscheidung immer der Benzinmotor als Kohlenmonoxidquelle ausgewählt worden wäre. Den Dieselmotor als Kohlenmonoxidquelle zu wählen ist und war schon immer lächerlich.
Es gibt im Prinzip zwei Arten von Dieselmotoren: solche mit geteiltem und solche mit ungeteiltem Verbrennungsraum.

5.2. Dieselmotoren mit geteilter Brennkammer

Die Kategorie der Dieselmotoren mit geteilter Brennkammer wird unterteilt in solche mit einer Vorverbrennungskammer und solche mit einem Wirbelkammer-Design.
Grafik 3 zeigt zwei Emissionskurven von Dieselmotoren mit geteilter Brennkammer (Motor A und B). Diese Meßkurven sind Ergebnisse ausgiebiger Versuche aus den frühen 40er Jahren. Sie wurden vom US-Bureau of Mines durchgeführt, um festzustellen, ob Dieselmotoren untertage eingesetzt werden

26. Auch in Deutschland lagen die Emissionswerte von Dieselmotoren stets unter den Grenzwerten der Bundes-Emissionsschutz-Verordnung. Dies ist der Grund, warum nur der Dieselmotor bis 1994 von der Katalysator-Pflicht befreit war.
27. J. C. Holtz, »Safety with mobile diesel-powered equipment underground«, *Report of Investigations No. 5616,* U.S. Dept. of the Interior, Bureau of Mines, Washington 1960, S. 67.

können, ohne die Bergleute zu gefährden.[28] Die Schlußfolgerung solcher Untersuchungen war immer, daß Dieselmotoren untertage eingesetzt werden können, wenn es sich nicht um Kohlebergwerke handelt und sofern die Motoren und die angeschlossenen Gerätschaften von der Behörde genehmigt sind. Die untere Kurve der Grafik 3 stammt von einem Vorverbrennungskammer-Diesel. Die mittlere von einem Wirbelkammer-Diesel. Die höchsten Luft-Kraftstoff-Verhältnisse entsprechen ungefähr dem Leerlaufverhalten und dem Verhalten ohne Last. Beide Motoren können im Leerlauf nicht einmal genug CO erzeugen, um nach einer halben Stunde Exposition auch nur schwache Kopfschmerzen zu erzeugen.

Wenn man zunehmend Last auf den Motor gibt und damit das Luft-Kraftstoff-Verhältnis absenkt, fällt der Kohlenmonoxidanteil zuerst ab. Erst in der Nähe der Vollast, in der Grafik wiedergegeben durch den fetten senkrechten Strich, steigt der CO-Anteil merklich bis zu einem Maximum von 0,1% bei einem Luft-Kraftstoff-Verhältnis von 18 an. Eine CO-Konzentration von 0,1% ist immer noch gut unterhalb der Marke ›0,4% bis 0,8%‹. Mit anderen Worten: Keiner dieser Motoren mit geteilter Brennkammer hätte genug CO erzeugen können, um irgend jemanden in einer halben Stunde zu töten, unabhängig von der Motorenlast.

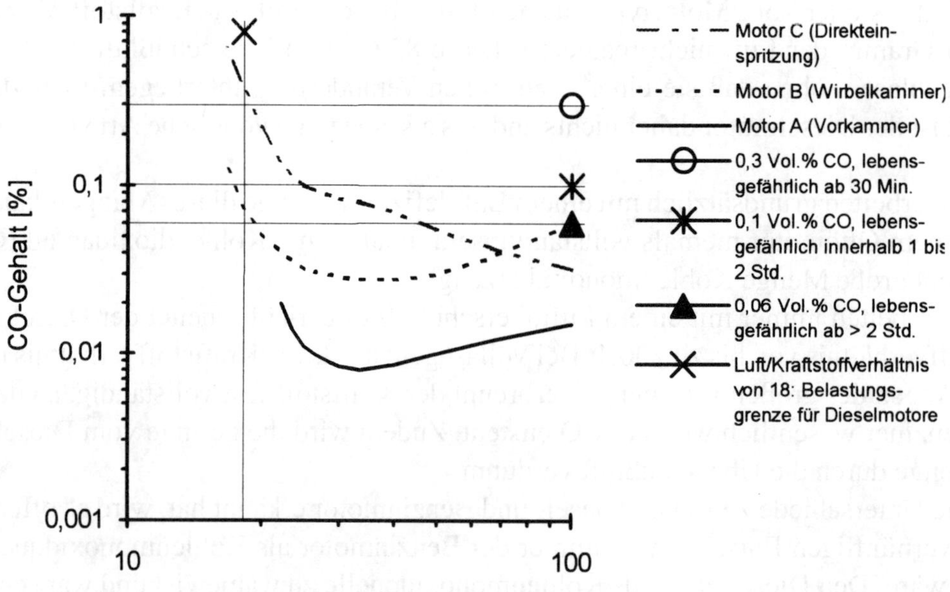

Grafik 3: CO-Emissionen verschiedener Dieselmotortypen.[29, 30] Die fette senkrechte Linie bei einem Luft-Kraftstoff-Verhältnis von 18 wurde vom Autor hinzugefügt.

5.3. Der Diesel-Qualm

Eine Eigenschaft von Dieselmotoren ist ihre Tendenz zum Qualmen, besonders im Bereich niedriger Luft-/Kraftstoff-Verhältnisse. Die fette Linie in Grafik 3 ist die Rußgrenze, die von Herstellern festgestellt wurde, um ihre Motoren vor übermäßigem Verschleiß durch Rauch- und Feststoffablagerungen

28. Obwohl die dazugehörigen Versuche und ihr Zweck in vielen Artikeln diskutiert wurden, ist wahrscheinlich der Beitrag von J.C. Holtz, aaO. (Anm. 27), der beste.
29. Grafik 3 und 4 wurden in den letzten vierzig Jahren wiederholt durch eine Vielzahl von Ingenieuren in der technischen Literatur verwendet. Dies zeigt einerseits, wie zuverlässig die Daten sind, auf denen diese Grafiken basieren. Andererseits wird darin auch verdeutlicht, daß diese Daten die schlechtesten Emissionskurven von Dieselmotoren überhaupt darstellen. Zwei frühere Literaturstellen, die diese Grafiken verwendeten, sind: H. H. Schrenk, L. B. Berger, »Composition of Diesel Engine Exhaust Gas«, *American Journal of Public Health,* 31(7) (1941) 674; und Martin A. Elliott, »Combustion of Diesel Fuel«, *Society of Automotive Engineers Quarterly Transactions,* 3(3) (1949) 509.
30. D. Elliot, ebenda, 333

im Zylinder zu schützen. In der Praxis kann ein Dieselmotor mit flüssigen Brennstoffen nicht in einem Bereich links von der fetten Linie betrieben werden, da die Rußablagerungen den Motor innerhalb weniger Minuten zerstören würden. Die gezeigten Daten unterhalb des Luft-Kraftstoff-Verhältnisses von 18 wurden nur deshalb erfaßt, weil die Forscher des US-Bureau of Mines die entsprechenden Motoren aus theoretischen Erwägungen mit gasförmigen, nichtrußenden Kraftstoffen weit jenseits des normalen Vollastverhaltens testen wollten. Diese Werte sind für unsere Überlegungen ohne Belang, da die Deutschen im Falle des Besitzes solcher gasförmigen Kraftstoffe, z. B. CO selber, dieses wohl direkt in die Gaskammern geleitet hätten.
Jeder Dieselmotor, unabhängig von Konstruktionweise und Motortyp, würde bei jeder möglichen Last eine merkliche Menge Qualm produzieren. Qualm ist allgemein auch unmittelbar nach dem Start des Motors bemerkbar, wenn der Motor noch nicht seine normale Betriebstemperatur erreicht hat.
Pattle u.a. haben festgestellt, daß bei einem unter geringer Last mit 0,22% CO-Entwicklung laufenden Motor ein extrem beißender, tränenreizender Qualm erzeugt wird, der, in eine Gaskammer eingeleitet, eine Sichtweite von wenigen Dezimetern erlaubt.[31] Sollten die in den Gaskammern angeblich eingesperrten Juden dieses Reißgas geduldig über sich haben ergehen lassen? Jedenfalls dürfen wir uns nicht verwundern, daß weder im ›Gerstein-Bericht‹ noch in irgendeinem anderen Bericht der Nachkriegsgerichtsverfahren jemals über Qualm vom Dieselmotor berichtet wird – kein schwarzer, kein weißer, kein dichter, kein beißender oder anders gearteter.

5.4. Einkammer-Dieselmotor

Die Kurve des Motors C in Grafik 3 zeigt, daß auch der Einkammer-Diesel im Leerlauf nur ca. 0,03% CO erzeugt, was nicht ausreicht, um nach einer halben Stunde Exposition Kopfschmerzen zu erzeugen. Mit zunehmender Motorenlast aber steigt der CO-Anteil steil an, und bei Vollast, dargestellt durch die fette senkrechte Linie, beträgt der CO-Anteil ungefähr 0,4%. Mit anderen Worten: Hier haben wir einen Dieselmotor, der so aussieht, als könne man mit ihm einen Massenmord in einer halben Stunde begehen.
Das Problem dieses wie aller Dieselmotoren ist, daß der ständige Betrieb unter Vollast über längere Zeiträume, wie etwa eine halbe Stunde, ein hohes Risiko bezüglich Beschädigung und Zerstörung des Motors durch Rußablagerung in den Zylindern bedeutet. Bei einem Betrieb mit höheren Luft-Kraftstoff-Verhältnissen als 18, also niedrigeren Lasten, fällt der CO-Anteil dramatisch ab. Zum Beispiel beträgt der CO-Anteil bei 80% Vollast, die als sicheres Maximum für einen Langzeitbetrieb gilt und bei der ein Luft-Kraftstoff-Verhältnis von ca. 22 gegeben ist, nur noch 0,13%. Nach Hendersons Regel, den angegebenen Zahlen und einigen einfachen Rechnungen ergibt sich, daß 0,13% CO innerhalb einer halben Stunde Exposition noch nicht einmal ›gefährlich‹ wäre.
Daß die Kennlinie des Motors C in Grafik 3 in der Tat typisch ist für alle Diesel der letzten 50 Jahre, wird belegt durch die Tatsache, daß genau diese Kurven immer wieder in zahllosen Zeitschriften und Büchern über Dieselabgase zitiert wurde und bis heute wird. Mit anderen Worten: Es gibt keine besseren Beispiele für Diesel-Emissionen. Natürlich gibt es viele weitere Versuchsergebnisse in angesehenen Zeitschriften wie der *Society of Automotive Engineers Transactions.* Aber wenn man sich die Mühe macht, die *SAE-Transactions* und andere Zeitschriften der letzten 40 Jahre durchzusehen, so wird man keine Beispiele mit schlechteren CO-Emissionen finden als in Grafik 3. Unsere Analyse des Motors Typ C gibt also den schlechtest möglichen Fall wieder, der überhaupt für einen Dieselmotor gefunden werden kann.[32]

31. R. E. Pattle, H. Stretch, F. Burgess, K. Sinclair, J. A. G. Edginton, *Brit. J. industr. Med.* 14 (1957) 47–55, hier S. 48.
32. Auch D. Pankow, *Toxikologie des Kohlenmonoxids,* VEB Verlag Volk und Gesundheit, Berlin 1981, S. 24, gibt an, daß Dieselmotoren bei Vollast nicht mehr als 0,4 Vol.% CO abgeben.

5.5. Die Motorenlast

Abgesehen vom Rußproblem ist es gar nicht einfach, einen Motor mit Vollast zu betreiben. Zum Beispiel muß man einen LKW zuerst voll beladen und dann mit ihm einen steilen Berg mit größtmöglicher Geschwindigkeit und dem Gaspedal im Anschlag hoch fahren. Unter diesen Umständen würde man wahrscheinlich 0,4% CO aus dem Auspuff ausstoßen, wenn der LKW einen Einkammer-Diesel besitzt. Wenn der LKW allerdings abgestellt ist, ist es weitaus schwieriger, den Motor mit Vollast zu fahren. Einfach nur dem Motor mit ausgekuppeltem Getriebe Vollgas zu geben, würde nur einige Prozent Last bedeuten. Die Kupplung schleifen zu lassen mag eine etwas größere Last bedeuten, allerdings brennt dann die Kupplung sehr schnell aus. Das Aufbocken der Antriebsachsen und der Betrieb mit angezogenen Bremsen würde die Last zwar noch etwas weiter erhöhen, aber auch die Bremsbeläge brennen bei solcher Betriebsart schnell aus.

Die einzig realistische Möglichkeit, um einen Motor merklich zu belasten, ist das Antreiben z. B. eines Bremsdynamometers oder ähnlicher Anlagen, wie z. B. eines Stromgenerators.

Bremsdynamometer müßten verfügbar gewesen sein, die Deutschen hatten viele solcher Geräte, aber sie gehören noch nicht einmal heute zu den üblichen Ausstattungen von Autoreparaturwerkstätten. Sie sind in der Regel nur in gut ausgestatteten Versuchslabors von Ingenieuren zu finden. Sie kosten wesentlich mehr als die Motoren, an die sie angeschlossen werden, da sie nicht in Massenproduktion hergestellt werden.

Eine Stromgenerator-Anordnung erscheint wesentlich plausibler zu sein, da die Lager Treblinka und Belzec Elektrizität benötigt haben müssen, auch wenn sie nur für einen elektrischen Zaun und für die Lagerbeleuchtung verwendet wurde, und da die ländlichen Umgebungen dieser Lager in Ostpolen zur damaligen Zeit wahrscheinlich noch nicht ans allgemeine Stromnetz angeschlossen gewesen sein dürften. Diese Anordnung würde aber einen ständigen Betrieb sowohl des Diesels als auch des Generators vorausgesetzt haben, was im Gegensatz zum ›Gerstein-Bericht‹ steht. Nach diesem Bericht konnte der Motor drei Stunden lang vor der Vergasungsaktion nicht gestartet werden. Nichts in dem Bericht deutet auch nur entfernt darauf hin, daß der Motor irgendeiner anderen Verwendung diente als dem Mord an Juden. Wenn der Motor zwei Aufgaben erfüllte, also z. B. dem zusätzlichen Antrieb eines Generators, könnte man irgendeine Bemerkung erwarten bezüglich der im Lager aufleuchtenden Lichter, wenn die Vergasungen begannen – aber es gibt nichts dergleichen. Tatsächlich wird von Zeugen des Lagers Treblinka erwähnt, daß es in demselben Gebäude, das den Vergasungsdiesel beherbergt haben soll, einen zweiten, davon allerdings unabhängigen Motor für die Stromversorgung des Lagers gab.[33]

Diese Berichte stellen diesen Generator also ausdrücklich *nicht* im Zusammenhang mit jenen Motoren, die zur Giftgaserzeugung betrieben worden sein sollen, wie auch solche über die Giftgasmotoren niemals Hinweise auf eine andere, kontinuierliche Verwendung der Motoren geben. Im Gegenteil: Szenen des Motor-Anwerfens, des Kommandos an den Motorbetreiber zum Motorenstart ›Iwan, Wasser!‹ (Treblinka), oder ähnlicher Vorkommnisse für Belzec (›Stiftung Heckenholt‹) kommen nicht nur bei Gerstein vor, sondern durchziehen die Zeugenliteratur wie ein roter Faden.

Aus den Unterlagen der Zentralbauleitung von *Auschwitz* wissen wir, daß die SS für dieses Lager Notstromaggregate zur Überbrückung von Ausfällen des öffentlichen Netzes anschaffte, und zwar deutsche Dieselmotoren mit 440 PS Dauerleistung für 250 KW Stromgeneratoren.[34] Wenn also die

33. E. Fuchs, in: E. Kogon, H. Langbein, A. Rückerl und andere (Hg.), aaO. (Anm. 21), S. 163: »[. . .] In dem dortigen Vernichtungslager habe ich eine Lichtmaschine aufgestellt, damit die Baracken elektrisch beleuchtet werden können [. . .]«; E. Roosevelt, A. Einstein u.a. (Hg), *The Black Book of Polish Jewry,* Roy Publishers, New York 1943, S. 142 ff.: Mord durch Wasserdampf, Dieselmotore für Stromversorgung. Vgl. auch A. Donat (Hg.), *The Death Camp Treblinka,* Holocaust Library, New York 1979, S. 157, sowie das darin abgedruckte Urteil des Treblinka-Prozesses des LG Düsseldorf, Az. 8 I Ks 2/64, S. 300; Y. Arad, *Belzec, Sobibor, Treblinka: The Operation Reinhard Death Camps,* University Press, Bloomington 1987, S. 42.

34. *Kostenüberschlag über Notstromaggregate für K.G.L.* von Zentralbauleitung der Waffen-SS und Polizei Auschwitz O./S., 26. 10. 1942.

Zeugen explizit ausführen, daß die mangels Anschluß ans öffentliche Netz ständig unter Last laufenden Stromaggregate im Lager Treblinka *zusätzlich* zu den nur sporadisch eingesetzten Vergasungsmotoren vorhanden waren, so ist dies ein Hinweis darauf, daß hier etwas nicht stimmt. Jeder Mensch, der bei Verstand ist, hätte die Abgase des schon vorhandenen und zudem unter Last laufenden Generatormotors zu Vergasungszwecken zu verwenden versucht und nicht zusätzlich einen im Schadensfall irreparablen russischen Panzermotor eingesetzt.

5.6. Künstliche Sauerstoffbegrenzung

Einen der Motorenlast vergleichbaren Effekt kann man erreichen, wenn man die Sauerstoffzufuhr am Lufteinlaß des Motors begrenzt. Pattle und andere simulierten bei ihren toxikologischen Untersuchungen auf diese Weise einen unter Last laufenden Einkammerdiesel, da eine merkliche Motorbelastung im stationären Betrieb einen zu hohen Materialaufwand erforderte und die unter Leerlauf und Leichtlast arbeitenden Motoren im Tierexperiment keine CO-Vergiftungen verursachten.[35] Die Drosselung der Luftzufuhr bewirkte zunächst, daß der Motor schwer zu starten war, beim Anlaufen unzuverlässig zündete und erst nach einer Warmlaufphase zuverlässig seinen Dienst versah. Der Kohlenmonoxidanteil im Abgas überstieg dabei nicht die 0,22%-Marke. Nachdem die Autoren eine Experimentalgaskammer mit dem Auspuffgas mehrfach gespült hatten, setzten sie 40 Mäuse, 4 Kaninchen und 10 Guinea-Schweine dem Abgas aus. Die Tiere waren erst nach 3 Stunden 20 Minuten an einer CO-Vergiftung gestorben.

Möglicherweise ließe sich die Tötungszeit in dem obigen Experiment noch etwas verkürzen, wenn man nach einer Warmlaufphase die Luftzufuhr noch etwas drosselte. Um die Tiere aber innerhalb einer halben Stunde *nach Beginn der Gaseinleitung* zu töten,[36] also gut 7mal schneller als im obigen Experiment, hätte der CO-Anteil auf mindestens 0,4%, wahrscheinlich jedoch noch weitaus mehr, erhöht werden müssen. Die dazu notwendige zusätzliche massive Drosselung der Luftzufuhr jedoch würde unweigerlich das Zündverhalten des Motors derart negativ beeinflussen, so daß er schließlich abgewürgt würde. Auch die Drosselung der Luftzufuhr stellt somit keine Lösung unseres Problems dar.

5.7. Aldehyde, Schwefeldioxid, Stickoxide und Kohlenwasserstoffe

Im Dieselabgas gibt es neben CO weitere Schadstoffe, vor allem Aldehyde (OCHR), Schwefeldioxid (SO_2), Stickoxide (NO_x, maximal 0,1%) und Kohlenwasserstoffe (C_xH_y). Der für den Diesel bekannte Geruch bzw. Gestank wird durch analytisch schwer bestimmbare Spuren gewisser Kohlenwasserstoffe und Aldehyde hervorgerufen. Die Empfindlichkeit der menschlichen Nase für diese Stoffe ist extrem hoch und steht in keinem Verhältnis zu den tatsächlich vorhandenen Mengen. Die im Abgas enthaltenen Kohlenwasserstoffe sind zum Teil krebserregend und stellen daher ein potentielles Langzeitrisiko dar, sind jedoch für unsere Betrachtung nicht von Belang.

Der Schwefeldioxidgehalt der Abgase, der bei schwefelreichen Kraftstoffen recht hoch sein kann, führt zu Atemwegsreizungen, die jedoch in der von uns betrachteten Zeit nicht lebensgefährlich werden können.

Stickstoffdioxid (NO_2) kann bei hohen Konzentrationen in der Lunge nach einer halben Stunde Exposition Lungenödeme bilden, die aber erst nach etwa 24 Stunden tödlich wirken.[37] Die uns interessierenden niedrigeren Konzentrationen von NO_2 führen dagegen ähnlich wie eventuell vorhandene Schwefeloxide bei einmaliger kurzer Exposition nur zu Lungen- und Schleimhautreizungen, so daß wir sie

35. R. E. Pattle u. a., aaO. (Anm. 31).
36. Bei R. E. Pattle u.a., ebenda, kamen die Tiere in einen gasgeschwängerten Raum, in unserem Fall muß das Gas den Raum erst langsam füllen!
37. W. Forth et al., aaO. (Anm. 17), S. 760 ff.; M. Daunderer, *Klinische Toxikologie,* 33. Erg.-Lfg. 1/88, ecomed, Landsberg 1988, S. 1 ff.

hier nicht zu berücksichtigen brauchen. Stickstoffmonoxid (NO) dagegen wirkt physiologisch ähnlich wie CO.[38] Im Gegensatz zum CO nimmt sein Anteil jedoch mit sinkendem Sauerstoffgehalt im Verbrennungsprozeß, also bei höherer Last, ab und erreicht keine gesundheitlich kritischen Werte.[39] Außerdem wandelt es sich recht rasch in NO_2 um,[40] so daß der NO-Anteil die Wirkung des CO-Anteils im Abgas nur unmerklich verstärkt.

Die Peroxid-(ozon-)bildenden Wirkungen der Stickoxide in Bodennähe sowie vor allem die krebserregenden Bestandteile des Diesel-Abgases waren schließlich der Anlaß, daß jüngst auch die Dieselmotoren in die Emissionsschutzverordnung einbezogen wurden – nicht aber ihre Schädlichkeit für die menschliche Atmung. Die in Deutschland durchgeführten Untersuchungen über Gesundheitsgefährdungen von Dieselabgasen beschränken sich daher fast ausschließlich auf die Untersuchung des Anteils nichtverbrannter Kohlenwasserstoffes und des Rußanteils.[41]

5.8. Sauerstoff im Dieselabgas

Wenn die Juden nicht durch den Kohlenmonoxidanteil im Abgas ermordet wurden, war es dann möglich, daß sie durch den erniedrigten Sauerstoffanteil im Abgas starben? Diese Theorie würde zumindest mit den Berichten von den blau angelaufenen Leichen übereinstimmen. Eine bläuliche Verfärbung an bestimmten Stellen des Körpers ist tatsächlich ein Symptom für einen Tod durch Sauerstoffmangel. Diese Theorie ist aber nicht sehr wahrscheinlich, da Dieselmotoren immer mit einem Luftüberschuß arbeiten.

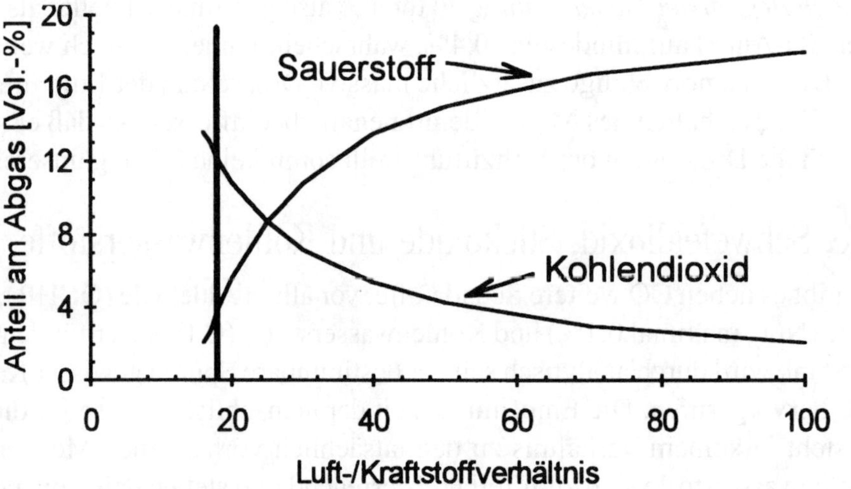

Grafik 4: Abgasbestandteile von Verbrennungsmotoren.[42] Die fette senkrechte Linie bei einem Luft-Kraftstoff-Verhältnis von 18 wurde vom Autor hinzugefügt.

38. W. Forth et al., aaO. (Anm. 17), S. 761, 765; M. Daunderer, *Klinische Toxikologie,* 34. Erg.-Lfg. 2/88, ecomed, Landsberg 1988, S. 1 ff.; vgl. W. Lüftl, »Sollen Lügen künftig Pflicht sein?«, *Deutschland in Geschichte und Gegenwart,* 41(1) (1993) 13 f.
39. Vgl. R. E. Pattle, H. Stretch, F. Burgess, K. Sinclair, J.A.G. Edginton, *Brit. J. industr. Med.* 14 (1957) 47–55, hier S. 50.
40. J. Falbe, M. Regitz (Hg.), *Römpp Chemie Lexikon,* Bd. 5, Thieme, Stuttgart [9]1992, S. 4314 f.
41. Kühn, Birett, *Merkblätter Gefährlicher Arbeitsstoffe,* 69. Erd. Lfg. 11/93, Technische Regeln für Gefahrstoffe (TRGS) 554: Dieselmotoremissionen, ecomed, Landsberg 1993; ders., ebenda, 61. Erg. Lfg. 9/92, TRGS 102, Technische Richtkonzentrationen (TRK) für gefährliche Stoffe, S. 93 ff.; Roth, M. Daunderer, *Giftliste*, 23. Erg.-Lfg. 2/86, TRGS 102, ecomed, Landsberg 1986, S. 51 ff.
42. Edward F. Obert, *Internal Combustion Engines and Air Pollution,* Intext Educational Publishers, New York 1973, S. 361.

Normale Luft enthält 21% Sauerstoff. Der Grafik 4 können wir entnehmen, daß die Sauerstoffkonzentration im Leerlauf jedes Diesels (geteilte wie ungeteilte Brennkammer) bei 18% liegt (in der Grafik rechts bei einem Luft-Kraftstoff-Verhältnis von 100). Die liegt nur wenige Prozent unter dem Normalwert der Luft. Bei Vollast, also einem Luft-/Kraftstoff-Verhältnis von 18, beträgt die Sauerstoffkonzentration jedes Diesels etwa 4%.

Wahrscheinlich die beste Beschreibung der Wirkungen von erniedrigtem Sauerstoffanteil bzw. von Erstickungserscheinungen findet man bei Henderson und Haggard. Danach tritt bei einem Sauerstoffgehalt unter 10% Bewußtlosigkeit ein, unter 6 % der Tod.[43] Nach Haldane und Priestley erzeugt ein Sauerstoffanteil unter 9,5% normalerweise innerhalb einer halben Stunde Bewegungsunfähigkeit.[44] Bewegungsunfähigkeit ist nicht gleichbedeutend mit Tod.

Es ist klar, daß es keine magische Zahl gibt, unterhalb derer der Tod eintritt bzw. oberhalb derer Leben bestehen kann. Auf jeden Fall hätte in einer Gaskammer, basierend auf der Tötung durch reduzierten Sauerstoffanteil, derselbe unter 9,5% – vielleicht sogar unter 6% – herabgesetzt werden müssen.

Der Grafik 4 können wir entnehmen, daß man einen Diesel bei einem Luft-/Kraftstoff-Verhältnis von 25, also ungefähr ¾-Last fahren muß, um einen Sauerstoffanteil von 9% zu erzielen. Um die Sauerstoffkonzentration auf 6% zu reduzieren, müßte ein Dieselmotor nahezu mit Vollast laufen. Mit anderen Worten: Jede Diesel-Gaskammer, die *allein* durch Sauerstoffmangel tötet, muß mit mehr als ¾ der Vollast des Motors arbeiten.

Aus dem oben Dargelegten sollte offenkundig werden, daß über den größten Teil seines Einsatzbereiches ein Dieselmotor genügend Sauerstoff abgibt, so daß man buchstäblich Diesel-Abgase einatmen und dank des darin enthaltenen Sauerstoffes überleben kann. Dieselabgase enthalten genügend Sauerstoff, um menschliches Leben für mindestens eine halbe Stunde zu erhalten.

5.9. Kohlendioxid

Wenn die Juden nicht durch CO oder durch Sauerstoffmangel starben, konnten sie dann durch Kohlendioxid gestorben sein? Kohlendioxid ist nicht giftiger als gewöhnliches Wasser. Die meisten Toxikologie-Bücher führen es noch nicht einmal auf. Wenn es überhaupt erwähnt wird, so als ›ungiftiges, einfaches Erstickungsmittel‹. Gelegentlich gibt es tödliche Unfälle, bei denen Kohlendioxid direkt beteiligt ist. Der Tod wird in fast allen diesen Fällen durch Sauerstoffmangel hervorgerufen. Der Sauerstoffmangel wird dadurch bewirkt, daß Kohlendioxid wesentlich schwerer ist als Sauerstoff und daß es besonders in geschlossenen Räumen den Sauerstoff ähnlich verdrängt wie das Wasser die Luft in den Lungen eines ertrinkenden Menschen. Die Todesursache ist in beiden Fällen nicht das Kohlendioxid bzw. das Wasser, sondern der Mangel an Sauerstoff im Blut. Ein Symptom dieser Todesart ist das bläuliche Erscheinungsbild der Haut.

Kohlendioxid kann heilend wirken und wird therapeutisch eingesetzt.[45] Es wird in der klinischen Medizin gewöhnlich als ein harmloses Atmungsanregungsmittel eingesetzt. Zu diesem Zweck wird es in Druckflaschen geliefert, die neben Sauerstoff 7% Kohlendioxid enthalten.[46] Die Atemluft eines Menschen enthält beim Ausatmen normalerweise etwa 5,5% Kohlendioxid.

Kohlendioxid-Anteile von 3% sind auch über mehrere Tage tolerierbar. Zum Beispiel experimentierte die US Navy in den fünfziger Jahren mit Gasgemischen aus 3% Kohlendioxid und 15% Sauerstoff, also ein Viertel weniger Sauerstoff als in normaler Luft, für die Verwendung in amerikanischen U-Booten mit Expositionen über mehrere Wochen.[47]

---

43. Y. Henderson, H. W. Haggard, aaO. (Anm. 20), S. 144 f.
44. J. S. Haldane, J.G. Priestley, *Respiration*, Yale University Press, New Haven 1935, S. 223 f.
45. L. J. Meduna, *Carbon Dioxide Therapy*, C.C. Thomas, Springfield, S. 3–19.
46. J. D. P. Graham, *The Diagnosis and Treatment of Acute Poisoning*, Oxford University Press, London 1962, S. 215 ff..
47. L.T. Fairhall, *Industrial Toxicology*, Williams & Wilkins, Baltimore ²1957, S. 180.

Bei Dieselmotoren steigt der Kohlendioxidgehalt von im Leerlauf 2% auf 12% im Vollastbetrieb an, Grafik 4. 12% Kohlendioxidanteil kann Herzrhythmusstörungen verursachen und ist daher für Menschen mit schwachem Herzen gefährlich.[48] Benzinmotoren erzeugen schon im Leerlauf 12% Kohlendioxid. Allgemein kann auch ein Kohlendioxidanteil von 12% keinen Tod verursachen, wenn genügend Sauerstoff vorhanden ist. Man geht allgemein davon aus, daß erst Kohlendioxid-Anteile von über 20 bis 30% gefährlich werden.[49] Wenn allerdings der Kohlendioxid-Anteil in Dieselabgasen 12% beträgt, ist der zugehörige Sauerstoffanteil gefährlich niedrig.
Die eigentliche Lebensgefahr geht bei Dieselmotorabgasen weder vom CO- noch vom Kohlendioxidanteil, sondern vom Sauerstoffmangel aus.

6. Arbeitsweise der Dieselgaskammern

6.1. Der Giftgasanteil

Wenn ein Auspuffrohr eines Dieselmotors an eine Gaskammer angeschlossen wird, wird der CO-Anteil darin anfangs sehr niedrig sein, der Sauerstoffanteil aber recht hoch. (Da die Türen der Kammer geöffnet werden mußten, damit die toten Opfer hätten entfernt werden können und die neuen Opfer den Raum betreten könnten, wäre genügend frische Luft in die Kammer gekommen.) Sobald der Diesel startet, steigt der prozentuale CO-Anteil in der Kammer Stück für Stück bis zum Anteil im Auspuffgas selber an, ohne diesen jemals überschreiten zu können.
Anhand des ›Gerstein-Berichtes‹ ist es unmöglich festzustellen, wie lange es dauerte, bis der CO-Anteil in der Kammer gleich dem im Abgas war, da die Informationen Gersteins über die Motorart und die Gaskammer im Lager Belzec viel zu gering sind.
Etwas besser sieht unsere Informationslage bezüglich des Lagers Treblinka aus. Die über die dortigen Gaskammern inzwischen gesammelten und veröffentlichten Zeugenaussagen sind sehr zahlreich, wenn auch manchmal widersprüchlich. Man hat sich heute aber weitgehend darauf geeinigt, daß das größere und somit wichtigere der beiden Gaskammergebäude in Treblinka aus 10 Kammern zu je 8 m Länge, 4 m Breite und 2 m Höhe (320 m² Grundfläche und 640 m³ Raumvolumen) bestanden haben soll. Die Kammern sollen angeblich mit den Abgasen nur eines russischen Diesel-Panzermotors mit 38,86 Liter Hubraum begast worden sein.[50] Auf der somit bezeugten Gesamtgrundfläche von 320 m² konnten sicherlich nicht mehr als 3200 Personen untergebracht werden.[51] Bei einem mittleren Körpervolumen von 75 Litern hätten diese Menschen einen Raum von 240 m³ eingenommen, womit ein Luftvolumen von etwa 400 m³ verblieben wäre.
Die damaligen russischen Panzermotoren hatten eine maximale Drehzahl von 2000 Umdrehungen pro Minute.[52] Da ein Viertakt-Motor nur jede zweite Umdrehung seinen Kolbeninhalt entleert, bläst der Motor bei dieser Drehzahl das Tausendfache seines Hubvolumens an Abgasen pro Minute in die Kammer, also 38,86 m³. Nach etwas über 10 min wäre somit einmal das ganze freie Raumvolumen der Kammern an Abgasen freigesetzt worden. Zwar sollen nach den Zeugenaussagen die Gaskammern hermetisch, also luftdicht verschlossen worden sein,[33] jedoch war dies aus technischen Gründen nicht

48. M. Daunderer, *Klinische Toxikologie,* 32. Erg.-Lfg. 21/87, ecomed, Landsberg 1987, S. 1.
49. J.M. Arena, *Poisoning: Toxicology – Symptoms – Treatments,* C. C. Thomas, Springfield, ⁴1979, S. 243; J. D. P. Graham, *The Diagnosis and Treatment of Acute Poisoning,* Oxford University Press, London 1962, S. 216.
50. Vgl. dazu A. Donat (Hg.), aaO. (Anm. 33), S. 34, 157 ff., und das Düsseldorfer Treblinka-Urteil, ebenda, S. 300 ff.; Y. Arad, aaO. (Anm. 33), S. 119 f.; J.-F. Steiner, *Treblinka*, Stalling, Oldenburg 1966, S. 173. Zum Motortyp vgl. aaO. (Anm. 24).
51. J.-F. Steiner, aaO. (Anm. 50), S. 173, spricht von 200 Menschen pro Kammer. J. Wiernik in: A. Donat, aaO. (Anm. 33), S. 161, dagegen phantasiert von 1000 bis 1200 pro Kammer, die er mit 7m × 7 m Grundfläche angibt, also von über 20 Menschen pro m². Y. Arad, aaO. (Anm. 33), S. 120 f., läßt maximal 380, real jedoch bis zu 300 Menschen pro Kammer hinein, wobei hier stellenweise auch die Rede von lediglich 6 Kammern ist.
52. Augustin, *Motortechnische Zeitschrift,* 5(4/5) (1943) 130–139.

möglich, Löcher zum Entweichen des überschüssigen Gases hätten vorhanden sein müssen.[53] Da jedoch nicht nur die frische Luft durch die vorhandenen Ritze entwichen wäre, sondern auch das bereits eingeströmte Dieselabgas und zudem die Opfer durch ihre Atmung Teile des Kohlenmonoxids aus dem Abgas entfernt hätten, hätte es mindestens eines zweifachen Umsatzes des Raumvolumens durch die Dieselabgase bedurft, um die Kammern gänzlich mit Dieselabgas zu füllen. Somit ist bei 2000 U./min nicht damit zu rechnen, daß vor 20 Minuten nach Vergasungsbeginn der CO-Anteil in der Kammer den des Abgases selber erreicht hätte. Würde der CO-Anteil im Abgas im schlimmsten Fall 0,4% betragen haben, so hätte der mittlere CO-Anteil in der Kammer bei etwa 0,2% gelegen.[54] Erst für die letzten 10 Minuten unserer maximal 30-minütigen Vergasung stünden die vollen 0,4% CO zur Verfügung. Weder die 20 Minuten unter 0,2% noch die zusätzlichen 10 Minuten unter 0,4% CO reichen jedoch aus, um Menschen damit zu töten.

Eine ähnliche Analyse der Wirkung von verringertem Sauerstoffanteil ergibt, daß jeder jemals gebaute Dieselmotor mindestens mit ¾ der Vollast betrieben werden müßte, bevor dieses System wegen Sauerstoffmangels merklich tödlich sein könnte. Betrachtet man zum Beispiel einen Betrieb mit einem Luft-Kraftstoff-Verhältnis von 25, so ergibt sich hierbei am Ende des ›ansteigenden‹ Abschnitts ein maximaler CO-Anteil von 0,1%, ein minimaler Sauerstoff-Anteil von ca. 8,7% sowie ein gleicher, maximaler Kohlendioxid-Anteil. Physiologisch wirkt sich ein CO-Anteil von 0,1% bei 8,7% Sauerstoff ähnlich aus wie 0,24% CO bei 21% Sauerstoff $\left(\frac{8,7\%}{0,1\%} = \frac{21\%}{0,24\%)} \right)$. Eine genauere Analyse der kombinierten Effekte von CO, Kohlendioxid und reduziertem Sauerstoffanteil ist auf Grundlage der Untersuchungen von Haldane und Henderson möglich. Die Ergebnisse wären nicht sonderlich verschieden zu denen, die schon für die Wirkungen des reduzierten Sauerstoffanteiles festgestellt wurden. Der Grund dafür ist, daß der Kohlendioxid- und Kohlenmonoxidanteil in diesen mittleren Lastbereichen zu niedrig ist, um merklich Unterschiede zu bewirken.

Auf jeden Fall müßte jeder beliebige, jemals gebaute Dieselmotor mindestens mit ¾ der Vollast betrieben werden, damit die entsprechende Diesel-Gaskammer durch die kombinierten Wirkungen effektiv arbeiten könnte.

6.2. Lärm und Vibrationen

Zusätzlich zu ihrem Qualm und Gestank sind Dieselmotoren auch wegen ihres Lärms und ihrer Vibrationen bekannt. Aufgrund ihres höheren Verdichtungsverhältnisses, der niedrigeren Drehzahlen und der Verbrennungsweise sind die Vibrationen eines Dieselmotors wesentlich stärker als die eines Benziners vergleichbarer Größe. Der Lärm und die Vibrationen sind mit die Hauptgründe dafür, daß Dieselmotoren nicht allgemein in Autos eingesetzt werden.

Wenn ein V-12-Zylinder Dieselmotor eines typischen sowjetischen T-34 Panzers mit einer Nennleistung von 550 PS auf den Boden eines kleinen Gebäudes montiert worden wäre und eine halbe Stunde mit ¾ Vollast (mehr als 410 PS) betrieben worden wäre, wären der Lärm und die Vibrationen zumindest genau so erwähnenswert und spektakulär gewesen wie die klagenden Juden – und dennoch gibt es bezüglich des Lärms und der Vibrationen im ›Gerstein-Bericht‹ oder in jedem anderen Bericht der Nachkriegsverfahren keine Anmerkungen.

6.3. Diesel für den Massenmord?

Ohne eine gewisse Vorkenntnis der grundlegenden Eigenschaften von Dieselmotoren wäre wohl die erste Methode, die einem Möchtegern-Massenmörder einfiele, einen Dieselmotor auf den Boden eines Gebäudes zu montieren und die Abgase direkt in die Kammer zu leiten, ohne dem Motor eine künstliche Last aufzuerlegen. Diese Vorrichtung wäre den vorgesehenen Opfern höllisch lästig gewe-

53. Der entstehende Überdruck hätte die Kammer nach wenigen Minuten gesprengt, vgl. den Beitrag von A. Neumaier im vorliegenden Band.
54. Unter Annahme einer linearen Zunahme des CO-Anteils.

sen, aber zugleich wäre nichts Schlimmeres dabei herausgekommen als Kopfschmerzen. Die Kopfschmerzen würden vom Gestank, Qualm und Lärm herrühren, aber bestimmt nicht vom CO oder vom Sauerstoffmangel. Als Methode für den Massenmord wäre es ein Fiasko gewesen.

Um eine Dieselgaskammer zu errichten, die wenigstens annähernd für einen Massenmord geeignet gewesen wäre, wären eine Menge außergewöhnlich gut informierter Personen nötig gewesen, die das Notwendige wußten und ausführen konnten. Sie mußten das Kohlenmonoxid- und Sauerstoff-Emissionsverhalten ihres Motors kennen. Solche abseits der normalen Umweltverschmutzungsdaten liegenden Kenntnisse besitzen wahrscheinlich noch nicht einmal die meisten der heutigen Ingenieure. Die Gaskammer-Ingenieure mußten ebenso wissen, wie man ihrem Motor eine dauernde Last von ¾ seiner Vollast auferlegt, zumal weniger nicht genug gewesen wäre, oder wie man die künstliche Drosselung der Sauerstoffzufuhr mit einer gewissen Motorenlast koppelt, um den gleichen Effekt zu erreichen. Wenn sie den Motor überlastet hätten oder aber ihn zu lange nahe der Vollast hätten laufen lassen, hätten sie nach jeder Vergasung den Motor überholen oder wegen Schäden oder Zerstörungen durch den Ruß sogar austauschen müssen. Allein um die nötigen Ausrüstungen, einschließlich der Vorrichtung zur kontrollierten Belastung des Motors, zu bekommen und korrekt zu installieren, wäre der Einsatz erfahrener Ingenieure notwendig gewesen; einfache Automechaniker reichen dafür nicht aus. Das Montieren des Motors (550 PS!) auf den Fußboden eines Gebäudes schließlich hätte ein solides Fundament mit leistungsfähiger Schwingungsdämpfung bedurft, um das Gebäude durch die enormen Vibrationen nicht zu zerstören.

Die alles entscheidende Frage ist: Wenn irgend jemand forsch genug war, die nötigen Kenntnisse sowie Materialien und Gerätschaften besaß, um eine funktionsfähige Diesel-Gaskammer zu bauen, warum sollte er sich ausgerechnet und in erster Linie mit einem Dieselmotor abgeplagt haben? Trotz all seiner Anstrengungen würde er im Endeffekt doch nur eine Gaskammer gehabt haben, die im ungünstigsten Fall für ihren verbrecherischen Zweck doch nur begrenzt wirksam gewesen wäre. Trotz all seiner Anstrengungen hätte er nur eine mittlere CO-Konzentration von weniger als 0,4% und eine Sauerstoffkonzentration von mehr als 4% gehabt. Jeder übliche, gewöhnliche Benzinmotor hätte ohne besondere Zusätze und schon im Leerlauf zehnmal soviel CO geliefert wie jeder Diesel vergleichbarer Größe bei Vollast. Jeder übliche, gewöhnliche Benzinmotor hätte leicht 7% CO und weniger als 1% Sauerstoff geliefert. Allein durch Verstellungen am Vergaser kann man leicht CO-Anteile im Bereich von 12% erzeugen, indem man an einer kleinen Schraube dreht, nämlich der Leerlaufeinstellungsschraube. Vergleicht man beide Motortypen unter Leerlaufbedingungen oder unter leichter Last, so sind die Unterschiede noch dramatischer. Im Leerlauf liefert jeder übliche, gewöhnliche Benzinmotor auch ohne besondere Zusätze mit Leichtigkeit mehr als hundertmal soviel CO als jeder Diesel vergleichbarer Größe.

Die Diesel-Gaskammer-Geschichte ist schon aus diesen Gründen unglaubhaft. Diese Geschichte wird aber noch weitaus unglaubhafter, wenn man entdeckt, daß die Deutschen noch weitaus bessere CO-Quellen hatten, als schon die Benzinmotoren darstellen. Diese Quellen benötigten weder Dieselkraftstoff noch Benzin.

7. Fünfhunderttausend Giftgas-Generatoren auf Rädern – nie benutzt für den Massenmord!

Während des Zweiten Weltkrieges setzten viele europäische Länder für den zivilen Verkehr auf Fahrzeuge, die weder Dieselkraftstoff noch Benzin verbrauchten, sondern feste Brennstoffe wie Holz, Koks und Kohle. Der feste Brennstoff, in der Regel Holz, wurde in einem allgemein am Heck montierten Generator durch einen Schwelbrand in eine Mischung brennbarer Gase umgewandelt (Holz- oder Kohlevergasung). Diese Gase wurden dann vom Generator zum zumeist vorn plazierten, leicht modifizierten Benzin- oder Dieselmotor geleitet. Das derart produzierte, brennbare Gas enthielt immer

zwischen 18 % und 35% CO. Aber die Abgase von Motoren, die mit diesem Gas betriebenen wurden, enthielten nie mehr als 0,3% CO, da das CO ja im Motor verbrannt wurde.[55]
Im deutschsprachigen Raum Europas nannte man diese Fahrzeuge ›Generatorgaswagen‹ oder einfach ›Gaswagen‹. Verbrannten sie Holz, was die meisten von ihnen taten, so wurden sie auch ›Holzgaswagen‹ (Holzvergaser) genannt. Im englischsprachigen Raum wurden diese Fahrzeuge ›producer gas vehicles‹ (Erzeugergas-Fahrzeuge) genannt. Sie hätten genausogut auch ›Giftgaswagen‹ genannt werden können, zumal sie genau dies waren: das Gas, das sie erzeugten, war äußerst giftig. Der Betrieb dieser Fahrzeuge erforderte besondere Sicherheitsmaßnahmen sowie besondere Führerscheinübungen und -prüfungen für die Hunderttausende Fahrer, die diese Fahrzeuge im deutsch-besetzten Teil Europas tagein, tagaus fuhren.[56]
Jeder Generatorgaswagenfahrer war verpflichtet, folgendes genau zu wissen und zu beachten und im Fahrzeug mitzuführen:[57]

> *»Sicherheitstechnische Richtlinien für Gaserzeuger-Kraftfahrzeuge*
>
> *vom 28. November 1942.*
>
> *Das Gas der Gaserzeugeranlage enthält bis 35% Kohlenoxyd (CO). Kohlenoxyd kann schon bei einer Menge von 0,1% in der Atmungsluft tödlich wirken. Es besteht daher – besonders beim Anheizen und Nachfüllen –* ***Vergiftungsgefahr!***
> *Den Gaserzeuger nur im Freien anheizen und nachfüllen! Nicht unnötig in der Nähe des Ausblasrohres verweilen.* ***Motoren nicht in Garagen laufen lassen.***
> ***Pflichten der Einheitsführer und Kraftfahrer***
> *Alle Personen, die mit Gaserzeugern umzugehen haben, sind verpflichtet, sich die erforderlichen Kenntnisse anzueignen, die zu einer geregelten gefahrlosen Betriebsführung erforderlich sind. Die Bedienungsanweisung des Gaserzeugerherstellers ist genauestens zu beachten und im Kraftfahrzeug mitzuführen. Außerdem ist ein Abdruck dieser Richtlinie den Fahrzeugpapieren eines jeden Gaserzeuger-Kraftfahrzeugs beizufügen. . .«*

Soweit wie möglich mußte man flüssige Brennstoffe für das Militär sparen, wenigstens für die Dauer des Krieges. Aber auch für den eventuellen Frieden würde man diese Giftgastechnologie brauchen. Mit welchem Interesse sogar Adolf Hitler selbst die Entwicklung von Fahrzeug-Gaserzeugern verfolgte, zeigt die folgende Aussage bei der Vorführung von Mercedes-Benz-Lastkraftwagen mit Mercedes-Benz-Gaserzeugern für Kohle:[58]

> *»Fahrzeuge dieser Art werden auch nach dem Kriege ihre besondere Bedeutung beibehalten; denn bei der zunehmenden Motorisierung werden wir nie zuviel flüssige Kraftstoffe haben, also immer auf die Einfuhr angewiesen sein. Die zusätzlichen heimischen Kraftstoffe kommen somit der eigenen Volkswirtschaft zugute.«*

In Deutschland und in den von ihm kontrollierten Gebieten waren schon im Herbst 1941 etwa 150 000 Generatorfahrzeuge in Betrieb, deren Umstellung auf diese Kraftstoffquelle eine monatliche Ersparnis an flüssigem Kraftstoff von etwa 45 Millionen Liter ergab. Das Ziel war, »jedes Quantum entbehrlichen Kraftstoffs für die Wehrmacht frei zu machen«.[59] Die Gesamtzahl der Generatorgas-Fahrzeuge war bis zum Kriegsende im ehemals deutsch besetzten Europa auf mehr als 500 000 angestiegen.[60]

55. H. Bour, I.McA. Ledingham, *Carbon Monoxide Poisoning,* Elsevier, Amsterdam 1967, S. 2.
56. In der deutschen fahrzeugtechnischen Literatur dieser Zeit wimmelt es nur so von Material über diese heute vergessene Technik. Für einen einführenden Überblick vgl. *Automobiltechnische Zeitschrift* 18 (1940) und 18 (1941). Vgl. auch E. Eckermann, *Alte Technik mit Zukunft, Die Entwicklung des Imbert-Generators,* Oldenbourg, München 1986.
57. H. Fiebelkorn, *Behandlung und Instandsetzung von Fahrzeug-Gaserzeugeranlagen,* W. Knapp, Halle 1944, S. 189.
58. A. Hitler, 15. 7. 1940, zitiert nach W. Ostwald, *Generator-Jahrbuch,* Jahrgang 1942, J. Kasper & Co., Berlin 1943, S. 79.
59. W. Ostwald, ebenda, S. 41 f.
60. E. Eckermann, aaO. (Anm. 56).

Am 30. Mai 1942 hat Reichsmarschall Göring für seinen Vierjahresplan eine ›Zentralstelle für Generatoren‹ errichtet mit der Aufgabe, »die Generatorfertigung anzukurbeln, neue Typen in Anlehnung an die gegebene Kraftstoffbasis festzulegen, neue Festkraftstoffe für die Verwendung im Generator zu erschließen und geeignete Verfahren zur Aufbereitung und Schwelung usw. zu entwickeln«.[61] Göring führte aus:[62]

> *»Ich verweise auf die in meinem vorgenannten Erlaß gemachten Ausführungen hinsichtlich der Vordringlichkeit der Aufgaben, Deutschland sowie die besetzten Gebiete und die abhängigen Länder in kürzester Zeit möglichst weitgehend vom flüssigen Kraftstoff unabhängig zu machen, und bitte, die Bemühungen der Zentralstelle durch beschleunigten Einsatz von Generatoren in jeder Weise nachdrücklich zu unterstützen.«*

Mit zunehmender Kriegsdauer wurde die Umstellung auf feste Brennstoffe immer dringlicher. Am 22. September 1942 veranlaßte Reichsminister Speer als Generalbevollmächtigter für Rüstungsaufgaben (GBRüst) die Umrüstung aller mittelschweren und schweren Lastkraftwagen und Omnibusse für alle deutschbesetzten Gebiete.[63] Ein Jahr später sind durch die Ergänzungsverordnung des GBRüst vom 13. 9. 1943 alle diese Beschränkungen weggefallen. Nunmehr wurde die Umrüstung aller Nutzfahrzeuge angeordnet.[64] Nach dem Krieg erklärte die US Strategic Bombing Survey in einem langen Bericht über die deutsche Ölproduktion, daß man unmittelbar vor Kriegsende sogar mehrere der besten deutschen Panzer, fünfzig Königstiger, mit Generatorgas betrieben habe.[65]

Abbildung 1: Ein typischer Gaswagen, der ursprünglich ein normaler Omnibus war, aber nachträglich mit einem Generator und einem Saurer-Motor ausgerüstet wurde.[66]

61. E. Hafer, *Die gesetzliche Regelung des Generatoren- und Festkraftstoff-Einsatzes im Großdeutschen Reich,* J. Kasper & Co., Berlin 1943, S. 15.
62. Schreiben H. Görings an den Reichswirtschaftsminister, -verkehrsminister, an die Oberbefehlshaber der Wehrmachtteile, den Chef des Oberkommandos der Wehrmacht, die Reichsminister für Bewaffnung und Munition sowie für die besetzten Ostgebiete, nach E. Hafer, ebenda, S. 17.
63. E. Hafer, ebenda, S. 36.
64. E. Hafer, ebenda, Ergänzungslieferung, S. 35a.
65. U.S. Strategic Bombing Survey, *The German Oil Industry Ministerial Report Team 78,* War Department, Washington ²1947, S. 73.
66. W. Oerley, »Entwicklung und Stand der Holzgaserzeuger in Österreich, März 1938«, *Automobiltechnische Zeitschrift,* 11 (1939) 314.

Die Unmenge der überall im deutschbesetzten Europa eingesetzten Holzgaswagen sowie die Vehemenz, mit der die Deutschen immer neue Fahrzeuge und andere Anwendungen für die Vergasungstechnologie entwickelten, sind eine Tatsache, die die Holocaust-Geschichte im ganzen unterminiert. Wenn die Deutschen jemals vorhatten, mit Kohlenmonoxid massenhaft zu morden, so würden sie ohne Zweifel diese Vergasungstechnologie schon lange eingeführt haben, bevor sie auf die idiotische Idee gekommen wären, Diesel-Abgase zu verwenden.

Eichmann und die anderen ›Transport-Experten‹, die mit der ›Gesamtlösung des jüdischen Problems‹ befaßt waren, das in der Tat vor allem ein Transportproblem war, hätten sicherlich sehr genau Bescheid gewußt über diese Fahrzeuge und ihre einzigartigen Eigenschaften. So hatte zum Beispiel jeder Generator ein Anheizgebläse, das entweder mit einem kleinen elektrischen Motor oder mit der Hand betrieben wurde. Es wäre lächerlich leicht gewesen, eine Leitung an dem Ausblasrohr des Gebläses anzuhängen, um Giftgas in irgendeinen Keller, eine Baracke oder ein Gefängnis zu leiten – aber nirgendwo in der ganzen Holocaust-Literatur wird eine solche Technologie auch nur angedeutet. Das bedeutet doch, daß entweder die schrecklichen SS-Leute sehr dumm und technisch unfähig waren, oder – was weitaus wahrscheinlicher ist – daß die Diesel-Gaskammer-Geschichte unzutreffend ist.

8. Gaswagen für den Massenmord?

8.1. Die Chelmno-Diesellastwagen

Die Generator-Gaswagen sind nicht identisch mit den Gaswagen, die angeblich in Chelmno und von den Einsatzgruppen in Rußland für den Massenmord eingesetzt worden sein sollen, ungeachtet der Tatsache, daß die Wortwahl für beide Fahrzeugtypen im Deutschen stellenweise gleich ist. Die mordenden ›Vergasungslaster‹ waren laut allen vorgebrachten ›Beweisen‹ herkömmliche Lastwagen, die angeblich nur ihre Abgase von Dieselmotoren im Leerlauf als tötendes Gas verwendeten. Die Grundlage der ›Gaslaster‹-Geschichte ist im wesentlichen ein eigenartiges Dokument mit der IMT-Signatur PS-501, das nach meiner Auffassung eine Fälschung ist. Es basiert auf einem harmlosen Brief von SS-Untersturmführer Becker an SS-Obersturmbannführer Walter Rauff, in dem von Änderungswünschen an einem S-Wagen[67] auf die ›bläulichen‹ Körper unbekannter Verwendung die Rede ist. Der Brief wurde anscheinend neu geschrieben, wobei einige inhaltliche Änderungen vorgenommen wurden, um dem Brief eine belastende Bedeutung zu geben. Zudem gibt es von diesem ›Dokument‹ mehrere Versionen. Eine detailliertere Analyse unter anderem dieses ›Dokuments‹ erfolgt in diesem Buch durch Ingrid Weckert.[68]

8.2. Die Herkunft der Diesel-Geschichte

Die Dieselmord-Methode hat, soweit ich es in Erfahrung bringen konnte, ihren Ursprung in der sowjetischen Propaganda um die Mitte des Jahres 1943. Kurz zuvor waren die Sowjets durch die deutsche Entdeckung des Massakers von Katyn entlarvt worden. Zudem empfingen die Deutschen ganz offen international angesehene Gerichtsmediziner, damit diese ihre eigenen Untersuchungen an den Opfern von Katyn machen konnten.[69]

Um sich für Katyn zu rächen, inszenierten die Sowjets wenige Monate danach in Charkow und Krasnodar Schauprozesse, in deren Verlauf die unglücklichen gefangenen Deutschen ›Geständnisse‹ einbrachten. Die Sowjets verweigerten allerdings jedem nichtsowjetischen Fachmann, die angeblichen Stätten

67. ›S‹ stand für Standardantrieb über die Hinterräder, im Gegensatz zu den A-Wagen mit Allradantrieb, und den mit Sd.-Kfz abgekürzten Sonderfahrzeugen, vgl. W. Spielberger, *Spezial-Panzer-Fahrzeuge des deutschen Heeres,* Motorbuch-Verlag, Stuttgart 1977, S. 153 f.; ders., *Die Halbkettenfahrzeuge des deutschen Heeres,* ebenda, ^{2}1984, S. 170 f.; W. J. K. Davies, *German Army Handbook 1939 1945,* Arco, New York 1981, S. 90.
68. Vgl. den Beitrag von I. Weckert im vorliegenden Buch.
69. F. Kadell, *Die Katyn-Lüge,* Herbig, München 1991.

der Massaker zu besichtigen. Mit Beginn dieser Prozesse warfen die Sowjets den Deutschen vor, daß sie Zivilisten in Lastwagen aufs Land gefahren hätten. Nachdem man die Wagen mit den Opfern abgestellt habe, seien die Motorabgase in das Wageninnere geleitet worden, worauf die Opfer kurz darauf gestorben seien.

In diesen Szenarien wären die Dieselmotoren – im ungünstigsten Fall – hochtourig im Leerlauf betrieben worden. Die unter solchen Bedingungen erzeugte CO-Konzentration hätte kaum ausgereicht, um innerhalb einer halben Stunde für Kopfschmerzen zu sorgen.

Einige dieser Lastwagen sollen von der Firma Saurer hergestellt worden sein.[68] Die Ironie dieser Geschichte liegt darin, daß die Firma Saurer schon vor dem Krieg als der wichtigste Hersteller von Generatorgas-Lastwagen auf der Welt galt. Während des Krieges sicherte sich diese Firma einen technischen Vorsprung im LKW-Markt gegenüber Mercedes, Opel und Ford, die ebenfalls Generatorgas-Lastwagen bauten. Mehr als 6 000 dieser Saurer-Laster wurden während des Krieges gebaut, von denen die meisten, wenn nicht sogar alle, mit Generatorgas und Diesel betrieben wurden. Wie absurd ist es, daß irgend jemand mit ein wenig technischen Kenntnissen die Abgase dieser Lastwagen für den Mord verwendet haben soll, wenn doch der Kraftstoff selber tausendmal tödlicher war.

Einen zusätzlichen Einblick in die sowjetischen Ursprünge der Gaswagen-Geschichte erhielt man aus einer 1993 in den USA ausgestrahlten Fernsehsendung, entstanden während des Zerfalls der Sowjetunion. Die vierteilige Sendung trägt den Titel »Monster: A Portrait of Stalin in Blood«. An einer Stelle der zweiten Folge, betitelt mit »Stalins Secret Police«, erwähnt der KGB-Offizier Alexander Michailow, daß die Gaslastwagen in Moskau durch Isai Davidovich Berg – es besteht keine Beziehung zum Autor – erfunden wurden und bereits einige Jahre vor dem Krieg benutzt wurden. Nach Michailow sollen diese möglicherweise Vorbildfunktion für Hitlers SS und die Gestapo gehabt haben. Die luftdichten Lastwagen haben vermutlich CO-haltige Abgase benutzt; ein Dieselmotor wird nicht erwähnt. Dies ist leicht zu erklären, da vor dem Krieg alle Lastwagen in der Sowjetunion mit Benzinmotoren ausgerüstet waren. Dieselmotoren gab es nicht, da das ganze Transportwesen der UdSSR auf früheren westlichen Motortypen wie denen der Ford Motor Cie. beruhte. Es ist mehr als wahrscheinlich, daß die sowjetischen Gaslastwagenvorwürfe auf ihrer eigenen Massenmordtechnologie basieren mit der Zugabe von Dieselmotoren, um sie noch verwerflicher wirken und, vor allem, um sie vom Ursprung her ›deutscher‹ erscheinen zu lassen.

Die Vergasungswagen-Geschichte ist also lediglich eine Anpassung einiger dokumentarischer Materialien, die sich auf den vollkommen unschuldigen Gebrauch der Holzgaswagen beziehen, durch die Holocaust-Propagandisten, unterstützt freilich durch entsprechende ›Augenzeugen‹-Berichte, die nach dem Krieg erzeugt wurden. Anhand dieser Vergasungslastwagen-Geschichte kann man im kleinen den evolutionären Prozeß der größeren, gesamten Holocaust-Geschichte erkennen.

9. Ein Reich, gebaut auf Kohle, Luft und Wasser

Zusätzlich zu der Generatorgastechnologie besaßen die Deutschen auch die weltweit fortschrittlichste Kohlevergasungstechnologie.[70] Einer der ersten Prozeßschritte bei den meisten Verfahren zur Kohlevergasung war die Erzeugung von Kohlenmonoxid aus Kohle. Das Kohlenmonoxid konnte dann sowohl als Kraftstoff als auch als Ausgangsstoff zur Synthese weiterer Produkte dienen.

»Das Deutschland der Kriegszeit war ein Reich, gebaut auf Kohle, Luft und Wasser. 84,5% seines Flugbenzins, 85% seines Motorbenzins, bis auf einen Bruchteil von einem Prozent alles Gummi, 100% seiner konzentrierten Salpetersäure, Ausgangsmaterial aller militärischen Explosivstoffe, und 99% seines eben-

70. Vgl. besonders: W. Gumz, J.F. Foster (Battelle Memorial Institute), »A Critical Survey of Methods of Making a High BTU Gas from Coal«, *Research Bull.* No. 6, American Gas Association, New York, Juli 1953; dort weitere detaillierte Verweise.

so wichtigen Methanols wurden aus diesen drei Rohstoffen synthetisiert [. . .] *Der Rumpf dieses industriellen Organismus waren Kohlevergasungsanlagen, die Kohle in Prozeßgas verwandelten.«*[71]

Wegen seiner Isolation von ausreichenden Erdöl- und Gummiressourcen stellte Deutschland schon während des Ersten Weltkriegs einen Großteil seiner Industrie auf die Verwendung von Kohle als Ausgangsmaterial zur Erzeugung von Kohlenwasserstoffen um, wie Kraftstoffe und eine breite Palette chemischer Substanzen, wie z. B. künstlicher Gummi. Die Kohlenmonoxidmengen, die mit dieser Technologie erzeugt wurden, werden in Millionen Tonnen gezählt und hätten ausgereicht, die gesamte europäische Bevölkerung viele Male zu töten.

Kohlevergasungsfabriken wurden in jeder deutschen Industrieregion errichtet. Eine Region mit mehreren solcher Anlagen war Schlesien, wo reiche Kohlevorkommen für die regionale Industrie seit mehr als einem Jahrhundert die Grundlage bildeten. Eine dieser schlesischen Anlagen war die Fabrik der I.G. Farbenwerke AG bei Auschwitz. Ein geringer Teil des dort erzeugten Kohlenmonoxids hätte leicht über eine kleine Leitung nach Auschwitz-Birkenau, wenige Kilometer entfernt, abgezweigt werden können. Aber niemand nimmt an, daß in Auschwitz CO für den Massenmord benutzt wurde, obwohl dies der ideale Ort dafür gewesen wäre. Für den Massenmord in Auschwitz sollen die Deutschen angeblich eine gänzlich andere Substanz verwendet haben: Zyklon B.[72]

10. Mißlungene Ausweichmanöver

Ein herrliches Ausweichmanöver fand vor knapp 10 Jahren in der Holocaust-Geschichte statt. Einige führende Holocaust-Verfechter machten sich Mühe, die Diesel-Geschichte unter den Teppich zu kehren und die Motorentypen überhaupt nicht mehr zu erwähnen, wenn nicht sogar nur noch von Benzinmotoren zu sprechen. Diese verblüffende Wandlung wurde in dem 1983 erschienenen deutschen Buch mit dem Titel *Nationalsozialistische Massentötungen durch Giftgas* vollzogen.[73] Das Buch stellt den Stand der Holocaust-Vorstellungen in der ersten Hälfte der achziger Jahre dar und wurde vom Jüdischen Weltkongreß in London empfohlen.[74]

Das plumpe Frisieren von Beweisen, durch das sich dieses Buch auszeichnet, wird beispielhaft deutlich durch den ›Gerstein-Bericht‹. Obwohl in diesem viermal die Rede von Dieselmotoren ist, taucht in diesem Buch, das vorgibt, die Revisionisten zu widerlegen, bei den zitierten Passage dieses Berichtes keine einzige Stelle davon auf, ja die Beschreibung des angeblichen Tötungsvorganges fehlt vollkommen.[75] Für die Beschreibung des Tötungsvorganges, bei dem Gerstein vermeintlich Zeuge war, greift das Buch auf die Nachkriegsaussage von Dr. Pfannenstiel zurück, in der von Dieselmotoren keine Rede ist, allerdings von der Verwendung von Dieselkraftstoff.[76] Wie man einen Benzinmotor mit Dieselkraftstoff hätte betreiben sollen, bleibt freilich der Phantasie überlassen. Tatsache ist, daß kein Benzinmotor mit Dieselkraftstoff laufen würde (und umgekehrt).

---

71. U.S. Strategic Bombing Survey, *Oil Division Final Report,* War Department, Washington [2]1947, S. 1.
72. Siehe hierzu den Beitrag von G. Rudolf und E. Gauss im vorliegenden Buch sowie: F. P. Berg, »Typhus and the Jews«, *JHR* 8(4) (1988) 433–481; F. P. Berg, »The German Delousing Chambers«, *JHR*, 7(1) (1986) 73–94.
73. E. Kogon, H. Langbein, A. Rückerl und andere (Hg.), *Nationalsozialistische Massentötungen durch Giftgas,* S. Fischer Verlag, Frankfurt/Main 1983; jetzt aaO. (Anm. 21).
74. *Chicago Jewish Sentinel,* 22. 12. 1983.
75. E. Kogon, H. Langbein, A. Rückerl und andere (Hg.), aaO. (Anm. 21), S. 171 f. Eine weitere Aussage in diesem Buch, die auf Benzinmotoren hinweist, stammt z. B. von E. Fuchs um 1960: »Es handelte sich um einen schweren russischen Benzinmotor (vermutl. Panzermotor oder Motor einer Zugmaschine) mit mindestens 200 PS (V-Motor, 8 Zyl., wassergekühlt)«, S. 158, entnommen den Akten der Staatsanwaltschaft Dortmund, AZ: 45 Js 27/61 (AZ. ZSL: 208 AR-Z 251/59, Bd. 5, Bl. 988).
76. Aussage von Prof. W. Pfannenstiel um 1960, entnommen den Akten der Staatsanwaltschaft München I, AZ: 22 Js 64-83/61 (AZ. ZSL: 208 AR-Z 252/59, Bd. I, Bl. 135ff.), zitiert nach E. Kogon u. a., aaO. (Anm. 21), S. 173. Vergleiche aaO. (Anm. 15).

Ein tödlicher Fehler in dieser Diesel-freien Version ist die Beibehaltung der immer wiederkehrenden Äußerungen über blau angelaufene Körper. Wenn Diesel-Abgase durch Sauerstoffmangel töten, wären deren Opfer in der Tat blau gewesen. Im Gegensatz dazu wären die Opfer von Benzinmotoren ›nur‹ wegen des CO-Anteiles gestorben und hätten deswegen ›nur‹ kirschrot-rosa erscheinen können. Auch wenn Pfannenstiels Aussage allgemein weniger abenteuerlich ist als die von Gerstein, so ist er dennoch mit vielen anderen einer der ›Augenzeugen‹, die angeben, daß die Leichen blau waren.[77]
Jedem, der sich den ganzen ›Gerstein-Bericht‹ ansieht, wird offenkundig, daß der ›Gerstein-Bericht‹ der ›revidierten‹ Version der Holocaust-Geschichte große Probleme bereitet. Daß er, wenn auch in einer stark verkürzten Version, in diesem Werk überhaupt aufgenommen wurde, zeigt nur, wie verzweifelt die Holocaust-Gelehrten alles Mögliche zusammenkratzen, was sie in ihren monströsen Phantasien bestärkt. Sie haben äußerst wenig zu bieten, und der ›Gerstein-Bericht‹ ist immer noch das Beste, was sie präsentieren können.
Die ›revidierte‹ Version der Holocaust-Geschichte ist tatsächlich noch absurder als die alte. Auch wenn es entfernt möglich sein mag, daß ein Ingenieur einen Benzinmotor fälschlich für einen Dieselmotor hält, wie kann jemand ›rot‹ für ›blau‹ halten? Waren sie alle farbenblind?
Die Behauptung von den Dieselgaskammern ist Unsinn – anscheinend merkten einige der Exterminationisten dies selber. Die Ersatz-Behauptung, daß Abgase von Benzinmotoren statt dessen benutzt worden seien, ist ebenso unsinnig, da sie dem einzigen vermeintlichen Beweis zuwiderläuft, den man vorweisen kann, nämlich den Zeugenaussagen. Daher ist man in jüngster Zeit wieder zur alten Diesel-Geschichte zurückgekehrt: Die 1993 erschienene *Enzyklopädie des Holocaust*[78] schließt sich dem Jerusalemer Urteil[79] über Demjanjuks angebliche Verbrechen in Treblinka und den Feststellungen deutscher Gerichte[80] an: Es waren Dieselmotoren, basta!

11. Schlußfolgerung

Es muß eingeräumt werden, daß es entfernt möglich war, die für die Lager Treblinka, Belzec und Sobibor bezeugten Massenmorde mit Dieselmotoren zu begehen. Dazu hätte es aber mit Sicherheit einer außergewöhnlichen Menge an Erfahrung und Versuchen bedurft sowie eines großen technischen Apparates zur Belastung der Dieselmotoren – und gerade letzteres entspricht nicht im entferntesten

77. So seine Aussage am 6. Juni 1950 vor einem Darmstädter Gericht, zitiert nach Saul Friedländer, *Counterfeit Nazi: The Ambiguity of Good,* Weidenfeld und Nicholson, London 1967, S. 118; daneben z. B. auch K. A. Schluch um 1960, entnommen den Akten der Staatsanwaltschaft München I, AZ: 22 Js 64-83/61 (AZ. ZSL: 208 AR-Z 252/59, Bd. VIII, Bl. 1511), zitiert nach: E. Kogon, H. Langbein, A. Rückerl und andere (Hg.), aaO. (Anm. 21), S. 168; Vgl. A. Rückerl (Hg.), *Nationalsozialistische Vernichtungslager im Spiegel deutscher Strafprozesse,* dtv, München ^{2}1978, S. 142. Für eine tiefergehende Behandlung des Dilemmas, in dem sich jeder Deutsche seit Kriegsende bis zum heutigen Tage befindet, der einst auch nur entfernt mit einem der Lager in Berührung kam – Treblinka, Belzec und Sobibor waren tatsächlich eher Durchgangslager als Konzentrationslager –, siehe: W. B. Lindsey, aaO. (Anm. 8) sowie den Beitrag von M. Köhler in diesem Buch.
78. E. Jäckel, P. Longerich, J.H. Schoeps (Hg.), *Enzyklopädie des Holocaust,* 3 Bde., Argon, Berlin 1993, Stichworte ›Aktion Reinhard‹, Bd. 1, S. 15 ›Benzin oder Dieselmotoren‹, ›Belzec‹, Bd. 1, S. 176 ›Dieselmotor mit 250 PS‹, ›Sobibor‹, Bd. 3, S. 1332 ›200-PS-Motor‹, ›Treblinka‹, Bd. 3, S. 1428 ›Dieselmotor‹, ›Gaskammer‹, Bd. 1, S. 505 ›Dieselauspuffgas. . . in den Vernichtungslagern im Generalgouvernement‹ und ›Vernichtungslager‹, Bd. 3, S. 1496 »Diese Vernichtungslager [Belzec, Sobibor, Treblinka] benutzten Kohlenmonoxidgas, daß durch Dieselmotoren erzeugt wurde«. Demnach besteht allein bezüglich des Lagers Sobibor (250 000 Opfer) Ungewißheit bezüglich des Motortyps. In Belzec (600 000 Opfer) und Treblinka (700 000 bis 1 200 000 Opfer) dagegen waren es mit Sicherheit Dieselmotoren.
79. Jerusalem District Court, Criminal Case No. 373/86, Urteil gegen Ivan (John) Demjanjuk, S. 2: »diesel motors«, S. 7: SU-Panzer: V12-Dieselmotore mit 500/550 PS.
80. A. Rückerl (Hg.), aaO. (Anm. 77), S. 61, 64, 133 (bez. Belzec); 203 f., 226 (bez. Treblinka); bez. Sobibor ist von Benzinmotoren die Rede: S. 108, 165, 200; vgl. Urteil des Landgerichts München I, Az. 110 Ks 3/64 (Belzec) und die Urteile des Landgerichts Düsseldorf, Az. 8 I Ks 2/64 und 8 Ks 1/69 gegen K. Franz bzw. F. P. Stangl (beide Treblinka) in: H. Lichtenstein, *Im Namen des Volkes?,* Bund, Köln 1984, S. 187 f. (nach 15 min. tot durch Dieselmotorabgase in gasdichter Kammer in Belzec), 201 (3 festmontierte Dieselmotoren in Treblinka).

den Zeugenaussagen. Bei all diesen Umständen hätten die möglichen Mörder schließlich eine Anlage besessen, die im günstigsten (bzw. ungünstigsten?) Fall allerhöchstens gerade eben wirksam genug für diese verbrecherische Aufgabe gewesen wäre. Es besteht kein Zweifel: Man kann sich kaum eine Massenmord-Methode vorstellen, die unbeholfener und ineffizienter wäre als diese. Auch wenn es denkbar ist, daß einige verrückte Leute eine Zeit lang versucht haben könnten, mit Diesel-Abgasen zu morden, so wäre auch dem wahnsinnigsten Teufel nach einigen Versuchen aufgegangen, daß etwas Besseres gebaut werden müsse. Wenn die Nazis jemals vorhatten, mit Kohlenmonoxid massenhaft zu morden, so hätten sie ohne Zweifel die überall vorhandene Generatorgastechnologie verwendet. Fünfhunderttausend Holzgaswagen sind der unwiderlegbare Beweis.
Nach den Zeugenaussagen muß letztlich davon ausgegangen werden, daß die Dieselmotoren im Leerlauf oder im Leichtlastbereich betrieben wurden. Unter solchen Bedingungen aber sind und waren alle je gebauten Dieselmotoren zu dem ihnen unterstellten Mord ungeeignet.

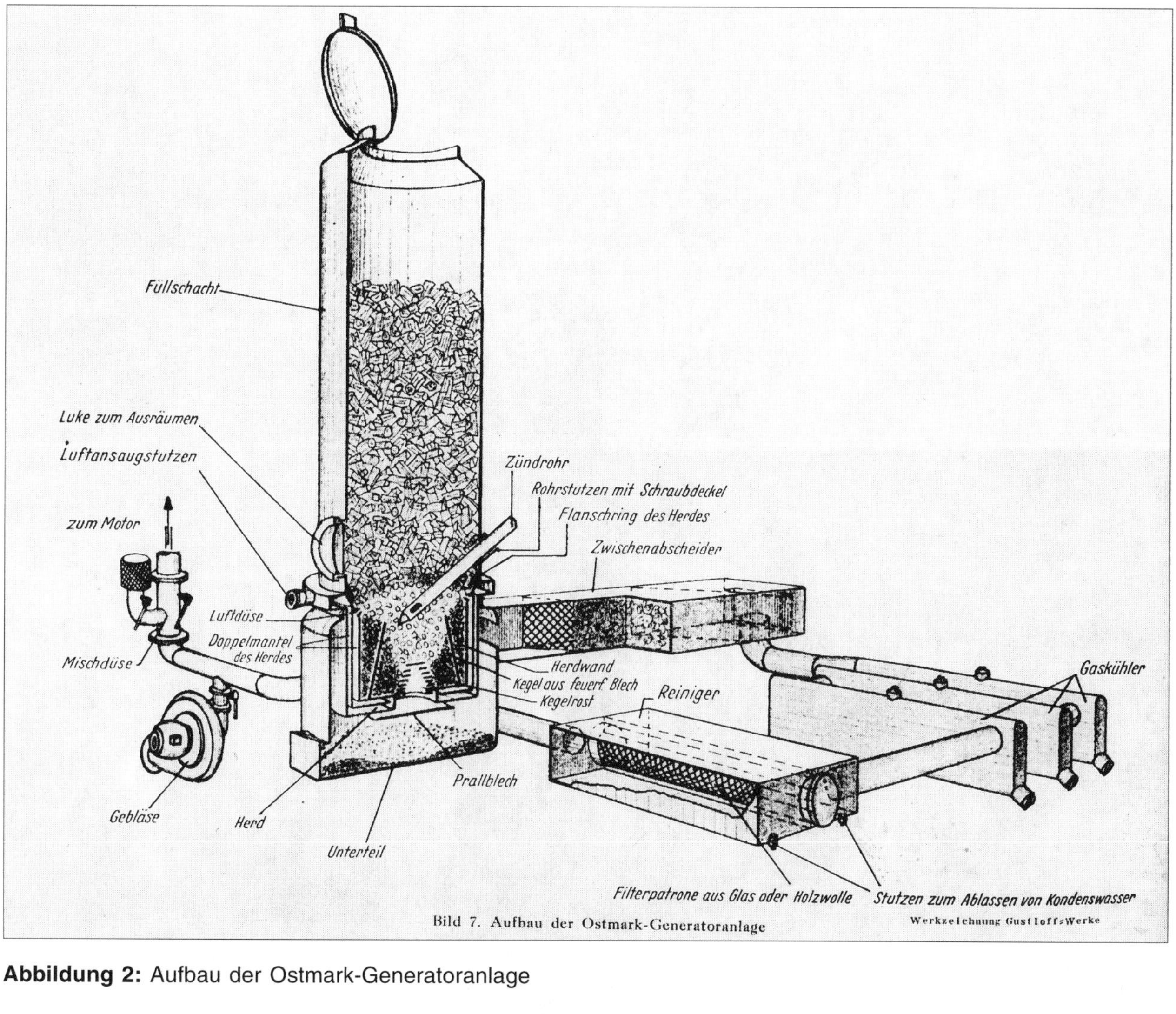

Bild 7. Aufbau der Ostmark-Generatoranlage

Abbildung 2: Aufbau der Ostmark-Generatoranlage

Der Treblinka-Holocaust

ARNULF NEUMAIER

»Die Erinnerung an den Holocaust ist das Hauptelement der neuen Weltordnung«
Ian J. Kagedan[1]

1. Einleitung

1.1. Gibt es eine Holocaust-Religion?

Gesetzgebung und Rechtsprechung verbieten dem Bürger in der Bundesrepublik Deutschland unter Androhung von Strafe, den Holocaust – das ›Brandopfer an den Juden‹ – zu leugnen. Hingegen hat der Begriff Holocaust-Religion noch keine juristische Würdigung gefunden.

Es ist heute zulässig, den Juden Jesus, der bei den Juden ans Kreuz geschlagen wurde, als Sohn Gottes zu leugnen, obwohl seine behauptete göttliche Existenz seit beinahe 2000 Jahren die Grundlage einer Weltreligion ist. Noch ist es nicht allzu lange her, daß Leugnung und Zweifel an der Göttlichkeit Jesu mit dem Tode bestraft wurden. Der Religionsstifter Jesus und seine Mutter Maria, beide aus dem Stamme David, fuhren ohne Hinterlassung greifbarer Spuren für die Nachwelt gen Himmel, und gemäß der Holocaust-Religion verglühten 6 Millionen Juden als Brandopfer spurenlos auf Erden, die Rauchwolken entschwanden nach oben.

Ein wesentliches Kennzeichen von Religionen ist die Nichtbeweisbarkeit und Irrationalität von Glaubenssätzen sowie der unerbittliche Wille, Andersgläubige oder Glaubensgegner zu vernichten. Diese Verhaltensweise ist begreiflich, wenn man bedenkt, daß es den Glaubensverkündern um ihre Glaubwürdigkeit und damit um ihre Vorherrschaft und Macht geht.

Als das römisch-katholische Machtkartell die Gefährdung eines seiner Glaubensfundamente durch das naturwissenschaftlich begründete heliozentrische Weltbild erkannte, trat die heilige Inquisition, d. h. sein Terror- und Gewaltinstrumentarium, in Aktion. Da das heliozentrische Weltbild nicht zu widerlegen war, mußten die Revisionisten des geozentrischen, also falschen Weltbildes vernichtet werden. Die Methoden sind heute die gleichen.

So bedarf jeder Glaube zweier Voraussetzungen: einmal der Macht der Verkünder der Unwahrheit oder zumindest der unbewiesenen oder unbeweisbaren Behauptungen und dann der Trägheit der Massen, für die das Wort des Philosophen Friedrich Nietzsche zutrifft:

»Glaube heißt Nicht-wissen-wollen, was wahr ist.«[2]

Ein weiteres Kennzeichen der Religionen ist die rasch zunehmende Zahl von wundersamen Ereignissen mit dem Fortschreiten der Zeit. Und dennoch hat sich die naturwissenschaftlich begründete Wahrheit durchgesetzt und den Niedergang der auf Glauben begründeten Mächte bewirkt. So wird es immer bleiben.

In welch glücklicher Lage die Bundesbürger sich heute befinden, erhellt der Umstand, daß gemäß einem Urteil des Amtsgerichts München vom Mai 1993 der Richter F. Schenk einem Beklagten das Bezweifeln des Holocaust zugestand; das sei – im Gegensatz zum Bestreiten der Massentötung von Juden – zulässig.[3] Die hier gebrachten Ausführungen sollen den Treblinka-Holocaust weder bezweifeln noch bestreiten, sondern lediglich Fakten und damit verbundene Überlegungen vermitteln. Alles andere ergibt sich logischerweise dann von selbst.

---

1. Direktor für Regierungsbeziehungen der kanadischen B'nai B'rith-Loge, *Toronto Star,* 26. 11. 1991.
2. F. Nietzsche, *Der Antichrist,* Abs. 52.
3. Strafprozeß gegen E.B. Althans, *Münchner Merkur,* 26. 5. 1993; vgl. *The Journal of Historical Review (JHR)* 13(5) (1993) 37.

2. Der Demjanjuk-Prozeß und Treblinka

2.1. Zur Vorgeschichte des Demjanjuk-Verfahrens

Die US-amerikanischen Einwanderer aus der Ukraine waren zu Zeiten der Sowjetunion in zwei Gruppen gespalten, wobei eine von moskaufreundlicher Gesinnung war. Diese Gruppe gab seinerzeit ein Wochenblatt unter dem Titel *News from Ukrain* heraus. Einer der Mitarbeiter dieses Blattes, Michael Hanusiak, machte aus seinen engen Beziehungen zu sowjetischen Dienststellen in Moskau kein Geheimnis. Rullmann vertritt die Ansicht, daß eine der Hauptaufgaben dieser Gruppe die Diffamierung der antikommunistischen, national eingestellten Exilukrainer war, indem man diese der Kollaboration mit den ›deutschen Faschisten‹ im Zweiten Weltkrieg bezichtigte.[4] Bereits in anderen Fällen wurde diese Taktik praktiziert, wodurch nicht nur unter diesen Exil-Ukrainern Streit gesät, sondern auch ihr Ansehen in der Öffentlichkeit herabgesetzt wurde.[5] Diese Praxis der Bekämpfung von Gegnern durch die UdSSR mittels Desinformationen und verfälschter oder totalgefälschter Beweise ist allgemein bekannt. Sogar das Bundesinnenministerium hat Mitte der achtziger Jahre vor dieser Praxis gewarnt.[6] Um so mehr muß man sich wundern, daß die US-Behörden den kommunistischen Exilukrainern im Fall Demjanjuk Mitte der siebziger Jahre auf den Leim gingen.

1975 übergab Hanusiak nach angeblich langen Recherchen in sowjetischen Archiven der US-Einwanderungsbehörde in New York eine Liste mit 70 Namen vermutlicher NS-Kollaborateure ukrainischer Herkunft, worunter sich auch der Name John Demjanjuk, bis 1981 US-Staatsbürger mit Wohnsitz in Cleveland/Ohio und von Beruf Automechaniker, befand. Hanusiak trieb zum Fall Demjanjuk eine belastende Aussage eines gewissen H. Daniltschenko auf, derzufolge Demjanjuk in den KZs Sobibor und Flossenbürg gedient haben soll.[7] Dies sowie die Abbildung eines Ausweises, der angeblich den Einsatz Demjanjuks in den beiden oben genannten Lagern belegen soll, waren der Anlaß für die US-Einwanderungsbehörde, sich dem Fall Demjanjuk zu widmen.[8] Die Rolle, die der philokommunistische Hanusiak beim Aufbau Demjanjuks zu Iwan dem Schrecklichen spielte, kann kaum fehlgedeutet werden. Im Hintergrund lassen sich die wirklichen Initiatoren eines neuen Eichmann-Prozesses erahnen. Nachdem die *News from Ukrain* 1976 die US-Behörden aufforderte, gegen Demjanjuk tätig zu werden, beantragte das US-Justizministerium die Aberkennung der Staatsbürgerschaft Demjanjuks wegen falscher Angaben in den Einwanderungspapieren. Inzwischen tauchten in Israel Zeugen auf, die den angeblich in Treblinka eingesetzten Iwan den Schrecklichen, John Demjanjuk, anhand vorgelegter Fotos erkannten, worauf Untersuchungen sowohl für Sobibor als auch Treblinka erfolgten. Das OSI (Office of Special Investigation, unter J. Carter eingerichtete Nazijäger-Behörde der USA) übernahm 1979 offiziell den Fall.

Den von *News from Ukrain* abgebildeten und später als einzigen Dokumentenbeweis verwandten Trawniki-Ausweis Nr. 1393 auf den Namen Demjanjuks gibt es allerdings gleich zweimal: Das zweite Exemplar mit der Nummer 1393, ausgestellt auf den Namen Demenjuk, liegt in den Akten des KZ Flossenbürg, die sich im Bundesarchiv in Koblenz befinden. Ähnliche Namen sind in der Ukraine sehr häufig. Aber zeitlich ist die Nummer mit dem Aufenthalt Demjanjuks in Trawniki nicht in Übereinstimmung zu bringen. Ausweisnummern wurden zudem immer nur einmal benutzt.

Für die Untersuchung vor Prozeßbeginn in Jerusalem stand der ›Originalausweis‹ aus. Offiziell war dieses zentrale Beweisstück von der UdSSR offenbar nicht erhältlich, weshalb der US-Milliardär jüdi-

---

4. H. P. Rullmann, *Der Fall Demjanjuk,* Verlag für ganzheitliche Forschung und Kultur, Struckum ²1987, S. 76.
5. Vgl. die Fälle K. Linnas, F. Walus und F. Fedorenko, H.P. Rullmann, aaO. (Anm. 4), S. 87, 96 ff., 164; U. Walendy, *Historische Tatsachen (HT)* Nr. 25, Verlag für Volkstum und Zeitgeschichtsforschung, Vlotho 1985, S. 35 (Walus); ders., *HT* 34, ebenda 1988, S. 14 (Linnas).
6. Information des Bundesministers des Inneren, *Innere Sicherheit,* Nr. 1, Bonn, 20. 3. 1985.
7. H. P. Rullmann, aaO. (Anm. 4), S. 76 f., nach *News from Ukrain.*
8. Vgl. Memorandum von H. E. Wagner, stellvertretender Direktor des Immigration and Naturization Service, New York, vom 29. Januar 1976.

scher Herkunft, Armand Hammer, eingeschaltet wurde.[9] Hammer hatte bereits zu Lenins Zeiten äußerst gute Geschäftsbeziehungen zu sowjetischen Kreisen. Der Trawniki-Ausweis gelangte jedenfalls nicht auf amtlichem Weg nach Jerusalem, sondern persönlich durch Armand Hammer. Bei einer offiziellen Übergabe des Ausweises wären entsprechende Papiere sowohl in Moskau als auch auf seiten Israels vorhanden.

Mittlerweile ist durch den Sachverständigen der Verteidigung Demjanjuks, Dieter Lehner, der Ausweis als Totalfälschung entlarvt,[10] was in Übereinstimmung mit den Erkenntnissen des Bundeskriminalamtes ist. Obwohl die israelischen Behörden bereits 1987 vom BKA von diesem Umstand unterrichtet wurden, unterdrückte das Gericht diese Erkenntnis. Der Hauptankläger Michael Shadek meinte dazu lediglich:

> *»Daß Demjanjuk getötet hat, steht für mich fest – ob in Treblinka, in Sobibor oder anderswo.«*

Und auf den Einwand, daß der SS-Ausweis nach Erkenntnissen des BKA gefälscht sei:

> *»Wir stützen uns auf unsere eigenen Gutachten und halten sie nach wie vor für überzeugend.«*[11]

Aber auch deutsche Behörden spielten im Zusammenhang mit dem gefälschten Trawniki-Ausweis ein seltsames Spiel. So berichtete der *Münchner Merkur*, daß das Bundeskanzleramt höchstpersönlich dafür sorgte, daß der Verteidigung Demjanjuks die Existenz der deutschen Sachgutachten seitens Lehners und des BKA vorenthalten wurde und daß das BKA auf Anweisung von oben gegenüber der Öffentlichkeit zum Schweigen vergattert wurde. Mehr noch: Der Gutachter vom BKA, der schließlich doch im Jerusalemer Gericht erschien, wurde von deutschen Stellen dazu angehalten, für diesen Prozeß ein Teilgutachten zu erstellen, das sich nur auf gewisse Übereinstimmungen des retuschierten Paßbildes im Trawniki-Ausweis mit Gesichtszügen Demjanjuks bezog. Dadurch wurde im Jerusalem-Prozeß der Anschein erweckt, der Ausweis sei echt. Das Teilgutachten wurde von dem BKA-Sachverständigen Dr. Altmann vorgetragen. Der BKA-Abteilungsleiter Dr. Werner kennzeichnete dieses Verhalten der deutschen Behörden in seiner damals verfaßten Aktennotiz mit den Worten:

> *»Die fachlichen Bedenken sollen offensichtlich den politischen Aspekten untergeordnet werden.«*[12]

Das Ausweisbild ist nach heutigem Kenntnisstand ein altes Foto Demjanjuks aus dem Jahre 1947, entnommen den Einwanderungsakten in den USA (!), und wurde für den Ausweis entsprechend umretuschiert.

Als erste Zweifel an der Echtheit des bis dahin unbekannten Ausweises auftauchten, konnte das Jerusalemer Gericht plötzlich weitere Exemplare gleicher Aufmachung auf die Namen dreier anderer Ukrainer vorzeigen; die Herkunft dieser ebenso gefälschten Exemplare war bis heute nicht zu erfahren.[10] Der Vermutung, der KGB habe offiziell die Fälschung des Ausweises durchgeführt, steht die schlechte Qualität der Fälschung und die im Ausweis dokumentierte Unkenntnis der Verwaltungsstruktur jener Polizeibehörde entgegen, die für die Ausstellung derartiger Ausweise verantwortlich gewesen war, wie der Sachverständige Lehner überzeugend nachweisen konnte.[10] Dies schließt nicht aus, daß ein gewisser Kreis innerhalb des KGB bei der Fälschung des Ausweises mitwirkte, ein Kreis, der ebenfalls eine Verbindung zu den US-Einwanderungsbehörden gehabt haben muß, von wo das Paßbild herrührte. Diese Kreise dürften deckungsgleich sein mit jenen, die Demjanjuk von Anfang an zu Iwan dem Schrecklichen von Treblinka aufbauten, um die Holocaust-Religion wieder zu beleben.

---

9. Vgl. den Schriftverkehr A. Hammers in H. P. Rullmann, aaO. (Anm. 4), S. 87 ff.
10. D. Lehner, *Du sollst nicht falsch Zeugnis geben, Vowinckel,* Berg am See, o.J.; vgl. H.P. Rullmann, aaO. (Anm. 4), S. 103 ff.
11. *stern,* 5. 3. 1992, S. 198 ff.
12. Zu den Vorgängen vgl. A. Melzer, »Iwan der Schreckliche oder John Demjanjuk, Justizirrtum? Justizskandal!«, *SemitTimes,* Sondernummer, Dreieich, März 1992, bes. S. 3, 13, sowie *Münchner Merkur,* 26. 3. 1992. Darüber hinaus erhielt ich dankenswerterweise einige Berichte vom Gutachter D. Lehner, vgl. aaO. (Anm. 10).

Das Ausbürgerungsverfahren Demjanjuks begann 1981 vor dem Distriktgericht in Cleveland. Natürlich erkannten 5 Treblinka-Überlebende Demjanjuk als Iwan den Schrecklichen, und die dem Gericht vorliegenden Kopien des Trawniki-Ausweises Nr. 1393 wurden zum Hauptbeweismittel bei der Aberkennung der Staatsbürgerschaft durch den Richter Battisti.[13]
Auf Antrag Israels begann 1984 das Auslieferungsverfahren gegen Demjanjuk, die Auslieferung selbst erfolgte entgegen allen völkerrechtlichen Gepflogenheiten im Februar 1986, denn der angebliche Tatort Treblinka lag in Polen, und dies zu einem Zeitpunkt, als es den Staat Israel noch nicht gab. Wie wichtig dem OSI in diesem Verfahren der Trawniki-Ausweis war, beweist der Umstand, daß er zusammen mit israelischen Behörden versuchte, eine Reihe von Zeugen entgegen der Wahrheit dazu zu bewegen, doch die Echtheit dieser Fälschung zu bestätigen.[14]

2.2. Der Jerusalemer Demjanjuk-Prozeß

Mit dem Demjanjuk-Prozeß zu Jerusalem, beginnend am 16. 2. 1987, wurde der Treblinka-Holocaust wieder ins Gedächtnis der Weltöffentlichkeit gerückt. Treblinka war nach Aussagen jüdischer Zeugen während des Zweiten Weltkrieges ein Vernichtungslager, worin – je nach Quelle – zwischen 700 000 und 3 Millionen Juden getötet worden sein sollen.[15] Das Gericht in Jerusalem beschloß, die Zahl der Opfer auf rund 875 000 festzulegen.[16]
Als Aufhänger für die erneute Darstellung des Treblinka-Holocaust war der Ukrainer John Demjanjuk vorgesehen. Dieser Mann wurde zu ›Iwan dem Schrecklichen‹ von Treblinka ernannt, wo er alle erdenklichen Tötungsarten, Grausamkeiten und Perversitäten begangen haben soll. Nicht nur mit Eisenstangen und einem Schwert soll er die Juden persönlich in die Gaskammern getrieben und mit dem Bajonett Frauen die Brüste abgeschnitten haben, nein, er soll auch noch das Diesel-Aggregat bedient haben, dessen Abgase zwecks Tötung der Juden in die Gaskammern geleitet wurden. Daß diese Aussagen dem einzigen angeblichen Dokumentenbeweis widersprachen, der sich allein auf einen Einsatz in den Lagern Sobibor und Flossenbürg bezog, übersah man großzügig.
Der Hauptbelastungszeuge im Jerusalemer Verfahren Eliahu Rosenberg erklärte in einem ›Tatsachenbericht‹ vom 24. 12. 1947 in Wien, wovon jede der 12 Seiten durch Rosenberg persönlich abgezeichnet ist, daß der Ukrainer Iwan während des Schlafes erschlagen wurde.[17] Als Rosenberg im Prozeß zu Jerusalem vom Verteidiger Demjanjuks, Dov Eitan, darauf hingewiesen wurde, daß der vor ihm sitzende John Demjanjuk nicht Iwan der Schreckliche sein könne, da letzterer nach seinen – Rosenbergs – eigenen Erklärungen bereits seit 1943 tot sei, sagte Rosenberg, daß es sich um ein Mißverständnis seitens des damaligen Protokollanten handle, bzw. daß er die Nachricht vom Tode Iwans nur aus dritter Hand erhalten habe. Der damalige Protokollant T. Friedmann schließlich verweigerte eine Aussage dazu, da er von jüdischer Seite mit dem Tode bedroht worden sei, falls er bestätigte, daß Rosenberg damals tatsächlich die Aussage vom Tod Iwans des Schrecklichen als eigenes Erleben getätigt habe.[18] Offensichtlich also hatte Rosenberg damals tatsächlich den Tod Iwans beschworen.
War Iwan der Schreckliche also wieder auferstanden?
Charakteristisch für die Psyche und geistige Verfassung derartiger Zeugen ist der Umstand, daß sie angebliche Irrtümer mit dem Wunsch nach einer gewissen Realität begründen; die Wahrheit wird Absichten und Wünschen untergeordnet. Über die Beweggründe Israels zur Durchführung dieses

13. Nach Bericht D. Lehner vom 26. 7. 1993.
14. H. P. Rullmann, aaO. (Anm. 4), S. 118 ff., 174 ff.
15. 700 000 gibt z.B. das Institut für Zeitgeschichte an, vgl. den Beitrag von G. Rudolf im vorliegenden Band; die höchste Zahl ist wiedergegeben in: World Jewish Kongress u.a. (Hg.), *The Black Book – The Nazi Crime against the Jewish People,* New York 1946, Reprint Nexus Press, New York 1981, S. 400 ff.
16. Jerusalem District Court, Criminal Case 373/86.
17. E. Rosenberg, *Tatsachenbericht,* Jewish Historical Documentation, 24.12.1947; abgedruckt in: H. P. Rullmann, aaO. (Anm. 4), S. 133 ff.
18. H. P. Rullmann, ebenda, S. 132, 145.

Prozesses schrieb der jüdische Verleger A. Melzer, daß Mitte der achtziger Jahre das Bewußtsein der Israelis für den Holocaust im Schwinden begriffen war. Er sei nichts anderes mehr als ein Kapitel unter vielen gewesen. Zudem sei das Bild, daß sich die Weltöffentlichkeit seinerzeit von den Juden machte, zunehmend geprägt durch das Verhalten der Israelis gegenüber den Palästinensern, das man plötzlich mit dem der SS Himmlers zu vergleichen begann. Wohl deshalb würde vor dem Bezirksgericht in Jerusalem nicht der Fall Demjanjuk verhandelt, sondern stellvertretend die totale Vernichtung der Juden in Europa dargestellt. Die ›Auschwitzkeule‹ müsse wieder ans Licht der Weltöffentlichkeit.[19]
Iwan der Schreckliche, verkörpert durch die Person John Demjanjuks, wurde seit Mitte der siebziger Jahre systematisch zu einem Symbol des Treblinka-Holocaust aufgebaut. Der Umstand, daß das Monster von Treblinka ein Ukrainer sein mußte, dürfte seinen geschichtlichen Hintergrund haben aus der Zeit, als die Kosaken den westlichen Teil der Ukraine von jüdischen Unterdrückern und Steuereintreibern befreiten.[20] Alttestamentarische Racheschwüre und Haßinstinkte überleben Jahrhunderte.
Zur Beurteilung der Vorgänge und Zusammenhänge in Verbindung mit dem Trawniki-Ausweis sollen noch zwei aufschlußreiche Umstände erwähnt werden.
Ein weiteres dubioses Ereignis geschah am 29. November 1988 zu Jerusalem. Der Anwalt Demjanjuks, Dov Eitan, hatte vom Gutachter der Verteidigung am 20. 11. 1988 ein umfassendes Gutachten erhalten, woraus unwiderlegbar hervorging, daß das Hauptbeweismittel gegen Demjanjuk, der Trawniki-Ausweis, eine Fälschung ist. Jedenfalls hatte Eitan für den Berufungstermin vor Gericht am 4. 12. 1988 zu Jerusalem eine Überraschung angekündigt, fiel jedoch aus bisher ungeklärten Umständen am 29. 11. 1988 aus dem Fenster im 15. Stockwerk des Eilon-Hotels.[21] Der mysteriöse Sturz Dov Eitans konnte nie geklärt werden. Bei seiner Beerdigung wurde dem zweiten Verteidiger Säure ins Gesicht geschüttet.[22]
Im übrigen hatte der Ausweis beim Urteil gegen Demjanjuk im April 1988 keine zentrale Rolle mehr gespielt, im Gegensatz zu seiner Auslieferung an Israel. Das Jerusalemer Gericht verwies darauf, daß es in erster Linie die Zeugen waren, die die Schuld Demjanjuks zweifelsfrei begründeten. Jedoch waren diese von noch weitaus zweifelhafterem Beweiswert, wie die jüdisch-amerikanische Expertin für Zeugenaussagen Dr. Elisabeth Loftus anmerkte, die bereits in Hunderten von Prozessen die Unglaubhaftigkeit von Zeugenaussagen schlechthin unter Beweis gestellt hatte.[23] Viele der Zeugen gegen Demjanjuk widersprachen sich nicht nur selbst oder doch ihren früher gemachten Ausführungen, sondern erzählten zumeist von absolut phantastischen, ja grotesk unrealistischen Szenarien. Entscheidend aber war für E. Loftus, daß einige der Zeugen sich aufgrund ihres fortgeschrittenen Alters kaum mehr an die Namen der eigenen Kinder erinnern konnten oder an die Art und Weise, wie sie soeben in den Gerichtssaal gelangt waren, aber sehr wohl imstande sein wollten, Iwan Demjanjuk zu identifizieren und sich an alle Details der Geschehnisse im Lager Treblinka oder anderswo zu erinnern. Obwohl E. Loftus erkannte, daß durch den Medienrummel um John Demjanjuk, um das Lager Treblinka und um die in den letzten Jahrzehnten abgegebenen Zeugenaussagen eine unbeeinflußte, beweiskräftige Zeugenaussage unmöglich war, weigerte sie sich, sich der Verteidigung als Sachverständige zur Verfügung zu stellen, da sie in diesem Prozeß auf der Seite Israels und der Juden stehen wollte, auch wenn sie sich damit bewußt gegen Recht und Wahrheit stellte. Ihr heutiges Bekenntnis zu ihrem damaligen Fehler ist erschütternd und äußerst lesenswert.
Neben den bereits oben erwähnten Zeugenmanipulationen berichtet Rullmann von vielfältigen Beleidigungen, Verdächtigungen und Drohungen gegen Entlastungszeugen, die bis zu Verhaftungen der-

19. Vgl. A. Melzer, aaO. (Anm. 12).
20. Vgl. S. T. Possony, »The Ukrainian-Jewish Problem: Historical Retrospective«, *Ukrainian Quarterly* 2 (1975) 141 ff.
21. *United Press International,* 30. 11. 1988, S. 2; vgl. *Annales d'Histoire Révisionniste (AHR)* 6 (1988/89) 167.
22. *United Press International,* 2. 12. 1988, S. 2; vgl. *AHR* 6 (1988/89) 167.
23. E. Loftus, K. Ketcham, *Witness for the Defense,* St. Martin's Press, New York 1991; vgl. J. Cobden, *JHR* 11(2) (1991) 238–249.

selben führten;[24] von Anweisungen des Gerichts, die Belastungszeugen zu schonen, das heißt, ihre Aussagen nicht zu hinterfragen;[25] von unbehinderten Beifallskundgebungen des Publikums bei phantastisch-grotesken Belastungsaussagen;[25] von der Live-Fernsehübertragung der Verhandlung in israelische Schulen sowie der weltweiten Übertragung bei den Prozeßhöhepunkten;[26] von der Beurteilung des Unschuldbekenntnisses Demjanjuks als verstocktes Leugnen aufgrund mangelnder Reue.[27] Der Höhepunkt des Prozesses war schließlich das nur aufgrund von Zeugenaussagen ergangene Gerichtsurteil, das bekanntlich auf Tod durch den Strang lautete und Freudentänze im Gerichtssaal auslöste.
Die Verteidigung Demjanjuks freilich legte gegen dieses Urteil Revision ein. Allein schon das öffentliche Bekenntnis von Elisabeth Loftus, einer der bekanntesten Zeugenexpertinnen überhaupt, war geeignet, das mit dem Revisionsantrag Demjanjuks befaßte Gericht in Jerusalem zu beunruhigen, mußte es doch damit rechnen, daß im Falle einer Revision nicht nur der SS-Ausweis als Fälschung, sondern auch die Zeugen von einer jüdischen Expertin als meineidige Lügner entlarvt würden. Doch die Auseinandersetzung hatte zu Beginn der neunziger Jahre noch weitaus interessantere, für Israel unangenehmere Dimensionen angenommen. Angesichts der Tatsache, daß Demjanjuks Ausbürgerung und Auslieferung aufgrund eines gefälschten Ausweises erschwindelt wurde, meldete sich in den USA eine immer stärker werdende Lobby zu Wort, die die Aufhebung des Urteils von Jerusalem sowie die Rückführung und Wiedereinbürgerung Demjanjuks in die USA forderte, da Israel offensichtlich nicht gewillt oder fähig sei, einen rechtsstaatlichen Prozeß gegen einen ehemaligen US-Bürger zu führen.
Zu den engagiertesten Lobbyisten zählten zum Beispiel der US-Kongreßabgeordnete James V. Traficante und einer der bekanntesten Kolumnenschreiber der USA, der seinerzeitige Assistent des US-Präsidenten R. Reagan, Patrick Buchanan. Bereits 1986 bezeichnete er das Verfahren gegen Demjanjuk als eine neue Dreyfuß-Affäre.[28] Buchanan ging Anfang 1990 aber noch wesentlich weiter, als er in den beiden US-Zeitungen *The Washington Times* und *New York Post* im Zusammenhang mit den angeblichen Massenmorden Demjanjuks in Treblinka schrieb:

> *»Das Problem ist: Dieselmotoren geben nicht genügend Kohlenmonoxid ab, um irgend jemanden damit zu töten. Die Umweltschutzbehörde verlangt keinerlei Emissionskontrollen für Diesel-PKWs und LKWs. 1988 waren im District Columbia 97 Jugendliche in einem Tunnel 130 Meter unter der Erde eingeschlossen, während zwei Diesellokomotiven ihre Abgase in die Waggons bliesen. Nach 45 Minuten konnten alle ohne jegliche Schäden befreit werden. Demjanjuks Waffe für den Massenmord kann nicht töten.«*[29]

1991 war Pat Buchanan der stärkste republikanische Konkurrent George Bushs bei den Vorwahlen zur US-Präsidentschaftskandidatur. Auch während dieser Vorwahlkämpfe wich er von seiner Überzeugung nicht ab. Gegenüber dem Fernsehen konkretisierte er seine bisherigen Äußerungen sogar dahingehend, daß Treblinka sicherlich ein schrecklicher Ort war, zu dem Hunderttausende Juden gebracht wurden und wo Tausende starben, also nicht, wie bisher behauptet, Hunderttausende![30] Israel sah sich also einer starken Strömung in der amerikanischen Politik und Publizistik gegenüber, die nicht nur nahe daran war, einen US-Präsidenten zu stellen, sondern die gleichzeitig in Abrede stellte, daß Treblinka ein Vernichtungslager war.
Zeitgleich mit diesen Ereignissen erstellten einige Organisationen von emigrierten Osteuropäern Gutachten zur Verteidigung von John Demjanjuk, in denen anhand einer Vielzahl von Beweisen das Resümee gezogen wird, daß es in Treblinka keinen Massenmord gegeben haben kann und daß allein schon aus diesem Grund John Demjanjuk wie jeder andere Angeklagte unschuldig sein müsse.[31]

24. H. P. Rullmann, aaO. (Anm. 4), S. 23, 100, 124, 145, 191.
25. H. P. Rullmann, ebenda, S. 19.
26. H. P. Rullmann, ebenda, S. 17, 21.
27. H. P. Rullmann, ebenda, S. 26.
28. *The Plain Dealer* (Cleveland/Ohio), 1. 10. 1986; vgl. H. P. Rullmann, aaO. (Anm. 4), S. 26.
29. *New York Post,* 17. 3. 1990; *The Washington Times,* 19. 3. 1990; *The New Republic,* 22. 10. 1990.
30. »This Week with David Brinkley«, *ABC television,* Sonntag, 8. 12. 1991.
31. T. Skowron, *Amicus Curiae Brief,* Polish Historical Society, Stamfort CT 1992; Ein analoges Engagement erfolg-

Nur wer diese Ereignisse nicht kannte, wurde in Erstaunen versetzt, als das Jerusalemer Revisionsgericht im Sommer 1993 Demjanjuks Freispruch verkündete.[32] Demjanjuk wurde nun mangels jener sogenannten Beweise bezüglich seiner Identität freigesprochen, die zuvor zu seinem Todesurteil geführt hatten. In den meisten Medien der USA und in allen Europas wurde Israel daraufhin seltsamerweise als Rechtsstaat gefeiert, obwohl die im Falle Demjanjuks zu Tage getretene Handhabung des Rechts den Prinzipien eines Rechtsstaates nicht im geringsten gerecht geworden war. Die Kluft zwischen Todesurteil und Freispruch ist zu groß. Falls aber das Gericht zur Erkenntnis gekommen sein sollte, daß die Falschaussagen der Zeugen zum Fehlurteil führten, müßte nunmehr Klage gegen die Zeugen erhoben werden. Aber dem war nicht so. Eine Zeitlang diskutierte man in Israel sogar, ob man Demjanjuk nun nicht wegen eventueller Verbrechen in den Lagern Sobibor oder Flossenbürg anklagen solle, was man aber dann doch unterließ.[33] Das Eisen war für Israel zu heiß geworden, denn jeder weitere Prozeß hätte dazu führen können, daß weitere Bereiche des Holocaust in eine unerwünscht kontroverse Diskussion gerieten. Möglicherweise haben sich nach dem Verfall der Sowjetunion aber auch Dinge ereignet, wie zum Beispiel der nun einfachere Zugang zu Archiven und zu den vermeintlichen Stätten des Verbrechens, die es ratsam erscheinen ließen, den freigesprochenen Demjanjuk im September 1993 in die USA zurückzuschicken, wenn auch rechtswidrig in Handschellen! In den USA wird allerdings zur Zeit erwogen, ihn in die Ukraine abzuschieben, damit ihm eventuell dort ein Kriegsverbrecherprozeß gemacht wird.[34]

Wird der Fall Demjanjuk zum Menetekel, wird er eine Wende im Treblinka-Holocaust – im ›Brandopfer‹ schlechthin – einleiten? Wie sagte der Prophet Daniel in Dan. 5: »men, tekel, u-pharsin« oder zu gut deutsch: »gezählt, gewogen und für zu leicht befunden«.

3. Die Lager im Raum Treblinka

Zunächst muß man bei der Analyse der über den Lagerkomplex Treblinka existierenden Zeugenaussagen und Berichte feststellen, daß sie in sich völlig widersprüchlich sind. Nicht nur über die Opferzahlen, sondern auch über die angeblich verwendeten Tötungsmethoden, über die Art der Leichen- und Spurenbeseitigung, über Lage, Größe, Form und Ausstattung des angeblichen Vernichtungslagers gehen die Aussagen sehr weit auseinander, so daß es unmöglich ist, hieraus ein glaubwürdiges Gesamtbild zu schaffen.[35] Udo Walendy hat zu diesen Widersprüchlichkeiten eine ausführliche Arbeit erstellt, auf die für den näher Interessierten verwiesen sei.[36] Wir werden hier nur die gröbsten Unstimmigkeiten anreißen und uns dann auf das Bild konzentrieren, auf das sich die Holocaust-Dogmatiker nach einem 50jährigen Evolutions- und Selektionsprozeß der ›brauchbaren Zeugenaussagen‹ geeinigt haben, obwohl diese Vorgehensweise seitens der herrschenden Lehre wegen ihrer selektiven Quellenbetrachtung bereits jeder Wissenschaftlichkeit entbehrt.

---

te von der Ukrainian Friends of Fairfield Association, ebenda, die aber wohl teilweise identisch mit der Polish Historical Society sein dürfte.

32. Tagespresse vom 30. 7. 1993.
33. *Die Welt,* 2. 8. 1993.
34. Zur Geschichte des Demjanjuk-Prozesses vgl.: J. A. Brentar, *JHR* 13(6) (1993) 2–8; J. Sobran, *JHR* 13(6) (1993) 9 f.
35. Zu den wichtigsten Zeugenschilderungen vgl. neben den weiter unter explizit aufgeführten Werken und World Jewish Congress (Hg.), aaO. (Anm. 15), auch: E. Klee, W. Dreßen, V. Rieß (Hg.), *»Schöne Zeiten«. Judenmord aus der Sicht der Täter und Gaffer,* S. Fischer, Frankfurt/Main 1988.
36. U. Walendy, *Historische Tatsachen* Nr. 12: »Das Recht, in dem wir leben«, Verlag für Volkstum und Zeitgeschichtsforschung, Vlotho 1982, S. 28–35; besonders aber: ders., ebenda, Nr. 44: »Der Fall Treblinka«, 1990.

3.1. Das Lager Malkinia

Aus den wirren und meist widersprüchlichen Beschreibungen des Lagers Treblinka II (bzw. B) und den dazu angefertigten Lagerskizzen,[37] wie sie auch in den Treblinka-Prozessen 1950/51, 1964/65 und 69/70 vorlagen,[38] stellt niemand deutlich klar, daß es außer den Lagern Treblinka I (A) und II (B) ein weiteres Lager Malkinia 6 km nördlich von Treblinka gab. Dieses Lager war ein Durchgangs- und Entlausungslager mit den Abmessungen von etwa 225 × 250 m (56 000 m²).

Der Hauptangeklagte im Treblinka-Prozeß von 1965, Kurt Franz, fertigte in der Haft mehr als 15 Jahre nach dem Ereignis aus dem Gedächtnis eine Skizze des Lagers an, in dem er ab November 1942 tätig war.[39] Diese Skizze, die nach den langen Jahren und den ständigen Beeinflussungen nicht in jedem Detail richtig sein konnte, wich nicht nur in der äußeren Form völlig vom Lager Treblinka II (B), wie es in einem amtlichen polnischen Lageplan wiedergegeben ist, ab.[40] Das von den Zeugen beschriebene Lager ist nach heutigen Erkenntnissen eine Mischung von Gegebenheiten aus dem Lager Treblinka II und dem Lager Malkinia. Eine sensationelle Bestätigung der Lagerskizze von K. Franz erbrachte eine Luftaufnahme vom 13. 5. 1944, die sich im National Archive befindet.[41] Von diesem Lager rührt auch die Bezeichnung ›unteres‹ und ›oberes‹ Lager her, wie dies Franz bereits in seiner Skizze vermerkte. Das kleinere obere Lager war vom unteren Lager durch eine Straße getrennt. Immerhin war Franz im Stande gewesen, die Lagergebäude zu bezeichnen und eine große Zahl von Familiennamen des Personals im Lager Malkinia in seiner Skizze zu vermerken, unter anderem auch seinen Namen Franz in Zuordnung zu einem bestimmten Lagerbereich. Allein der Umstand, daß viele Zeugenaussagen dieses Lager beschreiben, läßt diese Aussagen in einem äußerst schrägen Licht erscheinen, da das Durchgangslager Malkinia nie in den Verdacht kam, eine Vernichtungsstätte zu beherbergen.

3.2. Das Lager Treblinka II (B)

Das Lager Treblinka II ist als ein Massenvernichtungslager in die Holocaust-Geschichte eingegangen, während das Lager Treblinka I in Verbindung mit einer Kiesgrube in der Literatur kaum in Erscheinung trat. Da im Rahmen dieser Arbeit nicht alle in Umlauf gebrachten Versionen über Treblinka II gewürdigt werden können, sondern die notwendigen Voraussetzungen und Folgen hinsichtlich der von den Zeugen behaupteten Massenvernichtung ins Kalkül gezogen werden sollen, ergibt sich eine Beschränkung auf die markantesten Punkte.

In einer Broschüre aus dem Jahre 1943 berichtet der Jüdische Weltkongreß, daß im März 1942 auf einer 5 000 ha großen Fläche mit dem Bau eines ›Schlachthauses‹ für Juden aus Polen und anderen europäischen Ländern begonnen wurde.[42] Man kann sich kaum vorstellen, wie selbst Menschen mit geringer Hirnsubstanz eine Lagergröße von 50 km² in Betracht ziehen können, und dennoch hat dieser

37. Einige Beispiele: H. P. Rullmann, aaO. (Anm. 4), S. 151; G. Sereny, *Im Abgrund,* Ullstein, Frankfurt/Main 1980, S. 154; R. Glazar, *Die Falle mit dem Grünen Zaun,* Fischer, Frankfurt/Main 1992, S. 191; A. Donat (Hg.), *The Death Camp Treblinka,* Holocaust Library, New York 1979, S. 259 und 318 f.; Y. Arad, *Belzec, Sobibor, Treblinka: The Operation Reinhard Death Camps,* University Press, Bloomington 1987, S. 39; E. Kogon, H. Langbein, A. Rückerl u.a. (Hg.), *Nationalsozialistische Massentötungen durch Giftgas,* Fischer, Frankfurt/Main 1983, S. 243 f.; E. Jäckel, P. Longerich, H. J. Schoeps (Hg.), *Enzyklopädie des Holocaust,* Bd. 3, Argon, Berlin 1993, S. 1431.
38. LG Frankfurt, Az. 14/53 Ks 1/50; LG Düsseldorf, Az. 8 I Ks 2/64; ebenda, Az. 8 Ks 1/69.
39. Skizze K. Franz, in U. Walendy, »Der Fall Treblinka«, aaO. (Anm. 36), S. 24; darin auch fast alle in Anm.37 genannten Skizzen sowie jene von R. Ainszstein, *Jewish Resistance in Nazi-occupied Eastern Europe,* London 1974, S. 716 ff. (S. 26).
40. Lagerskizze aus der Broschüre *Vernichtungslager Treblinka,* Treblinka-Museum; U. Walendy, »Der Fall Treblinka«, aaO. (Anm. 36), S. 29.
41. Ref. No. GX 72 F-933 SK, exp. 139; vgl. den Beitrag von J.C. Ball im Buch sowie ders., *Air Photo Evidence,* Ball Recource Service Ltd., Delta B.C 1992, S. 88.
42. World Jewish Congress (Hg.), *Last we forget,* New York 1943.

Wert Eingang in ein Anklagedokument beim Internationalen Militärtribunal in Nürnberg gefunden.[43] Allein dieser Umstand kennzeichnet die Regisseure des Vernichtungsszenariums von Treblinka II hinreichend.
Dem Verfasser liegt die Kopie eines amtlich aussehenden Plans vom Lager Treblinka II vor (vgl. Abbildung nächste Seite), auf dem eine Archiv-Nummer, zwei Stempel und eine Legende vorhanden sind, ein Datum jedoch nicht zu erkennen ist. Der angegebene Maßstab 1:2 000 ist falsch, weil sich daraus nur jeweils die Hälfte der angegebenen Lagerabmessungen ergeben würde. Eine Lagerskizze der Broschüre des Treblinka-Museums zeigt die gleiche Form wie die des amtlich aussehenden Plans, jedoch mit der Maßstabsangabe 1:4 000. Alle bisher bekannten Lagerskizzen haben mehr oder weniger große Abweichungen in den Details. In der Himmelsrichtung stimmen sie untereinander überein, aber nicht mit der aus den Luftbildaufnahmen von John C. Ball.[44]
Wie es um diese nach Zeugenaussagen erstellten Lagerpläne bestellt ist, hat auch T. Skowron erhellt, der bisher über 40 verschiedene Pläne ausfindig machen konnte.[45]

4. Das Vernichtungslager Treblinka

Nach der heute (1994) herrschenden Lehre der Holocaust-Apologeten wurde ein Großteil der polnischen Juden ab dem Sommer 1942 in das Vernichtungslager Treblinka deportiert, dort ohne Registratur in Dieselgaskammern vergast und bis in den Winter in Massengräbern vergraben. Ab dem Frühjahr 1943 sollen die Vergasten sofort spurlos verbrannt worden sein, genauso wie die exhumierten Leichen.[46] Dies soll in einigen Meter tiefen, sehr langen Gruben (vormals Massengräber) auf einem auf Betonpfeilern errichteten Stahlträgerrost geschehen sein. Gegen Herbst 1943 soll das Lager schließlich dem Erdboden gleich gemacht, und alle Spuren sollen verwischt worden sein. Diesem Szenario sollen nach neueren Darstellungen etwa 870 000 bis 1,2 Mio. Juden zum Opfer gefallen sein.[47] Bevor wir uns mit Einzelheiten dieser Geschichtsdarstellung befassen, soll zuerst ein Überblick über das zu untersuchende Objekt gegeben werden.

4.1. Allgemeines zu Tatort und Tatwaffen

Unter normalen Umständen werden zur Klärung von Verbrechen kriminalistische Ermittlungen angestellt, um unwiderlegbare Beweise zur Überführung des Täters zu erhalten. Da Zeugenaussagen in vielen Fällen höchst ungenau sind, ist es die Aufgabe von Gerichten, den wahren Sachverhalt aufgrund unwiderlegbarer Fakten und Beweise zu ermitteln. Zu den allerschlimmsten Verbrechen zählt Mord, weshalb es gerade hier geboten ist, damit verbundene Tatbestände präzise zu ermitteln. Im Falle einer solchen Tat wird in der Regel zur Ermittlung des Täters der Tatort, das Tatwerkzeug, der Tathergang, die Todesursache und das Tatmotiv zu untersuchen sein. Auch der Verbleib der Opfer ist von zentraler Bedeutung.
Falls das Opfer einer angegebenen Tat nicht aufgefunden werden kann, ist ein Nachweis der Tat schwierig, wenn nicht gar unmöglich. Es ist zwar denkbar, daß bei Morden mit nur einem oder ganz wenigen Opfern eine Spurenbeseitigung möglich ist, sofern der Tatort und die Art der Beseitigung der Opfer völlig unbekannt bleiben. Liegt aber die Zahl der Opfer extrem hoch und ist dazu noch der Ort ihrer Beseitigung kartographisch genauestens erfaßt und durch Luftaufnahmen belegt, so ist nach dem heutigen Stand der Technik ein Nachweis der Tat mit absoluter Sicherheit möglich. Man denke bei-

43. *Der Prozeß gegen die Hauptkriegsverbrecher vor dem Internationalen Militärgerichtshof Nürnberg 14. November 1945 – 1. Oktober 1946,* Nürnberg 1947 (IMT), Band III, S. 632 f.; Dokument PS-3311.
44. J.C. Ball, *Air Photo Evidence,* aaO. (Anm. 41).
45. T. Skowron, aaO. (Anm. 31), S. 29 ff.
46. Einige Zeugen geben den Herbst 1942 als Beginn der Kremierungen an, vgl. R. Glazar, aaO. (Anm. 37), S. 34.
47. E. Jäckel u. a. (Hg.), aaO. (Anm. 37), S. 1430: 0,87 Mio; W. Benz (Hg.), *Dimension des Völkermords,* Oldenbourg, München 1991, S. 468: 1,2 Mio.

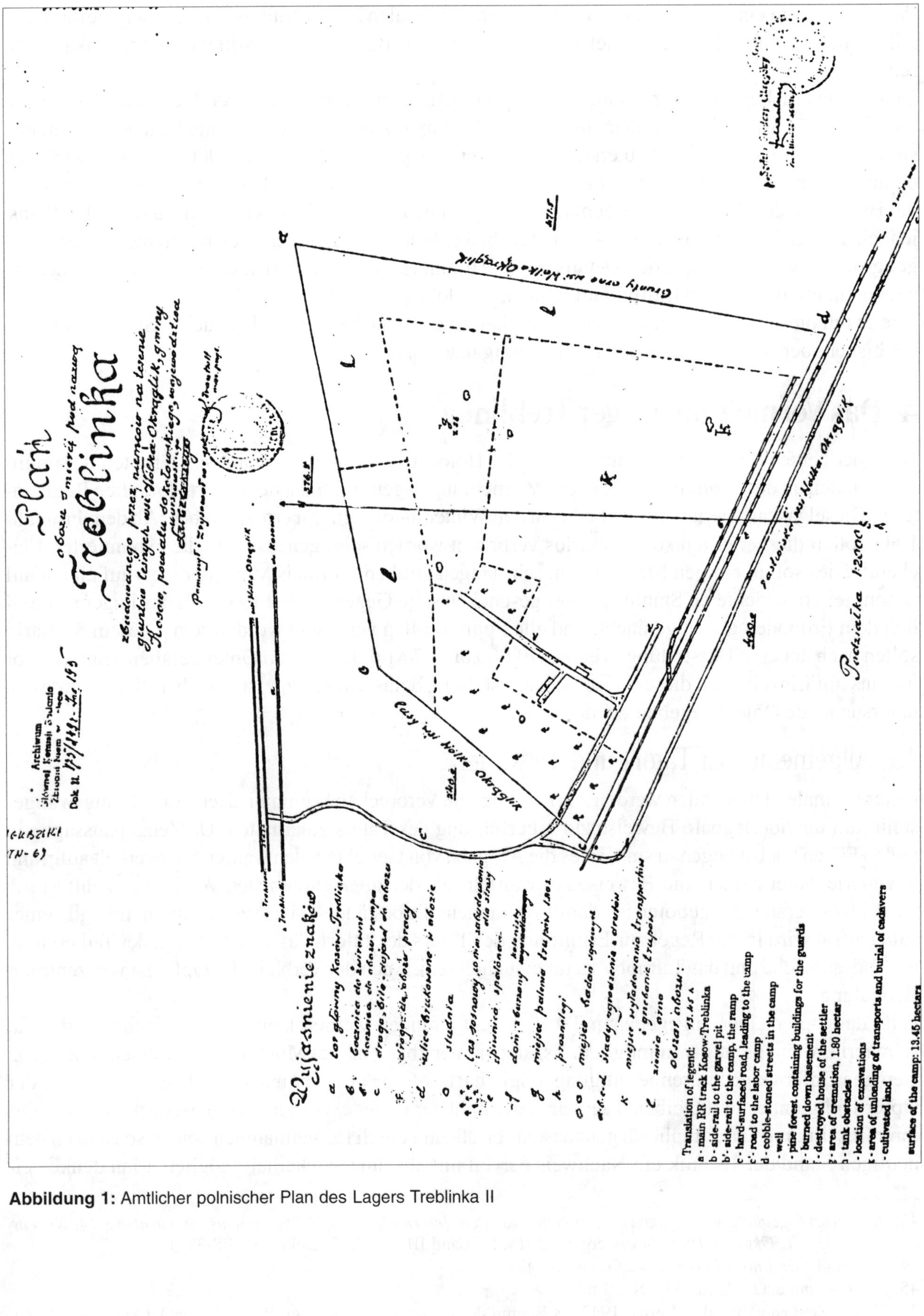

Abbildung 1: Amtlicher polnischer Plan des Lagers Treblinka II

spielsweise daran, daß bei archäologischen Grabungen mit dem Fund von Ascheresten auch nach hunderttausend Jahren menschliche Niederlassungen mit Sicherheit nachgewiesen werden können. Die gerichtlichen Untersuchungen des Holocaust haben sich bisher praktisch nur auf Zeugenaussagen gestützt.[48] In einem einzigen Fall liegt ein Grabungsbericht vor, den das Gericht von Siedlice veranlaßt hat. Die Grabung wurde vom 9.–13. November 1945 in Treblinka II durchgeführt.[49] Auf das Ergebnis werden wir später zu sprechen kommen.

Gemäß den Ausführungen der Vertreter des dogmatischen Holocaust handelt es sich bei der Deportation, der Internierung und der Tötung von Juden im Zweiten Weltkrieg um eine systematische und planmäßige Aktion zur Ausrottung der Juden in Europa. Die unterstellte Planmäßigkeit und Systematik dieser Aktion setzt einen Tatplan voraus. Aus den bisher zugänglichen Quellen läßt sich weder eine Planung noch in der Durchführung eine Systematik erkennen, es sei denn, daß sämtliche Anweisungen und Erlasse, die zur Lösung der Judenfrage ergangen sein sollen, in Form einer verschlüsselten Geheimsprache erfolgt wären. Aber selbst dafür fehlt jeder Hinweis, denn bis heute wurde keine Quelle bekannt, in der die Codes dieser Geheimsprache definiert worden sind, was für das Verständnis zwischen Befehlsgebern und -empfängern unumgänglich wäre. Die Gepflogenheit der Deutschen, insbesondere der Behörden im Dritten Reich, war und ist es, jede Maßnahme bis ins kleinste Detail festzulegen und durchzuorganisieren. Die von den Holocaust-Dogmatikern aufgestellte These der Improvisation, Zufälligkeiten und Spontaneität, ja der auf Gedankenlesen beruhenden Entschlußbildung für die Massenvernichtung[50] ist nicht nur für Deutschland, sondern generell völlig unverständlich, ja geradezu lächerlich.

Nach übereinstimmenden Veröffentlichungen über den Holocaust wurde die Massentötung von Juden hauptsächlich mit verschiedenen Gasen, denen toxische Wirkung zugeschrieben wird, in geschlossenen Räumen verübt. Eine andere Tötungsvariante wird in verschiedenen Quellen für das vermeintliche Vernichtungslager Belzec beschrieben, wonach in unterirdischen Hallen die Tötung der Opfer auf einer riesigen, in ein Wasserbecken absenkbaren Plattform mit elektrischem Strom erfolgte und eine sofort anschließende Verbrennung der Leichen mit elektrischem Strom stattgefunden haben soll.[51] Diese Darstellung beweist keinerlei technisch-wissenschaftlichen Verstand, macht wegen der damit verbundenen exzessiven Phantasie sprachlos und wird hier erst gar nicht in Betracht gezogen, obwohl sie sogar vor dem IMT vorgebracht wurde.[52]

Als Tötungsmittel werden in den sonstigen Veröffentlichungen, die ebenfalls auf Zeugenaussagen beruhen, Fließbandexekutionen, Wasserdampf, Vakuum, Preßluft, Chlorgas, Abgase eines Dieselmotors und Cyanwasserstoff (Zyklon B) angegeben. Die Örtlichkeiten, in denen die Vergasungen stattge-

48. Ausnahmen bilden hier nur die neueren Untersuchungen vor allem über Auschwitz: F.A. Leuchter, *An Engineering Report on the alleged Exekution Gas Chambers at Auschwitz, Birkenau and Majdanek, Poland,* Samisdat Publishers, Toronto 1988; dt.: ders., *Der erste Leuchter Report,* ebenda; R. Kammerer, A. Solms, *Das Rudolf Gutachten,* Cromwell Press, London 1993; vgl. den Beitrag von G. Rudolf und E. Gauss in diesem Buch.

49. Zentralkommission zur Untersuchung der deutschen Verbrechen in Polen, *German Crimes in Poland,* New York 1982; vgl. U. Walendy, *Historische Tatsachen* Nr. 44: »Der Fall Treblinka«, aaO. (Anm. 36), S. 15. Walendy berichtete neuerdings über eine bisher verheimlichte Stichprobenanalyse des Bodens im Bereich der vermeintlichen Massenverbrennungen in Auschwitz, *Historische Tatsachen* Nr. 60: »Naturwissenschaft ergänzt Geschichtsforschung«, Verlag für Volkstum und Zeitgeschichtsforschung, Vlotho 1993, S. 6 ff.

50. Vgl. dazu z. B. die Äußerungen des jüdischen Holocaust-Experten Prof. Dr. R. Hilberg in *Newsday*, 23. 2. 1983, PartII/3: »an incredible meeting of minds, a consensus-mind reading by a far-flung bureaucracy«.

51. M. Tregenza, »Belzec Death Camp«, *The Wiener Library,* 41–42 (1977) 16 f.; *Biuletyn Zydowskiego Instytutu Historycznego* (Warschau) 9–10 (1954) 307; *Polish Fortnightly Review,* 1. 12. 1942, S. 4; *New York Times,* 20.1.1942, S. 23, und 12. 2. 1944, S. 6; Documents of the Foreign Office, FO 371-30917-5365 und 371-30924-5365; World Jewish Congress u. a. (Hg.), *The Black Book of Polish Jewry,* Roy Publishers, New York 1943. S. 131; A. Silberschein, *Die Judenausrottung in Polen,* Genf 1944, S. 21 f.; S. Szende, *Der letzte Jude in Polen,* Europa-Verlag, Zürich 1945, S. 291f. Vgl. dazu C. Mattogno, *AHR* 1 (1987) 82 ff.

52. *IMT,* Band VII, S. 633 f.

funden haben sollen, werden als Gaswagen und Gaskammern bezeichnet. In Treblinka gab es je nach Zeugenaussagen folgende Tötungsvarianten:

1. Tötung durch Fließband-Genickschuß im Freien;
2. Tötung mittels Chlorgas;
3. Tötung mittels Wasserdampf;
4. Tötung mittels Abgase eines Dieselmotors;
5. Tötung durch Auspumpen der Luft aus den Räumen mit großen Spezialpumpen.

Die Varianten 1, 3 und 5 werden im *Black Book* 1946 berichtet[53] und sind zweifellos ein Ausbund krankhafter Phantasie. So würde bei dem Versuch, die Luft aus einem Raum herauszupumpen, bereits bei wenigen Zehntel bar Unterdruck das gesamte Gebäude einstürzen. Die vermeintliche Hinrichtung mit Dampf erscheint zum Beispiel im *Black-Book* an gleicher Stelle, in der Aussage von A. Krzepikki[54], und wird in einer polnischen Quelle wiederholt.[55] Rullmann führt aus, daß die Angaben des *Black Book* von 1943[51] unzuverlässig seien, da man sich dort auf die Meldung eines nicht existenten *East London Observer* beziehe.[56] Rückerl glaubt, daß es sich hierbei nur um Gerüchte von Zeugen gehandelt habe, die zwar die Tatsache der Vernichtung kannten, deren Methoden aber nicht in Erfahrung bringen konnten.[57] Letztlich gelangte die heute allgemein abgelehnte Dampf-Version als bewiesene Tötungsversion vor das IMT.[43] Heute legt man sich auf die Morde mit Dieselabgasen fest, deren mangelhafte Tötungsfähigkeit von F. P. Berg in diesem Band unter Beweis gestellt wird.

Nach den Aussagen der Zeugen überschnitten sich diese Tötungsvarianten zeitlich, was eine planmäßige Tötung eigentlich von vornherein ausschließt.

4.2. Tatort oberes Totenlager

Wie bereits angemerkt, läßt sich wegen der dubiosen Zeugenaussagen und des Fehlens eindeutiger Ortsbestimmungen durch Gerichte und Kommissionen sowie entsprechender Beweissicherung kein exakt gesichertes Bild vom sogenannten Tatort machen. Allein der Umstand, daß es Tatortdarstellungen mit einem rechteckigen Lagerareal und einige mit schiefwinkligen Konturen unterschiedlicher Abmessungen gibt, zwingt zur Skepsis. So ist es wohl ratsam, jenes Lager Treblinka II für den behaupteten Tatort zu betrachten, das durch einen Plan mit amtlichem Aussehen dargestellt wird und auf deutschen Luftbildaufnahmen aus dem Jahre 1944 zu erkennen ist.[41] Legt man den Treblinka-Archiv-Plan zugrunde, so hatte das Lager, wie angegeben, eine Fläche von 134 500 m^2, und das sogenannte Totenlager eine von 18 000 m^2. Gemäß den Luftbildaufnahmen hatte das Totenlager eine Abmessung von 70 m×90 m, was einer Fläche von 6 300 m^2 entspricht. Im Totenlager sollen sich nach den bekannten Darstellungen die beiden Gebäude mit insgesamt 13 hermetisch dichten Gaskammern wie folgt befunden haben:[58] Bei dem ersten Todeshaus mit 3 Kammern zu 5 m × 5 m (andere Angaben lauten auf 4 m × 4 m) Grundfläche und 2,6 m Höhe, hat es sich um eine Betonkonstruktion gehandelt, die im Spätsommer/Frühherbst 1942 errichtet wurde. Das etwas später errichtete zweite Todeshaus mit 10 Gaskammern und einer Grundfläche von etwa 8 m × 4 m (andere lauten auf 7 m × 7 m) pro Gaskammer war angeblich ein Steingebäude mit Betonfundament. Je 5 Gaskammern lagen beiderseits eines 1,5 m breiten Ganges. An den Außenwänden befanden sich nach oben hochziehbare abgedichtete Falltüren zwecks schneller Entleerung der Gaskammern. An die Giebelwand schloß der Motorraum an, von wo aus die Dieselabgase mit Rohren in die Kammern geleitet wurden.

53. World Jewish Congress u.a. (Hg.), aaO. (Anm. 15), S. 398, 407 ff.
54. A. Krzepicki in: A. Donat (Hg.), aaO. (Anm. 37), S. 130.
55. *Biuletyn Zydowskiego Instytutu Historycznego* (Warschau) 1 (1951) 96, 99.
56. H. P. Rullmann, aaO. (Anm. 4), S. 130.
57. A. Rückerl, *NS-Vernichtungslager im Spiegel deutscher Strafprozesse,* dtv, München ²1978, S. 39 f., 43 ff., bez. Treblinka-Prozeß, S. 14.
58. Vgl. das Düsseldorfer Urteil im Prozeß gg. K. Franz, LG Düsseldorf, Az. 8 I Ks 2/64, wiedergegeben in A. Donat, aaO. (Anm. 37), S. 296, bes. S. 300 f., auch S. 34, 157, 161; Y. Arad, aaO. (Anm. 37), S. 42 f., 119.

Während das *Black Book* 1946 von 4 000 bis 6 000 Menschen spricht, die gleichzeitig in die Kammern gepreßt wurden, gibt man sich sonst mit weniger als 2 000 zufrieden. Zum unmittelbaren Tatort gehören auch die Massengräber zur Aufnahme der Leichen. Diese Massengräber in der Nähe der Gaskammern hatten nach Eliahu Rosenberg[59] eine Abmessung von 120 m × 15 m × 6 m,[60] jedoch schwanken die Ausmaße der Gruben je nach Aussage zwischen 50 m Länge, 10 m Breite und 5 m Tiefe bis zu 150 m Länge, 25 m Breite und 10 m Tiefe. Später findet der Tatort durch die Verbrennungsroste eine funktionelle Erweiterung.
Unter Heranziehung der von Zeugen und in der Literatur gegebenen Darstellungen sollen davon einige Aspekte im Hinblick auf ihre technisch notwendigen Vorbedingungen und ihre Durchführbarkeit betrachtet werden. Es handelt sich hierbei um Einsichten, die längst hätten gemacht werden können, mit Würdigung in den einschlägigen Prozessen. Ein Beispiel sei angeführt für die Kritiklosigkeit und den beängstigenden Mangel an technischem Vorstellungsvermögen von Richtern und Staatsanwälten aus dem Buch *Nationalsozialistische Massentötungen durch Giftgas,* in dem es heißt:

> *»Das Gebäude war niedrig, lang und breit* [. . .] *es war aus grauem Beton, hatte ein Flachdach aus Pappe* [!!!] [. . .] *3 Stufen ohne Geländer führten in das Gebäude* [. . .] *Die Kammern lagen 1,5 m über dem Boden* [. . .] *«*[61]

Daraus ergibt sich eine erstaunliche Stufenhöhe von einem halben Meter und somit ein beachtliches Hindernis bei der Füllung der Gaskammern mit Menschen, die zur Vergasungen vorgesehen waren.

4.3. Die Tatwaffe

Gedanken über die erwähnten Einrichtungen zur Erzeugung von Wasserdampf hoher Temperatur, von Unterdruck oder Chlorgas zur Massentötung hat niemand mehr verschwendet; sie sind offenbar wegen Unsinnigkeit letzten Endes verworfen worden. Unerklärlich aber ist, weshalb sich Zeugen, Zeitgeschichtler und Gerichte im Falle Treblinka, Belzec und Sobibor auf das Tötungsmittel Dieselmotorabgase verständigt haben. Wieso die Planer der Vernichtung einer unglaublich hohen Zahl von Juden auf die Abgase von Dieselmotoren verfallen sind, ist äußerst rätselhaft, da heute aus den Umweltberichten allgemein bekannt ist, daß die Auspuffgase eines Benzinmotors hundertmal giftiger sind als die eines Diesels. Vergleicht man die verschiedenen Zeugenaussagen, so bleibt unklar, welche Wirkung das Gas auf die in den Kammern Eingeschlossenen gehabt haben soll. Eine ernsthaft toxische Wirkung der Abgase eines Dieselmotors ist wegen dessen niedrigen Kohlenmonoxidgehaltes auszuschließen.[62] Eine Durchströmung der Gaskammern mit den Abgasen des Dieselmotors käme einer verminderten, aber ausreichenden Sauerstoffzufuhr in den jeweiligen Raum gleich.
Mehr als verwunderlich ist, daß im *Black Book* 1943[51] ein CO-Gehalt in Dieselabgasen von 2 bis 3% genannt wird. Man kann kaum glauben, daß es sich hier um ein Versehen handelt, denn die Behauptung der tödlichen Giftigkeit von Dieselabgasen ist noch heute ein wesentlicher Teilaspekt bei der Begründung des Holocaust. Die Nennung von 2 bis 3% CO in Dieselabgasen kann nicht auf Zeugenaussagen zurückgeführt werden. Es ist anzunehmen, daß dem Jüdischen Weltkongreß auch hier Fachleute zur Verfügung gestanden haben, weil die gleichzeitigen Darlegungen über die biochemische Wirkung des CO auf das Hämoglobin des Blutes dies nahe legen. Die Abgase von Verbrennungsmotoren werden nach dem Austritt aus dem Verbrennungsraum aus verschiedenen Gründen in Auspuffanlagen geleitet, von wo aus sie dann ins Freie gelangen. Drosselt man den Gasaustritt am Ende der Auspuffanlage, so steigt der Druck darin solange an, bis der Motor zum Stillstand kommt. Die Höhe des möglichen Druckanstiegs ist je nach Art und Konstruktion des Motors unterschiedlich.[63]

---

59. E. Rosenberg in: H. P. Rullmann, aaO. (Anm. 4), S. 137.
60. Vgl. Y. Arad, aaO. (Anm. 37), S. 33, 42; A. Donat (Hg.), aaO. (Anm. 37), S. 92, 153, 170 f.
61. E. Kogon, A. Rückerl, H. Langbein, aaO. (Anm. 37), S. 183.
62. Vgl. hierzu den ausführlichen Beitrag von F. P. Berg im Buch.
63. Abgasturbolader haben einen Druckbedarf von 0,5 bar und mehr.

Wie die Zeugen beschreiben, handelt es sich bei den zur Begasung der Gaskammern benutzten Motoren um schwere Dieselmotoren aus sowjetischen Panzern, deren Leistung bis zu 550 PS betrug. Da Dieselmotoren ein hohes Verdichtungsverhältnis haben (1:15), darf angenommen werden, daß sie auch noch bei einem Druckanstieg der Abgase um 0,5 bar nach Zylinderaustritt zu arbeiten in der Lage sind.

Beaufschlagt man nun einen hermetisch verschlossenen Raum mit diesen Abgasen, so kann dort der Druck ebenfalls um 0,5 bar (entsprechend dem Gewicht von 500 Gramm pro cm^2) ansteigen; das bedeutet, daß auf einen Quadratmeter Oberfläche eine Kraft entsprechend dem Gewicht von 5 Tonnen von innen nach außen wirkt. Dies wäre im Vergasungsfall die Situation in den nach Zeugenaussagen hermetisch abgeschlossenen Gaskammern. Zur Veranschaulichung der in Frage kommenden Gesamtkräfte auf das Mauerwerk einer Gaskammer sei die Kammergröße des Totenhauses 2 in Rechnung gestellt. Bei der angenommenen Höhe von 2 m und einer Raumlänge von 8 m ergibt sich eine Mauerfläche von 16 m^2 und somit eine Gesamtkraft entsprechend dem Gewicht von 80 Tonnen, die die Wand nach außen drückt. Man stelle sich die Belastung der Mauer durch drei Lastzüge mit mehr als 25 Tonnen Gesamtgewicht vor.

Die Decke dieses Raumes hat eine Gesamtfläche von 56 m^2, auf die von unten eine Kraft entsprechend dem Gewicht von 280 Tonnen zur Wirkung käme. Das Eigengewicht einer solchen Decke beträgt etwa 10 Tonnen. Falls die Decke nicht abheben würde, würde sie jedenfalls nach oben durchknicken, weil die Stahlbewehrung einer Tragdecke im unteren Drittel des Deckenquerschnitts angebracht ist. Da nach Rückerl u. a. der Fußboden dieser Gaskammer 1,5 m über der Erde lag, mußte darunter ein Hohlraum gewesen sein. Dieser Fußboden mußte also eine Tragfähigkeit über 5 Tonnen pro Quadratmeter besitzen. Tragdecken mit 6 Tonnen/m^2 Tragfähigkeit wären nach Kriegsende nicht ohne weiteres verschwunden.

Ähnliche Betrachtungen gelten auch für die Türen der Gaskammern. Die Fläche der erwähnten Falltüren mit einer Breite von 2,5 m und der angenommenen Höhe von 2 m betrug somit 5 m^2. Bei der sich hieraus ergebenden Belastung von 25 Tonnen, mit der die Türen nach außen gedrückt worden wären, hätten sie sogar noch dicht abschließen sollen. Zweifellos wäre solch eine Konstruktion als Museumsstück geeignet.

Hinsichtlich der Mauer-, Decken- und Türenbelastungen sei noch das *Black Book* 1946[15] zitiert, worin es heißt:

> *»Die zweite Treblinka-Methode und die am weitesten verbreitete bestand darin, mit großen Spezialpumpen die ganze Luft aus den Kammern herauszupumpen.«*

Rachel Auerbach führt eine abgewandelte Version an, bei der vor dem Einlassen der Dieselabgase die Luft herausgepumpt wurde.[64] Daß allein schon dieser Vorgang die Opfer getötet hätte, wenn die Gaskammer dies technisch überstanden hätte, kommt Frau Auerbach nicht in den Sinn. Bei diesen Tötungsmethoden wären die Kräfte auf das Gebäude in umgekehrter Richtung, das heißt von außen nach innen gerichtet, mit noch höheren Werten bis zum doppelten, im Vergleich zu den vorigen Bedingungen, aufgetreten, da der Druckunterschied zum luftleer gepumptem Raum etwa ein bar beträgt. Nachdrücklich festgestellt werden soll hier, daß bereits bei erheblich geringeren Druckunterschieden zwischen Gaskammer und Atmosphäre die Bauwerke in Trümmer gegangen wären.

Überschläglich ist noch zu klären, wie lange es gedauert hätte, bis ein Überdruck von 0,5 bar in der Gaskammer mit 56 m^2 Grundfläche und 2 m Höhe, das sind 112 m^3, eingetreten wäre. Bei den erwähnten sowjetischen Dieselmotoren käme der Typ W2 mit 38 Liter Hubraum in Frage.[62] Im Vergasungsfall hätte das Luftvolumen in der Kammer, abzüglich des Volumens der dort Eingeschlossenen, etwa 76 m^3 betragen. Unter der Annahme einer Drehzahl des Motors von 500 U/min hätte der Abgasausstoß 9,5m^3 pro Minute betragen. Durch Einleitung von 38 m^3 Abgasen insgesamt wäre nach 4 Minuten der Druck in der Kammer auf 1,5 bar angestiegen. Selbst ein unter Vollast laufender Dieselmotor

64. R. Auerbach in: A. Donat, aaO. (Anm. 37), S. 35, 50.

liefert in dieser kurzen Zeit auch nicht im ungünstigsten Fall genügend Giftstoffe, um damit irgend jemanden zu töten, wohl aber genug Gas, um hermetisch verschlossene, gemauerte Räume zu sprengen.

Wie könnte man sich überhaupt einen Vergasungsvorgang vorstellen, wenn zum Beispiel die 10 Gaskammern vom zweiten Todeshaus, wie das *Black Book* berichtet, auf einmal mit 6 000 Menschen beschickt worden wären? Der Gang zu den Gaskammern war angeblich 1,5 m breit. Das reicht gerade gut aus, damit ihn zwei Menschen nebeneinander betreten konnten. Stellt man die zukünftigen Opfer also vor dem Todeshaus in einer Zweierkolonne mit einem Abstand zum Vordermann von 60 cm auf, so ergibt sich eine Menschenschlange von knapp 2 km. Das Betreten des Todeshauses und das geordnete, dichte Plazieren der Opfer in den Kammern wird eine Marschgeschwindigkeit der Kolonne von vielleicht 2 km/h ermöglichen, wenn sich die Opfer äußerst diszipliniert und kooperativ verhalten. Die Lächerlichkeit der Umstände dieses günstigsten Szenarios beweist, daß eine Stunde sicher nicht ausreicht, um die 6 000 Menschen gewaltsam in die Kammern zu pressen. Daraus ergibt sich, daß die Opfer, die sich in der zuerst aufgefüllten Kammer befanden, dort möglicherweise bereits über eine Stunde hermetisch eingesperrt waren, bevor die Vergasungsaktion überhaupt begonnen hätte. Denn daß mit der Begasung nach der Füllung der ersten Kammer begonnen worden sein soll, widerspricht den Zeugenaussagen, etwa der, daß Iwan der Schreckliche nicht nur die Opfer in die Kammern trieb, sondern auch noch das Dieselaggregat bediente. Beides hätte er gleichzeitig nicht tun können. Daraus folgt weiter, daß den in der zuerst aufgefüllten Kammer Eingeschlossenen weniger als 16 m^3 Sauerstoff zur Verfügung standen.

Nach dem technischen Standardwerk für Ingenieure beträgt der Sauerstoffbedarf eines Menschen bei leichter Arbeit bereits 0,66 Liter pro Minute. Unter den gegebenen Bedingungen des Zusammengepferchtwerdens in einem engen Raum ist der obige Bedarf mindestens erforderlich. Hieraus ergibt sich für 600 Eingeschlossene ein Sauerstoffverbrauch von rund 400 Liter pro Minute, so daß bei gleichbleibendem Verbrauch bereits nach 40 Minuten der Sauerstoff restlos aufgebraucht wäre und längst vor Begasungsbeginn nur noch Leichen in der Kammer gelegen hätten. Tatsächlich sinkt der Sauerstoffverbrauch durch die beginnende Agonie der Opfer, so daß mit dem Tod der Menschen etwa ab einer Stunde zu rechnen wäre. Diesen Umstand hätten auch die Zeugen bemerken müssen. Diese berichten dagegen, daß erst nach 24 oder gar 48 Stunden der Erstickungstod eingetreten sei, als wegen Defekten die Motoren streikten; diese Darstellung muß man also als pure Phantasie abtun.[65]

Falls aber die Kammern nicht hermetisch abgeschlossen waren und mit Dieselabgasen nur beaufschlagt wurden, so hätte der Sauerstoffanteil von 15 bis 17% in den Dieselabgasen keine Todesfolgen gehabt.[66] Im übrigen ist nicht einzusehen, weshalb zur Vergasung einzelne Kammern vorgesehen waren, da ein einzelner Großraum zur Durchführung der geschilderten Vergasungen bezüglich Füllung und Räumung der Kammer praktikabler gewesen wäre.

Wegen der auseinandergehenden Zeugenaussagen bezüglich der Funktion der Dieselmotoren in den Lagern sind noch weitere Betrachtungen nötig. Mitunter wird erwähnt, daß die Vergasungsmotoren auch zur Stromversorgung der Lager gedient haben sollen.[67] Gemäß den Angaben zu Treblinka II bestand das untere Lager zeitlich vor dem oberen Lager. Wäre der im oberen Lager erwähnte Dieselmotor für die Stromversorgung von ganz Treblinka II vorgesehen gewesen, so hätte das untere Lager bis zur Errichtung des oberen seinen Strom woanders her bezogen. Falls der Motor jedoch nur zur Versorgung des oberen Lagers hätte dienen sollen, so wäre dies technischer Unfug gewesen, weil

65. R. Auerbach, ebenda, S. 49 f.; J. Wiernik in A. Donat, ebenda, S. 172
66. Es sei erwähnt, daß bei Wiederbelebungsversuchen eine Mund-zu-Mund-Beatmung stattfidnet, wobei die wiederbelebende Atemluft des Menschen etwa 15% Sauerstoffanteil hat.
67. J. Wiernik in: A. Donat, aaO. (Anm. 37), S. 157; Urteil Düsseldorf, ebenda, S. 300; Y. Arad, aaO. (Anm. 37), S. 42. Diese Zeugen bekunden allerdings, daß es sich bei dem Motor zur Stromerzeugung um einen zusätzlichen, separat zu Vergasungsmotor eingesetzten Diesel handelte. Wir gehen hier der These nach, daß die Zeugen sich irrten und Vergasungsmotor und Generatormotor identisch waren.

entsprechend den Örtlichkeiten im Höchstfalle 100 Glühlampen zu 75 Watt – also insgesamt 7,5 kW – zur Beleuchtung notwendig gewesen wären. Die russischen Panzermotoren hatten eine Leistung bis zu 550 PS, weshalb sie niemand für die Erzeugung von 7,5 kW elektrischer Leistung verwendet hätte. Bei so geringer Belastung ist davon auszugehen, daß die Zusammensetzung der Dieselabgase der eines Motors im Leerlauf entsprochen hätte. Schließlich bleibt zu bedenken, daß der Einsatz von sowjetischen Beutemotoren zur Stromerzeugung äußerst unwahrscheinlich ist, da im Defektfall die Beschaffung von Ersatzteilen für diese Modelle im Krieg annähernd unmöglich war. Von solchen Defekten und Pannen wurde sogar berichtet, wodurch sich die Vergasungsvorgänge immer wieder verzögert haben sollen.

Auch die Wasserversorgung des Lagers mit einem eigenen Brunnen war vom elektrischen Strom abhängig. Da immer wieder berichtet wurde, daß die Vergasungsmotoren zu den Vergasungen angeworfen und nach erfolgter Vergasung (5 bis 45 min[68]) abgestellt wurden, die Strom- und Wasserversorgung aber kontinuierlich gewährleistet sein mußte, muß als sicher angenommen werden, daß der Vergasungsmotor im oberen Lager nicht zur Erzeugung von elektrischer Energie für das untere Lager gedient haben kann. Das Lager Treblinka II wird daher an die Stromversorgung des nahe gelegenen Dorfes angeschlossen gewesen sein und dürfte außerdem ein separates Notstromaggregat für Störfälle zur Verfügung gehabt haben.

Nicht nur aus Treblinka wird berichtet, daß wegen Pannen des Dieselmotors Unterbrechungen bei den beschriebenen Vergasungsaktionen eintraten. Aus Belzec berichtete SS-Führer Gerstein eine solche Panne eines Dieselmotors[62], der allein zur Vergasung benutzt wurde und daher mit Sicherheit im Leerlauf gefahren worden wäre, wenn Gersteins Bericht stimmt, was aber praktisch mit Sicherheit ausgeschlossen werden kann.[69] Da nach den Angaben von Gerstein die Menschen in den Gaskammern bei einer Motorpanne stundenlang überlebten, muß die geschlossene Kammer sehr gut belüftet gewesen sein.

Eine ernsthafte Planung einer Massentötung mittels Abgasen hätte also nicht nur ein anderes Aggregat als den Dieselmotor vorgesehen, sondern auch für die Installation von Reserveanlagen sorgen müssen.

Alle hier vorgetragenen Überlegungen und Berechnungen sind im Grunde genommen einfach, und es ist deshalb völlig unverständlich, weshalb solche technischen Betrachtungen nicht längst veranlaßt und durchgeführt worden sind. Es hätte auch den Gerichten auffallen müssen, daß bisher kein Fall bekannt ist, in dem sich ein Selbstmörder mit den Abgasen eines Dieselmotors getötet hat, ganz im Gegensatz zu den nicht so seltenen Selbstmorden mit den Abgasen eines Benzinmotors. Die somit von den Holocaust-Dogmatikern fälschlich behauptete toxische Wirkung der Abgase eines Dieselmotors hat auch in der Praxis nirgendwo Niederschlag gefunden.

Die bisherigen technischen Überlegungen zeigen, daß die einschlägig beschriebenen Gaskammern so nicht in der Lage sein konnten, die Funktion eines Mordwerkzeuges, wie allgemein hingenommen, zu erfüllen. Die nun folgende Untersuchung soll Aufklärung über die behauptete spurenlose Leichenbeseitigung geben.

5. Spurenlose Leichenbeseitigung in Treblinka

5.1. Leichengruben

Nach Eliahu Rosenberg[17] wurden die Leichen nach Öffnung der Falltüren der Gaskammern zu Gruben mit den Abmessungen von 120 m Länge, 15 m Breite und 6 m Tiefe gebracht; insgesamt etwa 850 000. Folgt man Rosenbergs Aussage, so hätte eine Leichengrube unter der Annahme eines im sand- und

68. Y. Arad, aaO. (Anm. 37), S. 69, 71, 86; A. Donat, aaO. (Anm. 37), S. 36, 49, 159, 172, 311; R. Glazar, aaO. (Anm. 37), S. 19; J.-F. Steiner, *Treblinka*, Stalling, Oldenburg 1966, S. 180, 213.
69. Vgl. H. Roques, *Die ›Geständnisse‹ des Kurt Gerstein*, Druffel, Leoni 1986.

kiesreichen Gelände von Treblinka wahrscheinlichen Böschungswinkels von 65° und der Annahme einer 50 cm Deckschicht über dem Massengrab ein füllbares Volumen von rund 8 000 m^3 gehabt. Mitunter wurde erwähnt, daß man die Leichen in die Grube einschichtete und lageweise mit Erdreich abdeckte, anderen Angaben zufolge wurden die Leichen wahllos in die Grube geworfen. Unter beiden Bedingungen lassen sich etwa 8 Leichen pro m^3 unterbringen, was besagt, daß etwa 64 000 Leichen in den beschriebenen Gruben Platz gefunden hätten. Interessanterweise erwähnt keiner der Zeugen den beachtlichen Erdaushub, der bei einer Auflockerung des Erdreichs um 20 Prozent 9 600 m^3 betrug. Bekanntlich ist die Steilheit einer Grube im gewachsenen Erdreich wesentlich größer als die einer aufgeschütteten Halde. Wenn entsprechend den Abmessungen die Oberfläche der Leichengrube 1800 m^2 betrug, so hätte bei einem Schüttwinkel von etwa 30° für den Kies- oder Sandaushub die damit bedeckte Fläche unter Abzug des Materials zur Leichenabdeckung (etwa 1000 m^3) bei einer Schütthöhe von etwa 6 m entlang der Grube ungefähr 2 600 m^2 betragen.
Das obere Totenlager, das sich innerhalb des Lagers Treblinka II befunden haben soll, hatte nach Darstellung des slowenischen Historikers Tone Ference[70] eine Fläche von etwa 16 000 m^2. Um jedoch jedem Einwand vorzubeugen, sei bei den weiteren Betrachtungen gemäß Archivplan die Größe des Totenlagers mit 18 000 m^2 angenommen. Auf diesem Gelände waren aber nicht nur Leichengruben mit derem Aushub, sondern auch Gaskammern und andere Gebäude. Geht man von den im Jerusalemer Demjanjuk-Prozeß genannten 875 000 Toten aus, so wären 14 Leichengruben à la Rosenberg mit insgesamt etwa 131 000 m^3 Erdaushub zur Unterbringung dieser Leichenmengen nötig gewesen. Da diese 14 Gruben eine Fläche von 25 200 m^2 eingenommen hätten, wäre ihre Anlage im Totenlager mit insgesamt nur 18 000 m^2 nicht möglich gewesen. Die aus den 14 Leichengruben resultierenden Aushubhalden hätten zudem eine weitere Fläche von mehr als 36 400 m^2 benötigt. Legt man aber die andererseits behaupteten 3 Millionen Toten zugrunde, so wären 47 Leichengruben mit einer Fläche von etwa 84 600 m^2 nötig gewesen und hätten allein fast zwei Drittel der Fläche von Treblinka II eingenommen – ohne den dazugehörigen Erdaushub.
Schließlich sollen zu den angeblich 6 m tiefen Leichengruben einige Anmerkungen erfolgen. Zunächst erscheint es unwahrscheinlich, daß solch tiefe Gruben gegraben wurden, da hierfür entweder kompliziertes Großgerät oder ein erhöhter Aufwand durch Rampenkonstruktionen nötig gewesen wäre. Die angeblich in Treblinka eingesetzten Bagger hätten hierfür kaum gereicht.[71] Es ist zudem wahrscheinlich, daß bei Erdtiefen von 6 m Grundwasser auftritt, was den Bau sowie die Verwendung derart tiefer Gruben erschwert bzw. verhindert hätte. Da sich in der Nähe von Treblinka II das Lager Treblinka I mit einer großen Kiesgrube befunden haben soll, wäre aber durchaus ein Grundwasserspiegel von tiefer als 6 m denkbar. Ginge man von einer realistischeren Grubentiefe von etwa 3 m aus, so hätte eine Grube obiger Grundfläche etwa 35 000 Leichen gefaßt, und es wären 25 Gruben mit einer Fläche von 45 000 m^2 ohne die Fläche für den Aushub nötig gewesen. Der Aushub hätte etwa eine Lagerfläche von 53 000 m^2 erfordert, insgesamt also knapp 100 000 m^2. Für die 3 Millionen Toten wären allein 86 Gruben mit 155 000 m^2 Fläche ohne Aushub benötigt worden.
Quantitative Betrachtungen aufgrund ›bezeugter‹ Vorgänge und die sich daraus ergebenden technisch-materiellen Folgen haben im Fall Auschwitz zu einer laufenden Reduzierung der Opferzahlen geführt.[72] Fakten waren stets Feinde der Religion.

5.2. Die nicht ganz spurenlose Beseitigung der Leichen

In der Beweiskette des Holocaust ganz allgemein nimmt die spurenlose Beseitigung der Opfer einen entscheidenden Stellenwert ein. Die spurenlose Beseitigung ist Voraussetzung für die Behauptung

70. In U. Walendy, »Der Fall Treblinka«, aaO. (Anm. 36), S. 11.
71. Vgl. die Abbildungen aus dem Fotoalbum K. Franz' in: G. Sereny, aaO. (Anm. 37), S. 210; A. Donat, aaO. (Anm. 37), S. 264; Y. Arad, aaO. (Anm. 37), S. 95.
72. Vgl. dazu den Beitrag von G. Rudolf zur Holocaust-Opfer-Statistik im Buch.

einer beliebigen Anzahl von Getöteten. Daher schwanken auch die Zahlen im Fall Treblinka zwischen 700 000 und 3 000 000 Toten, eine Erscheinung, die auch in anderen Fällen zutrifft.[73] Der bedenkenlose Umgang mit derart hohen Opferzahlen wirkt von vornherein fragwürdig und sollte für die damit Befaßten Anlaß sein, wissenschaftlich unwiderlegbare Fakten zu sichern, um aus dem Holocaust keine Glaubensfrage zu machen. Man hat sich aber mit Schall und Rauch sowie mit Zeugen begnügt. Zu den technisch unrealistischen Angaben über die Massentötung von Menschen kommen noch die völlig unglaubwürdigen Schilderungen über die spurenlose Beseitigung von Leichen. Millionen Tote können nicht spurlos verschwinden. In diesem Zusammenhang sei auf den Fall Katyn verwiesen, wo im Jahre 1943 die 4 500 im Jahre 1940 von den Sowjets ermordeten polnischen Offizieren entdeckt worden sind.[74]

Laut Zeugenaussagen soll Himmler ab einem bestimmten Zeitpunkt, angeblich im März 1943, die Leichenverbrennung im Vernichtungslager Treblinka zwecks Spurenbeseitigung angeordnet haben.[75] Im Zuge dieser Maßnahme sollen die bereits begrabenen Leichen wieder ausgegraben und verbrannt worden sein. Über den technischen Ablauf dieser Aktion in Treblinka, die etwa von März bis August 1943 gedauert haben soll, liegen verschiedene Zeugenaussagen vor.

Eliahu Rosenberg machte zur Leichenverbrennung folgende Angaben:

> »*Nachdem Himmler das Lager besichtigt hatte, gab er den Befehl, sämtliche Leichen, die in der Grube lagen, zu verbrennen* [. . .] *Zu diesem Zweck legte man zwei Schienen parallel nebeneinander auf die Erde und schichtete nun die Leichen, die mit Baggern aus der Grube gehoben wurden, dieselben wie Holzscheiter übereinander. Es kam dabei öfters vor, daß die Leichen, besonders von frischen Toten, nicht gut brannten und wir sie daher mit Benzin überschütten mußten* [. . .] *Wir hatten zu jener Zeit nur eine Feuerstelle, und das war natürlich zu wenig, da wir nicht mehr als hundert Leichen täglich verbrennen konnten. Man holte aus dem Nachbarlager einen SS-Oberscharführer namens Herbert Floss* [. . .] *Er richtete fünf bis sechs Feuerstellen ein und führte auch eine neue Art des Schichtens durch* [. . .]«[76]

Auch bei seiner Aussage in Jerusalem gegen Demjanjuk ließ er von seinen Überzeugungen nicht ab:

> »*In Treblinka lernten wir, daß kleine Kinder schneller brennen als Männer. Man kann sie mit einem Streichhölzchen anzünden. Deshalb befahlen uns die Deutschen, mögen sie verdammt sein, zuerst die Kinder auf die Verbrennungsgrube hinzulegen.*«[77]

Der Zeuge Szyja Waszawski, der im Juli 1942 nach Treblinka kam, erzählt im Protokoll von Vergasungen mit Chlor und täglich mindestens 10 000 Opfern und führt zur Kremierung aus:

> »[. . .] *Meistens hat man die Leichen in 10 m tiefe und breite sowie viele zehn m lange Gruben geladen. Im Januar 1943* [. . .] *hat man auf der Erdfläche fünf bis sechs Gerüste aufgebaut. Die Roste, die aus eisernen Schienen waren, hatte man auf Zementpfosten in Höhe von einem halben Meter über der Erde gestützt. Solch ein Rost hatte die Länge von 10 Meter und eine Breite von 4 Meter. Unter dem Gerüst machte man ein Feuer. Mit einer Baggermaschine warf man schichtenweise Leichen auf das brennende Gerüst. Als die Leichen Feuer fingen, brannten sie von selbst. Eine Massenverbrennung begann am Ende des Monats Februar 1943. Die Asche, die nach der Verbrennung zurückgeblieben war, wurde in die Gruben hereingeworfen, aus denen man zuvor die Leichen herausgeholt hatte. Darüber säte man Wicke und steckte Bäume hinein, die man aus dem Walde herbei brachte, um die Stelle zu tarnen* [. . .] *An einigen Gruben holten die Bagger nur die obere Schicht der Leichen heraus. Der Rest der Leichen wurde mit Erde verschüttet, und von oben vertarnte man wieder diese Stelle* [. . .]«[78]

---

73. Vgl. z.B. die Beiträge von H. Tiedemann über Babi Jar und G. Rudolf und E. Gauss über Auschwitz/Majdanek im Buch.
74. F. Kadell, *Die Katyn-Lüge,* Herbig, München 1991.
75. Vgl. Y. Arad, aaO. (Anm. 37), S. 170.
76. E. Rosenberg, *Tatsachenbericht,* S. 9 f. in: H. P. Rullmann, aaO. (Anm. 4), S. 141 f.
77. Aussagen E. Rosenberg vor dem Jerusalemer Demjanjuk-Prozeß, zitiert nach U. Walendy, *HT* Nr. 34, Verlag für Volkstum und Zeitgeschichtsforschung, Vlotho 1988, S. 24.
78. S. Waszawski, *Dokumente der Hauptkommission zur Erforschung der Naziverbrechen in Polen.* Kopie des Vernehmungsprotokolls in deutsch liegt mir vor.

Ohne auf die seltsamen und widersprüchlichen vorherigen Aussagen extra zu verweisen, seien noch einige Ausführungen aus dem Buch von Wassilij Grossmann *Die Hölle von Treblinka* erwähnt, in dem es zur Kremierung unter anderem heißt:

»*Anfangs wollte die Verbrennung der Leichen durchaus nicht klappen – die Leichen gerieten nicht richtig in Brand*[sic!]*; es wurde allerdings beobachtet, daß die Frauenkörper leichter brannten. Eine Unmenge kostspieligen Benzins und Öls wurde zum Anfachen*[sic!] *der Leichen verschleudert, aber das Ergebnis war kläglich* [. . .] *Aus Deutschland kam von der SS* [. . .] *ein Fachmann und Meister. Was für vielseitige Meister das Hitler-Regime doch hervorgebracht hat.* [. . .] *So fand sich auch ein Spezialist für das Ausgraben und Verbrennen Millionen menschlicher Leichen.*
Unter seiner Leitung begann man Öfen zu bauen. Es war ein ganz besonderer Typ, eine Mischung von Scheiterhaufen und Öfen [. . .] *Der Bagger hob einen Kesselgraben aus, der zweihundertfünzig bis dreihundert Meter lang, zwanzig bis fünfundzwanzig Meter breit und fünf Meter tief war. Auf dem Boden des Grabens wurden in seiner ganzen Ausdehnung drei Reihen voneinander gleichmäßig entfernter, hundert bis hundertzwanzig Zentimeter aus dem Grund hervorragender Eisenbetonpfosten errichtet. Diese Pfosten trugen stählerne, den ganzen Graben durchlaufende Balken. Quer über diese Balken wurden mit fünf bis sieben Zentimeter Zwischenraum Schienen gelegt. Auf solche Art entstand der Rost eines zyklopischen Ofens* [. . .] *Bald wurde ein zweiter und danach ein dritter Ofen von gleichem Ausmaß errichtet. Jeden Ofenrost belud man gleichzeitig mit dreitausendfünfhundert bis viertausend Leichen.*
[. . .] *Leute, die an der Leichenverbrennung teilgenommen haben, erzählen, daß die Öfen gigantischen Vulkanen glichen.* [. . .] *Dichte, schwarze, fette Rauchsäulen stiegen bis zum Himmel* [. . .] *Noch in dreißig und vierzig Kilometer Entfernung sahen die Bewohner* [. . .] *nachts diese Flammen, die über die Spitzen der das Lager umziehenden Fichtenwälder emporstiegen. Der ganze Kreis war vom Geruch des verbrannten Menschenfleisches verpestet* [. . .] *Die Spuren sind nicht auszulöschen.*«[79]

J. Wiernik, der als einziger der Zeugen angibt, längere Zeit direkt beim Vernichtungsprozeß beteiligt gewesen zu sein, schreibt:

»*Es zeigte sich, daß Frauenkörper leichter brannten als Männer. Dementsprechend wurden Frauenleichen zum Anzünden der Feuer verwendet.*«[80]

R. Glazar bemerkt lapidar:

»*Der Mensch brennt nicht gerade besonders gut, eher schlecht.*«[81]

R. Auerbach kompilierte verschiedene Zeugenaussagen und schreibt zusammenfassend:

»*Das polnische Volk spricht immer noch über die Art, in der aus den Leichen der Juden Seife erzeugt wurde. Die Entdeckung von Prof. Spanners Seifenfabrik in Langfuhr bei Danzig bewies, daß ihre Vermutung wohl begründet war. Zeugen berichten uns, daß bei der Verbrennung der Leichen auf Scheiterhaufen Pfannen unter die Gerüste aufgestellt wurden, um das herabfließende Fett aufzufangen, doch dies wurde nicht bestätigt. Aber selbst wenn die Deutschen es in Treblinka oder in einer anderen Todesfabrik zuließen, daß dieses wertvolle Fett verschwendet wurde, so kann dies nur ein Versehen ihrerseits gewesen sein.*«[82]
»*In Treblinka, wie auch in anderen ähnlichen Lagern, wurden entscheidende Fortschritte in der Vernichtungstechnologie gemacht wie z. B. die neuartige Entdeckung, daß weibliche Leichen besser brannten als männliche.*
›*Männner brennen nicht ohne Frauen*‹ [. . .] *Frauenleichen wurden benutzt, um das Feuer in den Leichenhaufen anzuzünden* [. . .] *Auch Blut stellte sich als erstklassiges Brennmaterial heraus* [. . .] *Junges Fleisch brenne schneller als altes* [. . .] *mit Hilfe von Benzin und den Leichen fetter Frauen flammte der Leichenhaufen schließlich auf.*«[83]

Der sich wissenschaftlich gebende Y. Arad berichtet:

»*Die Leichen wurden zu einem 2 m hohen Stapel auf dem Rost plaziert* [. . .] *Wenn alles bereit war, wurden trockene Äste und Holz unter das Rost gelegt und angezündet. Die gesamte Konstruktion mit samt den*

79. W. Grossmann, *Die Hölle von Treblinka,* Verlag für fremdsprachige Literatur, Moskau 1947.
80. J. Wiernik in: A. Donat, aaO. (Anm. 37), S. 170.
81. R. Glazar, aaO. (Anm. 37), S. 34.
82. R. Auerbach in: A. Donat, aaO. (Anm. 37), S. 32 f.
83. R. Auerbach, ebenda, S. 38.

Leichen war schnell in Feuer gehüllt [. . .] *und die Flammen schlugen 10 Meter hoch.* [. . .] *die mit der Kremierung beauftragten SS-Männer bemerkten, daß die Leichen auch ohne zusätzlichen Brennstoff gut genug brannten. Yechiel Reichmann, ein Mitglied der Verbrennungsgruppe, schreibt: ›Die SS-'Experten' befahlen, als erste Schicht fette Frauen mit dem Gesicht nach unten auf den Rost zu legen. Die zweite Schicht konnte aus allem bestehen, was gebracht wurde – Männer, Frauen oder Kinder – und so weiter, Schicht auf Schicht* [. . .]*‹.«*[84]

»Solche frischen Leichen brannten nicht so gut wie die aus den Gräbern exhumierten und mußten mit Brennstoff besprenkelt werden, damit sie brannten.«[85]

Einer unserer Holocauster hat aber doch etwas bemerkt. J.-F. Steiner beschreibt das Problem plastisch, das sich aus dem tatsächlichen gigantischen Holzbedarf für die Kremierung ergibt:

»Die Selbstkosten erwiesen sich als unerschwinglich: außer Unmengen Benzin brauchte man ebenso viele Baumstämme wie Leichen. Es war kein rentables Geschäft, denn selbst wenn man zur Not noch alle Wälder Polens fällen konnte, so würde doch das Benzin knapp werden. Stalingrad war gefallen und damit die reichen Erdölfelder des Kaukasus wie eine Fata Morgana entschwunden.«[86]

Doch der ebenfalls viele Aussagen kompilierende J.-F. Steiner weiß sich zu helfen, da auch er glücklicherweise die selbstbrennenden Leichen fand:

»Es gab feuerfeste und leichtentzündliche [Leichen]. *Die Kunst bestand darin, die guten zur Verbrennung der schlechten zu benutzen. Nach seinen* [H. Floss] *Forschungen – offensichtlich waren sie weit gediehen – brannten alte Leichen besser als neue, dicke besser als magere, Frauen besser als Männer, und Kinder zwar schlechter als Frauen, aber besser als Männer. Daraus ergab sich, daß alte Leichen von dicken Frauen ideale Leichen darstellten.«*[87]

Aus einigen Aussagen geht tatsächlich hervor, daß es im Lager Kommandos gegeben hat, deren Aufgabe die Beschaffung von Holz war. Während A. Krzepicki und S. Willenberg nur von einem Kommando berichten können, das von Bäumen Zweige abriß, um damit den Zaun um das Vernichtungslager aus Tarnungsgründen zu schmücken,[88] weiß Y. Arad davon zu berichten, daß ein Holzkommando, das anfangs nur den Bau- und Brennholzbedarf zu decken hatte, später auch das Holz zum Kremieren anzuschaffen hatte.[89] Man ist sich unter den Zeugen und Holocaust-Gläubigen aber einig, daß das Holz nur in Form von Lagerfeuern unter den Leichenhaufen entzündet wurde, bis daß die Leichen Feuer gefangen hatten und von selbst brannten. Allein R. Glazar kann uns nähere Informationen über dieses Holzkommando liefern. Danach bestand dieses aus etwas über 25 Mann und erbrachte durch seine Arbeit so wenig Zweige und Äste ins Lager, daß ein Tarnungskommando von 25 Leuten auf ungefällte Bäume klettern mußte, um zusätzliche Zweige zu brechen, die in die Zäune des Lagers als Sichtschutz eingeflochten wurden.[90]

Diese Schilderung sprechen für sich.

Steven Spielberg hat sich übrigens als gelehriger Schüler obiger ›Zeugen‹ erwiesen: Er zeigt in seinem Film *Schindlers Liste* in einer Szene, wie ein riesiges Förderband laufend Leichen auf einen von selbst vor sich hinbrennenden riesigen Leichenhaufen häuft.[91]

5.3. Leichenverbrennung oder Brandopfer?

In all den Schilderungen der Zeugen werden, wenn auch widersprüchlich, viele Details der Menschenvernichtung im Lager II wiedergegeben, die zur Leichenbeseitigung, das heißt zu deren Verbrennung,

84. Y. Arad, aaO. (Anm. 37), S. 174.
85. Y. Arad, ebenda, S. 175.
86. J.-F. Steiner, aaO. (Anm. 68), S. 294.
87. J.-F. Steiner, ebenda, S. 295.
88. In A. Donat, aaO. (Anm. 37), S. 124 bzw. 192.
89. Y. Arad, aaO. (Anm. 37), S. 110.
90. R. Glazar, aaO. (Anm. 37), S. 59, 108, 116, 126 ff., 134 ff.
91. Vgl. hierzu auch den Beitrag von U. Walendy im vorliegenden Buch.

notwendigen Brennstoffe ausgeklammert, übergangen oder durch nicht akzeptable Einlassungen abgetan. Aus diesem übereinstimmenden Vorgehen kann geschlossen werden, daß dieses Problem, weil nicht darstellbar, bewußt oder unbewußt verdrängt worden ist. Zweifellos die beste Lösung des Brennstoffproblems gelang Warszawski mit seiner Erklärung:

»(. . .) als die Leichen Feuer fingen, brannten sie von selbst«,

und auch Grossmanns Schilderungen gehen in dieser Richtung, wenn er sagt:

»die Leichen gerieten nicht richtig in Brand [. . .]*«*

und

»zum Anfachen der Leichen«.

Leichen sind kein Brennmaterial.
Allgemein scheint die Ansicht unter den Zeugen zu herrschen, daß weibliche Leichen besonders gut von selber brennen und zum Anzünden und Verbrennen anderer Leichen verwendet werden können. Diese Formulierungen implizieren, daß Leichen durch Anfachung in Brand geraten können.
Auf diese Weise läßt sich das Problem der Leichenverbrennung allerdings nicht lösen, denn das weltweite Vorhandensein von mit Öl, Erdgas oder Koks befeuerten Krematorien spricht unwiderruflich dagegen, ebenso alle physikalischen Gesetze. Etwa 65% des menschlichen Körpers sind unbrennbares Wasser.
Als sich im September 1993 in Indien ein großes Erdbeben ereignete und etwa 20 000 Todesopfer zu beklagen waren, befürchtete man die Gefahr von Seuchen, weil nicht schnell genug das zur Leichenverbrennung benötigte Brennmaterial Holz beschafft werden könnte. In Indien, wo seit langer Zeit die Leichenverbrennung die Regel ist, sind bisher keine selbstbrennenden Leichen entdeckt worden, obwohl das Land in dieser Hinsicht unter Energiemangel leidet.
Diesen ganz offensichtlich unwahren Schilderungen sollten die Psychologen nachgehen, denn weder in der Wissenschaft noch in der übrigen Weltliteratur läßt sich eine Stelle finden, die Hinweis auf ein ähnliches Ereignis gibt, das als literarisches Erlebnis in das Unterbewußtsein des Zeugen gelangt sein könnte. Ein mit den Zeugenaussagen verwandtes Ereignis läßt sich jedoch im bekannten Bilderbuch *Der Struwwelpeter* nachweisen, worin das schreckliche Schicksal von Paulinchen, so heißt das mit den

Abbildung 2: Die gar traurige Geschichte mit dem Feuerzeug aus *Der Struwwelpeter* von Dr. Heinrich Hoffmann

Streichhölzern zündelnde Kind, zur Abschreckung der Kinder vor ähnlichem Tun beschrieben wird. Es heißt dort:

»Verbrannt ist alles ganz und gar,
Das arme Kind mit Haut und Haar,
Ein Häuflein Asche bleibt allein
Und beide Schuh so hübsch und fein.«

Wenn die Geschichte mit dem selbstbrennenden Paulinchen und dem zurückgebliebenen Häufchen Asche der psychologische Schlüssel für die Aussage Warszawskis und der anderen wäre, so könnten die nicht verbrannten Schuhe Paulinchens auch den Schlüssel zu einer Beschreibung Gersteins aus dem Lager Belzec geben, in der ein Kind von 5 Jahren die Schuhe der zur Vergasung vorgesehenen Juden auf einen 12 m hohen (!) Schuhhaufen bringen mußte.[69] Möglicherweise führen diese seltsam verwandten Aussagen weiter zu einer noch unbekannt gebliebenen gemeinsamen Quelle, in der sich ein kindliches Schlüsselerlebnis widerspiegelt. Der Autor des Kinderbuches heißt Dr. Heinrich Hoffmann; die in der Originalausgabe nahe der zitierten Stelle befindlichen David-Sterne lassen allerdings keine weiteren Rückschlüsse zu.

Sind die oben zitierten Zeugnisse in Sachen Verbrennungsrost völlig unglaubwürdig, so sind die Ausführungen von W. Grossmann in seinem Buch zusätzlich von krankhafter Phantasie. Der von ihm benutzte Begriff ›Kesselgraben‹, der weder bekannt ist noch einen Sinn hat, sollte die Psychologen auf den Plan rufen. Vermutlich soll dem Unbedarften mittels einer derartigen Wortschöpfung Kompetenz vorgegaukelt und der dadurch oktroyierten Unkenntnis ein schlechtes Gewissen und somit die Lüge glaubhaft gemacht werden.

Die weitere Schilderung des Ofenrostes besagt, daß parallel zur Grabenlänge drei etwa 1 m hohe Auflager aus Eisenbetonpfosten (!!!) und Metallbalken geschaffen wurden, auf die der Quere nach die Schienen im Abstand von 5 bis 7 cm gelegt wurden.[92] Auf diese Weise kommen auf den laufenden Meter etwa 5 Schienen, was bei einer Schienenlänge von angenommen nur 12 m – der Graben soll bis zu 25 m breit gewesen sein – eine Gesamtschienenlänge von 18 km ergeben hätte. Um die angenommenen Millionen von Leichen verbrennen zu können, berichtet Grossmann von zwei weiteren Kesselgräben, so daß sich eine Schienenlänge von insgesamt 54 km errechnet. Wo kamen nur die vielen Schienen her? Die Roste wurden nach Grossmann gleichzeitig mit 3 500 bis 4 000 Leichen beladen. Wie wurden die Leichen gezählt, und wer hat sie wie auf dem Rost verteilt?

Die Fläche eines Rostes errechnet sich aus den genannten Angaben zu 3 600 m^2; das heißt, daß die Gesamtfläche der Roste 10 800 m^2 betrug und somit etwa so groß wie das ganze Totenlager war. Der Gesamtaushub mit 81 000 m^3 war noch größer als der für die Massengräber. Während bei Warszawski auf dem viel kleineren Rost wahre Leichenberge lagen, begnügt sich Grossmann mit rund einer Leiche auf den Quadratmeter Rostfläche. Unter der Annahme, daß im Falle Grossmann eine Leichenverbrennung ohne die hier nicht mögliche Veraschung der Knochen in 5 Stunden abgeschlossen sein konnte, ist es schwer einzusehen, warum man die Verbrennungsaktion rund um die Uhr laufen ließ. Immerhin wird es nötig gewesen sein, zwischendurch die Feuer zu löschen, um die Asche zu entsorgen und um neues Brennmaterial nachzufüllen. Aber wer weiß, vielleicht verfügte Grossmann ja auch über selbstbrennende Leichen, die zudem ohne Rückstand verbrannten, was aus seinen Darstellungen allerdings nicht hervorgeht. Jedenfalls fehlen bei ihm Hinweise auf das Brennmaterial.

Die einem solchen Bericht zugrunde liegende pathologische Phantasie ist weniger erstaunlich als sein Fürwahrhalten durch Milliarden Menschen. Wo sind die riesigen Mengen von Schienen und die Eisenbetonpfosten verblieben, wer hat die Transporte durchgeführt?

Mitunter wurde von Zeugen erwähnt, daß in Treblinka II Leichen mit flüssigen Brennstoffen in Gruben verbrannt worden seien; Methylalkohol und Benzin sollen angeblich Verwendung gefunden ha-

92. Vgl. Y. Arad, aaO. (Anm. 37), S. 171, 174; A. Donat, aaO. (Anm. 37), S. 170 f.

ben.[93] Auch hier gilt, wie bei allen Verbrennungen im Freien, daß die meiste Energie des Brennstoffes ohne Wirkung auf den zu verbrennenden Körper ist, ganz im Gegensatz zu geeigneten Verbrennungsöfen, in denen die Wärmeenergie durch isolierte Wände auf engen Raum konzentriert wird.
Für eine intensive Verbrennung mit hoher Temperatur und entsprechender Energiedichte werden viel Sauerstoff und eine möglichst große Oberfläche des Brennstoffes benötigt. Diese einfache Erkenntnis hat schon bei Spirituskochern und Lötlampen Eingang gefunden, wobei Brennstoff- und Luftdüsen eine Rolle spielen. Insbesondere wird dieser Effekt bei Verbrennungskraftmaschinen durch Kraftstoffeinspritzung und Luftverwirbelung angewendet. Die geschilderten Leichenverbrennungen sind wegen der ungenügenden Sauerstoffzufuhr in Gräben von einigen Metern Tiefe nicht möglich. Verwiesen sei hier auf Brennstätten der alten Römer mit dem Namen Ustrine. Bereits damals führten die Römer mittels Röhren unter der Erde den Brennstellen Luft zu.
Wollte man Leichen mit flüssigen Brennstoffen im Freien verbrennen, so müßte man das Versickern der Flüssigkeiten mit Metallwannen unter den Verbrennungsrosten verhindern. Die zur Leichenverbrennung notwendigen Wärmemengen könnten wegen der ungünstigen Verhältnisse nicht geringer sein als bei festen Brennstoffen wie Holz oder Kohle. In Verbindung mit den geschilderten Verbrennungsrosten, auf die die Leichen gelegt worden sein sollen, hätte sich außerdem die Schwierigkeit ergeben, daß Leichenteile in die mit Benzin gefüllten Wannen gefallen wären und zu deren Verlöschen geführt hätten. Das Übergießen menschlicher Körper mit flüssigen Brennstoffen kann zwar zu deren Verkohlung, aber nicht zu deren Verbrennen führen.[94]
Wenn für eine vollständige Leichenverbrennung in einer Krematoriumsretorte mindestens 30 kg Koks gebraucht werden,[95] so dürften dafür im Freien mindestens 60 Liter Benzin bei Vorhandensein geeigneter Vorrichtungen zu veranschlagen sein. In Treblinka wären dann unter den geschilderten technischen Voraussetzungen zur Verbrennung der in Jerusalem behaupteten 875 000 Opfer rund 50 Millionen Liter Benzin benötigt worden. Bei einem täglichen Bedarf von 10 Kesselwagen Benzin, insgesamt mindestens 2 000, hätte die Zuglänge 15 km betragen, und dies in einer Zeit, da jeder Liter Benzin für Kampfflugzeuge und Fahrzeuge aller Art dringend benötigt worden ist.
Dem Bericht der *Shenectady Gasette* vom 27. November 1986 aus Neu Delhi zufolge machen den Indern die Kremierungen mangels selbstbrennender Leichen und dem damit verbundenen Holzverbrauch ernste Sorgen, weil im Laufe der Zeit diesem Zwecke ganze Wälder Indiens zum Opfer fielen. Danach werden für die tägliche Verbrennung von 21 000 Leichen 6 433 Tonnen Holz benötigt, das sind pro Leiche 306 kg Holz. Bei der Übertragung dieser Verhältnisse auf Treblinka seien zur Vereinfachung der Thematik die Probleme mit der vorhergehenden Exhumierung der Leichen außer acht gelassen. Es möge die Betrachtung nur einer Irrealität genügen, also der Leichenverbrennung.
Um irgendwelchen Einwänden zu begegnen, sei der Holzverbrauch für Massenkremierungen von Leichen auf 200 kg pro Leiche reduziert. Wie die Zeugen ausführten, dauerte die Verbrennungsaktion in Treblinka von Anfang März bis Anfang August 1943, also etwa 185 Tage. Dies besagt, daß täglich mindestens 4 700 Leichen verbrannt werden mußten, was 950 t trockenen Holzes benötigt hätte. Das Ingenieurhandbuch *Hütte* weist für Fichtenholz einen Stauraum von 2,1 m^3 pro t aus[96] und für Fichten-

93. So z. B. A. Krzepicki in: A. Donat, ebenda, S. 92, wobei hier als Brennstoff alte Kleider, Taschen und Müll jeder Sorte verwendet worden sein soll; auch J. Wiernik, in A. Donat, ebenda, S. 181, hier nach Entzündung selbstbrennend.
94. Dies haben zwei unverdächtige, nämlich kommunistische Gutachten ergeben, die für das Militär der DDR und der UdSSR erstellt wurden, um zu klären, ob man bei Massentötungen durch Kriegseinwirkungen Leichen auf dem offenen Feld beseitigen kann: J. Loscher, H. Schuhmann (Hg.), *Militärhygiene und Feldepidemologie,* Militärverlag der DDR, Berlin 1987; F. G. Krotov, *Die Erfahrungen der sowjetischen Medizin im Großen Vaterländischen Krieg 1941–1945,* Bd. 33: »Säuberung des Gefechtsfeldes«, Moskau 1955, bes. S. 236 ff.; vgl. auch den Beitrag von C. Mattogno im Buch.
95. Vgl. hierzu den Beitrag von C. Mattogno im Buch.
96. Akademischer Verein Hütte, *Hütte*, Band I, Ernst und Sohn, Berlin [28]1955, S. 1037.
97. Akademischer Verein Hütte, ebenda, S. 1035.

holzscheite einen von 3,1 m³ pro Tonne.[97] Daraus ergibt sich, daß das Raumvolumen des täglich in Treblinka benötigten Holzes zur Verbrennung der Leichen etwa 2 945 m³ gewesen wäre. Anschaulich dargestellt ist dieses Volumen durch einen Holzstapel von 1 m Höhe, 1 m Breite und knapp 3 km Länge gegeben. Täglich!

Bei den von Warszawski geschilderten Verbrennungsrosten von 4 m × 10 m und 0,5 m Bodenabstand beträgt das Volumen unter dem Rost 20 m³. Damit das Holz zum Verbrennen annähernd ausreichend Luftzug bekommen hätte, wäre eine Beschickung von höchstens 15 m³ Holz möglich gewesen. Diese Menge entspricht einem Füllgewicht von 4 800 kg und hätte zur Verbrennung von 24 (vierundzwanzig!) Leichen gereicht. Geht man davon aus, daß in diesem Fall eine vollständige Leichenverbrennung nur 2 Stunden gedauert hätte (was aber weit untertrieben ist), so hätte man im Tag- und Nachtbetrieb höchstens 288 Leichen verbrennen können. Das von Zeugen beschriebene hohe Aufstapeln von Leichen auf dem Rost hätte allein wegen der ungünstigen Feuerführung nur Nachteile gebracht. Wenn aber täglich 4 700 Leichen verbrannt werden mußten, so hätte man dazu über 16, wie oben beschriebene Roste mit einer Gesamtfläche von 640 m² benötigt.

Unberücksichtigt ist bisher die Bedienung der Brennstellen mit Holz und die Beseitigung der Aschenreste und Gebeine geblieben. Bei der Hitze des Feuers unter den Rosten und dem Gestank der verbrennenden Leichen wäre es unmöglich gewesen, die erforderlichen Arbeiten am offenen Feuer auszuführen. Man kann daher sagen, daß eine kontinuierliche Leichenverbrennung in der beschriebenen Form mit von den Zeugen beschriebenen Feuerstellen nicht möglich gewesen wäre. Zur Bewältigung der 4 700 Leichen wäre also mindestens die doppelte Anzahl an Rosten nötig gewesen.

In Verbindung mit der von den Zeugen genannten Zahl der zu verbrennenden Leichen wäre noch die Herkunft, die Bearbeitung und der Transport der erforderlichen Holzmengen zu klären. Für die gesamte Verbrennungsaktion in Treblinka hätte man 195 Millionen kg oder 195 000 Tonnen luftgetrockneten Holzes benötigt. Mit Sicherheit wäre die Beschaffung einer so großen Menge luftgetrockneten Holzes wegen des angeblich von Himmler festgelegten kurzfristigen Termines unmöglich gewesen, weshalb anstelle eines luftgetrockneten Holzes nur ein frisches Holz mit vermindertem Heizwert zur Verfügung gestanden hätte. Der Heizwert luftgetrockneten Holzes beträgt 3 600 kcal/kg, während frisches Holz nur einen von 2 000 kcal/kg hat.[98] Damit hätte sich die benötigte Holzmenge auf 351 000 Tonnen erhöht. Täglich werden somit etwa 1 900 t frischen Holzes benötigt. Ausgehend von mittelgroßcn Bäumen mit einem Festmeter Rauminhalt und 680 kg Gewicht errechnet sich die Zahl der insgesamt benötigten Bäume auf etwa 515 000 Stück.

Um die erforderliche Menge des Holzes zu beschaffen, gab es zwei Möglichkeiten: Entweder war in der Nähe des Lagers ein großes Waldgebiet, das die benötigte Holzmenge liefern konnte, die dann mit geeigneten Fahrzeugen herbeizuschaffen war, oder das Holz mußte mit Eisenbahnwaggons aus anderen Gebieten herbeitransportiert werden. Angenommen, ein 15 t-Lastwagen schafft pro Tag 3 Fuhren mit Be- und Entladung des Fahrzeuges, so sind täglich insgesamt 126 Fuhren mit etwa 42 Fahrzeugen nötig. Aus den Zeugenaussagen geht nirgendwo das Vorhandensein eines solchen Fuhrparkes hervor. Das gleiche gilt für den Einsatz von Arbeitskräften, wenn täglich 2 800 Bäume gefällt, entastet, zerschnitten und gespalten sowie be- und entladen werden mußten. Hätte ein Mann unter den gegebenen primitiven Bedingungen 1 Baum pro Tag bewältigt, das heißt gefällt, entastet, zersägt und gespalten – eine illusorische Vorstellung –, dann hätte demzufolge die Zahl der Baumfäller mindestens 2 800 Mann betragen müssen.

Um eine Vorstellung zu geben, wie groß ein Wald sein muß, der in der Lage ist, solche Holzmengen zu liefern, sei ein Hektarertrag von 800 Festmetern angenommen, was bei einer Anzahl von 515 000 Bäumen einen Wald von 643 ha oder rund 6,4 km² erfordern würde. Anschaulicher ausgedrückt wäre dieser Wald 6,4 km lang und 1 km breit gewesen. Ist es denkbar, daß den Zeugen und den Anwohnern dieses abgeholzte Areal entgangen sein sollte? Noch heute wäre ein so großes Gelände zu erkennen.

98. Akademischer Verein Hütte, ebenda, S. 1243.

Geht man davon aus, daß diese Holzmenge nicht in der Nachbarschaft des Lagers zu beschaffen gewesen wäre, so hätte das Brennholz zum Beispiel in großen Scheiten mit Eisenbahnwaggons angeliefert werden müssen. Rechnet man diesen Fall durch, so wäre täglich ein Güterzug mit je 55 Waggons à 30 Tonnen Holz, insgesamt 185 Güterzüge, zu entladen gewesen. Am Ende hätte die Gesamtlänge des Zuges 100 km erreicht. Es stellt sich daher die Frage, wo diese Unterlagen bei der Reichsbahn über diese umfangreichen Holztransporte sind, die vorzuweisen sich die einschlägigen Kreise nicht versagt hätten.

Bei der Anforderung zur spurenlosen Beseitigung aller Überreste der 875 000 Leichen müssen die noch verbleibenden Aschemengen in Betracht gezogen werden. Die Menge der Holzasche ist nicht unerheblich und von Holzart zu Holzart verschieden. Es wird hier der niedrige Wert von 3 kg pro Tonne trockenen Holzes angenommen.[97] Die verbliebene Holzasche hätte dann ein Gewicht von etwa 1000 t gehabt; 100 Fuhren eines 10-Tonners.

Der Aschegehalt eines menschlichen Körpers von 70 kg beträgt etwa 5,6% seines Gewichtes[99], dies wären in unserem Fall 3,3 kg. Das Aschegewicht der 875 000 verbrannten Leichen hätte somit 2 889 000 kg betragen. Die Gesamtasche, bestehend aus Holzasche und menschlicher Asche, hätte somit ein Gewicht von insgesamt knapp 4 000 t oder vier Millionen Kilogramm gehabt, die dann laut Zeugenaussagen zwecks Spurenverwischung mit dem Erdreich vermischt und in die Gräben zurückgegeben worden sind.[100] Auch wenn diese Aschemenge mit den etwa 100 000 m^3 Erdaushub der Leichengruben vermischt worden wäre, ließe sich der Nachweis menschlicher Überreste in dem von den Zeugen behaupteten Umfang leicht erbringen. Zu beachten wäre noch, daß bei der Verbrennung von Leichen unter den von den Zeugen genannten Bedingungen die Knochen nicht zu Asche geworden, sondern als solche verblieben wären.

Die Zeugen schilderten, wie die Knochenreste der Leichen zerkleinert und immer wieder gesiebt wurden, um die Spurenverwischung zu sichern. Mit den primitiven Mitteln, bestehend aus Holzrollen und dünnen Blechen zur Zerkleinerung der Knochen, wie von den Zeugen beschrieben, wäre es vielleicht möglich gewesen, daß ein Mann pro Stunde zwei Skelette so zerkleinert und siebt, wie es gefordert war. Falls ein Arbeitsjude 20 Skelette pro Tag pulverisiert hätte, wären 240 Arbeitsjuden allein für diese Aufgabe nötig gewesen. Summiert man den Personalbedarf, bestehend aus 2 800 Arbeitsjuden für die Holzbeschaffung, 240 zur Zerkleinerung der Knochen und 150 Arbeitsjuden zur Bedienung der Brennstellen, dann waren rund 3 200 Arbeitsjuden nötig, um die erforderliche Leistung in einer durchgehenden siebentägigen Arbeitswoche zu erbringen. Hinzu kommen weitere Hunderte Arbeitsjuden, die laut Zeugenaussagen verschiedene Arbeiten durchführten: Grubenausheben und -verfüllen, Tarnungsarbeiten, Sortierarbeiten der Wertgegenstände der umgebrachten Juden, Haarschnitt und Goldzahnzug der Opfer, Dienstleistungen für die SS, Verwaltung, Verpflegung und Versorgung des Lagers usw. Schließlich hätte man eine Reserve für ausfallende Kräfte ständig bereit haben müssen. Dadurch hätte das Lager eine ständige Belegschaft von mindestens 5 000 Menschen haben müssen. Diese Zahl steht im krassen Mißverhältnis zu der für das Lager Treblinka bezeugten Zahl von lediglich 700 Arbeitsjuden.[101]

Letztlich muß festgestellt werden, daß die Zähne der vermeintlichen Opfer mit den bezeugten primitiven Methoden nicht zu zerstören waren.[102] Wenn jedes vermeintliche Opfer nur 20 der normal 32 Zähne bei seinem Tode besaß, so müssen in Treblinka mindestens 17,5 Mio. Zähne angefallen sein. Dann wären in den 100 000 m^3 Erdaushub heute pro m^3 etwa 175 menschliche Zähne zu finden.

All den hier gemachten Ausführungen ist die vom Jerusalemer Gericht genannte Zahl von 875 000

99. *Schlag nach! Natur,* Bibliographisches Institut, Leipzig 1952, S. 512.
100. Vgl. A. Donat, aaO. (Anm. 37), S. 181; Y. Arad, aaO. (Anm. 37), S. 171, 176.
101. J. Wiernik in: A. Donat, aaO. (Anm. 37), S. 155.
102. Vgl. hierzu einschlägige gerichtsmedizinische Untersuchungen, dargestellt von A. Summers, T. Mangold, *The File on the Tsar,* Victor Gollancz Ltd., London 1976; auch C. Loos, »Où sont les traces de millions de brûlés?«, *Revue d'Histoire révisionniste* 5 (1991) 136–142.

Toten zugrunde gelegt. Geht man aber von den von Grossmann und anderen genannten 3 Millionen Treblinka-Leichen aus, so sind die vorher ermittelten Zahlen mit dem Faktor 3,5 zu multipizieren, was folgende Werte ergibt: täglich 6 650 t Holz zur Leichenverbrennung, insgesamt etwa 1 200 000 t oder fast zwei Million Bäume, zu deren Transport ein Zug von 350 km Länge nötig gewesen wäre. Die Waldfläche, die sich aus dieser Holzmenge ergäbe, würde etwa 23 km² betragen. Es wären etwa 13 700 Tonnen Asche zu verstecken gewesen mit mindestens 60 Millionen Zähnen darin. Und wo waren nur die 20 000 Arbeitsjuden zur Bewältigung dieser Arbeiten?

5.4. Was geschah in Treblinka wirklich?

Ohne weitere eigene Ausführungen sei hier ein längerer Abschnitt des Amicus Curiae-Briefs der Polish Historical Society zitiert – vorgebracht zur Verteidigung von John Demjanjuk –, der sich u.a. mit den Untersuchungsergebnissen polnischer Behörden in Treblinka beschäftigt:

»Durch die Kombination von Luftbildern und Bodenaufnahmen damaliger Grabungen vor Ort waren wir in der Lage, die Lage der Massengräber in Treblinka II sowie deren Größe festzustellen. Fundamente großer Gebäude (30 × 15 m), die angeblich Gaskammern gewesen sein sollen, waren allerdings nicht sichtbar.

Die Luftbilder [deutscher Aufklärer von 1944] *zeigen, daß die Fläche des einzigen Massengrabes beim Lager Treblinka II ungefähr 10% kleiner ist als diejenigen im Wald von Katyn, die etwa 4 500 Leichen enthielten. Die gleichen Luftbilder zeigen 41 kleine Massengräber annähernd 3 km vom Lager Treblinka I entfernt. Wie eine polnische Untersuchung ergab, wurden diese Opfer niemals durch die Nazis exhumiert und verbrannt (Beweisstück 83)*[. . .] *Die Größe dieser kleinen Massengräber stimmt mit den durch Exhumierung gewonnenen Feststellungen des polnischen Untersuchungsrichters überein, wonach sich darin etwa 10 000 Leichen befinden. Beweisstück 85.* [. . .]

Ebenso konnten wir den Aufnahmeort von Bodenaufnahmen des einzigen Massengrabes von Treblinka II aus dem August 1944 feststellen, die uns die exakte Größe des Grabes liefern. Beweisstück 86. 1945 ließ das Distriktgericht von Siedlce eine forensische Aushebung der Stelle des ehemaligen Lagers Treblinka II durchführen und ermittelte dabei auch die Tiefe dieses einzigen Massengrabes. Beweisstück 87. Diese Information zusammen mit der durch die Luftbilder festgestellten Fläche des Grabes vervollständigt die dreidimensionalen Maße des Grabes und gibt uns eine ziemlich genaue Vorstellung von der darin damals beerdigten Leichenzahl, die zwischen 2 000 und 4 000 gelegen haben muß. Diese Zahl liegt deutlich unter der vermuteten Zahl von 900 000. Da innerhalb eines Jahres etwa 1 Mio. Menschen durch das Lager geschleust wurden und die Anreise nach Treblinka etwa 3 Tage dauerte (Beweisstück 88), stimmt die Zahl von 2 000 bis 4 000 Toten mit der sehr hohen Todesrate der Einwohner des Warschauer Ghettos überein. Aus den gesammelten Informationen geht hervor, daß die Leichen des Lagers Treblinka II nicht exhumiert und verbrannt wurden, um die Spuren zu verwischen, sondern um Epidemien für den Fall zu vermeiden, daß der Wasserstand des Flusses Bug ansteigt. Die annähernd 10 000 Leichen der Massengräber bei Treblinka I wurden nicht exhumiert und kremiert, da sie selbst oberhalb eines erhöhten Wasserstandes lagen. [. . .]

Nach dem Krieg gab es bezüglich Treblinka zwei Untersuchungskommissionen, eine sowjet-jüdische unter der 65. Armee im Jahre 1944 und eine seitens des polnischen Untersuchungsrichters des Distriktgerichts von Siedlce im Jahre 1945. [. . .]

Andererseits führte die sowjet-jüdische Kommission eine recht gute Untersuchung der Massengräber des Lagers Treblinka I durch, deren Ergebnisse sie in einem Bericht niederlegte. Beweisstück 89A. Die Gräber von Treblinka I enthielten etwa 10 000 Leichen, womit sie etwa dreimal so viele Leichen bargen wie jene Gräber des Lagers Treblinka II. Beweisstück 90.

Im November 1945, während der Vorbereitungen für den Internationalen Militärgerichtshof in Nürnberg, ordnete der polnische Untersuchungsrichter am Distriktgericht Siedlce eine Untersuchung des ehemaligen Lagers Treblinka II an, basierend auf den Zeugenaussagen über die angeblich dort begangenen Verbrechen. Die polnische Kommission glaubte den Erzählunngen der Überlebenden bezüglich der enormen Opferzahl von 3,5 Mio. nicht, wie sie von den sowjetischen Vorgängern erfunden worden waren. Beweisstück 91. Folgerichtig versuchte sie ernsthaft, materielle Beweise für die Nazi-Verbrechen zu finden. Die forensischen Untersuchungen und Ausgrabungen mit 30 Arbeitern begannen im November 1945 unter der persönlichen Aufsicht des jüdischen Präsidenten des Districtsrates von Siedlce, J. Szlebzak. Vier Ex-Häft-

linge als Vertreter des Kreises ehemaliger Treblinka-Häftlinge waren dabei: S. Raijzmn, T. Grinberg, S. Friedman und M. Mittelberg.[103] *Ihre einzige Aufgabe bestand darin, die Lage jener unvergeßlichen Einrichtungen zu zeigen, die sie angeblich täglich während eines ganzen Jahres sehen konnten, und die erst 24 Monate zuvor abgerissen worden waren: Das Lazarett, in dem etwa 50.000 Kranke, Alte und Kinder erschossen worden sein sollen; die gigantischen Massengräber; und die zwei gemauerten Gebäude mit ihren dreizehn (10 + 3) Gaskammern, die angeblich mit roten Fliesen besetzt waren. Beweisstück 92.*
Die Lage des Lazaretts war schnell gefunden. Die Überlebenden geben an, daß dort 50 000 Menschen erschossen wurden. Während man zwar einige persönliche Gegenstände der deportierten Juden sowie einige halb verbrannte Lagerüberreste, vermischt mit ein paar Duzend ausländischen Münzen fand, fehlte jede Spur von menschlichen Knochenüberresten, von den 50.000 Geschoßprojektilen und -hülsen. Beweisstück 92A.
An die Lage der Gaskammern von Treblinka II, die zwei größten Steinbauten in dem Bereich (eine davon angeblich 30 × 15 Meter groß), konnten sich die Überlebenden nicht erinnern, oder sie wurden sich über deren angebliche Lage nicht einig. Da diese Gebäude in dem 2 ha kleinen oberen Lager gelegen haben müssen, grub die Kommission einige lange und tiefe Suchgräben in Nord-Süd-Richtung. Keine einzige Scherbe einer roten oder andersfarbigen Fliese wurde während dessen gefunden. Beweisstück 93. Weder gab es die Spur einer dicken Betonplatte, auf der die gefliesten Wände hätten ruhen müssen, noch irgend eine andere Spur von Beton- oder Steinfundamenten, die im (seinerzeit tief gefrorenen) sandigen Grund von Treblinka solch schwere Objekte hätten tragen können. Beweisstück 94.«[104]

6. Zusammenfassung

Abschließend werden die wichtigsten Punkte nochmals zusammengefaßt:

1. Die Zeugenaussagen über Lager, Abmessungen und innere Strukturierung des vermeintlichen Vernichtungslagers Treblinka sind völlig widersprüchlich und mit der Realität kaum in Deckung zu bringen.
2. Die bezeugten Tötungsmethoden offenbaren kuriose Fantasien. Deswegen hat man inzwischen bis auf die Dieselmethode alle anderen Tötungsmethoden der Vergessenheit anheimfallen lassen.
3. Die Abgase eines Dieselmotors jedoch sind zur Massenvernichtung von Menschen untauglich.
4. Das Einleiten von Auspuffgasen schwerer Dieselmotoren in einen hermetisch geschlossenen, gemauerten Raum führt zur Zerstörung der Räumlichkeit. Das gleiche gilt für das Evakuieren der Luft aus solchen Räumen.
5. Im Falle der von den Zeugen angegebenen Raumgrößen und der Vielzahl der darin hermetisch Eingeschlossenen wäre in relativ kurzer Zeit der Erstickungstod eingetreten.
6. Die beschriebenen Leichengruben und Verbrennungsstätten hätten einer Fläche bedurft, die weitaus größer war als das ganze sogenannte Totenlager.
7. Unter Berücksichtigung physikalischer Gesetze und einschlägiger Erfahrungen kann es keine selbstbrennenden Leichen geben.
8. Die Menge des zur Leichenverbrennung erforderlichen Holzes wäre so groß gewesen, daß sie beim Transport mit der Reichsbahn absolut sicher aus deren Unterlagen nachzuweisen gewesen wäre, was bisher nicht gelang. Auch das Abholzen großer Waldgebiete um Treblinka ist nicht nachgewiesen.
9. Größere Mengen von Brennmaterial sowie deren Transport zum Lager und zu den Brennstellen werden von den Zeugen nicht erwähnt.
10. Eine Pulverisierung der mehr als 3 Millionen kg Knochen mit Holzrollen, Blechen und Sieben ist zur Beseitigung von Spuren menschlicher Leichenteile untauglich.
11. Die zig Millionen Zähne lassen sich auf diese Weise überhaupt nicht zerstören.

103. Vgl. auch die theatralische, aber völlig wertlose Beschreibung dieses Begebenheit durch R. Auerbach in: A. Donat, aaO. (Anm. 37), S. 70 f.
104. T. Skowron, aaO. (Anm. 31), S. 25 ff.

12. Zur Bewältigung der behaupteten spurenlosen Beseitigung der Leichen aus der Vergasungsaktion in Treblinka wären mindestens 3 200 Arbeitsjuden benötigt worden.
13. Der Umfang der riesigen Aschemengen, Knochenreste und Millionen Zähne ließe sich auch heute noch mit Sicherheit nachweisen.
14. Eine in Polen gerichtlich angeordnete Untersuchung, verbunden mit Grabungen in Treblinka, erbrachte keinen Nachweis der Zeugenbehauptungen. Es fanden sich keine größeren Massengräber, keine Funde menschlicher Aschen, keine Überreste durch Massengräber oder Brandgruben hervorgerufener großer Erdumwälzungen.
15. Die Analyse deutscher Luftaufnahmen hat erwiesen, daß auf dem Gebiet des Lagers Treblinka II und in seiner Umgebung keine größeren Eingriffe in das Erdreich vorgenommen wurden.
16. Ebenso ist erwiesen, daß die Deutschen nach dem Abbruch des Lagers keine von den Zeugen angegebenen Tarnmaßnahmen wie Bepflanzungen mit Lupinen oder Bäumen vornahmen, wie sie von Zeugen bekundet wurden.
17. Nach dem offiziellen *Amtlichen Anzeiger* der deutschen Besatzungsmacht vom 2. 12. 1941 sollte Treblinka ein Arbeitslager werden.[105] Man mag staunen, daß die deutsche Besatzungsmacht die Errichtung des Lagers offiziell ankündigte, aber an Arbeitslagern war nunmal nichts geheim. Das Lager Malkinia war wahrscheinlich ein Durchgangslager zum Weitertransport in östliche Ansiedlungen.

Abschließend sei nochmals darauf hingewiesen, daß eine Leugnung des Holocaust in der Bundesrepublik noch strafbar ist. Die von den Gerichten behauptete Offenkundigkeit des Treblinka-Holocaust beruht ausschließlich auf

Zeugenaussagen.

Angesichts der hier geschilderten Umstände kann es niemanden verwundern, daß auch die Mitarbeiter der Jerusalemer Holocaust-Gedenkstätte inzwischen angeben,[106] was das eigentliche Problem am Lagerkomplex Treblinka ist, nämlich die

Zeugenaussagen.

105. Vgl. M. Weber, *AHR* 3 (1987) 127–142; M. Weber, A. Allen, *JHR* 12(2) (1992) 133–158.
106. Vgl. dazu die Erfahrungen von I. Weckert, beschrieben in ihrem Beitrag im vorliegenden Buch.

Babi Jar: Kritische Fragen und Anmerkungen

HERBERT TIEDEMANN

Mut heißt, die Wahrheit suchen und sie verkünden!
Jean Jaurès

1. Vorbemerkungen

Der Fall ›Babi Jar‹ ist in mancher Hinsicht verwirrend. Wegen des besseren Überblicks wird deswegen schon hier zusammenfassend angedeutet, wo die hauptsächlichen Probleme liegen.

1. Der Massenmord in Babi Jar geschah fast vier Monate vor der Wannsee-Konferenz, auf der das Morden angeblich erst geplant wurde.
2. Es kursieren die verschiedensten Morddaten.
3. Die Zahl der Ermordeten schwankt je nach Quelle um bis zu zwei Größenordnungen.
4. Es werden sehr unterschiedliche Mordmethoden und -werkzeuge genannt.
5. Ebensowenig herrscht Einigkeit, wo gemordet wurde.
6. Die Zeugen, beziehungsweise Berichte, machen auch in anderer Hinsicht die widersprüchlichsten Angaben.
7. Die Zahl der angeblich Ermordeten liegt weit über der Zahl der Juden, die nach der Evakuierung durch die Sowjets in Kiew verblieben war.
8. Es fehlt bisher jegliche kriminaltechnologische Untersuchung der Mordstätte und der -werkzeuge. Man hat sich nie um Spuren und Spurensicherung gekümmert.
9. Ebenso ist rätselhaft, wieso die Sowjets einen Ort als Müllkippe und zur Müllverbrennung benutzten, an dem während des ›Großen vaterländischen Krieges‹ durch den Erzfeind angeblich Unzählige ermordet wurden.
10. Schließlich werden die Behauptungen durch inzwischen gefundene Luftbildaufnahmen aus dem Krieg widerlegt.

Bei der Untersuchung der oben kurz angeschnittenen Fragen wird die gängige Methodik wissenschaftlicher Untersuchungen angewandt. Nach einführenden, das Gesamtverständnis erleichternden Informationen werden in getrennten Kapiteln erste Meldungen, Augenzeugenberichte und andere Quellen aufgeführt und daraus entstehende spezifische Fragen behandelt. Mit grundsätzlichen Fragen beschäftigt sich ein gesondertes Kapitel.

2. Einführende Informationen

Mit der Eroberung Kiews am 19. September 1941 kehrte keineswegs Ruhe in diese Stadt ein. Kaum war die Stadt besetzt, »da ereignete sich eine große Sprengung nach der anderen«.[1] Am 24. 9. flog das Hotel Continental samt dem Etappenkommando der 6. Armee in die Luft. Am 25. September breitete sich ein Großfeuer weiter aus. Minen hatten – nach dem Einrücken der deutschen Truppen – nahezu sämtliche öffentlichen Gebäude zerstört. Bis Ende September hatte man nicht nur eine Sprengkarte der Sowjets gefunden, auf der etwa ein halbes Hundert zur Sprengung per Funk vorbereitete Objekte eingetragen waren, sondern auch riesige Mengen an Minen, Sprengstoff und ›Molotow-Cocktails‹. Der größte Teil der Innenstadt war abgebrannt, etwa 50 000 Personen waren obdachlos. Hunderte deutscher Soldaten waren beim Löschen getötet worden. Es gab immer noch viele Partisanen in der Stadt, Kiew war noch Kampfgebiet.

1. General Jodl am 4. 6. 1946 in Nürnberg vor dem Internationalen Militärtribunal, *Der Prozeß gegen die Hauptkriegsverbrecher vor dem Internationalen Militärgerichtshof Nürnberg (IMT),* Nürnberg 1947, Bd. XV, 362.

Als Vergeltungsmaßnahme für die ›Brandstiftung‹ in Kiew sollen nach einem recht sonderbaren Dokument des Internationalen Militärtribunals (IMT) sämtliche Juden verhaftet und 33 771 am 29. und 30. 9. exekutiert worden sein.[2]

Vor der Evakuierung lebten etwa 175 000,[3] möglicherweise jedoch nur 160 000[4] Juden in Kiew. Die Ereignismeldung Nr.106 vom 7. Oktober 1941(!) behauptet: »Der Anteil der Juden soll 300 000 betragen [. . .]«.[5]

Angeblich wurden die Juden mit einem Plakat[6] aufgefordert, sich am 29. September 1941 mit ihren Habseligkeiten an einer Straßenecke einzufinden. Von dort sollen sie nach Babi Jar, in den nordwestlichen Außenbezirken von Kiew, marschiert sein.

Babi Jar heißt übersetzt etwa ›Schlucht der alten Frauen‹. Es handelt sich aber um keine Schlucht, sondern um ein System verästelter Erosionsgräben, die an den breiteren Stellen des größeren westlichen Arms etwa 25 m breit und bis ungefähr 10 m tief sind.

Das nicht ganz 400 m lange östliche, höchstens 10 m breite Erosionsgebilde zog sich von Norden her bis auf ungefähr 60 m Abstand an den östlich davon liegenden, etwa 400 m mal 300 m messenden Jüdischen Friedhof heran. Der breitere Erosionsast liegt etwa einen halben Kilometer weiter westlich. Auf der Südseite des Jüdischen Friedhofs liegt die Melnikowa Straße und südöstlich ein großes Militärlager, das schon auf Luftaufnahmen vom 17. Mai 1939 zu sehen ist.[7] Nicht der Erosionsgraben neben dem Jüdischen Friedhof hieß Babi Jar, sondern das ganze mehr oder minder zerklüftete Gebiet! Dort sollen am 29. und 30. September 1941 unzählige meist jüdische Opfer ermordet worden sein. Man hat es aber auch hier unterlassen, die Aussagen von Zeugen und Behauptungen durch detaillierte kriminaltechnische Untersuchungen zu prüfen. Eine objektive Analyse ist deswegen notwendig.

3. Erste Meldungen

1. Am 21. 10. 1941 berichtete das Londoner Büro der Jewish Telegraphic Agency (JTA), daß die in Krakau herausgegebene nazi-freundliche ukrainische Zeitung *Krakiwski Wisti* geschrieben habe:

   »[. . .] *daß bald nach der Besetzung der Stadt* [Kiew] *alle Juden, Männer, Frauen und Kinder jeden Alters, aus ihren Häusern entfernt und in ein mit Stacheldraht umgebenes Gelände am Rand von Kiew getrieben wurden. Von dort wurden sie zu Fuß zu einem unbekannten Ziel getrieben.*«

   Eine Kopie der angeblichen Originalquelle (*Krakiwski Wisti*) konnte bisher nicht gefunden werden. In Kiew lebten bei Kriegsbeginn etwa 160 000 bis 170 000, laut Ereignismeldung 106 sogar 300 000 Juden. Die geordnete Sammlung und Bewegung derartiger Menschenmassen wäre von unzähligen Zeugen bemerkt worden, die alle von einer »Völkerwanderung« mit Hab und Gut berichtet hätten. Warum fehlen diese Zeugen?

   Die Meldung enthält weder eine Datums- noch eine Ortsangabe. Es wird behauptet, daß die Juden von einem eingezäunten Gebiet zu einem unbekannten Ziel weitermarschierten, aber nicht, daß sie »am Rand von Kiew« ermordet wurden.

2. Am 13. 11. folgte eine Nachricht des heimlichen Senders der Polnischen Untergrundorganisation in Lwow (Lemberg),[8] die von Warschau weitergegeben und am 17. 11. in London via 819 Selim, eine geheime polnische Empfangsstation in Istanbul, empfangen und entziffert wurde:[9]

2. Dokument R-102 in IMT XXXVIII, S 292 f.
3. *Encyclopaedia Judaica,* Keter Publ. Ltd, Jerusalem, und Macmillan, New York 1971, Vol. 10, S. 994.
4. I. Gutmann (Chief Editor), *Encyclopedia of the Holocaust,* Macmillan, New York 1990, Vol. 1, p.133 f.; vergl. E. Jäckel, P. Longerich, H. J. Schoeps (Hg.), *Enzyklopädie des Holocaust,* Argon, Berlin 1993, Band 1, S. 144 ff.
5. Bundesarchiv Koblenz (BA), R 58/218; J. Mendelsohn (Hg.), *The Holocaust,* Garland, New York 1982, Band 10, S. 51 ff.
6. E. R. Wiehn, (Hg.) *Die Schoáh von Babi Jar,* Hartung-Gorre, Konstanz 1991, S.7 f., 84, 86, 137, 141, 143f., 166 f., 195 f., 477.
7. US National Archives, Record Group No 373, exposure no 45.
8. Radiogram No. 346/KK.

»Deutsche und Ukrainer schlachteten Tausende von Juden ab: in Kiew wurden 35 000 erschossen, ungefähr 3 000 kleine Kinder wurden von Ukrainern mit Keulen ermordet.«

Die Geschichte der Keulenmorde wurde von der polnischen Exilregierung nicht publiziert.
Wie kann man die Juden in Kiew erschießen, wenn sie nach 1. zu einem unbekannten Ziel marschiert waren? Wieso fehlen, trotz der Wichtigkeit der Nachricht, Ort und Datum?

3. Die JTA wartete dann am 16. 11. 41 mit folgender kryptischen Nachricht auf:[10]

»Irgendwo in Europa [. . .] von einer verläßlichen Quelle, daß 52 000 Männer, Frauen und Kinder [. . .] gnadenlos und systematisch exekutiert wurden [. . .] in Übereinstimmung mit der kaltblütigen Nazi-Politik der Vernichtung [. . .]«

Diese haarsträubende Nachricht war zwischen recht belanglosen Informationen untergebracht.
Und das, obwohl sie einen internationalen Aufschrei auslösen konnte?
Wieso auch hier weder Ort, noch Datum, noch nähere Angaben?
War die »kaltblütige Nazi-Politik der Vernichtung« der *Jewish Telegraphic Agency* früher bekannt als den für die Endlösung zuständigen Nazigrößen, die erst am 20. 1. 1942 auf der ›Wannsee-Konferenz‹ grob informiert wurden?

4. Am 31. Dezember 1941 publizierte JTA :[11]

»[. . .] der letzte Bericht aus Kiew, der uns heute über Geheimkanäle erreichte, vermittelt ein schreckliches Bild von dem, was mit den Juden dieser Stadt seit der Nazi-Besetzung geschah. Der Bericht enthüllt, daß zusätzlich zur praktisch völligen Exekution der gesamten männlichen jüdischen Bevölkerung von Kiew, unter der Anschuldigung, daß die in Kiew verbliebenen Juden ›Spione und Guerillas‹ wären, das Militärkommando der Nazis befahl, daß Tausende von Juden auf verminten Friedhöfen eingesperrt wurden. Die Opfer, meistens Frauen, starben durch explodierende Minen. Die Überlebenden wurden von deutschen Soldaten mit Maschinengewehren erschossen. (Frühere Berichte schätzen, daß 52 000 Juden in Kiew ermordet wurden, als die Nazis die Stadt erstmalig eroberten.)«

und im folgenden Abschnitt:

»[. . .] die Nazi-Militärstreitkräfte gaben Mitte Dezember einen Befehl heraus, in dem sie alle in Kiew verbliebenen Juden baten, sich bei den Besatzungsbehörden an einem bestimmten Tag zu melden. Da man sich bewußt war, daß der Befehl ein neues jüdisches Massaker bedeutete, töteten viele jüdische Mütter ihre Kinder und begingen Selbstmord, während ältliche Juden aus dem offenen Fenster sprangen, um sich den Tod zu geben.«

Beging das Militär die Scheußlichkeiten?
Hier werden die Männer erschossen. Wo? Wann? Die Frauen sterben durch explodierende Minen, und zwar auf einem Friedhof. Was geschah mit den Kindern?
Man hätte viele Zehntausend Tretminen benötigt, die dann für den wichtigeren Kriegseinsatz gefehlt hätten. Das Verminen bedingt einen erheblichen Arbeits- und Zeitaufwand. Wie hat man die Leichen aus dem verminten Gelände entfernt?
Wie paßt die Geschichte von den in Kiew zurückgebliebenen Juden zu den anderen Meldungen?
Wie wahrscheinlich sind die Kindestötungen und Selbstmorde? Zeugen hierzu?

5. Am 6. Januar 1942 verkündete V. Molotow, der Außenminister der UdSSR, den verbündeten Regierungen:[12]

»Eine große Zahl Juden, einschließlich Frauen und Kinder jeden Alters, wurde im jüdischen Friedhof von Kiew zusammengetrieben. Ehe sie erschossen wurden, riß man ihnen die Kleider vom Leib, wor-

9. M. Wolski, *Fact Sheet on the Occasion of the Fiftieth Anniversary of the Babi Yar Massacre,* Polish Historical Society, Stamford CT, USA, October 1991, S. 2 f.; vgl. ders., *Revue d'Histoire Révisionniste* 6 (1992) 47-58.
10. J. Patek, *Memorial Services Commemorating the 50th Anniversary of Babi Yar Could be Attenuated by Aerial Photos Showing Absence of Mass Graves There* (unveröffentlichtes Manuskript).
11. *JTA Daily News Bulletin,* Vol VIII, No. 316, Wednesday, December 31, 1941: »Retreating Nazi Armies Intensify Anti-Jewish Terror in Ukraine«, Jewish Telegraphic Agency, New York, N. Y.
12. V. Molotov, *The Molotov Paper on Nazi Atrocities;* The American Council On Soviet Relations, New York, January 6, 1942, S. 28.

auf sie geschlagen wurden. Die ersten Personen, die zur Erschießung ausgewählt wurden, wurden gezwungen, sich mit dem Gesicht nach unten auf den Boden eines Grabens zu legen, worauf sie mit automatischen Gewehren erschossen wurden. Dann warfen die Deutschen etwas Erde über sie. Die nächste ausgewählte Gruppe mußte sich darüber legen und wurde erschossen, und so weiter.«

Zehntausenden die Kleider vom Leib zu reißen und sie zu prügeln, erfordert viele Helfer und Zeit. Und wieviel Zeit ist erforderlich, eine Personenzahl, die der Bevölkerung einer mittelgroßen Stadt entspricht, dazu zu zwingen, sich in Gruppen auf dem Boden eines Grabens niederzulegen? Wie viele Personen sind erforderlich, um über jede Lage Leichen eine Schicht Erde schaufeln zu lassen?

Um Menschen mit automatischen Gewehren zu erschießen, benötigt man mindestens die doppelte Zahl an Patronen. 100 000 Gewehrkugeln wiegen 1280 kg. Da vor allem ihr Bleikern ein nahezu ›ewiges Leben‹ hat, solllte es ein Leichtes sein, die Geschosse aufzuspüren. Warum wurden keine Untersuchung angestellt? Warum wird der Waffenlärm von keinem Bewohner Kiews berichtet? Automatische Gewehre?

Etwa 30 000 m^3 Erde müssen für 50 000 Leichen ausgehoben werden. Wann und durch wen erfolgte dieser Aushub? Sogar bei 5 m Tiefe der Massengräber hätten diese eine Fläche von über 6 000 m^2 eingenommen. Untergrundprobleme und resultierender Zeitaufwand? Warum sieht man auf den gestochen scharfen Luftaufnahmen nicht die geringste Spur von Bodenstörungen?[13]

Molotow widerspricht mit dem Erschießungsort anderen Aussagen.

6. Die *JTA* Meldung vom 15. März 1942 berichtet:[14]

   »240 000 Juden von der Gestapo [. . .] *hingerichtet* [. . .] *jüdische Opfer auf einem großen Stück Land nahe Kiew von den Deutschen eingegraben, selbst als sie noch lebten* [. . .] *der Boden bewegte sich in Wellen.«*

   Patek[10] schreibt hierzu noch (vgl. auch Anm. 6, S.102):

   »S. Bertrand Jacobsen, Hauptbeauftragter des American Joint Distribution Committee, zitierte einen ungarischen Soldaten, der [. . .] *gesehen habe, daß sich der Boden eines großen Stückes Land nahe Kiew, der ukrainischen Hauptstadt, in Wellen bewegt habe. Die Deutschen,* [. . .] *hatten* [. . .] *ihre Opfer eingegraben, ehe sie tot waren.«*

   Ort? Datum? Mordwaffen? Wellenbewegungen des Bodens durch lebendig Verscharrte? Waren Zuschauer zugelassen, zum Beispiel ungarische Soldaten?

7. Am 20. Juli 1942 behauptete *Podziemna Obsluga Prasy Pozagettowej,* die Untergrund Presse-Agentur des Warschauer Gettos:[15]

   »Nicht ein einziger Jude ist in Kiew übriggeblieben, da die Deutschen die gesamte jüdische Bevölkerung Kiews in den Dnjepr geworfen haben.«

   Konnte unter den Zigtausend keiner schwimmen? Diese Mordmethode hätte die Wasserversorgung der eigenen Truppe gefährdet und überdies eine sehr erhebliche Seuchengefahr provoziert, ein Schreckgespenst für jede Truppenführung.

   Die Leichen wären stromab getrieben und von unzähligen Zeugen bemerkt worden. Diese fehlen.

8. Am 28. Oktober 1942 berichtete man:[16]

   »Tötung der jüdischen Opfer auf dem Gelände der früheren Zaitsew Ziegelei in Kiew, worauf man die Leichen zum Dnjepr karrte und in den Fluß warf.«

---

13. J. C. Ball, *Air Photo Evidence,* Ball Resources Ltd., Delta B.C., Kanada 1992, S. 106ff.; vgl. seinen Beitrag im Buch.
14. Jewish Telegraphic Agency, *Daily News Bulletin,* March 15, 1942, S. 1., JDC Representative Reports.
15. »Kijow«, in: *Podziemna Obsluga Prasy Pozagettowej;* cf. Archives of the Jewish Historical Institute in Warsaw, Ringelblum-I file, page no. illegible, July 18, 1942.
16. *JTA Daily News Bulletin,* »Systematic Execution of Jews In Nazi-Occupied Russia Reported by Partisans«, by JTA from Kujbishev; JTA New York edition, October 28, 1942, S. 3.

Abermals eine neue Variante der Ermordung und Mordstätte.
Wie wurden sie ermordet? Warum gibt es keine Zeugen?

9. In der gleichen Ausgabe wird eine weitere Mordversion zugefügt:[16]

»32 jüdische Waisenkinder wurden im Wald in Reihe aufgestellt, und dann fuhren die Deutschen absichtlich ihre Panzer über diese Kinder und zerquetschten sie alle und zwangen die begleitenden 118 nichtjüdischen Waisen, sie zu beerdigen.«

Hatten die deutschen Streitkräfte nichts Wichtigeres zu tun, als im Wald mit Panzern Mordversuche anzustellen? Die damaligen, mittelmäßig motorisierten, langsamen deutschen Panzer waren für den Einsatz im Wald und eine derartige Aufgabe schlecht geeignet. Ihre Ketten waren nur etwa 30 cm breit, die Bodenfreiheit dagegen mit ca. 45 cm groß. Die Sicht aus Panzern war im Nahbereich miserabel.
Wo sind die Zeugen aus dem Kreis der 118 nichtjüdischen Waisen?
Wie glaubhaft ist es, daß die Mörder 118 Zeugen (Kinder!) zusehen ließen?

10. W. H. Lawrence berichtet aus Kiew:[17]

»50 000 Juden Kiews getötet, wie berichtet wird.«

Statt Angaben zum Ort, dem Datum, den Mordwaffen und weiteren Beweisen lesen wird in der *New York Times*: »Die noch vorhandenen Beweise sind spärlich«.

11. Am Abend des 28. Februar 1944 berichtete Radio Moskau über deutsche Greueltaten in Kiew. Dabei findet man eine weitere Mordmethode (Anm. 10, S. 9):

»Mehr als 195 000 Sowjetbürger wurden von den Deutschen während der Besetzung von Kiew zu Tode gefoltert, erschossen oder in Mordfahrzeugen vergiftet.«

Datum? Ort? Die Zahl der Opfer schwillt auf fast 200 000 an, was es noch leichter machen würde, Spuren zu sichern. Warum hat man dies versäumt?
›Gaswagen‹ sind eine höchst dubiose Tötungsmethode, sie fehlen in späteren Quellen.[3,4]

4. Augenzeugenberichte

1. Ein gewisser Aloshin berichtete W. H. Lawrence, Reporter der *New York Times,* im November 1943:[17,18]

»Deutsche Truppen befahlen ihnen, in die Schlucht zu gehen, wo man sie anwies, ihre Wertsachen abzugeben. Sie hatten auch einen Teil der Kleidung zu entfernen. Dann wurden sie auf einer Plattform aufgestellt, mit Maschinengewehren erschossen und in die Schlucht geworfen.«

Es war nun die Wehrmacht, die mordete. Deckt sich dies mit den anderen Berichten, etwa mit den ›Ereignismeldungen‹? *(*Vgl. z. B.[19]).
Wie kamen Wertsachen und Kleidung wieder aus der Schlucht?
Massenmord auf einer Plattform? Warum? Und wenn, dann höchstens in Gruppen möglich. Wann wurde die Plattform gebaut und von wem?
Die Reihen der zu Exekutierenden können in einer engen, kurvigen Schlucht nicht lang sein. Man kann das MG oder die Maschinengewehre nicht über einen beliebig großen Winkel schwenken,

17. H.W. Lawrence, »50,000 Kiev Jews Reported Killed«, *New York Times,* November 29, 1943, S. 3.
18. *The Black Book,* Nexus Press, New York, 1946 (1981 neu aufgelegt), S. 360. Die Literatur-Kommission der Anti-Faschistischen Komitees der UdSSR, der Ilja Ehrenburg vorstand, brachte einige Augenzeugenberichte zwischen 1944 und 1980 in Umlauf. Diese Aussagen wurden in die verschiedensten ›Schwarzbücher‹ aufgenommen, die in der UdSSR, USA, in Rumänien und Israel erschienen. Wiehn, aaO. (Anm. 4) verweist z. B. in Vol. 1, S. 135 auf *The Black Book of Soviet Jewry,* New York, 1981, von Ehrenburg und Grossman.
19. U. Walendy, »Babi Jar – Die Schlucht ›mit 33 771 ermordeten Juden‹?« in *Historische Tatsachen* Nr. 51, Vlotho 1992, S. 21 ff.

ohne eigene Leute in Gefahr zu bringen, ohne im Schrägschuß an Treffergenauigkeit und Durchschlagskraft zu verlieren und ohne das Abtauchen von Personen zu erleichtern.
Die Leichen der jeweils erschossenen Gruppe müssen weggeräumt werden, sie würden nämlich anderenfalls einen riesigen Berg produzieren.
Veranschlagt man den Zeitaufwand für Entkleidung, Erschießung und Abtransport der Leichen mit 10 Minuten für jede Gruppe von maximal 100 Mann, so wären für den Mord mindestens 83 Stunden erforderlich gewesen.
Wie ist es möglich, die Opfer in die Schlucht zu führen und sie nach der Erschießung in diese zu werfen?
Ende September wird es in Kiew relativ früh dunkel. Am 29. September regnete es stark, alle Wege waren aufgeweicht, am 30. regnete und schneite es, und die Wegverhältnisse wurden noch schlechter. Da Erschießungen von größeren Gruppen bei Dunkelheit unmöglich sind, konnte man nur bei Tageslicht arbeiten, hätte also über eine Woche benötigt. Strahlendes Scheinwerferlicht verbietet sich im Krieg, vor allem in Frontnähe – und mit Partisanen in der Gegend. Wiehn, aaO. (Anm. 6) S. 20, phantasiert von schönen Septembertagen!

2. Vilkis, ein in Odessa geborener Jude berichtete:[10,20]

> *»(. . .) In einem nahegelegenen jüdischen Friedhof wurden Grabsteine entfernt und nach Babi Jar gebracht, wo sie grobe Öfen bildeten, (. . .) aber (die Leichen) brannten nicht gut, da es an Zug mangelte.«*

Vilkis behauptete des weiteren, daß die Deutschen Gefangene in den Friedhof schickten, um die Eisengeländer der Gräber zu holen, aus denen Verbrennungsroste gemacht wurden. Während der Verbrennung hätten die Deutschen weitere Opfer in Todeswagen herangefahren, in denen sie erstickt worden waren. Auch diese seien verbrannt worden.
Um Grabsteine anzutransportieren, sind Leute und Transportmittel erforderlich. Wo sind die Zeugen? Warum hat man nie nach diesen Grabsteinen als Beweise gesucht?
Was für eine riesige Ofenkolonie aus Grabsteinen müßte man aufbauen, um derart viele Leichen so primitiv zu verbrennen? Würde das überhaupt funktionieren?
Wo kam die gigantische Menge Brennstoff her? Abgesichert durch Recherchen in Indien, dem einzigen Land, in dem Tote in der hier zur Diskussion stehenden Art eingeäschert werden, sei hier festgehalten:
Für eine nur gerade ausreichende, aber immer noch partielle Verbrennung, wären für 200 000 Leichen mindestens 23 Millionen Kilogramm Brennholz erforderlich gewesen, ein Stapel von 1 m Höhe und Breite und einer Länge von 55 km. Wer hat dieses Holz eingeschlagen und wo? Wie wurde diese riesige Menge transportiert? Wer hat die unzähligen Leichen zur Verbrennung transportiert? Wer hat die Reste beseitigt? Wo sind die Zeugen aus dieser Armee von Arbeitskräften?
Noch unglaubwürdiger ist die Behauptung, daß aus Geländern der Gräber Verbrennungsroste gemacht wurden. Diese Roste wären unter der Hitze sofort zusammengesackt.

3. Der namentlich nicht genannte Schwiegersohn eines Chaim Shapiro, der nach Babi Jar gebracht wurde, erzählte folgendes:[10]

> *»Bei dem Friedhof zwang man die Juden, sich auszuziehen. 56 000 Juden wurden abgeschlachtet. Diejenigen, die nicht sofort tot waren, wurden lebendig begraben.* [. . .]
>
> [. . .] *am zehnten Tag* [nach der Erschießung] *wurden* [wir] *zur Lukianova Schlucht getrieben. Dort standen wir von Panik erfüllt. Aus der frisch verstreuten Erde strömten Blutflüsse, das Blut von 56 000 ermordeten Juden. Es schrie zu uns aus der Erde heraus. An diesem Morgen wurden meine Haare grau (weiß).«*

Woher hat der Schwiegersohn von Chaim Shapiro seine Informationen? Wie heißt er überhaupt? Warum war er nicht unter den Opfern? Man hat doch angeblich alle umgebracht? Um welches

20. *The Black Book,* Nexus Press, New York 1946, S. 361.

Datum handelt es sich? Wo liegt die Mordstätte? Wieso liegt der Ort der Entkleidung nicht dort, wo ihn andere Zeugen hinverlegen?

Was sagt ein Gerichtsmediziner zu den Strömen von Blut, die angeblich aus vor zehn Tagen erschossenen Leichen flossen? Die Stelle mit dem aus der Erde schreienden Blut stammt aus der Bibel. Unter 1. Mose, 4, 10 findet man: »Die Stimme des Blutes deines Bruders schreit zu mir von der Erde.« Können Haare plötzlich weiß werden?

Hat man Juden mit Gewalt zum Platz des Massenmordes getrieben, um Zeugen zu produzieren?

4. In E. R. Wiehns Buch berichtet L. Levitas[21] von einer Riva Kogut, die später Raissa Genrichowna Daschkewitsch hieß:

   »Frühmorgens am 29. September schritten die Kiewer Juden in einer ununterbrochenen Kolonne in Richtung Syretz zur Eisenbahnstation,[. . .] *Zunächst wurden die Dokumente abgenommen und* [. . .] *auf einen Haufen geworfen, an der nächsten Stelle wurde das Gepäck abgenommen,* [. . .], *schon auf dem Gelände des jüdischen Friedhofs, wurden die Menschen durch Knüppelschläge genötigt, sich auszuziehen und danach zur Schlucht getrieben. Das war die Schlucht Babij Jar. Dann trieb man die Menge* [. . .] *den Schluchthang hinunter.* [. . .] *wo man bereits schmale, terrassenartige Plätze vorbereitet hatte.* [. . .] *Von der gegenüberliegenden Seite donnerten die Maschinengewehre. Dort,* [. . .] *wurden Hunderte Juden erschossen,* [. . .] *Alles geschah so schnell,* [. . .] *Schläge* [. . .] *Hundebisse* [. . .]. *Die Menschen verloren den Verstand, viele ergrauten vor Grauen.* [. . .] *Ein starker Kälteschauer und der Schmerz im Kopf nötigten mich, mich zu bewegen, ich begann nach oben zu klettern.* [. . .]*«*

   Multiples Weißwerden der Haare? Zur Eisenbahnstation? Deportation in Arbeitslager? Auf dem Friedhofsgelände verprügelt? Schmale Terrassen vorbereitet? Durch wen? Wann, in der knappen Zeit seit der Einnahme Kiews? Mit Maschinengewehren über die Schlucht hinweg erschossen? Hundebisse? Es handelte sich nur um Hunderte, nicht um Zehn-, vielleicht Hunderttausende?

5. Dimitri Orlow, einer der angeblichen Zeugen, den ein Schwarzbuch der ›Holocaust Library‹ von 1980 verwendet,[22] bezeugte (vgl. Anm. 10 sowie Anm. 6, S.147):

   »In einem offenen Gelände hatte man einen ganzen Bürobetrieb mit Schreibtischen eingerichtet. Die Menge, die am Ende der Straße an den von den Deutschen errichteten Schranken wartete, konnte die Schreibtische nicht sehen. Dreißig bis vierzig Personen wurden jeweils von der Menge abgetrennt und von bewaffneten Wachen zur ›Registrierung‹ geführt. Ihnen wurden Dokumente und Wertsachen abgenommen. Die Dokumente wurden sofort auf den Boden geworfen, Zeugen haben bestätigt, daß der Platz dick mit weggeworfenen Papieren, zerrissenen Pässen und Kennkarten der Union bedeckt war. Dann zwangen die Deutschen alle, sich nackt auszuziehen: Mädchen, Frauen, Kinder und alte Männer. [. . .] *Die Kleider wurden eingesammelt und sorgfältig zusammengefaltet. Die Ringe wurden den nackten Männern und Frauen von den Fingern gerissen, und diese Verlorenen wurden gezwungen, am Abbruch einer tiefen Schlucht zu stehen, wo das Erschießungskommando sie aus kürzester Entfernung erschoß. Die Körper fielen über die Klippe, und kleine Kinder wurden lebend hinuntergeworfen. Viele verloren den Verstand, als sie den Exekutionsort erreichten.«*

   Das alles hatte er angeblich innerhalb weniger Minuten vom Gelände einer Kabelfabrik aus gesehen (siehe Anm. 6, S.147).

   Datum? Wo lag der Bürobetrieb? Was erforderten die einzelnen behaupteten Verrichtungen an Personal und Zeit? Die Bürger der Sowjetunion führten keine Pässe! Bestätigende Zeugen???

   Wenn die Menschen vor den Schranken auch die Schreibtische nicht sehen konnten, das Knattern der Waffen war nicht zu überhören. Warum kein Fluchtversuch, vor allem nach Einbruch der Dämmerung? Das zerklüftete Gelände war hierzu ideal geeignet.

   An dieser Stelle ein wichtiger genereller Hinweis. Mehr als die Häfte der angeblichen Anmarschroute führte durch bebautes Stadtgelände. Warum haben Stalins Schergen nicht einmal aus diesem Gebiet ordentliche Zeugen aufgetrieben? Warum gibt es auch keine Zeugen oder Berichte aus Wehrmachtskreisen? Urlauber, z. B., hätten derart schreckliche Ereignisse kaum für sich behalten.

21. E. R. Wiehn, aaO. (Anm. 6), S. 252 f.
22. I. Ehrenburg and V. Grossman (Hg.), *The Black Book,* Holocaust Library, New York 1980, S. 9.

Wir erfahren, daß Gruppen von 30 bis 40 Personen von den Wachen weitergeschleust wurden. Was für ein Zeitaufwand resultiert allein hieraus?

Kinder und Mädchen? Nach jüdischen und sowjetischen Quellen, waren bis auf die Alten fast alle rechtzeitig evakuiert worden (vgl. z. B. allein die von Sanning[23] zitierten Quellen).

Das sorgfältige Zusammenfalten und der Abtransport der Kleidungsstücke derartiger Menschenmassen kostet sehr viel Zeit.

Hier stehen nun die Opfer am Abbruch einer tiefen Schlucht, also nicht in der Schlucht. Vergessen Menschen, die einer derart grausigen Situation ausgesetzt waren, in wenigen Jahren, wo die Opfer standen? Die Geschosse, die ihr Ziel verfehlten, flogen noch sehr weit! Wie war sichergestellt, daß derart nicht deutsche Truppenteile beschossen wurden? Eines der Militärlager lag zum Beispiel nur etwa 350 m von der Erschießungsstätte.

Der Böschungswinkel der Leichen bereitet sehr bald Probleme. Die Erschossenen müssen transportiert werden. Man überlege sich, wie lange zwei Mann beschäftigt wären, eine Leiche aus dem blutüberströmten Haufen, der eine sehr schlechte Standfläche bildet, herauszulösen, sie im Mittel viele Dutzend Meter zu transportieren, abzulegen und zum Leichenberg zurückzukehren. Zudem mußte der Ort vor neuen Erschießungen geräumt und dann wieder besetzt werden. Hinzu kommt der Antransport der Erde und das Abdecken der Massengräber mit ihr. Warum gibt es auch hierzu keine Zeugen? Warum sieht man auf den Luftbildaufnahmen keine Spuren?

Kleine Kinder wurden lebend hinuntergeworfen. Hat man sie vorher aussortiert? Oder hat man an ihnen vorbeigeschossen? Hat man die Schießerei unterbrochen, um diese Grauenstat ausführen zu können? Wo lag die Kabelfabrik, von der aus Orlow all dies in wenigen Minuten beobachten konnte?

6. Andere Zeugen sagten laut Orlow:[10] Deutsche »schmetterten die Kleinen gegen den Felsen«.
   Wer die Bibel sorgfältig und kritisch liest, wird feststellen, daß Holocaustgeschichten den Juden nichts Fremdes sind (1. Mose 6, 1 Mose 19, 24, 2 Mose 11, Josua 6, Matthäus 2, 16). Zudem holen sich vor allem die Frommen Anregungen aus den Schriften. Psalm 137, 9: »Wohl dem, der deine jungen Kinder nimmt und sie am Felsen zerschmettert!«

7. Tamara Mikhasev:[6,10,24]

   »[. . .] *eine junge Russin, deren jüdischer Ehemann ein Kommandant in der Roten Armee war* [. . .] *verließ die Hinrichtungsstätte mit einem Volksdeutschen, der mit einer Jüdin verheiratet war.* [. . .]*Dieser Volksdeutsche verließ den Hinrichtungsplatz (mit Tamara Mikhasev), aber erst nachdem er den Knaben (seinen Sohn) nochmals aufgehoben und seine Augen geküßt und sich von seiner Frau und Schwiegermutter verabschiedet hatte.*«

   Bei der höchst geheimen Massenvernichtung der Juden ließ man eine junge Russin und einen Volksdeutschen als Zuschauer zum Hinrichtungsplatz? T. Mikhasev reicherte ihre Geschichte mit dem Bellen vieler Hunde und aus Lautsprechern zum Übertönen der Schreie der Opfer dröhnenden Tanzweisen an.(Anm. 6, S. 148)

8. Von der Jüdin Nesya Elgort erfährt man:[6,10,25]

   »*Sie entkam auf wunderbare Weise mit ihrem kleinen Sohn (Ilya)* [. . .] *von keiner Kugel getroffen* [. . .] *aus einem Haufen warmer, blutiger Leiber,* [. . .] *Hunderte und Tausende von aufeinandergetürmten Leibern.*

   [. . .] *Es ist jetzt schwierig für mich zu verstehen, wie ich aus der Schlucht des Todes entkam, aber ich kroch heraus, vom Instinkt der Selbsterhaltung getrieben.*«

   Weder Nesya Elgort noch ihr kleiner Sohn wurden von einer Kugel getroffen! Wie schaffte sie es – samt Kind! –, unter einem gewaltigen Haufen Leichen herauszukriechen? Selbst bei optimaler

23. W. N. Sanning, *The Dissolution of Eastern European Jewry, Institute for Historical Review,* Torrance, Ca, USA, 1983; dt. Ausgabe: *Die Auflösung des osteuropäischen Judentums,* Grabert, Tübingen 1983, 2. u. 4. Kap.
24. I. Ehrenburg and V. Grossman (Hg.), aaO. (Anm. 22), S. 3, 8.
25. I. Ehrenburg and V. Grossman (Hg.), ebenda, S. 8 f

Lage – die unter den gegebenen Umständen mehr als unwahrscheinlich ist – belastet das Gewicht der Leichen den Thorax von Mutter und Sohn schließlich derart, daß eine Atmung unmöglich wird. Man muß sich auch fragen, ob sie oder das Kind den Aufprall eines aus nur 2 bis 3 m auf sie herabstürzenden Körpers unbeschadet überstanden hätten.
Sie entkam aus der Schlucht, ohne bemerkt zu werden. Keine Wachen?
Wieso konnten nur Frauen entwischen, aber kein einziger, hier physisch besser qualifizierter Mann?

9. Die Jüdin Yelena Borodansky-Knysh kam in Babi Jar an:[6,10,26]

> »[. . .] *als es bereits dunkel war.* [. . .] *Sie nahmen unsere Kleider und führten uns etwa fünfzig Meter weiter, wo man uns die Dokumente, das Geld, Ringe und Ohrringe abnahm. Sie wollten einem alten Mann einen Goldzahn reißen, und er versuchte Widerstand zu leisten.*
> *Etwa um Mitternacht wurde in deutscher Sprache das Kommando gegeben, uns aufzustellen* [. . .] *Eine Sekunde später fielen Leiber auf mich* [. . .] *wir waren zwischen Körpern eingezwängt.* [. . .]*Ein deutscher Soldat prüfte mit seinem Bajonett, ob noch jemand am Leben war. Zufällig stand er auf mir, so ging der Bajonettstich an mir vorbei. Ich befreite mich, stand auf, nahm meine bewußtlose Tochter in meine Arme. Ich ging die Schluchten entlang.* [. . .] *Über Schluchten kletternd fand ich den Weg zum Dorf Babi Jar.*«

Als Nebengeschichte vom Ort des Schreckens lieferte sie (vgl. Anm. 6, S. 149):

> »*Ich werde nie das Mädchen Sara vergessen; sie war ungefähr fünfzehn,* [. . .] *unbeschreiblich schön. Ihre Mutter wurde mit einem Gewehrkolben erschlagen* [. . .] [dem Mädchen] *rissen fünf oder sechs Deutsche die Kleider vom Leibe, aber ich sah nicht, was später geschah.*«

Wieso kam diese Zeugin erst bei Dunkelheit in Babi Jar an? An welchem Tag übrigens? Demnach hätte die Menschenmasse vielen Zeugen zwischen dem morgendlichen Rapport am Straßeneck und dem viel späteren Eintreffen an der Entkleidungsstätte auffallen müssen. Wo sind sie?
Die Juden hatten sich angeblich am Morgen des 29. Septembers zu melden. Gemordet wurde aber nicht nur am 29., sondern auch am 30. September. Bei Wiehn[6] findet man sogar (S. 146): »Der Todesmarsch dauerte drei Tage und drei Nächte.« Wo verbrachten Abertausende die Nacht (die Nächte)?
Nach dieser Version nahm man ihnen zuerst die Kleider weg und dann ungefähr fünfzig Meter weiter die Dokumente, Geld und Schmuck. Hat man alle nasenlang das Verfahren gewechselt?
Warum hat kein anderer Zeuge erzählt, daß das Gebiß inspiziert wurde? Zeitaufwand?
Verstanden die Juden Kiews Befehle in deutscher Sprache?
Wie kann der deutsche Soldat auf Yelena Knysh gestanden haben, wenn sie von Leibern zugedeckt war? Welche Zeit erfordert es, über Leichenberge zu klettern, um eventuell noch Lebende mit dem Bajonett zu ermorden? Wurde also doch nicht lebendig begraben?
Wo liegt das Dorf Babi Jar eigentlich??? Wie wahrscheinlich ist die Geschichte von der gewaltsamen Entkleidung Saras durch fünf oder sechs Deutsche, vielleicht gar noch im Bereich streuender Maschinengewehrgarben?

10. Ein einziger Augenzeuge erhielt von den Sowjets die Erlaubnis (oder den Befehl), im Ausland auszusagen. Dina Pronitscheva sagte 1968 in Darmstadt im Prozeß gegen 11 Mitglieder des Einsatzkommandos 4 a aus. Die Prozeßakten sind unter Verschluß!
Shabecoff, Reporter der *New York Times,* berichtete:[27]

> »[. . .] *schießend, und, als einige jüdische Opfer noch am Leben waren, die Wände der Babi Jar Schlucht sprengend.*«

Das, was A. Kusnetzow aus ihrem Mund erfuhr und in seinem Roman *Babi Yar*[28] festhielt, deckt sich nicht mit anderen Aussagen, zum Beispiel:

26. I. Ehrenburg and V. Grossman (Hg.), ebenda, S. 9 f.
27. »At Babi Yar only Four Spectators«, by Philip Shabecoff from Darmstadt, *The New York Times,* February 14, 1968, S. 6.

»[. . .] *Erschießen der Juden durch deutsche Soldaten über die Babi Jar Schlucht hinweg während der ganzen Nacht, in halber Dunkelheit, beim Licht eines kleinen Lagerfeuers.*«

Noch mehr verwirrt wird man aber, wenn man Dina Pronitschewas Beitrag auf den Seiten 175 ff. in Wiehns Opus[6] studiert (vgl. auch Anm. 29). Wesentliche Divergenzen ihrer protokollierten Aussage in Darmstadt folgen in Klammern mit dem Hinweis P:

»*Am 28. September 1941 wurde in der ganzen Stadt ein Befehl der deutschen Behörden angeschlagen* [. . .] *gegen 8 Uhr morgens* [P: um 8 Uhr] *im Bezirk der Djechtjarewskaer- und Melnik-Straße* [P: Djachterowskaja und Melnikow] [. . .] *begaben sich meine Eltern und meine Schwester zu dem Sammelpunkt*[. . .] [P: Es war sehr heiß.] *Ich begleitete sie und hatte die Absicht, dann zu meiner Familie zurückzugehen*[. . .] *Große Gruppen von Menschen.* [. . .] *Sie wurden begleitet von Ukrainern, Russen und Bürgern anderer Nationalitäten*[. . .] *Die Straßen* [. . .] *zum Friedhofsbezirk waren völlig mit Menschen überfüllt. Als wir uns dem Sammelplatz näherten, erblickten wir die Umzingelung aus deutschen Soldaten und Offizieren*[. . .] *auch Polizisten.* (P: Panzerreiter). (P: es ging einen Berg hinauf:)[. . .] *leiteten uns in Gruppen zu je 40–50 Menschen in einen sogenannten ›Korridor‹ von etwa drei Metern Breite, der von Deutschen gebildet wurde, die zu beiden Seiten mit Stöcken, Gummiknüppeln und Hunden dicht beieinander standen*[. . .] *Alle wurden von den Deutschen grausam verprügelt.* (P: Viele fielen hin und wurden zu einer dünnen Masse zertreten.) [. . .] *(am) Platz am Ende des ›Korridors‹* [. . .]*wurden sie von Polizisten ausgezogen* [. . .] *bis auf die Unterwäsche.* (P: ganz nackt) [. . .] *die Verprügelten und Ausgezogenen gruppenweise an die Schlucht Babij Jar gebracht*[. . .] *Man führte uns zu einem Vorsprung über der Schlucht und begann, uns mit Maschinenpistolen* (P: Maschinengewehre) *zu erschießen* (P: absolut andere Version: deutscher Soldat offerierte ihr Freiheit für Beischlaf. Sie gab sich als Russin aus, bewies dies mit Arbeitsbuch und Gewerkschaftskarte, wurde daraufhin auf eine Hügel geschickt und erst am Abend auf Befehl eines deutschen Offiziers mit anderen in die Schlucht getrieben.)[. . .] *als die Reihe an mich kam, stürzte ich mich lebendig in die Schlucht* (P: sprang in die Grube)[. . .] *Hier gingen auch Deutsche und Polizisten umher, die die noch Lebenden erschossen oder totschlugen*[. . .] *Irgendeiner von den Polizisten oder Deutschen drehte mich mit dem Fuß um,*[. . .] *trat mir auf die Hand und auf die Brust* (P: erschlug mich)[. . .] *Danach begannen sie, die Leichen* [. . .] *mit Erde und Sand zuzuschütten.* (P: Ich blieb unter der Erde liegen.) *Ich bekam keine Luft mehr, befreite mich mit einer Hand* (P: Die rechte Hand, auf der der Soldat stand, machte mir Schwierigkeiten) *von der Erde und kroch zum Rande der Schlucht* [. . .] *Am zweiten Tag sah ich, wie die Deutschen eine alte Frau und einen etwa 5–6 jährigen Jungen jagten, die aus der Schlucht geflohen waren. Die alte Frau wurde erschossen, den Jungen erstachen sie mit einem Messer. Etwa zehn Meter von diesem Platz entfernt kamen sieben Deutsche, die zwei junge Mädchen mit sich führten. Sie vergewaltigten sie dort und erstachen sie dann.*«

Zu Shabecoffs Bericht in der *New York Times:* Wer hat die Sprenglöcher gebohrt, woher kam das Gerät, und warum gibt es auch hier keine Zeugen für diese erheblichen Arbeiten? Warum sieht man auf den Luftbildern keine Spuren?

Zu Kusnetzow: Man ballerte bei Nacht über die Schlucht hinweg? Gefährdet man so nicht sogar eigene Leute?

Zu dem, was für Wiehn[6] publikationswürdig war, und zu Pronitschewas Aussage in Darmstadt, folgende Fragen:

Gegen 8 Uhr oder um 8 Uhr? Falsche Straßennamen bei einer Kiewerin? Warum ist ihr ›Wetterbericht‹ grundfalsch? Wie kann man zur Familie zurückgehen, wenn diese abtransportiert wurde? Wo trennte man die begleitenden Ukrainer, Russen und Bürger anderer Nationalitäten (welche?) von den Todgeweihten? Wo ist der Berg? Warum vergaßen alle anderen Zeugen den ›Prügel-Korridor‹? Panzerreiter?

Bis auf die Unterwäsche oder ganz nackt ausgezogen? Arbeitsbuch und Gewerkschaftskarte bei der Splitternackten? Zu einer dünnen Masse zertreten? Vorsprung über der Schlucht? Schlucht

28. A. A. Kusnetzov, *Babi Yar,* Farrar Straus and Giroux, New York 1970, S. 109.
29. P. Longerich (Hg.), *Die Ermordung der europäischen Juden. Eine umfassende Dokumentation des Holocaust 1941–1945,* Piper, München 1989, S. 124–127.

oder Grube? Hügel? Maschinenpistolen oder Maschinengewehre? Hat einmal jemand versucht, eine zwischen anderen Leibern eingekeilte Person mit dem Fuß umzudrehen? Der Soldat schlug eine Tote? Wie geistesgegenwärtig muß ein Mädchen sein, nicht zu quietschen oder anders zu reagieren, wenn ihm jemand auf die Hand und die Brust tritt, es schlägt? Warum hat niemand bemerkt, daß sie sich befreit? Sogar der Soldat nicht, der doch auf ihrer rechten Hand stand? Wie wagemutig muß ein Mädchen sein, das zwei Tage später in der Nähe des Tatorts noch Beobachtungen macht – und wie kälteunempfindlich in ihrer Unterwäsche oder ganz nackt. Wie wahrscheinlich ist die Geschiche vom Beischlafsangebot, von den vergewaltigten und dann erstochenen Mädchen? Geschlechtsverkehr mit Juden war Blutschande und verboten. Wieso verstand sie in Babi Jar deutsch, in Darmstadt jedoch kein Wort? Erklärt ihr Beruf, Schauspielerin in einem Puppentheater, das Konfabulieren?

11. Aus den Akten der Zentralen Stelle in Ludwigsburg – die allerdings ebenfalls kritischen Forschern nicht zugänglich sind – haben Klee, Dreßen und Rieß[30] Aussagen von drei Zeugen, Höfer (H), Kurt Werner (W) und Anton Heidborn (A) wiedergegeben.

    Laut H mußten die Juden auf einem Platz 150 m vor der Schlucht, laut W war es ein Kilometer, ihre Kleider geordnet ablegen. Dann wurden die Nackten in eine Schlucht geleitet, die nach H 150 m lang, 30 m breit und 15 m tief war, nach W aber 400 m lang oben 80 m, unten 10 m breit und 10 m tief war. Laut H führten 2 oder 3 schmale Eingänge in die Schlucht, nach W wurden sie zum Muldenrand geführt, liefen dann selbst die Abhänge hinunter.

    H behauptete, es waren nur an jedem Ende der Schlucht ein Schütze, bei W waren es insgesamt 12 Schützen. H sagte aus, daß an jedem Eingang ein »Packer« gestanden habe, der das Opfer auf die Leichen legte. Danach wurden sie von einem Mitglied der Schutzpolizei mit einer Maschinenpistole per Genickschuß erschossen. Die Kinder wurden mit ihren Müttern erschossen.

    W berichtete, daß sich die Juden »mit dem Gesicht zur Erde an die Muldenwände hinlegen« mußten und dann durch einen Genickschuß ermordet wurden. Die Nachfolgenden hatten sich dann auf die Leichen zu legen.

    Drei Tage nach der Exekution begann man die Leichenberge mit Erde zuzudecken. Laut A winkte drei Tage später aus dem Leichenberg eine Hand.

    Zeitbedarf bei 2 ›Packern‹ und Schützen, bzw. 12 Schützen?

    Wie verträgt sich die Lage der Ermordeten gegen die Schluchtwand mit dem Bild auf Seite 161 (Anm. 6), wo »exhumierte Leichen« flach liegen?

    Warum läßt man kritische Geister nicht an Dokumente heran, und das nicht nur in Ludwigsburg? Weshalb stößt sich nicht zumindest der Staatsanwalt Willi Dreßen an den Widersprüchen, von den behaupteten Unmöglichkeiten gar nicht zu reden? Wieso verschweigen die Verfasser die 300 000, in Ereignismeldung 106 für Kiew angenommenen Juden, nennen nur die 150 000 der Ereignismeldung 97 vom 28. 9. 1941? (Anm. 30, S. 67)

    Warum wundert sich schon der Holocaust-Papst Reitlinger[31], wie es möglich war, so viele Menschen zwei Tage lang auf der Straße zusammenzuhalten, nicht aber Klee und Mitautoren?

12. Nun zu Adalbert Rückerl. Sein namenloser Zeuge scheint W vom vorangegangenen Fall 11. zu sein. Der Zeuge berichtet:[32,33]

    »[. . .] *erschossen* [. . .] *die gesamte Judenschaft Kiews.* [. . .] *Erschießungen* [. . .] *bis fünf oder sechs Uhr.* [. . .] *Alle waren nackt.*«

30. E. Klee, W. Dreßen, V. Rieß (Hg.), *»Schöne Zeiten«, Judenmord aus der Sicht der Täter und Gaffer,* S. Fischer, Frankfurt/Main, 1988, S. 66 ff.
31. G. Reitlinger, *The Final Solution,* A.S. Barnes & Co. Inc., New York 1961, S. 263; dt. Ausg: *Die Endlösung,* V. Spiess, 1992.
32. A. Rückerl, *NS-Verbrechen vor Gericht, Versuch einer Vergangenheitsbewältigung,* C. F. Müller, Heidelberg 1984, S. 43 ff..
33. A. Rückerl (Hg.), *NS-Prozesse Nach 25 Jahren Strafverfolgung: Möglichkeiten – Grenzen – Ergebnisse,* C.F. Müller, Karlsruhe 1972, S. 86 f.

Im zweiten Werk[33] stellen wir fest: Rückerl verwendet die Ereignismeldung 106 (vgl. Anm. 2) unverändert. Er zitiert die Absperrung des Exekutionsplatzes, das Zuschütten der Gruben nach der Exekution, sowie vereinzelte sowjetische Staatsbürger, die heimlich die Exekution angesehen hatten. Er meint, daß neutrale Zeugen nur selten zur Verfügung standen und daß deren Aussagen zur Überführung der Beschuldigten im allgemeinen nicht geeignet waren. Als Beispiel zitiert er unter Quellennennung 34 die ›Eingabe‹ der Zeugin N.T. Gorbatschowa aus Kiew:

»[. . .] *wohnte ich in Kiew, Tiraspols-Kaja-Straße 55, Tür 2.* [. . .] *in der Nähe der Stelle, die Babi Jar genannt wird. Am 22. September 1941 habe ich selbst gesehen,* [. . .] *wie nach Babi Jar im Laufe des Tages etwa 40 Lastkraftwagen fuhren, vollbeladen mit Einwohnern jüdischer Nationalität.* [. . .] *Ich und noch einige Frauen,* [. . .] *begaben uns, von den deutschen Wachen unbemerkt, zu der Stelle an der* [. . .] *die Menschen abgeladen wurden. Wir sahen, daß die Deutschen etwa 15 Meter von Anfang des Babi Jar die Juden sich zu entkleiden zwangen und ihnen befahlen, den Babi Jar entlang zu laufen. Dabei schossen die Deutschen mit Maschinenpistolen und Maschinengewehren auf die Laufenden.* [. . .] *In der Schlucht befanden sich nicht nur Erschossene, sondern auch Verletzte und sogar lebende Kinder. Dennoch schütteten die Deutschen die Schlucht zu; dabei war zu bemerken, daß sich die dünne Schicht Erde bewegte.*«

Rückerl beanstandet nur das Datum und den Einsatz von Lastkraftwagen für alle. Für Nichtgehfähige läßt er ihn gelten. Rückerl verschweigt uns, daß Gorbatschowa behauptete (Anm. 6, S. 82):

»*Die Judenerschießungen dauerten mehrere Tage.*«

Nach der Aussage des namenlosen Zeugen[32] war um 18 Uhr Feierabend. Demnach haben alle gelogen, die von nächtlichem Morden berichten. Oder?
Ist das sowjetische Propaganda- und Lügenbabel für Rückerl ein derart böhmisches Dorf, daß ein in Moskau 1963 gedrucktes Buch in seinen Augen ein Beweisdokument ist?
Konnte Rückerl auf einem Stadtplan von Kiew eine ›Tiraspolskaja Straße‹ (so würde sie richtig geschrieben!) finden, und zwar in der Nähe der ›Stelle‹ Babi Jar (die keine Stelle ist)?
Wie viele Menschen kann man auf 40 Lastwagen transportieren, und zwar samt ihrer Habe?
Glaubt Rückerl tatsächlich, daß einige russische Damen so wahnsinnig, todesmutig oder neugierig waren, sich an den Wachen des bösen Feindes vorbeizuschleichen und dann noch dem Massenmorden zuzusehen? Gibt es einen Babi Jar, der einen Anfang hat und den man entlanglaufen kann?
Wird bei Exekutionen mit verschiedenen Waffen auf laufende Ziele geschossen?
Verträgt sich »die dünne Schicht Erde« mit den Erdmassen einer zugeschütteten Schlucht? Erstikken die nicht von Kugeln Getroffenen beim Begrabenwerden nicht umgehend?

13. Der Gestapo-Fachmann für Kirchenfragen, Adalbert Hartl, sah im März 1942[35] in der Babi Jar-Schlucht »kleine Explosionen, die Erdsäulen aufwarfen. Es war das Tauwetter, das die Gase der Tausende von Leichen freiließ«.
Was hat ein Gestapo-Fachmann für Kirchenfragen in Babi Jar zu suchen? Die kleinen Explosionen und aufgeworfenen Erdsäulen sind Unfug, denn selbst wenn nasser Boden gut durchfriert, ist er nie gasdicht – vor allem kein sandiger.

5. Andere Quellen

1. Ein Arzt namens Dr. Gustav W. Schübbe, hat angeblich persönlich 21 000 Personen umgebracht, und zwar durch die Injektion von Morphium. In dem ›German Annihilation Institute‹ in Kiew seien 110 000 bis 140 000 Opfer derart umgebracht worden.[36,37]

34. In *Verbrecherische Ziele - verbrecherische Mittel!*, Verlag für fremdsprachliche Literatur, Moskau 1963, S. 177 f.
35. E. R. Wiehn, aaO. (Anm. 6), S. 138.
36. »German Doctor Admits Killing 21,000 Himself«, *The New York Harald Tribune*, May 1, 1945; darin wird Babi Jar nicht ausdrücklich erwähnt.
37. »Murder of 140,000 Upheld by Germany«, *The New York Times*, May 1, 1945.

Injektion des ohnehin sehr knappen und für Verwundete dringend benötigten Morphiums? Wie lange braucht ein Arzt, um 21 000 Injektionen durchzuführen?
Nach den Akten des US Document Center in Berlin, das über eine Million Akten zu NSDAP-Mitgliedern enthält, war Dr. Gustav Wilhelm Schübbe nie in Kiew stationiert.
Wieso haben weder die UdSSR noch die Juden je nach der Lage dieses ›Vernichtungsinstitutes‹ geforscht?

2. Moskauer Zeitungen und die *New York Times* berichteten nach der Befreiung von Kiew, daß 40 000 (!) Bürger von Kiew an Joseph Stalin geschrieben und die Zahl der Opfer von Babi Jar mit mehr als 100 000 beziffert hätten.[38]
Wann, wo und wie kamen diese Menschen ums Leben?
Wo sind alle diese ›Zeugen‹ geblieben?
3. Nikita Chruschtschow kritisierte 1963 in sehr scharfer Form die literarischen Verfechter des »jüdischen Märtyriums«, vor allem J. Jewtuschenko, der im Jahr davor mit seinem Gedicht *Babi Jar* aufgefallen war:[39]

> *»Ich will dem Genossen Jewtuschenko und anderen jungen Literaten raten, das Vertrauen der Menge* [des Volkes] *zu schätzen, nicht billige Sensationen zu suchen* [und] *sich nicht der Stimmung und dem Geschmack der Philister* [Spießbürger] *anzupassen. Schämt Euch nicht, Genosse Jewtuschenko, Eure Fehler einzugestehen.* [. . .]
> *Wenn die Feinde unserer Sache beginnen, Sie während gefälliger Erzählungen zu loben, dann wird Sie das Volk gerechterweise kritisieren.«*

Der Hinweis von Chruschtschow auf »gefällige Erzählungen« hatte seinen Grund in Jewtuschenkos Lesungen seines Gedichtes *Babi Jar.*
Die deutlichen Worte Chruschtschows wiegen aus verschiedenen Gründen sehr schwer.
Hätte Chruschtschow den Begriff »billige Sensationen« gebraucht, wenn der verhaßte Feind im ›Großen vaterländischen Krieg‹ in Babi Jar Tausende von Sowjetbürgern ermordet hätte, und Jewtuschenko dann davor gewarnt, »sich der Stimmung und dem Geschmack der Philister anzupassen«?
Hätte Chruschtschow dann wegen »gefälliger Erzählungen« einen Vorwurf erhoben?
Chruschtschow befahl als KPdSU-Chef und Generalsekretär der KP der Ukraine am 24. Juni 1941 per Funkspruch, die politischen Gefangenen in Lwow zu liquidieren. In den Gefängnissen von Lemberg und andernorts in der Westukraine begann der NKWD daraufhin mit den Massenmorden. Die Sowjets haben auch diese Massaker den Deutschen in die Schuhe geschoben. Chruschtschow wußte, wer gemordet und wer gelitten hatte!
Des weiteren wußte Chruschtschow – der Ukrainer war – sehr wohl, daß vor allem die in Wirtschaft, Industrie, Forschung, Lehre und Politik in der Ukraine vorherrschenden Minoritäten bevorzugt evakuiert wurden, also die Großrussen und vor allem die Juden. Er kannte die Evakuierungsrate der Juden, wie zum Beispiel: Minsk 94%, Schitomir 88%, Nowograd-Wolynsk 90%, Poltawa 96%, Tschernigow 97%, Mariupol 100% und Taganrog 100%. Für Winniza, Kiew und Uman lag sie bei 80%.[40–44] Zitat: »In Kiew hatte praktisch die gesamte jüdische Jugend die Stadt

38. »Kiev Lists More Victims, Letter to Stalin Says 100,000 Were Massacred by Nazis«, Telegramm aus Moskau an die New York Times, *The New York Times,* December 4, 1943.
39. N. S. Chruschtschow, in: *Erhabener Ideengehalt und künstlerische Meisterschaft – Die große Kraft sowjetischer Literatur und Kunst,* Moskau 8. März 1963, S. 207, ebenso *Prawda* vom 8. 3. 63.
40. Institute of Jewish Affairs (Hg.), *Hitler's Ten Year War,* New York 1943, S. 186.
41. *Encyclopaedia Judaica,* aaO. (Anm. 3), Vol. 11, S. 57
42. R. Hilberg, *The Destruction of the European Jews,* New York 1973, S. 192; 1. Ausgabe: *Quadrangle Books,* Chicago 1961, 2. Ausg. 1967; spätere Ausg.: Holmes & Meier, New York 1985.
43. G. Reitlinger, aaO. (Amn. 31), S. 227, 237.
44. *Encyclopaedia Judaica,* aaO. (Anm. 3), Vol. 10, S. 994.45. *Encyclopedia of Ukraine,* University of Toronto Press, Toronto 1988, Vol. 1, S. 154.

mit der Roten Armee verlassen. Nur Ältere blieben zurück.«[40] Dies hätte z. B. auch Wiehn[6] merken müssen, denn auf S. 146 liest man: »Sarra Evensons fortgeschrittenes Alter hatte ihre Evakuierung aus Kiew unmöglich gemacht.« Da Wiehn[6] auch das gelesen haben muß, was er von Reitlinger hinsichtlich Evakuierungsraten übernahm (S. 133), liegt der Verdacht der Geschichtsfälschung, sogar des Betrugsversuchs nahe. Übrigens findet man ein paar Seiten weiter (S. 137) eine weitere, noch zeitraubendere und höchst obskure Mordmethode. Reitlinger[6]: »daß die Opfer in dem Augenblick den Genickschuß erhielten, als sie von einem Brett in die Höhle stiegen«. Höhle??? Chruschtschow stieß Stalin auf dem XX. Parteitag der KPdSU im Februar 1956 vom Sockel und bezichtigte ihn des organisierten Massenmords .

Jewtuschenko erhielt die Anregung zu seinem *Babi Jar*-Gedicht durch den amerikanischen Juden Joseph Schechtman, er beschrieb nicht etwa eigene Erfahrungen mit glühender Feder.

4. Unter dem Stichwort ›Babi Yar‹ verwendet die *Encyclopaedia Judaica,* Jerusalem (1972), 98% des Platzes (550 mm Textlänge) für das Gedicht von Jewtuschenko, aber nur 8 % (45 mm) für die Beschreibung des Massakers.[10] Dort wird behauptet, daß 100 000 in Babi Jar starben und davon 33 771 in den letzten Septembertagen.
   Hat die *Encyclopaedia Judaica* keine besseren Beweise als ein Gedicht?
5. Die 1988 in Toronto herausgegebene *Enzyklopädie der Ukraine*[45] hält fest, daß nur 3 000 Juden im September exekutiert wurden, und gibt die Gesamtzahl der Opfer mit »über 150 000« an.
6. Die 1990 erschienene *Enzyclopädie des Holocaust*[4] behauptet die verschiedensten Dinge, die wir aus Platzgründen gestrafft wiedergeben:

AUSSAGE *ENZYKLOPÄDIE DES HOLOCAUST*	KRITISCHE WÜRDIGUNG
Man habe erst nach dem Krieg erfahren, daß die Sprengungen in Kiew von zurückgebliebenen NKWD-Einheiten durchgeführt worden waren.	Die Angabe zu den Sprengungen ist falsch. (Vgl. einführende Informationen und Anm. 1)
Die Deutschen hätten am 26. 9. beschlossen, alle Juden Kiews als Vergeltungsmaßnahme zu töten.	Wo sind stichhaltige Beweise für den deutschen Beschluß vom 26. 9.?
SS-Standartenführer Blobel nahm an diesem Treffen teil.	Wie verträgt sich die Behauptung mit der Tatsache, daß Blobel wegen seiner Kopfverletzung vom 24. 9. keinen Dienst tat?[46]
Am 28. 9. Plakate angeschlagen wurden, welche anordneten, daß die Juden am 29.8 um 8 Uhr morgens an der Ecke Melnik und Dekhtyarev Straße zwecks Umsiedlung zu erscheinen hatten.	Für die Existenz eines von der Druckerei der 6. Armee produzierten Plakats fehlt jeglicher Beweis.
Der Text der Plakate war von der Propaganda-Kompanie Nr. 637 erstellt, die Plakate von der Druckerei der 6. Armee gedruckt worden.	Der Propaganda-Kompanie und der Druckerei der 6. Armee könnte man Fehler im russischen und ukrainischen Text nachsehen, wieso findet man aber auch im deutschen Text grammatikalische Fehler, dafür aber keine ausstellende Dienststelle, usw.?
Ein Gebiet, das den jüdischen Friedhof und einen Teil der Schlucht umfaßte, wurde mit einem Stacheldrahtzaun umgeben und von einem Sonderkommando der Polizei, der Waffen-SS und ukrainischen Polizisten bewacht.	Woher die Weisheit, daß der jüdische Friedhof und ein Teil der Schlucht mit Stacheldraht eingezäunt waren? Waffen-SS? Ukrainische Polizisten?
Die Juden hatten vor der Schlucht ihre Wertsachen abzugeben, sich völlig zu entkleiden und sich in Gruppen von 10 Personen zur Oberkante der Schlucht zu begeben.	

45. *Encyclopedia of Ukraine,* University of Toronto Pres, Toronto 1988, Vol. 1, S. 154.
46. U. Valendy, aaO. (Anm. 19), S. 29 u. 37.

Beim Erreichen des Abbruchs wurden sie mit automatischen Waffen erschossen (dt. Ausgabe: Maschinengewehre). Am Ende des Tages wurden die Leichen mit einer dünnen Lage Erde bedeckt.	Warum eine neue Version der Geschehnisse? Gruppen von 10 Personen hieße 3 377 Gruppen. Bei nur 5 Minuten pro Gruppe = 281 Stunden. Zusätzliche Zeit zum Abräumen der Leichenhügel und zum Abdekken mit Erde?
In den folgenden Monaten wurden noch Tausende von Juden gefaßt und in Babi Jar erschossen.	Wenn von etwa 160 000 Juden 80% evakuiert worden waren, also 128 000, wie konnten dann am 29. und 30. September 33 771 ermordet werden und in den folgenden Monaten noch Tausende?
	Wohin verschwanden die Unmengen von Geschossen und Patronenhülsen?
Einige Einwohner Kiews halfen den Juden unterzutauchen.	
Die Ukrainer Kiews denunzierten jedoch Juden in derartigen Zahlen, daß SIPO und SD mangels Arbeitskräften die waschkörbeweise eintreffenden Briefe nicht völlig bearbeiten konnten.[28]	Wie erklärt man bei dieser Sachlage auch die waschkörbeweisen Denunziationen? Wie den Personalmangel?
Nach sowjetischen Untersuchungen wurden 100 000 Menschen in Babi Jar ermordet, auch Zigeuner und sowjetische Kriegsgefangene.	Welche Unterlagen beweisen, daß die Gesamtzahl der Opfer 100 000 beträgt? Macht die Feststellung, daß in Babi Jar auch Kriegsgefangene liegen, Chruschtschows Kritik nicht noch schwerwiegender?
Ab Mitte August 1943 wurden die Gräber mit Bulldozern geöffnet, die Leichen wurden aber von mit Fußketten versehenen Häftlingen, darunter 100 Juden, transportiert.	Hatten die Deutschen Bulldozer? Setzt man derartiges Gerät in einer engen Schlucht ein? Sieht man auf den Luftbildern etwas von derartigen Arbeiten? Warum Bulldozer, wenn die Hauptarbeit durch ›Sklaven in Ketten‹ gemacht werden mußte? Woher kamen die 100 Juden?
Die Leichen seien auf einer Unterlage von Eisenbahnschwellen und Scheiterhaufen aus Baumstämmen verbrannt worden, wofür man sie mit Benzin übergossen habe.	Woher kamen die riesigen Mengen an Eisenbahnschwellen und Brennholz, besonders angesichts der anrückenden russischen Front? Woher das Benzin, das nicht einmal für Panzer und die Luftwaffe ausreichend zur Verfügung stand?
Die Knochen wurden auf Grabsteinen aus dem jüdischen Friedhof zerkleinert.	Grabsteine zur Knochenzerkleinerung? Beweise?
Die Verbrennungen erstreckten sich vom 18. 8.–19. 9. 1943.	
Die Asche wurde zur völligen Gewinnung allen Goldes und Silbers gesiebt.	Wieviel Zeit ist erforderlich, um alle Asche samt vielen Beimengungen fein zu sieben? Wohin kamen die Grabsteine und die Asche?
Nach dem Ende der Leichenverbrennung entkamen 15 Gefangene.	
In der Inschrift des 1974 errichteten Denkmals waren Juden als Opfern nicht erwähnt. Die 1991 geänderte Inschrift gedenkt auch der Juden (dt. Ausg.).	Warum verschweigt die erste Denkmalinschrift die Juden unter den Opfern?

Den eingeladenen westlichen Journalisten[17] hatte man etwa zwei Wochen nach der Rückeroberung von Kiew berichtet, daß die Deutschen vor sechs Wochen die Sprengung, Exhumierung, Freiluft-Verbrennung von 70 000 Leichen, das Zertrümmern der unverbrannten Knochen und das Abräumen des Materials mit Bulldozern in die Schlucht beendet hätten. Wo blieb die Differenz von 30 000 Leichen, und wo sind allein die Zeugen für diese lodernden Flammen und Rauchwolken, den infernalischen Gestank? Es hätte doch für die Sowjets ein leichtes sein müssen, den Journalisten für alle diese Behauptungen Beweise und Zeugen zu produzieren – oder doch nicht? Warum beeindruckten die physischen Beweise die Journalisten nicht?

7. Zum fünfzigsten Jahrestag (1991) des deutschen ›Überfalls‹ auf die Sowjetunion brachte das *ZDF* eine Filmserie eines G. Knopp, welche dieser in Zusammenarbeit mit Gostelradio produziert hatte (ein sowjetisches, u. U. damals noch stark vom KGB kontrolliertes Staatsunternehmen). Dort wurde am 18. Juni 1991 auch Babi Jar behandelt.
   - Eine Sheila Polischtschuk erzählte in etwa das, was oben unter 4. 9. festgehalten wurde. Die Mutter hätte sich und das Kind in die Schlucht fallen lassen. Sie und ihre Mutter seien von immer mehr Leichen zugedeckt worden. Die Mutter hätte die Fäuste unter den Hals der Tochter geschoben, damit sie nicht im Blut erstickt. Ein Soldat hätte auf ihrer Mutter gestanden und diese deswegen mit dem Bajonett verfehlt. Es gelang der Mutter, sich unter diesem Berg von Leichen herauszuarbeiten und dabei auch ihre bewußtlose Tochter mitzunehmen.
   - Man zeigte eine ›Schlucht‹, die eher wie eine etwa 10 m tiefe und 20 bis 30 m breite Kiesgrube aussah.
   - Schräg von hinten aufgenommen, sah man in einer anderen Einstellung eine Reihe bekleideter (!) Personen am Abbruch einer Grube und mit dem Rücken zu ihr stehen.
   - Es wurde ein Film von einem ›Verhör‹ aus der Zeit Stalins gezeigt, in dem der ›Verhörte‹ gestand, 120 Personen erschossen zu haben. 6 Mann waren zur Bewachung und 6 Mann als Erschießungskommando abkommandiert worden. Er habe in 36 Stunden etwa 120 Menschen erschossen.

   Bei der ›Mordleistung‹ des ›Verhörten‹ wären etwa 10 131 Stunden erforderlich gewesen, um die, laut *ZDF*-Sendung, 33 771 Erschießungen zu schaffen.

   Wie hat es die Mutter der Sheila Polischtschuk fertiggebracht, sich samt Tochter um 180 Grad zu drehen, kopfüber in die Schlucht zu stürzen, ohne Quetschungen oder Brüche zu erleiden, oder daß jemand von beiden aufschrie? Wenn die Mutter das Kind vor dem Ersticken im Blut schützen mußte, lag die Tochter praktisch am Boden der Schlucht, gehörte mit der Mutter also zu den ersten Opfern. Der Berg von Leichen auf beiden muß also gewaltig gewesen sein.

   Wenn Mutter und Tochter von vielen Leichen zugedeckt waren, wie konnte dann der Soldat auf der Mutter stehen?

   Wenn der Soldat auf der Mutter stand, der andere Teil der Geschichte also nicht stimmen sollte, wieso traf dann sein Bajonett nicht die Mutter oder Tochter, nachdem er den Standort gewechselt hatte?

   Wenn sich die Mutter unter einem Berg Leichen herausarbeiten konnte, so mußte sie, um die Tochter zu befreien, Leichen umlagern. Die Leichen lagen ja nicht geordnet, sondern ineinander verhakt! Wieso haben die Wachen nichts bemerkt?

   Und zur Abwechslung: Die Geschichten von entronnenen Müttern finden sich auch anderswo. Jean-François Steiner beschreibt in seinem Buch,[47] das auf vielen ›Zeugenaussagen‹ fußt und nach welchem ›Iwan‹, der erst später zum ›Schrecklichen‹ promovierte, bei dem Aufstand erschlagen wurde (laut erstem Prozeß gegen Demjanjuk dann doch nicht) einen sehr ähnlichen Fall, der sich etwa zur gleichen Zeit in Ponar bei Wilna ereignet haben soll. Steiner gab, in die Enge getrieben, zu, daß er einen Roman geschrieben habe (den die *Brockhaus Enzyklopädie* allerdings als Quelle unter Treblinka zitiert!). Kusnetzovs Buch und Schindlers Liste sind ebenfalls Romane!

   Weitere Fragen zu Knopps Film:

   Wer hat da trotz allergrößter Geheimhaltung die zur Erschießung Aufgestellten fotografiert, noch

46. U. Walendy, aaO. (Anm. 19), S. 29 u. 37.
47. J.-F. Steiner, *Treblinka, la révolte d'un camp d'extermination,* Fayard, Paris 1966, S. 17 ff.; dt.: *Treblinka, die Revolte eines Vernichtungslagers,* Stalling, Oldenburg 1966, S. 338 f.

dazu aus einer gut sichtbaren Position heraus und überdies unter Umständen im Streubereich der MG-Garben? Wieso weist das unscharfe Bild Eigenschaften vieler anderer gefälschter Propagandabilder auf? Wieso sind die Personen bekleidet? Nach Angaben des Zeugen waren 6 Mann als Erschießungskommando und 6 zur Bewachung abkommandiert. Woher kamen die ›Bajonettmänner‹? Wie viele Gefangene oder Gruppen können von 6 Mann bewacht werden?

8. Als Schriftsteller berichtet Guido Knopp[48] in der linken Spalte:

   »[. . .] *standen viele Soldaten mit Maschinengewehren.*[. . .] *Sie führten uns zur Schlucht, wo Kisten standen, in denen sie die Dokumente und andere Sachen sammelten.* [. . .] *Dann baute sich ein Schießkommando auf. Mutter wartete aber nicht auf das Kommando, sondern warf sich mit mir in die Grube und fiel auf mich. Die Sondereinheiten begannen, uns mit Leichen zuzudecken. Danach erschossen sie eine weitere Gruppe.* [. . .] *stellte sich ein Soldat auf Mutter und erstach den neben ihr liegenden Verwundeten. Als sie dann weitergingen, um die Sachen aufzuteilen, zog Mutter mich bewußtlos heraus und trug mich weg.*«

   In der rechten Spalte der gleichen Seite finden wir dagegen:

   »Als sie nach der Prügeltortur die Schlucht erreichten, mußten sie sich, aufgeteilt in kleine Gruppen, reihenweise auf den Boden legen. Dann trat das Erschießungskommando in Aktion. Eine MG-Salve, ein paar Schaufeln Erde, die die Leichen nur notdürftig bedeckte, dann wurde die nächste Gruppe in die Schlucht getrieben.«

   Wie stellt sich Dr. Knopp die Erschießung liegender Menschen mit MGs vor?
   Was ist von den Verfassern von Büchern zu halten, die, in der rechten Spalte einer Seite angekommen, nicht mehr wissen, was in der linken steht?
   Zum Vergleich die ›beeidete Aussage‹ von Prof. Aloshin, wonach an beiden Seiten der Schlucht schwere Maschinengewehre aufgestellt waren. Und: »dann mußten russische Kriegsgefangene, die an beiden Seiten der Schlucht, mit Schaufeln versehen, aufgestellt waren, [. . .] Sand über die Opfer werfen«. Die Opfer hatte man in die Schlucht getrieben, man schoß also mit den SMGs in steilem Winkel nach unten, ein nicht gerade einfaches Unterfangen.
   Unten türmten sich die Leichen unordentlich auf, also nicht, wie Knopp schildert: »reihenweise auf dem Boden«. Nach den Erfahrungen mit den Massengräbern in Hamburg für die 40 000 Opfer der britischen Terrorangriffe, hätten die Kriegsgefangenen etwa 21 000 m^3 Sand schaufeln müssen. Bei einer sorgfältigeren Schichtung, wie in Katyn, wären immer noch 14 250 m^3 zu schaufeln gewesen. Da die Leichen in der Grube lagen, hätte man entweder die Böschungen abgraben oder den Sand aus der Umgebung antransportieren müssen. Zusätzliche erhebliche Arbeit! Ist davon etwas auf den vielen Luftbildern zu sehen? Wieviel Sand kann ein Arbeiter unter derartigen Bedingungen am Tag schaufeln?
   Woher schöpft Knopp übrigens sein ›Wissen‹ von leeren Hallen, in denen die noch Lebenden zusammengepfercht die Nacht verbrachten?[48] In Babi Jar gab es keine Hallen. Warum wurden auch diese Züge – von den Hallen zurück zu den Mordstätten – von keinem Zeugen bemerkt?

9. Prof. Dr. Wolfgang Benz:[49] In der Schlucht

   »befanden sich 3 Gruppen mit Schützen, mit insgesamt etwa 12 Schützen. [. . .] *Die Schützen standen jeweils hinter den Juden und haben diese mit Genickschüssen getötet«.*

   Mit Genickschüssen mordeten GPU, NKWD, KGB und Stasi!

10. Der sowjetische Ankläger Smirnow erklärte am 18. 2. 1946 im IMT:[50]

   »Mehr als 195 000 Sowjetbürger wurden in Kiew zu Tode gefoltert, erschossen und in Mordwagen vergast, darunter [. . .] *über 100 000 Männer, Frauen, Kinder und alte Leute in Babi Jar.«*

48. G. Knopp, *Der verdammte Krieg – Das Unternehmen Barbarossa,* Bertelsmann, München 1991, S. 132.
49. W. Benz (Hg.), *Legenden, Lügen, Vorurteile. . . Ein Lexikon zur Zeitgeschichte,* dtv München 1990, S. 44.
50. Document USSR-9, Extraordinary State Commission on the Atrocities Perpetrated by the German Facists in City of Kiev, paragraph 5, column 1, *IMT*, Vol. VII, 1948, S. 503.

Wie verträgt sich diese Version mit den verschiedenen Zeugenaussagen? Wollte das kommunistische Regime mit derartigen Behauptungen die eigenen Massenmorde den Deutschen in die Schuhe schieben? Man kann hier zum Beispiel an die von den Sowjets in Winniza mit Genickschuß ermordeten und in Massengräbern verscharrten etwa 10 000 Ukrainer denken[51] oder an andere Massaker.

11. N. F. Petrenko und N. T. Gorbachewa, sagten aus:[52]

    »Die Deutschen warfen Säuglinge mit ihren toten oder verwundeten Eltern in Gräber und begruben sie lebendig.« (Vgl. auch Anm. 33, S. 86 f.) Beweise? Angaben zum Ort, dem Datum, usw.?

12. Bei Clarke lesen wir:[53]

    »Deutsche Panzer donnerten durch den großen jüdischen Stadtteil, alles Lebendige in Sicht vernichtend, und dann die Juden in den in Brand stehenden Gebäuden verbrennend und sie in den Wäldern über den Massengräbern tötend, die von den Opfern ausgehoben worden waren, während einige Juden an Bäume gebunden und erschossen oder mit Bajonetten getötet wurden.«

    Beweise? Zeugen? Zeitaufwand für das Ausheben der Massengräber durch die späteren Opfer? Ort? Datum? Warum die zeitraubende Prozedur des ›Anbäumebindens‹? Wenn es einen großen jüdischen Stadtteil gab, warum hat man die Juden nicht dort antreten lassen, um sie abzuführen, statt durch viele Marschkolonnen in den Nordwesten Kiews Zeugen zu produzieren – die dann allerdings später nicht aufzutreiben waren?

13. Leni Yahil schrieb in ihrem, 1987 in Israel erschienenen Buch:[54]

    »Die 30 000 Juden, die sich [in Kiew] *versammelten, wurden in den Wald geführt und dort* [von den Deutschen] *im Laufe von zwei Tagen abgeschlachtet.«*

    Leni Yahil nennt weder Zeugen, noch produziert sie Erklärungen und/oder Beweise, wie man mehr als 30 000 Menschen innerhalb von Stunden versammelt und abführt, ohne daß dies Tausenden auffällt, die später als Zeugen hätten auftreten können. Yahil verlegt die Mordstätte in einen Wald, also nicht in eine Schlucht. Beweise? Luftbilder?

14. Die Juden Kiews und der Umgebung wurden laut Anmerkungen 4 und 6 durch Plakate davon informiert, daß sie sich samt Hab und Gut an einer bestimmten Stelle einzufinden hatten. Dieses Plakat war erst am Tag davor fertig.

    Diese eminent wichtige organisatorische Frage soll etwas eingehender unter die Lupe genommen werden, denn die Betrachtungen gelten mutatis mutandis für alle Versionen des Massakers.

    Das ›Plakat‹ in russischer, ukrainischer und deutscher Sprache hatte angeblich folgenden deutschen Text:[6]

    »Alle Juden der Stadt Kiew und Umgebung haben sich am Montag, dem 29. September 1941 bis 8 Uhr; Ecke Melnik- und Dokteriwski-Strasse (an den Friedhoefen) einzufinden. Ausweise, Geld und Wertsachen sind mitzubringen, ebenso warme Bekleidung, Waesche usw.
    Wer dieser Aufforderung nicht nachkommt und anderweitig angetroffen wird, wird erschossen.
    Wer in verlassene Wohnungen von Juden eindringt oder sich Gegenstaende daraus aneignet, wird erschossen.«

    Grundsätzliches:

    - Warum keine ausstellende Dienststelle?
    - Name und Rang des ausstellenden Befehlshabers?
    - Ausstellungsdatum?

---

51. *Amtliches Material zum Massenmord von Winniza,* Franz. Eher Nachf., Berlin 1944.
52. N. F. Petrenko und N.T. Gorbacheva, Zeugenaussagen, Document USSR-9, *IMT,* Vol. VII, 1948, S. 541.
53. C. Clarke, *Eichmann – The Man and His Crimes,* Ballantine Books, New York, 1960, S. 62.
54. L. Yahil, *The Holocaust,* Oxford University Press, New York 1990, S. 257; zuerst in Israel erschienen.

Zur deutschen Version:

8 Uhr früh oder 8 Uhr abends? Bis 8 Uhr?

›oe‹, ›ae‹ und ›ss‹ statt ›ö‹, ›ä‹ und ›ß‹? Hatte die Druckerei der 6. Armee keine Umlaute in ihren Schriftsätzen?

»Dokteriwski-Strasse« ist falsch. Die Straße hieß ›Djegtjariwskoi‹, also Teerbrenner Straße.

»Melnik-Strasse« ist falsch. Richtig heißt sie ›Melnikowa Straße‹. Sie bezieht sich auf Herrn Melnikow.

Und weiterhin: »an den Friedhöfen« ist falsches Deutsch. Abgesehen davon haben wir im russischen Text nur einen Friedhof.

Die *Enzyklopädie des Holocaust*[4] behauptet die Zweckangabe des Aufrufs: zur Umsiedlung. Nichts davon steht im Plakat.[6]

Was heißt: »anderweitig angetroffen«? Beim Anmarsch von überall ist jeder Punkt anderweitig.

Wie wahrscheinlich ist es, daß eine Propagandakompanie des Heeres[4] und eine Armeedruckerei derart schusselig arbeiten?

Zum russischen Text:

Der im russischen Text für Juden gebrauchte Ausdruck »schidy« ist verächtliches Gossenrussisch. Was erreicht man, wenn schon der Aufruf nichts Gutes ahnen läßt? Wollte man riskieren, daß ein Großteil der Juden nicht erscheint und sich versteckt? Wollte man dann vielleicht gar alle Kampfhandlungen einstellen, um mit allen Kräften Unzahlen von Juden aufzustöbern?

Auch hier sind die Straßennamen falsch. Zudem ist die Deklination von ›Straße‹ wie die von ›Friedhof‹ falsch.

Der russische Text bestimmt 8 Uhr morgens. Kein Wort von Umsiedlung!

Was bedeutet bei den mitzubringenden Dingen »usw«? Lief man da nicht Gefahr, daß die zahlreiche jüdische Bevölkerung mit Pferdewagen, Leiterwagen, Kinderwagen, auf denen alles Hab und Gut verstaut war, und unförmigen Traglasten anrücken würde und alle Straßen Kiews verstopft?

Zum ukrainischen Text:

Wieder falsche Straßennamen und keine Angabe des Zwecks des Aufrufs.

Was hat man sich gedacht, als man nach der Besetzung von Kiew, auf einem anonymen Plakat, quasi über Nacht, möglicherweise 100 000 oder mehr Juden samt Hab und Gut unter Benützung eines Schimpfwortes und der Androhung von Erschießungen um 8 Uhr morgens zum Eintreffen an einer Straßenecke aufforderte?

Wie hätte diese ›Botschaft‹ knapp nach dem Ende der sehr zerstörerischen Kampfhandlung die Juden in Kiew und der Umgebung erreichen sollen?

Wie gedachte man, mit diesem unorganisierten, riesigen Menschenstrom (z. B. keine Zeiteinteilung der Aufgerufenen nach dem Alphabet) fertig zu werden? Hat man bewußt ein Chaos auf den Straßen in Kauf genommen, etwas, was die Besatzer einer großen, mit Partisanen durchsetzten Stadt ja nicht gerade brauchen konnten?

Wie sind diese Menschenmengen samt den mitgebrachten Sachen an einer Straßenecke unterzubringen?

Wie druckt man in einer Stadt ohne Strom etwa 2 000 Plakate?

Wo und wie schlägt man die Plakate an, evtl. sein Leben durch Heckenschützen riskierend?

Wieso hat keiner der vielen deutschen Landser den Massenauftrieb, den kilometerlangen Exodus oder die Plakate (die er ja lesen konnte!) bemerkt und zur gegebenen Zeit, zumindest den Seinen, davon erzählt?

Warum hat keiner der ausländischen Korrespondenten, denen die deutschen ›Mörderbanden‹ gestatteten, das eroberte und brennende Kiew zu besichtigen, eines der angeblich 2 000 Plakate gesehen oder wenigstens davon gehört?

Hat man in einer gerade eroberten, aber immer noch sehr gefährlichen Stadt nichts anderes zu tun, als zusätzliche Probleme gigantischen Ausmaßes zu schaffen, die nicht brandeilig gelöst werden müssen?

Wiehn[6] und andere scheinen nicht bemerkt zu haben, daß es recht unterschiedliche Versionen des Plakats gab. Nach Reitlinger (S. 137) binnen drei Tagen zur Umsiedlung. Laut L. Ozerow (S. 143) in ukrainischer und russischer Sprache um 7 Uhr. Der Erzstalinist I. Ehrenburg behauptet (S. 167) um 7 Uhr, und auch seine Straßennamen sind falsch. Auch A. Kusnezow (S. 195) (Plakatquelle[55]) hat keine Ahnung, wie die Straßen richtig heißen, nennt weder den ukrainischen noch den deutschen Text. Gemäß Ereignismeldung Nr. 128 vom 3. 11. 41 durch »Maueranschlag« zur Umsiedlung aufgefordert (S. 477). Das im Deutschen recht ungewöhnliche Wort ›Maueranschlag‹ scheint für Russen der gängige deutsche Ausdruck zu sein.[56]

15. Am 6. 10. 1991 sagte ein orthodoxer Jude mittleren Alters dem Ukrainischen Fernsehen in Kiew bei einer nächtlichen Gedenkfeier in Babi Jar:[57]

    »150 000 Juden wurden in zwei Tagen von den Deutschen unter aktiver Teilnahme einer Minorität der Ukrainer von Kiew und der passiven Mitwirkung einer Mehrheit massakriert.«

    Woher hat er seine 150 000 Ermordeten?
16. Vladimir Posner, ein in den USA geborener jüdischer NKWD-Kollaborateur, behauptete, daß 200 000 ermordet wurden.[58] Beweise?
17. Vitaly Korotych, ein ukrainischer NKWD-KGB Mitarbeiter, behauptete am 23. April 1990, daß es in Babi Jar 300 000 Opfer gegeben habe.[59] Wie kam Korotych auf diese Zahl?
18. Am 5. September 1991 veröffentlichte *The Washington Times* die Behauptung von Genadi Udowenko, dem Botschafter der Ukraine in den USA, wonach während der ersten Woche des schrecklichen Massakers von Babi Jar 50 000 »Juden«, die meisten davon Kinder, abgeschlachtet wurden.[60] Hatte er dies von I. M. Levitas, dem Vorsitzenden der Gesellschaft für jüdische Kultur in Kiew, der dies in einem Interview der Zeitung *Abendliches Kiew* gegenüber behauptet hatte (siehe Wiehn, Anm. 6, S. 114 f.). Demnach hätten die jüdischen Rabeneltern mehr als 25 000 Kinder schmählich zurückgelassen, als sie von den Sowjets evakuiert wurden. Das wird durch jüdische und sowjetische Veröffentlichungen widerlegt[23,40–44], welche die Evakuierung der Familien unterstreichen, um der Moral keinen Abbruch zu tun.
19. Die Schriftstellerin und Dichterin Dokia Humenna aus Kiew, welche die gesamte Besatzungszeit in Kiew miterlebt hatte, erwähnt in ihrem Buch in einem Halbsatz das Massaker von Babi Jar als Gerücht und als behauptete Mordmethoden Erschießen mit Maschinengewehren, Elektroschock, Handgranaten und Eingraben der verwundeten Juden bei lebendigem Leibe.[61]

    Wieso ist dieser Zeitzeugin Babi Jar nur einen Halbsatz wert? Wieso ist es für sie ein Gerücht? Woher stammen die neuen Mordmethoden Elektroschock und Handgranaten?
20. In der *Großen Sowjetischen Enzyklopaedie* von 1950 sucht man vergebens nach unter Babi Jar.[62] Die Ausgabe von 1970 nennt 50 000 bis 70 000 Opfer.[63]

    Nimmt es nicht Wunder, daß die gewaltige Enzyklopädie von 1950 Babi Jar vergessen hat, obwohl Smirnow und Mitarbeiter wenige Jahre zuvor in Nürnberg die schauerlichsten Dinge zu Protokoll gegeben hatten?

---

55. Zentrales Staatliches Archiv der Oktoberrevolution, Verzeichnis 65. Ed. Chr. 5., Moskau.
56. Deutsch-russisches Wörterbuch, Sowjetische Enzyklopädie, Moskau 1971, S. 577.
57. Ukrainisches Fernsehen, Kiew, 6. Oktober 1991.
58. V. Posner, H. Keyssar, *Remembering War: a US-Sovjet Dialogue,* Oxford University Press, New York 1990, S. 206.
59. V. Korotych, *Lecture in Toronto, Canada, at the Canadian Institute of Internal Affairs,* April 23, 1990.
60. R. Grenier, »Infectious Nationalism«, *The Washington Times* (from New York), September 5, 1991, S. G4.
61. D. Humenna, *Kreshchaty Yar,* Association of Ukrainian Authors and Journalists, New York, 1956, S. 195.
62. *Bolschaja Sowjetskaja Enzyklopedia,* Moskau 1950, Vol. 4, S. 1.
63. *Bolschaja Sowjetskaja Enzyklopedia,* Moskau 1970, Vol. 2, S. 501.

21. Auch die Ausgaben der Ukrainischen Enzyklopädien von 1955 und 1971 kennen Babi Jar nicht.[64,65]
22. Folgende bedeutenden Enzyklopädien nennen (kennen) Babi Jar nicht:[66–71]
    - *Grand Larousse Encyclopédique,* Paris, 1960
    - *Brockhaus,* 1967
    - *Enciclopedia Europea,* Rom, 1976
    - *Enciclopedia Universal Nautea,* Madrid, 1977
    - *Encyclopaedia Britannica,* Ausgaben 1945 bis 1984
    - *Academic American Encyclopedia,* 1991

    Die (neueste) *Brockhaus Enzyklopädie* von 1987 weiß bereits etwas.[72] Nach ihr wurden in einer Schlucht im Norden Kiews von Angehörigen eines deutschen Polizeibataillons mehr als 30 000 Juden ermordet. Das Gedicht Jewtuschenkos und die 13. Sinfonie von Schostakowitsch werden zitiert, man sucht vergebens nach besseren Angaben.

    Die neue Erkenntnis in der jüngsten Brockhaus Enzyklopädie resultiert wahrscheinlich aus dem Zusammengehen mit *Meyers Enzyklopädischem Lexikon.*[73] Dort findet man analoge Angaben und den dokumentarischen Roman von A. W. Kusnezow. Die angegebene Himmelsrichtung ist in beiden Enzyklopädien falsch.
23. Der Jude J. G. Burg (eigentlich Ginzburg), der mit seiner Familie die Deportation im Osten miterlebt hat, berichtet in seinem Buch,[74] daß nach dem Rückzug der Roten Armee im Raum von Czernowitz mörderische Pogrome der einheimischen Bevölkerung gegen die Juden stattfanden, denen erst das harte Eingreifen deutscher und verbündeter Truppen ein Ende setzte.

    Warum fehlen bei Burg Hinweise auf derartige deutsche Massenmorde?
24. Und zum Schluß: Die Bundestagspräsidentin Frau Prof. Dr. Rita Süßmuth klagte bei der Gedenkzeremonie im Oktober 1991 in Babi Jar die Deutschen des Mordes an. Im Wortlaut:

    > *»Hier wurden vor 50 Jahren im Laufe von 2 Tagen 33 771 Juden ermordet, in den folgenden 2 Jahren mindestens noch einmal so viele, ihnen folgten unzählige andere Menschen. Am Ende der deutschen Besetzung der Ukraine war die Schlucht ein Massengrab geworden.«*

    Woher hat sie ihre Zahlen? Gilt für diese Akademikerin die wissenschaftliche Maxime ›De omnibus dubitandum est‹ etwa nicht? Wie viele sind für die Professorin die »unzähligen« Menschen? Hat die Bundestagspräsidentin keinen Amtseid geleistet?

6. Grundsätzliche Fragen

6.1. Zur Zahl der Opfer

Die ›genaue‹ Angabe von 33 771 ermordeten Juden stammt aus der Ereignismeldung 106 vom 7. Oktober 1941[2]. Es soll hier nur kurz dargelegt werden, warum allein die in Em 106 genannte Zahlen beweisen, daß man es hier mit plumpen Fälschungen zu tun hat. Andere Fälschungsbeweise hat u. a. Walendy geliefert.[19]

---

64. *Encyclopedia of Ukraine,* Shevchenko Scientific Society, Paris–New York 1955, Vol. II, S. 5–33.
65. *Ukraine a Concise Encyclopedia,* Ukrainian National Association, University of Toronto Press 1971, Vol II, S. 1271.
66. *Grand Larousse Encyclopédique,* Librairie Larousse, Paris–New York 1960, Vol. 1, S. 817.
67. *Brockhaus Encyklopädie,* Wiesbaden 1967, Band. 2 u. Nachtr. Band. 22.
68. *Enciclopedia Europea,* Garzanti, Rom 1976, Vol. 1, S. 934.
69. *Enciclopedia Universal Nautea,* Ediciones Nauta, Madrid 1977, S. 192.
70. *Encyclopaedia Britannica,* Chicago, Ausgaben 1945 bis 1984.
71. *Academic American Encyclopedia,* Grolier Inc., Danburry 1991, USA., Vol. 3, S. 7.
72. *Brockhaus Enzyklopädie,* Mannheim 1987, Band. 2, S. 446.
73. *Meyers Enzyklopädisches Lexikon,* Bibliogr. Inst. Mannheim 1971, Band. 3, S. 274.
74. J. G. Burg, *Schuld und Schicksal,* Schütz, Preuß. Oldendorf ²1990, S. 50.

Es muß davon ausgegangen werden, daß die Judenvernichtung von Fachleuten geleitet wurde. Wiehn[6] hebt hervor, daß die Einsatzkommandos von Intellektuellen angeführt wurden (S.17). Unverzeihlich für Fachleute ist aber die Nennung einer Zahl von etwa 300 000 Juden in Kiew, noch dazu zweieinhalb Wochen nach dessen Besetzung, als ein relativ verläßliches Bild vorliegen mußte.
Es wohnten 1928/31 in Kiew 140 256 Juden.[75] Es war bekannt, daß die jüdische Bevölkerung der Ukraine vor dem Zweiten Weltkrieg durch Abwanderungen in den weniger antisemitischen Norden und Osten der UdSSR um etwa ein Drittel zurückgegangen war (vgl. 76), was für Kiew durch die Verstädterung der Juden abgeschwächt wurde. Schließlich war bekannt, daß die Bevölkerung Kiews durch die Evakuierungen von etwa 850 000 bis 930 000 Personen auf ungefähr 305 000 geschrumpft war.[77,78] Wenn also um den 7. 10. 1941 noch 300 000 Juden in Kiew waren, dann müßten diese ›Fachleute‹ bei ihren ›Recherchen‹ praktisch nur über Juden gestolpert sein – und das wäre wohl Blinden und/oder den Dümmsten aufgefallen.
Die in Em 106 zitierte »nichtjüdische Bevölkerung Kiews«, die von den deutschen Behörden wegen der Brandlegungen durch die Juden Vergeltungsmaßnahmen erwartete, hätte also aus Geistern bestehen müssen. Auch die *Encyclopedia of the Holocaust*[4] würde dann Gespenster beschworen haben, wenn sie von nichtjüdischen Bevölkerungsteilen Kiews schrieb, welche den Juden unterzutauchen halfen oder waschkörbeweise denunzierende Briefe schrieben.
Aus den Quellen[23,40–44] läßt sich ermitteln, daß beim Eintreffen der deutschen Truppen nur noch weniger als 40 000 Juden, ganz überwiegend die Alten, in Kiew verweilten.
Laut Reitlinger (aaO. Anm. 31, S. 500) waren Anfang 1946, als die große Rückwanderung der Deportierten und Evakuierten aus Sibirien gerade erst begonnen hatte, schon wieder 100 000 Juden in Kiew. 1959 waren es 154 000[23] (engl. Original, S. 119). In Wiehn (aaO., Anm. 6, S. 112) steht, daß 1959 15 Prozent der Einwohner Kiews, also etwa 166 500 Jiddisch als ihre Muttersprache angaben. Dazu kommt eine signifikante Dunkelziffer, denn die sowjetische Volkszählung überprüfte Angaben zur Religion oder völkischen Zugehörigkeit nicht, und viele russische Juden zogen und ziehen es noch vor, ihre Zugehörigkeit zu verschweigen. Des weiteren schieden viele durch Mischehen aus der fraglichen Gruppe aus. Man kann also guten Gewissens davon ausgehen, daß 1959 in Kiew mindestens so viele Juden lebten wie 1939. Schließlich ist nicht abzustreiten, daß nicht nur sehr viele Juden in den Lagern Sibiriens starben, sondern auch die Geburtenrate deutlich unter der normalen lag.
Was täte ein unvoreingenommenes Gericht, wenn die Zahlen der Ermordeten derart divergieren?

6.2. Zum Zeitpunkt des Mordes

Laut *Brockhaus*[79] wurde der »Befehl zur Endlösung der Judenfrage« am 31. 7. 1941 erlassen (Nürnberger Prozeß, Dokument NG 2586e) und gelegentlich der »Wannseekonferenz« (20. 1. 1942) bekanntgegeben.[80]
Ganz abgesehen davon, daß Historiker und andere Interessierte bisher ergebnislos nach dem Befehl zur Massenvernichtung suchen, ist es mehr als sonderbar, daß man in Babi Jar viele Zehntausende abschlachtet, ehe der Befehl bekanntgegeben wurde. Sehen wir uns deshalb das besagte ›Protokoll‹ hierzu etwas näher an.
Im Brief des Chefs der Sicherheitspolizei und des SD (Heydrich) vom 26. Januar 1942 an den Unterstaatssekretär Luther im Auswärtigen Amt wird festgehalten:

75. *Brockhaus Enzyklopädie,* aaO. (Anm. 67), 1970, Band 9, S. 516.
76. W. N. Sanning, aaO. (Anm. 23), S. 48 dt. Fassung.
77. Ebenda, Tabelle 6, S. 89.
78. Zentralblatt des Reichskommissars für die Ukraine, Rowno, 2. Jahrgang Nr. 2, 9. Januar 1943, S. 8-20.
79. *Brockhaus Enzyklopädie,* aaO. (Anm. 67), 1970, Band 9, S. 514.
80. Vgl. dazu den Beitrag von J.P. Ney im Buch.

> *»Da nunmehr erfreulicherweise die Grundlinie hinsichtlich der praktischen Endlösung der Judenfrage festgelegt ist und seitens der hieran beteiligten Stellen völlige Übereinstimmung herrscht, darf ich Sie bitten,*[. . .]*«*

Und weiter unten:

> *»Ihren Sachbearbeiter zwecks Fertigstellung der vom Reichsmarschall gewünschten Vorlage, in der die organisatorischen, technischen und materiellen Voraussetzungen zur praktischen Inangriffnahme der Lösungsarbeiten aufgezeigt werden sollen, zu den hierfür notwendigen Detailbesprechungen abzustellen. Die erste Besprechung dieser Art beabsichtige ich am 6. März 1942* [. . .] *abhalten zu lassen.«*

Also wurde erst ab etwa Mitte März 1942 begonnen, über die ganzen organisatorischen, technischen und materiellen Voraussetzungen für eine praktische Inangriffnahme der Lösungsfrage nachzudenken. Heydrich teilte seine Bestellung zum Beauftragten für die Vorbereitung der Endlösung mit. Dies bestätigt die oben schon gebrachten Argumente weiter.

Es soll Klarkeit in grundsätzlichen Fragen geschaffen werden. Von der Klärung grundsätzlicher Fragen bis zu Detailplänen ist noch ein großer Schritt, ein weiterer bis zur Anwendung der Detailpläne.

In seinem Rückblick erwähnt Heydrich: »Zurückdrängung, Beschleunigung der Auswanderung« und: »Das Aufgabenziel war, auf legale Weise den deutschen Lebensraum von Juden zu säubern.

Anstelle der Auswanderungen ist nunmehr als weitere Lösungsmöglichkeit *nach entsprechender vorheriger Genehmigung* durch den Führer *die Evakuierung der Juden* nach dem Osten getreten.« (Hervorhebung vom Verfasser.)

Wie wahrscheinlich sind Massenmorde, Monate vor der vorherigen Genehmigung ihrer Evakuierung?

Es geht bei der Evakuierung auch um die Sammlung von Erfahrungen im »Hinblick auf die kommende Endlösung der Judenfrage«. Damals gab es also noch kein Konzept.

Zur Behandlung der Endlösung (in diesem Stadium nach dem Dokument = Evakuierung und Arbeitseinsatz) wird der Vorschlag der Besprechung zwischen Sachbearbeitern des AA und der SP und des SD gemacht. Also auch hier noch nichts Definitives.

Daraus resultiert eine brennende Frage. Auf wessen Befehl geschahen die »33 771 Morde« am 29. und 30. September 1941, vier Monate vor der ›Wannsee-Konferenz‹ und gut fünf Monate, ehe das ›Wannsee-Protokoll‹ bei den Teilnehmern eintrudelte? Massenmord ohne Rückendeckung von oben ist doch wohl alles andere als wahrscheinlich? Um so mehr, als sogar später, also nach der ›Wannsee-Konferenz‹, eine ganze Reihe von KZ-Kommandeuren wegen Grausamkeiten und Unregelmäßigkeiten verurteilt, einige sogar hingerichtet wurden.[81] Wann fanden die Morde also wirklich statt?

6.3. Zum Tatort

Wo liegt der Tatort? Im Friedhof, am Friedhof, im Wald und wenn, in welchem, am Rande der Schlucht, in der Schlucht und in welcher übrigens, in einer Ziegelei, in Kiew, in Gaswagen, vielleicht gar im Dnjepr?

6.4. Zu den Mordwerkzeugen

Was bieten die besprochenen Quellen an Mordwerkzeugen an? Maschinengewehre, Maschinenpistolen, automatische Gewehre, Gewehrkolben, Keulen, Felsen, Panzer, Minen, Handgranaten, Gaswagen, Bajonette und Messer, lebendiges Begraben, Ersäufen, Injektionen, Elektroschocks. Haben die Deutschen die sowjetische Genickschußmethode verwendet?

Was täte ein unvoreingenommenes Gericht, das über einen angeblichen Massenmörder zu befinden hätte, wenn sich die Zeugen derart uneinig wären?

---

81. K. Koch (Buchenwald) und H. Florstädt (Majdanek); vgl. A. Rückerl, aaO. (Anm. 33), S. 126 f.

6.5. Logistische und organisatorische Fragen

Um 33 771 Menschen oder auch weit mehr in zwei Tagen zu erschießen und dann alle Spuren zu beseitigen (was bei den heute zur Verfügung stehenden Untersuchungsmethoden unmöglich ist!), bedarf es einer ausgefeilten Organisation und Logistik. Einige Aspekte wurden im Zusammenhang mit Fragen behandelt, wobei wir es aus Platzgründen bewenden lassen müssen.
Es soll aber darauf hingewiesen werden, daß diese Probleme unter extremen Bedingungen nicht zu bewältigen waren, gleich nach der Einnahme von Kiew, mit Bränden, Sprengungen und Partisanen im Rücken und den weiterlaufenden Kämpfen an der Front mit ihrem Menschen- und Materialbedarf, beziehungsweise im Herbst 1943, angesichts der anrückenden tödlichen Front der Sowjetarmee.

6.6. Spurensicherung

Warum hat man nie versucht, alle Spuren sicherzustellen, um die Morde zu beweisen?
Die deutsche Polizei versicherte vor einiger Zeit nach einem Polizisten-Doppelmord, man werde, wenn nötig, den ganzen Truppenübungsplatz Sennelager umgraben, um die Ermordeten zu finden?
Als es nach der Aktion in Bad Kleinen 1993 Schwierigkeiten gab, trat ein Minister zurück, ein sehr hoher Beamter mußte seinen Hut nehmen, man siebte quasi den ganzen Bahnkörper durch, beauftragte Institute – auch im Ausland – mit der Untersuchung, vernahm die involvierte Spezialeinheit, verglich die Befunde mit den Aussagen, tat also praktisch alles, um jeden Zweifel auszuräumen.
Im Fall Babi Jar vertraut man blindlings Zeugen und Behauptungen – noch dazu aus der Glanzzeit Stalins! –, obwohl sich diese widersprechen und die dümmsten Unmöglichkeiten behaupten.
Wieso macht man hier keinen Finger krumm, um Leichen und Leichenreste, Rückstände, Mordwerkzeuge usw. sicherzustellen, obwohl es um unzählige Ermordete geht? Entspricht das Verhalten der Verantwortlichen den geltenden internationalen juristischen Regeln?
Die Fragen, die ein hochrangiges, internationales und unbestechliches Gremium von Sachverständigen zur Erstellung eines kriminalwissenschaftlichen Gutachtens zu untersuchen hätte, müssen nicht spezifiziert werden!
Aber auch die belastenden Dokumente müssen sehr kritisch geprüft werden, allein schon deswegen, weil auch sie durch die Luftaufnahmen in Frage gestellt werden.[13] Der ›Gerstein-Bericht‹,[82] auch der Prozeß gegen Iwan Demjanjuk in Jerusalem[83] zeigten wiederum, daß die Verfechter einer bestimmten ›Lehrmeinung‹ vor grotesken Fälschungen nicht zurückschrecken, und das viele Jahrzehnte nach Kriegsende. Einige Beispiele hierzu:
Trotz eines eindeutigen internationalen Gutachtens nach dem Fund der Massengräber von Katyn bemühte sich die von Ilja Ehrenburg und Vasily Grossman fabrizierte Greuelpropaganda nicht nur während des Nürnberger Prozesses, sondern bis vor wenigen Jahren, die stalinistischen Massenmorde den Deutschen in die Schuhe zu schieben.[84] Hier sind nicht nur Katyn und Babi Jar, sondern auch Lwow, Kharkiv (Charkow), Bykivnia, Bielhorodka, Darnitza und Winniza zu nennen. Sie repräsentieren viele hunderttausend Opfer, auch aus der Liquidations-Ära des Lasar Moisejewitsch Kaganowitsch.[85] Nur im Fall von Katyn haben die Sowjets bisher ihre Täterschaft eingeräumt!

82. H. Roques, *Faut-il fusiller Henri Roques?,* Ogmios Diffusion, Paris 1986; vgl. den Beitrag von F. P.Berg im Buch.
83. Vgl. den Beitrag von A. Neumaier im Buch.
84. Vgl. dazu F. Kadell, *Die Katyn-Lüge,* Herbig, München 1991.
85. *Brockhaus Enzyklopädie,* aaO. (Anm. 67), 1970, Band 9, S. 602; und R. Conquest, *The Harvest of Sorrow,* Oxford University Press, Oxford–New York, 1986, S. 328.

6.7. Babi Jar: Vom Massenmordort zur Müllkippe

Nach Kriegsende machten die Sowjets aus der Schlucht von Babi Jar eine städtische Müllkippe und später eine Verbrennungsstätte für Müll.[86]
Ebensowenig ist zu verstehen, daß die Sowjets den Platz unbeschreiblicher Verbrechen mit einer Sportanlage überbauen wollten.[87,88]
Enthält die im Westen nach den Erkenntnissen des Verfassers nie publizierte Zurechtweisung Jewtuschenkos durch Chruschtschow in kargen Worten die nackte Wahrheit?

Was ist an Babi Jar eigentlich offenkundig?

86. *Semit – Das deutsch-jüdische Meinungs- + Zeitungsmagazin*, Dreieich, 1991, Nr. 4, S. 68.
87. *Neue Zürcher Zeitung,* Zürich 20. 1. 1963, S. 6.
88. V. Nekrasow, *Literaturnaja Gazeta,* Moskau 10. 10. 1959

Ernst Gauss

»Holzschutz durch Blausäure-Begasung Blaufärbung von Kalkzement-Innenputz

Holz kann nicht nur mit wässrigen und öligen Systemen geschützt werden, seit langem wird Holz auch mit Giftstoffen wie z.B. mit Blausäure begast.
Blausäure ist eine schwache Säure, die durch feuchten, stark alkalischen Putz durch Neutralisation gebunden wird: es entsteht Calciumcyanid. Das sehr reaktionsfähige Cyanidion bildet mit Eisenionen u.a. das Komplexsalz Berliner Blau. Dadurch verfärbte sich im hier beschriebenen Schadensfall der stark eisenhaltige Putz blau.

Sachverhalt

Vor etwa drei Jahren wurde eine Kirche mittlerer Größe umfassend restauriert. Neben der Trockenlegung des Mauerwerkes und einer Salzsanierung wurde auch eine Begasung mit Blausäure (System Zyklon B) durchgeführt. Dadurch sollten die von verschiedenen Holzschädlingen befallenen Bauteile der Emporen und das Chorgestühl behandelt werden. Es sei vermerkt, daß sich ein vorbeugender Schutz mit diesem Verfahren nicht erzielen läßt. Es dient ausschließlich der Bekämpfung von Schädlingen.
Bei solchen Begasungen werden gasförmige Giftstoffe im Raum verteilt. Man läßt sie eine entsprechende Zeit einwirken und anschließend werden die Gifte durch Belüftung an die Außenwelt abgegeben. Wichtig ist natürlich, daß eine möglichst gute Abdichtung des Objektes vorgenommen wird.
Im vorliegenden Fall erfolgte die Begasung nach der Trockenlegung der Außenmauern des Bauwerks mit einer elektroosmotischen Anlage und nach einer Putzsanierung im Inneren. Wichtig ist in diesem Zusammenhang der Hinweis, daß für die Putzsanierung ein porenhydrophober Putz mit dämmenden Eigenschaften eingesetzt wurde: Solche Sanierputze sind Putze mit möglichst geringer kapillarer Wasseraufnahme und möglichst hoher Wasserdampfdurchlässigkeit; als Grenzwerte können angegeben werden $A \leq 0{,}3\ kg/m^2h^{0,5}$ und $s_d \leq 2$ m. Der Putz enthielt als Füllstoff Perlite und hatte, wie spätere Analysen zeigten, einen relativ hohen Eisengehalt. Der Eisengehalt lag im Mittel über 1 Gew.%. Der Putz war gebunden mit Kalk und Zement und war demzufolge stark alkalisch.
Der Zeitraum zwischen Neuverputz und Begasung betrug einige Wochen. Die Begasung wurde von einem Fachbetrieb durchgeführt, der bereits an mehreren hundert Objekten mit Erfolg tätig geworden ist. Es traten auch im vorliegenden Falle zunächst keinerlei Probleme auf. Nach der Begasung wurden die weiteren Arbeiten ohne Schwierigkeiten durchgeführt. Sie bestanden hauptsächlich in der farblichen Fassung verschiedener kunsthistorisch wertvoller Teile des Innenraums sowie im Aufbringen eines neuen Farbanstriches auf den Putzflächen. Als Farbanstrich wurde eine reine Sumpfkalkfarbe verwendet.
Einige Monate nach der Übergabe des Bauwerkes traten – zunächst wenig beachtet – an einzelnen Stellen im neu verputzten Bereich kleine tintenblau Flecken auf. Man glaubte zunächst, diese seien auf Verunreinigungen mit Tinte oder ähnlichem zurückzuführen. Die Flecken vergrößerten sich und in einzelnen Bereichen des Objektes traten Verfärbungen auf bis zu einer Größe von etwa einem Quadratmeter. Man stand dem Problem ratlos gegenüber. Die zu Hilfe gerufenen Spezialisten der einschlägigen Firmen konnten sich diesen Effekt nicht erklären, ähnliches war auch in der Literatur nicht beschrieben.

Ursachen

Die Ursachen der Blaufärbung konnten erst durch eine chemische Untersuchung des Putzes geklärt werden. Diese Untersuchungen bestätigten die zunächst vorhandene Vermutunng, daß sich das sogenannte Berliner Blau gebildet hatte.
Blausäure (HCN) ist chemisch gesehen eine sehr schwache Säure. Sie wird von feuchtem, stark alkalischem Mauerwerk durch Neutralisation gebunden. Es entsteht dabei z.B. das Calciumcyanid ($Ca(CN)_2$):

$$2\ HCN + Ca(OH)_2 \Rightarrow Ca(CN)_2 + 2\ H_2O$$

Das Cyanidion ist ein sehr reaktionsfähiges Ion, das mit Metallen sehr stabile Komplexsalze bildet. Die bekanntesten Komplexsalze sind das sogenannte gelbe und rote Blutlaugensalz. Diese Verbindungen entstehen, wenn Eisenionen mit Cyanid zusammenkommen: Mit dem Eisen(II)ion bildet sich das gelbe Blutlaugensalz und mit dem Eisen(III)ion das rote Blutlaugensalz:

$$6\ CN- + Fe^{2+} \Rightarrow (Fe(CN)_6)^{4-}$$
$$6\ CN- + Fe^{3+} \Rightarrow (Fe(CN)_6)^{3-}$$

Mit überschüssigen Eisen(II)- bzw. Eisen(III)ionen reagieren nun das gelbe bzw. das rote Blutlaugensalz unter Bildung blauer Komplexe, die in der Literatur als Berliner bzw. Turnbulls Blau beschrieben werden.

$$(Fe(CN)_6)^{4-} + Fe^{3+} \Rightarrow (Fe^{II}Fe^{III}(CN)_6)^-$$
$$(Fe(CN)_6)^{3-} + Fe^{2+} \Rightarrow (Fe^{III}Fe^{II}(CN)_6)^-$$

Die Bildung dieser Komplexe war für die Verfärbung an der Putzoberfläche der Kirche ursächlich. Der endgültige Beweis dafür konnte leicht erbracht werden. Eine Besprühung noch nicht verfärbter Putzoberflächen mit einer Eisen(II)- bzw. Eisen(III)salzlösung erbrachte spontan die Blaufärbung, die sich sonst nur durch langsame Reaktion bildet.

Sanierung

Bis zur Sanierung der Schäden wurde zunächst eine Wartezeit von etwa zwei Jahren eingehalten, damit die Reaktion quantitativ möglichst abgelaufen war. Es zeigte sich dabei, daß sogar nach 1 1/2 Jahren noch an manchen Stellen Blaufärbungen neu auftraten. Die Sanierung selbst ist aufwendig, es muß der gesamte Putz, der neu aufgebracht worden ist, wieder entfernt werden. Diese Maßnahme ist um so bedauerlicher, da im Kircheninnenraum nun alle Holzverkleidungen auf der Empore sowie die Orgel entsprechend geschützt werden müssen, da sonst durch den entstehenden Staub Schäden nicht zu vermeiden wären.
Nach Abschlagen des vorhandenen Putzes wird ein neuer, möglichst eisenfreier Putz aufgebracht. Es kann dabei entweder ein Kalkmörtel oder ein sogenannter Sanierputz verwendet werden. Nach Erhärten des Putzes muß der gesamte Innenraum dem übrigen Bereich der Kirche entsprechend farblich gestaltet werden. Dies ist immer problematisch, da jede Farbe – auch eine Kalkfarbe – einer gewissen Alterung unterliegt und das Abmischen der Farbe bis zum vorhandenen Grundton Schwierigkeiten bereiten dürfte.
Abschließend kann davon ausgegangen werden, daß die Schäden beseitigt sind und daß keine neuen Verfärbungen mehr auftreten. Dies ist im Bereich des Altputzes, also im oberen Bereich der Kirche, sowieso nicht zu erwarten, da hier die für die Neutralisation der Blauäsure notwendige Alkalität nicht gegeben ist. Eine einfachere Sanierung, d. h. eine Umwandlung der blauen Flecken in farblose Verbindungen ist chemisch mit einfachen Mitteln nicht möglich.

Stellungnahme

Selbstverständlich können Begasungen, bei denen mit hochgiftigen Substanzen gearbeitet wird, nur von entsprechenden Fachbetrieben, die eine Ausbildung und Lizenz besitzen, durchgeführt werden. Während der Behandlungszeit werden die Objekte entsprechend bewacht, damit sie nicht von Unbefugten begangen werden. Auf diese Weise werden Unfälle vermieden. Es sind trotz der Giftigkeit der Substanzen bisher keine Unfälle bekanntgeworden. Auch Beeinträchtigungen der Bausubstanz sind bisher sehr selten. Erstmals 1974 haben Grosser und Roßmann über einen spektakulären Schadensfall berichtet.

Aber trotz der Seltenheit: Auch dieser Schadensbericht zeigt, wie problematisch es für den Architekten ist, mit Chemikalien im Bau zu arbeiten. Dabei müssen auch Putze und Farbanstriche chemisch gesehen werden, denn erst das Zusammenwirken von verschiedenen Faktoren, wie es an diesem Falle deutlich sichtbar wird, bringt letztlich den Schaden. Es wird empfohlen, daß bei ähnlichen Maßnahmen der Begasung in jedem Falle durch eine entsprechende bauchemische Untersuchung festgestellt wird, ob derartige Verfärbungen vorkommen können, wie sie hier aufgetreten sind. Dabei ist insbesondere auf die Alkalität und den Eisengehalt des Mauerwerkes bzw. des Putzes zu achten.

Helmut Weber

Literatur

Grosser, D., Roßmann, E.: *Blausäuregas als bekämpfendes Holzschutzmittel für Kunstobjekte. Holz als Roh- und Werkstoff.* Bd. 32 (1974), S. 108–114.«

Der obige Beitrag erschien auf den Seiten 120 f. von Band 4 der von Günter Zimmermann herausgegebenen Reihe *Bauschäden Sammlung. Sachverhalt – Ursache – Sanierung,* 1981 im Forum-Verlag zu Stuttgart verlegt.

Angesichts dieses markanten Beispiels dürfte jeder Einwand verstummen, in den Wänden der als Gaskammern bezeichneten Leichenkeller der Birkenauer Krematorien hätten sich aus chemischen Gründen keine langzeitstabilen Cyanidverbindungen bilden können und die in den Entlausungstrakten des Lagers auffindbaren großen Cyanidmengen, erkennbar durch die fleckig blaue Verfärbung des Putzes, müßten anderweitig erklärt werden.[1]

Bevor wir den in obigem Artikel beschriebenen Fall mit den Umständen in Auschwitz-Birkenau vergleichen, soll allerdings nicht unwidersprochen bleiben, es habe bei Blausäurebegasungen von Gebäuden niemals Unfälle gegeben. Wie bei jeder gewerblichen Tätigkeit kommt es auch hier zu gelegentlichen Unfällen.[2] Auch die pauschale Unterstellung, lediglich stark alkalische Putze würden Blausäure binden, stimmt nicht. Zwar ist eine hohe Basizität für eine rasche Aufnahme großer Mengen förderlich, jedoch können auch schwach basische Putze mit der Zeit beachtliche Mengen Blausäure binden. Interessant ist ein Vergleich zwischen dem hier beschriebenen Fall und den vermeintlichen Gaskammern in den Krematorien II und III (jeweils der Leichenkeller 1) des Lagers Birkenau einerseits und den Entlausungstrakten der Bauwerke 5a und 5b andererseits, wie sie im Beitrag von G. Rudolf und mir bereits eingehend beschrieben wurden:[3]

1. So z.B. J. Bailer in: Dokumentationszentrum des österreichischen Widerstandes, Bundesministerium für Unterricht und Kultur (Hg.), *Amoklauf gegen die Wirklichkeit,* Wien 1991, S. 47-52.
2. Ein Fallbeispiel wird z.B. beschrieben von S. Moeschlin in *Klinik und Therapie der Vergiftung,* Thieme, Stuttgart 1986, S. 300f.
3. Bezüglich einer genaueren Charakterisierung vgl.bei R. Kammerer, A. Solms, *Das Rudolf Gutachten,* Cromwell, London 1993; jetzt 20, Madeira Place, Brighton/Sussex, BN2 1TN (GB).

EIGENSCHAFT	SANIERUNGSFALL KIRCHE	KREMATORIUM II/III LEICHENKELLER 1	ENTLAUSUNGSTRAKTE DER BW 5A/B
Eisengehalt	> 1 Gew.%	1–2 Gew.%	0,5–5 Gew.%
Basizität	hoch	hoch	niedrig bis hoch
Feuchtigkeit	mäßig	hoch	niedrig
Zeitraum zwischen Verputzung und Begasung	einige Wochen	einige Wochen	(?)
Anzahl d. Begasungen	einmalig	angeblich >400	wahrscheinlich > 400
Cyanidnachweis	deutlich	negativ	deutlich (0,1-1 Gew.%)

Die Eisengehalte der Putze in Birkenau wurden von Rudolf bestimmt.
Die Basizität des Putzes in den Leichenkellern der Krematorien wird ähnlich hoch wie in der oben beschriebenen Kirche gewesen sein, da es sich in beiden Fällen um Zementputze handelt, die über einen langen Zeitraum hinweg deutlich alkalisch sind. Der Putz der Entlausungstrakte ist seiner Konsistenz nach ein Kalkmörtel und war daher wahrscheinlich nur zu Beginn stark alkalisch.
Der Kirchenverputz wird trotz der in Kirchen in der Regel herrschenden niedrigen Temperaturen und dem damit normalerweise einhergehenden hohen Wassergehalt von Putzen aufgrund seiner hydrophoben (wasserabweisenden) Konsistenz nur mäßig feucht gewesen sein. Die Kellerwände der ungeheizten Leichenkeller 1 der Krematorien II und III von Birkenau dagegen wären insbesondere unter Annahme der Realität von Massenvergasungen (Kondensation der Körperausdünstungen an den kühlen Wänden) sehr feucht gewesen. Die oberirdisch gelegenen und mit Heizungen ausgestatteten Entlausungstrakte der Bauwerke 5a/b dagegen werden eher trockene Wände besessen haben.
Da die Krematorien II und III im Winter 1942/43 errichtet wurden und im Frühjahr 1943 sogleich als Massenvergasungseinrichtungen in Betrieb genommen worden sein sollen, wären hier zwischen der Vollendung und der ersten Begasung wie im Falle der Kirche lediglich einige Wochen vergangen. Der Zeitraum zwischen Vollendung der Entlausungstrakte und ihrer ersten Begasung ist unbekannt, dürfte aber wahrscheinlich auch nicht viel länger als einige Wochen betragen haben.
Der einzige wesentliche Unterschied zwischen den Birkenauer Leichenkellern und der begasten Kirche liegt also im wahrscheinlich höheren Feuchtigkeitsgehalt der Leichenkellermauern. Da die erhöhte Feuchtigkeit der Wände der Leichenkeller 1 in Birkenau ihre ohnehin schon große Tendenz zur Aufnahme von Blausäure noch weiter gesteigert hätte, müßte man in diesen Räumen mit einer noch stärkeren Tendenz zur Bildung langzeitstabiler Cyanidverbindungen rechnen als im oben beschriebenen Fall der einmaligen Begasung einer Kirche.
Will man die These von den Massenvergasungen in jenen Leichenkellern angesichts dieser Sachlage aufrechterhalten, so ist man in der Tat gezwungen, den Zeugenaussagen zuwider die Anzahl der Vergasungen zu minimieren, die Anwendungskonzentration stark zu reduzieren und die Anwendungszeit ins technisch absolut Unmögliche zu verkürzen – ganz abgesehen von der fehlenden Vorsehung zur Beschickung des Raumes mit dem Giftgaspräparat und ganz abgesehen von dem Paradoxon, mit dem uns die vermeintlichen Gaskammern von Majdanek konfrontieren, die in Wirklichkeit nie etwas anderes waren als simple Blausäureentlausungskammern (vgl. dazu den Beitrag von G. Rudolf und mir in diesem Band).

Zu guter Letzt

Ernst Gauss

»AKTENVERMERK vom 26. Juli 1994 **AV**

Betr.: KZ Mauthausen

1) *Anfang 1989 wurde mir folgende Nachricht zugespielt:*
›Betr.: KZ Mauthausen
Bezug: Artikel OÖ-Nachrichten vom 8.10.1988
Zwecks Wahrheitsfindung zugesandt:
Die Baufirma Peters u. Pascher, Linz (heute: Peters C. Baugesellschaft m.b.H., 4020 Linz, Südtirolstr. 28, Tel. 0732/57-4-01) hat nach dem Kriege die Gaskammern im KZ Mauthausen eingebaut‹
2) *Ich habe im Frühling 1989 bei dieser Baufirma vorgesprochen. Nach großem Zögern erhielt ich die (anonyme) Auskunft, daß die Akten von der Staatspolizei ›sichergestellt‹ wurden.*
3) *Herr Dr. Dr. Fischer vom Bundesministerium für Inneres – Archiv Mauthausen – verweigerte mir nicht nur jede Auskunft, sondern auch die Einsichtnahme in das Mauthausen-Archiv.*
4) *Die Bevölkerung von Mauthausen redet nicht gerne über das KZ. Bei meinen Erhebungen mußte ich feststellen, daß sofort die Gendarmerie verständigt wurde. Beim ersten Mal wurde mein Auto genau überprüft, und ich wurde einem Alkohol-Test unterzogen. Meine Daten wurden aufgenommen.*
Beim zweiten Mal wurde mir amtlich mitgeteilt, daß ich verschwinden sollte, sonst passiere etwas. Bei meinen weiteren Erhebungen hat mich die Gendarmerie nicht mehr gefunden. Wenn ich ins KZ komme, wird vom Personal sofort die Gendarmerie verständigt.
5) *Die Firma Peters & Pascher hat beim KZ-Umbau ein Baustellen-Telefon gehabt und soll sogar im Telefonbuch eingetragen gewesen sein. Allerdings konnte mir mein Informant nicht das Jahr angeben.*
6) *In der Postdirektion Linz hat es angeblich keine alten Telefonbücher mehr gegeben.*
7) *Aus diesem Grunde habe ich durch Gutachten den Fall geklärt. Der nachträgliche Einbau der Gaskammer ist aus folgenden Dokumenten ersichtlich/nachweisbar:*

- *Russischer Lageplan von Valentin Sacharow, Aufstand in Mauthausen, Verlag Volk und Welt, Berlin 1961. [...]*
- *Bestandsplan des ehem. KZ-Lagers Mauthausen, Amt der oberösterreichischen Landesregierung vom 4.2.1949 (schlecht leserlich).*
- *Im Mai 1970 wurde das renovierte KZ der Öffentlichkeit übergeben. Die jetzt gezeigte Gaskammer (vorher hat sie anders ausgesehen und hatte einen anderen Standort! [...]) muß daher von der Baufirma Peters & Pascher vor dem Mai 1970 gebaut worden sein.*
- *Zeugenvernehmung vom 07.11.1988, Bezirksgericht Salzburg, Az. 32 Hs 577/88 (Der Zeuge ersucht um Nichtveröffentlichung seines Namens).*
- *Auch ich kann als Zeuge die Verlegung und den Umbau der Gaskammer bestätigen.*

gez. Ing. Emil Lachout, Max Mauermann-G. 2571, A-1100 Wien«

Wäre es nicht eine offizielle Untersuchung wert herauszufinden, ob in Mauthausen tatsächlich der volkspädagogisch erwünschten Wahrheit mit Fälschungen auf die Sprünge geholfen wurde? Oder befürchtet man, daß das Ergebnis einer solchen Untersuchung weitere Zweifel an der Wahrhaftigkeit bestimmter Darstellungen aufkommen läßt? Oder gilt etwa immer noch, was der polnische Publizist Ernest Skalski bezüglich der ersten großen Veränderung der Opferzahlen des KZ Auschwitz 1990 ausführte:[1]

»Der Irrtum, obwohl vor langer Zeit von anderen begangen, bleibt tendenziös. Und es war ›unser‹ Irrtum, wenn mit ›uns‹ Gegner von Faschismus und Rassismus gemeint ist [. . .]
Ich gebe zu, daß man manchmal die Wahrheit verheimlichen – also lügen – muß, zuweilen sogar aus erhabenen Motiven, etwa aus Mitleid oder aus Feingefühl. Doch immer lohnt es sich zu wissen, warum man das tut, was die jeweiligen Abweichungen von der Wahrheit bringt [. . .]
Wenn auch die Wahrheit nicht immer das Gute ist, so ist viel öfter die Lüge das Böse [. . .]«

Muß nicht das Eingeständnis, daß aus volkspädagogischen Gründen die Geschichtslüge in linken Kreisen als wertvoll und angemessen eingestuft wird, skeptisch machen? Mit welchem Feuer hier gespielt wird, hat Patrick Bahners im Zusammenhang mit dem Urteil gegen den Bundesvorsitzenden der NPD, Günter Deckert, verdeutlicht, als er ausführte:[2]

»Wenn Deckerts [revisionistische] ›Auffassung zum Holocaust‹ richtig wäre, wäre die Bundesrepublik auf eine Lüge gegründet. Jede Präsidentenrede, jede Schweigeminute, jedes Geschichtsbuch wäre gelogen. Indem er den Judenmord leugnet, bestreitet er der Bundesrepublik ihre Legitimität.«

Wer die Legitimität der Bundesrepublik Deutschland von der Richtigkeit oder Falschheit der Geschichtsschreibung über ein Detail der Zeitgeschichte abhängig machen will (und dies tun in letzter Zeit fast alle großen Medien und viele Politiker), der hat nicht nur ein völlig falsches Verständnis von den Grundlagen dieser Republik, die sich eben nicht auf den Holocaust gründet, sondern auf die Zustimmung durch ihre Bürger und auf die unveräußerlichen Menschen- und Völkerrechte, sondern der begeht zugleich mehrere unverzeihliche Verbrechen: Zunächst gibt er den tatsächlichen Feinden dieser Republik eine einfache Handlungsanweisung, wie sie unseren Staat zerstören können. Sodann ist es an sich unverantwortlich und lächerlich zugleich, das Wohl und Wehe eines Staates von einem »geschichtlichen Detail« abhängig zu machen. Was soll denn dieser Staat machen, wenn sich tatsächlich herausstellt, daß die Revisionisten recht haben? Soll er sich dann selbst auflösen? Oder soll er die Geschichtswissenschaft verbieten und alle Historiker in die Gefängnisse werfen? Hier erkennt man sofort, auf welche schiefe Bahn man sich mit solch falschen Ansichten begibt: Derjenige, der vorgibt, diese Republik durch eine rücksichtslose Verteidigung der herkömmlichen Holocaustgeschichten schützen zu wollen, wird im Ernstfall gezwungen sein, die tatsächlichen Pfeiler dieses Staates zu untergraben, die da sind: freie Meinungsäußerung, Freiheit von Forschung, Lehre und Wissenschaft und die rechtsstaatliche, unabhängige Justiz. Er wird somit vom vorgeblichen Beschützer der freiheitlich demokratischen Grundordnung direkt zu ihrer größten Bedrohung.
Daß diese Bedrohung mehr als real ist, haben die Reaktionen auf das berühmt-berüchtigte Mannheimer Urteil gegen G. Deckert gezeigt. Einer der wichtigsten Grundsätze und Voraussetzungen eines Rechtsstaates, nämlich die Unabhängigkeit der Richter, wurde hier völlig außer Kraft gesetzt, indem zwei der drei Richter auf unabsehbare Zeit durch erzwungene Krankmeldung für ihr Urteil bestraft wurden. Vorgeworfen wurde ihnen nicht nur, daß sie Deckert zu milde bestraft hätten, sondern auch, daß sie die subjektive Tatseite Deckerts zu ausführlich und wohlwollend beurteilt hätten.[3] War diese von der liberalen Politik der letzten Jahrzehnte eingeführte ausführliche und wohlwollende Wertung der subjektiven Tatseite bisher durchaus erwünscht, wenn es um die Aburteilung gewöhnlicher Krimineller ging oder gar um linke politische Delikte (gewaltsame Demonstrationen gegen industrielle Bau-

1. *Der Spiegel*, Nr. 30/1990, S. 111.
2. Patrick Bahners, »Objektive Selbstzerstörung«, *Frankfurter Allgemeine Zeitung*, 15.8.1994, S. 21.
3. Vgl. die Tages- und Wochenpresse in den ersten zwei Augustwochen 1994.

vorhaben), so gilt sie plötzlich als Skandal, wenn sie einem Rechten zugute kommt. Man kann durchaus darüber streiten, ob die Übergewichtung der subjektiven Tatseite auf Kosten der Abschreckung in der modernen Justiz von Vorteil ist oder nicht. Was jedoch nachdenklich stimmt, ist der nunmehr für jedermann offenkundige Umstand, daß bei Prozessen gegen die Abstreiter gewisser Aspekte der NS-Judenverfolgung nicht nur der objektive Tatbestand, also z.B. die Frage, ob die Behauptungen des Angeklagten wahr oder falsch sind, durch die Offenkundigkeitsformel schon vor Prozeßbeginn feststeht. Darüber hinaus soll nunmehr auch der subjektive Tatbestand von vornherein feststehen, wenn es nach Meinung der Medien, Politiker und auch vieler Juristen geht. Ein Holocaust-Revisionist hat grundsätzlich keine guten Charaktereigenschaften zu haben, er hegt prinzipiell böse Absichten und ist daher ohne Gnade und Barmherzigkeit zu verurteilen, so der Grundtenor der Medienreaktionen. Damit sind die Prozesse gegen Holocaust-Bestreiter de facto nichts anderes als Schauprozesse, deren Urteile in Wahrheit schon im voraus feststehen.

Weiterhin sollte es an ein Wunder grenzen, wenn die Richter der Bundesrepublik Deutschland aus der Art, wie die Karriere ihrer Kollegen in Mannheim ein abruptes Ende fand, nicht gelernt haben, daß sie Revisionisten ohne Gnade abzuurteilen haben, wenn sie ihren eigenen Kopf behalten wollen. Die vor einem Jahr noch umstrittene Meinung von mir,[4] daß es bei Prozessen gegen Revisionisten für die Richter immer auch darum gehe, wessen Kopf rollt - der des Angeklagten oder der des Richters -, hat somit eine volle Bestätigung erhalten, ja wurde sogar noch übertroffen: Zur Rettung seines Kopfes reicht es nicht, wenn der Richter den Angeklagten verurteilt, nein, er muß ihn zusätzlich als Unmenschen entlarven und möglichst hart bestrafen.[5]

Die von M. Köhler in diesem Buch in seinem Beitrag festgestellte Parallele zwischen den mittelalterlichen Hexenprozessen und den heutigen Prozessen gegen vermeintliche damalige Täter und heutige Abstreiter hat sich damit mehr als bewahrheitet.

Aus der falschen Auffassung über die Grundlagen der freiheitlich demokratischen Grundordnung der Bundesrepublik Deutschland ergibt sich aber noch eine weitere Gefahr für diese Ordnung. Sie liegt in dem Umstand, daß die Anhänger dieser falschen Auffassung auch jene zu Staatsfeinden erklären, die diesem Staat und seinem Volk nichts Böses wollen oder ihm gar zu dienen bereit sind - nur weil sie über gewisse zeitgeschichtliche Aspekte andere Auffassungen hegen. Es werden mithin imaginäre Feinde geschaffen, die eigentlich gar keine sind. Man treibt loyale Staatsbürger durch die gegen sie laufende Hetze geradezu in eine Feindrolle hinein, schafft sich also erst den Feind, den man zu bekämpfen vorgibt. Dieser selbstgeschaffene Feind dient dann als Rechtfertigung, die in der Verfassung garantierten Grundrechte wie oben beschrieben zusehends einzuschränken. Dieses Abdrängen eigentlich gutwilliger Staatsbürger in eine ungewollte Feindrolle muß mit zunehmendem wissenschaftlichen Erfolg des Revisionismus zu gesellschaftlichen Polarisierungen führen, was dem inneren Frieden der Bundesrepublik Deutschland nicht bekommt.

Es ist daher an der Zeit, den sachlichen, wissenschaftlichen Dialog zu suchen und dem Holocaust lediglich jene Rolle als Mosaikstein eines Geschichtsbildes zuzuweisen, die ihm gebührt, um Schaden vom Ansehen unseres Staates zu wenden.

Erste Reaktionen auf dieses Buch

Im Frühjahr 1994 erhielten einige führende Persönlichkeiten und Institutionen Deutschlands von G. Rudolf ein vorläufiges Typoskript des vorliegenden Buches. Es wurde vor allem darum gebeten zu beurteilen, ob dieses Werk den Normen der Wissenschaft entspricht, wobei die vom Bundesverfassungsgericht aufgestellten Kriterien, wie sie in der Einleitung zu diesem Buch wiedergegeben sind, als

4. E. Gauss, *Vorlesungen über Zeitgeschichte,* Grabert, Tübingen 1993, S. 261.
5. Die Aufhebung der richterlichen Unabhängigkeit erkannte auch der Jurist Prof. Dr. Martin Kriele, »Ein Eingriff mit Präzedenzwirkung«, *Frankfurter Allgemeine Zeitung,* 15. 9. 1994, S. 14.

Richtschnur dienen sollten. Daneben wurde auch darum gebeten, inhaltliche Kritik und Verbesserungsvorschläge vorzubringen. Nachfolgend sind einige Reaktionen angeführt. Da Herrn Rudolf am 18.8.1994 bei einer Hausdurchsuchung der Polizei die Antwortschreiben beschlagnahmt wurden, werden nachfolgend die Inhalte sinngemäß rekonstruiert. Bei eventuellen Fehlern darf ich die davon Betroffenen um Nachsicht bitten und auffordern, sich bei der Staatsanwaltschaft Stuttgart schadlos zu halten.

Bundeskanzler Dr. H. Kohl

Bundeskanzler Dr. H. Kohl ließ durch einen Sachbearbeiter mitteilen, daß er an der laufenden Diskussion um den Holocaust nicht teilnehmen könne und verwies anschließend auf die Rechtsprechung des Bundesverfassungsgerichts und Bundesgerichtshofs zur Holocaust-Frage. Dem zurückgesandten Typoskript konnte man an Hand der vielen handschriftlichen Anmerkungen und Korrekturen, für die ich mich im Namen aller Autoren hiermit bedanken möchte, entnehmen, daß das Bundeskanzleramt den einleitenden Beitrag voll und die übrigen Beiträge zumindest in ihren Zusammenfassungen zur Kenntnis genommen hat.

Vorsitzender des Zentralrats der Juden in Deutschland, I. Bubis

Herr Bubis nahm das Typoskript ohne Rückmeldung entgegen.

Vorsitzender des Instituts für Zeitgeschichte, H. Auerbach

Das Institut für Zeitgeschichte verweigerte die Annahme der Postsendung. Da das Ignorieren - hier sogar nur vermutlich! - gegenläufiger Argumente als der Beweis für Unwissenschaftlichkeit schlechthin gilt, kommt man nicht umhin, dem offiziellen Institut für Zeitgeschichte bezüglich der Auseinandersetzung um den Holocaust jede Wissenschaftlichkeit abzusprechen.

Prof. Dr. Wolffsohn

Herr Prof. Wolffsohn behielt das Typoskript und schrieb, daß auch wir Fakten nicht aus der Welt schaffen könnten, womit er ohne Zweifel recht hat. Die Frage ist eben nur, was in dieser Sache Fakten sind und was lediglich Glaube ist.

Prof. Dr. Dr.h.c. H.G. von Schnering

Germar Rudolfs Doktorvater in spe sandte das Typoskript ungelesen zurück, verbat sich in Zukunft jede weitere Zusendung und legte Wert auf die Feststellung, daß er sich nicht vorschreiben lasse, nach welchen Kriterien er die Wissenschaftlichkeit einer Arbeit zu beurteilen habe. Offensichtlich hat er übersehen, daß es sich bei den als Richtschnur empfohlenen Kriterien nicht um willkürlich ausgewählte, sondern um die des Bundesverfassungsgerichtes handelt. Sein sonstiges ablehnendes Verhalten paßt haargenau in dasjenige, das er in den letzten zwei Jahren G. Rudolf gegenüber an den Tag gelegt hat: Prof. von Schnering verweigert die Kenntnisnahme von Argumenten, die seiner Auffassung entgegenlaufen könnten.[6] Da er Herrn Rudolf gegenüber damals äußerte, daß derjenige, der Argumente ignoriere, die den eigenen Thesen entgegenstehen, eines akademischen Titels nicht wert sei, darf man sich über dieses Verhalten wundern.

Generalbundesanwalt K. von Nehm

Der Generalbundesanwalt wurde zwar nicht um eine inhaltliche Kritik gebeten, dafür aber ersucht festzustellen, ob und wenn dann warum das vorliegende Typoskript irgendwelchen strafrechtlichen Normen widersprechen würde. Herr v. Nehm stellte in seinem Antwortschreiben fest, daß schon das Inhaltsverzeichnis das Typoskript als übles Machwerk auszeichne und daß er nicht gedenke, es zur Kenntnis zu nehmen. Ferner stellte er klar, daß seine Zeilen keinerlei juristische Wertung des Gutachtens beinhalten würden. Mit diesem Schreiben des Generalbundesanwaltes ist die Voreingenommen-

heit und grenzenlose Ignoranz der bundesdeutschen Staatsanwaltschaft hinreichend bewiesen, womit sie sich selber um jedes moralische Recht zu einer juristischen Wertung des vorliegenden Buches gebracht hat.

Einige Professoren unterschiedlicher Fachrichtungen

Von einigen habilitierten Wissenschaftlern kamen durchaus konstruktive Verbesserungsvorschläge und sachliche Beurteilungen, für die wir uns an dieser Stelle herzlich bedanken, wobei ich hier aus nachvollziehbaren Gründen keine Namen nennen will. So wurde z.B. geäußert, daß sich ein Großteil der zeitgeschichtlichen Bücher gegen dieses Werk wie leichte Literatur lese. Bemängelt wurde, daß in diesem Band lediglich an einigen Aspekten des Holocaust Kritik geübt werde, daß man es jedoch weitgehend unterlassen habe, eine umfassende Darstellung der nationalsozialistischen Judenverfolgung aus revisionistischer Sicht der etablierten Sicht entgegenzustellen. Es reiche eben nicht aus, an bestimmten Details der überkommenen Geschichtsschreibung herumzunörgeln. Vielmehr müsse man aufzeigen, wie es denn sonst gewesen sei, wenn es nicht so war, wie es uns heute zumeist erzählt wird. Dem möchte ich entgegnen, daß der erste Schritt in der Wissenschaft bei der Revision einer herrschenden Auffassung immer der ist zu überprüfen, ob und wenn dann warum die herrschende Auffassung entscheidende Mängel besitzt. Am Anfang steht also die Überprüfung des Alten, die in dessen Zerstörung münden kann. Ist die alte These erfolgreich in Frage gestellt worden, dann hat man gezeigt, daß es Forschungsbedarf zum Entwerfen einer neuen These gibt.

Das vorliegende Buch unternimmt den ersten Schritt, die Überprüfung und Kritik der alten Auffassung. Unserer Überzeugung nach hat die alte Auffassung unserer Kritik nicht standgehalten. Es gibt also Forschungsbedarf zur Entwicklung eines neuen, korrekteren Geschichtsbildes. Der Entwurf dieser umfassenden neuen, wahrheitsgemäßeren Geschichtsschreibung konnte und sollte von diesem Buch nicht geleistet werden. Diese Aufgabe muß nachfolgenden Werken vorbehalten bleiben. Deren Aufgabe wird es sein, das Verhältnis von Juden und Deutschen im 20. Jahrhundert in einer ganzheitlichen Betrachtungsweise neu zu beleuchten.

Ernst Gauss, Rothenburg o.d.T., im September 1994

6. Vgl. dazu die Ausführungen in W. Schlesiger, *Der Fall Rudolf,* Cromwell, 20, Madeira Place, Brigthon/East-Sussex, BN2 ITN, Großbritannien.

Namensverzeichnis

Veröffentlichungen des Instituts für Deutsche Nachkriegsgeschichte

Band 1	Hoggan	**Der erzwungene Krieg** *14. Auflage, 936 S., Ln. DM 65.-*
Band 2	Nicoll	**Englands Krieg gegen Deutschland** vergriffen
Band 3	Hoggan	**Frankreichs Widerstand gegen den 2. Weltkrieg** *520 S., Ln. DM 34.-*
Band 4	Ribbentrop	**Deutsch-englische Geheimverbindungen** *Ln., DM 28.-*
Band 5	Brennecke	**Die Nürnberger Geschichtsentstellung** *vergriffen*
Band 6	Keppler	**Tod über Deutschland** *vergriffen*
Band 7	Hoggan	**Der unnötige Krieg. ›Germany must perish‹** *3. Auflage 730 S., Pb., DM 58.-*
Band 8	Yockey	**Chaos oder Imperium?** *vergriffen*
Band 9	Stäglich	**Der Auschwitz-Mythos** *nicht mehr lieferbar*
Band 10	Hoggan	**Das blinde Jahrhundert** Erster Teil: Amerika – das messianische Unheil *2. Auflage, 640 S., Pb. DM 58.-*
Band 11	Hoggan	**Das blinde Jahrhundert** Zweiter Teil: Europa – die verlorene Weltmitte *z. Zt. vergriffen, Bestellungen werden vorgemerkt*
Band 12	Franz-Willing	**Die Reichskanzlei** *vergriffen*
Band 13	Höffkes	**Hitlers politische Generale** *vergriffen*
Band 14	Pemsel	**Hitler. Revolutionär - Staatsmann - Verbrecher?** *z. Zt. vergriffen, Bestellungen werden vorgemerkt*
Band 15	Höffkes	**Deutsch-sowjetische Geheimverbindungen** *300 S., geb. DM 38.-*
Band 16	Rassinier	**Die Jahrhundert-Provokation** *2. Auflage, 368 S., Ln. DM 38.-*
Band 17	Hoggan	**Anmerkungen zu Deutschland** *380 S., Ln. DM 42.-*
Band 18	Degrelle	**Hitler, geboren in Versailles** *544 S, Ln. DM 58.-*
Band 19	Gauss	**Vorlesungen über Zeitgeschichte** *352 S., Pb. DM 39.80*
Band 20	Peters	**Volkslexikon Drittes Reich** *2. Auflage 944 S., DM 128.-*
Band 21	Rose	**Die Thule-Gesellschaft** *272 S., Pb., DM 32.-*
Band 22	Gauss	**Grundlagen zur Zeitgeschichte** *416 S., Großf., DM 58.-*